新大众哲学 上卷
xin dazhong zhexue

王伟光 主编

中国社会科学出版社
人民出版社

图书在版编目(CIP)数据

新大众哲学：全2册/王伟光主编 .—北京：中国社会科学出版社；人民出版社，2014.11（2023.8 重印）
ISBN 978 – 7 – 5161 – 2286 – 0

Ⅰ.①新… Ⅱ.①王… Ⅲ.①马克思主义哲学—通俗读物 Ⅳ.①B0 – 0

中国版本图书馆 CIP 数据核字（2014）第 258510 号

出 版 人	赵剑英
责任编辑	仲 欣
责任校对	董晓月
责任印制	王 超

出　　版	中国社会科学出版社　人民出版社
社　　址	北京鼓楼西大街甲 158 号
邮　　编	100720
网　　址	http://www.csspw.cn
发 行 部	010 – 84083685
门 市 部	010 – 84029450
经　　销	新华书店及其他书店
印　　刷	北京明恒达印务有限公司
装　　订	廊坊市广阳区广增装订厂
版　　次	2014 年 11 月第 1 版
印　　次	2023 年 8 月第 11 次印刷
开　　本	650×960　1/16
印　　张	67.75
字　　数	768 千字
定　　价	127.00 元（全 2 册）

凡购买中国社会科学出版社图书，如有质量问题请与本社营销中心联系调换
电话：010 – 84083683
版权所有　侵权必究

前　言

20世纪30年代,著名马克思主义哲学家艾思奇(1910—1966年)写过一部脍炙人口的《大众哲学》(最初书名为《哲学讲话》)。该书紧扣时代脉搏,密切联系中国实际,将马克思主义哲学的基本道理以生动活泼的形式,深入浅出的笔法,贴近大众的语言,通俗而生动地表达出来了。《大众哲学》像一盏明灯,启蒙了成千上万的人们走上中国共产党领导的革命道路。

光阴如梭,《大众哲学》问世迄今已逾八十年。八十年在人类历史上只是短暂的一瞬,但生活在这个时代的人们却经历着沧桑巨变!人们能够真切地感受到,科学技术发展一日千里,全球化、信息化浪潮汹涌澎湃,工人阶级和社会主义运动势不可当,当代资本主义内在矛盾激化演变,中国特色社会主义实践日新月异,人们的生活"每天都是新的"。历史时代和社会实践的显著变化,呼唤新的哲学思考。以当年"大众哲学"的方式对现实作出世界观方法论的解答,写出适应时代的"新大众哲学",既是艾思奇生前未竟的夙愿,更是实践的新需要、人民的新期待、党和国家的新要求。

今天编写《新大众哲学》,要力图准确判断和反映时代的新变化，进行新的哲学的分析。纵观人类历史发展的总体进程，我们的时代是资本主义逐步走向灭亡、社会主义逐步走向胜利的历史时代。尽管马克思主义经典作家早就敲响了资本主义的丧钟，但旧制度的寿终正寝却是一个漫长的历史过程。试看当今世界，通过工人阶级和劳动大众的持续抗争，资本主义不再那么明火执仗、赤裸裸地掠夺，而是进行生产关系与上层建筑体制的局部调整，运用"巧实力"或金融手段实施统治。资本主义不仅没有马上"死亡"，反而表现出一定的活力，然而其不可克服的内在矛盾导致的衰退趋势却是不可逆转的；苏东剧变之后，尽管国际共产主义运动陷入低潮，但社会主义中国则以改革开放为主旋律蓬勃兴起，中国特色社会主义的成功开拓，推动共产主义运动始出低谷。资本主义与社会主义的竞争、较量、博弈正以一种新的形式全面展开。时代的阶段主题由"战争与革命"转向"和平与发展"，但马克思主义经典作家所揭示的整个时代的基本矛盾并没有改变，人类历史的新的社会形态终将代替旧的社会形态的历史总趋势并没有改变，引领时代潮流的时代精神——马克思主义世界观方法论并没有过时。马克思主义哲学是社会实践的理性概括。作为科学社会主义理论基础的马克思主义哲学，需要重新审视资本主义和社会主义及其关系，给大众提供认识社会历史进程和人类前途命运的新视野。《新大众哲学》要准确把握时代变化的实质，引领大众进行新的哲学认知。

编写《新大众哲学》，要力图科学思考和回答科技创新和生产力发展的新问题，赋予新的哲学的概括。科学技术已经成为"第一生产力"，全面、深刻地塑造着整个世界。全球化、信息化、市场化，高新科技的发展和应用，令世界的面貌日新月异。现代资本主义几十年所创造的生产力，远远超过了资本主义几百年，甚至人类社会成千上万年生产力的总和。社会主义中国在与资本主义的竞争中，正在实现赶超式发展。尽管马克思曾经提出"科学技术是生产力""世界历史理论"等一系列重要思想，但当今的科技创新和生产力发展，包括全球化、信息化、市场化对经济、政治、文化、社会的全方位渗透影响，仍然提出大量有待回答的哲学之问。马克思主义哲学是人类社会生产实践和科学研究实践的思想结晶，需要对社会生产实践和科学发展实践提出的问题给予哲学的新解答。《新大众哲学》要科学总结高新技术和生产力发展提出的新问题，提供从总体上把握问题、解决问题的哲学智慧，进行新的哲学解读。

编写《新大众哲学》，要力图深刻总结中国特色社会主义伟大实践中涌现出的新经验，作出新的哲学的概括。中国特色社会主义是当代中国共产党人从事的一项"全新的事业"。改革已经引起了中国社会的深刻变革、社会结构的深刻变动、利益关系和思想观念的深刻变化，一方面推进了经济社会的飞跃发展，另一方面又带来了新的社会矛盾。马克思主义哲学理应正视人民大众利益需求的重大变化，探索满足人民日益增长的物质和文化需要的有效途径，研究妥善处理复杂的利益矛盾、建设富强民主文明和谐的社会主义现代化国家的正确道路。《新大众哲学》在回答重大现实问题的过程中，要对中国道路、中国模式、中国奇迹、中国特色社会主义新鲜经验予以世界观方法论层面的哲学阐释。

编写《新大众哲学》，还要力图回应当代国内外流行的各种哲学社会思潮，给予新的哲学的评判。哲学的发展离不开现成的思想成果，马克思主义哲学是在批判地继承人类一切优秀成果的基础上发展起来的，是在批判非马克思主义、反马克思主义思潮的思想交锋中发展起来的。人们在错综复杂的社会思潮冲击下，常常感到迷惘、困惑，辨不清是非，找不到理想的追求和前行的方向。在这场"思想的盛宴"中，如何"尊重差异，包容多样"，让一切有益于中国特色社会主义建设的思想文化充分涌流；同时，批判错误的哲学思潮，弘扬正确的哲学观，凝聚社会共识，让主流意识形态占领阵地，是马克思主义哲学不容回避的历史任务。《新大众哲学》要在批判一切错误思想、吸取先进思想文明的基础上，担当起升华、创新马克思主义哲学的历史使命。

　　时代和时代性问题的变化，现实实践斗争的发展，既为马克思主义哲学提供了新的源泉，又不断地对其本身的发展提出急迫的需求。对于急剧变化和诸多问题，马克思主义哲学经典作家没有亲身面对过，更没有专门深入阐述过。任何思想家都不可能超越他们生活的时代，宣布超时代的结论。列宁说："我们并不苛求马克思或马克思主义者知道走向社会主义的道路上的一切具体情况。这是痴想。我们只知道这条道路的方向，我们只知道引导走这条道路的是什么样的阶级力量；至于在实践中具体如何走，那只能在千百万人开始行动以后由千百万人的经验来表明。"[1]但历史并不会因为理论的发展、理论的待建而停下自己的脚步。现实对马克思主义哲学创新充满期待，人们期待得到马克思主义创新的哲学观念的指导。

　　《新大众哲学》正是基于高度的使命感和理论自觉，努力高扬党的思想路线的旗帜，坚持解放思想、实事求是、与时俱进、求真务实，顺应时代潮流，深入思考和回答时代挑战与大众困惑。《新大众哲学》既不是哲学教科书，刻意追求体系的严密，也不是哲学专著，执着追求逻辑论证与理性推理；而是针对重大现实，以问题为中心，密切关注时代变化和形势发展，注重吸收人类思想新成果，进行哲学提升、理念创新，不拘泥于哲学体系的框架，以讲清哲学真理为准绳。在表达方式上，《新大众哲学》避免纯粹的抽象思辨和教科书式的照本宣科，以通俗化的群众语言来阐述，力求通俗易懂、生动活泼，贴近广大读者的新要求，让马克思主义哲学"讲中国老百姓的话"。

《新大众哲学》立足马克思主义哲学的本真精神，从总论、唯物论、辩证法、认识论、历史观、价值观、人生观七个方面围绕时代问题展开哲学诠释，力求将重大理论与现实问题提升到马克思主义哲学世界观方法论的高度加以分析与阐明，在回答重大理论与现实问题的进程中，力争推进马克思主义哲学的时代化、中国化和大众化。这是历史赋予马克思主义哲学义不容辞的责任，也是《新大众哲学》应当担当的历史重任和奋力实现的目标。或许，在这个信息爆炸、大众兴趣多样化的时代，这套丛书并不能解决大众所有的疑问和困惑，但《新大众哲学》愿与真诚的读者诸君一起求索，一道前行。

以上所述只是《新大众哲学》追求的写作目的，然而，由于《新大众哲学》作者们的水平能力有限，可能难以达到预期。再者，《新大众哲学》分七部分，且独立成篇，必要的重复在所难免。同时，作者们的文字功底不够扎实，文字上亦有不尽完善的地方。故恳请读者们指教,供《新大众哲学》再版时修订。

注　释

〔1〕《列宁专题文集　论社会主义》,人民出版社2009年版,第399页。

目　录

总论篇：学好哲学　终生受用

插上哲学的翅膀,飞向自由的王国 ………………… 3
　　——哲学导论
　一、为什么学哲学 …………………………………… 4
　二、哲学是什么 ……………………………………… 7
　三、哲学的前世今生 ………………………………… 16
　四、哲学的左邻右舍 ………………………………… 36
　五、怎样学哲学用哲学 ……………………………… 49
　结语 …………………………………………………… 58

与时偕行的哲学 …………………………………………… 60
　　——马克思主义哲学
　一、以科学赢得尊重 ………………………………… 61
　二、以立场获得力量 ………………………………… 65
　三、用实践实现革命 ………………………………… 67
　四、因创新引领时代 ………………………………… 69
　结语 …………………………………………………… 73

立足中国实际"说新话" ………………………………… 75
　　——马克思主义哲学中国化
　一、繁荣发展的必经之路 …………………………… 77
　二、自觉站在巨人肩上 ……………………………… 81

三、深深扎根在中国大地……………………………… 86
四、实现中国化的伟大飞跃……………………………… 92
五、真正成为大众的思想武器…………………………… 97
结语………………………………………………………… 100

唯物论篇：反对主观唯心主义

坚持唯物论，反对唯心论……………………………… 105
——唯物论总论
一、全部哲学的最高问题………………………………… 105
　　——关于思维与存在关系问题的大讨论
二、哲学上的基本派别…………………………………… 112
　　——南朝齐梁时期的一场形神关系论辩
三、坚持唯物论，反对唯心论…………………………… 119
　　——失散多年的"孩子"终于找回来了
结语………………………………………………………… 133

世界统一于物质………………………………………… 135
——物质论
一、世界是物质的………………………………………… 135
　　——物质消失了吗
二、物质是运动的………………………………………… 146
　　——坐地日行八万里，巡天遥看一千河
三、时空是物质运动的基本形式………………………… 151
　　——时空穿越可能吗
四、运动是有规律的……………………………………… 159
　　——诸葛亮为什么能借来东风

结语 …………………………………………… 164
意识是存在的反映 …………………………………… 166
　　——意识论
　　一、意识是物质世界长期发展的产物 ………… 166
　　　　——动物具有"高超智能"吗
　　二、意识是人脑的机能 ………………………… 173
　　　　——"人机大战"说明了什么
　　三、意识是客观存在在人脑中的反映 ………… 180
　　　　——意识的"加工厂"和"原材料"
　　四、意识是社会意识 …………………………… 184
　　　　——关于"狼孩"的故事
　　五、意识具有能动作用 ………………………… 192
　　　　——"大众哲人"艾思奇与《大众哲学》
　　六、坚持主流意识形态的引领作用 …………… 196
　　　　——福山的"意识形态终结论"
　　结语 …………………………………………… 204
实现人与自然的和谐发展 …………………………… 206
　　——自然观
　　一、自然观问题的重新提出 …………………… 207
　　　　——"美丽的香格里拉"
　　二、自然观的历史演变 ………………………… 214
　　　　——泰勒斯与"万物的起源是水"
　　三、马克思主义自然观 ………………………… 227
　　　　——笛福与《鲁宾逊漂流记》
　　四、实现人与自然和谐发展 …………………… 236
　　　　——温室效应和"哥本哈根会议"

结语……………………………………………… 242

信息化的世界和世界的信息化……………………… 244
——信息论

一、信息的功能与特点……………………………… 244
——"情报拯救了以色列"

二、信息既源于物质但又不等于物质……………… 251
——"焚书坑儒"罪莫大焉

三、信息与意识既有联系又有区别………………… 256
——"蜻蜓低飞"是要告诉人们"天要下雨"的信息吗

四、信息与人的实践活动…………………………… 259
——虚拟实践也是一种实践活动吗

五、网络社会不过是现实社会的延伸和反映……… 265
——虚拟时空并不虚无

结语……………………………………………… 270

辩证法篇：照辩证法办事

用辩证法看问题……………………………………… 275
——辩证法总论

一、揭示事物最普遍规律的科学…………………… 275
——老子《道德经》与辩证思维方式

二、世界是普遍联系的……………………………… 295
——世界金融危机与全面的观点

三、一切事物都是运动、变化和发展的 …………… 301
——赫拉克利特"一切皆流"说与发展的观点

目 录

    四、事物往往是作为系统而存在、变化的 ············ 305
        ——都江堰、阿波罗登月与系统的观点
    五、事物总是作为过程而存在、发展的 ·············· 312
        ——曹操《龟虽寿》与过程的观点
  结语 ·· 317

学会矛盾分析方法 ·· 321
  ——对立统一规律
  一、矛盾规律是事物存在和发展的根本法则 ········ 321
        ——《周易》和阴阳两极对立统一说
  二、矛盾的普遍性与特殊性是统一的 ················ 326
        ——具体地分析具体的矛盾
  三、矛盾双方既统一又斗争 ··························· 332
        ——杨献珍与"一分为二""合二而一"的争论
  四、矛盾是事物变化发展的根本原因 ················ 340
        ——没有"好"矛盾与"坏"矛盾之分
  五、善于集中力量解决主要矛盾 ····················· 347
        ——人民军队克敌制胜的战略策略
  六、矛盾的精髓 ·· 351
        ——公孙龙《白马论》的"离合"辩
  结语 ·· 357

要把握适度原则 ·· 359
  ——质量互变规律
  一、既要认识事物的量与质,更要研究事物的度 ··· 359
        ——汽会变水、水又会变冰
  二、认识质量互变规律,促进事物质的飞跃 ········ 370
        ——达尔文"进化论"、斯宾塞"庸俗进化论"
          与居维叶"突变论"

三、把握总的量变过程中的部分质变 ……………… 377
　　——关于中国特色社会主义所处时代和历史
　　　方位的科学判断
四、要研究质量互变的特殊性 …………………………… 381
　　——事物质变的爆发式飞跃和非爆发式飞跃
结语 ………………………………………………………… 386

新事物终究战胜旧事物 ……………………………………… 387
——否定之否定规律
一、坚持辩证的否定观 …………………………………… 387
　　——胚对胚乳的否定、麦株对麦种的否定
二、否定之否定规律是客观的、普遍的 ………………… 396
　　——毛泽东妙论飞机起飞、飞行和降落
三、新生事物是不可战胜的 ……………………………… 404
　　——纵观一个半世纪以来的世界历史进程
四、要研究否定之否定的特殊性和多样性 ……………… 414
　　——防止千篇一律与"一刀切"
结语 ………………………………………………………… 420

用系统的观点看世界 ………………………………………… 422
——系统论
一、用整体观认识问题 …………………………………… 422
　　——整体不等于部分的总和
二、以结构观点观察系统 ………………………………… 426
　　——结构决定功能
三、从层次性出发分析事物 ……………………………… 430
　　——山外有山，天外有天
四、凭开放的眼光看世界 ………………………………… 435
　　——开放导致有序，封闭导致无序

结语 439
把握事物联系与发展的基本环节 441
　　——唯物辩证法的重要范畴
　　一、反对形式主义 442
　　　　——从文山会海看内容与形式
　　二、透过现象看本质 449
　　　　——怎样练就"火眼金睛"
　　三、善于认识原因与结果的辩证关系 457
　　　　——话说蝴蝶效应与彩票中奖
　　四、通过偶然性把握必然性 466
　　　　——"杂交水稻之父"袁隆平的成功
　　五、可能在一定条件下可以转化为现实 474
　　　　——"中国梦"与"中国向何处去"
　　结语 484

认识论篇：认识世界的目的在于改造世界

从实践到认识，又从认识到实践 489
　　——认识论总论
　　一、实践是认识论首要的基本观点 489
　　　　——纸上谈兵，亡身祸国
　　二、人类认识的两个飞跃 510
　　　　——从化学元素周期表的诞生看人的认识过程
　　三、人类认识是循环往复以至无穷的 516
　　　　——认识过程"不是涅瓦大街的人行道"
　　四、真理是一个发展过程 520
　　　　——黑天鹅的启示

五、认识世界是为了改造世界……526
　　——不同于一切旧哲学的根本特点

结语……529

由个别到一般,再由一般到个别……532
　　——认识的秩序和过程

一、人类认识的个别与一般……532
　　——关于马克思主义中国化

二、由认识个别到认识一般……542
　　——从小孩喊第一声"妈妈"说起

三、由认识一般再到认识个别……547
　　——谈谈理论的指导作用

四、认识个别与认识一般相结合……551
　　——"个别"与"一般"相结合的生动体现

结语……554

从群众中来,到群众中去……556
　　——党的根本认识路线

一、一切真知灼见来自人民群众实践……556
　　——小岗村率先实行联产承包责任制的启示

二、"从群众中来,到群众中去"是马克思主义认识论……560
　　——从"摸着石头过河"到"顶层设计"

三、先当群众的学生,后当群众的先生……568
　　——毛泽东一生三次重大调研活动

四、善于把党的理论路线化为群众行动……576
　　——怎样回答党校学员的一个问题

五、坚持领导与群众相结合,以获取正确的认识 … 582
　　——既不搞命令主义,也不搞尾巴主义
结语 ……………………………………………………… 587

物质变精神,精神变物质 …………………………… 590
　　——马克思主义认识论的新表述
一、马克思主义认识论新的简明概括 ………………… 590
　　——从马克思主义的形成及其伟大作用
　　　看"两变"思想
二、"物质变精神,精神变物质"需要一定的
　　条件 …………………………………………………… 599
　　——李贺诗句"少年心事当拏云,谁念幽寒坐呜呃"
三、在改造客观世界的过程中改造主观世界 ……… 608
　　——"打铁还需自身硬,绣花要得手绵巧"
结语 ……………………………………………………… 613

实事求是思想路线 …………………………………… 615
　　——兴衰成败的决定性因素
一、实事求是是中国经验的哲学总结 ……………… 615
　　——从"修学好古,实事求是"到延安中央党校
　　　校训
二、只有解放思想,才能实事求是 …………………… 624
　　——实践是检验真理的唯一标准大讨论
三、与时俱进是马克思主义认识论的理论品格 …… 629
　　——《易传》"损益盈虚,与时偕行"思想
四、求真务实是马克思主义认识论的要义 ………… 634
　　——"空谈误国,实干兴邦"的历史教训
结语 ……………………………………………………… 641

历史观篇：人类思想史上的新历史观

关于现实的人及其历史发展的科学·············· 645
　　——历史观总论
　一、第一个伟大发现·························· 645
　　　　——拨开社会历史的迷雾
　二、旧历史观的根本缺陷······················ 651
　　　　——罗素悖论与旧历史观的认识难题
　三、社会历史观的基本问题···················· 659
　　　　——从"灵魂不死"说起
　四、社会生活在本质上是实践的················ 666
　　　　——解开人类历史奥秘的金钥匙
　五、自原始公社解体以来的人类历史都是阶级
　　　斗争的历史······························ 676
　　　　——毛泽东与梁漱溟的一场争论
　六、科学说明社会历史现象的根本方法·········· 683
　　　　——授人以鱼不如授人以渔
　结语·· 695
不以人的意志为转移的社会发展规律·············· 698
　　——历史决定论
　一、社会发展是一个自然历史过程·············· 698
　　　　——"逻各斯"与社会规律
　二、不断从低级向高级发展的"社会有机体"······ 705
　　　　——《小蝌蚪找妈妈》的故事
　三、人类社会发展"最后动力的动力"············ 713
　　　　——强大的古罗马帝国为什么衰亡了

四、历史发展的"合力"作用 …………………… 727
　　——黑格尔的"理性的狡计"
五、正确认识和处理社会主义社会矛盾………… 730
　　——从波匈事件看社会主义社会矛盾问题
结语 ……………………………………………… 735

做历史发展的促进派……………………………… 738
——历史选择论
一、历史不过是追求着自己目的的人的活动
　　而已……………………………………………… 738
　　——风云际会的近代中国
二、在尊重客观规律的前提下,发挥人的历史
　　选择性…………………………………………… 744
　　——"人有多大胆,地有多大产"错在哪里
三、只有社会主义才能救中国,只有中国特色
　　社会主义才能发展中国………………………… 750
　　——中国人民唯一正确的历史选择
结语 ……………………………………………… 757

一切从人民利益出发……………………………… 759
——利益论
一、利益牵动每一个人的神经…………………… 759
　　——关于司马迁的利益观
二、物质利益是人类最基本的、首要的利益……… 765
　　——古希腊女神厄里斯的"引起纷争的金苹果"
三、利益实质是一种社会关系…………………… 771
　　——马克思在《莱茵报》时期遇到的利益难题
四、人类发展史就是利益矛盾及其解决的历史…… 775
　　——从法国大革命看利益矛盾的历史作用

五、要树立马克思主义利益观……………………………788
　　——共产党人怎样对待利益问题
结语……………………………………………………………793

人民群众是历史的真正创造者……………………………796
　　——群众观
一、民众是推动历史进步的主导力量……………………796
　　——一位历史学家的"质疑"
二、民心是天下兴亡的晴雨表……………………………804
　　——民谣《你是一个坏东西》在国统区的流行
　　　　说明了什么
三、民主是打破历史周期率的利器………………………813
　　——黄炎培对毛泽东的耿耿诤言
四、民生是高于一切的人民的根本利益…………………822
　　——从民谣《老天爷》到"必须给人民以看得见的
　　　　物质福利"
结语……………………………………………………………828

价值论篇：人的精神家园

深刻洞悉价值世界的奥秘……………………………………833
　　——价值论总论
一、究竟什么是价值………………………………………833
　　——伊索寓言中"好坏"是什么意思
二、价值世界是丰富多彩的………………………………841
　　——说不尽的《红楼梦》的价值
三、个人价值与社会价值的统一…………………………847
　　——大学生张华救掏粪老农值不值

四、具体的价值"因人而异"………………………852
　　　　——千面观音,随缘自化
　　五、反对主观主义和相对主义价值观……………858
　　　　——庄子的"齐万物""等贵贱"
　结语……………………………………………………863

合理地进行价值评价………………………………………865
　　——价值评价
　　一、价值评价的客观基础和主观因素………………867
　　　　——何以会"情人眼里出西施"
　　二、价值评价有赖于评价标准………………………872
　　　　——是"最好的演员"还是"最坏的演员"
　　三、"值"与"不值"自有"公论"………………877
　　　　——"公说公有理,婆说婆有理,天下无公理"
　　四、实践是检验评价合理性的最高标准……………881
　　　　——"黄猫、黑猫,只要捉住老鼠就是好猫"
　结语……………………………………………………885

用我们的双手创造美好的世界……………………………887
　　——价值选择和价值创造
　　一、不同的选择成就不同的人生……………………887
　　　　——萨特的名剧与人生的二难选择
　　二、价值创造与价值实现……………………………891
　　　　——"梨子的味道好不好,你得亲口尝一尝"
　　三、做动机和效果统一论者…………………………894
　　　　——好心为什么会办坏事
　　四、目的制约手段,手段服务目的…………………898
　　　　——目的纯正就可以不择手段吗

五、降低代价，创造最大的价值 …………………… 902
　　　　——"塞翁失马，焉知非福"
　　六、坚持真理原则与价值原则的统一 ……………… 907
　　　　——最蹩脚的建筑师也比最灵巧的蜜蜂高明
　　结语 ………………………………………………………… 910

用正确的价值观规范人们的言行 ………………………… 912
　　——马克思主义价值观
　　一、价值观的力量 ………………………………………… 913
　　　　——一个普通驾驶员的精神世界
　　二、价值观的相对稳定性和流变性 …………………… 918
　　　　——"观念一变天地宽"
　　三、立足多样化，弘扬主旋律 ………………………… 924
　　　　——"一花独放不是春，百花齐放春满园"
　　四、坚持法治与德治相结合 …………………………… 928
　　　　——对突破"道德底线"的恶行说"不"
　　五、西方的"普适价值"并不"普适" …………………… 932
　　　　——"枪炮声不是人类的'普适音乐'"
　　六、构建社会主义核心价值观 ………………………… 939
　　　　——塑造中华民族共有精神家园
　　结语 ………………………………………………………… 945

人生观篇：荡起幸福人生的双桨

什么是人生观 ……………………………………………… 949
　　——人生观总论
　　一、人是什么 …………………………………………… 950
　　　　——法国"五月风暴"与萨特的存在主义

二、生从何来……………………………………… 961
　　——人是上帝创造的吗
三、死归何处……………………………………… 969
　　——"生的伟大,死的光荣"
四、应做何事……………………………………… 974
　　——钢铁是怎样炼成的
五、人生观是指导人生的开关…………………… 977
　　——从"斯芬克斯之谜"说起
结语………………………………………………… 981

人生的航标和灯塔………………………………… 983
　　——马克思主义人生观
一、马克思主义人生观是科学的人生观………… 984
　　——雷锋精神对我们的启示
二、马克思主义世界观与人生观………………… 987
　　——"砍头不要紧,只要主义真"
三、共产主义理想是最美好的人生追求………… 992
　　——"毫不利己,专门利人"的白求恩精神
四、以人的自由全面发展为宗旨………………… 998
　　——马克思和"自由人联合体"
结语 ……………………………………………… 1003

穿过迷雾寻找光明 ……………………………… 1005
　　——种种人生问题的正确解读
一、马克思主义金钱观 ………………………… 1005
　　——"守财奴"与"金钱拜物教"
二、马克思主义权力观 ………………………… 1015
　　——焦裕禄精神永放光芒

三、马克思主义事业观 ·················· 1021
　　——"警界女神警"任长霞的公安事业
四、马克思主义婚恋观 ·················· 1026
　　——"下辈子我还嫁给你"
结语 ································· 1033

为人类幸福献出自己的一生 ················ 1035
　　——马克思主义幸福观
一、什么是幸福 ······················· 1036
　　——从"幸福指数"谈起
二、幸福总是随财富的增长而增长吗 ············ 1042
　　——抬轿子的人未必不幸福
三、个人幸福和社会幸福的统一 ·············· 1046
　　——从少年马克思的中学作文说起
四、幸福不会从天降 ···················· 1050
　　——哲学家苏格拉底论幸福
结语 ································· 1053

后　记 ······························ 1055

新大众哲学·1·总论篇

学好哲学　终生受用

插上哲学的翅膀，
飞向自由的王国

——哲学导论

哲学就是理论化、系统化的世界观，哲学靠理论论证和逻辑分析系统地回答关于世界最一般的问题。

说到哲学，大多数人都会有一种复杂的感受，讨论的内容抽象晦涩，研究的问题也好像没有直接的用处，但神秘面纱背后的智慧与玄妙又显示出极大的魅力与吸引力。

说哲学百无一用并不冤枉。古希腊第一个哲学家泰勒斯（Thales，约前624—前546年）因仰望星空而掉进了脚下的土坑。目击这一幕的女奴嘲笑他，哲学连地上的坑都看不见，还看什么宇宙？从关于泰勒斯趣事的这个传说中，可以得到两个隐喻：一是哲学无用。哲学无用的看法实际来源于对哲学之用的狭义的理解。哲学的确不像某门具体科学、具体专业，有专门之用，如数学、物理、化学、生物、医学等都有专门之用。哲学是解决对世界一般规律的总体看法的，无专门的一技之用，但它具有世界观、方法论的总体用处。因此不能说哲学无用。二是哲学太空。认为哲学"空"、"虚"的看法也是对哲学的偏见造成的。哲学虽然是高度抽象的学问，但哲学来源于现实、服从现实、服务现实。哲人不应该只是"仰望天空",必须同时脚踏实地关注脚下,也就是关注现实,面对现实,深入实践,联系实际,为人民群众的实践服务。

说哲学有神奇的力量更是事实。20世纪60年代末70年代初,世界格局悄然发生变化,中、美、苏三角关系有了新的转换。具有雄才大略的毛泽东以哲学的战略眼光观察世界大势,分析了中、美、苏三者之间的矛盾,看到了中美关系改善的可能性,通过乒乓外交打开了紧闭的中美关系的大门,为中国的发展赢得了时间和空间,显示了毛泽东高超的哲学智慧。1972年,毛泽东与当时的美国总统尼克松(Nixon,1913—1994年),两个大国的政治家在北京中南海菊香斋毛泽东书房破冰之旅的会面,毛泽东竟然是一句"我们只谈哲学,哲学谈好了,其他问题就解决了"。结果,毛泽东与尼克松谈哲学,哲学思维促成了"改变世界的一周",中美关系缓和,建交遂成定局,《上海公报》正式签字,中美在隔绝了二十多年后正式建立外交关系,构成了国际新格局。

一、为什么学哲学

伟人的风范与作为总会引起人们的效仿,尤其是当人们看到哲学竟然有这么大的威力的时候。中国共产党的老一辈领导人陈云讲"学好哲学,终生受用",这不仅是他自己的切身体会,也是中国共产党人对哲学的深刻认识。

现在大家都把这句话当作倡导学哲学的格言,但这只是他讲的一句话的后半句。为什么学好哲学可以终身受用呢?

陈云也作了说明，就是他的前半句话"学习哲学，可以使人开窍"。不过，这里有一点需要向读者说明的是，陈云讲的"学习哲学"，就是特指"学习马克思主义哲学"。当然，学习马克思主义哲学，必须结合学习中外哲学史、中外哲学家的著作与思想，因为马克思主义哲学是批判地继承前人优秀哲学思想的结晶。

如果还想接着追问，为什么学习哲学可以使人开窍呢？答案也很明确，因为哲学是世界观和方法论，掌握了正确的世界观和科学的方法论，人就可以从迷到悟，从糊涂变明白，甚至还能增进智慧，自然就是终身受用了。

人生活在世界上，一定会对世界形成自己的看法，也一定要形成对世界的看法。但是大千世界无穷无垠，错综复杂，何处才是入手处，又如何才能避免犯只见树木不见森林、只见表面不见实质的错误？学习哲学，可以使人们自发、零散、片段的世界观变得系统化，因为哲学本来就是系统化了的世界观。认识世界不能只看现象，还要认识现象背后的本质，本质就是规律。各门科学包括自然科学和人文科学，解释的都只是自然和社会一个方面、一个领域、一个层面上的规律，而哲学揭示的是事物发展变化最普遍的规律。掌握了一般规律，既有助于认识特殊规律，更有助于从整体上认识和把握世界。马克思主义哲学揭示了自然界、人类社会和思维的最一般的规律，是指导人们认识世界、改造世界的最锐利的思想武器。当然，强调学哲学不是说其他领域的知识、其他的学科可以不学了，相反地许多有关的知识、学科都要认真学、刻苦学，不同的是有了哲学的根底，学其他知识会更有成效。

人生活在世界上总是要做事的，认识世界、改造世界更是很大的事。做事就要讲究方法，方法对了事半功倍，方法错了事倍功半。如何才能掌握科学的方法呢？哲学既是世界观，又是方法论。当然哲学不能教会人们去治病、去酿酒、去盖房，哲学作为方法论提供的不是什么具体的技能、技术、手艺和方法，而是分析问题、认识问题、解决问题的思想方法，这是做好一切工作的思想基础。

有马克思主义哲学这一世界观和方法论打底，就可以树立正确的、科学的价值观、人生观、幸福观、金钱观、家庭观等，让人们成为一个内心向上、行为积极、对社会有益的人；领导干部还会形成正确的政绩观、权力观、事业观等，成为一个对党忠诚、为民奉献、严于律己的好干部。有马克思主义哲学这一世界观和方法论打底，就可以认清历史大势，找准立场定位，始终站在最广大人民群众的立场上做历史的促进派，做人民的代言人，为人民干实事、做好事。

李瑞环是一位政治家，但他对哲学有浓厚的兴趣，对哲学也有深刻的感受："哲学这门学问说来也神，你的工作越变化、越新，它显得越有用；你的地位越高、场面越大，它的作用越大；你碰到的问题越困难、越复杂，它的效力越神奇；面对的问题越关键，它发挥的作用越关键。"[1]当这番话从一个有着丰富政治经验的实践者口中说出的时候，相信他一定感受到了与陈云的心意相通，因为这番话其实就是对陈云那番话最好的注解。

也正因为如此，一代又一代的中国共产党人都对学习哲学给予了高度的重视。毛泽东在延安时期发动了哲学学习运动，带动全党大兴学习哲学的风气，通过学哲学来解决

"我们共产党人眼力不够"的问题，解决领导干部的思想路线和思想方法问题，解决观察问题、分析问题、解决问题的世界观方法论问题。2013年12月3日，十八届中共中央政治局专门以哲学为主题进行了一次集体学习，习近平在讲话中特别强调学习历史唯物主义基本原理和方法论的极端重要性，要求各级领导干部特别是高级干部要努力把马克思主义哲学作为自己的看家本领。

无用之用，斯为大用，这就是哲学的品格；无为而无不为，这正是学习哲学的收获。

哲学事实上与我们每一个人都保持着"亲密的接触"，时时刻刻、方方面面，没有须臾的分离，尽管人们可能还不知道或者说从来没有意识到。

那么，就让我们走向哲学、走进哲学，开始哲学之旅的探寻吧。

二、哲学是什么

哲学是一门学问？哲学是一项技能？哲学是一种境界？当我们走向哲学的时候，首先就要面对关于哲学的这一系列提问。对这些问题的回答是哲学的开始。

哲学的对象

不同的人会对哲学有不同的看法，故有人戏言有多少个哲学家就会有多少个关于哲学的定义。这话看起来已经说到头了，其实并不尽然。因为同一个哲学家在不同时期、不同情境下对哲学的看法并不必然一致，甚至往往大相径庭。所以如果换青年朋友来说这句话，可能就成了：有 N 个哲学家就会有 N+1 个关于哲学的定义，甚至 N 的平方个哲学定义。

这些不同尽管彰显了哲学的复杂性、多变性和不确定性，却不能成为不给哲学下定义的借口。既然大家都在谈论哲学，在谈论的过程中可以相互交流、相互理解，这就说明大家还是存在共同的认知基础的，也就是说，可以给哲学下定义。

给哲学下定义之前，可以先谈谈世界观。世界观人人都有，人人都受某种世界观的指导。世界观就是人对世界以及人与世界关系的总的看法。问题不在于你有没有一个世界观，而在于有一个什么样的世界观。也就是说，世界观人人都有，没有你有我没有的不同，只有自觉或不自觉地受某种世界观的支配之分。有人压根就没有听说过"世界观"三个字，也没有意识到自己是受某种世界观的支配。也就是说，有人是不自觉地接受某种世界观的指导，有人是自觉地接受某种世界观的指导。比如，国际主义战士白求恩（Bethune，1890—1939 年）就能自觉接受共产主义世界观的指导。

人们的世界观可以分为素朴自发的世界观、神学世界观和哲学世界观。人们最早的世界观是素朴的、自发的，是不自觉的、不系统的，缺乏理论性、科学性、一贯性和系统性。远古人类就已经产生了神学世界观，这反映了人们对人之外的自然力量的恐惧、崇拜与迷信。

哲学世界观就是自觉的世界观。有人说，按此定义，人人都有世界观，难道人人都是哲学家？这当然不是。虽然从哲学的立场来说，最好的回答是："不能肯定人人都是哲学家的事实，也不能否定人人都是哲学家的可能"；但在可能还没成为现实之前，毕竟还不是现实。所以需要对"哲学世界观"这一定义再加一个定语，即"理论化"。

哲学就是理论化、系统化的世界观，哲学靠理论论证和逻辑分析系统地回答关于世界最一般的问题。

像著名哲学家冯友兰（1895—1990年）所讲的，哲学是"对人生的有系统的反思"，强调的正是哲学的理论性。系统的反思当然就是理论化的过程。哲学是自觉的世界观这话一点不错。

哲学的功能

哲学到底有没有用？对哲学提出这样的问题是很自然的。如果一个东西一点用也没有，它就不值得去关注，甚至都没有存在的必要。

对哲学提出这样的问题也是事出有因。因为在实际生活中，很多人都有一种哲学无用的感觉。比如，哲学不能让粮食从地里长出来，哲学也盖不出房子让人们住。就好比大学生就业，学工科的可以去搞工业，学医学的可以去当医生，而学哲学的似乎连工作都不太好找，因为许多人不知道你的岗位在哪里，不知道哲学能干什么。

其实，哲学从产生开始就面临着这样的质疑。泰勒斯为了改变人们关于哲学无用的观念，他做了这样一件事情以说明哲学的作用。在大家都认为橄榄产量一年不如一年的时候，泰勒斯花低价把橄榄榨油器全部买断。到第二年的时候，橄榄出乎意料地大丰收，家家户户都需要榨油，都要用榨油器，结果泰勒斯赚了一大笔钱。泰勒斯以此告诉希腊人，如果愿意的话，哲学家可以赚很多的钱，只不过他有更高的追求罢了。应该说泰勒斯这一手确实把人们镇住了，让人们不再敢小瞧哲学的功效。但现在回过头来看，泰勒斯是通过掌握天文学知识，预计出来年的气候适合橄榄生长，橄榄会大丰收，所以才成功了。他用的其实是天文学，当然，也有哲学智慧，而且当时天文学并没有从哲学中分离出来，所以把他当成哲学的成功也不为过。

古希腊是人类哲学思维的发源地之一，古希腊语"哲学"，即"爱智慧"的意思。相传古希腊科学家毕达哥拉斯（Pythagoras，前572—前497年）曾说过，他不是一个智者，而只是一个爱智慧的人。"哲学"一词就是从"爱智慧"演变来的。古希腊人把聪明的智者称为哲人，也是指具有高度智慧的人。因此，不论是中国还是西方，都把哲学看成是具有高度智慧的学问。说哲学是体现高度智慧的学问不能算错，但亦没有回答哲学到底有什么用。

事实上，今天再回答这样的问题，完全没有必要借用别的学科的力量，借用了人家也不会服气。需要用哲学本来的力量证明哲学的功效。这就是哲学的"无用之用，万用之基"。哲学看起来好像没有什么具体的功效，但哲学作为世界观的理论体系，不同的哲学认知、不同的哲学修养，会产生对世界不同的认知与理解。当人们对世界的看法改变了的时候，人们在世界上的作为也就会相应发生改变；当人们的作为改变了，世界也就可能被改变了。哲学作为理论化的世界观、方法论，具有影响、支配、指导人们言行，进而改造客观世界，并在改造客观世界的同时改造主观世界的巨大功能。

从一个小故事里就可以看出这种"改变"的力量有多大。

清朝宰相张廷玉（1672—1755年）的父亲与一位姓叶的侍郎都是安徽桐城人。两家比邻而居，都要起房造屋，为争地皮，发生了争执。张老夫人便修书北京，要张宰相出面干预。没想到，这位宰相看罢来信，反而做诗劝导老夫人："千里捎书只为墙，再让三尺又何妨？万里长城今犹在，不见当年秦始皇。"张老夫人见书明理，立即主动把墙往后退了三尺。叶家见此情景，深感惭愧，也马上把墙让后三尺。这样，张叶两家的院墙之间，就形成了六尺宽的巷道，成了有名的六尺巷。

对一个小家地盘的认识改变，出现了本来不会有的"六尺巷"；对国家关系认识的改变呢？在20世纪70年代形成的中、美、苏新的战略格局中，显然就有我们一开始讲的中美建交背后的哲学力量的作用。

哲学不仅可以影响政治，哲学还可以引领科学。在20世纪中期，科学界有人一度认为原子就是最基本的粒子，不再可分了。但毛泽东在1955年就讲从哲学的观点来说，基本粒子也是可分的，随后的科学发现了比原子更小的"夸克"粒子。1977年，在美国夏威夷召开的世界第七届粒子物理学讨论会上，美国著名微粒子物理学家、诺贝尔物理奖获得者格拉肖（Glashow，1932年— ）提议将这种微粒子以毛泽东的名字命名为"毛粒子"。这既是科学家对毛泽东的敬意，更是科学向哲学的致敬。

其实，关于哲学有用无用，亚里士多德（Aristotle，前

384—前322年）为泰勒斯辩护的那句话讲得已经很到位了：学哲学的人可能会掉进坑内，但不学哲学的人本来就在坑内，从来没有出来过、也从来不知道还要出来。哲学大有用处。哲学的用处，即哲学的功能，表现为世界观功能、方法论功能、认识论功能、人生观功能、价值观功能、道德观功能，而这些功能恰恰通过指导人们改造客观世界和主观世界的社会实践而发生作用。

用马克思的话讲，哲学的功能就体现在人的实践中。哲学通过指导人的实践，回答了自己有用没用的问题。

哲学指导实践的功能在马克思主义哲学中表现得尤为突出。马克思指出："任何真正的哲学都是自己时代的精神上的精华，因此，必然会出现这样的时代：那时哲学不仅在内部通过自己的内容，而且在外部通过自己的表现，同自己时代的现实世界接触并相互作用。那时，哲学不再是同其他各特定体系相对的特定体系，而变成面对世界的一般哲学，变成当代世界的哲学。各种外部表现证明，哲学正获得这样的意义，哲学正变成文化的活的灵魂，哲学正在世界化，而世界正在哲学化，——这样的外部表现在一切时代里曾经是相同的。"[2]这讲的就是哲学指导实践的作用，而哲学通过理论化的世界观参与实践、作用实践，认识世界、改造世界。

哲学的性质

猛一听，哲学作为世界观从内容来说似乎很宏大，包容天地，涵盖古今。其实正因为是世界观，从认识主体来说，哲学又很具体、很个人化。每一个人都有自己的世界观，就他个人来说，他认为他的世界观是天经地义的，是好的。一个人肯定不会去秉持一个自己认为不好的世界观。所谓"好"的世界观与"不好"的世界观,应当有客观的评价标准。

中国古代大哲学家庄子(约前369—前286年)在《齐物论》中就讲过,人人见了西施都说美丽,人人皆欲得而亲之,但鱼看到却沉到了水下,鸟看见了高高飞走,鹿见了远远地跑开。用"沉鱼落雁"形容美人其实是人的一厢情愿,鸟兽鱼虫是不当回事的。

按照这样的讲法,哲学果真就没有好坏了吗?也不是。哲学是人的哲学,人是社会关系的总和。个体有个体真实不可否认的独立标准,可是人毕竟不是一个个孤立的原子,不是一堆散乱无章的土豆,而是社会之人。融入社会就不能没有共同的客观标准,就必须在共同的客观标准下接受好与坏的评判。社会共同的客观标准是什么?要以能否正确地认识外部世界规律、能否推进社会发展进步的不断向前,能否促进人自由全面发展的不断拓展为基本要求。符合这些要求的哲学就是正确的、科学的哲学,不符合、有差距甚至背道而驰的哲学当然就是不正确、不科学的哲学了。

马克思主义的现代唯物主义就是正确的、科学的哲学。

哲学的生命

哲学的生命力源于现实。哲学总是程度不等、形式不同地反映和揭示时代的各种矛盾,关注和回答时代提出的各种现实问题,并随着时代的进步而不断变革自身的形态。哲学以一种批判的、革命的态度与时代的现实生活保持紧密联系,并在回答时代的重大现实问题中获得自己发展的动力。

现实课题是哲学的生长点，不断地创造性地回答时代课题是哲学发展的动力。推进哲学创新发展，必须着眼于时代的变化，把握改革创新的时代精神，并自觉地以哲学的方式回答时代的重大现实课题。

哲学所面对的"现实"并不是个别的、枝节性的事实，而是人类生活的"时代"或者说构成人类生活意义的"时代精神"。哲学是以总体的方式对自己时代的把握，总体性、批判性、反思性、超越性和抽象性是哲学思维的特色。哲学正是通过对自己时代精神的把握来塑造和引领自己的时代。当代世界和中国的现实实践提出的重大问题，给哲学提供了难得的机遇，哲学必须跟上时代的发展，以真正哲学的方式来回答这些时代课题。

艾思奇在《如何研究哲学》中指出："为什么要研究哲学呢？这问题现在解决了：因为从哲学的研究中，我们要找到正确的世界观，这世界观可以作为我们认识现实的根本方法。我们借此可以得到正确的认识，变革自己的意识，更进而建立起健全的、合理的生活实践。"正是基于这样的立场，艾思奇写出了被毛泽东称为"通俗而又有价值"、"我读了得益很多"，并且作了长篇摘录的《大众哲学》。

艾思奇之所以能在哲学发展上取得这样大的成就，就在于他始终将哲学研究与时代的重大现实有机结合起来。艾思奇说："第一不离开现实的问题，第二要有前进民众的立场，是辨别正确哲学的标准。"由于艾思奇有着坚定的哲学信仰，又具有自觉的"前进人们"即广大劳苦大众的阶级立场，任何迷雾都遮盖不了他哲学斗争的方向，任何现实问题都可以纳入到时代的"迫切问题"中加以把握。一部

《大众哲学》，全部是回答各方人士提出的问题，问题之广几乎涉及哲学中的一切重要方面。艾思奇不仅通过透彻的理论分析对问题作出了解答，并借以阐述了辩证唯物论的基本观点，而且，几乎对所有问题的解答都同时代的重大现实课题结合起来，赋予所解答的问题以鲜明的时代感和现实感。这就是艾思奇独到的理论"功力"。他凭借这种"功力"，为实现哲学的时代化作出了重要的贡献。

哲学所要面对、回答的最根本的课题是该时代具有普遍性的重大现实，哲学必须善于捕捉住重大现实，善于观察分析重大现实，在回答重大现实的探索进程中推进哲学的创新发展。然而哲学又是从世界观、方法论，从普遍规律的高度回答现实，需要高度的哲学思维，需要运用概念、范畴进行抽象思维、综合概括，实事求是地看待现实，辩证地看待现实，客观全面地看待现实。

那么，目前，哲学要挖掘哪些重大课题加以回答并作出科学的抽象呢？当前，我国最大的现实就是中国特色社会主义的伟大实践，哲学的发展首先要面对这个现实，直接解答这一现实问题。只有直接从世界观和方法论的高度回答现实，从现实生活中提炼出带有共性的范畴，加以分析、综合、抽象、概括，进一步创新哲学的范畴体系，才能真正发展马克思主义哲学。社会利益、社会价值、社会动力、社会矛盾、社会制度、社会体制、社会公正、社会改革、社会心理、社会形态、社会意识、社会发展、社会进步、社会和谐等等，这些概念、范畴都是现实生活中带有共性的东西，需要给予哲学的概括和提升。

在现实生活中，很多社会热点、难点、焦点问题，其背后总存在一定的哲学课题，从哲学角度来探索这些课题，会引发出深层次的哲学思索。哲学工作者应当关注这些课题，并加以研究。譬如，社会主义市场经济是一个经济学课题，但同时又是一个哲学课题。哲学工作者应当掌握更多的市场经济知识和材料，运用马克思主义哲学的立场、观点和方法，来认识社会主义市场经济。再譬如，当代科学技术的发展已经提出了许多重大哲学问题，如21世纪人类面临的共同挑战是生存环境的恶化，人与环境的关系则成为世界哲学探索的中心议题。面对现代科学技术发展的现实和人类生存环境问题，密切注意现代科学技术发展的新动向，注意现代科技发展所引起的社会问题和环境问题，从中得出一定的哲学结论。还譬如，面对世界当代优秀文化成果，以及中华民族传统文化的优秀成果，研究新思潮，研究新学科，挖掘发展哲学的素材。哲学与许多学科的结合，可以进一步扩充哲学的外延，丰富哲学的内涵。

总而言之，哲学一定要关注现实、研究现实、概括现实、改造现实，哲学无限的生命源于无尽的现实。

三、哲学的前世今生

对哲学的追问告一段落之后，我们将开始对哲学做一快速扫描。哲学从诞生到现在已经有几千年的时间了。在这不算短的时间内，哲学是如何发展演进的？哲学提出并关注了哪些问题？哲学是用什么方法来解决这些问题的？了解清楚这些问题，就可以使人们对哲学的面貌有一个大体的把握。

哲学的历程

世界哲学的历程可以说是异彩纷呈、群星璀璨。东西方哲学各有千秋，各领风骚，马克思主义哲学更是集人类哲学之精华而大放光彩。

列宁指出，哲学史"简单地说，就是整个认识的历史"。[3]全部哲学史就是人类对客观世界认识的历史。哲学的发展实质上就是人类认识成果发展的持续的哲学概括。在人类哲学认识中，始终贯穿唯物主义与唯心主义的争论，同时交织着辩证法与形而上学的争论。当然，唯物主义与唯心主义、辩证法与形而上学之争在不同的历史阶段经历了不同的具体形式，体现着人类对外部世界的认识由低级到高级的曲折历程。

年轻的马克思、恩格斯在《共产党宣言》中就指出："思想的历史除了证明精神生产随着物质生产的改造而改造，还证明了什么呢？"[4]哲学属于社会意识形态，是由社会存在决定的。恩格斯认为："任何新的学说"，尽管"必须首先从已有的思想材料出发"，但是，"它的根子深深扎在物质的经济的事实中"。[5]后一代哲学思想必将与前一代哲学思想有继承渊源关系，与整个人类思想成果有继承渊源关系，但这种继承渊源关系归根结底是由各个时代的生产关系，即经济基础、社会存在所决定的。

人类哲学认识的不同和争论，主要是由社会发展水平、经济政治制度、阶级和阶级斗争、科学发展状况和人类积累的思想成果所决定和制约的。

哲学上唯物主义与唯心主义、辩证法与形而上学的争论，作为社会存在的反映，作为为一定经济基础服务、为一定政治服务的上层建筑的意识形态，始终反映并适应该时代的政治需要和社会变革需要。在阶级社会，哲学反映并适应一定的阶级和阶级斗争需要。哲学既为社会存在所决定，又为社会存在所服务。

可以从东西两个走向来看世界哲学的发展历程。

西方哲学史从公元前6世纪的古希腊哲学起，到现当代西方哲学，可以分为四个时期：公元前6世纪到公元5世纪西罗马帝国灭亡，约一千年，称为古希腊哲学；公元5世纪到15世纪东罗马帝国灭亡，约一千年，称为中世纪哲学；15世纪中叶到19世纪中叶，约四百年，称为近代哲学；19世纪中叶以来，称为现当代哲学。

——古希腊哲学开创了西方哲学素朴唯物主义和素朴辩证法的先河，与此同行的唯心主义思想也体现了古希腊人的哲学探求。

恩格斯指出："在希腊哲学的多种多样的形式中，几乎可以发现以后的所有看法的胚胎、萌芽。"[6]古希腊哲学是从宗教信仰和神话的束缚下与科学同时诞生的。它从一开始便与科学结成了不可分离的亲缘关系，在古希腊，许多哲学家同时也是科学家。当时，人们只是从总的方面观察自然界，而没有对自然界进行解剖和分析，作出精确科学的研究，这种状况反映在哲学上就使古希腊哲学具有素朴唯物论和素朴辩证法的性质。

古希腊哲学一开始就努力探究世界的本原是物质的还是精神的，有唯物主义和唯心主义两种不同的回答，也有试图走中间路线的回答。

最早的唯物主义（前8世纪—前6世纪）是活动于米利都城的米利都学派和居住于爱非斯城的赫拉克利特学派。米利都学派有三个代表人物。第一个代表人物是泰勒斯，主张"水为万物的根源"，任何东西都有产生与消亡，唯独水是常存在的。第二个代表人物是阿那克西曼德（Anaximander，约前610—前546年），认为世界万物的始基是物质性的"无限者"（或译"不固定者"），"无限者"内部蕴含着对立面，从而形成千变万化的世界。第三个代表人物是阿那克西米尼（Anaximenes，约前570—前526年），认为气为万物始基，由于气的不断变化，引起世界的变化。赫拉克利特（Heraclitus，约前530—前470年）是赫拉克利特学派的代表人物，他认为火是世界万事万物的本原，世界是"一团永恒的活火"，用某种物质性的东西解释世界的统一性。

稍后的唯物主义（前5世纪）是德谟克利特（Democritus，前460—前370年）的原子论唯物论，它已经不满足于把某种直接可以感觉到的物体，如水、火等看作世界的基础，而认为一切事物的最初根源都是原子和虚空。运动是原子本身的属性，一切事物的产生都是有根据的、必然的。后来希腊化时期（前4世纪）的伊壁鸠鲁（Epicurus，前341—前270年）继承和发展了德谟克利特的原子论唯物论。古罗马时期（前2世纪）的卢克莱修（Lucretius，Carus，约前99—前55年）又进一步继承和发展了伊壁鸠鲁的原子论唯物论。

古希腊以及古罗马哲学的唯物主义力图用唯物论、辩证法解释世界，看到世界是永恒运动变化的，试图从世界多样性中找到统一性。然而他们的唯物论、辩证法是自发的、素朴的、猜测的，缺乏科学根据。

古希腊最早的唯心主义（前6世纪）有毕达哥拉斯学派和爱利亚学派。前者因创始人毕达哥拉斯而得名，后者因活动于爱利亚城而得名。毕达哥拉斯学派断言，世界万物的本原不是物质，而是"数"；世界一切都是由数产生的，数是一切事物的决定者，是事物的根源。毕达哥拉斯学派相信灵魂不死。爱利亚学派否认事物的"多样"与"变化"，企图证明世界上的事物是"统一"与"不变"的。其代表人物巴门尼德（Parmenides，约前6世纪末—前5世纪）认为感觉是不可靠的，要达到真理，只能靠思维，用空洞无物的"存在"概念反对米利都学派和赫拉克利特学派的唯物主义。

公元前5世纪是希腊奴隶主民主制的繁荣时期，也是希腊哲学的繁荣时期。柏拉图（Plato，约前427—前347年）是古希腊唯心论的集大成者，反对唯物论，特别是德谟克利特的原子论唯物论，主张"理念论"，把脱离个别事物、又完全独立于个别事物的"理念"看作是第一性的，是事物的本原，进而创造了客观唯心论体系。柏拉图唯心论路线的奠基人是苏格拉底（Socrates，前469—前399年），他在伦理道德上主张对神的绝对服从，宣扬客观唯心主义。当然，古希腊哲学又花开一枝，苏格拉底开启了哲学对人的研究。

到公元前4世纪，古希腊哲学进入系统化时期，亚里士多德的"形而上学"代表了古希腊哲学的当时成就。亚里士多德是古希腊大哲学家，恩格斯把他看作"古代世界的黑格尔"[7]。亚里士多德哲学的特点是动摇与混乱。一方面，他"对于认识的客观性没有怀疑"[8]，从自然界本来是客观存在出发，批判柏拉图的"理念论"。但是他又把具体事物，如人、马、桌子等称为"第一实体"，把关于具体事物的概念称为"第二实体"，认为这两个实体又各自独立，有时第二实体又似乎从属于第一实体，表现了他哲学认识的二重性。亚里士多德认为"心灵的思维"是独立于身体的，是"不死的、永恒的"，把神看作一切活动的目的因，这又回到了柏拉图"灵魂不死"的神秘主义唯心论先验论上了。历史上唯物论哲学家发展了亚里士多德的唯物主义，如个别事物不能离开个别而单独存在；历史上的唯心论则发展了他的唯心主义。

古希腊哲学虽然从主要方面摆脱了宗教信仰和神话的束缚，但还渗透着宗教神话的因素，甚至原子论唯物论者伊壁鸠鲁在强调神同自然和人没有任何联系的同时，毕竟还在世界与世界的"空隙"中为神留下了一块地盘。到了西方古代哲学的后期，新毕达哥拉斯派和新柏拉图派等更是带有浓厚宗教色彩的哲学，他们的哲学后来被基督教所利用。

——**中世纪时期，是经院哲学，即神学唯心主义的天下。哲学从属于宗教，唯心主义统治着哲学**。

哲学成为用抽象理性解释信仰的工具，成为神学的婢女。如果说，在古希腊时期，特别是它的早期，哲学与科学尚未明确区分开来，那么在中世纪，哲学则是与宗教神学合为一体。唯名论与唯实论（或译实在论）之争是中世纪最大的哲学争论，同宗教上关于普遍教会与地方教会、普遍教义与个人信仰、原罪与个人罪恶何者实在、何者从属之争，是相互渗透在一起的。

延续几个世纪的唯名论与唯实论的争论，虽然是在经院哲学内部展开的，但"和唯物主义者同唯心主义者的斗争具有相似之处"[9]。唯名论与唯实论争论的中心内容是一般（共相）是否真实存在？例如，一般的狗，即不问大狗、小狗、公狗、母狗，作为狗的一般（共相）是真实存在还是仅仅只是具其名。唯实论认为，一般（共相）概念是实在的，它先于个别事物而存在。唯实论是彻头彻尾的唯心主义。唯名论则认为，一般（共相）概念仅仅是一个名词，个别事物先于一般（共相）概念而存在。唯名论强调具体事物的实在性，具有唯物主义倾向。唯名论与唯实论的争论，表面上看似抽象的讨论，实质上却体现了哲学基本问题，即思维与存在谁为第一性的争论。马克思、恩格斯把唯名论看作是"唯物主义的最初形式"[10]。唯名论的唯物主义倾向对西方唯物主义发展产生了积极影响。在经院哲学唯名论与实在论的争论过程中，纯粹抽象的逻辑推理得到了极大的提升，"一个针尖上能站几个天使"这样的论证，虽然没有任何实际的价值，但却有系统的逻辑历练，显示了深厚的逻辑功底。

——近代哲学发展的阶段性是与近代科学发展和社会经济政治发展的阶段性相适应的。

17—18 世纪，自然科学进入了对自然界进行分门别类研究和对各种事物进行分析解剖的阶段，它所采用的方法主要是以实验和观察为基础的归纳法和演绎法。同时，资本主义社会的发展，使得唯物主义开始批判并逐渐取代中世纪唯心主义和宗教神学，推动了哲学的进步。与自然科学和社会发展的这种状况相适应，17—18世纪的哲学便以唯物主义哲学认识的上升和以形而上学思维方式占主导为主要特征。这就产生了17—18世纪的形而上学唯物主义，又称为机械唯物主义。英国是近代工业和自然科学的起步点，理所当然成为近代唯物主义发源地，产生了17世纪英国近代形而上学的机械唯物主义。这种机械唯物主义同时带有严重的形而上学性，间或带有神学不彻底性。

17—18世纪，西方哲学一直贯穿着经验论和唯理论之争，经验论与唯理论的争论内含了唯物主义与唯心主义、无神论与宗教的斗争。

经验论适应资本主义发展和资产阶级革命需要，从经验出发，批判宗教神学。经验论分成两派：一派是唯物论经验论，其代表人物是培根（Bacon，1561—1626年）、霍布斯（Hobbes，1588—1679年）、洛克（Locke，1632—1704年）等人。提出"知识就是力量"的培根批判了经院哲学长期统治带来的神学偏见，对实验科学的方法作了唯物主义解释，提出人类全部知识起源于感性世界的基本原则，认为自然界是物质的，物质世界是丰富多彩的，运动是物质的固有属性，物质是生动的、可感的，经验和实验是一切知识的来源。霍布斯是一个彻底的机械唯物主义者，虽然坚持唯物论，但把物质世界看作是机械的集合，认为人的精神活动与物质活动是没有区别的，心脏不过是发条，神经不过是游丝，关节不过是齿轮，甚至欲望、愤怒、爱情、恐惧等感情活动都是纯粹机械原因引起的。洛克从唯物主义出发，论证了认识来源于感觉经验。他认为，天赋观念是不存在的，一切观念都来自于经验，认识开始于经验。但什么是经验，经验是从哪里产生的，却显示出洛克哲学对唯心主义的妥协，陷入了"经验只是所谓内省体验的那种唯心的经验论"[11]。

到了18世纪，经验论的另一派，即唯心论经验论，放弃了唯物主义，宣扬主观唯心主义和不可知论，把任何事物都看作声、色、味、触等感觉的集合，宣称"存在就是被感知"，认为"一切都只是知觉，此外还有什么是不可能知道的"。其代表人物是贝克莱（Berkeley，1685—1753年）和休谟（Hume，1711—1776年）等人。

唯理论是欧洲近代资产阶级反抗经院哲学和宗教迷信的思想武器，以理性为标志，反对盲从，反对迷信。然而唯理论不承认人的理性认识来自感性认识，认为只有理性认识靠得住，感性认识不可靠。唯理论的代表人物是笛卡尔（Descartes，1596—1650年）、斯宾诺莎（Spinoza，1632—1677年）、伽桑迪（Gassendi，1592—1655年）和莱布尼茨（Leibniz，1646—1716年）。毛泽东指出："哲学史上有所谓'唯理论'一派，就是只承认理性的实在性，不承认经验的实在性，以为只有理性靠得住，而感觉的经验是靠不住的，这一派的错误在于颠倒了事实。理性的东西所以靠得住，正是由于它来源于感性，否则理性的东西就成了无源之水，无本之木，而只是主观自生的靠不住的东西了。"[12]

唯理论也分为两派，一派是唯心论唯理论，一派是唯物论唯理论。笛卡尔是欧洲第一个唯心论唯理论哲学家，唯心论唯理论者还有莱布尼茨等人。笛卡尔有一句主观唯心主义的格言"我思故我在"，就是说，我在怀疑、我在思想，所以我存在，从思维引出存在。笛卡尔对经院哲学、对宗教持一定批判态度，这是他进步的方面。但他最终还是借"无限完满的上帝"观念，借助上帝，肯定客观世界的存在。笛卡尔是唯物与唯心二元论者。他从思维的"自我"开始，肯定精神实体的存在，再求助于上帝来"保证"物质世界的存在。当他肯定物质世界的存在，物质就是唯一实体了，没有上帝存在了。德国的莱布尼茨继承了笛卡尔的唯心论唯理论。

唯物论唯理论一派，如荷兰的斯宾诺莎，从唯物主义立场出发，力图克服笛卡尔哲学的物质与精神同为本体存在的二元论。他反对笛卡尔的唯心论唯理论，反对宗教神学，恢复伊壁鸠鲁的原子唯物主义，主张一切观念都是通过感觉印上去的，是由存在于理智以外的事物落于我们的某一个感官之上而生起的。当然，他的唯物主义也是不彻底的。

18世纪欧洲资产阶级革命和自然科学发展需要更为彻底的、战斗的唯物主义哲学，18世纪的法国哲学则是公开的唯物主义与无神论。18世纪上半叶法国资产阶级启蒙思想家伏尔泰（Voltaire，1694—1778年）、孟德斯鸠（Montesquieu，1689—1755年）、卢梭（Rousseau，1712—1778年）为法国哲学成熟的唯物论和彻底的无神论做了准备。18世纪中叶百科全书派中的唯物主义哲学家把法国唯物主义推向成熟，其代表人物有狄德罗（Diderot，1713—1784年）、达朗贝尔（D'Alembert，1717—1783年）、爱尔维修（Helvétius，1715—1771年）、霍尔巴赫（Holbaeh，1723—1789年）。百科全书派与18世纪法国唯物主义还不完全是一回事。百科全书派的撰稿人一致反对封建专制和宗教神学，如狄德罗至死拒绝承认有上帝，他们多数是唯物主义哲学家，但也有不是的，伏尔泰、孟德斯鸠、卢梭就是资产阶级启蒙思想家。而拉美特利（La Mettrie，1709—1751年）虽然不属于百科全书派，但他是坚持唯物论的，他公然宣布唯物主义是唯一的真理。法国18世纪唯物主义哲学不是宣扬纯粹理性的哲学，而是同政治伦理思想紧密结合在一起的，这也是它的特点之一。18世纪法国唯物主义是当时西方哲学的最高成就，但仍然没有摆脱形而上学思维方式的束缚。

18世纪末法国资产阶级大革命的历史辩证法和18世纪末到19世纪上半叶自然科学在各方面的成就，促使西方近代哲学发展到了最高阶段。前一世纪中盛行的分门别类的、机械的形而上学方法被代之以联系的、发展的、进化的观点。18世纪末19世纪初自然科学的新发现和新成就，以及资本主义社会化大生产和社会结构的新发展，都表明自然和社会的一切现象是辩证地发生的，过去那种机械的、形而上学的观点动摇了，自然科学和社会科学的这些成就反映在哲学上便是从康德（Kant，1724—1804年）到黑格尔（Hegel，1770—1831年）的德国古典唯心主义哲学的辩证法形态。从古希腊的素朴辩证法阶段，经过17—18世纪唯物主义的形而上学思维方式的阶段，到德国古典唯心主义辩证法阶段，这一哲学上的否定之否定的过程，是和整个西方自然科学和社会发展的过程相一致的。这个时期的德国古典哲学家们在不同程度上，以不同方式总结了前人的思想，特别是唯理论与经验论之争，创立了以康德、费希特（Fichte，1762—1814年）、谢林（Schelling，1775—1854年）、黑格尔为代表的德国古典哲学。康德的"星云假说"打开了形而上学思维方式的第一个缺口，用"感性""知性""理性"建构了全新的认识论体系。黑格尔系统地阐述了辩证法的一般运动形式，创立了西方哲学史上最庞大的客观唯心主义辩证法体系。德国古典哲学的最后一个代表费尔巴哈（Feuerbach，1804—1872年）则把唯物主义推向他那个时代的最高峰。然而费尔巴哈的人本主义唯物主义却把黑格尔唯心主义辩证法的合理内核抛到了一边。

——从19世纪中叶起，西方哲学进入了现当代哲学的发展时期。

19世纪中叶，欧洲资本主义进一步发展，大工业生产更加促进了自然科学和物质文明的巨大发展。面对社会上新的矛盾和自然科学上新的发现，人们迫切需要新的理论解释和新的哲学概括。与此同时，无产阶级与资产阶级的对立与斗争全面展开，无产阶级开始作为独立的政治力量登上政治舞台。为了完成推翻资产阶级统治，最终完成解放全人类的历史任务，无产阶级需要新的哲学世界观来指导认识世界和改造世界。马克思主义哲学应运而生。

马克思主义哲学不仅是生产、科学发展和社会进步的结果，也是社会阶级斗争的结果。马克思主义哲学是西方哲学也是整个人类哲学在19世纪中叶的重大创新与革命。到了19世纪40年代，德国古典哲学已失去光辉，黑格尔学派已经解体。马克思和恩格斯在以往哲学成果的基础上创立了马克思主义哲学。

在马克思主义哲学形成和发展的同时，西方资本主义也逐渐产生了与马克思主义哲学分道扬镳的其他各种哲学派别（我们把这些流派姑且称为"现当代西方哲学"）。随着资产阶级经济和政治统治的确立，资产阶级越来越走向反动，西方哲学日益趋近唯心主义，它们或者发展了黑格尔哲学唯心主义方面，或者批评甚至反对黑格尔哲学辩证法方面。当然他们的哲学认识也有许多有价值的观点，反映了对现当代社会状况、科学技术发展的有益的哲学探索。19世纪40年代到19世纪末出现了唯意志论、生命哲学、实证主义、马赫主义、新康德主义、新黑格尔主义等。19世纪末到第二次世界大战，西方流行的主要哲学流派有新实在论、实用主义、人格主义、逻辑原子论、逻辑实证主义、现象学和存在主义。第二次世界大战以后，英美国家流行的主要是分析哲学的各支派，如逻辑实证主义、逻辑实用主义、历史社会学派、日常语言哲学以及科学哲学等。在欧洲大陆国家主要有现象学、存在主义、新托马斯主义、解释学、结构主义、后现代主义等等。西方哲学更加多元化，更富多样性。西方哲学既是西方高新科技发展和社会发展的理论概括，同时又是资产阶级意识形态的哲学反映。唯心主义是西方哲学思潮的主流，当然也不乏对人类哲学认识有相当价值的哲学成果。

东方哲学与西方哲学一样，始终贯穿唯心主义与唯物主义、形而上学与辩证法的不同流派的发展。

东方哲学以中国和印度为主要代表。

——中国传统哲学与西方传统哲学以逻辑、概念的方式探讨"终极本原"不同，在关注世界本原、世界存在方式

问题的同时，更为关注的是人生方式的可能、人生价值的善恶和伦理道德。

在与古希腊时期大体相当的中国春秋时期，儒家、道家、法家、墨家等等百家争鸣，开启了中国哲学鼎盛时期。值得说明的是，这时的中国哲学既是开端也是巅峰，为后来的中国哲学发展设立了基本的理论范式与标杆。像秦汉经学、魏晋玄学、隋唐佛学、宋明理学、明清实学等，中国哲学的演进大致体现如此。与唯心主义学派相对应，中国哲学进程也形成了相当实力的唯物主义学派。中国哲学宝藏中的辩证法思想极为丰富。

在中国商周时期，已经产生了朴素唯物主义哲学思想。《周易》从自然界与人类社会复杂多样的事物、现象、属性中概括出阴与阳两种事物、现象和属性，以此作为天地万物的本原。"阳"是指称那些积极、进取、刚健、阳性的事物、现象和属性，"阴"则代表那些消极、退守、柔弱、阴性的事物、现象和属性。阴阳两种势力相摩相荡、交互作用，生成了天、地、雷、火、风、泽、水、山，并进而生成了万事万物。《尚书·洪范》认为构成物质世界的是五种基本元素——"五行"："一曰水，二曰火，三曰木，四曰金，五曰土。水曰润下，火曰炎上，木曰曲直，金曰从革，土爰稼穑。润下作咸，炎上作苦，曲直作酸，从革作辛，稼穑作甘。"《洪范》用"五行"这些当时人们在生产和生活中常见的具体物质形态作为世界万物的本原。在自然物质本身中寻求事物的根源，当作自然现象无限多样统一的基础，概括世界上复杂的事物，揭示自然万物的生成变化，表现了一种朴素、直观的唯物主义思想。朴素唯物主义是在与信奉上帝创世说和天命论的唯心主义的斗争中形成的。

春秋战国时代，正是中国封建制度代替奴隶制度的社会大变革时期，封建地主阶级与奴隶主阶级之间的斗争反映在哲学思想上，表现为唯物主义和唯心主义两条主线的斗争。孔孟为代表的儒家唯心主义，主张畏"天命"，维护唯心主义天命论，在认识论方面主张"生而知之"的唯心论先验论。以老庄为代表的另一派唯心主义宣扬宿命论，主张人在自然面前无所作为，从另一角度宣扬唯心论先验论。荀子（约前313—前238年）和他的学生韩非（约前280—前233年）代表了唯物主义，反对把"天"说成是主宰一切的有意志的上帝的唯心主义，把天解释为物质的天，即自然界。认为"气"才是构成万物和人的最根本的物质。否认人们必须服从"天命"，提出"制天命而用之"的"戡天"思想，主张发挥人的能动性。在认识论上，反对唯心论先验论，主张唯物论的反映论，提出知识和才能是后天学习得来的。墨子（前468—前376年）承认外部物质世界的实在性，主张唯物论的经验论，他强调"耳目之实"的感性认识，把对外部事物的直接感觉看作认识的来源和根据，但他过分夸大了感性认识的作用。

封建社会制度代替了奴隶社会制度。为适应封建地主阶级统治的巩固，西汉武帝"罢黜百家，表彰《六经》"。董仲舒（前179—前104年）还把谶纬迷信神学与哲学结合起来，建立了目的论的唯心主义哲学体系。他歪曲了唯物主义"五行说"的性质，把阴阳五行说成是天的恩德刑罚的表现，与封建社会的三纲五常伦理关系联系起来，认为五行的运转是有道德的，整个自然万物都是为了体现上帝的意志。

东汉唯物主义哲学家王充（27—约97年）针锋相对地反对董仲舒的目的论唯心主义，提出元气自然论理论。他认为，世界万物的发生、消灭都是由于元气的自然运动聚散的结果，并不是天有意识有目的地创造出来的。天没有意志、没有目的，事物产生都出于自然。他一方面继承了朴素唯心主义传统，另一方面又发展了朴素唯物主义，坚持无神论，把中国古代哲学唯物主义推向一个新的高度。

魏晋玄学主张"贵天论"，以抽象的"本体"代替了神学的"上帝"和目的论的"天人感应"，使中国古代唯心主义哲学更狡猾、更隐蔽、更思辨、更精巧、更具欺骗性。他们认为，具体事物虽说存在，但是在具体事物之后、之上，还有一个更为根本的本体存在，这个本体虽然看不见，但它却是一切看得见的东西赖以存在的基础，万事万物都不外是这个精神性本体的体现。魏晋玄学的代表人物王弼（226—249年）把这个精神本体称之为"无"或"本"。"无""本"（本体）是第一性的，而一切具体事物和现实世界是"无""本"（本体）的派生物，是第二性的。著名的唯物主义哲学家范缜（450—515年）提出"神灭论"，对"神不灭论"和佛教因果报应说做了有力驳斥，对形神关系做了唯物主义分析。范缜的唯物主义思想和无神论思想是这一时期唯物主义的代表思想。

宋明理学则把孔孟哲学和魏晋玄学以来的唯心主义发展到中国古代唯心主义哲学的顶峰。他们把"道"、"理"、"太极"等作为世界万物的本体，并与整个封建伦常道德密切联系起来，由它来囊括整个自然和社会，为封建社会的"四条绳索"（政权、族权、神权、夫权）提供了哲学依据。

宋明理学分为两大派，一派是程颐（1033—1107年）、程颢（1032—1085年）、朱熹（1130—1200年）的客观唯心主义理学，另一派是陆九渊（1139—1193年）、王阳明（1472—1529年）的主观唯心主义心学。

王安石（1021—1086年）、张载（1020—1078年）、陈亮（1143—1194年）、叶适（1150—1223年）、王夫之（1619—1692年）、颜元（1635—1704年）、戴震（1724—1777年）等在与宋明理学的唯心主义哲学斗争的过程中，把中国古代唯物主义哲学向前推进了一大步。他们强调，物质的"气""器"是第一性的，是本原，而"道""理"只是第二性的，是派生的，坚决反对和驳斥了超越事物之上的"道""理"为本体的唯心主义本体论。他们针对唯心主义本体论提出的体用、心性等问题，做了针锋相对的解答，从而把自然观、认识论、方法论等哲学各个方面贯通起来，构成了中国古代比较完整的唯物主义哲学体系。中国古代唯物主义虽然在自然观方面坚持了唯物论，但他们在社会历史领域仍然是唯心主义。

到了近代，由于中国的国情和中国资产阶级具有严重的两面性，致使资本主义没有条件发展起来，中国近代资产阶级思想家倾向于机械唯物主义、庸俗进化论，唯物主义不彻底，而且缺少革命辩证法。

辩证法和唯物主义本来应该是一家，但在中国古代哲学史中却长期分裂。往往辩证法与唯心主义结合在一起，一些唯心主义哲学家却有着丰富的辩证法思想，而其辩证法思想又为唯心主义所闷死。有些唯物主义兼有辩证法的思想，而有些坚决的唯物主义又往往陷入形而上学的泥坑。

中国的《易经》、《洪范》就包含朴素的辩证法思想，认为阴、阳两种势力是推动世界万事万物变化发展的推动力。春秋战国诸子百家的思想包含了大量的辩证法思想。孔孟的儒家、老庄的道家，还有墨家、兵家、辩家、阴阳家都有朴素的辩证法思想。《道德经》、《孙子兵法》是辩证法的上乘之作。汉初的《黄帝内经》、唐朝李筌的兵书，都有朴素的辩证法思想。中国古代佛教思想也包含有大量的辩证法思想。宋明理学也内含着一定的辩证法的思想。从王安石、张载到王夫之等则在唯物主义立场上把中国古代素朴辩证法思想提高到中国哲学史上一个新的水平。当然在中国封建社会的辩证法思想的发展进程中，也长期存在与辩证法思想对立的"天不变，道亦不变"的儒家形而上学观。

——**印度哲学则主要体现在其佛教中，尤其是大乘佛教所蕴含的哲学的精致与深邃，像法相唯识学、《华严金狮子章》的圆融无碍观等等，其论证之严谨、思维之缜密、探究之深入，让人叹为观止。**

东方哲学学说的表现形式各不相同、千奇百怪，但始终贯穿唯物主义与唯心主义、辩证法与形而上学之争，而且这种争论往往是交织在一起的，你中有我，我中有你。

尽管马克思主义哲学是目前人类哲学发展的制高点，集中体现了工人阶级世界观的最高成就。但人类社会在发展，哲学在发展，马克思主义哲学仍然需要、当然也在发展。列宁哲学思想继承、发展和创新了马克思主义哲学创始人的哲学认识，中国共产党人所推进的马克思主义哲学中国化，既是西方哲学，又是东方哲学在当代的新发展。

哲学的历程深刻地说明：顶峰不是终点，发展没有止境。

哲学的问题

研究自然科学的人都知道，自然科学的问题只要获得了解决就不需要再去关注。自然科学是不断提出新问题，不断研究新问题。像物理学，牛顿力学解决了的问题，量子力学就没有必要去碰了，因为那一页已经翻过去了；像医学上，曾经害人无数的天花被征服以后，就可以一劳永逸了，后来再出现天花只要接种牛痘就可以了……

但哲学面对的问题好像与它们都不尽相同。近三千年来，世界哲学的发展虽然白云苍狗，潮起潮落，但哲学的一些基本问题却常存常新。**哲学基本问题就是思维和存在的关系问题，也可表述为物质和意识的关系问题**。这一问题贯穿了哲学发展的始终，哲学的主要问题都是围绕着它而展开的。

"哲学家依照他们如何回答这个问题而分成了两大阵营。凡是断定精神对自然界说来是本原的，从而归根到底承认某种创世说的人（而创世说在哲学家那里，例如在黑格尔那里，往往比在基督教那里还要繁杂和荒唐得多），组成唯心主义阵营。凡是认为自然界是本原的，则属于唯物主义的各种学派。"[13]关于思维与存在有无同一性的不同回答导致了可知论与不可知论；机械地还是辩证地看待二者及二者之间的关系则是形而上学与辩证法的分水岭。

哲学基本问题为哲学研究提供了一条基本的指导线索，为划分哲学基本派别确定了科学标准，是反对唯心主义、不可知论、形而上学的锐利武器；是指导我们认识和改造世界的一个根本原则；是引导我们更新思维方式和价值观念，改造客观世界的强大工具。

与思维和存在的关系这个基本问题相伴，还有发展观的问题，即世界是否运动、变化、发展以及如何运动、变化、发展的问题。不论是唯物主义还是唯心主义，都不能回避这个问题。因此，在唯物主义和唯心主义斗争的同时，始终存在着辩证法和形而上学的斗争。辩证法和形而上学的斗争也同唯物主义和唯心主义的斗争交织在一起，贯穿于哲学史的始终，并从属于唯物主义和唯心主义两大哲学基本派别的斗争。

此外，哲学还关注其他一些问题。这些问题虽然不像基本问题、发展观问题那样具有根本性，但也贯穿哲学发展的始终：

"我是谁""我从哪里来""要往哪里去""我应该过一种什么样的生活"……人类对自身的不断追问构成了贯穿哲学的又一大问题。古希腊德尔斐神庙箴言"认识你自己"的提问，古今中外的哲学已经给出了不少深刻、有洞见甚至已经可以称之为真理的答案，但直到现在我们都不能完全释然，也没有终极解答，这充分说明了对人的认识的不可终止与没有穷期。

还有，关于"善"与"恶"之类的道德评价问题。哲学不能回避对人生和对社会的评判，不能回避对人的行为进行引导和规范。什么是"善"、什么是公平正义，以及人们应当怎么做等，这是伦理学面对的问题。当然，哲学还涉及美与丑的美学问题。什么是美，美是一种什么样的感受，美是怎样产生的等等，这是美学面对的问题。由于美学不仅要研究什么是美、还要研究什么是丑，所以在西方哲学中美学还有一个名字叫作"丑学"。而以上这一切关于好与坏、善与恶、美与丑、是否应该之类的问题，可以统称为价值论问题。

面对这么一些熟悉的哲学问题，大家可能已经有一个感觉，即哲学的问题好像就是一些翻来覆去的老问题。确实如此。哲学的进步不在于任何古老问题的消失，而在于提出问题的方式的变化和解答问题的不断深化或升华。古老的问题总是不断地以新面目向人们进行一如既往的提问，有的新问题看似崭新，不过是古老问题穿了一件时装罢了。而有的新问题则是哲学面对人类社会发展的新实践而提出来的，它往往也与那些老问题存在千丝万缕的联系。这也就是为什么哲学问题一以贯之但又常问常新、常新常问的奥妙所在了。

四、哲学的左邻右舍

哲学家冯友兰做过一个比喻。画一个月亮，有两种方法。一个是直接画一个圈，告诉大家这就是月亮；再一个办法是画一大堆云彩，中间留一个空白，这也就是月亮了。第二个办法我们称之为"烘云托月"。如果说前面我们主要是从正面来讲哲学是什么的话，那么这里我们将通过梳理常识、科学、宗教、信仰这些与哲学一样都是解决人与世界关系的"哲学的左邻右舍"，辨析它们与哲学之间的异与同，厘清哲学的边界，勾勒出哲学的面貌。

哲学与常识

公鸡打鸣后天就亮了,太阳每天从东方升起,穿上棉袄人就暖和了……这些都是人亲身经历过的真实事情,从来没有骗过任何一个人。天长日久,这些就都成为了常识。

常识,是人们日常生活中对客观事物的经验感受和认识。常识是人类社会世代经验的积淀。常识的特点就是"经验",是不需要经过大脑理性处理的。

常识不完全是错误的认识。常识有两种:一种原本是科学的发现,但随着人类的进步和发展,而转变成为常识了。比如地球是圆的、地球是围绕太阳转的,在哥白尼(Copernican,1473—1543年)时代是伟大的科学发现,今天则成为常识;一种则是人们在日常生活中积累起来的经验。比如,开水会烫伤人、海水是咸的。常识反映了事物现象,对事物本质往往没有深究。不能把错误的认识一概归入常识,但常识也有错误的,至少是不严谨的。天不是公鸡喊亮的,太阳也不是东升西落,棉袄本身是不会发热的。常识体现出来的感觉的真实、现象的真实与背后的真正原因、真实情况往往有很大差距。

哲学是对常识的理性超越,仅仅用常识是理解不了哲学的。从现象来看,哲学好像一种"胡思乱想",甚至还是对常识的一种颠覆。所以当我们简单地把常识与哲学搅到一起的时候,不仅得不出有用的结论、明确的答案,反而会滋生出莫大的迷惑,把自己搞得晕头转向。

古希腊哲学家芝诺(Zeno,约前490—前425年)曾提出过两个著名的论断:

一个是"飞矢不动"。从常识看，在空中飞行的箭怎么能不动呢？但芝诺说，箭在每一个时间点肯定要在一个固定的位置上，所以从这一个一个的时间点来看，箭当然是停止的。

另一个是"阿基里斯永远追不上乌龟"。芝诺说，假如让乌龟先爬上一段路，哪怕这段路很短，让一个古希腊跑得最快的人阿基里斯去追也还是追不上的。为什么呢？因为在阿基里斯追上乌龟之前，必须先到达乌龟先前到达的地方，可是当他到乌龟先前到过的地方时，乌龟又往前爬了。不管乌龟爬得有多慢，你都先得到达它先前已经爬过的地点，这样当然就不可能追上乌龟了。

这两个论断从常识上讲不值一驳。亚里士多德说，阿基里斯会追上乌龟的，只要准许他越过界限就可以了。我们普通人没有亚里士多德那么儒雅，但会很直白地说，你芝诺既然认为飞矢是不动的，自己站到箭头前面试试。这种辩驳固然不错也很有力量，可已经不是芝诺的逻辑了。芝诺的问题是如果你去反驳他的逻辑推演过程是很不容易的、甚至是不可能的。所以，列宁曾经讲过，"问题不在于有没有运动，而在于如何用概念的逻辑来表达它"[14]。这句话点出了哲学与常识的差别。

常识作为经验永远只能停留于有限，哲学可以在有限中去体察无限。我们都知道芝诺是错的，但在这一点上哲学的错误是深刻的错误，常识的正确却是肤浅的正确。哲学如果不能超越常识，哲学就永远不可能成为哲学。

不过话又说回来了，哲学如果不能最后变成常识，就只能在故纸堆里自娱自乐，只能在小圈子里孤芳自赏，这样的哲学有也等于没有。在评价中国佛教禅宗时,有句俗语"真佛只讲平常话",说得很深刻。佛讲的当然是哲学层面的东西,但讲出来的时候要变成百姓都能听懂的话。能讲平常话的就很容易为百姓所接受,哲学也应该这样。

从根本上讲,哲学并不是必须与常识对立。如果把哲学与常识的关系比作现象与本质的关系,固然会有一些现象似乎显得与本质没有关系、相背离,但更多的时候现象还是在忠实地反映着本质。甚至可以说,看似与本质不相关、相背离的现象,并不是真的不相关与相背离,很有可能是人的臆想与幻觉罢了。需要改变的不是现象本身,也不是对常识的信任,而是对某一旧常识的放弃。所以,哲学其实有一个很艰巨的任务,就是要让哲学的认识不断地变成常识,用新常识去替代旧常识。

超越常识,又回归常识,这既是哲学的悖谬,更是哲学的责任。

哲学与科学

经常会有人问这样一个问题:"哲学是不是科学?"应该说这一提问是很有水平的,因为它看到了哲学与科学之间那种难分彼此又确有彼此、若即若离又不即不离的关系。

笼统地讲,哲学包括许多流派、有各种体系,众多流派和体系甚至是相互对立的,有正确的与不正确的,有科学的与不科学的,极而言之,还有进步的与反动的之分,所以不能统而概之地讲一切哲学都是科学,科学的哲学才是科学。

哲学显然具有科学性的问题。马克思主义哲学是科学世界观,毫无疑问是科学。哲学不等于具体科学,哲学也不能

取代具体科学；哲学指导具体科学，又来源于具体科学；具体科学为哲学提供养料。

哲学与科学的关系首先是历史性的。

在古代相当长一个时期内，科学是包含在哲学里面的，哲学在当时是包罗万象的知识大全。像我们曾经讲过的古希腊第一个哲学家泰勒斯之所以能用天文学的知识证明哲学家的本事，就是因为当时天文学还没有从哲学中分离出来。

后来，科学不断地从哲学中分化出来，每一门学科的分化就意味着这门学科的成熟。尽管如此，与各具体学科相比，哲学的地位依然高高在上，所以直至近代前期，哲学还被视为"科学的科学"，甚至还肩负有指导各门科学的使命。

进入近代后期、特别是进入现代之后，科学发展的速度越来越快，不断地成熟、不断地分化，越来越多的哲学"世袭领地"被侵蚀、被瓜分，哲学不断地退让，好像都要退无可退了。但最让人感兴趣的是，哲学不仅没有萎缩反而益发兴盛。正像一位哲学家所讲的，哲学"无家可归"的时候，正是"四海为家"的开始。

哲学在科学频频"攻城略地"的同时还能悠然地"四海为家"，是因为科学和哲学的领地是共荣共存，而不是此消彼长的。曾有一位哲人形象地用"圆"描述了哲学与科学的关系：科学好比圆内的部分，哲学则是圆圈本身。圆的面积扩大，科学的领地就扩大了；圆圈内部延伸了，哲学的地盘当然也增大了。

之所以能出现这样一种状况，是因为哲学与科学研究对象不同，科学研究世界的具体对象，哲学则关注"关注世界关系"的思想本身；科学研究世界各领域具体的规律，哲学则关注世界最一般的规律；科学坚持逻辑与理性，哲学在坚持逻辑与理性的同时，也给直觉与非理性预留了空间。像中国禅宗哲学的"顿悟"不能说是非理性的，至少也是超理性的。

哲学与具体科学是有区别的。具体科学虽然也有一套理论体系，但它们只是物质世界某一领域特殊规律的科学，而不是从总体上把握世界最一般的规律。哲学是从各门具体科学中抽象和概括出来的最一般的观点、原则。哲学不能代替具体科学，但为具体科学提供世界观方法论的指南。哲学是自然科学和社会科学的结晶，代表一个时代的哲学，是该时代实践经验、自然科学知识和社会科学知识的概括和总结。哲学虽然是系统化、理论化的世界观，但不是任何哲学都是正确的、科学的。

但是，不管我们对哲学与科学做多少区别，它们之间的关系却是分得多，联得更多。

哲学不能取代具体科学，而具体科学也不能取代哲学。哲学之所以没有被具体科学所取代，是因为哲学随着科学的发展而不断发展，科学越发展，越需要哲学世界观方法论的指导；科学越发展，越会提出新的哲学问题。譬如信息科学的发展就为哲学提出了一系列重大问题，需要从哲学层面上给予回答。哲学问题往往不是来自自身，而是来自现实、来自科学。科学越发展，哲学就越发展，新的哲学问题就会不断出现。

科学发展会引发对哲学问题的重新认识，甚至会改变哲学的形式。在量子力学出现之前，哲学关于物质存在的认识是很确定的。当我们说一个物体存在的时候,当然是指它在某一时间点上肯定就在某一空间点上,不会因为你不去观察它,它就不存在。但量子力学告诉我们,某一个粒子在某一个时间点上既可能在 A 点,也可能在 B 点,这就是量子力学著名的"测不准原理"。把这一原理再往前延伸一步,就是同样著名的"薛定谔猫":一个封闭的盒子里放一只猫和一个衰变的粒子,衰变的粒子对猫的生命是有威胁的,但在打开盒子之前,猫是死是活是不确定的。量子力学的出现,需要我们对传统哲学的存在观作出新的阐释。

哲学的思维则会成为形成科学的范式,影响着科学的发展。恩格斯曾经讲过:"自然科学家相信,他们只要不理睬哲学或辱骂哲学,就能从哲学中解放出来。"[15]但他们实质上做了哲学的奴隶,而那些侮辱哲学最厉害的恰好是最坏哲学的最坏、最庸俗的残余的奴隶。数千年来人类发展的历史确实证明了这一点,自以为摆脱了哲学,殊不知陷入了更深的哲学洞穴。就不用讲那些平庸之辈的可笑境遇了,就连牛顿(Newton,1643—1727 年)这样的大科学家都难逃机械哲学的羁绊。牛顿用万有引力解释大千世界的风云变幻前无古人,到晚年却一定要找上帝来做"第一推动"。他相信一切行星在外力推动作用下开始运动的观点,受到亚里士多德唯心主义哲学的影响。一个伟大的自然科学家好像顺其自然地离开了科学走向了宗教,这背后的推动其实不是什么上帝而正是他的哲学。不彻底地告别唯心论,线性机械的哲学思维不管走多远,不管走多久,迟早会与上帝相遇。当然,牛顿晚年虔心为《约翰启示录》做注,也是为了求得精神的慰藉。

正确的、科学的哲学指导具体科学，而错误的、不科学的哲学误导具体科学。任何一个自然科学家都会自觉地或不自觉地接受某种哲学世界观，受到某种哲学世界观的引导和影响。

哲学与文化

关于哲学与文化的关系，黑格尔有段话讲得很好："某一特定哲学之出现，是出现于某一特定的民族里面的。而这种哲学思想或观点所具有的特性，亦即是那贯穿在民族精神一切其他历史方面的同一特性，这种特性与其他方面有很紧密的联系并构成它们的基础。因此一定的哲学形态与它所基于出现的一定的民族形态是同时并存的：它与这个民族的法制和政体、伦理生活、社会生活、社会生活中的技术、风俗习惯和物质享受是同时并存的。而且哲学的形态与它所隶属的民族在艺术和科学方面的努力与创作，与这个民族的宗教、战争胜败和外在境遇———一般讲来，与受过一定特定原则支配之旧国家的没落和新国家的兴起（在这新国家中一个较高的原则得到了诞生和发展）也是同时并存的。精神对它所达到的自我意识每一特定阶段的原则，每一次都把它多方面的全部丰富内容发挥出来，宣扬出来。"正因为如此，"哲学是这样一个形式：什么样的形式呢？它是最盛开的花朵。它是精神的整个形态的概念，它是整个客观环境的自觉和精神本质，它是时代的精神、作为自己正在思维的精神"[16]。

黑格尔这段话，把哲学与文化之间相生相依、相得益彰的关系讲得很到位。

文化包括哲学，哲学也是文化，二者源源不断的源泉都是人民群众火热的现实生产和生活。哲学是文化的灵魂。没有脱离文化的哲学，也没有脱离哲学的文化。哲学总是产生于一定的文化，是对一定文化的概括、总结、继承和发展。人类文化的进步，是以哲学的进步为前提的，同时文化的进步又推动哲学的进步。

文化和哲学这种互相交替的前进就好像一个人的双脚在地上行走一样。一定的文化必将产生一定的哲学，同样，一定的哲学也必将推进和发展一定的文化。没有哲学的文化是不可想象的，只有哲学深入到文化当中，融入到文化当中，文化才有生命力和活力。同样，一定的哲学必将产生于一定的文化，产生于一定的历史悠久的传统文化，产生于这个民族的根和血脉之中，这种哲学才是有生命力的，才能指导、推进、引导、发展该文化。

哲学与宗教

按照恩格斯致康拉德·施米施的信的说法，哲学与宗教都属于"更高地悬浮于空中的意识形态的领域"[17]。哲学与宗教都属于更高即更远离物质——经济基础的意识形态的形式。与哲学一样，宗教在"人们头脑中发生的这一思想过程，归根结底是由人们的物质生活条件决定的"[18]。

宗教离物质生活最远，而且好像同物质生活不相干，但它是最原始的时代从人们关于他自身的自然和周围的外部自然的错误的、最原始的观念中产生的。远古时代生产力很低，人类畏惧自然力，就会产生对自然的畏惧，形成对神的崇拜。宗教"有一种被历史时期所发现和接受的史前的东西，这种东西我们今天不免要称之为愚昧。这些关于自然界、关于人本身的性质、关于灵魂、魔力等等的形形色色的虚假观念，多半只是在消极意义上以经济为基础；史前时期低水平的经济发展有关于自然界的虚假观念作为补充，但是有时也作为条件，甚至作为原因"[19]。随着私有制的产生，宗教越来越成为统治阶级的工具，成为与私有制的社会制度相适应的等级制的宗教。宗教一旦形成，总要包含某些传统的材料，而在一切意识形态领域内，传统都是一种巨大的保守力量。当然宗教在历史发展进程中同新兴阶级也曾联系在一起，如欧洲新教同正在兴起的新兴资产阶级相适应。但它随之越来越变成统治阶级专有的东西，统治阶级只把它当作使下层阶级就范的统治工具。

哲学与宗教的关系恐怕是剪不断理还乱。据考证，哲学与宗教同源，都是从上古的神话演化而来。西方在中世纪时期，哲学甚至丧失了独立，成为了宗教的婢女。可是到后来文艺复兴时期，哲学又成为批判神学、冲破禁锢、进行启蒙的秘密武器。

哲学作为系统化、理论化的世界观，立足于理论论证和逻辑分析，有一整套理论观点，用讲理的办法使人们接受它对世界的总看法。宗教也是一种世界观，它对世界的本原、本质也有自己的看法，它认为世界是由超自然的力量支配的，是神创造的。但宗教需要用内心信仰、个人对超自然力量的顶礼膜拜来听信它对世界的总看法。哲学诉诸理性的沉思，宗教则让人沉醉于情感的狂热。

哲学与宗教的目标是不一致的。哲学让人更为理性，而宗教让人麻醉。宗教是有神论，唯物主义哲学坚持无神论，从根本上是反对宗教神学的。当然宗教除了麻醉的功能外，对哲学、道德、艺术、音乐、建筑、文化都有所贡献，那是另外一个问题。在如何解决达到目标的方式上，哲学与宗教也是各奔东西的。哲学坚持通过人自我的反思、省察、认识，通过对人本身、人的关系及人的现实活动的理性思考来寻找人生的意义、来求得人的解放。尽管有些哲学宣称反理智，可是意识到这个"反"靠的还是理智。

宗教则恰恰相反。正如马克思所言："宗教是还没有获得自身或已经再度丧失自身的人的自我意识和自我感觉。""宗教是人的本质在幻想中的实现。"[20]马克思把宗教称之为"鸦片"，其实正是深刻地看到了鸦片麻醉功能的负面作用。然而，这种负面作用对于身处其中的百姓信徒来说，这样的麻醉似乎又是"美好的"，至少不用像哲学那样，过分的清醒、过分的理智、过分的反思。对于剥削阶级统治集团来说，宗教却是欺骗、麻痹、统治人民的一种有目的的手段和工具。

不过，哲学也不尽然拘泥于理智。有些哲学为神秘留有空间，对权威也保持敬意，像康德明确表示理性要有边界，要人承认对边界之外的无可奈何；黑格尔庞大的哲学体系最终还是托付给了高高在上、人不可能望之项背的绝对理性。尽管如此，哲学始终不愿意承认有一个人格化的、外在的神的权威。哲学没有"上帝"，没有"真主"，但是宗教必须要一个人格化的"神"，如上帝、真主、佛。唯心主义是精致的、理性化的宗教，而宗教则是神圣化、神秘化的唯心主义。

哲学始于感性，但是坚持在理性中展示并深化、提升自

己；宗教虽然也需要理性为它增加说服力，但最终一定要止于感性，要看到"神"或者说看到"神"的神奇。

哲学与信仰

谈过哲学与宗教的关系，就一定要接着讲哲学与信仰的关系。

如果说哲学与宗教同为河流，泾渭分明的话；哲学与信仰则是既有联系又有区别。泾渭可合流，但终是两支。我们前面讲过，西方中世纪哲学作为神学的婢女也似乎合二为一过相当长一段时间，但环境一变化，文艺复兴一萌动，马上就分开了。

哲学与信仰的问题比较复杂。首先要区别日常用语中"信仰"的含义与哲学用语中"信仰"的含义。日常用语中的"信仰"相当于"相信"，而在哲学用语中的"信仰"是与理性相区别的，当然与理性也不是没有关系。其次要区别哲学信仰与宗教信仰的不同含义。宗教信仰是建立在感情基础上的，带有浓厚感情色彩，宗教信仰是哲学所反对的。而经过哲学理性充分认识了的哲学信仰，虽然与理性相区别，但又以理性作为基础和前提。比如马克思主义哲学，从人类历史发展规律的必然性上看到了未来共产主义社会的必然趋势，共产主义理想信念正是建立在这一理性判断基础上的信仰，却又是为哲学所支持的。可见要区别两种信仰：一种是宗教信仰，一种是哲学信仰。信仰是对终极价值的追求，是对超越性的承认与尊重。宗教信仰超越了知识、超越了理性、超越了当下、超越了现实。但马克思主义哲学对人类未来的信仰同样具有超越性，超越当下、超越现实，但不能说超越知识、超越理性。马克思主义的哲学信仰是以知识为依据、以科学为依据，以符合人类社会发展规律和趋势的现实必然性的理性判断为依据，而不是非理性、非科学、非知识、非现实的。

谈论信仰最多的是宗教，宗教谈论的信仰有浓厚的神学色彩。像"经院哲学之父"安瑟尔谟（又译安瑟伦，Anselmus，约 1033—1109 年）讲："我绝不是理解了才能信仰，而是信仰了才能理解。"拉丁教父德尔图良（Tertullianus，150—230 年）明确宣称："对信仰来说，什么也不知道就是知道一切。"但不能把信仰完全等同于宗教，更不能把信仰完全归之于宗教。

只是由于宗教的"神"是超越的，必须以信仰来为之论证。所以，信仰与宗教在一起不是在"神"的意义上的结盟，而是在"超越"意义上的殊途同归。信仰也确实为宗教的"神"找到了一个相当稳固的"安身立命"之处。

谁都没有见过上帝，谁都不知道上帝是什么样子，人们为什么要相信上帝的存在呢？对于不信神的人来说，这样的质疑似乎已经很有力量了，但他们还不满足，甚至拿出了理性的终极武器——"悖论"来否认上帝的存在："上帝能不能造出自己搬不动的石头。"提出这一命题的人自认为很得意，因为如果上帝能造出自己搬不动的石头，就证明他不是万能的，因为有他搬不动的石头；如果上帝造出的石头他都能搬动，就说明他还是没有能力造出他搬不动的石头，他也不是万能的。反正不论怎么说，上帝都不是万能的。

然而，信仰上帝的人一句话就给顶回去了：你这套逻辑不过是俗人的理性罢了，只能在理性里打转转的人，怎能想象和沐浴上帝的光辉？上帝的万能、上帝的光辉是人用理性不可能理解的，只能用信仰去拥抱。

确实，宗教尊重信仰，拥抱信仰。恰恰宗教由于排斥理性，宣扬蒙昧主义、宣传迷信，是反理性主义的。由于自身的特点是依靠信仰而不可能尊重理性。当然，理性也是有局限性的，理性的局限性是相对于人的情感而言的，因为人不仅仅需要理性，也需要情感，情感往往与非理性因素，如情、欲等联系在一起。毕竟理性只能解决它能解决的问题。

理性可以有局限，哲学不能因之局限自己。从认识论角度来说，理性的局限性就是认识的局限性。任何人的认识都是有局限性的，总有存在于人的认识能力之外的问题。这些问题不能交给信仰，而是依靠实践不断提升人的认识能力来解决，这就是思维的至上性和非至上性问题。只有马克思主义哲学才科学地说明了思维的至上性和非至上性、有限性和无限性的辩证关系。而有些哲学家看不到这一点，又堕入宗教神学的泥坑。大哲学家康德为理性大唱赞歌之后，坦然表示："限制理性，以便为信仰保留地盘。"在这里康德又为宗教信仰保留了地盘。哲学信仰与宗教信仰是有很大不同的。

宗教信仰是要为他们的"神"找一个安身立命之处。哲学信仰则在于追求真理本身。

五、怎样学哲学用哲学

由于哲学的魅力，很多人也想走向哲学，做不到游刃有余，哪怕是用哲学包装一下也有好处。但哲学实在不是通俗小说，于是就有人想出了学哲学的捷径，通过时不时从嘴里冒出一些哲学大家的名言警句来装点门户，以显示自己懂哲学。我们不能一概否定这种做法，但把这当作通向哲学之路恐怕是缘木求鱼。黑格尔曾经意味深长地讲过一句话：同一句格言，在一个饱经风霜、备受煎熬的老人嘴里说出来，和在一个天真可爱、未谙世事的孩子嘴里说出来，含义是根本不同的。要想走向哲学，拥抱哲学，不经过哲学方面的艰难跋涉是不行的。一般来说，下面几个阶段是必不可少的。

掌握知识

虽然哲学不等于知识，哲学也特别强调与知识的界限，但离开知识也不会有哲学。黑格尔针对一些人对哲学的误解与对哲学知识的轻视，不厌其烦地说了一大段话："常有人将哲学这一门学问看得太轻易，他们虽从未致力于哲学，然而他们可以高谈哲学，好像非常内行的样子。他们对于哲学的常识还无充分准备，然而他们可以毫不迟疑地，特别当他们为宗教的情绪所鼓动时，走出来讨论哲学，批评哲学。他们承认要知道别的科学，必须先加以专门的研究，而且必须先对该科学有专门的知识，方有资格去下判断。人人承认要想制成一双鞋子，必须有鞋匠的技术，虽说每人都有他自己的脚做模型，而且也都有学习制鞋的天赋能力，然而他未经学习，就不敢妄事制作。唯有对于哲学，大家都觉得似乎没有研究、学习和费力从事的必要。"[21]黑格尔的这段话怨气与火气都很大，看来哲学家也有着急上火的时候。

但是，黑格尔的"怨气与火气"无非想表明，掌握基本的哲学知识是学习哲学的第一步。哲学知识体现在哲学史中，历代哲学家的著述是学习哲学的必经阶梯。同时哲学知识还体现在自然科学知识、社会科学知识、社会实践知识上，学习和掌握这些知识是学习哲学所必需的。需要强调的是，哲学论述与其他学科的著述还不一样。其他学科的著述有过时和错误一说，有了最新发展的成果就不一定非得去看过时的成果，有正确的就不一定非得去看错误的。哲学并不这么绝对。从思想激荡传承的角度来看，甚至没有哪一个哲学家的著述是过时的，也没有哪一个哲学家的著述是完全没有价值的，甚至一些被认为是错误的著述在哲学发展中也有它的意义，能够给人以启迪。有时候要想真正了解某个哲学家的思想，只看他自己的著述还是不够的，还必须去看与他对立的、专门批评他的某个哲学家的著述。

学哲学绝对不能停留于知识层面。没有哲学知识不行，拘泥于哲学知识更成问题。仅仅掌握知识绝对成不了哲学家，恐怕不能说是懂哲学的人，有时候甚至连哲学的门都没有进入，最多只是哲学教书匠罢了。掌握知识这一阶段必须得有，但又必须跨越，跨过了这一阶段，才算走向哲学之门。但如果陷入其中便成了玻璃箱中的苍蝇，四处乱撞没有出路。

追寻智慧

不管你是哲学专业的学生还是非哲学专业的学生，上大学哲学的第一课，听到的第一个断言肯定是：哲学就是"爱智慧"。这不仅仅是由于哲学"Philosophy"这个词来自于古希腊文，由 philo（爱）和 sophia（智慧）两部分组成。更主要的是哲学从诞生起就是以爱好、追寻智慧为目标。古希腊早期的哲学家都是博学多才的学问家，但最让他们引以骄傲的不是他们的学问，而是他们对智慧的热爱追寻，对人生宇宙的探求。

智慧是什么？不是知识，不是结论，不是技能，而是对人生、对世界、对宇宙的一种自觉、反省、质疑、批判、拷问、追本溯源、刨根问底等等状态。苏格拉底解释为什么自己被德尔斐神庙认为是最有智慧的人时说，"因为我知道自己无知"。满腹经纶无所不知不是智慧，知道自己无知的这一行为才算得上智慧。

从知识上升到智慧本来已经是一大跨越了，但哲学绝对不停留于智慧。哲学爱智慧，重点在"爱"上，不是在"智慧"上。所以哲学的爱智慧强调的是追寻智慧的这一过程，而不是智慧本身，或者说不仅仅是智慧本身。

可是，爱智慧不是一件轻而易举的事情，更不是想当然的冲动。爱智慧是要有条件的，亚里士多德给出了三个条件：闲暇、好奇与自由。

所谓闲暇，就是你有足够的时间来追寻智慧。一个整天忙忙碌碌，被事务性工作压得喘不过气来的人，一个从早晨一睁眼就忙到天黑的人，就算他想追寻智慧也是有心无力。

所谓好奇，则是一个人对世界、对宇宙、对人生一种由衷地、没有功利地、不可遏制地探求。对于一个人来说，闲暇容易，好奇难得。饱食终日往往会是无所用心，满足了荣华富贵就不去想其他的了，宇宙星辰、江河大地与我何干。但好奇则把这一切都轻轻带过，不排斥荣华富贵，不留恋荣华富贵，只是面对这一切不断地发问。这是为什么？这又有什么意义？而这正是好奇。所以亚里士多德说："由于好奇，人们才开始哲学思考。"我们可以再加上一句：有了好奇，人的哲学之旅才算真正开始。

至于说自由，更是哲学必备的条件。自由是哲学的本性，自由也是哲学的保证。哲学所需要的自由是思想自由，即思想不为一些教条、传统观念所束缚。解放思想，则是哲学发展的基本前提。只要思想解放，敢为追求真理而献身，就会冲破一切固有条件的束缚。

当然，在这本马克思主义哲学的通俗读本中引用亚里士多德爱智慧的三个条件，即探寻哲学真谛的认识途径，虽然能给人一定的启发，但显然是不够的，也不一定是恰当的。毛泽东强调共产党人研究哲学、学习哲学，"不是为了满足好奇心，而是为了改造世界"[22]。这就一语道中马克思主义哲学改造世界的目的。从马克思主义认识论——实践出真知的基本观点来看，爱智慧的最根本的条件，应当是参与社会实践，脱离了社会实践，根本谈不上爱智慧，谈不上探索哲学真理。实践需要哲学，实践造就哲学。人们的哲学之问是实践提出来的，正是实践的需要引起并推动了哲学的发展，活生生的实践是哲学发展取之不竭的动力源。

涵养境界

学习哲学、掌握哲学，也需要一种很高的境界，但完全归于境界又过于狭隘。西方哲学的本体论、认识论、方法论都超出了单纯的道德涵养，而马克思主义哲学关于在改造客观世界的同时改造主观世界，通过改造主观世界来改造客观世界又大大超越了道德境界。道德境界不过是中国传统哲学人生伦理哲学所提倡的。但道德高尚、境界宽广、心胸开阔、视野远大、立场坚定，毕竟是掌握哲学的一种涵养境界。

哲学否定了片面地对知识的获取，变为一种爱智慧的追寻状态。这种追寻的状态让我们得以进入了哲学之门，开始了哲学之旅。但如何检验我们的哲学之旅走得好与坏，如何判定我们入哲学之门入得浅与深？这就要看哲学的境界。哲学境界需要哲人的修养。

进入哲学之门后便开始了哲学境界的涵养，这是一个没有止境的修养过程。在这一哲学之旅中，有的人可能终生跋涉不已但了无所得，有的人则可能在历经千辛万苦之后一朝顿悟。那么什么才是哲学的觉悟与进步呢？

中国禅宗大师曾经讲过一段话，对境界的阐述可谓极致：在没有觉悟之前，看山是山、看水是水；在追求觉悟的过程中，发现山不是山、水不是水了；在觉悟之后，看山又是山、看水又是水了。普通人可能认为这是瞎说，哲学不这么看。

绕了个圈，又回到了原地，但再回到原地的时候已经全然不同了。有人说我装觉悟了行不行？我说，你可以去装，但中国哲学有句真言叫"境由心生"，没有觉悟的"心"恐怕很难装出觉悟的"境"来。哲学从来没有一个评价境界的标杆，但境界的有无却如红炉白雪、高下立见，如人饮水、冷暖自知。

不过这样的境界观对于未入门者来说，确实有些过于难以把握。好在哲学家也体谅我们普通人的这种苦恼，也会说些大家能明白的话。

例如，哲学家冯友兰在他的《贞元六书·新原人》中把学哲学的人分为了四种境界：最低的是"自然境界"，完全是基于本能的活动，尚难说有对哲学知识的掌握和哲学智慧的追寻；第二层是"功利境界"，意识到了要建功立业，并且有了改造世界的行动；第三层是"道德境界"，已经达到了正其义而不谋其利，明其道而不计其功的自觉；最高一层则是超越世俗，物我两忘，和光同尘，与万物为一的"天地境界"。在冯友兰的这四种境界中，前两层是普通人已经具备和经过努力可以具备的境界；第三层则需要诚意正心、格物致知、事上磨炼、不断精进始有可能，"君子"、"贤人"与这一境界比较接近；第四层则是圣人的境界，一般人是达不到的。

实际上，冯友兰所讲的学哲学的境界用在掌握马克思主义哲学的共产党人身上，第一种境界是以工人阶级及广大人民的立场和感情学习哲学。马克思主义哲学是工人阶级的世界观，立场、感情不对头，很难接受马克思主义哲学。当然，接受马克思主义哲学又可以增强立场、感情的自觉性、坚定性。第二种境界是以改造世界，实现解放全人类的伟大历史任务为目的学习哲学。马克思主义哲学主张，学习哲学是为了掌握谋取工人阶级和全人类的解放和根本利益的思想武器。动机不纯，目标不对，也不可能真正学会马克思主义哲学。第三种境界是以为人民服务的献身精神学习哲学。学习马克思主义哲学不是为了实现个人私利，只有把个人的幸福与工人阶级、广大劳动人民和国家的前途命运联系在一起，献身于工人阶级和全人类的解放事业，才能真正弄懂马克思主义哲学。第四种境界就是以工人阶级伟大领袖的宽广胸怀和远大志向为榜样学习哲学。要向马克思、恩格斯、列宁、毛泽东的精神境界学习。当然，一般人是很难达到这样的境界的，但我们必须向这个境界看齐，才能深刻把握马克思主义哲学。

实践精进

哲学的涵养与觉悟仅仅是为涵养而涵养、为觉悟而觉悟吗？不是。哲学的涵养肯定要体现在哲人们的社会生活中，哲学的觉悟肯定要体现在哲人的行动上。

哲学家们从来没有把哲学的涵养当作一个自娱自乐，不与世界、不与他人发生关系的个人行为，"诚意正心"最后是要"治国平天下"的。

像西方的柏拉图，他的哲学最终构想的是一个理想国，在这一国度内，哲学家要成为国王，要去决定、掌管国家运行的一切大事。这就是大家熟知的"哲学王"的说法。

中国古代圣哲宣扬的"极高明而道中庸"，讲的也是哲学的追求探究可以至高至远到先天未化之时，但哲学的指向绝不会离开日用常行的现实生活；至于说"内圣外王"，同样是强调通过哲学的修养，对内让自己成为圣人，对外则要去主宰天下。

马克思主义哲学则是以实践的哲学实现哲学的革命与创新，目标明确指向要去改变世界，解放人类。马克思的名言："哲学家们只是用不同的方式解释世界，问题在于改变世界。"[23]在把自己与旧哲学划清界限的同时，也为自己设立了使命。

哲学从来就是生活的、现实的、实践的，有什么样的哲学自然会有什么样的行动，真正的哲学从来不会说一套做一套。

有人会问，孔子（前551—前479年）曾经说过他是"述而不作"，这难道不是哲学与实践分离开了吗？其实不然，当孔子说他"述而不作"的时候，他已经在以述为作了。为了"吾从周"的理想，劝说当时处于礼崩乐坏的社会的君主们回归上古圣贤的规矩，孔子周游列国，颠沛流离，不忌讳"惶惶若丧家之犬"，不畏惧被嫉妒者设圈套暗杀丧失性命的风险，甚至也不回避被一个君主的风流小妾诱惑败坏清誉名节的风险，真可谓九死而无悔。哲学的最高境界是走向实践，哲学家的最高抱负是实践哲学。当然，这一点并不是所有的哲学、所有的哲学家都能办到的，但马克思主义哲学就做到了，马克思、恩格斯就做到了。

哲学本身也会为自己走向实践开辟道路。有人说哲学世界观看不见摸不着，是一个很虚的东西，就算我假装又有何妨，谁又能发觉，于是欣欣然地挂羊头卖狗肉。殊不知，哲学的世界观是做不得一丝假的，内在有什么样的世界观，外在就会有什么样的行为，犹如朗风霁月，纤毫毕现。自私的人必贪利，迷信的人必拜神，心中有鬼的人总是不敢去正眼看人。"一肚子男盗女娼"的人再怎么"满口仁义道德"也没有用。

以一些腐败官员为例。他们常常说着言不由衷的话，做着自己不想做的事，又还必须装得像模像样，不被组织与群众发现，这种煎熬真不是用言语所能表达的。甚至有些时候连他们自己都有些渴望"有一说一"，以至于有一些因腐败被抓的干部，入狱后竟然长长松一口气说终于解脱了。分裂的世界观导致内心迷茫与行为变异的力量之大可见一斑。

只有哲学才让我们知道所应做和所当做，只有具备哲学涵养的人才知道有所不为与有所必为。为什么应该有"哲学王"，为什么可以期待"内圣外王"，柏拉图早就说出了道理："哲学家非但不痴爱政治权力反而最为轻视之，但政治权力就应该掌握于这样的人之手。"一些政客们以为一朝权在手，便把令来行，囿于私利做些苟且之事已让人不齿，更可悲的是去干一些自以为正确其实是鼠目寸光、一叶遮目，甚至是盲人骑瞎马、夜半临深池的蠢事，对社会之害难以尽述。

对于马克思主义哲学来说，哲学来自实践，哲学又用于实践。让哲学走向实践，在实践中实现哲学，这既是哲学之幸，更是实践之幸。

结　　语

要把哲学从书斋、讲堂中解放出来，从晦涩难懂、玄妙抽象中解放出来，从曲高和寡、阳春白雪中解放出来，让哲学走向坚实的大地，让哲学走向火热的实践，让哲学走向平凡的大众，让哲学成为大众改造世界、获得自由、实现全面发展的锐利武器。

注　释

〔1〕李瑞环：《学哲学　用哲学》（上），中国人民大学出版社2005年版，第16页。

〔2〕《马克思恩格斯全集》第1卷，人民出版社1995年版，第220页。

〔3〕《列宁专题文集　论辩证唯物主义与历史唯物主义》，人民出版社2009年版，第146页。

〔4〕《马克思恩格斯文集》第 2 卷,人民出版社 2009 年版,第 51 页。
〔5〕《马克思恩格斯文集》第 3 卷,人民出版社 2009 年版,第 523 页。
〔6〕《马克思恩格斯文集》第 9 卷,人民出版社 2009 年版,第 439 页。
〔7〕《马克思恩格斯文集》第 9 卷,人民出版社 2009 年版,第 22 页。
〔8〕《列宁全集》第 55 卷,人民出版社 1990 年版,第 313 页。
〔9〕《列宁全集》第 25 卷,人民出版社 1988 年版,第 38 页。
〔10〕《马克思恩格斯文集》第 3 卷,人民出版社 2009 年版,第 502 页。
〔11〕《毛泽东选集》第一卷,人民出版社 1991 年版,第 291 页。
〔12〕《毛泽东选集》第一卷,人民出版社 1991 年版,第 290 页。
〔13〕《马克思恩格斯文集》第 4 卷,人民出版社 2009 年版,第 278 页。
〔14〕《列宁全集》第 55 卷,人民出版社 1990 年版,第 216 页。
〔15〕《马克思恩格斯文集》第 9 卷,人民出版社 2009 年版,第 460 页。
〔16〕黑格尔:《哲学史讲演录》第 1 卷,商务印书馆 1959 年版,第 55—56 页。
〔17〕《马克思恩格斯文集》第 10 卷,人民出版社 2009 年版,第 598 页。
〔18〕《马克思恩格斯文集》第 4 卷,人民出版社 2009 年版,第 309 页。
〔19〕《马克思恩格斯文集》第 10 卷,人民出版社 2009 年版,第 599 页。
〔20〕《马克思恩格斯文集》第 1 卷,人民出版社 2009 年版,第 3 页。
〔21〕黑格尔:《小逻辑》,商务印书馆 1980 年版,第 42 页。
〔22〕《毛泽东哲学批注集》,中央文献出版社 1988 年版,第 152 页。
〔23〕《马克思恩格斯文集》第 1 卷,人民出版社 2009 年版,第 502 页。

与时偕行的哲学

——马克思主义哲学

> 马克思主义哲学是马克思主义的基石。了解马克思主义，要从马克思主义哲学开始。

欧洲的冬天是阴冷的。2008年的欧洲，在金融危机的肆虐下，益发的阴冷而低沉。

在这阴冷和低沉中，马克思的《资本论》在欧美市场火爆热销，带来了冬天里的一把火。

买书的不仅仅是蓝领无产者，更多的是达官富豪和学者名流。据说德国财长施泰因·布吕克案头就摆放了一本满是圈圈点点的《资本论》，德国31所大学更是开设了《资本论》专题课。面对如此的热销，英国媒体甚至戏称，如果马克思还在世的话，《资本论》的巨额版税收入会让他轻松进入福布斯富豪榜。

我们中国人对一句话应该不陌生："一个幽灵，共产主义的幽灵，在欧洲游荡。"[1]这是《共产党宣言》的开篇之语。160多年过去了，19世纪开始刚刚出生在欧洲大陆的马克思主义，不仅剿而未灭，反而登堂入室，备受推崇。

是时尚的玩笑，还是历史的选择；是情绪发泄的偶然，还是社会演进的必然。要理解这一切，就要去了解马克思主义哲学在说些什么，马克思主义哲学又说了些什么。

马克思主义哲学是马克思主义的基石。了解马克思主义，要从马克思主义哲学开始。

马克思主义哲学第一次在科学的基础上把唯物主义和辩证法统一起来，把唯物主义彻底地贯彻到社会历史领域，创立了辩证唯物主义和历史唯物主义，使哲学的内容、性质和使命都发生了不同以往一切哲学的革命性变革，第一次使哲学获得了真正科学的性质，成为全新的、科学的哲学世界观，标志着人类哲学思想进入到一个崭新的阶段。科学性、阶级性、实践性和创新性是马克思主义哲学的本质特征，马克思主义哲学是科学性与革命性、理论与实践的高度统一，是工人阶级立场、观点、方法的高度统一。

一、以科学赢得尊重

谎言也许能蒙蔽一时，但真理的光芒终将绽放；潮流也许能风靡一时，但面对历史的车轮只是过眼云烟。

任何理论，只有蕴含了科学的因素、获得了科学的支持、具有了科学的本性，才会找到并守住自己的位置。**马克思主义哲学正是以其坚实的科学性屹立于人类哲学之林。**

我们讲马克思主义哲学是科学的，来自于对下面四个事实的判断：

——**马克思主义哲学是建立在科学基础之上的**。恩格斯在马克思墓前的演讲中曾讲过："在马克思看来，科学是一种在历史上起推动作用的、革命的力量。任何一门理论科学中的每一个新发现——它的实际应用也许还根本无法预见——都使马克思感到衷心喜悦。"[2]因为马克思认为，科学的进步不仅对历史发展有革命性影响，更对人类的思想、思维的进步有根本性影响。科学的进步拓展纵深了人类对自然与社会的认识，也让哲学的发展有了坚实的基础。19世纪科学技术的新成果，特别是细胞学说、能量守恒和转化规律、进化论这三大发现，形成了近现代科学发展的总体格局，使得我们可以"以近乎系统的形式描绘出一幅自然界联系的清晰图画"[3]，为马克思主义哲学的产生奠定了坚实的科学基础。

——**马克思主义哲学是人类思想文化智慧的结晶**。要比巨人高就要站在巨人的肩上。马克思主义哲学超越了以前的一切哲学，是因为它汲取了人类哲学史上的全部精华，特别是人类哲学史上唯物主义和辩证法的优良传统与科学成果。具体来说，德国古典哲学中黑格尔的辩证法和费尔巴哈的唯物主义是马克思主义哲学的直接理论来源。马克思主义哲学对黑格尔的唯心主义辩证法和费尔巴哈的人本主义唯物主义进行了革命地改造，继承了唯物主义的"基本内核"，汲取了辩证法的"合理内核"，实现了两大有机统一：一是实现了唯物主义和辩证法的有机统一，让唯物主义贯穿着辩证法形成辩证唯物主义，让辩证法建立在唯物主义基础上形成唯物辩证法；二是实现了自然观和历史观在人类社会实践基础上的有机统一，彻底地解决了思维与存在这一哲学基本问题。马克思找到了社会物质生活资料生产这一历史的现实基础，发现了物质性的经济关系这一历史的决定因素，发现了人类历史的发展规律，从而创立了唯物史观。

——**马克思主义哲学正确地揭示了自然、社会、思维发**

展的最一般的规律。自然、社会、思维发展的规律是客观且不以人的意志为转移的，没有发现不等于不存在，不愿意去真实反映规律不等于能否认规律。资产阶级思想家出于对既有社会制度的维护总是自觉不自觉地去曲解对规律的认识。而马克思主义哲学不仅对人类社会发展的一般规律的把握是真实、深刻、准确的，而且对这些规律的揭示和阐释同样展现了强大的逻辑力量与超凡的学术魅力。19 世纪末，曾有一批资产阶级学者围剿马克思《资本论》，绞尽脑汁，百般挑剔，最后不得不慨叹道："从立场上批判马克思容易，从理论上否定马克思很难。"为什么很难？是理论的无懈可击，是逻辑的不可辩驳。马克思有一句名言："理论只要说服人〔ad hominem〕，就能掌握群众；而理论只要彻底，就能说服人〔ad hominem〕。所谓彻底，就是抓住事物的根本。"[4]这正是对马克思主义哲学逻辑力量最好的注解。

——**马克思主义哲学生长于工人阶级的伟大实践**。哲学的诞生与发展离不开具体的社会生活实践，先进的、科学的社会生活实践为哲学的诞生准备了肥沃的土壤。19 世纪中叶资本主义内部矛盾日益激化，欧洲先后爆发了英国工人的宪章运动、法国里昂工人起义和德国西里西亚纺织工人起义等三次大的工人运动。这标志着工人阶级作为一支独立的政治力量登上历史舞台的同时，也为马克思主义哲学奠定了坚实的实践和阶级基础。马克思主义哲学就是诞生在工人运动的凯歌进中，马克思主义哲学从诞生起就与工人阶级争取自由解放的运动同成长、共进退；与人类社会发展进步的大趋势步调一致，相呼应和。

当我们理解了这一切，对以下这些现象就不会感到奇怪和惊讶了：

——法国哲学家萨特（Sartre，1905—1980年）后期曾经下大工夫于他的代表作《辩证理性批判》，旨在以"人学辩证法"代替"唯物辩证法"，但到晚年却向学生忠告：马克思是一座不可被超越的思想高峰。

——又一个法国哲学家德里达（Derrida，1930—2004年），本不是马克思主义者，可在20世纪90年代整个西方世界欢呼苏东剧变的背景下，力排众议"向马克思致敬"。德里达的解构主义哲学和马克思主义哲学大相径庭，他的致敬当然不等于服膺，我们决不能接受用解构主义来解构马克思主义哲学。

——1999年，英国剑桥大学文理学院教授们发起评选"千年第一思想家"，结果是马克思位居第一；同年9月，英国广播公司（BBC）又以同一命题在全球互联网上公开征询投票一个月，仍然是马克思位居第一。2005年7月，英国广播公司又以古今最伟大的哲学家为题，调查了3万名听众，结果马克思以27.93%的得票率荣登榜首，英国本土自己的大哲学家休谟在占尽主场优势的情况下，以十多个百分点的差距排在第二。

这样的现象在过去不断地发生，在未来也必将更加频繁地出现。马克思、恩格斯和马克思主义哲学以其无可置疑的科学性，彻底赢得了世界的尊重，尤其是他的反对者的敬重。马克思主义哲学代表了工人阶级这一先进生产力，体现了历史发展的规律和趋势，代表了工人阶级和广大人民的根本利益。

二、以立场获得力量

不同的人会有不同的哲学，不同的人又需要不同的哲学。有钱的人怕世乱，当皇帝的求长生……既然社会有了阶级，有了分化，就不要去掩耳盗铃认为猫鼠能同心。

可是马克思以前的众多哲学都自觉不自觉地把自己视为一切人的哲学，其实透过言不由衷的普适呓语，不过是有闲阶级、剥削阶级的遮羞布、定心丸和兴奋剂罢了。毛泽东一针见血地指出："在阶级社会中，每一个人都在一定的阶级地位中生活，各种思想无不打上阶级的烙印。"[5]

马克思主义哲学旗帜鲜明地把自己当作工人阶级和劳动人民认识世界的科学方法论、改造世界的强大思想武器。马克思主义哲学具有鲜明的阶级性。

马克思主义哲学的这一立场选择狭隘吗？历史发展告诉我们说，绝不。正如恩格斯所言："科学越是毫无顾忌和大公无私，它就越符合工人的利益和愿望。"[6]

姑且不论工人阶级和劳动人民从当下的情形来看是人类的绝大多数，代表了他们就代表了人类；更重要的是从社会发展来看，工人阶级和劳动人民代表了先进生产力、代表了未来、代表了进步、代表了全社会。工人阶级没有一切剥削阶级和小资产阶级的思想体系所固有的阶级狭隘性和片面性，它体现了作为历史上最先进的生产方式代表的工人阶级的根本利益，与人类彻底解放的发展趋势相一致。马克思在《〈黑格尔法哲学批判〉导言》中热情洋溢地为工人阶级和劳动人民唱起赞歌："这个阶级与整个社会亲如兄弟，汇合起来，与整个社会混为一体并且被看作和被认为是社会的总代表；在这瞬间，这个阶级的要求和权利真正成了社会本身的权利和要求，它真正是社会的头脑和社会的心脏。"[7]

马克思主义哲学为这样一个阶级和群体服务不狭隘、不丢脸，而且有前途、有力量。

马克思主义哲学是马克思主义科学社会主义、马克思主义政治经济学的理论支撑。正是马克思主义哲学，让工人阶级有了自己的精神武器，可以在它的指导下去批判旧世界，创造新世界。

——**马克思主义哲学为打碎这个旧世界的合理性提供了理论支持**。通过对剩余价值的揭示，让世界明白，原来不是资本家在养活劳动者，而是劳动者通过自己的劳动创造着财富、积累着资本，反过来却又被资本奴役。这是多么的不合理，多么的荒谬，怎么不应该被消灭？

——**马克思主义哲学为打碎这个旧世界的必然性与可能性作出了理论说明**。"辩证法在对现存事物的肯定的理解中同时包含对现存事物的否定的理解，即对现存事物的必然灭亡的理解；辩证法对每一种既成的形式都是从不断的运动中，因而也是从它的暂时性方面去理解；辩证法不崇拜任何东西，按其本质来说，它是批判的和革命的。"[8]这一宣告"引起资产阶级及其空论主义的代言人的恼怒和恐怖"[9]，但它增强了工人阶级革命的信心与底气。

——**马克思主义哲学为构建新社会描绘了蓝图**。"代替那存在着阶级和阶级对立的资产阶级旧社会的，将是这样的一个联合体，在那里，每个人的自由发展是一切人的自由发展的条件。"[10]遵循马克思这一蓝图,"无产者在这个革命中失去的只是锁链。他们获得的将是整个世界"[11]。

马克思主义哲学也把工人阶级当作自己的物质武器,通过工人阶级实现着自己的哲学抱负,在创造新世界的同时实现人的解放,推翻那些使人成为被侮辱、被奴役、被遗弃和被蔑视的东西的一切关系,让共产主义的历史必然性走向实践。这个解放的头脑是哲学,它的心脏是无产阶级。

接受了马克思主义哲学洗礼的无产者从不因为自己的阶级身份感到羞愧,相反而备感骄傲。但以此为荣并不意味着永远去做无产阶级,无产者迟早要抛掉"无产阶级"这一称谓。只是无产者深深知道单独一个又一个的无产者靠个人的力量获得财富、改变地位是没有意义的。只有解放了全人类,最终才能解放无产阶级自己;只有消灭了整个与无产阶级相对应的社会关系,才能最终消灭掉无产阶级。

三、用实践实现革命

站在巨人肩上,只能说明比巨人高;沿着前人的路往前走也许能走很远,但毕竟还在老路上。

马克思主义哲学站在了巨人肩上又超越了巨人,在前人走过的路旁边又走出了一条新路。

这一超越、这条新路是以马克思主义哲学对实践观点的确立和对实践概念的完备规定开启的。实践性是马克思主义哲学的又一鲜明特色。

人类哲学的发展群星闪耀，但也步履蹒跚。在欧洲中世纪，哲学沦为神学的"婢女"，人"还没有获得自己或者是再度丧失了自己"[12]；在德国资产阶级革命时期，人刚从上帝那里站起来又拜倒在绝对精神的裙下。历代哲学家的思想犹如繁星但也只能星星点点，照亮一点的同时又面向了更大的黑暗；哲学只能在狭隘的领域、封闭的范围内孤立地、无为地进行思辨的自娱自乐。

但是，纯然的、与人不发生关系的客观不具有哲学意义，而思维抽象出来的纯粹逻辑理性则是对现实的颠倒，只有人的感性活动、人的实践才能将它们有机统一起来，使得哲学有了意义，世界也有了意义。马克思主义哲学第一次把实践提升为哲学的根本原则，转化为哲学的思维方式，从而创立了以实践为基础和核心的崭新形态的现代唯物主义，完成了哲学的革命，实现了哲学的创新：

——世界观不是神秘的，也不是天赋的，而是人在实践中形成的，人是通过实践活动来把握人与世界的整体关系，实践是人及社会的存在的基本方式。

——认识不是冥想、不是逻辑运动，只有实践才是认识的来源、动力、基础，并且成为检验认识之真理性的唯一标准。

——社会不是一个前置、空旷、独立的舞台，实践是人类社会得以存在和发展的依据，人们的一切社会生活究其本质是实践的。

这样的革命、这样的创新已然前无古人，但马克思主义哲学并未就此止步。马克思主义哲学不满足于哲学形态的革命、不停留于哲学方法的创新，而是更进一步走向哲学使命的革命、哲学功能的创新。

马克思主义哲学不仅以实践范畴为核心构建起了崭新完整的理论体系，更重要的是开辟了从本体论认识现实的道路，找到了哲学与改变世界的直接结合点，把实践作为哲学的最高指向。

马克思说："对实践的唯物主义者即共产主义者来说，全部问题都在于使现存世界革命化，实际地反对并改变现存的事物。"[13]这是对马克思主义哲学实践指向的最好陈述。毛泽东更是提出："让哲学从哲学家的课堂上和书本里解放出来，变为群众手里的尖锐武器。"[14]现在回过头来看，中国社会一度的"工农兵学哲学"运动其实有很多值得我们汲取的财富，轻易地忘记与抛弃实在可惜。毕竟，"批判的武器当然不能代替武器的批判，物质力量只能用物质力量来摧毁；但是理论一经掌握群众，也会变成物质力量"[15]。如果我们用一种常规的心态、学究的思维对待革命的哲学，就不仅是我们的可悲，也会是马克思主义哲学的遗憾。

四、因创新引领时代

马克思说："任何真正的哲学都是自己时代的精神上的精华。"[16]毫无疑问，诞生于19世纪的马克思主义哲学当然是那个时代精神的精华。但当我们回眸百余年历程，马克思主义哲学又确乎从来没有远离过这个世界，更不用说中国社会了。所以，**马克思主义哲学又当之无愧地成为了我们这个时代精神的精华，是充满创新性的哲学。**

这不是一厢情愿，而是马克思主义哲学的本质使然。

世界发生了变化，时代也出现了阶段性变化，但人类社会发展的必然趋势没有变化，资本主义社会的固有弊端与内在矛盾并没有消除，工人阶级的任务没有改变，人的自由而全面的解放使命没有终结，今日的人类社会依然处于工人阶级不断实现其历史使命的大时代中。科学技术进步了，生产力发展了，世界发生了自马克思主义诞生以来最醒目的沧桑巨变，人认识世界理解世界的范式、内容发生变化了，但世界的本质永远不会改变，自然界与人类社会的规律仍然不以人的意志为转移永远不会改变。"变化中的没有变"、"没有变中的变化"，决定了马克思主义哲学的基石没有被撼动，马克思对资本主义社会深刻透彻批判的这一基本事实没有变，我们依然处在马克思、恩格斯所判断的社会主义和资本主义博弈的时代，马克思主义没有过时，马克思主义哲学没有过时。

马克思主义哲学又是不断发展的。回答重大现实问题，是马克思主义哲学发展的重要经验。

19世纪40—50年代，随着资本主义社会矛盾日益尖锐化，争取人类解放的无产阶级革命运动蓬勃兴起，资本主义社会的发展规律和趋势、资产阶级的历史作用及其命运、无产阶级的神圣使命与革命道路、无产阶级政党与无产阶级专政等重大理论和现实问题历史地呈现出来。作为世界无产阶级革命的导师，马克思、恩格斯敏锐地捕捉到并创造性地回答了这些问题，系统阐明了马克思主义哲学的基本原理，为无产阶级改造世界提供了强大的理论武器。

恩格斯曾经明确将科学的发现和进步与人类的思想认识

的发展联系起来,他说:"随着自然科学领域中每一个划时代的发现,唯物主义也必然要改变自己的形式"。[17]马克思主义哲学从来不为既有的个别论断固步自封。马克思主义经典作家特别提醒,"结论要是没有使它得以成为结论的发展过程,就毫无价值。……结论若本身固定不变,若不再成为继续发展的前提,就比无用更糟糕。"[18]

马克思主义哲学的自我发展不仅体现在马克思之后,甚至发生在他们自己思想的不断完善上。马克思、恩格斯在《共产党宣言》发表24年后的1872年,在这篇经典著作的德文版序言中写道:"由于最近25年来大工业有了巨大发展而工人阶级的政党组织也跟着发展起来,由于首先有了二月革命的实际经验而后来尤其是有了无产阶级第一次掌握政权达两月之久的巴黎公社的实际经验,所以这个纲领现在有些地方已经过时了。"[19]作为工人阶级"圣经"的《共产党宣言》尚且如此,更何况一些具体的论断。

所以,马克思主义哲学是精神不是教条,这一点是马克思主义经典作家反复强调的。"我们的理论是发展着的理论,而不是必须背得烂熟并机械地加以重复的教条。"[20]为了避免一些人以马克思主义词句装点门面,到处去贴马克思主义的标签,马克思甚至多次强调"我只知道我自己不是马克思主义者"[21]。这样的话语背后是马克思对教条主义的辛辣讽刺与对马克思主义被异化的忧虑。

确实,马克思以后的哲学发展乃至社会演进中,马克思的忧虑不幸被他自己言中了。僵化马克思主义、教条马克思主义、空头马克思主义、冒牌马克思主义导致世界无产阶级革命运动受挫的同时,也在相当程度上损害了马克思主义在人们心中的形象。

进入新时代、新社会的马克思主义哲学,要继续放之四海而皆准,要继续保持理论之树常青,只有一个原则,这就是,"不丢老祖宗,又要说新话"。不丢老祖宗的精神,用老祖宗的立场、观点、方法去说我们这个时代需要我们去说的话,去说我们这个时代感兴趣的话,去说解决我们这个时代问题的话。

当年俄国的共产党人列宁面向他的革命者强调:"我们决不把马克思的理论看作某种一成不变的和神圣不可侵犯的东西;恰恰相反,我们深信:它只是给一种科学奠定了基础,社会党人如果不愿落后于实际生活,就应当在各方面把这门科学推向前进。"[22]今天推进马克思主义哲学中国化的中国共产党人就是面对着这样的要求,也要去完成这样的任务。

当然,在创新马克思主义哲学的过程中,要有解放思想的自信,但不能有自以为是的自负。轻率的傲慢、狭隘的优越会搬起石头砸自己的脚。面对社会大众对我们所主张理论产生的困惑与疑虑,面对现实中出现的理论与实践之间的冲突与矛盾,必须谨慎辨析。一种可能是理论确实跟不上实践,对此我们可以大大方方地创新理论;但也可能是实践走入了误区,可人们囿于既得利益,不愿意向理论靠拢,反而倒打一耙去否定理论、去修正理论。

马克思主义哲学可创新,但不能被肢解;可发展,但不能被歪曲;可大众化,但不能被庸俗化。

结　　语

马克思主义哲学是工人阶级的科学世界观，又是科学的方法论，为人们提供了观察和处理问题的唯一正确的立场、观点和方法，是人们认识世界、改造世界的锐利思想武器，是工人阶级政党确立正确的路线、纲领、方针、政策，建立科学的思想方法、工作方法和优良工作作风的世界观基础，用马克思主义哲学武装工人阶级政党，武装人民，加强党的建设，提高党的执政能力、领导素质和抵御各种风险的能力，是党带领人民夺取中国特色社会主义伟大胜利的理论指南和思想保证。

注　释

〔1〕《马克思恩格斯文集》第 2 卷，人民出版社 2009 年版，第 30 页。
〔2〕《马克思恩格斯文集》第 3 卷，人民出版社 2009 年版，第 602 页。
〔3〕《马克思恩格斯文集》第 4 卷，人民出版社 2009 年版，第 300 页。
〔4〕《马克思恩格斯文集》第 1 卷，人民出版社 2009 年版，第 11 页。
〔5〕《毛泽东选集》第一卷，人民出版社 1991 年版，第 283 页。
〔6〕《马克思恩格斯文集》第 4 卷，人民出版社 2009 年版，第 313 页。
〔7〕《马克思恩格斯文集》第 1 卷，人民出版社 2009 年版，第 14 页。
〔8〕《马克思恩格斯文集》第 5 卷，人民出版社 2009 年版，第 22 页。
〔9〕《马克思恩格斯文集》第 5 卷，人民出版社 2009 年版，第 22 页。
〔10〕《马克思恩格斯文集》第 10 卷，人民出版社 2009 年版，第 666 页。
〔11〕《马克思恩格斯文集》第 2 卷，人民出版社 2009 年版，第 66 页。
〔12〕《马克思恩格斯文集》第 1 卷，人民出版社 2009 年版，第 3 页。
〔13〕《马克思恩格斯文集》第 1 卷，人民出版社 2009 年版，第 527 页。
〔14〕《毛泽东文集》第八卷，人民出版社 1999 年版，第 323 页。

[15]《马克思恩格斯文集》第1卷,人民出版社2009年版,第11页。
[16]《马克思恩格斯全集》第1卷,人民出版社1995年版,第220页。
[17]《马克思恩格斯文集》第4卷,人民出版社2009年版,第228页。
[18]《马克思恩格斯全集》第3卷,人民出版社2002年版,第511页。
[19]《马克思恩格斯文集》第2卷,人民出版社2009年版,第5—6页。
[20]《马克思恩格斯文集》第10卷,人民出版社2009年版,第562页。
[21]《马克思恩格斯文集》第10卷,人民出版社2009年版,第590页。
[22]《列宁选集》第1卷,人民出版社1995年版,第274页。

立足中国实际"说新话"

——马克思主义哲学中国化

对于中国共产党人来说,马克思主义哲学中国化,就是把马克思主义哲学基本原理,即辩证唯物主义和历史唯物主义的世界观和方法论同发展的中国具体实际相结合,形成适应中国国情、具有中国风格、反映中国需要,运用中国话语体系,指导中国实践的、不断创新的哲学形态。

1958年,中共湖北省委创办《七一》杂志,时任湖北省委书记的王任重(1917—1992年)撰写《学习马克思,超过马克思》一文,派人将稿子送武汉大学校长李达(1890—1966年)征求意见。李达读后说:马克思死了,怎么超?恩格斯也没有说过超嘛!比如屈原的《离骚》,你怎么超?应当是学习马克思主义,发展马克思主义。王任重接受李达的意见,发表其文章时把题目改为《学习马克思主义,发展马克思主义》。

李达作为中国马克思主义哲学大家,他的意见很有分量。

但是,也许哲学的魅力就在于此,截然不同的看法或许同样的有意义、有价值。

1959年，还是王任重。毛泽东知道他那篇文章题目变化的来龙去脉后，对他讲过一句很有意味的话："不如马克思，不是马克思主义者；等于马克思，不是马克思主义者；只有超过马克思，才是真正的马克思主义者。"[1]是毛泽东对马克思不尊敬吗？绝对不是。毛泽东曾经有个比喻，对于共产党人来说，马克思就是我们的上帝。作为一个坚定的马克思主义者，对于理论导师的感情是不容置疑的。

毛泽东说这样的话是一时戏言吗？绝对不是。其实这是毛泽东一以贯之的认识。在这前一年，也就是1958年中共八大二次会议上，毛泽东讲得更加的形象、具体、深入。

5月8日，毛泽东在会上大声疾呼"破除迷信"，特别是"破马克思"的迷信，要"超马克思"。他说："我们大多数同志有些怕资产阶级的教授，整风以后慢慢地不大怕了。是不是还有另外的一种'怕'，即怕无产阶级教授，怕马克思。马克思住在很高的楼上，好像高不可攀，要搭很长的梯子才能上去，于是乎说：'我这一辈子没有希望了。'不要怕嘛。马克思也是两只眼睛，两只手，跟我们差不多，无非是脑子里有一大堆马克思主义。但是，我们在楼下的人，不一定要怕楼上的人。我们读一部分基本的东西就够了。我们做的超过了马克思，列宁说的做的都超过了马克思，如帝国主义论。马克思没有做十月革命，列宁做了；马克思没有做中国这样大的革命，我们的实践超过了马克思。实践当中是要出道理的。马克思革命没有革成功，我们革成功了。这种革命的实践，反映在意识形态上，就是理论。我们的理论水平可以提高，我们要努力。"[2]

毛泽东为什么要说出这样的话呢？这是中国共产党人数

十年来坚定坚持马克思主义的经验总结。一定要把马克思主义与中国实际相结合。结合了，就超过了；不断结合，就不断超过。超过，才是发展；发展，才能坚持。根据新的实践，不断推进马克思主义中国化，是坚持和发展马克思主义的必由之路。不断推进马克思主义哲学中国化，也是坚持和发展马克思主义哲学的必由之路。

一、繁荣发展的必经之路

对于中国共产党人来说，马克思主义哲学中国化，就是把马克思主义哲学基本原理，即辩证唯物主义和历史唯物主义的世界观和方法论同发展的中国的具体实际相结合，形成适应中国国情、具有中国风格、反映中国需要、运用中国话语体系、指导中国实践的和不断创新的哲学形态。

不断地推进并实现马克思主义哲学中国化，这才是真正坚持和发展马克思主义哲学，这才是为中国构建真正属于中国自己的时代哲学，这才是繁荣发展马克思主义，以及繁荣发展马克思主义哲学的正确途径。

马克思主义哲学中国化，实际上是两个方面的任务。

首先是创造马克思主义哲学中国化的理论成果，推进马克思主义哲学中国化的不断创新；其次是让马克思主义哲学原理和马克思主义哲学中国化成果为广大群众所接受、所实践，成为中国大众化的马克思主义哲学。

20世纪初，马克思主义哲学作为人类最先进的思想，随着中华民族优秀儿女寻找救国图强的真理和道路而传到中国。马克思主义哲学是放之四海而皆准的普遍真理，然而作为外来的先进思想，要真正转变成中国人民改造旧中国的巨大精神力量，发挥科学理论的指导作用，必须与中国国情、与中国先进的思想文化相结合，必须为中国人民所接受，成为中国化的马克思主义哲学。马克思主义哲学中国化的过程，一开始就是中国共产党人运用马克思主义哲学武装头脑、指导中国实践的过程，就是与中国国情、中国本土的先进思想文化相结合的过程，就是为中国人民所普遍接受的过程。马克思主义哲学中国化符合人类思想文化世界性交融的规律，马克思主义哲学中国化也正是遵循了这个逻辑。马克思主义哲学中国化，既继承了马克思主义哲学的一般真理，继承了人类社会最先进的思想，又具有中国鲜明的民族形式和特征，富有中国本土思想文化的精华材料和中国共产党人的创新内容。

马克思主义哲学的中国化，就是既要以说明中国的现实问题为中心，来开展马克思主义哲学的研究和创新；又通过马克思主义哲学的研究和创新，运用于回答中国的现实问题，实现马克思主义哲学与中国实际的结合。

实现马克思主义哲学中国化，内在地包括了马克思主义哲学的时代化、民族化、现实化和大众化。

——马克思主义哲学中国化的进程，就是马克思主义哲学时代化的进程。马克思和恩格斯曾指出："一切划时代的体系的真正内容都是由于产生这些体系的那个时期的需要而形成的。"[3]每个时代总有属于它自己的问题，准确地把握和解决这些问题，就能够把理论和实践推向前进。马克思主义哲学就是在回答和解决时代所面临的历史性课题的进程中不断创新和发展的。只有把握时代问题，认清世情，才能确定党和人民所处的时代地位和历史方位，才能把握中国发展的时代命脉和历史趋势，才能回答中国向何处去、中国通过什么样途径走在时代潮流前列的问题，才能在回答这些时代问题的同时推进哲学的升华。今天，在和平与发展成为时代主题的条件下，中国共产党人坚持用马克思主义哲学的宽广眼界观察世界，科学判断时代条件和世界发展趋势，认真吸取世界上一切民族和国家的先进文明，带领中国人民紧跟时代前进潮流，成功地走出了中国特色社会主义道路。同时，在中国特色社会主义实践和理论创新过程中，创造性地推进了马克思主义哲学的中国化。

——**马克思主义哲学中国化的进程，就是马克思主义哲学民族化的进程**。世界的就是民族的，民族的也是世界的。世界是由不同民族、不同国家组成的，世界是"一般"，民族国家是"特殊"，世界寓于民族国家之中。马克思主义哲学揭示了世界的普遍规律，其世界观、方法论适用于一切民族国家。然而，马克思主义世界观方法论要成为具体民族国家的指导思想，必须与特殊民族国家的国情相结合，实现马克思主义哲学的民族化，即本土化。马克思指出："理论在一个国家实现的程度，总是决定于理论满足这个国家的需要的程度。"[4]马克思主义哲学及其在实践中的应用必须要结合实际情况，具体问题具体对待。所谓国情，就是特殊民族国家的国情。所谓中国特色，就包含了中华民族的民族特色、包含了中华民族国家的特殊性。马克思主义哲学中国化，也要实现马克思主义哲学的民族化，就是要与中国民族国家的特殊性相结合。推进马克思主义哲学中国化，就要注重中华民族的特殊性，要研究民族的现实需要，继承民族的优秀文化，创造民族的特殊形式，形成民族的特色风格。只有同中国具体民族特性相结合，吸收中华民族文化的优秀思想和优秀表达形式，以中华民族的话语体系表达出来，充分体现中国气派、中国风格和中国特色，具有中华民族的特殊表达形式和丰富的民族文化特性，才是真正中国化的马克思主义哲学。

——马克思主义哲学中国化的进程，就是马克思主义哲学现实化的进程。马克思主义哲学产生于活生生的现实，而马克思主义哲学要保持自身生命力，必须不断地与现实相结合。马克思主义哲学中国化要不断伴随着现实的发展、适应现实的需要而不断丰富发展，这就必须不断地依据现实，开拓新的研究领域，提出新的研究课题，解决新的问题。我国正处于社会主义改革开放和现代化建设的伟大时代，现实提出了大量时代课题需要马克思主义哲学来回答，中国化的马克思主义哲学必须在回答这些重大问题的过程中发展自己、充实自己、丰富自己。

——马克思主义哲学中国化的进程，就是马克思主义哲学大众化的进程。马克思主义哲学本质上就是大众哲学，而不是少数人的哲学。马克思主义哲学大众化的过程也就是马克思主义哲学中国化的过程。首先，马克思主义哲学的基本立场是站在工人阶级及其广大人民的立场上，是实现全人类解放的思想武器，没有大众化，就没有马克思主义哲学，马克思主义哲学是为大众的哲学；其次，人民群众的创造性实践是马克思主义哲学的源泉，没有大众化，也不可能推进马克思主义哲学中国化，马克思主义哲学是来自大众的哲学；最后，马克思主义哲学只有为群众所掌握，才能转变为巨大的物质力量，没有大众化，马克思主义哲学就会被束之高阁，转化不成巨大的实践力量，马克思主义哲学是为大众所用的哲学。

二、自觉站在巨人肩上

马克思主义哲学中国化既不是对马克思主义哲学原理的照抄照搬，也不是单起炉灶另开张。马克思主义哲学中国化的根基在"马克思主义哲学"，发展在于回答中国问题。马克思主义哲学中国化就是在把握马克思主义哲学精髓的基础上，坚持马克思主义哲学的基本立场、观点和方法，运用马克思主义哲学的世界观、方法论解决实际问题，发展马克思主义哲学。

借助马克思主义哲学的"望远镜"和"显微镜"

唐朝诗人王之涣（688—742年）有诗云："欲穷千里目，更上一层楼。"其实，要想看得远、看得真不仅要登高还要有装备。毛泽东在延安时就把马克思主义比作"望远镜"。马克思主义哲学就是观察问题、分析问题的"望远镜"和"显微镜"。望远镜看得远，高瞻远瞩；显微镜观察入微，透现本质。马克思主义哲学"望远镜"和"显微镜"的功能，体现在马克思主义哲学世界观、方法论的功力上。

马克思主义哲学经典著作凝结着马克思主义经典作家的心血和智慧，包含着马克思主义哲学立场、观点、方法，可谓博大精深。可以说，每一部哲学经典著作都是一座金矿，闪耀着人类哲学智慧的光芒，为人们提供科学的理论指导和宝贵的精神滋养。学习马克思主义哲学，全面把握马克思主义哲学各个组成部分之间内在的、有机的联系，深刻理解马克思主义哲学精神实质和思想精髓。学会运用马克思主义哲学立场、观点和方法，仅仅阅读二三手资料是不行的，唯一有效的办法，就是原原本本地精心研读马克思主义哲学经典作家的原著。

1884年8月13日，恩格斯在给格奥尔格·亨利希·福尔马尔的信中指出：研究原著本身，"不会让一些简述读物和别的第二手资料引入迷途"[5]。1890年9月，在致约瑟夫·布洛赫的信中，他再次写道："我请您根据原著来研究这个理论，而不要根据第二手的材料来进行研究——这的确要容易得多。……可惜人们往往以为，只要掌握了主要原理——而且还并不总是掌握得正确，那就算已经充分地理解了新理论并且立刻就能够应用它了。在这方面，我不能不责备许多最新的'马克思主义者'，他们也的确造成过惊人的混乱……"[6]1894年10月4日，他在为《资本论》第三卷写的序言中指出："一个人如果想研究科学问题，首先要学会按照作者写作的原样去阅读自己要加以利用的著作，并且首先不要读出原著中没有的东西。"[7]

毛泽东一直大力提倡干部要读马列著作。1939年，毛泽东与马列学院的学员谈话时指出："马列主义的书要经常读。《共产党宣言》，我看了不下100遍，遇到问题，我就翻阅马克思的《共产党宣言》，有时只阅读一两段，有时全篇都读，每读一次，我都有新的启发。……读马克思主义理论在于应用，要应用就要经常读，重点读。"[8]延安整风时他说，我们党内要有相当多的干部，每人读一二十本、三四十本马恩列斯的书,我们有这样丰富的经验,有这样长的斗争历史,如果还读了这些马恩列斯的著作,我们党就武装起来了,我们党的水平就大大提高了。1945年,毛泽东在七大上又特别提出要读《共产党宣言》、《社会主义从空想到科学的发展》、《两个策略》、《"左派"幼稚病》和《联共党史》5本马列著作。1949年,在革命即将取得全国胜利的时候,根据毛泽东的提议,党的七届二中全会决定"干部必读"12本马列主义著作。1963年,毛泽东又提出学习30本马列著作的意见。工人阶级政党的导师们关于学习马克思主义经典文献的训诫,理所当然包括学习马克思主义哲学经典。

当然,马克思主义博大精深,卷帙浩繁。《马克思恩格斯全集》中文第1版就有50卷,《列宁全集》中文第2版也有60卷,总字数有几千万字,哲学思想贯穿其中。这是一般人难以通读的。但站在马克思主义哲学系统化、整体化的角度来看,如果只去阅读一两本马克思主义哲学教科书,是难以深刻把握马克思主义哲学的丰富内涵和精神实质的。

有人用邓小平"学马列要精,要管用"[9]的话,为不读哲学经典的行为辩护。其实,邓小平那是针对全党讲的,既包括领导干部,也包括普通干部和群众,对于自觉担负马克思主义哲学中国化历史使命的同志,对于领导伟大的党、伟大的人民完成伟大事业的同志,怎么能不去研读哲学经典?不能把"学马列要精,要管用"同研读马恩经典著作对立起来。别忘了邓小平同时还讲过一句话"长篇的东西是少数搞专业的人读的"[10],也就是说,搞哲学研究的人是必须读哲学大本本的。

更进一步看，对于中国共产党人来说，对于坚信马克思主义的人来说，读哲学经典，也是对自己哲学信仰的忠诚、对主义的致敬、对信念的不懈追求。不读怎么能信，不读又怎么去体现信？

牢牢把握实事求是的马克思主义哲学精髓

发展马克思主义首先要搞清楚什么是马克思主义。一百多年来，马克思主义的实践波澜壮阔，马克思主义的理论博大精深，马克思主义的论断灿若星辰。不同时期、不同国度的"马克思主义者"又对马克思主义有着结合新的时间、地点和条件的新认识，搞清楚什么是马克思主义确实不是一件容易的事情。我们中国共产党人曾经也有一段时间对马克思主义的认识出现过偏差，用邓小平的话讲，就是没有搞清楚什么是马克思主义。但是没有搞清楚就要犯错误，就要吃苦头。

恩格斯强调，"马克思的整个世界观不是教义，而是方法。它提供的不是现成的教条，而是进一步研究的出发点和供这种研究使用的方法。"[11]马克思主义的具体结论、具体论断、具体原理可以随着时间、空间、地点诸条件的变化而发生变化，可是作为世界观方法论的哲学，因其揭示的是事物发展最一般的规律，而"放之四海而皆准"。学习掌握马克思主义，从根本上来说，首先是学好马克思主义哲学。学好马克思主义哲学，终生受益。对马克思主义哲学不能断章取义、叶公好龙。把握住了马克思主义哲学，也就搞清楚了什么是马克思主义。

邓小平晚年很谦虚地说："我读的书并不多，就是一条，相信毛主席讲的实事求是。过去我们打仗靠这个，现在搞建设、搞改革也靠这个。"[12]其实这既是大谦虚更是大自信，掌握了实事求是的哲学精髓，还有什么事情做不好？邓小平称自己是"实事求是派"，实在是意味深长。中国共产党人坚持"实事求是"的马克思主义哲学精髓，创造性地把马克思主义的一般原理应用于中国的"具体环境"和"特殊条件"，形成中国化的马克思主义和中国化的马克思主义哲学。

不丢老祖宗，又要说新话

"世易时移，变法宜矣"，顺应时代的变化不断创新，是中国社会一以贯之的传统。早在《易经》中就有"与时偕行"的要求，偕行就是要适应变化的需要而不断说新话，走新路，向前奔。中国共产党人同样是如此。不要以为只有毛泽东说过"不如马克思，不是马克思主义者；等于马克思，不是马克思主义者；只有超过马克思，才是真正的马克思主义者"，后来邓小平同样讲过类似的话："不以新的思想、观点去继承、发展马克思主义，不是真正的马克思主义者。"[13]怎么理解伟人们的这些话呢？其实就是走中国自己的路，不断地把马克思主义哲学中国化。

决不能把马克思主义哲学看作某种一成不变的和神圣不可侵犯的东西，要防止不思进取的"我注六经"，反对到马克思主义哲学经典著作的字里行间去找什么九鼎之言，更反对用马克思主义哲学经典作家的个别结论教训他人。马克思主义哲学中国化不丢老祖宗，但必须说新话。我们讲超越，不是丢弃，更不是否定，而是站在"巨人的肩上"往前走。

只有真正的坚持，才会有真正的超越。

马克思主义哲学中国化是"创造性的马克思主义"哲学，不是"教条式的马克思主义"哲学[14]，更不能是"被修正的马克思主义哲学"。

在20世纪初马克思主义进入中国之始，中国共产党人便开始了说新话的过程。马克思主义从来没有设想社会主义革命会在一个落后的农业社会走向成功，所以，"农村包围城市"就是新话，"枪杆子里出政权"更是新话，山沟里的马克思主义不说新话就不可能成为中国需要的、能在中国走向成功的马克思主义。而马克思主义哲学中国化的过程，既是中国共产党人运用马克思主义哲学武装头脑、指导中国实践的过程，更是与中国国情、中国优秀思想文化，包括与中国话语体系相结合，并为中国人民所接受的过程。说新话的过程也就是时代化、中国化、大众化的进程。

三、深深扎根在中国大地

马克思主义哲学中国化要真正在中国大地上生根发芽、枝繁叶茂，一定要立足中国国情，彰显中国风格，使用中国话语，要能为开辟中国道路、解决中国问题、总结中国经验提供理论支撑与思想保障。离开中国的实际，离开中国的实践谈马克思主义哲学中国化没有任何意义。

立足中国国情

马克思认为，一个社会发展的条件不是人们自己选定的，而是直接碰到的、既定的、从过去继承下来的。人们不可能避开这些因素和这些因素所带来的既定状态。国情就是这样一种因素。一个国家的历史文化、经济状况、发展程度都是不可选择的，都是既定的，甚至是特定的。任何主义、思想、理论如果不与具体的国情相适应，就会水土不服，甚至误国误民。顺应了国情，则不仅理论有大发展，实践更会有大收获。

20世纪30年代，"左"倾教条主义者在中国盲目搞"城市暴动"就是因为在哲学世界观、方法论上脱离了中国国情。毛泽东"农村包围城市"的中国革命正确的战略策略则是由于把马克思主义哲学世界观方法论用于对中国国情的深刻洞察而得出的正确结论。山沟里的马克思主义哲学思维之所以能超过吃洋面包的"钦差大臣"的哲学思维，引导中国革命取得胜利，就是基于对中国国情的深刻哲学认知与自觉哲学顺应。

20世纪70年代末，邓小平坚持四项基本原则，推动改革开放，坚持发展是硬道理，坚持以经济建设为中心，正是在运用马克思主义哲学世界观、方法论深刻把握社会主义初级阶段这一基本国情的基础上作出的重大战略选择。

中国今天远没有走出社会主义初级阶段，这一发展阶段至少要有百年甚至更长时间。但是毕竟经过三十多年的改革发展，当下的中国呈现出一系列与过去很不一样的"阶段性特征"，社会体制深刻变革，社会结构深刻变动，利益格局深刻调整，思想观念深刻变化，经济社会发展面临的主要问题也发生了重大转换。这就要求我们，必须运用马克思主义哲学世界观、方法论不断地与变化了的今日中国国情相结合，作出新判断、新回应与新举措。

解决中国问题

把马克思主义哲学中国化不是为了装点门面，不能变成只是拿在手上的箭，连说"好箭"就是不发射。好箭是用来射特定目标的"的"的。马克思主义哲学中国化就要"有的放矢"，拿"马克思主义哲学"这个"矢"，射中国这个"的"，解决中国问题。

我们要通过马克思主义哲学中国化解决什么问题呢？

一是为实现国家富强、民族复兴的"中国梦"奠定哲学基础。国家不富强，就会被开除"球籍"；民族不复兴，无颜担当龙的传人。我们要在马克思主义中国化理论成果的指导下，让一个曾经饱受异族列强欺侮、目前尚是发展中国家的中国，经济发展、政治昌明、文化繁荣、共同富裕、社会和谐，到21世纪中叶成为富强民主文明和谐的社会主义现代化国家巍然屹立在世界东方；让一个能彰显五千年灿烂文化、能传承五千年悠久文明、能把自己的价值观与世界共享、能用自己的软实力促进世界共荣共进的中华民族傲然屹立于世界民族之林。

二是为实现人民富裕、人民当家做主的"中国梦"提供哲学支持。中国社会发展最根本的、也是最高的目标是让中国人民自己当家做主过上更加富裕、更加有尊严的生活，让亿万中国人民能实现每个人的自由全面的发展。我们要在马克思主义中国化理论成果的指导下，充分尊重人民群众的主体地位，充分发挥人民群众主人翁的积极性，让人民群众自己当家做主，实现自己的发展，建设自己的国家。始终注意让中国社会的一切发展都由人民群众主导，由人民群众决定；始终注意让中国社会发展的一切成果，包括物质成果和精神成果都能为人民群众共享。

三是为实现"中国梦"而选择的中国特色社会主义正确道路作出哲学指南。实现社会主义现代化强国的"中国梦"，必须有一条正确的实现途径，这就是中国人民在党领导下独立自主创造的中国特色社会主义道路。中国共产党人奋斗历史、中国社会主义建设历史、中国特色社会主义伟大实践，雄辩证明这条道路是唯一可行之路，只有通过这条道路才能完成社会主义现代化和中华民族复兴的伟大历史使命。中国特色社会主义理论体系是坚定不移地走这条道路的理论保证，中国化的马克思主义哲学则是最重要的哲学武器。

进行中国创造

马克思主义哲学中国化过程中的中国创造是一个不断深化的过程，也是一个不断深化的行为。总的来说可以用"结合"这一说法来涵盖，但一定要意识到"结合"是内在有机的，是包含不同层次的，是需要不断演进的。

马克思主义哲学与中国实际结合，绝不是马克思主义哲学与中国具体实际的简单机械的"相加"，这并不等于"马克思主义哲学中国化"。更何况"相加"主要是一种外在的行为，捆绑式的"相加"两者并没有真正合到一起，并没有变成一个东西，外力一旦失去便依然你是你、我是我。而"结合"最基本的要求就是相互需要、水乳交融，你中有我、我中有你，进而难分彼此、不分彼此。

从"相加"走向"启蒙教育"是"结合"的真正开

始，但这也只是第一步。当然，马克思主义哲学与中国实际的结合，首先是马克思主义哲学要为中国人民所接受。这就需要用马克思主义哲学来"启蒙教育"中国人民，武装中国人民的头脑。这一阶段很重要，但这一阶段不是全部，也不能成为全部。20世纪早期中国共产党在革命中的很多失误与挫折，皆是"启蒙教育"传播过程中马克思主义哲学被教条化而导致的。"启蒙教育"在让中国社会了解马克思主义哲学、接受马克思主义哲学并且认可马克思主义哲学权威方面确实有大功，但是当仅仅满足于做马克思主义的"传声筒"，在这种状态下止步不前的时候，就出问题了，并且是大问题。

马克思主义哲学中国化的"化"的工作，最终一定要体现在马克思主义哲学中国化新形态的创立中，一定要实现实质性飞跃，从两个相关对象创造性地整合成为"一个有机的整体"，一个在内容和形式上真正体现"中国特色、中国风格、中国气派的马克思主义哲学"新形态。要达到这个目标，就一定还要有一个马克思主义哲学自身被"化"、被中国"化"的过程。马克思主义哲学"化"中国与马克思主义哲学被中国"化"有机结合起来，才是真正的马克思主义哲学中国化。

我们要依据马克思主义哲学的真精神，以发展和创新为核心，把中国革命、中国建设、中国改革、中国发展的实践中形成的思想观念、思维方式、价值取向、道德理念、气势境界等等，从具体的实践形态总结、提炼为抽象的理论形态，"创造建设"出马克思主义哲学中国化的新形态。这不仅是中国哲学发展的需要，这也是批判的革命的马克思主义哲学本身发展的内在要求，是马克思主义哲学强大生命力之所在。

彰显中国风格

既然是马克思主义哲学中国化，就一定要有中国的形式、中国的风格、中国的特点、中国的气派、中国的语言，概言之，要有"中国味"。这中国味，就是几千年来积淀在中华民族生命和血液中的中国情感、中国意志、中国愿望、中国思维、中国话语等等，概括来讲，就是中国文化的精、气、神。我们不可能离开自己国家与民族的优秀文化和传统去进行马克思主义哲学中国化的工作。

对于在马克思主义哲学中国化过程中彰显中国风格，毛泽东有段话讲得十分到位："马克思主义必须和我国的具体特点相结合并通过一定的民族形式才能实现。……离开中国特点来谈马克思主义，只是抽象的空洞的马克思主义。因此，使马克思主义在中国具体化，使之在其每一表现中带着必须有的中国的特性，即是说，按照中国的特点去应用它，成为全党亟待了解并亟须解决的问题。洋八股必须废止，空洞抽象的调头必须少唱，教条主义必须休息，而代之以新鲜活泼的、为中国老百姓所喜闻乐见的中国作风和中国气派。"[15]我们现在有些同志在理论创新中特别喜欢引进"洋概念"，捣鼓"洋名词"，显摆"洋教条"，不仅百无一用还令群众生厌，其实是离开了中国实践，丢掉了中国风格。

对于马克思主义哲学中国化来说，中国风格主要属于形式方面的范畴，但这一形式直接制约着马克思主义哲学内容在中国的充分实现与有效发扬。因而，中国风格之于马克思主义哲学中国化同时又具有了内容的属性，对这一点要有足够的认识。

四、实现中国化的伟大飞跃

只从马克思主义哲学那里拿来只言片语、个别结论，就算确实是"一句顶一万句"也是完全不行的。更何况宏大的实践需要系统的理论来指导，马克思主义哲学中国化只有成为了科学系统的理论才能指导中国革命建设和改革发展的伟大实践。毛泽东指出："任何国家的共产党，任何国家的思想界，都要创造新的理论，写出新的著作，产生自己的理论家，来为当前的政治服务，单靠老祖宗是不行的。"[16]中国共产党高度重视哲学社会科学的建设与创新。**九十多年来，中国共产党人在把马克思主义哲学与中国实际相结合形成哲学理论指导方面实现了两大飞跃**。第一个飞跃是创造了马克思主义哲学与中国实际相结合的第一个哲学形态——毛泽东哲学思想；第二个飞跃就是在毛泽东哲学思想基础上，形成了中国特色社会主义理论体系的哲学思想，这是马克思主义哲学中国化最新成果的第二个哲学形态。经过几代中国共产党人和理论工作者的共同努力，不断推进和创新马克思主义哲学中国化，使马克思主义哲学在东方的中国扎下根来，发展起来。

毛泽东哲学思想是马克思主义哲学中国化的第一个成熟的理论形态。

毛泽东哲学思想形成于革命战争实践，在社会主义建设的探索实践中得到丰富和充实。毛泽东哲学思想实现了马克思主义哲学中国化，丰富了马克思主义哲学的理论内容和表现形式，使马克思主义哲学在中国生根发芽枝繁叶茂，为中国人民所接受，转化成巨大的革命力量和建设力量。

毛泽东哲学思想集中体现在毛泽东的《反对本本主义》《矛盾论》《实践论》《论持久战》《论十大关系》《关于正确处理人民内部矛盾的问题》《人的正确思想是从哪里来的》《学习马克思主义的认识论和辩证法》等著作中。大致举要如下：

——**"实事求是"是对中国化的马克思主义哲学精髓的科学抽象**。毛泽东从马克思主义哲学世界观和方法论的高度，用中国传统哲学特有的方式和语言，把马克思主义哲学最基本的实践观点和马克思主义认识论加以中国化，概括为"实事求是"，形成中国共产党思想路线的核心。这是毛泽东哲学思想的精髓和根本点，是毛泽东对马克思主义哲学中国化的最突出、最重要的贡献。

——**"矛盾论"是对中国化的马克思主义哲学唯物辩证法的高度概括**。毛泽东用极富个性色彩的语言表述了在唯物辩证法上的新认识。他全面论述了对立统一学说，概括为"矛盾论"，在对矛盾斗争性和统一性、矛盾普遍性和特殊性、主要矛盾和矛盾主要方面等内容的论述方面有了质的新飞跃，对马克思主义哲学辩证法作出了重大贡献。毛泽东从哲学高度总结自然科学的新发展、新成果，运用对立统一的观点着重指出物质的内部矛盾性和物质无限可分性，深化了自然辩证法思想；对社会主义社会矛盾进行了科学分析，提出了社会主义基本矛盾、主要矛盾和人民内部矛盾新思想。

——**"实践论"是对中国化的马克思主义哲学认识论

的理论升华。毛泽东以马克思主义实践观点为基础，以认识和实践的辩证统一为中心，系统地论述了辩证唯物主义能动的革命的反映论。毛泽东将认识过程概括为由实践到认识和由认识到实践的两个飞跃过程，并且突出强调后一飞跃的重要意义，"通过实践而发现真理，又通过实践而证实真理和发展真理"[17]，突出了马克思主义认识论的能动性。毛泽东从哲学的认识论性质和认识论功能的高度，强调唯物主义认识论、辩证法、历史观三者"一体化"，实现马克思主义普遍原理同本国革命具体实践相结合，充分发挥马克思主义哲学的社会实践功能。1963年5月，毛泽东在杭州会议上的讲话中说：唯物论、唯心论、世界观、辩证法，都是讲的认识论。1964年8月，他在《关于坂田文章的谈话》中把这一思想作了进一步的概括，精辟地指出：什么叫哲学？哲学就是认识论，不是别的。

——"群众观"是对中国化的马克思主义哲学历史观的精辟浓缩。毛泽东把历史唯物主义关于人民群众是历史的创造者的原理系统地运用在中国共产党的全部活动中，形成了思想方法和工作方法的群众观点，形成了党的群众路线，形成了一切从人民利益出发的根本宗旨，构成了毛泽东思想活的灵魂的三个基本方面之一。毛泽东把马克思主义哲学唯物史观精辟地概括为"一切依靠群众，一切为了群众""从群众中来，到群众中去""为人民服务""为人民谋利益"等基本观点。毛泽东强调指出：共产党必须一切为了群众，一切依靠群众；要取得正确的领导意见，必须坚持从群众中来，到群众中去；人民所需要的东西的总和就是政策，"任何一种东西，必须能使人民群众得到真实的利益，才是好的东西"[18]。

——**"哲学大众化"是对中国化的马克思主义哲学普及工作的深刻总结**。毛泽东大力倡导并且毕生致力于哲学的解放事业,强调哲学群众化,主张普及哲学。"让哲学从哲学家的课堂上和书本里解放出来,变为群众手里的尖锐武器。"[19]延安时期的新哲学运动,当年吸引了众多人参加的工农兵学哲学,以及改革开放新时期实践是检验真理的唯一标准的大讨论等,在革命、建设和改革不同历史时期的中国社会形成一道亮丽的风景线。这些思想和行为极大地提高了中国共产党的理论思维能力。

中国特色社会主义理论体系的哲学思想是马克思主义哲学中国化的第二个创新的理论形态。

中国特色社会主义理论体系包括邓小平理论、"三个代表"重要思想、科学发展观以及习近平系列重要讲话精神等,中国特色社会主义理论体系的哲学思想贯穿其中。中国特色社会主义理论体系的哲学思想以"解放思想,实事求是,与时俱进,求真务实"的思想路线为核心,以回答"建设什么样的社会主义、怎样建设社会主义,建设什么样的党、怎样建设党,实现什么样的发展、怎样发展"等一系列重大问题为着眼点,进一步发展了马克思主义哲学唯物论、认识论、辩证法、历史观和自然观。

——**"解放思想,实事求是"是中国特色社会主义理论体系哲学思想的精髓**。邓小平说:"首先是解放思想。只有思想解放了,我们才能正确地以马列主义、毛泽东思想为指导,解决过去遗留的问题,解决新出现的一系列问题"[20]。解放思想要从教条主义的精神枷锁中解脱出来,放弃僵化、片面、凝固的思想观念；解放思想既看到"变"，又看到"不变"，既看到"必须变"，又看到"不能变"。邓小平指出："解放思想，就是使思想和实际相符合，使主观和客观相符合，就是实事求是。"[21]这一论断科学地阐述了解放思想与实事求是的辩证统一关系。

解放思想体现在顺应时代发展上，就是"与时俱进，求真务实"。"与时俱进，求真务实"就是理论和实践要体现时代性，把握规律性，富于创造性。做到自觉地把思想认识从那些不合时宜的观念、做法和体制的束缚中解放出来，从对马克思主义的错误的和教条式的理解中解放出来，从主观主义和形而上学的桎梏中解放出来，以马克思主义的理论勇气及时总结实践的新经验，大胆借鉴人类文明的有益成果，在理论上不断拓展新视野，作出新概括。以我们正在做的事情为中心，一切都着眼于马克思主义理论的运用，着眼于提高对实际问题的理论思考，着眼于新的实践和新的发展。

——**中国特色社会主义理论体系的哲学思想还包括一系列重大哲学创新思想**。譬如，"照辩证法办事"、"两手抓，两手都要硬"、"三个有利于"判断标准、"社会主义本质就是发展生产力和共同富裕"、"市场经济不等于资本主义，社会主义也有市场"、"改革是社会主义发展的强大动力"、"代表中国先进生产力发展方向、代表中国先进文化的前进方向、代表中国最广大人民的根本利益"、"实现以人为本、全面协调可持续发展"、"人与自然和谐相处"等。

在这里，要特别指出的是，虽然中国特色社会主义理论体系的哲学思想很丰富，也有很多的突破与创新，丰富和发展了马克思主义哲学思想、丰富和发展了毛泽东哲学思想，但毕竟中国特色社会主义理论体系尚未完成，是正在进行时。中国特色社会主义实践在不断探索发展过程中，中国特色社会主义理论体系也要不断往前走、不断深化、不断完善。所以马克思主义哲学中国化并没有停止、也不能停止。在中国特色社会主义伟大实践不断前行的过程中，继续丰富和发展中国特色社会主义理论体系的哲学思想是每一个哲学理论工作者的责任与使命。

五、真正成为大众的思想武器

马克思主义哲学具有代表工人阶级和最广大人民根本利益的理论品质，这就决定了它必须同人民群众相结合，为人民群众所理解、掌握。马克思主义哲学中国化的进程就是马克思主义哲学大众化的进程，人民群众的实践活动是马克思主义哲学中国化的深厚源泉和基础，中国化的马克思主义哲学是中国共产党和中国人民集体智慧的结晶。

启蒙大众，让群众真学

启蒙，究其本意来说就是告知人们新思想，改变人们旧观念。人的思想是最活跃的，但人的思想也是最保守的。人一旦接受了某一种思想、形成某一种观念，就会不自觉地把它当作理所当然的东西而坚守，并且在这些思想和观念的影响下行动，尽管这些思想和观念其实对他是很不利的、甚至是有害的，但他并不知觉。古希腊大哲学家柏拉图在《理想国》中讲的"洞穴影像"就是对这种现象的经典阐述。

恩格斯曾经讲过:"一切都必须在理性的法庭面前为自己的存在作辩护或者放弃存在的权利。思维着的知性成了衡量一切的唯一尺度。……只是现在阳光才照射出来,理性的王国才开始出现。从今以后,迷信、非正义、特权和压迫,必将为永恒的真理、永恒的正义、基于自然的平等和不可剥夺的人权所取代。"[22]恩格斯这段话虽然是针对18世纪的启蒙运动,那是在特定历史条件下发生于欧洲的社会、思想、文化和哲学运动,但对于今日中国社会同样有振聋发聩的作用。马克思主义哲学中国化一个首要任务就是告诉社会大众他们的力量与他们的权利,让社会大众在学习哲学的过程中发现自己的力量,觉醒自己的权利。

属于大众,让群众真懂

马克思主义哲学本质上是属于大众的哲学,而不是少数人拥有的哲学。马克思主义哲学中国化一定要让群众真懂。

"体系"是理论完备性的一种标志,但体系也只能是在理论领域的表述。理论要想进入实践领域就必须要有实践的形态。属于大众的理论一定应该是简单、清晰、明了的,为群众所欣然接受,为群众所真心信服,为群众所真正理解。为群众所懂得的哲学恰恰是理论生命力最强盛的标志、最有作为的标志、最能发挥作用的标志。要加强对马克思主义哲学中国化理论成果的宣传,清楚明白地阐述马克思主义哲学中国化的基本立场、根本原则、共同理想与奋斗目标,清楚明白地解答群众来自实践、来自生活的困惑与疑虑,让广大群众切实认识到马克思主义哲学中国化理论成果是保障他们权利、实现他们利益、促进他们发展的锐利武器，而不是相反。

为了大众，让群众真信

马克思主义哲学根本指向是为了大众的哲学，而不是为了少数人的哲学。马克思主义哲学中国化首先要让群众真信。相信才会去理解，理解才可能掌握，掌握才能去运用。要让马克思主义哲学中国化的理论成果更好地解决人民群众最关心最直接最现实的利益，更好地代表人民群众的根本利益和长远利益。

共产主义不是要让所有人都变成无产阶级，而是要通过创造社会发展的环境和条件让每一个人都能得到全面发展，是要通过消灭资产阶级的同时消灭无产阶级来实现无产阶级的整体解放。这也就是为什么恩格斯强调共产主义社会最根本的特征就是："每个人的自由发展是一切人的自由发展的条件。"[23]人类社会的发展从来都要着眼于人类的全体，而不能只是考虑部分人、少部分人。对中国共产党来说，中国社会的发展从来就是全体中国人民，是中国疆域的全部，不能是一部分人，不能是一部分地区。

当一切发展依靠人民，一切发展为了人民，与人民群众共命运等等这些马克思主义中国化的基本理论要求成为在中国社会中每时每刻都在发生的真实事情，群众就会相信它是自己的武器，群众就愿意拿它来做自己的武器。

走向大众，让群众真用

没有大众化，马克思主义哲学就会被束之高阁，不能转化为巨大的实践力量，马克思主义哲学是为大众所用的哲学。马克思主义中国化的理论成果要从书本里、文件中、会议上走出来，走进群众火热的生活、走向中国蓬勃的实践，以简明的内容、通俗的形式、大众的思维、普及的方式让群众能掌握，会运用。

马克思主义哲学理论一旦被群众掌握就会转变为巨大的物质力量。马克思主义哲学中国化的进程，就是马克思主义哲学大众化的进程。要努力让自己走向人民群众，为广大群众所认知、所接受、所实践，这样才能成为人民群众的思想武器，才能把人民群众作为自己的物质武器。

当然，就马克思主义哲学大众化来说，学、懂、信、用是一体的，不能截然分开，也是分不开的。从过程看，似乎是学了才会信，但就逻辑上讲，只有信才会去真学；从程序上看，懂了才能用，但就认识规律来看，只有实践了才会真懂，认识就是在实践中进一步提高的。当社会大众把学、懂、信、用有机统一于他们的生活与实践中的时候，马克思主义哲学也就实现了真正的大众化。

结　　语

随着时代的转换、实践的深化，马克思主义哲学中国化必然要增添新的内涵，以新的理论观点、体系建构、表现方式满足时代的要求和实践的需要。只要我们科学地运用马克思主义的立场、观点和方法，以我国改革开放和现代化建设的实际问题、以我们正在做的事情为中心，善于总结实践经验，重视探索新的实践，我们就一定能够在坚持马克思主义基本原理前提下，不断实现马克思主义哲学中国化的创新，不断开辟马克思主义哲学中国化的新境界。

马克思主义哲学中国化是一个永无止境的过程。

注　释

〔1〕王任重：《实事求是的典范——纪念毛泽东诞辰85周年》，载马社香编：《韶山档案》，中央文献出版社2001年版，第131页。

〔2〕《建国以来毛泽东文稿》第七卷，中央文献出版社1992年版，第206页。

〔3〕《马克思恩格斯全集》第3卷，人民出版社1960年版，第544页。

〔4〕《马克思恩格斯文集》第1卷，人民出版社2009年版，第12页。

〔5〕《马克思恩格斯全集》第36卷，人民出版社1974年版，第200页。

〔6〕《马克思恩格斯文集》第10卷，人民出版社2009年版，第593—594页。

〔7〕《马克思恩格斯文集》第7卷，人民出版社2009年版，第26页。

〔8〕《毛泽东读书笔记解析》上册，广东人民出版社1996年版，第242—243页。

〔9〕《邓小平文选》第三卷，人民出版社1993年版，第382页。

〔10〕《邓小平文选》第三卷，人民出版社1993年版，第382页。

〔11〕《马克思恩格斯文集》第10卷，人民出版社2009年版，第691页。

〔12〕《邓小平文选》第三卷，人民出版社1993年版，第382页。

〔13〕《邓小平文选》第三卷，人民出版社1993年版，第292页。

〔14〕《毛泽东文集》第二卷，人民出版社1993年版，第373页。

〔15〕《毛泽东选集》第二卷，人民出版社1991年版，第534页。

〔16〕《毛泽东文集》第八卷，人民出版社1999年版，第109页。

〔17〕《毛泽东文集》第一卷，人民出版社1991年版，第296页。

〔18〕《毛泽东文集》第三卷，人民出版社1991年版，第864页。

〔19〕《毛泽东文集》第八卷，人民出版社1999年版，第323页。

〔20〕《邓小平文选》第二卷，人民出版社1994年版，第141页。

〔21〕《邓小平文选》第二卷，人民出版社1994年版，第364页。

〔22〕《马克思恩格斯文集》第3卷，人民出版社2009年版，第523—524页。

〔23〕《马克思恩格斯文集》第2卷，人民出版社2009年版，第53页。

新大众哲学·2·唯物论篇

反对主观唯心主义

坚持唯物论，反对唯心论

——唯物论总论

坚持唯物论，反对唯心论，是正确地认识世界和改造世界的哲学基础。坚持唯物论，反对唯心论，在工作实践中，就要坚决反对主观主义。

人类的全部哲学，可以划分为唯物主义和唯心主义两大阵营。唯物主义主张物质是世界的本原，是第一性的；精神是物质的派生物，是第二性的。是物质决定精神，不是精神决定物质。坚持唯物论，反对唯心论，是马克思主义哲学的根本立场和基本原则。

一、全部哲学的最高问题
——关于思维与存在关系问题的大讨论

思维与存在何为世界的本原？思维与存在有无同一性？这是哲学史上的一个历久弥新的重大而基本的问题。古往今来的哲学家们苦心探索，众说纷纭，论辩莫衷一是。

20世纪后半叶，在中国哲学界展开了一场关于思维和存在关系问题的大讨论。当时，中共中央马列学院（1955年改名为中共中央直属高级党校，"文化大革命"期间停办，1977年复校时定名为中共中央党校）的教员在讲授恩格斯的《路德维希·费尔巴哈和德国古典哲学的终结》（以下简称《终结》）一书时，由于对于"思维与存在的同一性"这一命题的理解不同而引发了争论。1958年，《哲学研究》第1期刊登了一篇题为《思维和存在的同一性问题是哲学基本问题的第二个方面》的文章，引发了关于思维与存在关系问题的第一次讨论，讨论一直持续到1961年。1962年《光明日报》发表了《什么是黑格尔思维和存在的同一论》一文，引发了关于哲学基本问题的第二次讨论。

杨献珍（1896—1992年），作为中共中央直属高级党校校领导和哲学教员，参加了当时校内的关于"思维与存在同一性"问题的讨论。杨献珍是我国著名的马克思主义哲学家、理论家、教育家，是一位大革命时期就加入中国共产党的老革命家，有着光荣的艰苦卓绝的从事地下工作和监狱斗争的经历。新中国成立后，他长期担任中央党校的领导和教学工作，治学严谨，教学有方，为马克思主义哲学研究和党的干部教育事业作出了突出贡献。1959年因反对"浮夸风、共产风、瞎指挥风、强迫命令风"，遭受长达9个月的错误的批判斗争，受到降职处分，由中共中央直属高级党校校长、书记降为副校长、副书记。1964年又因提出"合二而一"而横遭打击。直到1980年8月4日，经中央书记处批准正式彻底平反，推翻了一切强加在他头上的不实之词，恢复党籍，恢复名誉，肯定了他的工作成绩。

1979年，杨献珍在《学术月刊》发表了写作于1975年的《思维和存在同一性就是唯心主义先验论》、1973年的《关于思维与存在的同一性问题的争论》和1958年的《略论两种思维的"同一性"——唯心主义的"同一性"和辩证法范畴的"同一性"》三篇文章，又引起了关于哲学基本问题的第三次讨论。

在这三次讨论中，主要就哲学基本问题是一个方面还是两个方面，思维与存在谁是第一性的、谁决定谁，二者有没有同一性的问题展开了争论。有人认为"思维与存在的同一性"是一个唯心主义命题，马克思主义经典作家从来都是把它当作唯心主义加以批判。有人则认为，马克思主义并不一般地否定思维与存在的同一性，而是反对把思维作为世界的本原、把存在作为思维的产物，反对把存在同一于思维，甚至将思维等同于存在的唯心主义。马克思主义坚持思维与存在唯物而辩证的同一性，认为存在是第一性的，思维是第二性的。思维和存在的同一，是以存在为前提、以实践为基础的唯物辩证的相互转化过程。

关于"思维与存在的同一性"问题的讨论，是在我国社会主义建设一度出现"大跃进"和人民公社运动偏差背景下展开的。在"大跃进"、人民公社化运动中，一些人主观意志膨胀，虚报浮夸成风。认为胆量等于产量，思想等于行动，甚至提出"不虚报，就不能鼓足群众干劲；不虚报，就不能促进大跃进的形势；不虚报，就于干部、群众脸上无光"。一位作家在《徐水人民公社颂》的文章中，介绍该公社创高产、"放卫星"，一亩山药120万斤，一棵白菜500斤，小麦亩产12万斤，皮棉亩产5000斤。他称颂"徐水人民公社将会在不远的期间，把社员们带向人类历史上最高的仙境，这就是'各尽所能，各取所需'的自由王国的时光"。有的人认为共产主义就在眼前，还描绘了不久的将来的美好生活:"人人进入新乐园,吃喝穿用不要钱;鸡鸭鱼肉味道鲜,顿顿可吃四个盘;天天可以吃水果,各样衣服穿不完;人人都说天堂好,天堂不如新乐园。"

"思维与存在的同一性"问题的讨论,以哲学论辩的方式曲折地反映了实际工作中实事求是与主观主义两条思想路线的斗争。主张对于思维与存在的同一性可作唯物主义理解的一方,在理论上是正确的。有的学者尽管在理论上并不主张思维与存在等同,实际上却用思维与存在的同一性为"大跃进"中的主观主义、唯意志论表现进行论证。认为"思维与存在的同一性"是唯心主义命题的一方,在理论上有值得商榷之处,但坚决反对夸大思维对于存在、精神对于物质的反作用。杨献珍就在当时的讲课中多次对"大跃进"中的主观主义、唯意志论倾向进行尖锐批评,指出办事情不讲条件的做法就是唯心主义。

思维与存在关系问题的讨论对于搞清楚哲学基本问题,正确认识和把握思维与存在的关系,仍然具有重要启发意义。

为什么思维与存在是全部哲学的重大的基本问题呢?

自从"人猿相揖别",人类学会了制造工具,运用工具进行劳动,人类及人类社会作为统一的物质世界的组成部分,就表现为物质与由物质派生的精神两大类现象,出现了精神与物质、思维与存在、主观世界与客观世界、人的认识活动与实践活动的分野。在社会生产和生活中,人们必然要直面物质和精神两大类现象,人对外部世界总要发生认识问题。"人生代代无穷已,江月年年望相似。"[1]人类世代相续,日月东升西沉,江水奔流不息。人们面对浩瀚宇宙、万千景物和四时代序，不由生发出宇宙何来、万物何来、人与周围世界是什么关系的追问；人们要生存、繁衍、发展，必须在改造世界的同时不断深化对世界的认识。

人们在日常生产和生活中，总是要思考人自身与外部世界的关系问题，要思考和处理精神与物质、思维与存在、主观与客观的关系问题。于是，思维与存在，便成为人类全部认识和实践活动与外部世界发生关系的哲学基本问题。

人类在认识世界和改造世界的过程中，逐步形成了对于世界的总体看法和根本观点，这就是哲学。哲学通过一系列概念、范畴、原理，形成从总体上说明人、说明世界、说明人与世界之关系的理论体系。哲学研究的问题众多，但它所要回答的中心问题，则是人与周围世界的关系问题。因为人是有意识的，人的意识可以把人与周围世界区别开来，可以主动地认识世界，这就产生了人的意识对周围世界存在的关系问题。哲学要说明世界的本原问题、世界能否认识的问题、世界是怎么样的问题、世界对于人的意义问题，要为人们提供总体性的世界图景，要指导人类认识世界、改造世界，评价人与现实世界的关系，为人们提供认识、改造、评价世界的观点、方法与标准。对这些问题的哲学回答，始终存在并围绕着一个必须首先回答的基本问题，就是思维与存在的关系问题，这是古今中外一切哲学不能置之度外、不能避而不答、不能超越的问题。世界上的一切事物现象，纷繁复杂，千头万绪，但归结起来，思维与存在的关系如何，是回答其他一切哲学问题的出发点，其他一切哲学问题都依附于这个问题，都是围绕这个问题，在这个问题的基础上展开的，如何回答这个问题，决定着哲学思维的路线、方向。恩格斯明确指出:"全部哲学,特别是近代哲学的重大的基本问题,是思维和存在的关系问题。"[2]

哲学基本问题是贯穿全部哲学问题之中并统率和制约其他一切哲学问题的最根本的问题,或者说最高问题。思维与存在的关系问题作为全部哲学特别是近代哲学的基本问题,有两个重要方面。

——**第一个方面是思维与存在哪个是本原的、第一性的,哪个是派生的、第二性的?** 现实世界究竟是由精神创造的,还是从来就有的?世界的本原和基础是精神的,还是物质的?这是哲学基本问题的首要方面,它规定着哲学的基本性质,贯穿于全部哲学问题之中,并规定着解决全部哲学问题的基本方向。如果坚持物质是世界的本原、是第一性的东西,就会肯定规律具有不以人的意志为转移的客观性,人们既不能创造规律,也不能消灭规律,只能认识、遵循和利用规律;若坚持精神是世界的本原、是第一性的东西,就会否认规律的客观性,或根本否认规律的存在,或者把规律视为主观思想、意志或客观精神、上帝的产物,从而陷入唯心论、唯意志论或宿命论的泥潭。

——**另一个方面是关于思维与存在有没有"同一性",即思维能不能反映存在、思维与存在能否相互转化的问题。** 恩格斯说:"我们关于我们周围世界的思想对这个世界本身的关系是怎样的?我们的思维能不能认识现实世界?我们能不能在我们关于现实世界的表象和概念中正确地反映现实?用哲学的语言来说,这个问题叫作思维和存在的同一性问题。"[3]思维与存在有没有同一性的问题,也就是世界能不能被认识、人的思维能不能正确反映并反作用于现实世界的问题。我们说"思维与存在的同一性",并非说思维等同于存在,思维与存在能够画等号。思维作为人脑的机能,能够在人的社会实践的基础上反映客观事物的性质,反映客观事物的运动发展规律;同时又能够对于人的需要、利益、愿望、要求进行自我认识,然后将客观规律和主观目的结合起来,产生科学的预见,形成实践的目标,并选择实践的方式方法、手段路径,经过现实的社会实践,将观念性的目标变成现实的事物。这是一个在实践基础上从存在到思维、又从思维到存在的过程。毛泽东曾举例说,人民大会堂现在是事物,但是在它没有开始建设以前,只是一个设计蓝图,而蓝图则是思维。这种思维又是设计工程师们集中了过去成千上万建筑物的经验,并且经过多次修改而制定出来的。许多建筑物转化成人民大会堂的蓝图——思维,然后蓝图——思维交付施工,经过建设,又转化为事物——人民大会堂。这就说明蓝图能够反映客观世界,又能够转化为客观世界;说明客观世界可以被认识,人们的主观世界可以同客观世界相符合,预见可以变为事实。[4] 人们的思想只有与客观事物相符合,才是正确的;人们的实践只有符合客观实际和客观规律,才能达到预期的目的。脱离客观实际、违背客观规律盲目蛮干,必然招致实践的失败。

哲学基本问题的两个方面分别回答了世界的本原是什么以及人的思维能否反映存在的问题。

——思维与存在何者是本原的、第一性的,通常被称作本体论问题。思维与存在何为第一性、何为本原,即谁决定谁、谁产生谁,是哲学史上唯物论与唯心论争论的焦点,是划分唯物主义和唯心主义的根本标准。恩格斯指出:"哲学家依照他们如何回答这个问题而分成了两大阵营。凡是断定精神对自然界说来是本原的,从而归根到底承认某种创世说的人（而创世说在哲学家那里,例如在黑格尔（Hegel, 1770—1831年）那里,往往比在基督教那里还要繁杂和荒唐得多）,组成唯心主义阵营。凡是认为自然界是本原的,则属于唯物主义的各种学派。"[5]

——**思维与存在有无同一性、思维能否反映存在,是一个重要的认识论问题。对于这个问题的不同回答,将哲学划分为可知论与不可知论,将相关哲学家划分为可知论者和不可知论者。**可知论肯定现实世界是可以认识的。可知论有唯物主义学派,也有唯心主义学派。黑格尔从唯心主义角度认为世界是可以认识的,世界不过是绝对精神的产物,对世界的认识实质上是对绝对精神的认识。大多数哲学家都持可知论观点,也有一些哲学家否认认识世界的可能性,至少是否认彻底认识世界的可能性,如休谟（Hume, 1711—1776年）、康德（Kant, 1724—1804年）等哲学家,主张不可知论。

二、哲学上的基本派别
——南朝齐梁时期的一场形神关系论辩

东汉末年,军阀连年混战,形成魏、蜀、吴鼎足三分格局,中国古代进入魏晋南北朝时期,该时期分为三国、西晋、东晋十六国、南北朝四个历史阶段,历时370年。在南朝齐梁之际,发生了一场关于形神关系的论辩,鲜明地反映了唯物主义与唯心主义两个哲学派别的对垒。

齐朝（479—502年）宰相竟陵文宣王萧子良（460—494年）极力倡导佛教，召集一些社会名流到府中谈佛论道，宣扬灵魂不灭、三世轮回、因果报应，主张有神论，当属唯心主义阵营。在齐朝做官的范缜（450—515年）挺身而出，力排众议，声称无佛，鲜明地主张唯物主义无神论。萧子良召集众僧与范缜辩论，不能使其屈服。又派王融（476—493年）以高官厚禄为诱饵游说范缜："以你的才干，不怕得不到中书郎的官位，为什么要发表这种违背潮流的言论呢？"范缜义正辞严地回答："卖论取官我不为。我要是卖论取官，早就做到'尚书令'或'仆射'这样的大官了，何止是'中书令'啊！"表现了其为坚持真理威武不屈的坚定立场。

梁朝（502—557年）的开国皇帝梁武帝萧衍（464—549年）也以佞佛而闻名。他笃信、痴迷佛教，四次舍身出家到同泰寺当和尚，大臣们又用巨金为他赎身。为了加强思想统治，他宣布佛教为国教，攻击神灭论"违经背亲，言语可息"，发动王公朝贵，撰写反驳神灭论的文章，试图迫使范缜放弃自己的无神论主张。范缜毫不屈服，自设宾主、自问自答，写就了《神灭论》这篇唯物主义的战斗檄文。

范缜高扬唯物主义的鲜明旗帜，明确主张"形神相即"，"神即形也，形即神也；是以形存则神存，形谢则神灭也"。而"形者神之质，神者形之用；是则形称其质，神言其用；形之与神，不得相异也"。[6]这就是说，形体是实体、本体，精神是功能、属性，形体是第一性的，精神是第二性的。人的活的形体是人的精神的载体，人的生理活动是人的精神活动的基础。精神和形体不可分离，天地间根本没有脱离形体而独立不灭的精神。范缜的唯物主义无神论有力地批判了唯心主义有神论，动摇了佛教因果报应、三世轮回说的唯心主义哲学基础。

南朝齐梁时期的这场形神关系之争，实质上就是有神论和无神论、唯物论和唯心论的论战。范缜关于形神相即、形质神用的主张，就是哲学上物质第一性、精神第二性的唯物主义观点；而萧子良等人主张神不灭论，认为精神可以脱离形体而存在，在物质世界之外还有一个佛的精神世界，实质上就是主张精神第一性、物质第二性的唯心主义观点。

在哲学史上，尽管流派众多、异彩纷呈，但归结起来，无外乎唯物主义与唯心主义两大基本派别。

唯物主义在其发展历程中，表现为古代朴素唯物主义、近代形而上学唯物主义和现代唯物主义三种形态。

古代朴素唯物主义肯定物质是世界的本原，把世界的物质统一性归结为某一种或某几种具体的物质形态。在西方、东方包括中国古代哲学中，都有朴素唯物主义的思想观点。他们在哲学基本问题上坚持了唯物主义立场，但其宇宙观和认识论具有朴素性与直观性。

在近代出现的形而上学唯物主义克服了古代唯物主义朴素直观的性质，论证了物质的客观实在性与本原性，认为意识不能没有物质的基础，心灵不能离开身体而存在，人的思想是有机物质的一种特性。然而，形而上学唯物主义用机械的观点解释世界，法国机械唯物论的代表人物拉美特利（La Mettrie，1709—1751年）甚至认为人也是一架机器，人和动物的不同之处，不过是比动物这种机器多了几个齿轮、几条弹簧而已，其间只有位置的不同和力量程度的不同，而绝没有性质上的不同；事物对于人的感官的刺激所引起的认识就像提琴的一根弦或钢琴的一个键受到震动而发出一个声响一样；用孤立、静止、片面的观点看世界，看不到事物的联系、运动、变化和发展；不能把唯物主义贯彻到底，把人的意识作为社会发展的最终根源，在历史观上陷入了唯心主义。

马克思、恩格斯总结工人阶级革命实践经验，概括自然科学和社会科学发展的成果，批判吸取黑格尔哲学中辩证法的"合理内核"和费尔巴哈（Feuerbach，1804—1872年）哲学中唯物主义的"基本内核"，创立了现代唯物主义哲学——马克思主义哲学，把唯物主义发展到一个新的阶段。马克思主义哲学实现了唯物论与辩证法、唯物主义自然观与唯物主义历史观的统一，是完备的唯物主义，是迄今为止唯物主义的最高形式。

唯心主义有主观唯心主义和客观唯心主义两大基本形式。

主观唯心主义把人的思维、精神、意识、观念视为第一性的东西，作为世界的本原，认为万事万物由人的主观意识产生并存在于主观意识之中，否认外部世界及其规律的客观性。客观唯心主义则是把某种"客观精神"说成是先于并独立于物质世界而存在的，是第一性的，是世界的本原；物质世界则是"客观精神"的产物，是第二性的。古今中外的唯心主义尽管表现形式各异，但都把精神作为第一性的，作为世界的本原。

在中国南宋时期，发生的中国哲学史上有名的"鹅湖之会"，就是客观唯心主义与主观唯心主义两个流派之间的一场辩论。以程颢（1032—1085年）、程颐（1033—1107年）兄弟和朱熹（1130—1200年）为代表的程朱理学和以陆九渊（1139—1193年）、王阳明（1472—1529年）为代表的陆王心学是中国古代哲学中客观唯心主义和主观唯心主义的两个具有代表性的学派。朱熹是程朱理学的集大成者，陆九渊则是陆王心学的代表人物。二者虽然都是唯心主义者，但又存在着客观唯心主义和主观唯心主义的观点分歧。1176年6月，南宋理学家吕祖谦（1137—1181年）为了调和朱熹和陆九渊的理论分歧，期望他们的思想观点能够"会归于一"，便出面邀请陆九龄（1132—1180年）、陆九渊兄弟到江西上饶的鹅湖寺与朱熹谈学论道。朱熹认为在现实的自然界和人类社会之上，存在着一个精神性的本原——天理。他主张"格物致知"，多读书，多观察，穷尽万物之理，并推致其知以至其极，发现天理，遵循天理行事。陆九渊则认为心即理，心明则万事万物的道理自然贯通。只要"发明本心"，就可以通晓事理。在鹅湖寺，双方激烈辩论争执，甚至互相嘲讽挖苦，最后谁也说服不了谁，只好不欢而散。

"理学"与"心学"之争，实质上是唯心主义内部的客观唯心主义与主观唯心主义两种论点之争。如果说理学是用客观唯心主义论证存天理去人欲、巩固封建统治秩序的合理性，那么心学则是用主观唯心主义宣扬人本心具有一切符合封建秩序的美德，服从封建秩序就是服从自己的内心，引导人们增强提高修养、践行封建道德的自觉性。

程朱理学认为封建纲常是天命所定、理所当然；陆王心学则认为封建纲常为人心固有，要人们返身内求、发明本心。二者虽然立论的角度不同,但都是为了论证封建道德的合理性、合法性,要人们增强信守、践履封建道德的内心自觉,克服、消除与封建道德相背离的思想观念与行为。说到底,是为维护封建制度和封建秩序服务的。

唯心主义产生的原因是复杂的,其中有认识论的、社会历史的和阶级的根源。

从认识论方面来看,人的认识是在实践基础上反映客观实际,从感性认识到理性认识,并从理性认识到实践的循环往复、无限上升的过程。然而,如果离开社会实践,脱离客观实际,不是从实际出发,而是从主观的愿望、意志、想象出发,从原则、教条出发;不是将客观事物、社会实践以及人的认识视为不断发展变化的过程,而是看作没有运动变化、死板僵化、停滞不前的东西;不是把人的认识视为在实践的基础上对于客观事物的反映,而是看作脱离了客观事物的主观自生的东西,或在人与天地万物产生以前就存在的东西;不是把人的认识看作由感性认识到理性认识、再从理性认识到实践的螺旋式上升的过程,而是割裂人的认识与客观事物的关系,割裂感性认识与理性认识的关系,将客观的、复杂的、动态的认识过程主观化、直线化、片面化以及凝固僵化,从而将人的认识、精神、意识视为不依赖客观事物的东西,甚至将其视为客观世界的创造者,这就陷入了唯心主义的泥潭。正如列宁所说:"哲学唯心主义是把认识的某一特征、某一方面、某一侧面,片面地、夸大地、überschweng liches(狄慈根)发展(膨胀、扩大)为脱离了物质、脱离了自然的、神化了的绝对。""直线性和片面性,死板和僵化,主观主义和主观盲目性,就是唯心主义的认识论根源。"[7]

从社会历史方面来看，在社会历史领域进行活动的，全是具有意识的、经过思虑或凭激情行动的、追求某种目的的人，任何事情的发生都有自觉的意图和预期的目的。如果只是看到人们活动的动机，而不能深入探究动机背后深层的物质原因，并夸大人的动机、目的、意识、意志的作用，将人的意志、精神视为社会的本原、终极原因和根本动力，就会导致哲学唯心主义。

从阶级状况方面来看，在阶级社会中，占统治地位的阶级为了维护自己的统治地位，虚构出客观精神或人格之神，论证自己的统治地位受命于神的合法性，论证社会等级秩序和符合其统治利益的伦理道德的先天性；或将人心作为天地万物、社会秩序、伦理道德的根源，要求被统治者将社会的等级秩序和伦理道德作为自己心中本有的东西，自我省察、自我约束，自觉遵守和践履符合统治者利益的社会秩序与伦理道德。这样，在认识领域、社会领域产生的唯心主义，就在统治者那里被借用并巩固起来。

唯心主义也是人类思想史上的重要成果，其中也包含着一些合理的因素。精致的、聪明的唯心主义看到并强调了被朴素的、机械的唯物主义所忽视的人的精神、思维的能动性，看到了人的理性、情感、意志在认识世界和改造世界中的重要作用，与唯物主义共同构成了人类认识的总体过程，并在与唯物主义的论争辩难中促进了人类思想的发展。唯物主义与唯心主义并非绝对对立，而是相互依存、渗透、吸取、借鉴的，二者之间没有不可逾越的鸿沟。"聪明的唯心主义比愚蠢的唯物主义更接近于聪明的唯物主义"。[8]唯心主义哲学无疑也是人类认识之树上的花朵，但它颠倒了思维与存在、精神与物质的关系，脱离现实的社会实践，不能正确反映客观事物的本来面目，因而也就不能指导人们找到解决问题的正确方法。因此，尽管唯心主义"生长在活生生的、结果实的、真实的、强大的、全能的、客观的、绝对的人类认识这棵活树上"，却是"一朵无实花"。[9]

三、坚持唯物论，反对唯心论
——失散多年的"孩子"终于找回来了

　　1930年5月，毛泽东总结调查研究的经验，并从哲学的高度进行理论概括，写了《调查工作》一文。这篇短文当时由闽西特委翻印，在红四军和中央苏区根据地广为流传。后来由于战事频仍，很多资料难以保存，这篇文章也在反"围剿"中散失了。

　　毛泽东非常珍爱这篇文章，一直为它的遗失而遗憾。1957年2月，福建省上杭县一位叫赖茂基的农民，把自己珍藏了27年之久的一本油印的《调查工作》小册子作为革命文物贡献出来，这篇重要而珍贵的历史文献才得以重新面世。失散多年的"孩子"终于找回来了，毛泽东非常高兴，说："我对自己的文章有些也并不喜欢，这一篇我是喜欢的。这篇文章是经过一番大斗争以后写出来的。"[10]

　　1961年3月，中共中央把它印发给各中央局，各省、市、自治区党委。毛泽东特地为它写了一段说明："这是一篇老文章，是为了反对当时红军中的教条主义思想而写的。那时没有用'教条主义'这个名称，我们叫它做'本本主义'。写作时间大约在一九三〇年春季,已经三十年不见了。一九六一年一月,忽然从中央革命博物馆里找到,而中央革命博物馆是从福建龙岩地委找到的。看来还有些用处,印若干份供同志们参考。"[11] 1964 年 6 月,《调查工作》收入《毛泽东著作选读》甲种本,毛泽东把它的题目改为《反对本本主义》,作为宝贵财富而保存下来了。

在这篇短文中,毛泽东以简洁的语言、泼辣的笔触、鲜明的态度,批判了唯书唯上的教条主义和形式主义,以及安于现状、不求甚解的保守思想,倡导"共产党人从斗争中创造新局面的思想路线"。毛泽东尖锐地批评有人讨论问题时开口闭口"拿本本来",强调必须把上级所作的决议、指示同本地区、本部门实际情况结合起来。他说:"马克思主义的'本本'是要学习的,但是必须同我国的实际情况相结合。我们需要'本本',但是一定要纠正脱离实际情况的本本主义。"[12] "怎样纠正这种正本本主义?只有向实际情况作调查。"毛泽东鲜明地指出:"没有调查,没有发言权。"[13] "你对于那个问题不能解决吗?那末,你就去调查那个问题的现状和它的历史吧!你完完全全调查明白了,你对那个问题就有解决的办法了。一切结论产生于调查情况的末尾,而不是在它的先头"。[14] "调查就像'十月怀胎',解决问题就像'一朝分娩'。调查就是解决问题。"[15] 如果不做调查,只是冥思苦索地"想办法"、"打主意",一定不能想出什么好办法、打出什么好主意,一定会产生错办法和错主意。"离开实际调查就要产生唯心的阶级估量和唯心的工作指导,那末,它的结果,不是机会主义,便是盲动主义。"[16] 毛泽东指出:"中国革命斗争的胜利要靠中国同志了解中国情况。"[17]共产党的正确而不动摇的斗争策略，决不是少数人坐在房子里能够产生的，是要在群众的斗争过程中才能产生的，这就是说要在实际经验中才能产生。因此，我们需要时时了解社会情况，时时进行实际调查。

《反对本本主义》是为了反对教条式的马克思主义，倡导创造性的马克思主义，反对主观主义的思想路线，确立实事求是的思想路线，按照实际情况制定正确的战略策略，把中国革命引向胜利而写作的。**《反对本本主义》是坚持唯物主义、反对唯心主义的经典著作，是毛泽东最早专门论述思想方法和工作方法的著作，是党的实事求是思想路线初步形成的重要标志**。毛泽东在领导中国革命的长期实践过程中，在认真总结和科学概括党的历史经验的基础上，把辩证唯物主义贯彻到实际工作中，形成了一整套科学的思想方法和工作方法。坚持一切从实际出发，实事求是，理论联系实际，在实践中检验真理和发展真理，坚决反对主观主义特别是教条主义，是党的正确思想方法和工作方法的核心和灵魂，是党和毛泽东之所以领导人民取得中国革命的巨大成功的哲学基础。

恩格斯指出："自然科学家尽管可以采取他们所愿意采取的态度，他们还得受哲学的支配。问题只在于：他们是愿意受某种蹩脚的时髦哲学的支配，还是愿意受某种建立在通晓思维历史及其成就的基础上的理论思维形式的支配。"[18]人们要认识世界和改造世界，就要运用一定的思想方法和工作方法，因而也就必然受某种哲学的支配。辩证唯物主义为人们认识世界和改造世界提供了科学的立场、观点和方法。

坚持唯物论，反对唯心论，是正确地认识世界和改造世

界的哲学基础。坚持唯物论，反对唯心论，在工作实践中，就要坚决反对主观主义。

　　唯心主义是主观主义的哲学形态，主观主义是唯心主义在实际工作中的表现。主观主义有两种表现：一是**教条主义**。唯书唯上不唯实，离开实际情况，唯书本为是，唯领导指示为是，就是教条主义。教条主义所遵循固守的信条有洋教条和土教条。所谓**洋教条**，是以外国书本、外国人言论为信奉教条，凡是洋人写的、洋人讲的，不问是否适合本国实际，一概照抄照搬，言必称西方，总是觉得"月亮还是外国的圆"；所谓**土教条**，是以本国书本、以本国古人、领导言论为信奉教条，凡是前人、领导写的、讲的，不问是否适合今天或本地区、本单位的情况，一概照转照办，言必称古训，以领导的话为是，"领导说是黑的，不能说是白的"。一是**经验主义**。经验主义不懂得理论的普遍指导意义，不注意学习和运用科学的理论，满足于一孔之见和一得之功，把一时一地一己的局部经验当作管全局、管根本、管长远的真理。

　　教条主义和经验主义是实际工作中的唯理论和经验论。只承认理性认识而否认感性认识的是唯理论，只承认感性认识而否认理性认识的是经验论。唯理论与经验论虽然各执一端，但它们的共同特征，都是把人的感性认识与理性认识两个互相联结的认识阶段相分离。

　　教条主义和经验主义的哲学渊源是唯理论与经验论。人的认识分为感性认识和理性认识。人对客观事物的认识，是在实践的基础上，经过从感性认识到理性认识，又从理性认识到实践的辩证途径实现的。人的认识首先是从感性认识开始的。在实践过程中，人们同外界事物接触，通过自己的感觉器官——眼、耳、鼻、舌、身等，使客观事物的外部形态反映到自己的头脑中，这就是感性认识。譬如，糖是甜的、盐是咸的、碱是涩的……然而，为什么糖是甜的、盐是咸的、碱是涩的……感性认识是回答不了的。人们要深刻地认识事物的本质，就必须提升到理性认识。理性认识是认识的高级阶段，是对事物内部联系的认识，是对事物一般的共同本质的抽象。理性认识是在感性认识的基础上，经过头脑加工和改造而形成的。理性认识的基本形式是概念、判断和推理，是运用概念、判断、推理对感性认识材料的综合、分析、抽象和概括。诸如"糖为什么是甜的"一类问题，理性认识是可以回答的。

唯理论夸大人的理性认识，否认感性认识的作用，否认实际经验，只承认理性的实在性，不承认经验的实在性；经验论夸大感性认识的作用，而否认理性的作用，只承认经验的实在性，否认理性的实在性。无论是唯理论还是经验论，都是主观主义。教条主义不懂得要根据中国的实际来运用马克思主义，拒绝研究中国实际和中国革命经验，把马克思主义变成了僵死的、一成不变的、可以机械套用的教条，是思想方法和工作方法上的唯理论。经验主义则轻视理论，拒绝正确理论的指导，把局部经验当成普遍真理，是思想方法和工作方法上的经验论。恩格斯说过："一个民族要想登上科学的高峰，究竟是不能离开理论思维的。"[19]毛泽东主张，"有书本知识的人向实际方面发展，然后才可以不停止在书本上，才可以不犯教条主义的错误。有工作经验的人，要向理论方面学习，要认真读书，然后才可以使经验带上条理性、综合性，上升成为理论，然后才可以不把局部经验误认为即是普遍真理，才可不犯经验主义的错误"[20]。在中国革命、建设和改革的实践中，犯唯理论错误者有之，犯经验论错误者亦有之。

主观主义有各种各样的表现形式。

一曰唯书。机械照抄照搬书本上的本本条条，照本宣科，照章办事；**二曰唯上**。生搬硬套上级精神，以会议落实会议，以文件落实文件，满足于一般号召，没有勇气和胆量独立思考、自我担当；**三曰唯旧**。不问青红皂白，一概照旧行事，不思进取，因循守旧，故步自封，墨守成规，敷衍了事，得过且过，不用心汲取新知识，不深入思考新问题，不适应新形势新需要，不研究新问题、开创新思路、创造性地开展工作；**四曰唯我**。只相信自己的主观臆断和个别经验，以我为主，自以为是，作风飘浮，工作不实，不愿对周围环境作艰苦细致、系统周密的调查研究，对实际情况不求甚解，单凭个人主观感觉和局部经验去工作；**五曰空转**。脱离客观实际，违背客观规律，无视客观条件，空发言论，开空头支票，不办实事，讲话写文章空洞无物，把理想当现实，好大喜功，急功近利，提出不切实际的高指标，追求无法实现的幻景，搞违背科学的瞎指挥，身子扑不下，工作放空炮；**六曰弄虚**。做表面文章，玩虚的，弄花架子，搞形式主义，重形式轻内容，抽象地、空洞地、无目的地学习理论，热衷于语言游戏，沉湎于表面文章，夸夸其谈，哗众取宠，正如"墙上芦苇，头重脚轻根底浅；山间竹笋，嘴尖皮厚腹中空"，言行不一，知行分离，不接地气，不求落实；**七曰浮夸**。静不下心，沉不下气，下不到基层，脱离实际，离开群众，心态浮躁、追名逐利，一事当前，总是算计个人得失，热衷于搞"形象工程"、"政绩工程"，劳民伤财；**八曰作假**。欺上瞒下，报喜不报忧，讲假话，使假招，做假事，掩盖矛盾和问题，蒙蔽群众，欺骗上级。

主观主义必然带来官僚主义；主观主义严重，必然造成官僚主义严重。

在延安时期，毛泽东曾形象地把官僚主义者比喻为泥塑的神像：一声不响，二目无光，三餐不食，四肢无力，五官不正，六亲无靠，七窍不通，八面威风，久坐不动，十分无用。官僚主义者不了解群众所思所想，漠视群众利益和诉求，尸位素餐，无所作为。新中国成立以后，毛泽东又历数官僚主义的20种表现，批判脱离实际、脱离群众、强迫命令、颐指气使、弄虚作假、不负责任、颟顸无能、形式主义、自私自利、争名夺利等方面的官僚主义。官僚主义是主观主义的极端表现，官僚主义者必然搞主观主义。

主观主义的特征是主观与客观相分离，理论与实际相分离。

唯物主义肯定世界的物质性、客观性、规律性和可知性，必然坚持主观与客观相一致、理论与实际相结合。毛泽东说："一切大的政治错误没有不是离开辩证唯物论的。"[21]主观唯心主义的思想路线，是一切"左"的和右的错误的认识总根源。"左"的错误和右的错误虽然表现不同，但两者相通，二者都是主观主义，都是主观与客观相分裂，理论与实际相分裂。"左"的错误是主观超越了客观实际，右的错误是主观落后于客观实际。为了防止"左"的和右的错误，就必须从世界观方法论的高度解决问题，坚持唯物主义，反对唯心主义，从事实出发，按照国情、世情、党情、民情、地情考虑问题，制定政策。要做好工作，就要坚持唯物论，尊重客观实际，尊重客观规律；就要从实际出发，一切以时间、地点和条件为转移；就要按照客观世界的本来面目认识世界，根据客观规律和人民利益，确定既合规律又合目的的实践目标，制定切实可行的方针、政策、计划、方案，卓有成效地改造世界。

——反对主观主义，必须正确处理主体与客体的关系，使主观与客观相符合、相统一。什么是主体？主体是指有意识、有目的地进行认识和实践活动的人，主体具有认识和改造世界的能动性和创造性。作为主体的人具有能动的主观世界，即相对独立的感情、意识、思想、理论，也就是通常说的主观。严格地讲，只有处于社会实践及相应的认识活动中的人才是主体，主体应当是社会的人、实践的人、历史的人、有思维活动的人。作为主体，可以是个体，也可以是群体，可以是政党、阶级、民族或某个利益集团，直至整个社会。在不同的时代，主体是各不相同的。只有具体的、历史的主体，而没有超历史的、抽象的主体。

什么是客体？有主体，必有客体。客体是相对主体而言的，是主体的认识和实践范围的对象，即主体所认识、实践的客观世界，也就是通常说的客观。有人曾引用马克思的"主体是人，客体是自然"这样一句话，认为主体应定义为人，客体应定义为自然。马克思的这个说法是一个特指。在《政治经济学批判导言》中，马克思在分析关于社会生产的一般规律时，曾指出主体是人，客体是自然，人与自然的对立统一构成了生产。这样讲，仅仅是就生产过程中人与自然这对关系而言的。实际上，凡是主体的认识对象和实践对象都应是客体，这里不仅包括主体所认识、所实践的自然对象，还应包括主体所认识、所实践的人自身及人类社会，不仅指作为实体而存在的客观事物，而且指客观事物之间的关系现象，指对客观事物的主观反映的精神现象。

有主体就有主观，有客体就有客观。主体与客体、主观与客观二者是相互作用、不可分割的。主体受客体的制约，主观受客观的限制。但主体又可以能动地认识、改造客体；能动地认识、改造客观；主体在改造客体的过程中不断改造自己；在改造客观的同时不断改造自己的主观。一方面，要充分发挥主体的主观能动性，积极认识客观规律，勇于进行实践。若没有主体的主观能动性，不思进取，无所作为，不求有功，但求无过，认为这也不可能，那也做不到，本来经过主观努力能够做到的事也不去做，本来可以争取的胜利也不去争取，就会坐失良机，空余悲叹。另一方面，又要尊重客观条件，按照客观规律办事。把良好愿望与客观条件、高昂热情和求实精神结合起来，如果夸大主观能动性的作用，脱离客观实际，无视客观规律，单凭主观想象、热情、意志、愿望办事，超越客观条件和可能性，勉强去做根本不可能做到的事，或把将来才能做到的事勉强拿到现在来做，就会犯唯意志论和急于求成的主观唯心主义的错误。

要做到主体与客体相统一，主观符合客观实际，就必须按照实际情况决定工作方针。在第一次国内革命战争和土地革命战争期间，中国共产党内的主观主义者特别是教条主义者，不是从具体的现实出发，而是从空虚的理论命题出发；不注意具体事物的特点，而把主观想象的东西当作特点；不是运用马克思主义的观点研究和解决实际问题,而是脱离中国实际和中国革命实践,机械地照抄照搬马克思主义的词句,来指导中国革命实际。把马克思主义教条化,把苏联经验神圣化,把共产国际的指示绝对化,机械套用马克思主义的词句,照抄照搬别国革命的经验,盲目执行共产国际的指示,在中国革命的一系列问题上犯了根本性的错误。在革命性质问题上,混淆民主革命和社会主义革命,企图"毕其功于一役",在民主革命时期完成社会主义革命的任务;在革命道路问题上,照搬俄国十月革命的经验,主张城市中心论;在军事战略问题上,不顾敌强我弱的实际,照搬外国军事条令,搞进攻中的冒险主义、防御中的保守主义和退却中的逃跑主义。在组织问题上,进行所谓"反右倾"的宗派主义斗争,搞残酷斗争、无情打击。结果,使党和革命事业遭受了严重挫折,蓬勃兴起的土地革命运动最终归于失败。可见,主体与客体相脱离,主观与客观相分裂,关系事业成败。

——**反对主观主义,必须正确处理理论与实际的关系,使理论与实际相结合、相统一**。什么是理论?理论是认识的高级形式,是系统化的理性认识。哲学理论是对自然、社会、人类思维一般规律的科学概括。马克思主义哲学则是正确的理论化的世界观和方法论。什么是实际?实际就是客观存在的一切事物、现象,包括人的实践活动。

理论与实际的关系是什么?**实际决定理论,理论指导实际**。理论与实际之间存在决定与被决定、反映与被反映、指导与被指导的关系。实际决定理论,理论来自实际。理论作为社会意识形态,是由社会存在决定的,理论不过是实际在人们头脑中的反映。没有实际，也就没有理论，理论概括的内容是客观实际。

实际决定理论，理论是实践的产物。人们的社会实践是理论的源泉、基础、前提、动力和正确与否的检验标准。任何理论都必须以实际为条件、源泉、基础、内容、素材，马克思主义诞生于资本主义生产方式高度发展的19世纪的欧洲并不是偶然的，科学社会主义理论绝不可能在封建生产方式占统治地位的中世纪问世。脱离实际的理论就不是科学理论，只能是凭空想象。理论是由实践推动而形成的，科学社会主义理论是马克思亲身参与工人运动的实践而形成的，并且由发展的实践来检验、来修正。实际对理论的制约是决定性的方面。

理论具有相对独立性、超前性和预见性，因而对于实际有着巨大的指导作用。理论可以而且应该走在实践的前面，指导实践的进程。在自然科学中，先有相对论的出现，而后才有人类进军宇宙，飞出大气层，进入太空遨游；先有核物理学，而后才有对核能的利用。在社会历史领域，更不能低估理论对实践的指导作用。列宁说："没有革命的理论，就不会有革命的运动。"[22]资产阶级启蒙思想、人文主义理论先于资产阶级启蒙运动、先于资产阶级革命，是资产阶级革命的先声和思想武器。科学社会主义理论先于科学社会主义运动。中国革命、建设和改革的历史经验证明，没有马克思列宁主义、毛泽东思想、中国特色社会主义理论体系的指导，就不会有中国革命、建设和改革的成功。

理论指导实践，是因为人的实践活动总是受一定意识支配的。恩格斯说："决不能避免这种情况：推动人去从事活动的一切，都要通过人的头脑……外部世界对人的影响表现在人的头脑中，反映在人的头脑中，成为感觉、思想、动机、意志，总之，成为'理想的意图'，并且以这种形态变成'理想的力量'。"[23]理论的指导作用，是由意识的能动性所决定的。

理论有正确的，也有错误的。正确的理论之所以能够成功地指导实践，在于它正确地反映了事物发展的客观规律，科学总结了人们在社会实践中所积累的经验。科学理论来自对实际的正确认识，来自对实践经验的正确总结。实际是不断变化的，实践是不断发展的，科学的理论必须不断随着实际的变化、实践的发展而创新发展。当时当地管用的理论，时间、地点、条件发生变化，就不一定管用。错误的理论是对实际的错误认识，是对实践经验的错误总结，用错误的理论指导实践，就会定错方向，走错路，办错事。

理论对实际具有相对独立性，也就很容易脱离实际。理论一旦脱离实际，就要在指导实践中出问题。理论无论是落后于实际，还是超越实际，其结果都是理论违背实际、脱离实践，导致指错方向、引错路。在革命运动中，错误的理论往往会引错路，给革命带来挫折或失败。苏联的剧变，从思想路线上来说，是苏联共产党领导放弃了马克思主义指导而造成的。脱离实际的理论无论显得多么"先进"、"正确"，也会引导办错事。

正确处理理论与实际的关系，就要真正做到理论联系实际。对于马克思主义政党来说，理论联系实际，就是运用马克思主义的立场、观点、方法来说明和解决实际问题，这就是把马克思主义基本原理同本国实际相结合。

理论联系实际，运用马克思主义理论解决实际问题，必须针对两个实际，一个是工作实际，一个是思想实际。人类在改造客观世界的同时改造自己的主观世界。要联系和解决好客观世界和主观世界这两个实际。客观世界的实际，就是工作实际，包括国内外大局的实际、本地区本单位的实际、个人具体工作的实际。主观世界的实际，包括人们的思想实际，如个人的世界观、人生观、价值观，道德作风操行，政治思想状况等；党内和社会上带有普遍性的思想实际，如社会风气，干部群众的思想状况等。联系客观世界的实际也好，联系主观世界的实际也好，都是运用马克思主义的立场、观点和方法来认识、分析和解决工作实际和思想实际两个方面的问题，在改造客观世界的同时改造主观世界。解决两个实际的问题：一个是解决能力问题，即提高运用马克思主义立场、观点和方法分析和解决工作实际的能力；一个是解决品德问题，即提高思想政治素质、道德作风素质。解决两个实际，归到一点，都是要解决马克思主义的世界观、方法论问题，解决立场、观点、方法问题。

　　怎样做到理论联系实际？毛泽东指出，一要学以致用；一要有的放矢。学习理论，就是为了应用，用理论指导实际。指导实际，必须做到有的放矢，理论就是"箭"，实际问题就是"的"，有的放矢就要针对实际，学好用好理论。否则理论再好，脱离实际，也毫无用处。这就需要**针对实际，精通理论**。不断针对新的实际、根据实践的需要，系统地、有的放矢地学习马克思主义的基本理论，掌握分析和解决问题的基本立场、观点和方法。**调查研究，把握实际**。调查研究是了解实际情况、进行科学决策、实现理论与实际相结合的关键环节。毛泽东说:"一切实际工作者必须向下作调查。对于只懂得理论不懂得实际情况的人,这种调查工作尤有必要,否则他们就不能将理论和实际相联系。"[24] **运用理论,指导实践**。学习掌握理论全在于应用。一定要用科学理论武装头脑,学会自觉地运用理论指导实践。**创新理论,推进实践**。实践不断发展,认识不会永远停止在一个水平上。要根据新的实践,不断地在发展了的实践基础上创新理论,用以指导、推进新的实践。只有善于应用马克思主义哲学的立场、观点和方法研究实际,作出合乎实践需要的理论创造,以推进实际工作,才叫做理论与实际相联系。在理论与实际的关系问题上,既要反对死记硬背、保守僵化、照抄照搬的教条主义,反对迷信盲从、不敢独立思考的奴性思想;又要反对夸大感性经验、拒斥正确理论指导的狭隘经验主义。

——**反对主观主义,对于马克思主义政党来说,必须解决好学风问题。学风问题是第一重要的问题**。这里所说的学风问题是指对待马克思主义的根本态度。究竟是从本本出发,还是从实际出发,这是对待马克思主义根本态度的分歧点,是采取什么学风的分水岭。反对主观主义,一切从实际出发,就要用马克思主义立场、观点和方法研究和解决现实问题,这是对待马克思主义理论的正确态度,是必须坚持和弘扬的正确学风。

学风问题不是小问题,而是一个总的大问题,它与世界观紧密地联系在一起,说到底是世界观问题。对待马克思主义,从实际出发,就是以实践的、发展的、创新的观点来对待理论;从本本出发,就要以教条的、静止的、僵化的观点来对待理论。二者的分歧，关键是坚持什么样的世界观指南。从哲学世界观上来讲，从实际出发，就是坚持从实践到认识，实践是检验真理的唯一标准的唯物主义基本立场。实事求是，是对马克思主义辩证唯物主义和历史唯物主义世界观方法论的高度概括。坚持实事求是、一切从实际出发的辩证唯物主义和历史唯物主义世界观，就要以科学的态度对待马克思主义。坚持实事求是的思想路线，理论联系实际，这就是我们必须坚持的正确学风。

结　　语

坚持存在决定思维，思维与存在具有同一性，是马克思主义哲学的辩证唯物主义基石。坚持唯物主义，反对唯心主义，是辩证唯物主义的基本立场，是马克思主义政党的哲学世界观方法论基础。坚持唯物主义，反对唯心主义，在思想方法、工作方法上，就要坚决反对主观唯心主义。主观唯心主义表现为教条主义和经验主义，是马克思主义政党的大敌。反对主观唯心主义，就要坚持一切从客观实际出发，坚持实事求是的思想路线，弘扬正确的学风，使主观符合客观、理论联系实际，在改造客观世界的同时改造主观世界，通过改造主观世界推进改造客观世界。

注　释

〔1〕张若虚：《春江花月夜》。
〔2〕《马克思恩格斯文集》第 4 卷，人民出版社 2009 年版，第 277 页。
〔3〕《马克思恩格斯文集》第 4 卷，人民出版社 2009 年版，第 278 页。

〔4〕参见《毛泽东文集》第八卷,人民出版社1999年版,第103—104页。

〔5〕《马克思恩格斯文集》第4卷,人民出版社2009年版,第278页。

〔6〕范缜:《神灭论》。

〔7〕《列宁专题文集 论辩证唯物主义和历史唯物主义》,人民出版社2009年版,第152页。

〔8〕《列宁全集》第55卷,人民出版社1990年版,第235页。

〔9〕《列宁专题文集 论辩证唯物主义和历史唯物主义》,人民出版社2009年版,第152页。

〔10〕《毛泽东文集》第八卷,人民出版社1999年版,第252页。

〔11〕《建国以来毛泽东文稿》(第九册),中央文献出版社1996年版,第225页。

〔12〕《毛泽东选集》第一卷,人民出版社1991年版,第111—112页。

〔13〕《毛泽东选集》第一卷,人民出版社1991年版,第109页。

〔14〕《毛泽东选集》第一卷,人民出版社1991年版,第110页。

〔15〕《毛泽东选集》第一卷,人民出版社1991年版,第110页。

〔16〕《毛泽东选集》第一卷,人民出版社1991年版,第112页。

〔17〕《毛泽东选集》第一卷,人民出版社1991年版,第115页。

〔18〕《马克思恩格斯文集》第9卷,人民出版社2009年版,第460页。

〔19〕《马克思恩格斯选集》第4卷,人民出版社1995年版,第285页。

〔20〕《毛泽东选集》第三卷,人民出版社1991年版,第818—819页。

〔21〕《毛泽东哲学批注集》,中央文献出版社1988年版,第311—312页。

〔22〕《列宁专题文集 论无产阶级政党》,人民出版社2009年版,第39页。

〔23〕《马克思恩格斯文集》第4卷,人民出版社2009年版,第285—286页。

〔24〕《毛泽东选集》第三卷,人民出版社1991年版,第791页。

世界统一于物质

——物质论

唯物主义对于世界本原和统一性的认识，是随着社会实践和科学的发展而不断演变、发展、深化的。辩证唯物主义的物质观正确地回答了世界本原和统一性问题。

世界的本原是物质，世界的真正统一性在于它的物质性。承认世界的物质性，认为世界是统一的物质世界，这是辩证唯物主义哲学的基石。

一、世界是物质的
——物质消失了吗

哲学上有一个很著名的实验，叫作"容器中的大脑"，设想有一个疯狂的科学家把人的大脑与人的身体分割开来，放在生命维持液体中。大脑插上电极，电极连到一台可以产生图像和感官信号的电脑上。因为人所获取的所有关于世界的信息都是通过人的大脑来处理的，似乎电脑也就应该能够模拟人日常体验到的外部世界了。人脑是通过人的感官真实地感觉到外部世界的客观存在，而电脑代替人脑，就可以离开客观存在的外部世界，构筑出人所感觉不到的虚拟世界。有人据此认为，电脑可以脱离外部物质世界虚构一切，从而人的外部物质世界消失了，物质消灭了。

物质真的消失了吗？物质会消失吗？这就引出来了一个哲学问题：世界的本原究竟是物质的，还是精神的；世界是统一于物质，还是统一于精神。如果这种实验确实可能的话，如何证明人周围的物质世界是真实的、客观存在的，而不是由一台脱离外部物质世界的电脑所虚构的某种模拟环境、虚拟世界呢？

世界的本原和统一性究竟是什么呢？

自古以来，无非是两种解答：唯物主义认为，世界的本原是物质，世界上形形色色的现象都是物质的不同运动；唯心主义认为，世界的本原是精神，世界上万事万物都是精神派生的。唯物主义是从肯定物质世界客观实在性的立场出发，用列宁的话讲就是在"承认外部世界的客观实在性和外部自然界的规律，它同物存在于我们的意识之外并且不以我们的意识为转移这种知识同出一源"[1]这一前提之下，对世界本原以及世界统一性的问题的回答。世界是物质的，物质既不能被创造，也不能被消灭。

从哲学史的演化来看，对于世界本原和统一性问题的不同回答，反映了唯物主义与唯心主义两种根本对立的立场。早在古印度文化中，就已经有人把物质世界的一切都归之于"梵天"的梦境了，人世间的一切不过是"梵天"所做的一个又一个梦而已。古今中外的有神论主张的神创论，主观唯心主义和客观唯心主义主张的主观精神或客观精神本体论，都是唯心主义对世界本原和统一性问题的回答。

唯物主义对于世界本原和统一性的认识，是随着社会实践和科学的发展而不断演变、发展、深化的。辩证唯物主义的物质观正确地回答了世界本原和统一性问题。

——**古代朴素唯物主义把世界本原猜测为几种具体的物质形态**。譬如，泰勒斯（Thales，约前624—前546年）认为"水是万物的本原"；赫拉克利特（Heraclitus，前530—前470年）则说世界"过去、现在和未来是一团永恒的活火"；中国古代的"五行说"，认为万物是由水、木、金、火、土五种元素构成的，等等。应该说，把大千世界归结为一种或几种具体的物质形态，在坚持唯物主义立场上是真诚的，但在哲学思维上确实是素朴的，很难在逻辑上自圆其说。古希腊后期，德谟克利特（Demokritos，约前460—前370年或前356年）提出了"原子说"。虽然德谟克利特的"原子"从名称上已经超越了具体的物质形态，但他的"原子说"也不过是一种猜测。他仍然认为原子是"不可分割的"，"原子的种类是无限的，不同只在于形状和大小"，在他看来，原子究其实质不过是以"原子"为名的一大堆面目不清的具体物罢了，这与后来科学的"原子论"是有本质的不同的。

——**近代形而上学唯物主义把世界统一性归结为某种可以感知的具体物质形态**。到了近代，特别是19世纪中后期，自然科学的发展告诉人们：自然界各种物质都是由不同的元素组成的，元素是组成化合物的基本单位；各种元素又可以进一步分解为原子。原子成为当时科学认识所能达到的关于物质结构的最深层次，被认为是"不可分割"的最小粒子。近代形而上学唯物主义者把这一科学最新成果拿来解释世界的本原，主张原子是组成万物的最小物质单位，原子是不可分的，原子的属性是不可变的。

——辩证唯物主义物质观跳出对具体物质形态的拘泥与据守，是对具体物质形态的科学抽象。马克思主义物质观是根据人类长期发展的实践，站在 19 世纪科学发展的最前沿，在借鉴和批判形而上学唯物主义物质观的基础上，概括了当时自然科学的新成果而形成的，发展了唯物主义，是全新的辩证唯物主义物质观。

古代素朴唯物主义和近代形而上学唯物主义的物质观坚持了唯物主义的基本立场，方向是正确的。但他们把世界本原归结为某种可以感知的具体物质形态，或者归结为物质结构的某个层次则是不科学的。虽然对"物质"的认知从个别具体物上升到对物质结构描述的"原子"已经是很大的进步，但还是不科学的。因为建立在物质具体结构层次上的"物质"，其基础同样是不牢靠的，早晚会面临科技进步带来的挑战。

仅仅过了几十年，这一挑战就来临了。

19 世纪末 20 世纪初，随着 X 射线、放射性和电子、夸克粒子的发现，大量的实验事实否定了原子不可分、元素不可变等传统思想。比如，过去认为一种元素是不可能转变为另一种元素的，但放射性物质发生衰变的事实证明，一种元素是可以转变为其他元素的。面对这种情形，一些自然科学家由于不懂辩证法，认为"原子非物质化了，物质消失了"。其中比较有名的是奥地利著名的物理学家、生物学家、心理学家、哲学家马赫（Mach，1838—1916 年）。他据此宣称"物质消失了"，就是"物质本身不存在了"，只存在感性知觉，物质是"荒谬的虚构"和"假设"，甚至还要用马赫主义"修正"马克思主义唯物论。因为马赫的这种论调在当时产生了比较大的影响，列宁专门写下了著名的《唯物主义和经验批判主义》一书，批判马赫主义，捍卫辩证唯物主义物质观。

辩证唯物主义的物质概念同自然科学关于物质的具体形态、结构和属性的理论是有所不同的。现代自然科学认为，物质具有各种具体的形态、结构和属性，物质有材料（质料）、能量和信息，人们对物质的具体形体、结构和属性，对物质的材料（质料）、能量和信息的认识，是随着科学的发展而发展的。譬如，就物质的具体形态来说，除了实物的形态外，还有场（电磁场、引力场、核力场等）的形态。就物质的结构来说，除了分子结构外，还有原子（内部有原子核、电子）结构、原子核（内部有质子、中子等微观粒子）结构、粒子（内部有层子即夸克）结构。就物质的属性来说，有与电子、质子等已知粒子的某种物理属性正好相反的"反粒子"。这都说明物质的具体形态、结构和属性是无限多样的，物质的材料（质料）、能量和信息同样也是丰富多样的，因而人们对物质的认识也是永无止境的。但无论怎样，物质的客观实在性并不会因此改变，哲学的物质概念不会过时。人们对物质的认识，会随着科学的发展而不断深化、丰富和发展。

大科学家爱因斯坦（Einstein，1879—1955年）也看到了这一点。他在《物理学的进化》中说："我们有两种实在：实物和场。毫无疑问，我们现在不能像19世纪初期的物理学家那样，设想把整个物理学建筑在实物的概念之上。

根据相对论，我们知道物质蕴藏着大量的能，而能又代表物质。我们不能用这个方式定性地来区别实物与场，因为实物与场之间的区别不是定性上的区别。最大部分的能集中在实物之中，但是围绕微粒的场也代表能，不过数量特别微小而已。因此我们可以说：实物便是能量密度特别大的地方，场便是能量密度小的地方。但如果是这样的话，那么实物和场之间的区别，与其说是定性的问题，倒不如说是定量的问题。把实物和场看作是彼此完全不同性质的两种东西是毫无意义的，我们不能想象有一个明确的界面把场和实物截然分开。"[2]爱因斯坦关于"实物"与"场"的看法表明：真正探究世界奥妙并能有所作为的科学家，在最后总会不自觉地从形而上学的唯物主义物质观走向辩证唯物主义物质观。

恩格斯在《自然辩证法》中指出："实物、物质无非是各种实物的总和，而这一概念就是从这一总和中抽象出来"[3]；物质这个词"无非是个简称"，"我们就用这种简称把感官可感知的许多不同的事物依照其共同的属性概括起来"[4]。在实际中存在的是各种特定的、具有质的差异的"实物"，人们可以通过感性感觉感知到它们。但哲学中的物质并不是感性存在物，它是从各种特定实物总和中抽象出来，用以把握各种实物共同属性的抽象。人们只有"通过认识个别物"才能相应地认识"物质本身"。正是在这个意义上，恩格斯认为："物质本身是纯粹的思想创造物和纯粹的抽象。当我们用物质概念来概括各种有形地存在着的事物的时候，我们是把它们的质的差异撇开了。因此，物质本身和各种特定的、实存的物质的东西不同，它不是感性地存在着的东西。"[5]

马克思主义哲学的物质概念是关于物质世界形态各异的、具体的、特殊的、个别的、活生生的现存物质形态的一般的、科学的、正确的抽象。人们见到的都是具体的、个别的、特殊的物质形态，如大到太阳、地球、月亮，小到细胞、细菌、病毒，无论是有机物还是无机物，所有这些具体物质所共同具有的内在本质，都是一般的、普遍的、共同的、内在的哲学抽象。辩证唯物主义物质观就是科学概括的物质观。比如，用对撞机所发现的基本粒子，虽然肉眼看不到，但它仍然是人所能认识到的客观实在的物质。

辩证唯物主义物质观认为，物质是独立于人的意识，而又为人的意识所能感觉到的、所能认知的客观实在。客观实在性是物质的根本属性。

列宁对物质所做的定义是辩证唯物主义对形形色色具体物质形态的抽象。列宁提出："物质是标志客观实在的哲学范畴，这种客观实在是人通过感觉感知的，它不依赖于我们的感觉而存在，为我们的感觉所复写、摄影、反映。""在认识论上指的只是不依赖于人的意识而存在并且为人的意识所反映的客观实在，而不是任何别的东西。"[6]列宁的这一定义从恩格斯基本思路出发，同时又吸取了20世纪初自然科学成果，明确界定了物质的"从实物总和抽象出来的共同属性"——客观实在性。

从客观实在性出发，列宁肯定了"原子的可变性和不可穷尽性"，认为"电子和原子一样，也是不可穷尽的"[7]。针对马赫的质疑，列宁指出："'物质在消失'这句话的意思是说：至今我们认识物质所达到的那个界限正在消失，我们的知识正在深化；那些从前看来是绝对的、不变的、原本的物质特性（不可入性、惯性、质量等等）正在消失，现在它们显现出是相对的、仅为物质的某些状态所固有的。"[8]正如列宁所说，"因为物质的唯一'特性'就是：它是客观实在，它存在于我们的意识之外"。[9]

列宁的这番话，标志着马克思主义哲学对"物质"的认识达到辩证唯物主义的全新境界，不论是早先的原子，后来的中子、夸克，还是最近才刚刚认识到的弦，这些在现代科学进步中被逐渐发现出来的"基本粒子"，其结构与形态虽然发生了很大乃至天翻地覆的变化，但是作为物质所具有的客观实在性依然没有变。

从物质的客观实在性出发，列宁进一步阐明了恩格斯提出的"世界的统一性在于它的物质性"的观点，强调世界的本原是物质的，世界统一于其物质性。

辩证唯物主义物质观在强调物质独立于人的意识的同时，又强调物质的可感知性。列宁的物质定义首先强调了物质在人的意识之外，划清了唯物主义与唯心主义的界限，同时又明确指出物质"是人通过感觉感知的"，"为我们的感觉所复写、摄影、反映"，物质具有可知性，可反映性。这就坚持了辩证唯物主义的反映论和可知论，同怀疑感觉经验之外的客观实在、否认客观事物可知性的不可知论划清了界限。

当然，也许有人会问到，列宁讲的物质特性是人的感觉能够感知到的客观实在性，而现代科学发现的许多物质并不是人能直接感觉到的，那么列宁关于物质的定义是否过时了呢？其实不然，望远镜是眼睛的延长，雷达是耳朵的延长，电脑是人脑的延长……人们借助现代科学技术，延长了人的感觉器官，观察到人本身固有的感官所观察不到的物质形态，同样也是人所感知认知的。

马克思主义哲学物质观告诉我们，世界是物质的，而物质的具体形态又是多种多样的。人类社会则是更为复杂的物质形态，是与周围自然界相统一的，都统一于物质。一切社会现象，归根结底，都是物质世界长期发展的产物，只能用物质原因来说明。在一定条件下，世界的物质形态是可以相互转化的，但无论如何转化，物质的总量既不会增加，也不会减少，物质既不能凭空产生，也不会湮灭。能量守恒和转化定律雄辩地证明了这一点。

马克思主义哲学物质观为我们认识物质世界奠定了坚实的唯物主义基础。但人类对物质的认识并没有停止，也不可能停止，人类对物质的认识还处在继续深化，也必须深化的过程中。

恩格斯指出："随着自然科学领域中每一个划时代的发现，唯物主义也必然要改变自己的形式。"[10] 随着现代科学的发展，物质正以越来越丰富、越来越复杂、越来越匪夷所思的形态呈现于人们面前。请看几个已经广为人们关注但尚未有定论的例子，如"暗物质、反物质、黑洞"等科学假说：

首先是"暗物质"（dark matter）。

1915年，爱因斯坦根据他的相对论提出一个令人惊讶的推测：宇宙的形状取决于宇宙质量的多少，如果按约定认识把宇宙理解为是有限封闭的，那么宇宙中物质的平均密度必须达到每立方厘米 5×10^{-30} 克。但是，迄今可观测到的宇宙的密度，却比这个值小100倍。也就是说，宇宙中的大多数物质"失踪"了，一些科学家把这种"失踪"的物质叫作"暗物质"。这一说法被现代宇宙学证实了。现代宇宙学认为，整个宇宙中物质占27%左右，暗能量占73%左右。而在这27%的物质中，暗物质占90%，夸克物质占10%。夸克物质是迄今为止人类能观察、能认知、能解释其基本粒子构成的物质形态，但暗物质是由什么组成的仍然是个谜。暗物质不发射电磁辐射，也不与电磁波相互作用，无法直接观测到，却能干扰星体发出的光波或引力，其存在能被明显地感受到。科学家曾对暗物质的特性提出了多种假设，但直到目前还没有得到充分的证明。

与暗物质相应，更往前走一步的是"反物质"（anti-matter）。

反物质概念是英国物理学家、量子力学的创始者之一狄拉克（Dirac，1902—1984年）最早提出的。他在20世纪30年代预言，每一种粒子都应该有一个与之相对的反粒子，例如反电子，其质量与电子完全相同，而携带的电荷正好相反，是正的。这一预言逐渐为随后的科学发现所证实。1932年，瑞典裔美国物理学家、正电子的发现者、1936年诺贝尔物理学奖得主安德森（Anderson，1905—1991年）发现了正电子；1955年，伯克利实验室的质子加速器"制造"出了反质子（带有负电荷的质子）；欧洲原子核研究委员会（CERN）的科学家们将正电子与反质子配对，制造出反原子；欧洲航天局的伽马射线天文观测台，证实了宇宙间反物质的存在。但是粒子层面上的反物质很难捕获，也很难直接观察到。曾有科学家戏言，如果你有一天观察到并且捕捉到了反物质，那么可以毫不怀疑地说，它肯定仍然是物质，不是反物质。因为，反物质是正常物质的反状态，当正反物质相遇时，双方就会相互湮灭抵消，发生爆炸并产生巨大能量，其能量释放级别是宇宙级的，现在地球上所有能量相加与其相比都称不上九牛一毛。

还有"黑洞"（Black hole）。

黑洞是一种引力极强的天体，说它"黑"，是指它就像宇宙中的无底洞，任何物质一旦掉进去，就再不能逃出，甚至连光也不例外。由于黑洞中的光无法逃逸，所以我们无法直接观测到黑洞。然而，可以通过测量它对周围天体的作用和影响来间接观测或推测到它的存在。宇宙中大部分星系，包括人们居住的银河系的中心，都隐藏着超大质量黑洞。黑洞质量大小不一，从约100万个太阳质量到大约100亿个太阳质量。"黑洞"究竟是由正物质组成，还是由反物质组成？目前宇宙学界并无定论，虽然黑洞的形成是可能的，大多由恒星坍缩形成，但坍缩过程中的高能反应会不会产生反物质却是不确定的，毕竟人们是"看"不到黑洞的。甚至有些科学家否认黑洞的存在。2014年1月24日英国著名科学家斯蒂芬·威廉·霍金（Stephen William Hawking，1942年— ）教授发表论文，就指出黑洞其实是不存在的，不过灰洞确实存在。当然，对这个说法学术界也反响不一。

暗物质、反物质、黑洞……至今还都是科学假说，但这些假说所指出的这些新发现的物质形态固然不会动摇马克思主义哲学关于"物质"的科学定义，也否定不了这一定义的科学性，但也确实拓宽了人们对物质理解的视界。

马克思主义哲学必须站在现代科学的最前沿对这些新的物质现象作出回应，这也是坚持和发展马克思主义哲学的使命所在。对暗物质、反物质、黑洞等物质形态的科学证实，一方面说明了马克思主义物质观的正确性，另一方面从具体科学角度来说，对它们的具体特性还需要进一步观察、探索和研究。

二、物质是运动的
——坐地日行八万里，巡天遥看一千河

两个世纪前的一天，巴黎报纸上登了一则广告。广告宣称"你想周游世界么，你想领略浩渺无穷的宇宙景观么，只花一生丁，就可实现你的愿望！"很多人被从天上掉下的这么大一个馅饼给砸晕了，多好的事啊，于是纷纷给登广告的人寄去了一生丁。不久这些人收到了一封信，信中说，现在就请你把家中的窗帘打开，平躺在床上仰望星空，欣赏美景吧，地球正带着我们以每小时八万英里的速度在宇宙中遨游。

这简直就是大骗子，但这骗子说的却不是谎话。世界上的一切物质都无时无刻不处在运动中，宇宙本身在膨胀，地球确实在宇宙中迅速移动。

如果说当时的法国人这样做没有错，但尚没有什么确切根据的话，进入20世纪，科学进步已经可以对地球的运动做很精确的计算，并且地球运动作为基本常识也进入了政治家、哲学家的视野。

1958年7月3日，毛泽东在《人民日报》上发表了两首诗，其中的两句"坐地日行八万里，巡天遥看一千河"在引发大家无限遐想的同时，也引发了毛泽东在湖南第一师范时的同学蒋竹如（1898—1967年）的一些质疑。就此，毛泽东在1958年8月25日给著名教育家和爱国民主人士周世钊（1897—1976年）写的一封信中特别做了详尽的说明："蒋竹如讲得不对。坐地日行八万里，是有数据的。地球直径约一万二千五百公里，以圆周率三点一四一六乘之，得约四万公里，即八万华里。这是地球的自转（即一天时间）里程。坐火车、轮船、汽车，要付代价，叫作旅行。坐地球，不付代价（即不买车票），日行八万里，问人这是旅行么，答曰不是，我一动也没有动。真是岂有此理！囿于习俗，迷信未除。完全的日常生活，许多人却以为怪。巡天，即谓我们这个太阳系（地球在内）每日每时都在银河系里穿来穿去。银河一河也，河则无限，'一千'言其多而已。我们人类只是'巡'在一条河中，看则可以无数。"这段话讲得很轻松幽默，但其中的道理是无懈可击的，是有着坚实的科学依据的。

世界上的物质都处于运动中，即使是那些表面上不动的东西其实也都在一刻不停地运动。世界是物质的，物质是运动的，整个世界是永恒运动着的物质世界。坚持物质论与运动论相统一，是马克思主义哲学对世界最基本的看法，既反对世界本原是精神的唯心主义，又反对物质世界永恒不变的形而上学观点。

承认物质是世界的本原，只是唯物主义的一个前提，随之而来的是还要回答物质是如何存在的。唯物主义斩钉截铁的答案是：物质在运动中存在。世界上从最大的东西到最小的东西，从自然界到人类社会，构成世界的物质不是寂然不动的、一成不变的，而是时时刻刻处于运动变化之中，没有什么事物是不运动的。

运动是物质的根本属性和存在方式。辩证唯物主义从物质和运动相统一的高度理解世界，坚持物质和运动不可分的观点。

一方面，物质是运动着的物质，脱离运动的物质是不存在的。若认为存在不运动的物质，就会导致形而上学。另一方面，物质是一切运动变化和发展过程的实在基础和承担者，世界上没有离开物质的运动。任何形式的运动，都有它的物质主体。若认为存在无物质的运动，就会导致唯心主义。19 世纪德国化学家奥斯特瓦尔德（Ostwald，1853—1932 年）提出"唯能论"，认为物质可以"消灭"，转化为纯粹的"能"，"能"是没有物质的运动。实际上，离开物质，"能"就不存在了。

需要注意的是，辩证唯物主义讲的"运动"与人们日常生活中感受到的运动不完全是一回事，而是把运动理解为宇宙中发生的一切变化和过程，理解为物质存在的根本方式。"运动"是标志一切事物和现象的变化及其过程的哲学范畴。恩格斯说："运动，就它被理解为物质的存在方式，物质的固有属性这一最一般的意义来说，涵盖宇宙中发生的一切变化和过程，从单纯的位置变动直到思维。"[11]

物质运动是绝对的，静止是相对的，静止也不过是运动的一种形式。

物质运动的绝对性体现了物质运动的变动性、无条件性。有人可能会说，世界上也有静止不动的东西，像停在路边的汽车，放在家里的桌子，都是静止的；至于说巍峨的大山不也一动不动吗？马克思主义哲学物质观和运动观的回答是，世界上客观存在静止的现象，但这种现象只是运动的一种特殊状态，是一种有条件的、在特定关系内处于相对稳定的运动状态。路边的汽车相对于路来说是静止的，桌子相对于屋子来说也是静止的，但它们本身又处于时刻在运动中的地球上，相对于地球之外的其他物体而言，它运动的速度也并不慢。而且它们的内部时时刻刻都在发生物理的、化学的等各种变化，只不过这个变化即运动不易为人所注意罢了。

仅以地球为参照系，人们看起来不动的东西其实仍处于一刻不停的变动过程中，只不过这一变动微小缓慢，对于某一具体的个人来说不可能感受到罢了。像喜马拉雅山在第四纪时期的 300 万年间从 5000 多米长到 8000 多米，之所以没有哪一个人看到它长高，是因为我们实在不够长寿罢了。还有些事物，它们的变化虽然不一定缓慢，但由于距离人们太遥远，或者它们太小，人们也不容易感觉到它们的运动。譬如，我们所说的天体中的"恒星"，顾名思义，是因为认为它们是永恒不动的。其实不然，牛郎星以每秒 14 公里的速度向地球方向疾驰，只不过它离地球有 26 光年（1 光年约 94605 亿公里），距离我们太远，我们看不到它在运动。有许多基本粒子，从出生到"衰变"或"湮灭"，只有几百亿甚至几万亿分之一秒，运动速度相当快，可谓"瞬息万变"，但由于它们太小，人们也不可能感觉到它的运动。

辩证唯物主义认为，物质的运动是绝对的，却并不否认物质在运动过程中有某种暂时的静止。但静止是相对的。静止是物质运动在一定条件下的稳定状态，包括空间位置和根本性质暂时未变这样两种运动的特殊状态。静止是相对的、有条件的，而运动则是绝对的、无条件的。运动和静止相互依赖、相互渗透、相互包含，动中有静，静中有动。相对静止是物质运动的一种特殊形式。

物质的运动形式是指物质运动的表现形态，它是由事物内部特殊的矛盾决定的。物质的种类是无限多样的，物质的运动形式也是无限多样的。

恩格斯在《自然辩证法》一书中，根据当时科学发展的成就和水平，按照由低级到高级、由简单到复杂的顺序，把无限多样的运动形式划分为五种基本形式：机械运动、物理运动、化学运动、生命运动和社会运动。每一种基本的运动形式又包含许多具体的运动形式。如机械的运动形式，包括直线运动、曲线运动、平动、转动、匀速运动和变速运动等。

恩格斯还研究了各种运动形式的相互转化，分析了高级运动形式和低级运动形式的关系，指出物质运动的各种形式之间是辩证统一的关系。

各种运动形式具有不同的物质基础和特定的运动规律。例如，机械运动是物体的机械位移，它是最低级、最简单的运动形式；生命运动的物质基础是核酸和蛋白质，它是自然界中最高级、最复杂的运动形式。各种不同的运动形式之间存在着本质的区别，不能把它们混淆起来。因此，既不能把低级运动形式拔高为高级运动形式，也不能把高级运动形式归结为低级运动形式。机械唯物主义的一个根本错误，就是把一切运动形式都归结为机械运动；用单纯的生物运动来说明社会运动，则是社会达尔文主义的错误观点。

复杂多样的物质运动形式既相互区别，又相互联系、相互渗透、相互转化。低级运动形式是高级运动形式的基础，高级运动形式包含低级运动形式。各种运动形式在一定条件下相互转化。不仅低级运动形式可以转化为高级运动形式，高级运动形式也可以转化为低级运动形式。例如，物体通过磨擦和碰撞可以产生热、电、光，这是机械运动转化为物理运动；热通过热力机，电通过电动机，光通过光压的作用，都可以转化为机械运动。尽管各种运动形式可以相互转化，但运动是永恒的。任何运动都不会从无到有，也不会从有到无，而只能从一种形式转化为另一种形式。能量守恒和转化定律充分证明了这个原理的正确性。能量是物质运动的量度。能量守恒和转化定律反映了自然界各种运动形式的相互依存、相互转化，说明物质运动不能任意创造和消灭，只能由一种形式转化为另一种形式。

马克思主义哲学关于物质基本运动形式的划分，对人们探索自然界的奥秘和进行科学分类，具有重要的指导意义，同时对建立和发展辩证唯物主义的物质运动观起了极其巨大的作用。当然，随着自然科学的进一步发展，人们对物质运动形式的认识逐渐深化，关于物质运动形式的学说也必然会有新的发展。

三、时空是物质运动的基本形式
——时空穿越可能吗

相声《关公战秦琼》意在讽刺那些不懂历史的人。关公关云长是东汉三国时期的人，秦琼秦叔宝是隋末唐初的人，两者相隔四五百年，怎么可能在一块打仗呢？但随着时代的演进，社会的发展，有越来越多的文化艺术作品开始关注"关公战秦琼"一类"跨越时空"的话题了。尤其是当下中国的影视剧作品，甚至兴起了一股"穿越"潮，一个现代人动不动就从现代社会穿越回了清朝、唐朝，乃至秦朝去了，或者与其时的公主格格打情骂俏，乐不思蜀；或者与当时的公子王孙大打出手争皇夺位，演变历史。

这样的"穿越"情节是否荒唐？要回答这个问题需要对时间、空间有一个科学的认识。

时空观是人们对时间和空间的总的看法。辩证唯物主义认为，时间、空间是运动着的物质的存在形式。时空和物质不可分，没有物质，就不会有它存在的空间，也就没有它存在的时间，时间和空间都不能脱离物质而独立存在。

在人们的素朴直觉观念中，时间好像一条独立的长河，在万事万物旁边不紧不慢地往前走，一去而不复返。孔子（前551—前479年）站在一条河流旁边，看到河水日夜不停地流淌，感叹地说："逝者如斯夫，不舍昼夜"，也表达了类似的意思。空间好像一个巨大无垠的大盒子，把万事万物都装在里面。牛顿（Newton，1643—1727年）认为："绝对的空间，它自己的本性与任何外在的东西无关，总保持相似且不动"，是容纳物体的容器。又说："绝对的、真实的和数学的时间，它自己以及它自己的本性与任何外在的东西无关，它均一地流动。"[12]

这种观念虽然与人们的常识相吻合，却是错误的，因为这种观念将导致空间、时间脱离运动着的物质而客观存在的结论。事实上，时间、空间离不开物质运动，离开物质运动的时间和空间是不存在的，不会有什么绝对空间和绝对时间。

也许有人会说,"真空"不就是什么都没有吗?其实不然。现代物理学研究表明,"真空"并不空,反而有更复杂的物质结构。"真空"内存在着各种处于基态的量子场。从微观看来,"真空"内物质还处于一种剧烈的运动之中,处于量子场的运动,形象地说"真空"像一个波涛汹涌的虚粒子海洋。当它从外界吸收一定能量时,可以转化为可观测到的实物粒子。

还有人会问,现代科学研究表明在宇宙诞生之前的大爆炸"奇点",不就是一种既没有时间空间又没有物质的状态吗?也不然。在"奇点"领域虽然不存在人们现在理解的物质,但仍有未知物质存在,并且会以另外一种物理时空观形式出现。正如德国理论物理学家、量子力学奠基人之一玻恩(Born,1882—1970年)所说:"我们所知道的宇宙的起源可能是物质另外发展形式的终结——即使我们实际上永远不可能对这种发展形式有所了解。因为全部痕迹都在崩溃与再造的混乱中被毁掉了。"爱因斯坦同样深刻地指出:"空间—时间未必能看作可以脱离物理世界的真实客体而独立存在的东西,并不是物体存在于空间中,而是这些物体具有空间广延性。这样看来,关于'一无所有的空间'的概念就失去了意义。"[13]

马克思主义哲学认为,时间就是物质运动的持续性、顺序性,它表明一事物和另一事物、一运动过程和另一运动过程依次出现的先后顺序;空间就是运动着的物质的伸张性、广延性,是指物体的位置、规模和体积。一方面作为运动着的物质的存在形式,时间、空间同物质运动是不可分离的;另一方面,物质运动离不开时间和空间,离开时间和空间的物质运动是无法存在的。

值得一提的是，在中国传统文化中，早就把物质与时空紧密联系在一起，而把它们联系在一起的就是"宇宙"这个词。在汉语中"宇宙"本意是时间和空间的代名词。正所谓"四方上下曰宇，古往今来曰宙"，四方上下就是空间的概念，古往今来则是时间的概念。把时间与空间合起来称为"宇宙"，指代世界万物，反映的正是物质与时空有机统一的认识。

时间和空间是运动着的物质的存在形式，物质是不依赖于人的意识的客观实在，作为物质存在形式的时间和空间是客观实在的。

唯物主义肯定时间和空间的客观性，而唯心主义一般不否认时间和空间观念，只是不承认时间和空间的客观性。例如，英国主观唯心主义哲学家贝克莱（Berkeley，1685—1753年）认为，空间只是视觉、感觉和动觉的主观结果，时间只不过是人的精神的思想连续性。康德唯心主义时空观认为，时间和空间不是客观事物所固有的，而是存在于人的头脑的主观形式。当代一些唯心主义者也极力否定时间和空间的客观性质。唯心主义把时空说成是人的主观形式，不是客观实在，这种观点是极其荒谬的。物质是客观实在，时间和空间作为它的存在形式，当然也是客观实在。列宁说："唯物主义既然承认客观实在即运动着的物质不依赖于我们的意识而存在，也就必然要承认时间和空间的客观实在性。"[14] 把时间、空间与物质分裂开来，必然导致唯心主义的时空观。

时间、空间是随着物质运动而变化的，时空是可以变

化的。

绝对的平等是没有的，平等是相对的、有条件的。如果说世界上有一样东西对所有人都是绝对平等的，这就是时间。无论你长得美还是丑，时间的流逝都是一视同仁的，不会因为你美丽就过得慢一些，也不会因为你丑就跑得快一些。从常识来看，这个说法好像是确凿无疑的。但现代物理学的发展却颠覆了这个观点。

若干年前，在西方社会发生了这样一个小故事。有一对情侣相互爱得死去活来，结婚后发誓要共度人生的分分秒秒，为此还专门买了一对用原子量为133的铯原子制成的号称世界上最精准的鸳鸯手表，以保持两个人生活的同步与一致。但丈夫是世界五百强公司的总监，整天要在世界各地飞来飞去。一次丈夫环球旅行后回到家里，那对表出问题了，他的表比妻子的表竟然慢了若干毫微秒。这么高档的手表居然有质量问题，去找商店退货，可商店检测之后，却说表绝对精准，没有问题。

问题出在哪儿呢？出在空中飞行上。因为丈夫长途坐飞机导致了钟表显示出来的时间变慢，这是有实验依据的。据美国科学家研究，乘坐波音747客机从东向西飞行一周，原子钟会慢273毫微秒，1毫微秒等于10亿分之一秒。这里需要特别注意的是，这个误差并不是作为时间测量仪器的"测量误差"，而确确实实是时间本身的"频率变慢"。

为什么会出现这种现象呢？这是由物质运动所导致的。根据爱因斯坦的相对论理论，时空与物质是相互依存的，时空的特性像时间间隔长短、空间弯曲程度等既与物质运动状态有关，还与物质本身分布有关。物质密度越大的区域，时空弯曲的曲率越大,具体表现就是空间越弯曲,时间流逝越慢。如果宇宙中的某个区域物质密度足够大,甚至会出现空间褶皱乃至空间坍塌;如果在宇宙间的某物体运动速度足够快,达到了光的速度,时间就会停止,超过了光的速度,时间还会倒流。当空间出现褶皱和坍塌,当时间出现停止和倒流的时候,前面所讲的那些穿越时空的想象就会成为可能。

对于普通人来说,抽象地谈时间频率变慢可能不太好理解。时间的测量一定要有参照系的,没有参照系,频率概念就没有意义。所谓在宇宙间存在不同时间频率是指做同一件事情呈现出来的时间跨度不同。在地球上,人的心跳是每分钟五十多下到六十下,差不多一秒钟一次。设想让一个人乘坐接近光速的宇宙飞船到了宇宙间一个物质密度异常大的地方,如果这个人还能活着的话,按照相对论的解释,他的心跳可能会变成一年一次,只是这一年一跳是从地球时间来看的,对于那个人来说,他不会感觉到他的心跳频率与在地球上有任何差别。从这个角度来看,中国古代神话中"天上方一日,人间已千年"的说法还真不是说说而已。

有的朋友可能会对"一日"与"千年"这么大的差距有些惊讶,其实在现代量子物理学的视野中,这只是"小儿科"。量子力学有一个宇宙模式的思想实验,在某一个宇宙进化阶段的某一个宇宙空间中,一种生物(我们姑且称之为"人"),它的生存尺度是量子级别的,眨一下眼睛所耗时间(用现在的地球时间来做尺度),是10100年。也就是说它眨一下眼的工夫,我们的地球已经演化了几万个来回了。在这样的时间频率跨度上,一个"人"真可以历经沧海桑田,亲眼目睹宇宙行星乃至星系的孕育演化灭亡的全过程。

现代量子物理学中还有一个热门问题"虫洞",就是空间发生褶皱的形象描述。现代物理学猜测,借助"虫洞"人类可能实现全宇宙乃至跨宇宙旅行,几十亿、上百亿光年的距离,在"虫洞"作用下就像通过一个墙壁的窟窿、从这面跨到那面一样简单。

当然,这种理论有一个前提是运动速度可以超越光速。但事实上爱因斯坦相对论正是建立在光速不变的前提之上。爱因斯坦认为,无论在何种惯性参照系中观察,光在真空中的传播速度都是一个常数,都为299792.458公里/秒。光速是宇宙中物质运动的极限,按照质能公式 $E=MC^2$,当物质运动速度达到光速时,物质质量将无限大,这在现有宇宙中是不可想象的,时空穿越是不可能的。

也有人不服气爱因斯坦的判断,认为速度不能超越光速只是爱因斯坦个人的独断。然而,在无限宇宙中一切都是有可能的。从哲学的观点看,这话倒也不假,但这对于穿越时空现实性的辩护没有多大作用。其实对于目前的人类社会来说,穿越时空也不全是技术的局限,还有伦理的制约。

像著名的"祖母悖论",讲的就是穿越时空后发生的伦理悖谬。假如一个人穿越时空回到了过去,一不留神杀死了尚处于少女时期的他的祖母(这在逻辑上是可能的)。但问题是当他杀死尚是少女的祖母后,他父亲就不可能出生,自然他也就不可能出生,那么他又是从哪里来的呢?如果他不存在,那么在现在这个世界上已经生活了这么多年的他又是谁呢?看来,时空旅行也确实是一件不能当真的事情。伦理悖论是客观矛盾的反映,"祖母悖论"是时空无限性和有限性的矛盾反映，对这类时空悖论只有用关于时空的无限性与有限性辩证统一的思维方式来解答。

时空是变化的，时空的变化是物质的变化，不能因为时空是可变的就否定时空的客观性。只有用辩证的观点理解时空与物质的不可分割性，才能在时空问题上坚持彻底的唯物主义。物理学时空观总会随着物质及其运动的深入研究而改变，但这种改变否定不了哲学上的时空观。针对"相对的时空观"，列宁指出："正如关于物质的构造和运动形式的科学知识的可变性并没有推翻外部世界的客观实在性一样，人类的时空观念的可变性也没有推翻空间和时间的客观实在性。"[15]

物质运动是绝对与相对的统一，决定了物质的存在形式——时间与空间也是无限与有限的统一。

物质世界在时间上是无始无终的，在空间上又是无边无际的，这就是时间和空间的无限性。每一具体事物的发展过程是有始有终的，其占有的空间总是有限的，这就是时间和空间的有限性。

时空的无限性和有限性是辩证的统一。一方面，无限包含有限，无限是由有限所构成的。无限的时空必然把具体的、现实的、有限的时空包含于自身之中，无数的具体有限的时空构成了物质世界无限的时间和空间。宇宙的时空是无限的，但宇宙中的每一个具体的物体，如恒星，其时空又是有限的。另一方面，有限包含着无限，体现着无限。任何有限的具体事物都包含着无限的层次，每个有限的事物都由于自身的矛盾运动，而打破自身存在的界限进入无限之中。所以，无限包含于有限之中，整个物质世界的无限的时间、空间就存在于无数具体有限的时间和空间之中。从物质世界的整体来说，时间和空间是无限的；从物质存在的具体形态来说，它的时间和空间又是有限的。

美国物理学家，1979年诺贝尔奖获得者温伯格（Weinberg，1933年—　）指出："无论如何，我们总要承认我们简单的宇宙模型可能只描述了宇宙的一小部分，或者只描述了它的历史里的有限部分。"有一种"暴涨宇宙模型"学说认为，类似"我们的宇宙"在无限宇宙中可以有1050或103000个……至于无数有限的"我们的宇宙"如何构成"无限宇宙"的问题，即无限宇宙如何构成一个"综合有机的系统"，只能是有待于今后进一步认识的课题。"大爆炸"假说认为，150亿年前的"大爆炸"（Big Bang）只是我们所认为的宇宙的起点，是我们所认为的宇宙时间与空间的开始，并不能因之就认为此前没有物质与时空。辩证唯物主义认为任何物质的具体形态，包括我们所认为的宇宙总是有生有灭的，其"生命"总是有限的。但这与"无限宇宙"的时间无限性并不矛盾。

四、运动是有规律的
——诸葛亮为什么能借来东风

赤壁之战是中国古典名著《三国演义》中最精彩的故事之一，而其中最神奇的情节是三国时期蜀汉丞相、政治家、军事家、文学家诸葛亮（181—234年）在"七星坛"上披发仗剑借东风。孙权（182—252年）与刘备（161—223年）联军要向北岸曹操的船队放火，必须靠东南风才能办到，当时正当隆冬季节，天天都刮西北风。在这样的情况下，诸葛亮竟然能借来东风火烧曹军的战船，大败曹军，三国鼎立的局势由此确立。这简直是不可思议的事情，却真的发生了。诸葛亮真能借东风吗？如果不是，那么这里面到底有何玄机？

其实，"借东风"完全是诸葛亮玩的把戏。诸葛亮不是孙悟空，雷公电母风婆婆是不会听他调遣的。东风本自有，只是别人不知，诸葛亮知道而已。为什么诸葛亮知道？因为他懂得天文地理，掌握了天文地理相互作用的规律。根据当时的节气变动和赤壁的特殊地形，他知道三天后会形成一场东风，所以就玩了那么一个把戏。

诸葛亮借东风的故事告诉我们，世界万事万物的运动看似变幻莫测、杂乱无章，其实背后都是有规律的，只要认识到规律就可以按照规律做人们想做的事情。

物质运动是有规律的。

马克思主义哲学认为，规律是物质运动过程本身所固有的联系，是物质运动过程中的本质联系和必然联系。规律是客观存在的，规律的存在和发生作用不以人的意志为转移，不管承认不承认，规律总是以其必然性起着作用；规律既不能被创造，也不能被消灭。无论自然界还是人类社会，不仅都按照本身固有的规律向前发展，而且规律贯穿着事物发展过程的始终，开始如此、过程如此、将来也必然如此。

唯心主义或者否认规律的存在，或者以这样那样的方式把规律说成是"绝对精神"、个人的主观意志等意识现象的产物，甚至认为规律是人强加给自然界的。比如，太阳每天从东方升起，这是为地球绕太阳公转的宇宙自然规律所决定的，是确定无疑的事情。但唯心主义者却不认可。英国哲学家休谟说，太阳在过去几千年里都是照常升起，但明天还能不能升起却不能肯定。确实，规律现象也表现为前后关系，但前后关系并不必然反映规律作用。人们认为蚂蚁回巢预示天要下雨，可是下雨并不是蚂蚁回巢引起的。

唯心主义连自然界的规律都不承认，就更不用说人类社会的规律了。否认人类社会的发展有客观规律性，是唯心史观的根本特征之一。马克思、恩格斯创立了唯物史观，并发现了人类社会发展的一般规律，才第一次使人们真正认识到，人类社会和自然界一样，也是按照自己固有的客观规律运动和发展的。

人们要想在活动中获得预期的目的，即取得成功，就要从实际出发，坚持实事求是，尊重客观规律，按照客观规律办事，否则就会受到客观规律的惩罚。《孟子·公孙丑上》讲了一个"揠苗助长"的故事：宋国有个人担忧他的禾苗不长高，就拔高了禾苗，一天下来十分疲劳，回到家对他的家人说："今天可把我累坏了，我帮助禾苗长高了！"他儿子听说后急忙到地里去看，发现禾苗都枯萎了。孟子（约前372—前289年）以这个例子说明道德修养要循序渐进，不能急于求成；人们想问题办事情要遵循规律，不可盲目蛮干。

规律是客观的，人在客观规律面前并不是消极被动的。规律是可以认识、可以利用的。

人们能够在实践中认识规律，并运用规律性认识指导实践，以改造世界，实现目的，获得自由。我国古代成语"庖丁解牛"，说的就是经过反复实践，掌握了事物的客观规律，做事得心应手，运用自如，游刃有余的故事。这个故事出自《庄子·养生主》："庖丁为文惠君解牛，手之所触，肩之所倚，足之所履，膝之所踦，砉然响然，奏刀騞然，莫不中音。"能把解牛过程变成一种艺术表演，可见庖丁对规律把握之深入。

能认识规律并利用规律，也是人类与动物的最大区别之一。动物也会无意识地遵循客观的规律，甚至在遵循规律的前提下做出的物件比人工的更精致，但这对动物来说只是本能，而人则是理性认知。这也就是恩格斯为什么说蜜蜂再完美的蜂窝与蹩脚工匠再糟糕的作品也是不可比拟的。

但是在肯定人能认识规律的时候，一定不要颠倒人与规律的关系。现代宇宙学中有一个"人择原理"，其基本观点就是宇宙间的一切存在都是为了人而存在，因为人而存在。这一理论之所以有影响，是因为现代宇宙学研究表明，宇宙能产生生命的概率实在是微乎其微，一些基本的宇宙常数哪怕有丁点的偏差，甚至是 10^{-100} 这么小的偏差，生命都不可能存在。以至于有位天文学家把宇宙产生生命与"一场龙卷风袭击废旧汽车场时凑巧完整装配成一架波音747飞机的可能性"相比。宇宙如果不是为人而存在，这一切又怎么可能发生。

从这一基本立场出发，"人择原理"又有两个版本。"强人择原理"主张宇宙一定具有在某一时刻产生生命的本性。这一主张的潜台词是存在一个至高无上的宇宙意志来安排一切，这就从根本上否定了规律的客观性，与唯物主义的立场相去甚远，比较容易辨别。"弱人择原理"则认为人们对宇宙所做的观察都限于人们作为观察者自身的条件。一个最有名的例子就是，土豆长在鞋子里就成为了鞋子的形状，长在帽子里则会是帽子的形状。"弱人择原理"不否定规律的客观性，但割裂了规律本身与认识到的规律之间的关系，有点像康德关于"物自体"的论述，这与辩证唯物主义认识论之间的差别需要谨慎辨析。

一般来说，对自然规律的认识和利用不直接受阶级、集团和社会力量的根本利益的影响，而对社会规律的认识和利用则直接受阶级、集团和社会力量根本利益的影响。因此，认识和利用社会规律，往往要克服来自反动的阶级、集团和社会力量的抵制和反抗，克服人们的保守思想。

人们对于规律的认识是不断深化的。

人对规律的认识是一个渐进的过程，是一个从初步认识到深化认识的过程、从小范围认识到更大范围认识的过程、从认识相对准确到认识更加准确的过程。这一过程中的每一个阶段都反映了当时所达到的认识水平，在当时的认识范围内是正确的，但当进入更广大的范围时，规律又会表现为新的形态。

人类关于几何学的认识说明了这个道理。公元前3世纪，有了欧几里德几何。到了19世纪，又出现了罗巴切夫斯基几何和黎曼几何。这三种不同几何形态其实是人们在不同宇宙尺度下对规律的认知。在人们的日常生活中，欧式几何是适用的；在宇宙空间中或原子核世界中，罗氏几何更符合客观实际；在地球表面研究航海、航空等实际问题中，黎曼几何更准确一些。至于说还会不会出现第四种几何，从哲学的视角来看，一切都有可能。毕竟人类对规律的认识依然而且必然处在继续深化的过程中。

结　语

　　世界是物质的，世界的统一性在于物质性；物质是运动的，运动是绝对的，静止是相对的，运动是物质的存在形式，物质与运动不可分割；时间和空间是物质运动的基本形式，时间和空间随着物质运动而变化，时间和空间的无限性与有限性是辩证统一的；物质运动是有规律的，规律既不可创造，也不可消灭，规律是可以认识、可以利用的，人的认识要符合客观规律，要随着规律的发展而不断深化。这些都是马克思主义物质观的基本观点。坚持辩证唯物主义物质观，在实际工作中，就要坚持物质第一性的原则，从物质经济原因出发分析问题、认识问题、解决问题，把社会生产力作为根本标准，把人民的物质利益放在第一位，让主观符合客观，从客观实际出发，按照客观规律办事。

注　释

　　[1]《列宁专题文集　论辩证唯物主义和历史唯物主义》，人民出版社2009年版，第90页。

　　[2] 爱因斯坦：《物理学的进化》，湖南教育出版社2007年版，第209页。

　　[3]《马克思恩格斯选集》第3卷，人民出版社1995年版，第556页。

　　[4]《马克思恩格斯全集》第20卷，人民出版社1971年版，第579页。

　　[5]《马克思恩格斯文集》第9卷，人民出版社2009年版，第511页。

　　[6]《列宁选集》第2卷，人民出版社1995年版，第192页。

　　[7]《列宁专题文集　论辩证唯物主义和历史唯物主义》，人民出版社2009年版，第344页。

　　[8]《列宁选集》第2卷，人民出版社1995年版，第191页。

〔9〕《列宁选集》第2卷,人民出版社1995年版,第192页。

〔10〕《马克思恩格斯文集》第4卷,人民出版社2009年版,第281页。

〔11〕《马克思恩格斯文集》第9卷,人民出版社2009年版,第513页。

〔12〕参见牛顿《自然哲学的数学原理》,商务印书馆2009年版,第7页。

〔13〕参见爱因斯坦《狭义与广义相对论浅说》,上海科学技术出版社1964年版,第15版说明。

〔14〕《列宁专题文集　论辩证唯物主义和历史唯物主义》,人民出版社2009年版,第75页。

〔15〕《列宁专题文集　论辩证唯物主义和历史唯物主义》,人民出版社2009年版,第75页。

意识是存在的反映

——意识论

意识是物质世界长期发展的产物,是社会的产物,是人脑的机能;意识的内容是物质世界的反映,意识对物质又具有能动的作用。

意识是与物质既相对立又相统一的精神现象。辩证唯物主义科学地阐明了物质与意识的辩证关系,认为物质决定意识,意识是物质世界发展到一定阶段的产物,是人脑的机能;意识的内容是对物质世界的反映,意识对物质又具有能动的作用,彻底批驳了唯心主义意识观的荒谬,完全克服了旧唯物主义意识观的缺陷。

一、意识是物质世界长期发展的产物
——动物具有"高超智能"吗

恩格斯曾经说过,人的意识是"地球上最美丽的花朵"。这"最美丽的花朵"是专属于人的吗?人们在日常生活中,或者在马戏团之类的场合,至少在影视剧、纪录片中,都曾经见过"猴子智取香蕉""黑猩猩灭火""鹦鹉学人说话""警犬协助破案""马做算术题""大象唱歌"……许多人在感叹之余常常会说，这些"聪明的"动物是"有智能的"。那么，动物的这类"智能活动"是不是一种意识活动？它们有没有类似人的真正的意识？

关于这个问题，我们还可以做出更具一般性的追问：意识究竟是什么？意识是从来就有的吗？或者说，意识是从哪儿来的？这些关于意识的本质和起源的问题，曾经是科学和哲学上最大的难题之一，困扰着一代又一代聪明的哲人。

在哲学史上，对于这些困难的问题，唯物主义与唯心主义都未曾回避，争相给出了各具特色的答案。当然，给出的都是截然不同、针锋相对的答案。

在人类早期，人们曾把意识看作是一种独特的、寓于人的肉体之中，并可以脱离肉体而独立存在的灵魂的活动。例如，柏拉图认为，灵魂在进入肉体之前，曾居于"理念世界"，具有理念的知识；中世纪经院哲学认为，灵魂是一种单纯的精神实体，灵魂是不死的，可以脱离人的肉体而独立存在；还有些主观唯心主义者则把意识的来源归结为心灵的自由创造。虽然唯心主义的说法多种多样，但共同特点是完全颠倒了物质与意识的关系，认为意识是第一性的，物质是第二性的，不是物质产生意识，倒是意识产生了物质。

在马克思主义以前，旧唯物主义各派别都认为，物质是第一性的，意识是第二性的。例如，古代有些唯物主义者认为，意识是一种最精微的物质的作用，这种最精微的物质或者是原子，或者是"精气"，它们是从来就存在的。我国东汉时期的著名唯物主义哲学家王充（27—97年）把肉体与精神的关系比作薪与火的关系，认为世界上根本没有"无体独知之精"。南北朝时期的著名唯物主义哲学家、杰出的无神论者范缜把肉体与精神的关系比作"刃之于利",即是说,精神是"心"的作用,好比"利"是刀刃的作用。

18—19世纪欧洲的唯物主义者,根据自然科学的材料,对于物质与意识的关系作了若干具有科学意义的论证。例如,爱尔维修(Helvétius,1715—1771年)嘲笑了那种宣扬灵魂不死的宗教信条,认为人脑中产生的表象和概念是由物质的现实派生出来的,人的肉体结构决定他们的精神生活。19世纪德国唯物主义哲学家费尔巴哈指出,自然界是不依赖于人的思维而客观存在的,人本身是自然界的产物,人的感觉是客观世界的映像。

然而,由于受自然科学水平和社会发展条件的限制,特别是受哲学世界观和哲学思维方法的限制,马克思主义以前的旧唯物主义者都没有能够科学地解决意识的起源问题。他们都没有历史发展的观点,没有辩证思维的方法,不了解意识是历史的和社会的产物,从而离开历史的、现实的人的社会性,离开人的社会实践来考察意识,因而不能科学地解决意识的起源问题,从而也就不可能回答意识是什么,不可能彻底驳倒各种唯心主义观点。

意识是自然界长期发展的产物。意识是由低级物质所具有的跟感觉相类似的反应特性发展来的,它的产生是一个长期的复杂的历史过程。

自然科学的发展证明了唯心主义关于意识起源的荒谬性。辩证唯物主义总结自然科学的最新成果,科学地解决了意识的起源问题。辩证唯物主义认为,意识并不像物质那样是这个世界上从来就有的,而是物质世界发展到一定阶段才出现的。地球上曾经有那么几十亿年,没有任何生物,更不存在具有高级神经系统的人类。在那些时候，并不存在所谓的意识现象。

大致说来，意识产生的过程经历了以下几个发展阶段：

——**无生命物质的反应特性是人类意识产生的物质基础**。一切物质都具有反应（映）能力。无机界没有感觉或意识，只具有物理的和化学的反应。水滴石穿、岩石风化、空谷回音，以及"风吹水面层层浪，雨打沙滩点点坑"，都是无生命物质的反应。这是一种跟感觉相类似的反应特性。但是，它并不是感觉或意识，而只是物体由于外界物体的作用而发生的物理状态或化学状态的改变。

——**低等生物的刺激感应性是人类意识产生的生物学前提**。无机界长期发展产生了有机物。随着无机物在一定条件下向有机物的转化，随着生命的出现，发生了质的飞跃，产生了低等生物的反映形式，即刺激感应性。低等动物和整个植物界没有神经系统，只能对直接作用于它们的环境具有刺激感应的能力。刺激感应性已经不是单纯的物理反应、化学反应，而是这样一种反应能力：它使机体能够适应变化了的外界条件，使生物机体能保持新陈代谢的正常进行以维持其生存。例如，葵花随着太阳的运行而转动，含羞草碰到外物时收拢自己的叶子，变形虫能逃避不利于它的化学药品。这种刺激感应性虽然还不是感觉，但已经包含了感觉的萌芽。

——**意识是在动物的感觉和心理基础上逐步发展起来的**。低等动物发展为高等动物，适应愈来愈复杂的生存条件，有机体的各种组织也愈来愈专门化，产生了专门的反映机构，即神经系统。神经系统逐步发展，出现了中枢神经（包括脑和脊髓）和周围的神经系统。中枢神经系统的调节中心就是大脑。有机体通过神经系统和环境发生联系，这种联系的基本形式有两种，即无条件反射和条件反射。无条件反射是某种刺激物直接引起的反射，如食物直接刺激口腔引起唾液分泌，眼睛在强光照射下瞳孔缩小。条件反射则是由某种刺激物的"信号"引起的反射，如喂养的鸡、狗、猫、猪等家禽家畜经过多次重复后，一旦听到主人的信号，就会立即跑来觅食，等等。按照巴甫洛夫（Pavlov，1849—1936年）的学说，无条件反射和条件反射具有初步反映外界或自己内部发生着的那些物质过程的能力，这种能力就是动物的心理或低级的"意识"。

由于高等动物具有条件反射的机能，因而能够从事比较复杂的活动，并可能产生一定的感觉和心理活动。高等动物的心理不仅包括感觉、情感，甚至还可能有简单的分析和判断能力。例如，猴子可以借助木棒获得放在高处的食物，鹦鹉可以简单地模仿人的一些语言，狗在高兴时会摇头摆尾，不高兴时则狂吠不已。有些动物经过人类的特别训练，甚至可以完成某些有一定难度的动作。例如在实验中，黑猩猩经过人们的反复训练，能够像人一样打开水龙头，用水桶拎水去灭火。至于警犬协助警察破案，马戏团的"马做算术""大象唱歌"……也是可能的。

不过，这些高等动物的感觉和心理活动仍然不是意识活动。人们曾经做过这样的试验：把"会灭火"的那只黑猩猩放在湖中的船上，同样点上火，给它一个水桶，让它去灭火。但是，黑猩猩却茫然四顾，不得要领。因为它找不到水龙头，一副束手无策的样子。同样是接受了灭火的任务，把黑猩猩放在船上，为什么黑猩猩面对一大片湖水，却束手无策了呢？原来，黑猩猩并不知道湖水和自来水都可以灭火。黑猩猩只是简单地机械地模仿人而已，其智力活动仍属于高等动物的感觉和心理，仍然称不上意识。或者说，这与人类的意识仍然存在着本质的差别。

——**只是在产生了具有高级神经系统、具有人脑的人类以后，才产生了意识现象。意识是高级的反应形式**。人类的意识这种精神现象，并不是从来就有的，而只是在约一百万年以前才出现的。

既然黑猩猩和人都属于高等动物，那么，为什么只有人才具有高级的反应形式——意识呢？

这是因为，随着动物界向人类的发展，产生了最复杂、最完善的大脑，这是较之神经系统的出现具有更大意义的质的飞跃。人类的思维活动，不仅借助于人和动物所共有的第一信号系统，即由外界物质刺激直接引起种种条件反射，而且还必须借助于第二信号系统，即由言语引起另一种条件反射。言语作为引起条件反射的信号，正是许多同类物质刺激的概括和标志。它使人的条件反射的广度和深度达到了为一般动物不可企及的高级阶段。人脑在第一信号系统和第二信号系统的基础上进行的思维活动，就是意识。

意识是在动物的感觉和心理基础上发展起来的。不过，在这里，我们需要注意的是，动物的大脑和单纯的动物感觉、心理是不会自发地产生意识的。

那么，是什么神奇的力量使得动物的脑过渡到人脑，动物心理过渡到人的意识呢？

意识是人的社会劳动的产物。

辩证唯物主义有一个重大的发现是社会劳动。

"劳动创造了人本身"，劳动不仅是使猿变成人的决定因素，也是人的意识产生的决定因素。意识是同人和人类社会一起产生的。意识是社会劳动、语言和人脑的必然产物。在这个意义上，我们又说，意识是社会的产物。

人与一般动物不同，人不是简单地适应自然环境，而是要通过社会劳动有意识地变革自然环境，使之适合自己的需要。人的社会劳动同动物活动的根本区别在于制造和使用工具。而在制造和使用工具改造外部世界的劳动中，不仅要求人们认识事物的表面现象，还要有抽象思维这种人类意识的反映形式，以深入地认识事物的本质和规律。

在社会劳动中，一定的思想交流是必要的。如果没有思想交流，就不可能有人们在改造自然斗争中所必需的协调的共同活动。在劳动过程中，由于交流的需要而产生了语言。"这些正在生成中的人，已经达到彼此间不得不说些什么的地步了。需要也就造成了自己的器官：猿类的不发达的喉头，由于音调的抑扬顿挫的不断加多，缓慢地然而肯定无疑地得到改造，而口部的器官也逐渐学会发出一个接一个清晰的音节"[1]，从而就产生了语言。语言是思维的工具。没有语言，人就不可能进行思维。语言的产生使大脑能用词来概括各种感觉材料，表达抽象思维，从而推动了人类意识的发展。可见，劳动和在劳动基础上产生的语言是人脑产生和人类意识形成的主要推动力。

社会劳动不仅是动物心理发展为人的意识的决定力量，而且也是意识发展的决定力量。这是因为，一方面，在劳动和语言的推动下，猿脑变成了人脑，并随着社会劳动的进步而日趋完善，这为意识的产生和发展提供了物质基础。另一方面，社会劳动不断改变着社会物质生活条件，推动着社会向前发展，从而使人的意识的内容日新月异，日益丰富和复杂。

意识现象并不是人的头脑中主观自生的，更不是从来就有的。人类意识不仅是自然界长期发展的产物，而且是社会发展的产物。它随着人类社会的产生而产生，随着人类社会的发展而发展。

如果离开了社会，脱离社会实践，不参加任何社会活动，就没有也不可能有人的意识。这正如马克思、恩格斯指出的："意识一开始就是社会的产物，而且只要人们存在着，它就仍然是这种产物。"[2] 意识的萌芽、产生和发展的历史，有力地证明了意识在先、物质在后的唯心主义观点是荒谬的，也证明了辩证唯物主义关于物质第一性、意识第二性，物质在先、意识在后、物质产生意识的论断是完全正确的。

二、意识是人脑的机能
—— "人机大战"说明了什么

1997年5月11日，全世界的目光都聚焦在一场"世纪对决"——国际象棋世界冠军卡斯帕罗夫（Kasparov，1963年— ）与一台名叫"深蓝"（Deep Blue）的IBM超级计算机的比赛上。经过六局激动人心的对抗，最终这位号称"人类最聪明的"人，前五局2.5比2.5打平的情况下，第六盘决胜局中，仅仅走了19步，就不得不沮丧地拱手称臣。这位"人类最伟大的"棋手，被一个没有血肉，有的只是冷冰冰的铁和硅等材料的机器怪物打败了！

"深蓝"是 IBM 公司研制的超级电脑，学名"AS/6000SP 大规模多用途并行处理机"，共装有 32 个并行处理器，运行着当时最优秀的商业 UNIX 操作系统——"大 I"的 AIX。它的设计思想着重于如何发挥大规模的并行计算技术，拥有超人的计算能力，每秒能分析 2 亿步棋。"深蓝"贮存着几乎世界上所有的棋谱，甚至可以在下棋过程中因人改变程序，根据棋局及时调整战略战术，表现出一定的智能。

这场激动人心、令人叹为观止的"人机大战"，令向来自傲于自身智慧的最高级灵长类动物——人类，突然感到自己"万物之灵"的地位受到了前所未有的威胁和挑战。人们对自己一手制造出来的机器开始有了惧怕。人类与生俱来、根深蒂固的"失控情结"开始弥漫。人们不断追问：思维是否只是人类的专利？机器究竟能不能思维？什么是意识？电脑有没有意识？如何认识意识与物质的关系？甚至还有人担心，终究有一天，人类将无法驾驭自己所创造的机器，甚至被电脑所统治……

这类忧虑显然不是毫无根据。这也确实是些棘手的问题，一直牵动着人们的思考。

实际上，关于思维、意识的困惑，由来已久。前面已经回答了意识的起源问题，那么什么是意识呢？要回答这个问题，就要搞清楚什么是意识的物质基础。古人曾经以为，心是思维的器官。如中国先秦思想家孟子说："心之官则思。"当然，明朝著名中医药学家李时珍（1518—1593 年）已经纠正了这一错误认识。他说："脑为元神之府。"这实际上肯定了人脑才是思维的器官，是意识的物质承担者。后来在科学的帮助下，人们逐渐证明了：

人的意识是高度发达、高度完善的特殊的物质——人脑的机能或属性。

当然，意识并不是人的头脑主观自生的，更不是从来就有的。自然界先于意识而存在，意识是自然界长期发展的产物，它的产生是一个极其复杂和漫长的历史过程。人的意识的形成是一次巨大的飞跃。意识之所以能够在人脑中产生，与人脑高度发达的组织状况、复杂的结构及其生理过程有密切联系。随着从猿到人的转变，产生了日益复杂、完善的人脑。人脑的重量大，脑与身体的比重也大。人脑的绝对量大大超过其他高等动物的脑量。人脑的脑细胞高度分化，脑组织严密。人脑皮层的沟回深、皱褶多、面积大、神经细胞多。通过内在的生理机制，人脑可以进行以抽象思维为标志的复杂的意识活动。

现代科学证明，人脑包括大脑、间脑、中脑、脑桥、延脑和小脑等部分，它是由大量神经细胞组成的极其精细的神经机构。神经细胞与神经细胞之间，神经细胞与感觉器官的神经末梢之间，共同形成了复杂的神经网络。人脑不同部位的神经细胞各有专职，分工严密。简单的分析、综合和调节行为的职能，由中枢神经系统的低级部分——脊髓、延髓、中脑和间脑来执行，复杂的职能则由大脑皮层（大脑由左右两半球组成，两半球的表面由灰质组成的一层叫大脑皮层）来执行。神经生理学的研究表明，人的大脑左右两半球的功能是不一样的。左半球在语言、逻辑思维、分析能力等方面起决定作用。右半球在对音乐、艺术的理解，对空间和形状的识别，以及对复杂关系的理解能力方面起决定作用。此外，人的精神活动，如感觉、记忆、情绪等都与脑的不同部位的生理活动相联系。如果人脑受到损害，就会阻碍脑生理过程的正常进行，人的意识活动也将受到影响，甚至失去意识机能。

那么，意识活动在人脑中是怎样进行的呢？

巴甫洛夫学说认为，意识活动是通过人的大脑对客观外界刺激的一系列反射活动实现的。人类的意识活动，一方面借助于由刺激物的信号引起的条件反射，即人和动物所共有的第一信号系统，同时还借助于由语言作为信号引起的条件反射，即第二信号系统。作为引起条件反射的信号的语言，是人类特有的，是许多同类刺激物的概括和标志。在第一信号系统基础上产生的反映，是具体的、形象的感性反映；而在第二信号系统基础上产生的反映，则是抽象的、概括的理性反映。人脑在第一信号系统和第二信号系统的基础上进行的精神活动，就是意识。

脑电科学的研究表明，反映活动的过程，就是脑接受外部刺激，传递生物电、处理信息流的生理活动过程。当客观外界的事物和现象作用于人的感觉器官，刺激了感觉神经末梢，就产生了脉冲生物电，脉冲生物电信息沿神经系统传导到人脑，经过信息处理和加工，然后沿着传出神经传到相应的人体器官，于是便产生一定的动作。

人的意识与人脑这一特殊物质是不能分开的，人脑及其生理活动是人的意识活动的物质基础。有些唯物主义者虽然肯定意识是物质的一种属性，但是，他们不知道意识只是高度组织起来的物质——人脑的机能，以为自然界所有物体都有意识。这种错误观点在哲学上叫作"物活论",给某些宗教和唯心主义留下了地盘。而 19 世纪中叶的庸俗唯物主义者,则把思维过程简单地归结为人脑的生理过程,认为大脑分泌思想,就如同肝脏分泌胆汁、胃分泌胃液、肾脏分泌尿液一样。实际上,**意识是人脑这种特殊物质的属性,但并不是物质本身**。庸俗唯物主义观点却把意识与物质等同起来了,抹煞了物质与意识之间的区别和对立,歪曲了意识与人脑的真正关系。

在科学技术突飞猛进的信息时代,理解意识是人脑的机能,有一个问题需要澄清,即我们开头的故事涉及的问题:电脑、人工智能与人的思维的关系。

20 世纪中叶以来,由于控制论、信息论和电脑等现代科学技术的发展,人们已经能够利用机械、电子的装置模拟人脑的部分思维功能,为人类服务。这就提出了意识是否只是人脑的机能、机器能否思维、机器是否可以代替人类的思维、电脑是否可能统治人类等一系列问题,这些都要求我们给予合理的解释和说明。

要回答这个问题,有必要了解一些关于人工智能和控制论的知识。

控制论是研究各种控制系统的共同特点和规律的科学。它将动物界、人类与机器的某些控制机制加以类比,对一切通信和控制系统的共同特点进行概括,形成了系统的关于控制的理论。根据控制论的理论,每一个工程自动调节系统都有发讯装置、控制装置、效应装置等。自动调节的正常进行,是通过信息变换过程、利用反馈原理来实现的。反馈就是控制系统把信息输送出去,其作用结果又被返送回来,对信息再输送出去发生影响，起到一定的控制作用。人类神经系统的基本活动方式是反射，它是通过感受器、传入神经、神经中枢、传出神经及效应器几个部分的活动来实现的。这种反射活动具有获取、加工处理和传递信息的能力，都有一系列的反馈。人们根据控制论的基本原理，运用功能模拟的方法，制造出电脑来模拟人脑的部分功能，这就是人工智能。具体来说，就是用输入装置模拟人的感受器官，接受外来信息，用存储器模拟人脑记忆功能，记存外来信息，以供提取；用运算器和控制器模拟人脑的分析、综合、判断、选择、计算等思维功能；用输出设备来模拟人对外界环境的反应，输出计算结果，与外部设备连接并指挥别的机器动作。目前，人类制造出来的智能机，已能用于控制各种复杂的生产流程和从事繁重、危险的作业，还用于计算、解微分方程、证明几何定理、翻译语言、确定物质的化学结构、诊断人的疾病、收集整理资料等方面。

意识是人脑对客观世界的反映过程，是对外界输入的信息不断加工制作的过程。 人一旦意识到意识自身，并对意识进行模拟，就会产生"人工智能"。

"人工智能"是人类劳动和智慧发展的重大成果，标志着人类的意识发展到了高级的阶段。同时，也能代替人类完成许多烦琐、重复、单调的脑力劳动，让人类集中精力从事更有意义、更富创造性的活动。不过，有人根据机器可以模拟人的部分思维功能的事实，把人工智能同人的思维相提并论，有人甚至声称，"机器思维将代替人的思维"，"电脑将统治人"，却是没有根据的，是没有经过科学论证的。

人工智能与人的思维之间存在着本质的区别。

例如，人类思维是建立在高度发达的神经系统的基础上的人脑一系列复杂的生理——心理过程，而人工智能只是建立在机械和电子元件结构基础上的一种机械——物理过程。人类思维与人工智能是两种性质完全不同的物质运动形式。即使结构再复杂的智能机器，也不能成为独立思维的主体，不能同人一样进行自主的思维活动。例如，"深蓝"进行的仅仅是并行操作和线性搜寻，还远远谈不上"智能"，甚至不具备人类的一些简单的思维功能，如不能自我选择和设定价值目标，也不能进行多元的、复杂的价值选择。

再如，意识活动的过程虽然可以在一定程度上部分地形式化、物质化，即把这个过程部分地抽象成为一套数字和符号，编成程序输入计算机，再用类似开关的开和闭、灯泡的亮和灭、电位的高和低等不同方式来表示。但是，这种形式化、物质化的过程是由人来设计和安排的，必须有人的意识参与才能进行。计算机要靠人来掌握，输入信息要靠人来编排，输出结果要靠人去理解。在这里，是人把思维的部分功能交给机器去执行，而不是机器本身能够"思维"。计算机仍然是人的工具，是人的智能的物化，是人脑的延长，就像汽车是人腿的延长一样。

人类思维活动是一种社会现象，具有社会的属性。人造的智能机器根本不能同具有社会属性的人脑相提并论。"深蓝"只是在计算能力上超过了人类——这一点我们从小小的计算器上就早有领教，而不是在智力上、在一切方面都胜过了人类。

特别是，电脑是"人造"的，诸如"深蓝"的胜利，终究不过是人脑的胜利。例如，"深蓝"说到底只是一台复杂的机器，只是一项用来证明人类的智能如何开发和利用的前沿性的科学试验。有人打趣说，如果有一天，它的智慧变得如同脱缰的野马无法驾驭的话，仅仅把它的电源插头拔掉，一切便会万事大吉。更重要的是，人的思维活动是由人的丰富的社会实践决定的，实践是人的认识的基础、前提、内容和动力，电脑永远不会具有人类所具有的丰富多彩的实践源泉。

可见，电脑作为人类的创造物，不可能全面超越人类的智慧。人类有能力设计和制造它，也就有能力、有办法操纵和控制它。所谓机器思维将代替人类思维，甚至机器将统治人类的说法，是完全站不住脚的，可以说是杞人忧天。

三、意识是客观存在在人脑中的反映
——意识的"加工厂"和"原材料"

人脑是意识的器官。但是，有了人脑，并不等于就有了意识。人脑并不是意识的源泉，只有人脑，并不能产生意识。意识的内容并非来自于人脑。人脑如同意识的"加工厂"，只有"加工厂"而没有"原材料"，是不可能"生产"出任何产品的。

那么，产生意识的"原材料"来自哪里呢？

意识的原材料只能来自客观世界。

我们不妨看看庄子讲述的一则寓言故事：秋天涨水的时候，所有小河里的水都流到黄河里去，黄河水就突然宽阔起来。两岸距离远了，隔着河水，看不清对岸的牛和马。这时，河神高兴极了，以为天下的好处都集中到这里来了。河神顺着河流向东走,到了北海举目东望,竟没有看到海的边缘。这一来,河神才觉得天下之大,自己的想法不对,于是扭头向海神叹道:"我以为没有人能比得上自己了,现在看到你是这样的广大和深远,才知道自己不行。如果不到你这里来看看,固守自己的想法,那就糟透了,一定会永远被人笑话的。"海神听了,对河神说:"井底下的鱼,不可以和它谈大海,因为它被井的狭窄束缚了;夏天的虫儿,不可以和它们谈冬天和冰,因为它们被时令限制了。"这则寓言故事形象地说明,人的意识依赖于客观的时空环境和条件,不可能脱离客观的时空环境和条件孤立地存在。

意识的内容,就其实质来说,是物质的反映,是包括社会实践在内的客观世界在人脑中的主观映像。

人生活在一定的社会环境中,客观存在通过人的实践活动作用于人脑时,人脑才会形成对客观存在的反映,这才有了意识。这正如马克思、恩格斯所说:"观念的东西不外是移入人的头脑并在人的头脑中改造过的物质的东西而已。"[3]离开一定的社会生活环境,客观存在就无法通过社会实践作用于人脑,因而就不会产生意识。离开了客观存在,意识就成了无源之水,无本之木。

在意识产生、发展的过程中,社会实践起着决定性的作用。社会实践,首先是生产实践,不仅创造了人,而且改变和建立了人们的物质生活条件,推动了社会的变迁和发展,从而使人类意识的内容日益丰富起来。如果脱离社会实践,不参加任何社会活动,就不可能形成人的意识。

意识是一个有结构的系统,包括感性的和理性的认识,以及感情、意志等一系列复杂的心理活动形式。从不同的角度，根据不同的标准，我们可以对意识的结构进行不同的分析。例如，从意识的主体看，可以区分为个人意识、群体意识和社会意识；从意识的对象看，可以区分为客体（对象）意识和主体（自我）意识；从意识的自觉程度看，可以区分为潜意识和显意识；而从意识的具体内容看，可以区分为"知"、"情"、"意"三种形式。其中，"知"指人类对世界的知识性与理性的追求，它与认识的内涵是统一的；"情"指情感，是指人类对客观事物的感受和评价；"意"指意志，是指人类追求某种目的和理想时表现出来的自我克制、毅力、信心和顽强不屈等精神状态。"情"、"意"，甚至"知"，都与人和人自身的特点高度关联，具有不同程度的主观性。

意识的形式是主观的，但内容却是客观的，即意识是客观世界的主观映像。

人只有同外部世界打交道，使人的大脑同外部世界发生联系，对一定对象进行加工制作，才会形成关于它们的意识。人脑是意识的客观物质基础，物质世界是意识的源泉。任何意识都包含着客观内容，这些内容又必须通过一定的主观形式表现出来。不能将意识的内容和形式割裂开来，它们之间是统一的，即客观内容和主观形式的统一。

当然，人的意识活动是一种复杂的高级心理活动，不是像平面镜子一样简单、刻板、表面地反映客观事物，而是具有丰富的想象力，具有抽象思维能力，具有神奇的创造力。它不仅能够认识事物的现象，还能够认识事物的本质和规律；不仅能够直接反映客观事物，还能够根据自己的需要浮想联翩，甚至运用大胆的想象进行新颖神奇的创造……意识这个"地球上最美丽的花朵"不管怎么美丽,都要扎根在物质世界的土壤之中,都要从中汲取营养。

即使是在现实世界中并不存在的一些东西,例如,民族记忆中的夸父逐日、女娲补天、精卫填海、愚公移山等神话传说,文学艺术中创作的"孙悟空"、"猪八戒"之类的形象,宗教、迷信中的神灵鬼怪、"天堂"、"地狱"、"每个人心目中的上帝",也都是人脑对客观存在的反映、想象和创造。举例来说,所谓"三头六臂",不过是在正常人的身体上,增加两个脑袋、四条手臂而已;观世音菩萨的"千手千眼",不过是在人的身上,添加了更多的手和眼,使之"法力"更加强大而已。《聊斋志异》的《画皮》篇中,曾经描绘过一个狰狞的鬼怪形象。此鬼"面翠色"、"齿如锯"、"卧如猪嗥"、"身变作浓烟"……这里的"面"、"翠色"、"齿"、"锯"、"卧"、"猪嗥"、"身"、"浓烟"……哪一样不是客观存在的事物和现象呢?所谓的"狞鬼",无非是将这些狰狞、邪恶的东西,通过人的大脑综合在一起,并经过人脑的再加工、再创造表现出来罢了。

人的意识分为感觉和思维两种形式。

——**感觉是意识的初级形式,是客观世界的直接反映**。对感觉的承认,也有两种不同的出发点。唯心主义承认感觉,把感觉当作第一性的东西,认为感觉等同于客观世界。唯物主义承认感觉,认为感觉是第二性的东西,是客观世界的反映。就拿苹果来说,人们关于苹果的感觉是对苹果各种特性,如圆、红、甜等苹果形状、色泽、味道的感觉,是苹果在人脑中的直观反映。但苹果本身并不是感觉的"组合",它是不依赖于人的感觉而独立存在的客观实在物。

——思维则是意识的高级形式，是客观世界的间接反映。思维与感觉不同，感觉给予人的是具体事物的个别特性，思维给予人的是同类事物的一般特性；感觉给予人的是具体的、直观的形象，即事物的现象方面，思维给予人的是事物的整体和本质方面；感觉给予人的是一个一个具体苹果的形状、颜色和味道，告诉人们的是某个具体苹果的形状、颜色和味道，思维给予人的是各种苹果共同的、一般的形状、颜色和味道，告诉人们的是一切苹果所共同的本质特征。当然，思维离不开客观事物，是人们对客观事物一般特征的概括与抽象。

可见，不论是正确的思想，还是错误的思想；不论是人的具体感觉，还是人的抽象思维；不论是人们对现状的感受与描绘，还是人们对过去的思考与总结，以至人们对未来的预测和畅想；无论这一切多么主观、神秘、出人意料，充满了诗人的幻想和创造家的灵感，都不过是人脑对客观事物的一定形式的反映。这正如恩格斯所说："一切观念都来自经验，都是现实的反映——正确或歪曲的反映。"[4]

只有既坚持意识是物质长期发展的产物，是人脑的机能，又坚持意识是人脑对客观物质世界的反映，是客观世界的主观映像，才能真正把握意识的本质，与各种唯心主义思想划清界限。

四、意识是社会意识
——关于"狼孩"的故事

1920年，在印度一个名叫米德纳波尔的小城，人们常常见到一种"神秘的生物"出没于附近森林,一到晚上,就有两个用四肢走动的"像人的怪物"尾随在三只大狼后面。后来,人们打死了大狼,在狼窝里终于找到了这两个"怪物":原来是两个裸体的女孩,大的年约七八岁,小的约两岁。人们把她俩送到米德纳波尔的孤儿院去抚养,大的取名卡玛拉,小的取名阿玛拉。第二年,阿玛拉死了,而卡玛拉一直活到1929年。这就是曾经轰动一时的"狼孩"故事。

据记载,"狼孩"刚被发现时用四肢行走,慢走时膝盖和手着地,快跑时则手掌、脚掌同时着地。她们总是喜欢单个人活动,白天躲藏起来,夜间潜行。怕火和光,也怕水,不让人们替她们洗澡。不吃素食而要吃肉,吃东西时不用手拿,而是放在地上用牙齿撕开吃。每天午夜到早上3点钟,她们像狼似的引颈长嚎。她们没有感情,只知道饥时觅食,饱则休息,很长时期内对别人不主动发生兴趣。不过她们很快学会了向主人要食物和水,如同家犬一样。只是在一年以后,当阿玛拉死的时候,人们看到卡玛拉流了眼泪——两眼各流出一滴泪。

据研究,七八岁的卡玛拉刚被发现时,她只懂得一般六个月婴儿所懂得的事,花了很大力气都不能使她适应人类的生活方式。她两年后才会直立,六年后才艰难地学会独立行走,但快跑时还得四肢并用。到死也未能真正学会讲话:四年内只学会6个词,听懂几句简单的话,七年后才学会45个词并勉强学会了几句话。在最后的三年中,卡玛拉终于学会在晚上睡觉,也不怕黑暗了。很不幸,就在她开始朝人的方向"进化"时,早早地死去了。据狼孩的喂养者估计,卡玛拉死时已 16 岁左右，不过，她的智力只及一个三四岁的孩子。"狼孩"的故事生动地说明：

人的意识是社会的产物，具有鲜明的社会性，既不可能脱离人类社会生活而孤立地产生，也不可能在与社会隔绝的环境中发展。

毕竟，意识是人脑的机能，而人的本质是"一切社会关系的总和"，不可能不打上人的社会关系的印记；意识是在人类社会生活实践中产生的，这种实践活动本身就是一种社会历史活动，一种依据社会需要产生、发展的活动……因而，任何意识，无论是关于自然的意识，还是关于社会的意识，在本质上都是社会的人的意识，都不能脱离一定的社会环境和条件，都是在一定的社会中产生、发展的，都具有鲜明的社会性。

意识是人的本质特性之一，这是因为意识具有鲜明的社会性。人的意识的社会性与社会意识是有所区别的概念。"狼孩"的故事充分说明意识的社会性，意识是社会的产物，狼孩即使是人不是狼，但脱离了社会，就也不具备人的社会性，没有人的意识。人们在社会生活中，进行各种交往，首先是物质的、经济的、生产的交往，在此基础上形成了精神交往，形成一定的经济和政治组织，开展各种各样、丰富多彩的社会实践活动，逐渐形成社会意识。正因为人的意识具有社会性，所以人的意识是社会意识。

所谓社会意识，是指社会生活的精神方面，是人们的社会精神生活过程，是社会物质生活过程在人们意识中的反映，是与一定社会的经济和政治直接相联系的各种精神生活现象的总称。它是在社会实践中形成的有关社会生活、社会关系等观点、理论的总和，以及表现在人们的社会感情、情绪和风俗习惯等方面的社会心理。

社会意识并不是个人意识的简单的总和，而是某一社会、阶级、集团的意识，并且制约着该社会、阶级、集团成员的意识。某一社会、阶级、集团的社会意识，总是通过各个成员的意识不同程度地表现出来，但是，它不是个别人的特殊生活条件的反映，而是该社会、阶级、集团的物质生产生活条件和社会地位、利益的反映。

人们对社会意识的本质的认识经历了一个过程，只有马克思主义哲学才在人类历史上第一次作了科学的解释。唯心主义者颠倒了意识与存在的关系，也就不能正确理解社会意识的本质和它在社会生活中的作用。旧唯物主义者在自然观上坚持意识是存在的反映，而在社会观上，由于停留在对社会生活的表面现象的观察，只看到人们的行动是受思想支配的，错误地把思想当作社会的存在和发展的基础，结果也颠倒了社会存在和社会意识的关系。透过纷繁复杂的社会历史现象，马克思、恩格斯深刻地指出：

不是人们的社会意识决定人们的社会存在，而是人们的社会存在决定人们的社会意识。社会意识的内容来源于社会存在，是对社会存在的能动反映。

社会意识的内容是由社会存在、社会历史条件决定的。各种各样的社会意识，无论是正确的社会意识，或是歪曲的、虚假的、错误的社会意识，甚至是纯粹出自幻想的社会意识，无论其主观色彩多么浓厚，无论它披上何种神秘的外衣，都是社会存在的反映，都是现实生活的某种反映，都可以从社会物质生活过程中找到它的根源或"原型"。这正如马克思、恩格斯所说:"不是人们的意识决定人们的存在,相反,是人们的社会存在决定人们的意识。""意识在任何时候都只能是被意识到了的存在,而人们的存在就是他们的现实生活过程。"[5]

有什么样的社会存在,就有什么样的社会意识。归根到底,社会意识是人们社会物质生活过程及其条件在观念上的反映,是人们对于自己周围环境、社会关系、社会过程的认识,主要是对物质资料生产方式的反映。一个人具有什么样的社会意识,既由他生活于其中的社会环境所决定,又与他个人所处的社会地位、受到的教育、从事的职业等密切相关。人们所处的社会经济关系不同、社会实践不同,所形成的社会意识就不同。

社会意识对社会存在也具有相对独立性。

——社会意识与社会存在的发展变化存在不完全同步性。社会意识既可能落后于社会存在,也可能会超越社会存在。某一种社会思想和理论,当它赖以存在的物质条件根本改变之后,还可能存在一个相当长的时期,并对社会的发展起着一定的阻碍作用。与此相反,先进的社会意识却能够在一定程度上深刻反映社会存在的现实矛盾,科学地预见社会发展的未来趋向,对于人们的社会实践起着指导和动员的作用。18世纪法国资产阶级杰出的启蒙主义者以特殊的方式预见了资本主义社会的来临。19世纪空想社会主义者对未来共产主义社会的图景已做了某些臆测,虽然带有极大的幻想的性质,但也有一定的合理成分。马克思主义全面地揭示了社会发展的客观规律,对社会发展的前景作了科学的预见。

——**社会意识的发展与社会存在的发展之间存在不平衡性**。经济上先进的国家,其社会意识不一定是先进的;经济上落后的国家,社会意识也不一定必然落后。例如,18世纪法国在经济上落后于英国,但当时法国的唯物主义哲学却超过了英国;到了19世纪,经济上落后、政治上分裂的德国,又以辩证法哲学超越了法国的机械论哲学,孕育了马克思主义哲学;19世纪末,经济落后的俄国是列宁主义的故乡。之所以出现这种情况,是由于当时产生这些思想的国家内的阶级矛盾特别尖锐,导致它们成为革命的中心:18世纪末法国是欧洲革命的中心,19世纪中叶革命中心转移到了德国,19世纪末革命中心又转移到了俄国。

——**社会意识的独立性是在由社会存在决定的前提下的相对独立性,是有条件的,归根到底是由社会的物质基础和条件决定的**。先进的社会意识不可能凭空产生,只有在社会发展达到一定程度时,才可能产生;它对未来社会的发展只能描绘出大概的轨迹,而不可能详尽预见具体的细节。例如,德国、俄国等经济相对落后的国家,在特定条件下之所以能够出现先进的思想意识,仍然是以经济发展达到一定的水平为前提的。如果当时资本主义经济的发展没有达到一定的水平,没有在一定程度上成长了的无产阶级,那么马克思主义和列宁主义的产生也是不可能的。另一方面,落后的社会意识不可能在它的物质基础消灭之后长久地存在。如果社会环境和条件发生了实质性变化,社会意识或迟或早也会发生相应的变化。

在阶级社会中,人们的社会意识在不同程度上带有阶级性。经济上占统治地位的阶级,在社会意识中也必然占统治地位。

当社会分裂为阶级时，人们的社会存在，就是他们的阶级存在。在阶级社会中，不同的阶级由于所处的社会经济地位、所处的社会关系不同，由于阶级地位和阶级利益的不同，决定了他们的社会意识不同，甚至根本相反。不同的阶级意识，实际上是不同的阶级对自身的经济利益和社会经济关系的反映。

即使在同一阶级、同一人群共同体当中，人们的意识也经常存在着一定的差异。这是因为，人们的意识在反映一定的客观对象时，与他所处的地位有关，同时又要受到他所处的环境的影响，所以，对同一个客观对象，人们的意识是不同的。

社会意识在人类社会的发展中具有历史性。

社会存在的变化发展决定社会意识的变化发展。由于社会总是处于不断的变化和发展中，因此与之密切相联系的社会意识，也必然要相应地变化和发展。每一个社会都有与其相应的社会意识。随着社会物质生活条件、人们的社会关系的变化，人们的社会意识也会发生或早或迟、或快或慢、或大或小的变化，从而表现出时代性、历史性特征。

社会生产在不断发展，整个社会也在不断进步。与此相适应，社会意识的内容和形式也在不断更新。在原始社会，生产力水平极其低下，没有私有制，生产资料和产品都归原始公社全体成员所有，人们共同生产，平均分配劳动产品，每个人都完全依赖于集体。当时人们的这种生活状况，不可能产生私有观念，而只能有朴素的、原始的集体观念。在原始社会的一定时期，杀死没有劳动能力的老人和战争俘虏，是合乎道德的。因为当时劳动产品极其有限，没有劳动能力的老人和战争俘虏成了氏族和部落的巨大负担，如果不杀死他们，就会危及其他人甚至整个部落的生存。然而，如果今天依然这样做，那就是惨无人道的行为，要受到舆论的谴责和法律的制裁。

随着原始公社的解体，原始的公有制被私有制所代替，社会分裂为阶级，朴素的、原始的集体观念也就被私有观念所代替，出现了剥削阶级和被剥削阶级的意识的对立。同是私有制社会，在奴隶社会、封建社会和资本主义社会里，社会意识也很不相同。

伴随着生产力的发展，特别是大工业的出现，无产阶级作为独立的政治力量登上历史舞台，于是，产生了无产阶级的意识形态——共产主义。它是无产阶级的阶级意识，是无产阶级的阶级地位、历史要求和生存状况的反映。它科学地反映了客观世界和历史发展的规律，是有史以来最先进的社会意识。随着社会主义革命的彻底胜利，私有制和剥削制度的彻底消灭，在公有制经济高度发展的基础上，经过长期的宣传和教育，它将逐渐发展成为全人类共同的社会意识。

社会意识是在一定历史条件下产生的，同时又受到一定历史条件的制约。社会意识是历史的、具体的现象，从来不存在什么抽象的、超历史的、永恒不变的社会意识。社会意识变化的原因，归根到底要到物质生产方式的变化中去寻找。时代的变迁，社会形态的更替，决定着观念的转变和新的社会意识的形成。

五、意识具有能动作用
——"大众哲人"艾思奇与《大众哲学》

1936年，年仅26岁的艾思奇以《哲学讲话》即《大众哲学》而闻名遐迩。据不完全统计，新中国成立前后《大众哲学》共出了50多版。《大众哲学》一问世，就十分引人注目，特别是在广大青年知识分子中发挥了非同寻常的巨大的唤醒作用。在黑暗的旧中国，许多追求进步的年轻人在苦闷彷徨中读到此书，看到了希望，振奋了精神。他们中间不少人由于阅读此书而走上了革命的道路。北京大学已故著名哲学教授黄楠森（1921—2013年）曾经回忆说："我初读这本书至今已有40多年了，但它使我茅塞顿开，豁然开朗的情景犹历历如在目前。"[6]另一位当年的青年读者后来给艾思奇写信说，20世纪30年代，他正是一个满怀热情的青年，由于国家满目疮痍，民族处于危急，个人出路渺茫，精神上极端迷茫、苦闷、悲观，曾想自杀了此一生。一个偶然的机会，读了《大众哲学》，精神为之一振，仿佛在黑暗中看见了曙光，觉悟到国家民族、个人的前途，要靠自己奋起斗争。于是，他毅然投身到革命的行列。已故全国政协原副主席费孝通（1910—2005年）当时在文章中这样表达自己的心情："今天我们才见到了太阳，这样光明。""我从此看出来的人都不同了，面目可亲了。我们参加了队伍，有了伙伴。"[7]这是通过《大众哲学》接受了马克思主义，在宇宙观、人生观方面发生变化才会有的感觉和体验。

《大众哲学》形象而又深刻地诠注了思想理论、精神文化的巨大威力，说明了**人的思维、意识在认识世界和改造世界中所具有巨大的能动作用**。具体而言，人的意识奇妙而丰富多彩，具有多方面的功能和作用。

——**人的意识能够反映外部世界，得到真理性的认识**。意识不仅能够反映事物的外部现象，而且能够通过抽象思维对外部世界传来的信息进行加工，了解事物之间的联系和关系，把握事物的本质及其规律性。

——**在反映的基础上，意识具有预见的作用**。意识不仅能够"复制"当前的对象，而且能够追溯过去，预测未来。科学理论揭示了现实生活中各个领域的客观规律性，人们就能够把握事物的发展趋势，预见未来的进程。人们通过认识、预见，就能够判定事物及其发展进程"是什么和不是什么"。

——**在反映、预见的基础上，意识起着确定目的、目标和任务的作用**。人们认识世界是为了改变世界。而要改变世界，就要事先制定"蓝图"，确定"要做什么和不要做什么"。确定目的、目标和任务，是任何一种有意识的行为所需具备的条件。它适用于个人的有意识的行为，也适用于社会集团、组织或整个社会的活动。在社会生活发展过程中，根据现实的条件和需要，人们必须确定不同发展阶段的目的、目标。例如，为了实现共产主义这个最终目的，就要根据社会发展的规律和主客观条件，确定不同发展阶段上的具体目标和任务。例如，在我国社会主义初级阶段，就是要解放和发展生产力，实现共同富裕，努力实现把我国建设成为富强、民主、文明、和谐的社会主义现代化国家的宏伟目标。

——**在反映、预见和确定目的的基础上，意识还起着指导人们制定行动路线、计划，选择较优方案、方法等作用**。这是实现一定目标的必要保证。没有这种保证，目标再好，也不过是一种良好愿望或"空中楼阁"而已。在这里，意识起着规定"应该怎样做"、"不应该怎样做"的作用。

　　人们在实践中认识了外部世界及其规律性，确定了目的和行动方案之后，就进入了改变世界的行动过程。在这类价值活动中，意识的作用更是丰富多样，至关重要。

　　——**在实现目的、目标的过程中，意识通过意志、信念和情感等形式，对人们的行动起着指导、调节与控制的作用**。意志、情感等是人们决定达到某种目的而产生的心理状态，是人的内部意识向外部动作转化的过程。意志对行动的控制和调节作用，或表现为推动、激励人们采取必需的行动来实现预定的目的，或表现为制止、阻碍那些不符合预定目的的行动发生。"人是要有点精神的"，在宏伟壮丽而又充满艰难险阻的社会主义事业中，没有百折不挠的坚强意志，没有对未来无比坚定的信念，没有为实现理想而奋斗的高度的革命热情，是不可能克服各种困难，将社会主义事业进行到底的。

　　——**在实践过程中，意识还具有规范和调整社会成员的关系和行动的作用**。人是社会的动物，意识把社会、阶级、集团的利益、要求等规定为行动规范，制约人们的行动。没有这种规范的作用，行动不统一，就无法达到预定的目的。马克思主义的一个基本原则，就是要使群众认识自己的利益，并且为实现自己的利益而团结战斗。毛泽东说："群众知道了真理，有了共同的目的，就会齐心来做。……群众齐心了,一切事情就好办了。"[8]

人的意识活动是一个能动的创造性过程。意识的能动性不仅在于能动地反映现实,把握物质世界的本质和规律,更重要的在于运用这些认识,能动地指导实践,有计划、有目的地改造客观世界,创造美好的价值世界。自有人类以来,人们运用自己的思维和意识能力,在自己活动所及的范围内,到处给自然界打上人类意志的"印记",使周围的自然界成了"人化"的自然界,有意识地创造出一个"为人的"和"人为的""理想世界"。

在具体的历史的社会生活中,意识的多方面的能动作用是相互联系、相互影响和相互制约的。它们调整着全部复杂的社会生活进程,成为指导实践、改造客观世界的强大力量,反作用于物质发展过程。

意识的能动作用,一般说来具有两种不同性质:一种是促进事物的发展,一种是阻碍事物的发展。

只有符合客观实际的意识,才能正确地指导人们的行动,促进事物的发展。不符合客观实际的意识,终归会把人们的行动引向错误的道路,从而阻碍事物的发展。毛泽东指出:"一切根据和符合于客观事实的思想是正确的思想,一切根据于正确思想的做或行动是正确的行动。我们必须发扬这样的思想和行动,必须发扬这种自觉的能动性。"[9]

坚持辩证唯物主义的意识论,就要将物质对意识的决定作用与意识在认识世界和改造世界中的能动的反作用统一起来,反对在意识的能动作用问题上的两种片面的观点:

一是形而上学机械论。这种观点承认物质决定意识,但是,把意识看作只是外部世界的消极反映,不承认意识的能动作用。这是一种否定自觉能动性的消极无为的懦夫、懒汉世界观。如果任其在群众中蔓延，必将泯灭广大群众的革命意志和斗志，成为社会主义革命和建设的消解力量。

一是唯心主义的"精神万能论"、"唯意志论"。这种观点抽象地发展了意识的能动方面，把它说成是脱离物质、决定物质，甚至能够创造一切的东西，表现为"精神万能论"、"唯意志论"等。这种片面夸大意识能动作用的观点，曾经让我们吃过很多的苦头，付出过惨痛的代价。无论意识的能动作用有多大，都不能脱离物质条件和环境的制约。离开了对物质世界的正确反映，缺乏必要的物质条件，脱离群众的社会实践，意识不仅不可能发挥积极的能动作用，而且会导致失败，让人们付出不必要的代价。

六、坚持主流意识形态的引领作用
——福山的"意识形态终结论"

20世纪80年代末90年代初，苏联及东欧的南斯拉夫、罗马尼亚、波兰、捷克斯洛伐克等国家发生惊天巨变，令世界格局发生了天翻地覆的变化：苏东各国执政几十年的工人阶级政党丧失政权，推行几十年的社会主义制度改变性质，被资本主义制度所代替。苏联、南斯拉夫、捷克斯洛伐克三国四分五裂，作为独立主权的国家已经不复存在。民主德国与联邦德国合二为一，实际上被联邦德国吞并了。这一历史事件，史称"苏东剧变"。

冷战的硝烟尚未散尽，1992年，美国学者福山（Fukuyama，1952年— ）就迫不及待地出版了《历史的终结和最后的人》一书，抛出了所谓的"历史终结论"。福山宣称：自由与民主的理念已无可匹敌，历史的演进过程已走向完成。福山以西方社会新福音的传送者身份向世人宣告：目前的世界形势不只是冷战的结束，也是意识形态进化的终点。西方的自由、民主已是人类政治的最佳选择，也是最后的形式。于是，意识形态终结论思潮再度以历史终结论的话语形式粉墨登场，福山也因此备受追捧，名声大噪。一些敌视社会主义的人，陶醉于国际共产主义运动遭受重大挫折的喜悦，和着福山的调门尽情地叫嚣："马克思主义死了！""共产主义死了！""资本主义万岁！"

然而，意识形态真的可能"终结"吗？真的可能退出历史舞台、不再发生作用了吗？

有些资产阶级思想家曾经断言，既然马克思主义否认各种思想有离开社会经济的独立的历史发展，那么，也就否认它们对历史有任何影响。这是一种歪曲。马克思、恩格斯同这种歪曲进行了坚决的斗争。恩格斯明确指出："政治、法、哲学、宗教、文学、艺术等等的发展是以经济发展为基础的。但是，它们又都互相作用并对经济基础发生作用。"[10]这是对社会存在和社会意识的关系所作的唯物的、辩证的说明。恩格斯还进一步指出，如果把原因和结果割裂开来，看作永恒对立的两极，势必忽略它们的相互作用，也就看不到，当一种历史因素一旦被其他的、归根到底是经济的原因造成的时候，它也影响周围环境，甚至能够对产生它的原因发生反作用。物质生活条件是原始的起因，但这并不排斥思想领域也反过来对物质条件起作用，虽然这是第二性的作用。历史唯物主义反对唯心主义把意识看成是社会生活的基础，但是它承认社会物质生活过程是不能离开社会意识的作用而实现的，也就是说，只有借助和发挥社会意识的作用，才能推进人类的物质生活，才能实现社会的有规律的发展，解决政治、经济生活提出的历史课题。

当然，社会意识的形式和种类很多，内容也千差万别。不同的社会意识，因其内容和形式的巨大差异，其作用也是不尽相同的。意识与意识形态，是既相一致，又有一定区别的两个概念。意识包括意识形态，但不完全等于意识形态，意识中属于观念上层建筑领域的哲学、经济、政治、文化、宗教等思想观点则为意识形态。所以，意识形态（属于上层建筑的社会意识）与非意识形态（非上层建筑的社会意识）、主流意识形态与非主流意识形态的作用，就明显地大不相同。

所谓意识形态，是系统地、自觉地、直接地反映社会经济形态和政治制度的思想体系，是社会意识诸形式中构成观念上层建筑的部分。在阶级社会里，意识形态具有鲜明的阶级性，集中体现一定阶级的利益和要求，为一定阶级服务。

一般说来，代表先进的阶级利益的意识形态对社会的发展起促进作用，代表反动阶级利益的意识形态对社会的发展起阻碍作用。例如，合理的、先进的意识形态，对社会发展具有引导、促进作用。因为它能比较正确地反映社会发展的客观要求，是先进阶级、先进社会势力的精神武器。它一旦掌握了群众，就能发挥巨大的动员、组织和改造的作用，团结、教育人民群众，反对腐朽的社会势力，转化成推动社会前进的强大的物质力量。正因为这样，新的、先进的思想理论能够成为社会革命的前导。恩格斯指出："正像在 18 世纪的法国一样，在 19 世纪的德国，哲学革命也作了政治变革的前导。"[11]

与先进的社会意识形态相反，不合理的、反动的社会意识形态同历史发展规律背道而驰，它反映着反动阶级和腐朽制度的要求，歪曲现实，散布各种要求劳动人民安于受压迫、受剥削地位的反动说教，因而起着阻碍社会发展的作用。一般而言，反动的思想、理论不可能长期蒙蔽人民群众，阻挡先进的思想、理论的伟大解放作用，它最终必将被先进的思想、理论战胜，必将随着旧制度的消灭而逐步归于灭亡。

每一社会的意识形态都是复杂的，往往同时存在三种不同的体系：反映该社会占统治地位的经济制度和政治制度并为其服务的占统治地位的意识形态；反映已被消灭的旧经济制度和政治制度的意识形态残余；反映现存社会里孕育着的新社会因素并为建立新的经济制度和政治制度服务的新的意识形态。

在每一社会中，统治阶级的意识形态，都是占统治地位的意识形态，它集中反映该社会的经济基础，表现出该社会的思想特征。

统治阶级的思想和被统治阶级的思想是对立的。在经济上和政治上居于统治地位的阶级，在思想上、精神上也必然居于统治地位，而被统治阶级的思想则处于被压抑的地位。马克思、恩格斯指出："统治阶级的思想在每一时代都是占统治地位的思想。这就是说，一个阶级是社会上占统治地位的物质力量，同时也是社会上占统治地位的精神力量。支配着物质生产资料的阶级，同时也支配着精神生产资料，因此，那些没有精神生产资料的人的思想，一般地是隶属于这个阶级的。"[12]不同意识形态之间的相互斗争，构成阶级斗争的一个重要内容。特别是在社会形态更迭时期，新旧意识形态之间的较量和斗争尤其激烈。

判断一种社会意识形态对社会发展究竟起什么作用，是促进还是阻碍社会的发展，以及它们的作用大小，往往是十分复杂的。归根到底，这取决于它们反映社会发展规律的正确程度，取决于它所服务的经济基础的性质，也就是说，取决于它所反映的是社会先进生产力的要求，还是社会落后生产力的要求；是社会先进势力的要求，还是社会落后势力的要求。

马克思主义以前的先进阶级的社会意识形态，例如资产阶级革命时期的资产阶级意识形态，由于受到狭隘的阶级眼界的限制，都只能在一定限度内反映当代历史发展的前进趋势，不能全面认识社会运动的客观过程及其规律性，不可能成为广大劳动群众争取彻底解放的精神武器。例如，18世纪法国资产阶级思想家曾经打着"自由、平等、博爱"的旗帜反对封建主义，他们认为这种思想是全民的思想，他们自认为是全人类利益的捍卫者。这些口号在当时的确曾经起过动员群众摧毁封建制度的进步作用。但是，资产阶级革命胜利后的现实表明，"自由、平等、博爱"在私有制条件下根本不可能实现，它所要求和实现的，实质上是剥削和竞争的自由，是虚伪的形式上的平等，是掩盖人与人之间冷冰冰的纯粹金钱关系和相互倾轧。**意识形态超阶级、无党性的说法，正是资产阶级党性的表现，是资产阶级在劳动人民面前掩盖其意识形态的阶级本性的需要。**至于帝国主义时期的资产阶级早已成为反动的社会势力，它们和劳动人民之间的利益矛盾和冲突日益尖锐化。它们的思想代言人所说的"超阶级"的意识形态，只不过是与人民为敌的反动意识形态，是为维护他们的利益和统治服务的。

工人阶级意识形态与一切剥削阶级的意识形态存在根本区别。它是在资本主义条件下，适应社会发展和无产阶级革命斗争的客观需要而产生的。它不是以私有制为基础，而是以公有制为基础的，代表工人阶级的利益和要求。它公然声明自己的意识形态是有阶级性、党性的，是工人阶级根本利益的表现。它正确地反映了社会发展规律，能够掌握最广大的人民群众，最广泛、最深入地动员人民群众，成为工人阶级和广大劳动人民推翻资本主义、建设社会主义的伟大精神武器。由于无产阶级的利益同社会发展的方向完全一致，同广大劳动人民的根本利益一致，因而它是人类历史上最科学、最进步的意识形态。

在推翻资本主义的斗争中，工人阶级意识形态的根本作用在于，使工人阶级从"自在的阶级"变成"自为的阶级"，把自发的斗争提高到自觉的斗争，使他们认识到自己的历史使命，推翻旧世界，创造新世界。

在以生产资料公有制为主要基础的社会主义社会，工人阶级和广大劳动人民得到了解放，成了新社会的主人。同工人阶级和其他劳动人民社会地位的变化相适应，工人阶级意识形态也改变了在旧社会的被压抑、被排斥的地位，成了社会主义社会的占统治地位的思想。国家可以根据反映客观规律的马克思主义理论进行有计划的指导，而广大人民群众在社会主义意识形态的指导下，将不断提高社会主义觉悟，以主人翁姿态进行自觉的创造性劳动，建设社会主义家园。

社会意识作为人们在精神生产中获得的精神文化成果，对社会存在的反作用有其特殊的方式。即是说，社会意识（包括意识形态）对社会存在的能动作用，往往要通过"文化"、通过人们的精神文化活动等来实现。

文化是人类具体的历史的生活实践活动的产物。人类在生活实践活动中改造了自然界，改造了社会，形成了包括意识形态在内的文化。文化作为人们的社会实践活动的产物，反过来又培养和塑造人，改变和塑造社会。文化的要义，在于"人化"和"化人"的统一："人化"是指人以自己的活动，按人的方式改造整个世界，使相关的一切打上人文印迹，烙上人文性质；"化人"则意味着反过来，用这些改造世界的人文成果武装人、提升人、造就人，使人获得更全面、更自由的发展，日益成为"人"。

包括意识形态在内的文化是一种"软实力"，它对人们的影响是无形的、潜移默化的。在全球化、信息化背景下，在中国特色社会主义建设中，在中华民族和平发展的过程中，我们要注意传承和发扬人类创造的一切优秀文化成果，通过"百花齐放、百家争鸣"，繁荣和发展我国社会主义先进文化，满足人民群众日益增长的精神文化需求；要提升社会主义文化软实力，通过思想斗争，通过说理，解决矛盾，促使先进的社会意识战胜落后的社会意识，在斗争中不断扩大和巩固工人阶级的思想阵地；要将社会主义先进文化和主流意识形态，通过无形的、潜移默化的方式，团结和教育人民，提高人民的思想道德素质，培养和塑造社会主义新人，建设一个充满生机和活力的社会主义新中国。

根据以上的讨论，站在唯物史观的立场上，回头再来审视福山的意识形态终结论，那么，我们会发现，它既是别有用心的，又是完全站不住脚的。

例如，福山认为，资本主义自由民主的意识形态已经取得了对一切意识形态的胜利，尤其是在与社会主义意识形态的斗争中取得了彻底的胜利，因此，威胁美国和西方生存的意识形态已经终结了，自由民主的意识形态可以傲视全球、高枕无忧了。这种将西方自由民主制度视为人类意识形态进化之终点的观点是缺乏根据的，是经不起推敲的。因为福山也承认，自由民主的发展不是一条平坦的直线，历史上出现过许多曲折。照此类推，社会主义意识形态在目前遇到的挫折，怎么就一定是"最后的失败"呢？苏联、东欧社会主义模式的崩溃，仅仅是一种社会主义探索的失败，只是社会主义在实践摸索进程中的挫折，又怎么能说是马克思主义和社会主义本身的失败呢？西方自由民主意识形态暂时得势了，又怎能说消除了它的局限性了呢？又怎能保证它在未来不会再次出现曲折，甚至走向毁灭呢？邓小平精辟地指出："社会主义经历一个长过程发展后必然代替资本主义。这是社会历史发展不可逆转的总趋势，但道路是曲折的。资本主义代替封建主义的几百年间，发生过多少次王朝复辟？所以，从一定意义上说，某种暂时复辟也是难以完全避免的规律性现象。一些国家出现严重曲折，社会主义好像被削弱了，但人民经受锻炼，从中吸取教训，将促使社会主义向着更加健康的方向发展。因此，不要惊慌失措，不要认为马克思主义就消失了，没用了，失败了。哪有这回事！"[13]

实际上，历史发展是否有"最终目的"，历史过程是否有终结点，本身就十分值得怀疑。福山将西方资本主义的自由民主理念和制度作为意识形态的终结点，实质是反马克思主义情结的时代表达，是新自由主义主导的全球化进程中，西方资本主义宣扬其自身意识形态永恒性、普适性的策略与文本。透过其貌似客观、"中立"的话语，我们看到的却是其根深蒂固的意识形态情结。别有用心地宣称意识形态终结，本身就是赤裸裸的意识形态！这一论调所反映的，是资本主义的意识形态诉求，是资产阶级的"西方中心论"的思想倾向，是一脉相承的资本主义"冷战思维"。

我国是一个坚持以马克思主义为指导的社会主义国家，也是世界上最大的发展中国家，是一个正在为实现现代化而励精图治的社会主义国家。这种独特的现实境遇决定了，面对福山式的论调，我们必须保持应有的警惕，必须拿出独特的睿智。在全球范围的思想文化和意识形态的碰撞与冲突中，既要坚持马克思主义在意识形态领域的指导地位，又要尊重多元文化与意识形态并存的客观现实；同时还要看到，我国出现的"意识形态中立论""意识形态虚无论""意识形态淡化论"等奇谈怪论，都是福山式论调在国内的"知音"。面对各种各样的错误论调，任何盲目的肯定，任何武断的否定，都是思想上的懒汉，都会从根本上危及我国的意识形态安全，危及我国欣欣向荣的社会主义事业，阻碍中华民族的伟大复兴进程。

结　　语

意识是物质世界发展到一定阶段的产物，是人所特有的精神活动。意识是高度发达的物质——人脑的机能，是客观世界在人脑中的主观映像。意识具有社会性，归根结底是一种社会意识，同时它又具有自身的相对独立性和能动的反作用。当今世界意识形态的斗争十分尖锐，要不断提高对各种新情况、新问题、新变化的应对能力，进一步确立社会主义意识形态的主导地位，建设社会主义先进文化，更好地发挥其引导、凝聚和调控等导向功能，增强社会主义主流意识形态的吸引力、影响力和感召力，团结和凝聚广大人民的意志，为中国特色社会主义服务。

注　释

〔1〕《马克思恩格斯文集》第9卷，人民出版社2009年版，第553页。
〔2〕《马克思恩格斯文集》第1卷，人民出版社2009年版，第533页。
〔3〕《马克思恩格斯文集》第5卷，人民出版社2009年版，第22页。
〔4〕《马克思恩格斯全集》第20卷，人民出版社1971年版，第661页。
〔5〕《马克思恩格斯文集》第2卷，人民出版社2009年版，第591页。
〔6〕黄楠森：《哲学通俗化的榜样》，载《马克思主义哲学家艾思奇》，中共中央党校出版社1987年版，第382页。
〔7〕费孝通：《思想战线的一角》，载于《学习》第一卷第2期。
〔8〕《毛泽东选集》第四卷，人民出版社1991年版，第1318页。
〔9〕《毛泽东选集》第二卷，人民出版社1991年版，第477页。
〔10〕《马克思恩格斯文集》第10卷，人民出版社2009年版，第668页。
〔11〕《马克思恩格斯文集》第4卷，人民出版社2009年版，第267页。
〔12〕《马克思恩格斯文集》第1卷，人民出版社2009年版，第550页。
〔13〕《邓小平文选》第三卷，人民出版社1993年版，第382—383页。

实现人与自然的和谐发展

——自然观

马克思主义自然观从人的具体的、历史的实践活动出发把握人与自然的关系，通过对隐藏在人与自然关系背后的人与人的关系的把握和调整，去现实地寻求人与自然关系的和解。

马克思主义自然观是马克思主义关于自然以及人与自然关系的总的看法。作为马克思主义哲学的重要组成部分，它坚持从唯物主义物质观的基本立场出发，以自然科学发展的最新成果为基础，强调从世界统一于物质的基本原则出发，从人的具体的、历史的实践活动出发，去把握自然以及人与自然关系的本质，从而超越了以往历史上任何形式的自然观，实现了对自然界本来面目的唯物的、辩证的、科学的理解。当今，面对人口膨胀、资源紧张、生态危机、环境污染和气候变暖等"全球困境"，坚持和发展马克思主义自然观，有助于正确认识自然以及人与自然的关系，有助于化解人与自然的深刻矛盾，努力追求和实现人与自然的和谐发展。

一、自然观问题的重新提出
——"美丽的香格里拉"

"太阳最早照耀的地方,是东方的建塘;人间最殊胜的地方,是奶子河畔的香格里拉"。20世纪30年代,英国著名畅销书作家希尔顿(Hilton,1900—1954年)发表了小说《消失的地平线》,正是这部小说,使得"香格里拉"从此响彻了全世界。在小说的描写中,神秘的香格里拉雪山环抱、风清月朗,世居于此的人们以"任沧海横流、我只取一瓢饮"的"适度"哲学为"万世法",在与大自然的和谐相处中过着充实而富有活力的生活。

《消失的地平线》发表后,旋即获得霍桑登文学奖。1944年,好莱坞投资250万美元将小说搬上银幕,电影的主题歌《这美丽的香格里拉》,在第二次世界大战的炮火硝烟中更是传遍了全球。《不列颠文学词典》称,该书最大的功绩,是为英语世界创造了一个能够表达"世外桃源"的词汇,这就是"香格里拉"。

"香格里拉"当然是小说的隐喻。但由于作者希尔顿在小说中说"香格里拉"就在中国云南的藏区,因此,后世的人们便不免按此索骥,结果真的在中国云南的迪庆藏族自治州发现了现实的"香格里拉"。

早在《后汉书》的记载中,"雪山为城,江河为池"就是迪庆高原在地理上的千古形象。今天,站在高山之巅极目远眺,可以明显地看到,位于金沙江湾以北的迪庆州以其首府中甸(其意为"牦牛草原",现已正式更名为"香格里拉")为核心,形成了一个倒金字塔形:江河从这个倒金字塔形的中间穿过,梅里雪山、哈巴雪山、白茫雪山和巴拉根宗雪山则是分处其中的一座座美妙绝伦的冰雪金字塔,辉煌安详、庄严肃穆,与江河日月同辉;中甸草原、纳帕海草原、迪吉草原,仿佛雪山谷地鲜花碧草织就的地毯,这巨大的地毯又被奶子河、纳赤河分成莲花状,人走在这个美丽的地毯上,顿时有步步生莲之感。

这个被称为桃源仙境的地方,不仅仅有"风清月朗,连天芳苜,满缀黄花"的美景。这里的森林覆盖率是全国平均数的6倍,几乎达到90%,如此的生态数据已经够让人惊奇的了,但更为人们所称道的,却是世世代代居住在这里的人民独特的自然观念和生活方式:崇拜自然、敬畏自然,勤俭朴实、不尚虚华,对大自然没有过多的非分之想。正是由于这种代代相传相续的自然观念和生活方式,才让香格里拉人为现代文明保存了一方净土。

在战火纷飞的岁月中,小说家之所以要虚构一个"香格里拉",无疑是要表达一种对于世界和平的无尽渴望。然而今天,当世界各地的人们蜂拥而至香格里拉时,"这美丽的香格里拉"所承载的,显然又多了另一份情怀,那就是对一个能够远离现代文明洪流冲刷的世外桃源的深深期盼。然而,远行的人们驾驶着大车小车欢快地驶向杜鹃花盛开的牧场草甸,当形形色色的摄影家们扛着各式各样的"长枪短炮"醉心于明净如画的雪山圣湖时,我们可曾想到:这川流不息地涌向香格里拉的人潮车流,到底会给它带去什么样的命运?

无独有偶,就在希尔顿发表《消失的地平线》以后将近三十年，美国海洋生物学家卡逊（Carson，1907—1964年）在1962年出版了《寂静的春天》一书，书中向我们讲述了又一个小镇的故事。然而，在卡逊的描绘中，这个小镇却有着和香格里拉完全不同的另一种命运：

这是美国中部的一个小镇，它坐落在一派繁荣的农场中央，周围是庄稼地，小山下果树成林，这里的一切生物都同其周围的环境相处得非常和谐，也正因为如此，从前的小镇是美丽的：春天，繁花点缀在绿色的原野上；夏天和秋天，橡树、枫树和白桦树透过松林的屏风散射出火焰般的彩色光辉；冬天，道路两旁也是美丽的，无数的小鸟飞来，洁净清凉的小溪从山谷中流出，灌溉着生活着鲑鱼的绿茵池塘。

小镇一直都是这个样子。直到有一天，第一批居民们来到这里修建房舍、挖井筑仓，情况就开始发生变化。从那时起，一个奇怪的阴影开始笼罩了这个地区，不祥的征兆降临到村落里：神秘莫测的疾病袭击了成群的小鸡，牛羊纷纷病倒和死亡，农夫们诉说着他们多病的家庭，医生们则为病人中出现的怪病感到困惑不解。

于是很快，一种奇怪的寂静笼罩了这个地方：园中觅食的鸟儿不见了，曾经荡漾着鸽子、乌鸦和鹪鹩的合唱以及其他鸟鸣的声浪的早晨，现在一点声音都没有了；曾经是多么吸引人的小路的两旁，现在排列着的仿佛是火灾浩劫后的焦黄枯萎的植物；甚至小溪也失去了往日的生命和喧闹，因为所有的鱼也已经死亡，只有一片寂静覆盖着田野、树林和沼泽地。小镇已经被生命所抛弃，留下来的只是一个寂静的春天，无声无息。

如同希尔顿所描写的"香格里拉"一样，卡逊的小镇也是一种虚构。然而，正如她在书中所指出的：这样的小镇以及发生在它身上的故事，人们很容易就能在生活中，在美国以及世界其他地方找到它现实的版本；小镇的故事虽然只是一个假设，却是"明天的寓言"。她在书中更是大胆预言："在人们的忽视中，一个狰狞的幽灵已向我们袭来，这个想象中的悲剧可能会很容易地变成一个我们大家都将知道的活生生的现实。"[1]

五十多年过去了，就在"美丽的香格里拉"成为人们趋之若鹜的人间天堂的同时，卡逊的预言却不幸成为了现实。

第二次世界大战结束以后，人类社会的发展进入了一个相对稳定的时期。一方面，开足马力发展经济，成为世界各国的共同选择；另一方面，科学技术的突飞猛进，也让人们在和自然打交道时具备了无比强大的信心和能力。然而，在这场人类历史上盛况空前的"发展竞赛"中，由于发达资本主义社会所主导的经济增长模式和财富分配模式的全球扩张，不仅进一步拉大了发达国家和发展中国家的发展差距，也使得增长第一、科技万能和征服自然的意识形态甚嚣尘上，从而把整个世界推入了一场新的"世界大战"——人与自然的尖锐矛盾之中。

如果简单地进行形式上的分类，可以把当今世界所面临的人与自然的尖锐矛盾概括为这样三个方面：人类自身生产的过度、物质资料生产的过度以及这两种生产的严重失调。

——**人类自身生产的过度**。从历史的角度来看，在马克思所生活的那个年代，显然不存在今天人们所担忧的"人口爆炸"问题。当时，全世界的总人口不过12.41亿，大体上只相当于今天我国人口的总数，而且，当时地球上的土地也才不过开垦了1/3。因此，在一个半世纪以前，大自然可供人类自身生产的余地还大得很。然而，截止到2011年年底，全球人口总数已经突破70亿。而据联合国人口基金会的分析，如果人口按照目前这个趋势增长，世界人口大约于21世纪中期超过90亿，并且将在21世纪末超过100亿。如何既满足上百亿人口的需要，又同时维护生命赖以生存的自然环境的平衡，成为了21世纪人类面临的巨大挑战。

——**物质资料生产的过度**。人的生产总是与物的生产相联系的，但遗憾的是，工业革命以来的一百多年，以自然资源的开发和利用为基础的物质资料生产的过度更是甚于人的生产。从18世纪后期到19世纪末期，在世界人口翻一番的同时，全球矿物资源的消耗量增长了9倍。进入20世纪后，截止到70年代，世界人口又翻了一番多，而全世界矿产资源在同期的年消耗量却增长了11.5倍。过度的物质生产，毫无节制地掠夺开发自然资源，必然导致地球有限的资源储量急剧下降。据统计，世界主要矿种目前已探明的储量，比较丰富的是铁，约1000亿吨，其余几种分别是：钴为48亿吨、铝为11.7亿吨、锰为8亿吨、铬为7.75亿吨、铜为3.08亿吨、锌为1.23亿吨、铅为0.91亿吨。如果按照目前的开采量不变计算，可采年限最长的为铬，能够维持420年，最短的为锌，只能维持23年；如果按照目前消耗量的年平均增长率计算，铬只能维持95年，锌只能维持18年。

——**上述两种生产的失调**。所谓物质生产与人口生产的失调，其实际后果和表现，就是当今世界所面临的严峻的自然环境问题，而这又可以区分为两大类问题：生态危机和环境污染。目前，生态危机主要表现在六个方面，即森林覆盖面积急剧减少、草原退化、水土流失、沙漠扩大、水源枯竭、生物物种减少；环境污染则主要表现在三个方面：大气污染、土壤污染和水域污染。从某种意义上说，环境污染本身也是某种生态问题，但是，作为人类活动对环境产生不良作用的最集中体现，环境污染独特的危害性和严重性则在于，它无孔不入、不断扩散，从而更加扩大了生态危机的规模。尤其是近年来引起世界各国高度关注的气候变暖问题，就是由于矿物的过度燃烧导致二氧化碳的过量排放，从而导致的一种全球层面上的综合性生态环境问题。

显然，置身于21世纪的时空坐标中，无论人们能够述说多少对于"香格里拉"的渴望和珍视，也无论人们能够表达多少对于"寂静的春天"的恐惧和忧虑，都不得不面对这样一个事实：当人类的认识能力能够从宏观上到达数十亿光年之遥、从微观上深探至量子尺度，当人类的实践能力能够更多地运用自然规律为人类谋求更大福利的时候，人类的生存和发展反而进入了一个人与自然关系极度恶化的世界！

自从人类诞生以来，人类对自然界的建设作用无疑是巨大而深刻的。但是，面对如此的历史境遇和时代危机，人们也必须清醒地看到，人类对于自然界的破坏作用也是同样巨大的，而且这种人为的破坏作用在危及整个自然界的同时，也最终反过来危及人类自身。正是立足于这样一种认识，越来越多的国家、科学家乃至普通人认识到：人们必须对人类在自然界中的活动和人与自然的关系进行重新审视；人们必须从自然观的高度对造成人与自然关系恶化的原因做出深刻反思。

1992年，来自69个国家的1700位科学家——这其中包括了仍然健在的196位诺贝尔奖获得者中的99位科学家——联名发出了一份警告："人类与自然界正处于一种冲突之中。"

2009年，在联合国关于全球气候变化问题的哥本哈根会议召开前夕，近1700名英国科学家也发表联合声明指出：长期的科学观察证据显示，全球气候确确实实正在变暖，而且主要是由人类活动引发的；这些科学证据非常全面和有说服力，是全世界范围内数千名科学家通过数十年秉持专业道德、进行艰苦和严谨的研究得来的。

面对人类征服自然的脚步依旧大步向前的态势，任何的"警告"和"声明"，或许都将难以获得完全令人满意的回应和成果。

这是因为，在人与自然关系恶化的表象背后，隐藏着的是更为严峻的人与人、人与社会关系恶化的现实。换句话说，人与自然关系恶化的本质和根源，实际上是人与人之间关系的恶化。只要这种人与人的关系的恶化状态不能够得到扭转，只要支配和维持这种关系的资本主义制度以及在其之下发展出来的一整套资源配置法则和国际游戏规则不能够得到改变，人与自然关系的演变就难以迎来春天的曙光。

一位知名的西方经济学家也曾经不无愤慨地指出：不是什么别的东西，而是资本主义的生活方式，正在毁灭我们的星球；气候变化哪里是什么"气候"的变化，而是有史以来人类所面临的一次"最大的市场失灵"。[2]

然而，也恰恰是面对这样的人类境遇和历史关头，我们将再一次发现和领略马克思主义自然观的独特贡献和历史价值。

正是马克思主义自然观关于自然以及人与自然关系的论述，不仅为人们深刻地阐明了自然以及人与自然关系的本质，也为人们指明了改变目前人与自然关系恶化状态的历史方向和路径。

因此，只要人类还要继续生存发展，只要人与自然的和谐还是值得人类珍视的永恒的核心价值，那么，通过不断地回到自然观层面去反思人与自然关系的历史形态与当代面貌，尤其是通过对马克思主义自然观的科学内涵及其当代价值的系统阐发，当今世界必将获得协调人与自然关系、实现人与自然和谐发展的正确方向与合理路径。而这样的一种对自然观的重新回归，尤其是对马克思主义自然观的深入领略，将既不是小说家无奈的述说，也不是科学家们抽象的阐述，而是一种改变世界的力量。

二、自然观的历史演变
——泰勒斯与"万物的起源是水"

茫茫宇宙、耿耿星河，在大约47亿年前，人类赖以生存的家园——地球诞生了。斗转星移、沧海桑田，在距今大约30亿年前，这个蓝色的星球上终于形成了适合生命起源所需要的全部条件，并最终在大约200万—300万年前，生成了从古猿进化而来的高等生物——人类。

"随同人，我们进入了历史。"作为自然的产物，人是自然界中唯一具有自觉意识和自觉能动性的物种。自人类出现以来，虽然人的生存发展一刻也不能离开大自然，然而随着人的实践能力的增强，自然的演化和发展也从此被深深地打上了人类活动的烙印。正是在这样一种人与自然相互作用、相互生成的历史的过程中，自然观作为人们对于自然以及人与自然关系的整体的、理论的观念形态得以萌发、生成、充实和发展。

小亚细亚地中海边的米利都，是一座与雅典隔海相望的港口城市，位于今天的土耳其境内。由于地处弥安德河入海口的有利位置，早在克里特文明时期，这里就建立了老米利都城。因此，米利都素有历史文化的积累，体现了爱琴文明向早期伊奥尼亚文明转变的连续性。公元7世纪时，由于与巴比伦和埃及等地的贸易往来频繁，米利都的经济远超希腊本土，成为了当时海洋贸易和各地思想的汇聚之地。

城市的开放和富有，不仅让米利都人拥有了大量的空闲时间，也开拓了人们观察自然的眼界和思考深度。加上在当时的宗教生活中弱势的祭司无法约束、控制人的思想，关于自然本原和万物起源的讨论逐渐取得了举足轻重的地位。正是在这种背景下，米利都学派的创始人泰勒斯登台亮相，他通过提出"万物的起源是水"这一著名论断，开启了人类自然观迈向哲学舞台的历史。

泰勒斯是古希腊"第一位哲学家"，也是希腊最早的自然科学家，与著名的雅典执政官梭伦（Solon，前638—前559年）等人一起并称为"雅典七贤"。他通晓数学、天文学和工程学，还有从政与经商的才干，也曾游历埃及，并在旅途中想出了测量金字塔高度的方法：当阳光照出的一个人的身影与他本人的身高一致时，就可以借助测量金字塔的影子而知道金字塔的高度。

　　古希腊人推崇英雄人物的历史编撰传统，不免会把一些传说加在泰勒斯这样一位杰出人物身上。然而，他所提出"万物的起源是水"这一论断，却有着石破天惊的力量。因为，这是人类历史上第一次用人们在日常经验中能够触及的具体的物质形态，来说明自然万物的本质和起源。在泰勒斯看来，由于任何有生命的物体都需要水才能生存，而液体的水能够转变为气体和固体的现象又可以说明大部分的具体事物，如此一来，说水是万物的始源不是很有道理吗？！

　　对于万物本质和起源的如此推论和解释，后世的人们认为，泰勒斯太独断了，他没有经过充分的思考，就为"万物的起源"这样一个重大问题提供了明确的答案。然而，无论泰勒斯对万物本质和起源的猜测以及对事物构成的分析是否正确，这些都不重要。重要的是，他通过提出"世界的本质和起源是什么"这样一个问题，不仅把人们关于自然的思维从神话转向了哲学，而且推动了人们从日常经验所及的自然现象本身去探求万物的本质和根源。在泰勒斯之前，人类对于自然万物的本质和起源的思考从来没有摆脱过神话的支配；但是现在，终于有人宣称，水是万物的起源。因此，正是从泰勒斯开始，人类自然观的演进正式进入了哲学的舞台。

　　从历史的发展来看，在马克思主义自然观诞生以前，人类自然观的发展脉络大体上经历了古希腊的有机论自然观、中世纪的神学自然观、近代的机械论自然观以及德国古典哲学的自然观这样几个主要时期。

　　——古希腊有机论自然观。出于对大自然中万物蓬勃的生机而生发出来的直觉，同时也由于对充满活力和理智的个体的人的外推，古希腊人的自然观体现为一种有机论的自然观。

把自然界看作是一个渗透着心灵特性的、有理智的、有着统一的本原的有机体，认为自然万物都由这一"本原"生长而来，都是有机体，皆在生长、皆有灵魂，这既是古代希腊人"自然"观念的原型和要义，也代表了古希腊自然观最基本的特点。按照英国历史学家、考古学家和哲学家柯林伍德（Collingwood，1889—1943年）的说法，早在泰勒斯那里，古希腊人就已经具有了这样一种关于"自然"的观念："据我们得到的泰勒斯自己言论的残篇证实，泰勒斯把世界（地球加天体，也就是晚期希腊思想家称之为'宇宙'而米利都学派称之为'世界'的东西）当成被'赋予了灵魂'的某种东西，在其内部，一个有生命的机体或动物是更小的具有自己灵魂的有机体。"[3]

事实上，不论是泰勒斯、阿那克西曼德（Anaximander，约前610—前545年）、阿那克西美尼（Anaximenes，约前570—前526年）、赫拉克利特、德谟克利特等早期的古希腊哲学家，还是后来的古希腊哲学的集大成者亚里士多德（Aristotle，前384—前322年），都始终保存了把自然或世界看作是活的有机体的观念。比如，亚里士多德就认为，"事物在其自身的权利中具有生长、组织和运动的天性"是"自然"一词的真实的、根本的含义。在他看来，正因为世界是活的有机体，具有内在的生长的天性，它才能像被赋予灵魂那样具有目的，而大自然中的万事万物，好比种子破土向上，重物奔向地面，植物开花吐艳，江河奔流不息，都是为了实现其目的，都是它的"自然"本性使然。

把自然界看作一个万事万物相互联系、相互影响的整体，是古希腊自然观的又一个重要特点。在古代希腊人看来，既然自然是由统一的本原形成的，而且自然万物皆有灵魂、皆在生长，那么，自然界就不仅是一个相互联系、相互影响的整体，而且这个巨大的有机体及其各个组成部分都必然要处在不断地运动、变化和消失的过程之中。

被列宁誉为"辩证法的奠基人之一"的赫拉克利特就曾经形象地说，"太阳每天都是新的"。而在其主张火为万物本原的残篇中，赫拉克利特更是发出了一个"庄严的、精心构设的、惊动人心的宣言"："这个有秩序的宇宙对万物都是相同的，它既不是神也不是人所参照的，它过去、现在和将来永远是一团永恒的活火，按一定尺度燃烧，按一定尺度熄灭。"因此，正如恩格斯所描述的那样："当我们通过思维来考察自然界或人类历史或我们自己的精神活动的时候，首先呈现在我们眼前的，是一幅由种种联系和相互作用无穷无尽地交织起来的画面，其中没有任何东西是不动的和不变的，而是一切都在运动、变化、生成和消逝。这种原始的、朴素的、但实质上正确的世界观是古希腊哲学的世界观。"[4]

古希腊自然观的缺陷无疑是明显的。它所具有的"万物有灵"的神秘主义色彩，对自然事物的探究不做细致分析而只依靠直觉和感悟，无不显示了其对自然的认识还处在一个较为低级的状态。

然而，古希腊自然观的优越性更是明显的。这既表现在它将自然的本原归结为某一自然物质的朴素唯物主义倾向，表现在它认为自然界是处于不断运动变化和相互联系之中的朴素辩证法思想，而且也表现在它所具有的朦胧的"天人一体"观念。在古希腊哲学家看来，由于自然是人类的外推，二者浑然一体，并无类别，从而也就不存在作为被征服对象与人对立的自然界；由于自然万物都是充满活力的生命体，人们对于其间从万象更新、季节轮替到风暴雷霆、地震海啸的灾变现象就都应充满敬畏顺应之心，而不能对之滥加刀斧、肆无忌惮。面对古希腊人在自然观上的如此建树，即使站在今天的角度，我们也不由得会从心底发出一声由衷的感慨：在人类自然观的第一个历史时期，"希腊人是正常的儿童"。

——**中世纪神学自然观**。"中世纪的历史只知道一种形式的意识形态，即宗教和神学。"[5]从公元5世纪到15世纪，是欧洲历史上漫长的中世纪。在这一时期，由于基督教会不仅在经济和政治领域集中了强大的权力，而且在精神文化领域也占据了绝对统治地位，因此，以上帝创世说为主要内容的神学自然观，成了笼罩人类自然观领域的绝对形态。

以《圣经》中提出的上帝创世说为主要内容，在自然或宇宙的起源问题上把上帝设定为自然万物的创造者，无疑是神学自然观最突出的特征。上帝创世说最初是在《圣经》中提出的，《圣经》的首篇《创世记》，即叙述了上帝在六天之内创造自然万物和人的过程。正是以上帝创世说为出发点和圭臬，不论是早期的教父哲学还是后来的经院哲学，在其关于自然以及人与自然的关系的理解上都明确提出：上帝不仅是自然万物的创造者，而且占据着绝对的、至高无上的地位；人作为上帝的创造物，虽然不可避免地要和自然打交道，但其最终目的和最高荣誉只是认识、追求和信仰上帝；自然作为上帝的创造物虽然种类万千，但只是供人享用和统治的事物，在人的生活和认识活动中没有任何地位和价值。

　　作为最初只是下层民众反抗罗马帝国残酷统治而产生的一个犹太教的支派，基督教之所以能够战胜罗马帝国存在的各民族多神教，之所以能够独立于犹太教而蓬勃发展，甚至其影响远超犹太一神教而成为一种世界性宗教，一个根本的原因就在于，它适应了当时的社会需要，通过对希伯来的宗教文化与希腊罗马哲学及神学思想的综合，建立了一种具有完备形态的基督教哲学体系。如果说早期的基督教教父们主要还是通过迷信等欺骗手段去推广和传播上帝创世说的话，那么，基督教哲学神学体系的建立，则为神学自然观的统治地位的确立提供了最为根本性的支持。在此过程中，被称为"西方的导师"的教父哲学家奥古斯丁（Augustinus，354—430年）和经院哲学的集大成者阿奎那（Aquinas，约1225—1274年），无疑是最重要的代表人物。

　　在奥古斯丁看来，自然万物是上帝从无中创造出来的，这种创造是上帝的自由意志的体现；正是上帝的自由意志，构成了自然万物产生、存在、运动、变化的最终原因。他明确提出：我们不必像希腊人所说的物理学家那样拷问事物的本性，我们也无需唯恐基督教徒不知道自然界各种元素的力量和数目，"我们基督徒，不必追求别的，只要无论是天上的或地上的、能见的或不能见的一切物体，都是因创造主（他是唯一的神）的仁慈而受造，那就够了。宇宙间除了上帝以外，没有任何存在者不是由上帝那里得到存在"。[6]

　　在阿奎那看来，虽然是上帝从无中创造出了人和自然万物，但像奥古斯丁那样通过信仰的方式来理解上帝的存在并不可取。为此，他采取了一条通过理性即逻辑演算与概念说明来理解和确认上帝的"证明之路"。在他看来，在由"上帝—天使—人—动物—植物—山川江河"构成的等级体系中，每一等级都以趋向上一等级作为自身完美的目的，而上帝正是那个起始的原因和终极的目的；在这一等级体系中，人由于具有灵魂和理智而与自然万物区别开来，但人作为自然的守护者和鉴赏者，只是代替上帝行使监管大地的权力，其与自然打交道的最终目的，不是要去探寻自然本身的奥秘，而是要通过认识作为上帝的作品的自然，去认识上帝和追寻上帝。

与古希腊人生机勃勃的有机论自然观相比较，中世纪的神学自然观不仅在思想上具有极大的荒谬性，其历史倒退性也是不言而喻的。在这种神学自然观统治欧洲长达千年的时间里，人们的认识活动几乎完全被限制在关于上帝的神学思想的范围内，以自然事物为研究对象的自然科学也随之长期被打入冷宫。

然而，历史的车轮终归滚滚向前。进入13世纪以后，随着被阿拉伯人称为"中国雪"的火药逐渐传入欧洲，以骑士阶层为支撑的教会制度也就不可避免地衰落了。当火药作为可燃物终于能够在管子中爆炸的时候，伴随着漫长的中世纪终于走到它的夕阳黄昏，神学自然观也最终完成了它的"历史使命"。

——**近代机械论自然观**。从15世纪开始的文艺复兴，不仅开启了现代世界的大门，也推动了人类对于自然的认识越出中世纪的信仰议题。随之而来的宗教改革和科学革命，在极大地解放了人类心灵的同时，更是推动了人类自然观实现彻底的转变。在这一过程中，伴随着近代自然科学，尤其是数学和力学的逐渐成熟，一种以机械论为思想主线的机械论自然观逐渐形成。

机械论自然观的形成是一个漫长而复杂的过程，它大体上经历了萌芽、奠基和形成这样几个主要的阶段。

从文艺复兴时期库萨的尼古拉（Nicholas，1401—1464年）和达·芬奇（Da Vinci，1452—1519年）等人，经过哥白尼（Copernicus，1473—1543年）、开普勒（Ke—pler，1571—1630年）直到布鲁诺（Bruno，1548—1600年），是近代机械论自然观的萌芽时期。这一时期的人类自然观中虽然还存在着泛神论思想的余绪，但已经大大趋于弱化；与之相反，一种机械论的思想却初现端倪并逐渐增强，并为后来机械论自然观的形成提供了几乎所有的基本要素。比如：关注自然、研究自然的态度；自然是包容了一切的、自因的、同质的思想；自然就像机械一样可以操作、参与、实验甚至制作的观念；自然的根本特征在于它的量、世界的奥秘在于其在数学上的和谐的思想，等等。

意大利物理学家、天文学家、哲学家伽利略（Galileo，1564—1642年）对于自然所做的第一性质和第二性质的区分，以及法国哲学家、数学家、物理学家笛卡尔（Des-cartes，1596—1650年）的二元论思想的提出，是近代机械论自然观的奠基时期。作为近代科学之父，伽利略把自然看作简单有序的系统，明确倡导要把自然作为数学程序来理解的原理。为了能够在对地面物体的描述中把这种数学秩序确立起来，他在采纳古希腊原子论思想的基础上，把整个世界区分为第一性质和第二性质的两个世界：前一个世界是绝对的、客观的、不变的、数学的世界，这是一个真实的世界；后一个世界是相对的、主观的、变动的、感觉的世界，它产生于对真实世界的感受，是一个属人的世界。由于在这种区分中，人和自然不再是一个更大的整体中不可分离的部分，自然不再依赖于人，人则作为一个不重要的旁观者被推离自然这部巨大的数学机器，这就为近代科学中自然和人的分离以及主客二分的认识论原则开辟了道路。笛卡尔是近代哲学的奠基人，为了继续坚持伽利略两种性质的区分而同时又给第二性质的人及其感觉以相应的地位，它提出了著名的二元论思想，即整个世界存在两种实体：本质为广延的物质实体和本质为意识的心灵实体，物质不能有意识，而心灵没有广延，因此二者是彼此独立的。笛卡尔的这一思想策略虽然在当时就存在难以说明两种实体的关联和感觉的产生等困难，但在整个西方近代思想史上留下了深远的影响。

牛顿力学体系的完成，标志着机械论自然观的最终确立。伽利略和笛卡尔的工作虽然奠定了机械论自然观的基础，但还不能使其真正确立起来，因为尽管他们已经在数学和力学上做出了创造性的工作，并且奠定了机械论的思想框架，但作为近代科学典范的完整的力学科学体系还没有建立起来。作为近代物理学尤其是经典力学的集大成者，牛顿在其经典著作《自然哲学的数学原理》中不仅明晰而系统地定义了涉及物质运动的"质量"、"动量"、"惯性"、"力"、"时空"等基本概念，而且提出了力学运动三定律和万有引力定律，从而把天上的运动和地面的运动统一起来，构筑起严谨而壮观的经典力学体系，并最终为机械论自然观的彻底确立提供了所向披靡的前提和深入人心的力量。

近代机械论自然观的历史影响无疑是巨大的。

从科学上看，由于立足于近代第一个严密而成功的科学理论体系，机械论自然观几乎一经提出就为科学家们所接受。比如，与牛顿同时代的著名科学家惠更斯（Huygens，1629—1695年）就说："在真正的哲学里，所有的自然现象的原因都应该用力学术语来思考，依照我的意见，我们必须这样。"[7]甚至到了19世纪末，著名奥地利物理学家玻尔兹曼（Boltzmann，1844—1906年）在英国皇家科学院的演讲中仍然宣告：我们的世纪是机械观的世纪。

从哲学上看，机械论自然观的伟大成就不仅给哲学家们留下了深刻印象，也因此带动了相应的哲学工作去进一步扩展机械论的倾向。比如，18世纪的法国唯物论者普遍把物体的运动归结为机械运动，他们或者主张匀质不变的机械颗粒说，或者提出刺激—反应式的机械反映论，或者坚持力学规律支配的机械论决定论，或者干脆直截了当地提出"人是机器"的口号；而自诩为"批判哲学"的德国康德的先验哲学，虽然强调了人的主体地位和能动作用，但也依然是以肯定自然的数学规则性和牛顿力学的普遍必然性为出发点。

近代机械论自然观由于奠基在牛顿力学之上，无疑具有了相当的科学性基础，而牛顿力学在其产生以后二百多年时间中对于自然现象解释的屡屡成功，更为这种机械论自然观赋予了广泛的现实有效性。然而，机械论自然观的缺陷也是明显的：一方面，与当时的自然科学发展水平相联系，它把自然界的事物和过程视为绝对不变的，认为万事万物是在空间上彼此并列着，并无时间上的历史发展，即使有变化，那也只不过是物体的机械动作和它们动量的交换；另一方面，由于将自然界与人的活动进行二分，由此所形成的主客二元对立的思维模式，不仅使得人与自然之间失去了内在的必然联系，也在认识上为人类自近代工业革命兴起以来只是把自然作为征服与掠夺的对象提供了观念上的前提。

——**德国古典哲学自然观**。德国古典哲学的自然观是在试图克服近代机械论自然观的缺陷的基础上产生的，同时它也对马克思主义自然观的形成产生了直接的影响。大体上看，德国古典哲学的自然观可以分为两大派：一是以康德和黑格尔为代表的唯心主义的有机论自然观，一是以费尔巴哈为代表的唯物主义的机械论自然观。

在德国古典哲学中，康德以他在认识论上所实现的哥白尼式的革命，奠定了他在西方哲学史上的地位。康德在自然观上的突出贡献，不仅在于他在宇宙的起源问题上提出著名的星云假说，主张用生成、发展的观点来看待自然，从而否定了宇宙神创论和牛顿关于宇宙运动起源的"神的第一次推动"，更在于他在认识上强调了人的主体地位和能动作用，从而克服了近代机械论自然观将人排除在自然之外的缺陷。在他看来，自然的规律是人的经验所赋予的，是"人为自然立法"，这实际上就沟通了人与自然现象之间的认识关系。

作为德国古典哲学的集大成者，黑格尔为了克服近代机械自然观的缺陷，不仅花费了大量时间和精力研究当时自然科学的成果，而且进行了思辨性的总结。黑格尔一方面把自然界视为是绝对理念的产物，即通过人的理性能力的认识而呈现出来的绝对理念的形式，另一方面又在继承康德自然观中的辩证法因素的基础上指出，自然界是一个辩证的运动和发展着的过程，"自然必须看作是一种由各个阶段组成的体系，其中一个阶段是从另一个阶段必然产生的，是得出它的另一阶段的最切近的真理"。[8]虽然黑格尔把自然视为理念的产物的观点具有浓厚的唯心主义色彩，但恩格斯还是高度评价了他的自然哲学中的辩证法思想，认为正是"黑格尔第一次——这是他的伟大功绩——把整个自然的、历史的和精神的世界描写为一个过程，即把它描写为处在不断的运动、变化、转变和发展中，并企图揭示这种运动和发展的内在联系"[9]。

与康德和黑格尔的唯心主义自然观不同，费尔巴哈在批判黑格尔的唯心主义自然观的基础上提出了唯物主义的自然观。

在费尔巴哈看来，第一，自然界是一种直观的感性存在，不是思维决定存在，而是存在决定思维，由于"自然是与存在没有区别的实体，人是与存在有区别的实体。没有区别的实体是有区别的实体的根据——所以自然是人的根据"[10]；

第二，不仅自然界和人应该作为哲学的最高研究对象，而且"一切科学都必须以自然为基础。一门科学在它不能找到自己的自然基础之前，只不过是一种假说"[11]；

第三，哲学的任务是研究现实的自然界和现实的人，哲学要以自然界为出发点，并且要立足于自然界的真理，并用这个真理去反抗和批判宗教神学；

第四，人和自然的关系是一种对象性关系，人正是通过对象化活动并借助于自然界中的对象来表现自己的本质的。

显然,费尔巴哈把自然视为感性的、直观的客观事物,坚持按照自然的本来面貌来认识自然的思想,无疑是对黑格尔的唯心主义自然观的极大超越,然而,由于他对自然只是从客体的或者直观的形式去理解,而不是把它们当作感性的人的活动,当作实践去理解,不是从主体方面去理解,从而使得他的唯物主义的自然观又带上了浓厚的感性直观性、抽象性和机械性的色彩。

德国古典哲学中这样两种大相径庭的自然观思想虽然各有缺陷,但也包含了诸多合理的因素。比如,康德提出的关于人的主体性的思想,相对于将人与自然隔离开来的近代机械论自然观是一大进步;费尔巴哈提出的以自然界和人作为哲学最根本的研究对象的思想,也具有一定的合理性。尤其是上述两种自然观提出的关于自然的人化的思想、关于人的主体性对自然事物的作用和影响的思想,为马克思主义自然观的创立提供了直接的、有益的启示。

三、马克思主义自然观
——笛福与《鲁宾逊漂流记》

在西方有这样一部小说,欧洲最杰出的思想家卢梭(Rousseau,1712—1778年)曾建议每个成长中的青少年,尤其是男孩子都应该读读它,这就是18世纪英国著名作家笛福(Defoe,1660—1731年)在59岁时出版的自传体小说《鲁宾逊漂流记》。小说讲述的故事并不复杂:

出身于商人之家的鲁宾逊,不甘于像父辈那样平庸地过一辈子，一心向往着充满冒险与挑战的海外生活，于是毅然舍弃安逸舒适的生活，私自离家出海航行，去实现遨游世界的梦想。然而，航行的途中风暴将船只打翻了，鲁宾逊一个人被海浪抛到一座荒无人烟的海岛上，在那里度过了28年的孤独时光。

在荒无人烟、缺乏最基本的生活条件的小岛上，鲁宾逊孤身一人，克服了许许多多常人无法想象的困难，以惊人的毅力顽强地活了下来。没有房子，他自己搭建；没有食物，他尝试着打猎、种谷子、驯养山羊，晒野葡萄干，他还自己摸索着做桌椅，做陶器，用围巾晒面做面包。在岛上的第24年，他还搭救了一个野人，给他取名为"星期五"。在他的教育下，"星期五"成了一个忠实的奴仆。

就这样，鲁宾逊在荒岛上建立了自己的物质和精神的王国。

这篇小说一经发表即获得了巨大的成功。伴随着小说的流传，"鲁宾逊"成了千千万万读者心目中的英雄，"鲁宾逊的小岛"也从此成了人们心目中一个与世隔绝的纯粹自然世界的象征。

然而，正如马克思所说：这样一个18世纪的"鲁宾逊的故事"，只是一种"被误解了的自然生活"；"鲁宾逊"和他的仆人"星期五"所生活的小岛，也不是人们"在其中生活的自然界"，它作为一种脱离了人类的社会世界而单独存在的与世隔绝的自然界，只是一个"除去澳洲新出现的一些珊瑚岛以外今天在任何地方都不存在的自然界"。

那么，马克思为什么要说"鲁宾逊的故事"只是一种"被误解了的自然生活"？为什么会说"鲁宾逊的小岛"不是人们"在其中生活的自然界"？正是在回答这些问题的过程中，我们清楚地看到，经由马克思和恩格斯的天才贡献而产生和发展起来的马克思主义自然观，不但通过对上述问题的解答实现了人类自然观历史上的巨大变革，而且为人们正确把握自然以及人与自然关系的本质与方向作出了独特贡献。

从古希腊有机论自然观到西方近代机械论自然观以及德国古典哲学自然观的发展历程，充分体现了人类自然观的演进过程。西方近代机械论自然观曾经对近代早期自然科学的发展起过巨大的推动作用，但它认为自然界的存在和发展都是由机械运动规律所决定的思想，又在很大程度上阻碍了自然科学的发展。不仅如此，由于机械论自然观包括后来的德国古典哲学自然观认为，人与自然是对立的，自然界是人类可以任意支配和肆意掠夺的对象，从而导致了人与自然关系的恶化。

进入19世纪以后，不论是自然科学的迅猛发展，还是随着工业文明的突飞猛进而出现的人与自然关系日益恶化的现实，都要求人们能够突破这种旧自然观的束缚。

马克思和恩格斯在顺应时代要求的基础上，通过对旧自然观的批判和自然科学最新成果的利用，创立了一种与以往的旧自然观有着根本区别的新自然观——马克思主义自然观，实现了人类自然观发展史上的革命性变革。

辩证唯物主义物质观是马克思主义自然观的基础和前提，它在承认世界的物质性的同时，承认物质结构展现的无限性和物质形态的多样性。建立在辩证唯物主义物质观基础上的马克思主义自然观，在肯定自然界具有物质客观性、具有相对于人类社会的先在性和前提性的基础上，通过人的实践活动的中介，去把握人与自然关系的实践性和社会历史性，不仅使马克思主义自然观超越了一切旧自然观的历史局限，也展现了马克思主义自然观的丰富内涵。

马克思主义自然观的基本内容：

——**自然是人类生存和发展的前提**。马克思主义自然观首先是一种唯物主义的自然观。在马克思主义自然观看来，人起源于自然界，孕育于自然界，是大自然分化的产物；作为自然界的一员，人属于自然界、存在于自然界，对自然界具有根本的依赖性；相对于人的活动而言，自然界的存在具有客观性。

自然界的客观物质性。尽管自然界的物质形态千变万化、纷繁复杂，但它们都具有某种共同的本质属性，即物质性或客观性。自然界的一切事物都是物质的，是不依赖于人的意识、感觉和精神的独立存在物，它们虽然存在于人的意识、感觉、精神之外，却能为人们的感觉和意识所反映。近代以来，大量的科学材料表明，自然界的天地万物都有自己产生的客观过程，人类只是在自然界发展到一定阶段上才出现的。自然界既不是什么神的意志的产物，也不是人的意识的产物，自然界是客观的。正是随着具体科学的不断发展，随着唯物主义关于世界本原的观点不断得到证实，马克思主义自然观在对自然的认识上必然要得出这样的结论：自然界是客观的，不仅宇宙间各个天体的形成与变化是客观的，而且生物的产生和进化也是自然界长期发展的结果，同时人类的产生也是自然界长期发展的结果。只有首先承认自然界的客观物质属性，人类才能在认识和处理人与自然的关系上获得最基本的起点。

自然界的先在性。在人类产生以前自然界就已经存在了，人类不过是自然界的产物，自然界对人来说具有永恒的先在性。科学研究证明，地球所处的银河系大约产生于150亿年前，地球自身大约产生于45亿年前。而在地球产生以后很长的一段时间内，地球上只存在无生命的物质，没有生命，更没有人类。只是在距今30亿年前，地球上才首次出现了生命，其后经过不断的进化发展，才产生了人。无独有偶，考古发现也表明，人是在300万年前才诞生的。当然，在历史的发展过程中，由于宗教的影响以及人对自然界和人类形成史缺乏科学的认识，上帝创世说、上帝造人说一度相当流行，使得人们在人与自然关系的问题上产生了许多错误的认识。然而，从科学的角度看，迄今为止，达尔文（Darwin，1809—1882年）的人类自然进化学说，仍然是诸多关于人类的来源与形成的理论中最为完善的一种，在这一学说看来，正是外部自然环境较长时间内发生的、剧烈程度不一的变化，才使得一种与其他动物稍有区别的动物演进为人。

自然界的规律性。自然界的一切具体形态和具体现象是形形色色、无穷无尽的。自然界处于永恒不断的运动、变化和发展过程之中，静止是相对的。时空是自然界存在、运动的形式。自然界的运动、变化、发展不是杂乱无章的，而是存在着普遍的客观规律，人们借助科学是可以对这种自然规律加以认识的。马克思主义哲学所揭示的唯物辩证法的规律也是最普遍的自然规律。

自然界的前提性。人必须依赖自然界才能生活，自然界是人的生活生产要素的来源和人类存在的基础。人既要依赖自然界生活，同时也要依赖社会生活，但归根结底依赖自然界才能生活。在马克思主义自然观看来，一方面，自然界是人类生存与发展的物质前提，它不仅为人类提供着生产资料，也为人类提供着生活资料。正如马克思所说，人和动物一样，是靠自然界生活的，人在肉体上只有靠这些自然产品才能生活，而不管这些产品是以食物、燃料、衣着的形式还是以住房等的形式出现；没有自然界，没有感性的外部世界，人们就什么也不能创造。另一方面，自然界也为人类的精神活动提供着最基础的对象和源泉。植物、动物、石头、空气、阳光、水等，无论是作为自然科学的对象，还是作为艺术和审美的对象，都是自然所赋予的；是人的精神活动得以产生、延续和深化的最为基础性的前提。

——**人与自然是一个不可分离的统一的整体**。马克思主义自然观是有机论的自然观。它同古代的有机论自然观的区别在于，它是建筑在马克思主义实践观点基础上的有机论的自然观。它认为人的社会实践使人与其所生活的周围自然发生改变，成为"人化自然"，这种"人化自然"就是人与自然构成的统一的有机整体，即人通过自己的实践活动与周围自然耦合成的有机整体。在"人化自然"的整体中，人与自然是不可分离地联系在一起的，不仅人不能离开自然界而生存，而且自然界也不能离开人，人与自然应该和谐相处、和谐发展。因此，在这种意义上，离开了人的"人化自然"，相对于人来说，是一种"不现实的自然界"。

一方面，人是靠自然界生活的，离开自然，人就失去了获得物质生活资料的可能性，从而无法生存下去。正是在这个意义上，马克思明确指出："自然界，就它自身不是人的身体而言，是人的无机的身体。"[12]但另一方面，作为人的生存发展前提和条件的自然界，不仅它对于人的生存和发展的现实性的呈现只有在其与人发生相互影响和相互作用的过程中才能体现出来，而且自然界的人的本质只有对于社会的人来说才是存在的，因为只有在社会中，自然界对人来说才是人与人联系的纽带，才是人的现实生活的要素；也只有在社会中，人的自然存在对他来说才是他的人的存在。离开社会，人与自然的关系也就无法理解，甚至无法存在。

然而，虽然人与自然是一个不可分离的整体，但要实现人与自然之间的这种不可分离的关系，走向辩证统一，则是一个漫长的历史过程。人作为社会存在物，作为有意识的类的存在物的基本特征，是他所从事的自由自觉的活动，即劳动。人的才能正表现在他可以通过劳动来改造整个自然界，并从自然中超拔出来。在劳动中，人致力于从自然界攫取生活资料，致力于塑造一个和谐的"人化的自然"，但在一定的社会形态中，由于异化劳动的存在，作为人的劳动对象的自然却开始与劳动者相分离、相对立了。同时，由于劳动的自发性，人实际上成了自然的破坏者，随着历史的发展，人与自然的原始和谐让位于人与自然的尖锐对立。比如，最初的农耕活动对于自然的影响是有益的，但随着这种活动的规模不断扩大，特别是某些地区，如古代的希腊、美索不达米亚等对森林的乱砍滥伐，导致了土地的荒芜。自然界的生态平衡一经破坏，就倒过来对人类实施报复。而在当代社会，生态危机已经是不争的事实。

按照马克思的预见，资本主义社会归根到底不能解决好人与自然的关系，只有在以公有制为基础的未来共产主义社会中，联合起来的生产者才可能合理地调节人与自然之间的物质交换，从而真正达到人与自然的统一。人的劳动在全社会的范围内由自发走向自觉的过程，实际上就是人与自然达到辩证统一的过程。

——**人与自然的关系本质上是人与人的关系的体现**。人与自然的关系是随着人类历史的发展而不断发展的，每一时代人与自然的关系都是这个时代人与人的关系的反映。由于人类历史上不同时代的生产水平不同、生产方式不同，人与人之间的关系也不相同。而这些人与人之间的不同的关系最终又通过人与自然的关系体现出来。因此，正是从这一意义上来看，人与自然的关系本质上是人与人的关系的体现。

在原始的社会形态中，自然是作为一种完全异己的、有无限威力的力量与人们相对抗的，人们同它的关系就像动物同它的关系一样，人对自然界的意识也是一种纯粹动物般的意识及自然宗教。显然，人与自然之间的这种狭隘关系是与极度不发达的、以直接的血缘关系为纽带的人与人之间的关系互为因果的。随着生产力的发展，人们改造自然的能力的增强，人与自然之间和人与人之间的关系发生了重大变化。在以工业革命为先导的西方资本主义社会中，一方面，人越是成功地改造自然，人与人之间在劳动中的分工和协作关系就越扩大，但随着财富的积累和私有制的产生，人与人之间的对立和冲突也变得越来越尖锐。另一方面，在资本主义的雇佣劳动制度下，当人作为自由劳动者出现的时候，当人与人之间的分工协作关系获得了巨大发展的时候，人对自然的改造和利用也达到了前所未有的程度。当自然从被崇拜、被神化的对象降低为"有用物"之后，人与自然的关系也被倒转过来了，人也开始肆意地破坏自然界，从而给自己的生存带来严重的危机。

按照马克思的看法，要使人与自然和人与人之间的关系获得辩证的解决，就必须扬弃私有劳动，扬弃私有制，从根本上解决好人与人之间的关系。

从人与自然的历史关系看，自然最初表现为人的统治者，接着又下降为有用物，最后与人达到和解与统一；与此相应的是，人与人之间的关系也经历了三个阶段的发展，即从最初的人与人之间的自然的、狭隘的依赖关系，到建立在普遍交换基础上的全面的然而异化的关系，最后达到个人全面发展并和他人和谐相处的关系。只有深入剖析人与人之间关系的历史发展，才能科学地说明人与自然之间的辩证关系。

——只有通过人的实践才能实现人与自然关系的协调发展。在人与自然关系的变化发展过程中，一方面存在着人遵循自然规律的关系，另一方面又存在着自然适应人的需要的关系。如果人类不遵循自然规律，一味地按照自己的主观愿望去改造自然界，势必造成对自然界的破坏；如果自然界不能适应人的需要，那么，这种自然界对于人类而言也是没有意义的。因此，只有推动人类改造自然的实践，处理好人类遵循自然规律与自然界适应人类需要这两方面的关系，才能实现人与自然的和谐发展。

人类为了更好地生存和发展，当然需要协调好人与自然之间的关系。人既是自然存在物，又是社会存在物，同样，自然界也既有自身的自然属性，又有属人的社会属性。由于人类改造自然的目的是为了使人类更好地生存和发展，而人类要更好地生存和发展，又需要一个有利于人类生存和发展的环境。正是从这种需要出发，人类在改造自然时应该协调好人与自然之间的关系。

——**人与自然的协调发展关系是与社会生产力水平紧密相关的**。在生产力水平不很发达的前工业社会，人与自然之间的关系是较为协调的；而在生产力水平高度发达的工业社会，由于人们把自然看作征服、统治和掠夺的对象，看作可供人类利用的附属物，人与自然之间的关系变得越来越不协调了；然而，一旦进入生产力极为发达的共产主义社会，人与自然的矛盾将得到合理的解决，人与自然之间的关系又将变得协调起来。在这一否定之否定的历史过程中，一方面以人的实践活动为基础的生产力的发展引起了人与自然关系的变化和发展，而另一方面人与自然之间的关系从协调到不协调再到协调的不断发展，又会反过来促进生产力的发展。

四、实现人与自然和谐发展
——温室效应和"哥本哈根会议"

2009年12月7—18日，为了应对由于温室效应导致的全球气候变暖问题，世界气候大会（全称是《联合国气候变化框架公约》缔约方第15次会议）在丹麦首都哥本哈根召开。来自192个国家、超过2万人的各界代表以及约75个国家的元首或领导人出席了这一会议，围绕着在2012年后就国际气候制度达成全面、有约束力、有效的国际协议进行了激烈的谈判。

所谓温室效应，就是指由于大量使用化石燃料造成二氧化碳大量排入大气,以及由于工业活动导致的环境污染所引起的地球表面变热现象。对于地球生态来说,温室效应会带来以下几种严重恶果:地球上的病虫害增加;海平面上升;气候反常,海洋风暴增多;土地干旱,沙漠化面积增大。按照科学家们的预测,如果地球表面温度按现在的速度继续升高,到2050年全球温度将上升2—4摄氏度,南北极地冰山将大幅度融化,导致海平面大幅上升,一些岛屿国家和沿海城市将淹于水中,其中包括纽约、上海、东京、悉尼等几个著名的国际大城市。正是由于温室效应引起的全球变暖对于人类的生存发展具有如此巨大的威胁,人们对哥本哈根会议充满了期待。

然而,随着哥本哈根大会的结束,世界舆论出现了空前混乱的局面。这次会议究竟成功还是失败了?《哥本哈根协议》是重要成果还是一钱不值?参加大会的192个国家似乎发出了"193个声音"。一些尖刻的西方媒体嘲笑道:此次大会"距离完全失败只有一步之遥",19日是"丹麦最冷的一天";有的非洲国家宣称"非洲被出卖了";俄罗斯总统梅德韦杰夫说,此次会议取得了"微不足道的成果";孟加拉国总理则积极评价峰会,认为峰会的成果是"可以接受的";印度尼西亚政府发言人说,各国领导人在哥本哈根认真讨论了气候问题,这对全世界的孩子都是一个好消息。

作为一场交织着科学、政治、经济、法律和伦理问题的激烈而复杂的利益较量,哥本哈根会议在一片不和谐的气氛中落下了帷幕。在人类控制全球气候变暖的进程中,哥本哈根会议虽然没能够成为一座里程碑,但它那无果而终的结局却提醒人们，在解决当今世界人与自然尖锐矛盾的过程中，人类还必须从自然观这一哲学层面寻求新的启示。

马克思主义自然观从人的具体的、历史的实践活动出发把握人与自然的关系，通过对隐藏在人与自然关系背后的人与人的关系的把握和调整，去现实地寻求人与自然关系的和解，不仅有助于人们正确认识人与自然关系的本质，也有助于人们运用合理的实践方案去面对日趋严峻的生态环境危机，从而努力推动人与自然走向和谐发展的新境界。

必须正确运用马克思主义自然观关于生态环境危机根源的分析。

当代全球性的生态环境危机的根源是多重的。有的经济学家认为，生态问题产生于经济制度的不完善，通过市场经济制度的不断完善，生态问题完全可以通过市场来克服；有的技术哲学家认为，生态问题产生于工业，尤其是现代大工业的发展与技术的运用或滥用，因而主张限制大规模生产与大量消费；有的生态伦理学家则认为，生态问题产生于人们错误的世界观，主张用"生态中心主义"取代"人类中心主义"；还有人提出要回归自然，回归荒野，拒斥现代工业文明。

然而，在马克思主义自然观看来，生态危机的发生虽然有着人类认识上的根源，但这不是最根本的，因为当代所有给环境带来重大影响的人类行为并不都是出于认识上的原因。显然，我们不能说日本渔民大肆捕杀濒临灭绝的鲸、美国政府拒绝签署《京都议定书》，是由于某种认识上的原因。同样，现代科学技术的发展与运用极大地改变了人类的生存条件，使人类具备了大规模干预自然，甚至毁灭自然的能力，客观上为生态危机的发生提供了基础，但是决定技术社会运用的却并不是科学技术本身。

当代全球性的生态危机问题，从表面上看是人与自然的矛盾激化，但在本质上却是人与人的矛盾使然。资本主义生产规模的全球化提高了人类改造自然的能力，正是这种改造自然的能力的提高与资本主义社会生产关系之间的矛盾，导致了严重的全球生态危机。而且，只要生产资料私有制还存在，就存在个别利益与公共利益的分裂，就存在无止境地追逐个别利益的冲动，就存在以公共利益为代价换取个别利益、以自然为代价换取个人利益的动机，从而相应地存在着把这种动机付诸行动的社会机制。因此，正如马克思所指出的那样："这些矛盾和对抗不是从机器本身产生的，而是从机器的资本主义应用产生的！"[13]

马克思主义自然观在批判了资本主义对于自然的破坏的同时，也提出了解决生态环境危机的重要思想。按照美国著名生态学马克思主义者奥康纳（O'Connor，1930年— ）的看法："虽然马克思和恩格斯本人不是'生态经济学家'，但他们都清楚地意识到了资本主义对资源、生态及人类本性的破坏作用。他们由以出发的一个理论前提是：自然（或'生产的外部条件'）仅仅是资本的出发点，而不是其归宿。"[14]

直面全球性的生态危机，一定要深刻理解马克思主义自然观对于解决生态环境危机的重要启示。

——**克服自然资源的短缺问题需要充分发挥人的主体性。**自然事物具有多种属性，同一自然物能够成为多种不同的原料，而科学技术的发展，不仅会增加有用物质的数量和已知物质的用途，还能教会人们把生产过程中的废料投回到再生产过程的循环中去，从而无需预先支出资本就能创造出新的资本材料。这就表明，通过发挥人的主体性，尤其是通过发挥人的聪明才智推动科学技术发展，人类不仅能够更加充分地利用各种原料，而且会极大地增加各种有用物质的不同用途，最终通过发展循环经济，使自然资源和原材料得到越来越充分的利用。

——解决环境问题需要充分发挥科学技术的作用。在马克思看来，"化学工业提供了废物利用的最显著的例子。它不仅找到新的方法来利用本工业的废料，而且还利用其他各种各样工业的废料"。[15]因此，为了减轻环境污染，同时也为了节约资源，"就要探索整个自然界，以便发现物的新的有用属性；……采用新的方式（人工的）加工自然物，以便赋予它们以新的使用价值。要从一切方面去探索地球，以便发现新的有用物体和原有物体的新的使用属性，如原有物体作为原料等等的新的属性；因此，要把自然科学发展到它的最高点。"[16]

——解决生态环境问题最终需要变革社会制度。在马克思主义自然观看来，处理好人与自然的关系是解决生态环境问题的关键，而由于人与自然的不合理关系本质上又是不合理的人与人的关系使然，因此，要彻底解决当代全球性的生态环境问题，唯一的出路就在于变革资本主义的生产关系。正如英国哲学家柯亨（Cohen，1941—2009年）所概括的那样：在马克思看来，"资本主义使人与自然之间、人与人之间的冲突发展到了终点。它完成了对自然的征服，工业的历史改变了自然的形态，以致人们可以把自然看作是属于自己的。自然曾一度把人压迫到自然的水平,然而人现在却把自然提高到人的水平。如此多的技术和无生命的力量发挥作用,以致无需艰巨的劳动,由某些人对其他人的生活所进行的控制也失去了效力。人与自然的新的结合在一种新的共产主义中成为可能,并将由资本主义社会中的被压迫阶级,即工业无产阶级来实现"[17]。

——**坚持走中国特色的生态文明发展道路**。坚持以马克思主义自然观为指导,正确地看待和处理人与自然关系的尖锐矛盾,努力解决发展中的人口资源环境问题,努力实现人与自然的和谐发展,是摆在我们面前的一项十分紧迫而意义重大的任务。

坚持走中国特色生态文明发展道路,实现人与自然的和谐发展,就是要坚持生产发展、生活富裕、生态良好的文明发展道路,建设资源节约型、环境友好型社会,实现速度和结构质量效益相统一、经济发展与人口资源环境相协调,使人民在良好生态环境中生产生活,实现经济社会永续发展。

坚持走中国特色的生态文明发展道路,实现人与自然的和谐发展,必须坚持以科学发展观为指导,以实现国民经济又好又快发展为根本着眼点,坚持走中国特色新型工业化道路,加快转变经济发展方式,把优化产业结构、转变增长方式、提高科技创新能力、提高综合效益、降低能源资源消耗、控制废弃物和污染物排放结合起来。

坚持走中国特色的生态文明发展道路,实现人与自然的和谐发展,必须以建设资源节约型、环境友好型社会为指向,以建立绿色国民经济核算体系为引导,以发展循环经济为路径,以推进制度和政策创新为动力,以建立多元化投资体制机制为保障，以加强国际交流与合作为支持，以保障国家资源和环境安全为底线，形成可持续发展的整体推进和系统保障体系。

坚持走中国特色的生态文明发展道路，实现人与自然的和谐发展，必须树立以人为本的观念；必须树立节约资源、保护环境和人与自然和谐的观念；必须强化经济效益、社会效益、环境效益和生态效益相统一的效益意识；必须强化节约资源、循环利用的可持续生产和消费意识；必须强化经济指标、人文指标、资源指标和环境指标全面发展的政绩意识。

结　语

坚持走中国特色生态文明发展道路、实现人与自然和谐发展，既坚持了马克思主义自然观，也顺应了当今世界可持续发展的"全球共识"。

坚持马克思主义自然观，就要始终坚持中国特色社会主义的道路选择、制度选择和理论选择，一切从人民的利益出发寻求中国发展的理论前导，从经济发展方式的转变中寻求中国发展的模式支撑，从生态文明的建构中寻求中国发展的生长空间，从主动加大节能减排指标的自觉实践中寻求中国发展的国际竞争优势，努力实现人与自然和谐发展，开辟建设中国特色生态文明更为广阔的前景。

注　释

[1] 莱切尔·卡逊：《寂静的春天》，吉林人民出版社1997年版，第3页。

〔2〕特里·伊格尔顿:《马克思为什么是对的》,新星出版社 2011 年版,第 20 页。

〔3〕R. G. 柯林伍德:《自然的观念》,华夏出版社 1990 年版,第 33 页。

〔4〕《马克思恩格斯文集》第 9 卷,人民出版社 2009 年版,第 23 页。

〔5〕《马克思恩格斯文集》第 4 卷,人民出版社 2009 年版,第 289 页。

〔6〕《西方哲学原著选读》(上卷),商务印书馆 1981 年版,第 219 页。

〔7〕转引自林定夷:《近代科学中机械论自然观的兴衰》,中山大学出版社 1995 年版,第 42 页。

〔8〕黑格尔:《自然哲学》,商务印书馆 1980 年版,第 28 页。

〔9〕《马克思恩格斯文集》第 3 卷,人民出版社 2009 年版,第 542 页。

〔10〕费尔巴哈:《费尔巴哈哲学著作选集》上卷,商务印书馆 1984 年版,第 116 页。

〔11〕转引自施密特:《马克思的自然概念》,商务印书馆 1988 年版,第 12 页。

〔12〕《马克思恩格斯文集》第 1 卷,人民出版社 2009 年版,第 161 页。

〔13〕《马克思恩格斯文集》第 5 卷,人民出版社 2009 年版,第 508 页。

〔14〕詹姆斯·奥康纳:《自然的理由》,南京大学出版社 2003 年版,第 196 页。

〔15〕《马克思恩格斯文集》第 7 卷,人民出版社 2009 年版,第 117 页。

〔16〕《马克思恩格斯文集》第 8 卷,人民出版社 2009 年版,第 89—90 页。

〔17〕G. A. 柯亨:《卡尔·马克思的历史理论》,重庆出版社 1989 年版,第 26 页。

信息化的世界和世界的信息化

——信息论

信息不仅是物质的产物、社会的产物，也是物质世界、人类社会的普遍联系法则作用的结果，并且随着自然界的演化尤其是人类的出现和社会的发展而日趋复杂化和多样化。信息既源于物质，但又不等于物质；信息与意识既有联系又有区别，不能离开人的实践和认识去把握信息。

信息是什么？它有什么功能与特征？它与物质、与意识是什么关系？如何认识虚拟实践和网络社会？我们力图从辩证唯物主义的角度，对于这些问题进行研究并给予回答。并在此基础上阐述信息在人类实践和社会发展中的重要地位和作用。

一、信息的功能与特点
——"情报拯救了以色列"

1973年10月6日，以色列和埃叙联盟之间爆发了第四次中东战争。在战争前期，由于情报工作的失误，以色列耗资5亿美元、经营多年的"巴列夫防线"在短短几个小时中即被突破。埃及军队更是成功地跨越苏伊士运河，摧毁了以军在西奈半岛东边构筑的几乎所有沙堡。

然而，正如人们后来所看到的，随着战事的推移，以军很快占据了优势。他们利用美军侦察卫星和航空侦察提供的重要情报，不仅成功偷渡苏伊士运河，而且完成了对埃及第3军团的合围，转守为攻，从而一举赢得了战争的主动权。

有人在事后总结认为，战争初期，情报耽误了以色列；战争中期及至战争结束，则是情报拯救了以色列。真可谓败也情报，成也情报。那么，情报是什么呢？从本质上看，情报就是一种特殊的信息。或许也可以说是信息拯救了以色列。

今天，随着以电子化、数字化、网络化为核心和标志的现代信息技术的飞速发展，信息和信息处理已经深入经济、政治、文化、社会等人类生活的所有领域。尤其是数字化技术的出现和发展，使得人们已经可以轻而易举地用二进制编码来表示、存储和读取几乎是无限量的信息。人们日常所用的笔记本电脑、数码相机、U盘以及其他数码设备等，就是这方面的典型例子。与此同时，人们还能够以极低的成本把这些信息及时地传播到世界各地。

信息化的世界和世界的信息化，正在成为当代世界最突出的面貌和特征。

然而，"信息"一词作为科学概念的产生才短短半个多世纪，人们对于"信息是什么"的问题尚未得出一个统一而明确的答案。这一方面显示了对于"信息是什么"这一问题进行回答的复杂性和难度；另一方面也告诉我们，或许在这一问题上应该从一些较为简单的问题入手。为此，让我们先来看一看信息在人们的生活中能够发挥什么样的作用。

信息具有怎样的作用呢？

初到一地游览的人，往往会有这样一种感受：四周一片陌生，往哪个方向走都觉得不踏实，生怕搞错了方向，走了本不该走的冤枉路。然而，这时如果有人递过来一张地图，你顿时就会感觉踏实不少，心里也有数多了。为什么会这样？实际上，这就是因为地图向你提供了关于该地的信息，从而让你不会盲目地瞎转悠。可见，**能够减少乃至消除人们在认识事物上的盲目性和不确定性，是信息的一个显著而重要的作用**。

实际上，早在1948年，美国数学家、信息论的创立者申农（Shannon，1916—2001年）就在题为《通讯的数学理论》一文中指出："信息是用来消除随机不定性的东西。"这也是人类第一次从现代科学的层面上去阐明信息的功能与用途。其后，被称为"传播学之父"的美国人施拉姆（Schramm，1907—1987年）则进一步指出：信息是两次不确定性之差，是能够减少或消除不确定性的任何东西。正是在这样的认识基础上，人们开始认识到：**信息大概就是能够为人们对外部世界的认识增加确定性的东西**。

就认识到信息具有增加人们认识及实践活动的确定性这一特征而言，我们并不比古人高明多少。不论是为了传递军情而燃起烽火狼烟，还是为了递送朝廷的命令和公文而修筑专门驿道，以及在对敌作战运筹帷幄时强调要"知己知彼，百战不殆"，所有这一切都表明，古人早就明了信息的这一特定功用，并且善于利用这一功用。然而，问题的关键在于：为什么有了信息，人们就能够在认识事物时增加确定性呢？而要回答这一问题，就需要先回答什么是信息以及信息的特征问题。

信息的本质及其特征是什么呢？

信息到底是什么？美国数学家、控制论的创始人维纳（Wiener，1894—1964年）试图从信息与物质、信息与能量的关系角度来阐明和解决信息的本质问题，认为"信息既不是物质，也不是能量"，但他未能从正面对"什么是信息"给出明确的答案。在维纳之后，虽然不同学科的学者们分别从特定角度对信息的本质进行了广泛而深入的研究和解释，但也远远没有达成共识。有人认为信息是与物质、能量并列的世界三大要素之一；有人认为信息是一种以"场"的形态存在的物质；有人认为信息是非物质的、纯粹的精神活动；还有人认为信息是事实和数据的组合，如此等等，不一而足。显然，信息概念本身的确具有难以简单把握的多义性和复杂性。

对于信息的本质问题，即什么是信息，人们可以从一般信息论、具体的通信理论、语言学、生物遗传学等不同的学科视野进行阐释，而要在哲学层面解答，就要超越具体学科的层次，从最普遍、最一般的意义上去揭示信息的本质。

可以从这样几个方面来把握信息的本质及其特性。

——**信息的存在和出现必须以客观事物的存在为前提，没有可以离开客观事物而独立存在的纯粹的信息**。信息作为客观事物及其运动的相关特性在人们头脑中引起的某种特定反映，离不开客观事物本身。没有客观事物，就不可能有表征它的信息形式。

——**信息是表征人类与客观事物之间某种特定关系的范**

畴，不能离开人的实践和认识活动去把握信息。虽然即使没有人的存在，客观事物也会相互作用并伴随"信息"的传递，但"有意义的信息"即社会信息总是与人相关的。来自客观事物的"信息流"只有对于人具有意义和价值，才能成为人所需要的信息。正如马克思所说："对于没有音乐感的耳朵来说，最美的音乐也毫无意义。"[1]

现代科学关于通信过程的研究，告诉人们这样一个基本的事实：信息只能出现在通信系统之中。在现实世界中，哪里存在一个完整的通信系统，并且在其中发生了完整的通信过程，哪里就有信息；是不是信息、是什么样的信息、有多大的信息量，不仅取决于信源（信息的发出者）发出了什么，而且取决于信宿（信息的接收者）收到了什么。这就表明：只有在和信宿（实际上，真正能够作为信宿的接收者就是人）的联系中，才能现实地把握到信息的性质和信息量的多少。

——**信息可以分为自然信息和人工信息两大类**。所谓自然信息，不是指客观存在着与人无关的信息，而是指客观事物的结构、属性和关系的信息，它是在没有人干预的情况下，由客观事物释放出来的；所谓**人工信息，即社会信息**，则是指人们依据一定的物质和技术手段，有意识地表征一定事物、现象和过程的结构、属性、关系和意义的信息。最高级的信息形式当是以人脑为物质"加工厂"、以语言文字为物质外壳、以客观事物的结构、属性、关系为物质内容的意识形式。人们所说的语言、所写的文字、所绘的图画、所列的公式、所表述的思想观念，包括计算机软件中的数据、指令和程序等，都属于人工（社会）信息的范畴。

——**不论是自然信息还是人工（社会）信息，其与物质本身的显著区别在于其不守恒性**。接收信息的一方收到信息的同时，发出信息的一方并未失去信息。信息的这种不守恒性主要表现为：一方面，原则上说任何信息都可以有无限多的接收者并由其分享；另一方面，信息一旦消失，就永远湮灭了。

　　我们还必须看到，相对于自然信息，比如说来自遥远太空的恒星所发出的光来说，人工信息无疑是我们人类最常接触的信息，这一类信息由于源于人的活动以及由此形成的社会存在和社会关系，因此，它还具有自身独特的特点。

　　人工（社会）又具有怎样信息的特点呢？

　　——**人工（社会）信息具有主观性**。鲁迅先生曾说，一部《红楼梦》，"因读者的眼光而有种种：经学家看见《易》，道学家看见淫，才子看见缠绵，革命家看见排满，流言家看见宫闱秘事"。[2] 相同的人工（社会）信息，在不同的接收者那里，也会产生不同的反映和理解。这既取决于接收者的认识水平，也在一定程度上受制于其社会文化背景和情感倾向。这就好比苹果掉在人的头上，有人觉得运气不佳白挨了一顿砸，有人觉得很幸运白捡了一个大苹果，也有人因此受到启发而发现了万有引力现象。然而，正是由于不同的人对同样的信息有不同的理解和反映，才使得人工（社会）信息的内容和变化更为多样、更为丰富。

　　——**人工（社会）信息具有社会性**。首先，**人工（社会）信息的产生具有社会性**。试想，一个像英国启蒙时期现实主义小说的奠基人、被誉为"英国和欧洲小说之父"的笛福笔下的"鲁宾逊"那样，在茫茫大海包围着的孤岛上离群索居、与世隔绝的人,他能够产生并发出什么可以为人们所接受的信息吗?**其次,信息的传递具有社会性**。比如求婚,作为一种表达和传递特定信息的行为,求婚者无疑可借助不同的方式和物件来表达自己的想法,但无论这些方式或物件如何花样翻新品类繁多,归根结底,都不过是人的一种社会性活动及其产物而已。**再次,信息的接收具有社会性**。从表面上看,接收信息好像只是人们个人自己的事情,接收到什么信息、接收到多少信息,和旁人以及社会有什么关系呢?但实际上,恰恰是人们所具有的社会属性、所在的社会地位、所处的文化环境,才最终决定了人们在信息接收上的差别。

——**人工(社会)信息具有创造性**。自然信息的产生和发送,只是一种自然事物机械的、随机的呈现和演化结果。人工信息的产生、传递和接收则不同,它与人的动机与行为密切相关,表现为人的一种创造性活动,是人的主观能动性发挥作用的结果。正是通过人们的创造性活动在不同事物之间建立起了特定的联系,人们才能以这种特定的联系为中介和桥梁,相互沟通、相互理解。

比如,你到了异国他乡,尽管语言不通、人情不熟,也能够不用咨询旁人而安全自如地穿行马路。为什么?因为你看见马路上有红绿灯,而且你知道红灯停、绿灯行是全球通行的交通规则,你只需按照灯光的指引或是停下或是过街即可。这一现象说明了什么?它表明,并不是颜色本身对人的行动有什么特殊指示意义,而是人们在不同的颜色和过街规则之间创造性地建立的特定联系在保证着人们的过马路行为能够正确而从容。由此类推,人类社会的观点、思想、规则、理论等，无不是人们创造性活动的结果，也无不体现着人工信息的创造性。

总的来说，正是由于信息具有上述本质和特性，才使得信息能够在自然界和人类的演化和发展中占据重要的基础性地位，并日复一日地发挥着重要作用。

在这里，我们要说明的是，本书以下讨论的信息多数情况下都是指人工信息，也就是社会信息。

二、信息既源于物质但又不等于物质
―― "焚书坑儒" 罪莫大焉

竹帛烟销帝业虚，关河空锁祖龙居。
坑灰未冷山东乱，刘项原来不读书。

唐代诗人章碣（836—905 年）在《焚书坑》一诗中，以特有的历史意识，为我们讲述了"焚书坑儒"的故事，至今读来仍让人心潮起伏，无限感怀。

"焚书坑儒"一事发生在公元前 213 年和前 212 年。当时，秦始皇为了维护刚刚统一的集权政治，进一步排除不同的政治思想和见解，下令坑杀"颂法孔子"的犯禁者"四百六十余人"，同时焚烧儒家典籍，很多珍贵的文献从此永远消失了。为此，太史公司马迁（前 145 年或前 135 年—?）在《史记·秦始皇本纪》中曾经作了这样的记叙："及至秦之季世，焚诗书，坑术士，六艺从此缺焉。"

皮之不存，毛将焉附。在纸张还没有发明和普及之前，竹简是我国古代先民重要的书写材料，当时的人们主要就是依靠它来镌刻文书、记录事项，以求保存人们所创造的精神文化成果和重要历史信息。在文化尚不发达的古代，竹简一旦损坏，就意味着那些记录在册的信息将永远归于消失。可见，大规模的焚毁书简，不仅造成了古代中国文化成果的重大损失，也从一个侧面向我们明示：

信息的记录和保存，必须依赖于一定的物质材料。

实际上，无论是古代还是现在，物质材料对于信息的保存来说都是不可或缺的。在竹简之后，人们先后发明了纸张、芯片、磁盘和光盘等，用于记录和存储信息。不管材料有何不同，它们作为记录信息的载体始终都是一种客观实在的物质。物质不仅是信息存储和传播的载体，更是信息产生和存在的本原。

信息起源于物质及其运动变化，不存在离开物质而独立存在的信息。

从马克思主义哲学的角度看，上述论断或结论是很好理解的，因为物质是世界的本原，世界统一于物质。既然如此，信息的产生、存储、处理、传递和接收等，当然也就离不开物质，必然要以物质为根基。然而，如果偏离马克思主义哲学的轨道，不能从物质第一性的原理出发来认识信息的本质的话，那么，哪怕是最顶尖的自然科学家，也会在信息与物质的关系问题上犯迷糊、闹笑话。

比如，维纳就曾经讲道："信息就是信息，不是物质也不是能量。不承认这一点的唯物论，在今天就不能存在下去。"[3] 维纳的这句"名言"有没有道理呢？从自然科学的角度看，信息的确既不同于物质也不同于能量，它有着自身独特的性质与特征。为此，还有人曾经打趣地说：没有物质，世界成为虚无；没有能量，世界归于静寂；没有信息，世界就没有意义。从某种意义上看，这样的比较也许不无道理。但是，就对信息本身的认识和理解来说，这样的理解就如同维纳的"名言"一样，充其量只能说其在对信息本质的把握上做到了"知其不是"，但最终无法从科学的唯物论出发去洞悉信息的本质。

又比如，奥地利哲学家、批判理性主义的创始人波普尔（Popper，1902—1994年）曾经提出过一个"世界3"理论，认为整个世界并不像唯物主义者所认为的那样是由客观世界和主观世界构成的，而是由相互并存的三个世界即世界1（类似于客观世界）、世界2（类似于人的主观世界）和世界3（包括信息和人的精神活动的产品等）构成的。在实证研究的层面上，波普尔的"三个世界"理论有助于我们在认识上对纷繁复杂的大千世界获得大体上的分类性把握。但是，如果据此就认为信息是某种能够不以物质为本原和基础、能够独立于物质和人的意识活动之外而单独存在的东西，而硬要把整个统一的物质世界划分成所谓的"三个世界"，就会滑到唯心论的泥潭里了。

事实上，通过对包括人类在内的整个宇宙的演化历程的考察，我们将能够清楚地看到：

所谓信息，其实就是客观物质世界在其演化过程中所产生出来的一种表征其自身结构、属性和过程的特殊联系形式，并将随着这一演化过程的高级化，随着人类社会实践的进化而越来越趋于复杂化和多样化。

——自然界的无机物虽然只有物理或化学的反应，但在这种反应中已经开始最简单的信息运动。比如，月光是对太阳光的反射，潮汐是海水对月球、太阳和地球之间引力变化的反应，矿石表面呈现出来的不同色彩是对氧化作用的反应。这种无机物在外界刺激下所发生的反应变化，实际上就是一种最简单的信息运动。

——到了有机物的阶段，出现了生物的反应形式。由于这种生物反应形式给有机的生命体带来了自我控制的新的功能，从而开始产生出较为复杂的信息运动。比如，在植物和低等动物身上，这种信息运动最初表现为刺激反应性，也就是说，它们对于直接作用于自身的环境有一种感应能力，能够对来自外界的刺激做出某种趋利避害的反应。比如，乌龟遇到外部攻击能够迅速缩进壳里保护自己，合欢树碰到外来物干扰时可以收拢自己的花叶，等等。植物和低等动物的这种反应，就是根据外界刺激而产生信息的过程，它使得有机体能够产生自我控制，从而适应变化了的外界条件。

随着有机体与环境之间关系的复杂化和环境刺激频率与强度的增加，某些生物体在进化过程中逐渐形成特殊的感觉细胞，产生了感觉能力。感觉能力的进一步发展和各种感觉器官的专门化，形成了神经系统，用以建立各种感觉器官之间的联系。神经系统的进一步发展，出现了中枢神经系统（包括脑和脊髓）与周围神经系统。高级动物通过神经系统和周围环境相联系，调节运动器官做出反应的反射过程，是一种更加复杂的信息运动。

——由于高等动物具有条件反射的机能，因而能够进行更加复杂的信息活动。比如，经过专门训练的猴子，能够听懂几十个单词，人们只要发出命令，它们就会爬上树枝，去采摘主人需要的树叶和花朵。显然，像猿猴这样的高等动物，经过训练能够戴上眼镜穿针引线、缝补手帕，并向人们挥手致意，表明其已具有接收和处理较为复杂的信息的能力。

高等动物发展到人类，产生了意识。人和动物一样，具有第一信号系统及条件反射，但人还具有动物所没有的第二信号系统，即由语言引起的另一类条件反射。人类在第一信号系统和第二信号系统的基础上进行的思维活动，既是一种意识活动，也是一种信息运动。随着意识的产生，出现了语言、文字等新的信息形式，从而使得物质的信息运动开始进入到包含意识观念成分的社会信息运动阶段。

——**思维这种最高级的反映形式，是人的社会活动的产物，也是信息运动到目前为止最高级、最复杂的形式**。人类和动物不同，不是简单地适应自然环境，而是有意识地把握各种各样的自然信息和人工信息，进而通过劳动改变自然环境，使之适合自己的需要。在劳动过程中，人正是通过对信息的处理和理解，才可能把自己同自然界区别开来，有计划、有目的地改造客观世界，达到对客观世界本质和规律的认识。人类社会实践活动使信息成为社会信息，而不是单纯的自然信息。

从信息随着物质的演化而不断产生和复杂化中可以看到，信息不仅是物质的产物，也是物质世界的普遍联系法则作用的结果，并且随着自然界的演化尤其是人类的出现和社会的发展而日趋复杂化和多样化。

从哲学意义上来说，信息是在物质基础之上演化而来的，它只能存在于物质之中，而不可能完全独立于物质之外。正是在这一点上，马克思主义哲学对于信息的本质的理解，不仅同各种非马克思主义的哲学有着原则性的区别，而且同自然科学关于信息的技术性理解也保持了显著的认识层次上的差异。

三、信息与意识既有联系又有区别
——"蜻蜓低飞"是要告诉人们"天要下雨"的信息吗

蜻蜓是我们在日常生活中常见的昆虫,自古以来它就是文人们喜欢描写的对象,并留下了许多脍炙人口的佳句。比如,"日长篱落无人过,唯有蜻蜓蛱蝶飞""小荷才露尖尖角,早有蜻蜓立上头"。

蜻蜓也是人们在日常生活中借以观察预报天气的指示性动物,好多农谚都与其有关。比如,"蜻蜓飞得低,出门带蓑衣";"蜻蜓赶场,大水当防";"蜻蜓成群低飞绕天空,不过三日雨濛濛",等等。这里我们要问的是:"蜻蜓低飞"的现象,是否就代表了蜻蜓在向人们传递"天要下雨"的信息呢?要想正确地回答这个问题,就必须弄清楚信息和意识的关系。

在马克思主义哲学看来,意识作为物质世界长期发展的产物,是人脑这种高度组织起来的特殊物质的机能,是以人的生理为基础的一种特殊反映形式。由于人具有反映客观世界的意识活动能力,就能够通过自己的意识或思维活动,去发现、认识和把握客观事物的结构、属性、过程及其规律。由此可见,在信息和意识之间必然具有某种内在的、有机的联系。此外,现代信息科学的研究也证明:所有的意识或反映活动,都是借助一定形式的信息传递和交换来实现的。因此,人类的意识活动是与信息及其运动密切关联的。

那么，信息与意识的联系表现在哪些方面呢？

意识不仅仅是人类的自然生理现象，也是社会实践特别是生产劳动的产物，是一种社会现象，并将随着社会实践的发展、社会信息的丰富而不断发展和丰富。正如马克思、恩格斯所说："意识一开始就是社会的产物，而且只要人们存在着，它就仍然是这种产物。"[4]

由此出发，可以把信息与意识的联系概括为这样几个方面：

——**信息是意识活动的对象**。人的意识或精神活动包括感觉、记忆、思维。正是通过这些机能及其活动，人们不仅能够认识世界，而且能够改造世界。根据现代信息科学的研究成果，感觉的功能就是获得信息，记忆的功能就是储存信息，思维的功能就是处理信息，而人的完整的意识活动就是通过对作为对象的信息的接收、存储和处理，从而在确证自己作为一种对象化存在的同时，实现对客观世界的认识和把握。

——**信息是意识活动借以展开的中介**。根据现代通信理论，信息不是由信源单向发出的某种"信号"或"密码"，而是在一个包含信源、信道和信宿的完整的通信系统中构成的信号的流动及其解码，是在信源、信道和信宿三者之间建立起来的一种特定的联系形式。正是由于信息具有这样一种特征，人的感觉、记忆、思维等意识活动才能够正常地展开而不至于出现中断或紊乱。智障人之所以不能正常地感知、记忆和思维，关键在于他的意识活动不能建立正常的信息机制。其结果，要么是只能获得信息，要么是只能储存信息，要么是只能处理信息，却无法在获得、储存和处理信息这三者之间建立起完整的连接链条和意义秩序。

——**信息是意识活动的产物**。虽然信息来源物质并依赖于物质，但光有物质世界及其运动变化，也产生不了信息。无机物之间也有反应，有机物尤其是动物由于具有反射能力，也能够在一定程度上和他物建立联系，但这种联系充其量只是一种简单的无条件反射，体现的是物种的本能。比如，北雁定时南飞，大马哈鱼定期回游到自己的出生地去产卵，并不是有什么神秘的动物"意识"在起作用，而只不过是受一种本能的驱使。而人则不同。人由于具有意识，从而能够在他所接触到的各种各样的事物及其运动之间建立起某种稳定的、有序的联系。人的这样一种能够通过意识活动把客观世界自在存在的属性、结构和功能转化为人们能够反映和认识的对象的过程，实际上就是真正的信息的产生过程。

有了对信息与意识关系的这样一种认识，我们再回过头来看一看"蜻蜓低飞，天要下雨"的现象。可以看到，一方面，"蜻蜓低飞"并不是说蜻蜓知道天要下雨，并由此向我们发出"天要下雨"的信息。蜻蜓之所以在下雨前低飞，只是因为或者翅膀凝结了水汽而不得不下坠，或者是为了防范雨点、冰雹或雷电的伤害而本能地降低飞行高度。恰恰是因为天要下雨了，才使得蜻蜓低飞；另一方面，人们之所以由蜻蜓低飞而能够"接收"到天要下雨的信息，其实是因为人们在日常生活与劳动中，曾经无数次观察到"蜻蜓低飞"与"天要下雨"之间在时间上的前后相继现象，并在此基础上总结经验，从而在"蜻蜓低飞"和"天要下雨"两者之间建立了稳定的思维联系。

可见，所谓"蜻蜓低飞，天要下雨"，并不是蜻蜓向我们发出了某种特定信息，而是人类意识或思维活动在不同的事件之间建立了联系，使得一种事物或现象的出现，在某种程度上代表了另一种事物或现象的存在，究其本质，是人的意识活动把握了客观事物运动变化的相互联系及其规律的结果。因此，如果把蜻蜓当作"天要下雨"的信息发出者，那就要贻笑大方了。

四、信息与人的实践活动
——虚拟实践也是一种实践活动吗

"没有驾照的人也可以开车了！"

这是某公司的一则广告。当然，这则广告并不是"教唆"人们去违反交通规则，而是该公司为其开设的汽车模拟驾驶课程打出的宣传语。

模拟驾驶又被称为虚拟驾驶，是利用现代高科技手段，比如三维图像即时生成技术、汽车动力学仿真物理系统、大视场显示技术（如多通道立体投影系统）、六自由度运动平台（或三自由度运动平台）、用户输入硬件系统、立体声音响、中控系统等，让体验者在一个虚拟的驾驶环境中，感受到接近真实效果的视觉、听觉和体感的汽车驾驶体验，进而掌握实实在在的驾驶技术。虚拟驾驶技术的出现，既能够为初学者提供和实地驾驶训练同样的驾驶感受和技巧，又能够有效地避免实地训练中可能遇到的诸多难题，比如安全保障、场地有限等，一经问世即深受人们的欢迎。

实际上，伴随着现代信息技术的飞速发展和互联网的普及，不独汽车驾驶，很多现实世界中的场景和行为都能够被搬到由计算机仿真和互联网所构筑的虚拟空间中去，并由此产生出了一种全新的实践类型——虚拟实践。相比人们在现实空间中的实践活动，虚拟实践表现出了一些前所未有的新特点。这就向我们提出了一个问题：虚拟实践是一种真实的实践活动吗？如果我们承认虚拟实践也是一种实践形式，那么，它和现实的实践有什么联系和区别呢？为了搞清楚这个问题，让我们先从实践的发展谈起。

实践是人们有目的地进行的能动地改造和探索现实世界的一切社会性的客观物质活动。人的社会实践的形式是多种多样的。变革自然的物质生产实践、处理人与人的关系即变革社会的社会政治实践和创造科学文化的科学文化实践这三种基本的实践形式，就其实现方式而言，都是在现实的时空中进行的，都是从事实践活动的主体与客体的对象化过程，通常都是物质性的或感性的。因此，现实的实践活动总是具有直接的现实性。

虽然虚拟实践是在信息时代才出现的一种新的人类活动形式，是人类历史上从未有过的，但究其本质而言，它也不过是人们运用虚拟现实技术在电脑网络空间中有目的地进行的、能动地改造和探索虚拟客体，同时间接地影响和改造现实客体的一种物质的能动的客观活动。

这种活动虽然具有或渗透着更多的技术因素或认识因素，尤其是虚拟实验本身就是一种探索性的认知活动，然而，这却丝毫不影响虚拟实践是一种不同于纯精神活动或意识活动的实践活动。这就好比人们在现实的社会时空中所从事的实践活动也渗透着理论、观念和认识，却并不影响这些活动具有实践的性质一样。

具体来说，虚拟实践之所以具有人类实践的品格，从而可以成为一种人类社会实践活动的新的形式，原因就在于：

——**虚拟实践是具有客观现实性的感性活动**。无疑，虚拟现实活动是在一定目的支配下的有意识的活动，其中当然包含着精神活动或观念的内容，但是，如果就此把它归结为一种纯粹的精神活动，那就大错特错了。为什么这样说呢？因为，精神活动作为人的主观性活动，是根本不可能超出人脑的存在范围的，更不可能直接去改变现实的客观对象。然而，虚拟现实活动却可以改变电脑网络空间中以"比特"形式存在的客观对象，并且这种改变的过程和结果，都是可以被人们感知的感性活动。在虚拟现实活动中，人们之所以能够把外部世界中的物质存在以及人脑中的观念存在转变为电脑网络空间中的虚拟存在，乃是因为人们是作为感性实体，并且通过感性的操作手段，去同电脑空间中的感性存在发生关系和相互作用的。

——**虚拟实践活动是人的一种能动的和自由自觉的活动**。实践是一种有目的的活动，能够使客观世界中的对象按照人的意志和要求得到改造，成为能够满足人的需要的"为我之物"。同时，人的活动的目的性还体现了实践的自主性和自觉性，而只有自觉的活动才能够真正体现人类的本质，成为人所特有的活动。虚拟实践不仅具有明显而强烈的能动性、目的性、自主性和自觉性，是人类充分发挥自己的本质力量、发挥自身的自主性和创造性的结果，而且同一般的人类实践活动相比，虚拟实践活动的能动性、自主性和自由度要大得多。实际上，在虚拟空间中，人们可以按照自己的意愿，在虚拟技术所能支持的水平上和范围内，从事几乎能够想象出来的任何实践活动。比如，人们可以变成一只雄鹰在天空翱翔，可以使时光倒流，也可以到人的血管里去旅行，等等。

——**虚拟实践活动也是一种具有社会性和历史性的活动**。虽然虚拟现实活动发生在虚拟的电脑网络空间中，但是，作为从事虚拟现实活动的主体的人，其本质是一切社会关系的总和，具有社会性；他在从事虚拟现实活动时所运用的物质性工具和手段，都是社会历史的产物，都具有社会性；他通过虚拟现实活动所要加工、处理和改造的对象，是通过计算机和其他信息技术手段创造的。因此，虚拟现实活动既不是纯精神、纯思想、纯意识的活动，也不是一种虚无缥缈、子虚乌有的活动，更不是一种脱离现实社会的超自然、超社会、超历史的活动。相反，它在本质上就是由具有自然属性、社会属性和历史属性的人所从事的一种现实的活动。

一旦确认了虚拟实践是人类实践活动的一种新的形式，是在信息时代出现的一种新的实践活动形式，那就意味着，虚拟实践必然具有不同于"三大实践"即物质生产实践、社会政治实践和科学文化实践的特点。

——**虚拟实践不等于变革自然的物质生产实践**。虚拟现实活动并没有直接改变自然客体，它所改变的只是虚拟客体。虽然对于虚拟客体的改造最终会有助于人们实际地改造现实的自然客体，但不能把虚拟现实活动对虚拟客体的改造等同于直接改变自然客体的现实的生产活动。

——**虚拟实践不同于处理人与人之间关系的社会政治实**

践。虚拟实践得以发生的电脑网络空间,虽然具有一定的客观实在性,但是,同现实的物质世界相比,它只是现实的物质世界的"影像"或"仿真",而不是现实的物质世界本身。飞行员不会因为在虚拟空间中撞机而丧生,物理学家不会因为在虚拟空间中模拟核试验而受到核辐射和核污染的伤害,普通人也不会因为在网络上相互"干仗"而遭致身体上的伤害。

——**虚拟实践也不同于创造科学文化成果的科学文化实践**。虚拟实践的目的,并不是为了获得精神文化产品。通常,人们在网络上通过虚拟实践而进行的虚拟购物、虚拟教学、虚拟飞行、虚拟战争等,主要并不是以探索客观对象、获得精神产品为目的,相反,在大多数情况下,它就是人们的一种现实的社会活动,是一种直接的社会生活或生活的一部分。虽然随着计算机科学的发展,已经现实地形成了一种新的科学实验形式,即计算机实验,从而使得虚拟现实活动可以作为一种科学实验的新的辅助形式,或者作为一种独立的科学实验形式,但不能就此把虚拟实践活动简单地等同于创造科学文化知识的科学实验活动。

就此而论,完全可以说,虚拟实践是身处信息时代的人类特有的一种社会活动。它既体现了人类现实的社会实践活动的一切固有特征,又表现出一般的现实社会实践活动通常所不具有的新的特点,是时代发展在人的实践活动上的聚集和涌现。

具体来看,虚拟实践的特点大致有这样几个方面:
——**虚拟实践在表现上具有二重性**。从社会整体的层面看,虚拟实践是人类能动地改造和探索客观世界的社会活动,具有直接的现实性和普遍性,它同人们从事的其他一切现实的社会实践活动并没有本质区别。从具体的实践过程来看,虚拟实践是一种特殊的实践活动形式,具有虚拟性的特征。从某种意义上说,如果把现实的物质实践活动看作一种实体性的活动形式的话,那么,虚拟实践则是这种"实体"的投影,两者之间可谓是一种"实物"与"影子"的关系。打个比方来说,任何物体在镜子中都会产生自己的镜像,其时,物体是实体,镜像是虚像,但镜像却不是虚无,而是某种不具有实体性的客观存在。

——**虚拟实践在内容上具有二重性**。一方面,从整体上看,虚拟实践是人们运用计算机和网络等信息技术手段认识和改造客观世界的感性活动,也是人们用来认识和改造主观世界的活动。另一方面,从个体的角度看,虚拟实践是一些人类个体在电脑网络空间中所从事的一种内化的感性活动,这种活动只有那些实际从事虚拟现实活动的人才能切身地感受到,而其他个体通常则不能真正地感受到虚拟实践的具体过程及活动内容。虚拟实践既是一种可感知的感性活动,又是一种内化于电脑网络空间的隐性活动。

——**虚拟实践在活动手段和对象上具有二重性特征**。一方面,虚拟实践需要有电子计算机和网络等"硬件"作支撑,没有一定的"硬件"条件,虚拟实践无法进行。另一方面,虚拟实践需要一定的"软件"作支撑,否则,即使有再高级的计算机和网络设备,虚拟实践也无法进行。此外,人们在进行虚拟实践时,往往还需要一定的对象,在通常情况下它就是以"比特"形式存在的信息。

——**虚拟实践在功能上无疑具有创造性和超越性**。人们通过现实的社会实践，不断地改造世界，创造更适宜于人类生存和发展的环境，还通过虚拟现实技术的手段，有目的、有意识地创造一个与现实世界相互渗透、相互转化的虚拟世界，不断确证人类的创造性和超越性。特别值得一提的是，目前利用虚拟现实技术，人们已经可以为思想或观念等赋予一定的图形或形状，并且可以随意地对它的变化做出反应，就几乎如同自己心里发生的事情一样。比如，现在有一种心理测试仪，在特殊的软件系统支持下，它可以通过一棵大树树叶的变化来显示人们所承受的心理压力的大小及其变化：枝繁叶茂时，表明人的心理压力小；树叶枯落时，表明人的心理压力大。

五、网络社会不过是现实社会的延伸和反映
——虚拟时空并不虚无

在英语中，Twitter 并不是一个常用的词汇，它的含义是"鸟的鸣叫声"。但是，一个以 Twitter 命名的微博客网站，却让全世界在一瞬间记住了这个冷僻的英文单词。

2012 年美国东部时间 11 月 7 日晚上 11 点 15 分，通过在 Twitter 上建立的个人主页，美国总统奥巴马（Obama，1961 年— ）正式宣布，自己已经赢得了与共和党总统候选人罗姆尼（Romney，1947 年— ）的总统竞选之争："因为你们，这一切才最终成为现实。"奥巴马发出的这一条短信，就好像是一声响亮的"鸣叫"，不仅让无数人从此记住了 Twitter 这个词，也在很大程度上使人们清醒地意识到：类似于 Twitter 这样的以互联网为基础的社交媒体和社

交网站，已经在人们的生活中开始发挥前所未有的作用。

从技术上讲，Twitter 就是一个能够支持用户实时发布短消息的社交网站。由于它只允许一次最多输入并发送 140 个字符，因而，相对于能够容纳长篇大论却不能实时发布的博客网站而言，人们为之加上了"微"的前缀。然而，虽然 Twitter 只是一种"微型"博客，但它所具有的实时发布和在理论上可以面向无限用户的特点，却使其作用大大超出了人们的想象！正如有人曾经描述的那样："如果你在微博里拥有 10 万'粉丝'，就相当于你拥有了一个新闻网站；当你有了 100 万'粉丝'，就相当于拥有了一份全国性的报纸；当你有 1 亿'粉丝'时，你就是中央电视台。"

的确，置身于如今这样一个信息涌动不息、媒体无处不在的全媒体时代，人们不得不承认，以微博和微信等为代表的各种信息新技术的不断涌现，尤其是虚拟时空的横空出世，不仅从根本上改变着人们获取和传递信息的方式，也更深刻地改变和塑造着人类社会本身。

所谓虚拟时空，也可以称为虚拟社会（Virtual Society）或赛博空间（Cyber-Space）。从技术角度看，虚拟时空首先是一个以互联网为基础和支撑，通过各种信息处理终端的有线或无线连接而形成的信息技术系统。然而，由于这一庞大的技术信息系统融合了电话、电报、传真、电视等诸多传统的信息交流方式的功能，能够传送文字以及声音、图像、视频等多种超文本信息，能够帮助人们实现信息的互动、交流与共享，能够使人们便捷地开展包括社会交往、商品销售、物流管理、在线学习、远程医疗、广告宣传等在内的难以尽述的社会经济文化活动。

从某种意义上说，虚拟时空实际上已经成为一种以信息网络技术和人的活动的有机整合而构成的网络社会。

同人们所熟悉的现实社会系统相比较，虚拟时空具有以下几个特征：

——**虚拟时空的运作方式具有"数字化"的特点**。在虚拟时空中，人们的自然关系和社会关系都是建立在以比特为单位的数字化信息的生产、存储、传递、交换和控制的基础之上，并通过这一系列的数字化的过程而反映出来。

——**虚拟时空的存在范围同时具有时空压缩性和伸延性**。在虚拟时空中，文本、声音、图像和视频等信息形式以数字的形式组织起来，并以电子作为载体进行传输时的高速度和空间距离暂时消失的性质，实际上就是虚拟时空"时空压缩性"的具体体现；而网络浏览、电子邮件、博客、微博、微信等网络行为的出现，则在某种意义上代表了人们社会活动范围的扩张和延伸。

——**虚拟时空在功能效应上具有交互性和多维性的特点**。交互性是指虚拟时空作为一个整体所表现出来的所有现象与后果，实际上都是由于人们的网络行动的交互作用而产生和扩张出来的。多维性则是指虚拟时空的社会后果既可以以文本、声音、图像和视频的方式表现出来，也可以以现实社会中人们的多种行为表现的形式表现出来。

正是由于具有上述特征，虚拟时空的出现为人类的生存、发展和交往以及人类文明的演进带来了积极而巨大的影响。正如人类历史上的任何新生事物都有其两面性一样，虚拟时空的出现对于人类社会既有积极的影响，也有消极的作用。

虚拟时空的负面影响，主要表现在以下几个方面。

——信息过剩。所谓信息过剩，是指信息的生产、传播、接收和处理超过了人们的实际需求和能力，从而使人不能有效地和充分地选择、吸收、利用和发挥信息的作用，使得信息不可避免地被贬值。比如，美国 CNN 赖以闻名的全新闻模式，表面上为人们提供了无所不包的新闻信息，但在很大程度上却不过是把铺天盖地而又空洞无物的画面和词藻甩给了这个世界。

——信息垃圾。所谓信息垃圾，是指在虚拟时空中产生的毫无价值的、对人有害的信息。一般来说，信息垃圾主要有这样几类集中表现形式：已经过时的、落后的信息与知识，或者说已经被新知识超越的新信息和知识；既不符合事实，也不符合逻辑的信口开河、胡说八道式的信息甚至谣言；违背社会伦理道德规范的淫秽图文、声音、视频等之类的黄色信息，等等。

——信息崇拜。所谓信息崇拜，是指对虚拟时空的出现尤其是它所带来的巨大社会效应不能正确认识，从而对信息的作用给予无限夸大的盲目态度和做法。"信息就是财富""信息就是权力""信息就是金钱""信息就是一切"等，就是对于信息的盲目崇拜，对于信息的过誉之词。不是出于利益驱使下的人为夸大，就是利害关系诱导下的错误导向。

——信息异化。所谓信息异化，是指随着虚拟时空的出现及其对人类社会影响的日渐深入，使得人们所特有的一些属性和本质力量正在异化为与人相对立的属性和力量。例如，人对网络的依赖、网络黑客以及网络监控等。尤其是近年来由"斯诺登事件"所揭示出来的美国对全球实施网络监听的"棱镜计划",不仅把信息异化问题推向了全球谴责和讨论的焦点,也在很大程度上让人们乃至整个社会谈网色变。

这些问题的出现,原因是多方面的。既有由于虚拟时空自身的技术特点而导致的问题,比如信息过剩问题;也有由于人们难以把自己在现实社会与虚拟时空中的观念与行为协调起来而导致的问题,比如信息垃圾、信息崇拜和信息异化等。更重要的是与社会的治理、意识形态的导向密切相关。面对虚拟时空的出现和扩展,人们在享受它所带来的巨大好处的同时,必须看到它所带给人们的负面影响。

一般而论,不论虚拟时空具有怎样的高新技术特点,它仍然是现实的社会生活和社会关系的表现,而不是脱离人的社会生活和社会关系的"自在之物"。虚拟时空并不虚无。

能否把虚拟时空有效地纳入人类现实的社会系统之中,把人们在虚拟时空中的观念和行为有序地纳入现实的人类价值体系和道德规范之中,将是人们在信息时代能否安顿自身,并更好地推动社会发展进步的关键。

实际上,对于信息技术的发展可能带来的负面作用,控制论的创始人维纳早就指出,信息技术是对短期社会稳定的威胁,甚至可能是长久的灾难。也正因为如此,他在创立了控制论之后,为了使科学技术不至于背离人类的道德规范,曾专门撰写了《人有人的用处》一书,从而把各种对新技术的讨论提高到了伦理道德的认识层次。

面对虚拟时空不断发展和深化的未来,人们在享用信息和信息技术带来的巨大福利的同时,还必须高度关注虚拟时空中的"新秩序"和"新价值"的建立问题。所谓的"新秩序",应当是一个能够保证人类继续生存下去的公正的网络社会生态格局;所谓的"新价值",应当是一个所有网民均能遂生乐业、发扬人生价值的网络心态秩序。

随着信息网络技术的飞速发展,现代社会正在演变为一个信息高度膨胀和快速流动的庞大的信息社会系统。借助于强有力的信息传输工具,人们足不出户就能知天下事、就能办天下事,就能认识世界和改造世界。这既是信息的本质使然,更是人类实践的不断发展和不断超越的特征使然。

结　语

自铸器铭文的青铜器时代,到今天的计算机网络时代,人类文明的发展史从一定意义上说就是处理、开发和运用信息的历史。语言的产生,文字的出现,造纸术和印刷术的发明,计算机和互联网的问世,包括如今正方兴未艾的微博、微信、网银和移动支付等,人类历史上信息技术的每一项重大突破都促进了社会生产力的发展,推动了人类文明的进步。信息、信息世界和信息时代不仅是辩证唯物主义要回答的问题,也是历史唯物主义要回答的问题。马克思主义哲学必须对信息范畴、信息世界和时代特征、信息规律和特征给予科学的回答,以便更好地运用信息造福于中国特色社会主义事业、造福于全人类。

注　释

〔1〕《马克思恩格斯文集》第1卷,人民出版社2009年版,第191页。

〔2〕鲁迅:《集外集拾遗·〈绛洞花主〉小引》,《鲁迅全集》第8卷,人

民文学出版社1981年版,第145页。

〔3〕N. 维纳:《控制论》,科学出版社1963年版,第133页。

〔4〕《马克思恩格斯文集》第1卷,人民出版社2009年版,第533页。

新大众哲学·3·辩证法篇

照辩证法办事

用辩证法看问题

——辩证法总论

马克思主义哲学划时代的贡献就在于改造了黑格尔的唯心主义辩证法,把唯物主义与辩证法结合起来,完成了辩证法的革命,建立了最彻底最完备的辩证法形态——唯物辩证法。唯物辩证法是建立在唯物主义基础上的,是唯物主义与辩证法的最佳结合。

辩证法是关于宇宙万事万物运动、变化和发展的最普遍规律的科学。唯物辩证法科学地揭示了自然、人类社会和思维运动、变化和发展的最一般规律,为人们的认识和实践提供了科学的世界观和方法论,既是人们观察、认识、说明一切事物的望远镜和显微镜,又是指导人们处理一切问题,努力推动事物向好的方向转化发展的思想利器。

一、揭示事物最普遍规律的科学

——老子《道德经》与辩证思维方式

在中国民间,每逢春节来临之际,老百姓都喜欢把"紫气东来"作为春联横批。"紫气东来"比喻祥瑞降临,寄托了人们对未来的憧憬和向往。提到"紫气东来"的来龙去脉，还要从老子（约前571—前471年）过函谷关说起。

传说函谷关关令尹喜，少时好观天文、喜读古籍，修养深厚。一日夜晚，他登关凝视星空，忽见东方紫云聚集，其长三万里，形如飞龙，由东向西滚滚而来，自语道："紫气东来三万里，圣人西行经此地。青牛缓缓载老翁，藏形匿迹混元气。"[1]预见将有圣人来关。

这个圣人就是老子。老子长期在周朝王室生活，曾担任过周王室主管图书典籍的官职，知识渊博，很有学问，但仕途坎坷，几遭贬辱。他看到周王室日渐衰落，诸侯纷争，社会矛盾突出，感到异常厌倦，决意退隐，到相对繁荣的秦国安度晚年。于是辞官不做，骑着一头青牛，离开了洛阳向西走去，途经函谷关。

尹喜仰慕老子已久，见老子来到函谷关，便恳求老子说："您有那么大的学问，将要退隐了，请在函谷关多住几日，为我留下一些教诲吧！"言下之意是老子只有做篇文章才能走。于是老子留住函谷关写下了一篇五千字的文章，便是《道德经》。"老子过函谷关，留下五千言经"的故事见于《列仙传》和《太平御览》，最早的史书记载则来自于司马迁（前145年或前135年—？）《史记·老子韩非列传》。老子是楚国苦县厉乡曲仁里（现河南省鹿邑县）人，姓李名耳字聃。西行途中经函谷关，关令尹喜强求他著书，写下了《道德经》。史书记载不过如此。关于老子其人其书，从司马迁到王夫之（1619—1692年），再到近代不少著名学者，都做过深入考证，历来有争论。尽管如此，《道德经》一书的存在却是不争的事实。"经"在古代就指经典之籍。

《道德经》是一部论述有关道与德的经典专著。"道"是《道德经》的核心概念，用"道"来说明宇宙万物的演变，提出"道生一，一生二，二生三，三生万物"的观点，认为"道"是"莫夫之命而常自然"，"人法地，地法天，天法道，道法自然"，"道"有着"独立不改，周行而不殆"的永恒绝对本体的意义，决定着宇宙一切的运行秩序和人的正确行为。

"道"的本意是道路，也有客观规律的含义。西方学者将其翻译为理性（Vernunft）、逻各斯（Logos）、上帝（Gott）、意义（Sinn）、正确的道路（Recher Weg）、规律（Gesetz）等。《道德经》赋予"道"以先于客观世界之生成而存在、先于人与人类社会之产生而存在，超越并决定整个世界和人类社会的运行秩序的意义。西方哲学家，如被西方公认的20世纪哲学大师雅斯贝尔斯（Jaspers，1883—1969年）认为，老子把"道"看作世界及万物的终极，存在于天地生成之前，也先于上天神（中国人的上帝），因为"道"的存在，才使得万事万物得以生成发展。"道"作为虚无而存在，好像不起作用，但又在作用着。《道德经》从"道"推演出世界万事万物，包括人的认识、道德的对立统一的辩证运行秩序。中国著名哲学家任继愈先生（1916—2009年）长期研究《道德经》，认为"道"之本意是人走的路，经过引申而具有规律的意思。《道德经》把"道"叫作"万物之宗"，首次提出把"道"作为哲学的最高范畴，是产生整个物质世界的总根源，世界万物是从"道"派生出来的，认为"道"是宇宙万物的老祖宗。任继愈先生认为，"道"的哲学思想中包含着朴素的辩证法思想，系统地揭示了事物相互依存、相互转化的辩证关系。

当然，对"道"乃至对老子的哲学理念，历来存有争议，有人认为它是客观唯心主义，有人认为它是朴素唯物主义。我们暂且搁置争议，可以发现《道德经》思想包含有关于世界万事万物按照辩证规律运动的合理内核，可以看出《道德经》是辩证思维方式的经典之作，是阐述辩证法的古代经典文献。辩证法是对客观世界到底是一个什么样子、客观世界发展的基本规律是什么的哲学解读。

在大自然，寒往暑来、日往月来，高岸为谷、深谷为陵；在人类社会，春耕夏耘、秋收冬藏，世事变幻、兴衰存亡。一切事物都在运动变化，一切事物都有生成死灭，历代王朝和达官显贵都难逃兴浡亡忽、衰败湮灭的历史宿命。唐代诗人刘禹锡（约772—约842年）在《乌衣巷》中写道："朱雀桥边野草花，乌衣巷口夕阳斜。旧时王谢堂前燕，飞入寻常百姓家。"[2]沧海桑田、人事更替的万千变化，让人兴叹，发人深思。到底客观世界发展变化的一般法则是什么呢？这是人类的哲学之问，也是辩证法所要回答的问题。

"辩证法"一词源于古希腊文，本意是指在谈话辩论中揭露对方话语中的矛盾并通过克服这些矛盾而求得真理的方法。在哲学史上，黑格尔（Hegel，1770—1831年）第一次明确地在哲学世界观方法论意义上使用辩证法概念，他不仅把辩证法看作揭露矛盾的思维方式，同时还把它看作适用于一切现象的哲学概念，创立了唯心主义辩证法。马克思主义经典作家在批判地继承黑格尔唯心主义辩证法的基础上，把黑格尔唯心主义辩证法改造成为唯物主义辩证法。

在哲学史上，有古代朴素辩证法、近代唯心主义辩证法以及现代唯物主义辩证法。

朴素辩证法是古代智慧的灵光。

古代朴素辩证法是人们仰观天文、俯察地理、近取诸身、远取诸物的思想成果。人们从纷繁复杂的自然现象和社会现象中，探赜索隐，沉思默会，穷究天地万物动变的规律，体悟社会人生的道理。

古希腊哲学认为，一切事物都处在永恒变化之中；互相排斥的东西结合在一起，不同的音调产生最美的和谐；一切都是斗争所产生的，事物内部的对立面的斗争产生了万事万物，天才地猜测到了辩证法规律。在中国古代，也有着极为丰富的朴素辩证法思想。中国传统哲学肯定矛盾存在的普遍性，"天地万物之理，无独必有对"[3]；矛盾着的对立面是相互依存的，"有无相生，难易相成，长短相形，高下相倾，音声相和，前后相随"[4]；矛盾着的对立面相感相应、相摩相荡，引起矛盾双方地位的交替流转以及天地万物的无穷变化，"天地之德不易，而天地之化日新"[5]；事物由内部矛盾引起运动、变化、发展，并向自己的对立面转化，"祸兮福之所倚，福兮祸之所伏"[6]，"反者道之动"[7]。

形而上学是与辩证法一同前行的聚头冤家。

"形而上学"作为哲学概念，在哲学史上通常在两种意义上使用：一是指研究超感觉、超经验之外对象的学问。形，是指人可见的、可感觉到的呈现在时空中的形体、现象。形而上，是指高于形体、现象之上的不可见的东西。形而上学是寻求超感觉的、经验之外的"最高原因的基本原理"的哲学学说。二是指与辩证法相对立的发展观。这里讨论的形而上学是在第二种意义上使用的。

在人类哲学思想发展史上，辩证法与形而上学的对立与斗争同唯物主义与唯心主义的对立与斗争交织在一起，并从属于唯物主义与唯心主义两大哲学派别的对立与斗争。

在古代朴素辩证法思想形成的同时，也产生了古代形而上学思想。譬如中国传统哲学中的天道不变论。古代朴素辩证法思想是可贵的，它明白无误地向人们展现了一幅由种种联系和相互作用无穷无尽地交织起来的画面，其中没有任何东西是不动的和不变的，一切都在运动、变化、产生和消灭，它带有自发、朴素、直观、猜测的性质。古代朴素辩证法虽然正确地把握了现象的总画面的一般性质，却不足以说明构成这幅总画面的各个细节，而人们要是不了解这些细节，就看不清总的画面。因此，古代朴素辩证法在发展过程中尽管与形而上学进行了长期的斗争，但并未从根本上战胜形而上学，反而使形而上学一度占了上风。

从15世纪后半期到18世纪上半期，适应资本主义生产发展的需要，自然科学迅速发展，尤其是研究机械运动的力学取得了相当的成就。当时的自然科学家为了认识个别事物、个别领域的规律，往往把自然界整体分割为各个部分，把过程分割为各个阶段，把自然界的一切事物和事物发展的各种过程分成一定的门类，对有机体内部按其各种各样的解剖形态进行研究，这是认识自然界、推动自然科学取得巨大进展的基本条件，也为人们认识世界辩证联系和发展的总体画面提供了前提依据。这种认识方法是人类认识史的必然阶段，对于人类对外部世界的认识也是必要的。但是，由于这种研究方法注重分析而疏于综合、注重部分而忽略整体、注重阶段而轻视过程，因而难以从总体上和过程中发现事物的本质、规律和内部联系。17—18世纪欧洲的唯物主义哲学家吸取、借鉴自然科学成就，同时也把孤立地、静止地、片面地研究问题的思想方法引入哲学，形成了机械的、形而上学的哲学观点。形而上学的思维方法占据了哲学思维方式的统治地位。形而上学（机械）唯物主义试图用力学的观点解释一切，甚至认为人也是机器，只不过是比机器多了几个齿轮、几条弹簧。机械唯物主义用消极、直观、被动的观点看世界，只承认物质决定精神、思维决定存在，看不到精神对于物质、思维对于存在的能动的反作用；机械唯物主义在研究自然现象时，坚持了唯物主义观点，但在研究社会现象时，却不能理解人类社会不同于自然界的特点，不能理解社会存在与社会意识的辩证关系，不能理解社会发展的终极原因和深刻根源，从而将历史发展归结为人的思想动机、主观意志，完全为人的主观意志特别是英雄豪杰人物所左右，这就为唯心主义在历史领域的存在留下了地盘。

在哲学史上，辩证法与形而上学都分别同唯物主义和唯心主义结合过。有唯物主义辩证法，也有唯心主义辩证法；有唯物主义形而上学，也有唯心主义形而上学。但在古代哲学思想那里，唯物主义与辩证法的结合还不是建立在科学的基础上。到了近代欧洲，由于自然科学的发展和社会斗争的复杂情况，出现了唯物主义与形而上学相结合，产生了17—18世纪的形而上学唯物主义。虽然在反封建斗争中，它给唯心主义和宗教神学以有力打击，但由于它不懂辩证法，不能把唯物主义贯彻到底，因而也不能最终战胜唯心主义和宗教。到了19世纪，产生了唯心主义辩证法，它虽然对运动发展作了符合辩证法的说明，但因为受到唯心主义世界观的束缚，也是不彻底、不科学的。辩证法只有建立在唯物主义基础上，与唯物主义相结合，才是科学的、彻底的。

唯心辩证法是头脑倒置的辩证法。

世界进入近代以来，德国古典哲学家康德（Kant，1724—1804年）的天体演化学说显示了事物发展变化的辩证法思想，打开了形而上学自然观的缺口。这种辩证法思想在德国古典哲学家、唯心主义辩证法大师黑格尔那里得到了系统的发展。黑格尔的巨大功绩，在于第一次把整个自然的、历史的和精神的世界描写为一个不断运动、变化、转变、发展的过程，并企图揭示这种运动发展的内在联系。在他看来，在自然界和人类社会产生以前，就存在着一个"绝对精神"。发展是"绝对精神"的自我运动，自然界和人类社会都是由"绝对精神"演化而来的。黑格尔关于运动发展的思想猜测到了事物本身的辩证法，反对了形而上学；但他认为运动发展的主体或承载者不是物质世界，而是一种脱离自然界、人类社会和人而独立自存的精神，因而他的辩证法是唯心的、头脚倒置的。由于其建构唯心主义体系的需要，他又认为发展有终点，自己的哲学就是"绝对精神"发展的顶点，是一个穷尽和包含了一切真理的最终完成了的体系。黑格尔的辩证法是不彻底的，其关于事物运动发展的合理思想最终被其唯心主义体系的坚硬外壳窒息了。要克服其唯心主义体系和辩证方法的矛盾，就必须打碎其唯心主义外壳，拯救其辩证法的合理内核。

唯物辩证法是辩证法的科学形态。

19世纪40年代，德国资产阶级革命形势日益成熟。反映在哲学上，就是德国古典唯心主义的终结和唯物主义的兴起。作为德国资产阶级哲学杰出代表的唯物主义者费尔巴哈（Feuerbach，1804—1872年），坚决批判传统宗教和黑格尔的唯心主义哲学，指出人以及作为人的基础的自然是哲学唯一的和最高的对象，自然先于精神，在人和自然之外没有独立的精神存在。他批判黑格尔的唯心主义，力图恢复唯物主义的权威。但他不理解黑格尔唯心主义辩证法的方法论意义，将黑格尔的辩证法与唯心主义一起简单地抛在一旁，就像看到洗澡水脏了，就把洗澡水连同小孩一起倒掉，并且用在许多方面都比黑格尔贫乏得多的哲学取而代之，因而也就不能从根本上克服、超越黑格尔哲学而取得划时代的成果。克服黑格尔哲学的缺陷，拯救其在唯心主义外壳遮蔽下的辩证法的合理内核，并使其在唯物主义基础之上获得新生，这个任务是由马克思和恩格斯完成的。

19世纪以后，自然科学由主要是搜集材料的科学发展为整理材料的科学。细胞学说、能量守恒和转化定律以及达尔文（Darwin，1809—1882年）的生物进化论这三大发现以及自然科学的其他巨大进步，使人们不仅能够指出自然界各个领域中过程之间的联系，而且总的说来也能指出各个领域之间的联系了，从而以近乎系统的形式描绘出一幅自然界联系的清晰图画。由英国开始的工业革命，促进了生产力的迅速发展，使资本主义的内在矛盾及其阶级表现——无产阶级和资产阶级的矛盾日益尖锐；随着历史向世界历史的转变，各个国家和民族的交往在世界范围内展开，社会历史之唯物而辩证的性质日益充分地向人们展现出来，生产的社会化与交往的普遍化也开阔了人们的眼界，使人们能够以宏大的时空视野观察人类历史的辩证发展过程。哲学史上唯物而辩证的思想传统，也为创立新哲学、实现唯物论和辩证法的新的结合准备了思想条件。马克思、恩格斯正是以自然科学的新成果、社会历史的新观察以及对于黑格尔唯心辩证法合理内核的拯救与费尔巴哈唯物主义基本内核的批判继承，创立了辩证唯物主义和历史唯物主义，实现了唯物论和辩证法以及唯物辩证的自然观与历史观的高度统一。

马克思主义哲学划时代的贡献就在于改造了黑格尔的唯心主义辩证法，把唯物主义与辩证法结合起来，完成了辩证法的革命，建立了最彻底最完备的辩证法形态——唯物辩证法。唯物辩证法是建立在唯物主义基础上的，是唯物主义与辩证法的最佳结合。

在马克思主义哲学中，唯物论与辩证法是内在统一、紧密联系的，表现为二者的相互渗透、彼此融通。马克思主义的唯物主义，在解决世界本原问题时，内在地蕴含着辩证法，把物质世界的统一视为相互联系的、无限发展的多样性的统一；马克思主义的辩证法，在解释世界"怎么样"时又始终贯穿着唯物主义，认为"事物的辩证法创造观念的辩证法"[8]，主观辩证法不过是客观辩证法在人的头脑中的反映，把观察的客观性作为辩证法的第一要素。马克思主义的唯物主义是辩证的唯物主义，马克思主义的辩证法是唯物的辩证法。若只有一个方面而没有另一个方面，只有唯物论而没有辩证法，或只有辩证法而没有唯物论，就不是真正的马克思主义哲学；若只讲唯物论而不讲辩证法，或只讲辩证法而不讲唯物论，都会导致思想的迷误和实践的失败。

唯物辩证法是揭示事物最普遍规律的科学，是马克思主义哲学的重要组成部分。

恩格斯指出："辩证法不过是关于自然界、人类社会和思维的运动和发展的普遍规律的科学。"[9]世界上的事物及其运动、变化和发展过程，表面看来千头万绪、杂乱无章，实际上任何事物都遵循自身的运动、变化和发展的规律。什么叫规律？规律就是事物内部的、本质的、必然的联系。列宁说："规律就是关系。……本质的关系或本质之间的关系。"[10]正因为规律是事物内部的、本质的、必然的联系，所以它对同一领域和所处条件相同的事物起着决定的、支配的作用。例如，力学中的惯性定律普遍适用于一切物体，无论任何物质，在它所受的外力的合力为零时，都必然要保持其原有的运动状态不变。在社会历史领域中，生产关系一定要适合生产力发展，上层建筑一定要适合经济基础变更要求的规律，也具有普遍性，它对于一切社会都是适用的。

——**规律是事物的重复的联系**。只要具备一定的条件，同一领域的事物之间某种合乎规律的联系，就必然要重复出现和发生作用。例如，进化规律，在所有生物物种中都会存在并发生作用；价值规律，在商品生产的社会中都要不断地、反复地出现和起作用。人类社会是一个自然历史过程，必然遵循自身发展的规律。

——**规律是事物的稳定的联系**。一切事物所表现出来的现象是变动不居的，规律则是稳定的。例如，自然界中的能量转化现象形式多样，可以表现为热能、电能、核能、生物能、化学能等能量之间的相互转换，但能量守恒规律作为规律却在所有具体的、多样的能量转化现象中普遍地、稳定不变地始终起作用。当然，规律也不是永恒不变的，会随着事物条件的变化而变化。兵无常势就是讲战争规律是依据战争条件而变化的，一切具体事物的发展规律也是如此，都是历史的、具体的、变化的、发展的。

——**规律是事物本质的联系**。事物发展的规律比事物表现出来的现象更为深刻、更为本质。规律是在一定条件下在事物运动、变化和发展过程中持续地、反复地、始终地发生作用的东西，从而决定事物总的发展趋势和基本变化过程，反映了事物的内在本质和必然趋势。规律比现象更为本质，规律是事物本质的，从而是稳定的、普遍的、反复起作用的联系。规律是事物本质的联系，但并不包括事物的全部联系。譬如，在人类社会中，人与人的关系是多样的、复杂的，又是具体的、千差万别的，但人与人之间所发生的利益关系，从而经济关系却是本质的、稳定的，这种关系在阶级社会中又表现为阶级关系。在阶级社会中的阶级关系是人与人之间本质的联系，但这种本质的关系并不等于人与人之间的全部联系，如家庭关系、血缘关系、男女关系、朋友关系、战友关系、师生关系、同志关系等。经济关系、阶级社会中的阶级关系是本质的、稳定的、持续发生作用的，阶级斗争规律是阶级社会的重要规律。规律并不包括事物的所有联系，更不能反映事物现象的绚丽多彩、复杂缤纷、变化无常，现象比规律更丰富、更易变。毛泽东用"树欲静而风不止"来形容阶级社会的阶级斗争规律，说明规律是不以人的意志为转移的。"风生于地，起于青萍之末。"[11]不管现象如何纷繁复杂、易变多端，总有端倪可察，总有征兆可寻，总有蛛丝马迹可知，事物的运动、变化和发展总要潜在地受一定规律的支配。

——**事物运动、变化和发展是有一定规律可循的**。世界上的规律有三大类：第一类是只支配某一领域的具体规律，如物理界的万有引力定律、相对论规律，都是在一定范围的物质世界中起作用。万有引力定律只是在地球引力范围内起作用，超出地球引力，则是相对论规律起作用。随着人类对宇宙认识的扩展，可能还会有超过相对论规律范围的规律起作用。第二类是支配几个不同领域的特殊规律，如能量守恒和转化规律，在物理界、生物界、化学界都会起作用。第三类是对世界万事万物一切领域都起着支配作用的普遍规律，各门具体科学如力学、数学、化学、生物学等自然科学，经济、政治、法学等各门社会科学，文学、历史等各门人文科学是研究前两类规律的，而哲学是自然科学、社会科学和人文科学的概括与结晶。

唯物辩证法是研究第三类规律的，是研究宇宙万事万物运动、变化和发展的最普遍规律的科学。唯物辩证法是最完整深刻而无任何片面性弊端的关于联系与发展的新学说。

唯物辩证法是一个严密、完整、系统的科学体系。表现在以下三个方面：一是有两个原则，即联系的原则和发展的原则。世界万事万物是普遍联系的，联系的原则是辩证法的一条基本原则，恩格斯指出："辩证法是关于普遍联系的科学。"[12]世界万事万物都是运动、变化和发展的，发展的原则是辩证法的又一条基本原则。二是有三个基本规律，即对立统一规律、质量互变规律和否定之否定规律。三是还有一系列基本范畴，即本质与现象、内容与形式、原因与结果、必然性与偶然性、可能性与现实性、简单性与复杂性等。这些基本原则、基本规律和基本范畴从各个不同方面深刻揭示了事物内部和事物之间最普遍的本质联系，揭示了事物运动、变化和发展的一般性质、主要过程和基本趋势。唯物辩证法的基本原则、基本规律和基本范畴不是平行并列的，而是有内在逻辑联系的。普遍联系和永恒发展是一切事物存在的基本方式，无一例外，所以一切事物都是联系而发展的。唯物辩证法揭示了事物普遍联系和永恒发展中的稳定的、本质的、反复出现的关系，这就是唯物辩证法的基本规律，即对立统一规律、质量互变规律和否定之否定规律。在这三大规律中，对立统一规律是最根本的规律，是辩证法的实质与核心。列宁指出："就本来的意义说，辩证法就是研究对象的本质自身中的矛盾。"[13]对立统一观点是理解辩证法其他基本规律和基本范畴的"钥匙"，是认识世界和改造世界的根本方法。

辩证法与形而上学是两种根本对立的世界观和方法论。

在人类的认识史中，从来就有关于宇宙发展法则的两种见解：一种是辩证法的见解，一种是形而上学的见解，这两种见解形成了互相对立的两种宇宙观。辩证法用联系的、发展的、全面的观点观察认识世界，形而上学则是用孤立的、静止的、片面的观点观察认识世界，一定要划清辩证法和形而上学的根本区别。世界上的各种事物、现象是相互联系、变化发展的，还是彼此孤立、静止不变的？如果有联系，这种联系是外在的还是内在的？如果有变化，是数量的增减、场所的变更、简单的循环重复，还是由量变到质变、由低级到高级、曲折上升的？发展变化的根本原因，是由于外力的作用，还是由于内在矛盾的推动？对于这些问题的根本不同的回答，将人们的哲学观点区分为辩证法和形而上学。形而上学把世界一切事物都看成是彼此孤立和永远不变化的。如果说有变化，也只是数量的增减和场所的变更。而这种增减和变更的原因，不在事物的内部而在事物的外部，即由于外力的推动。和形而上学相反，唯物辩证法的根本任务是揭示事物最普遍的规律。辩证法主张从事物的内部、从一事物对他事物的关系去研究事物的发展，把事物的发展看作是事物内部的必然的自己的运动，而每一事物的运动都和它周围的其他事物互相联系着、互相影响着。事物发展的根本原因，不是在事物的外部而是在事物的内部，在于事物内部的矛盾性。

1957年1月27日，毛泽东在省市自治区党委书记会议上的讲话中讲道："要照辩证法办事。这是邓小平同志讲的。我看，全党都要学习辩证法，提倡照辩证法办事。"[14]唯物论、辩证法、认识论、历史观，是马克思主义哲学的基本组成部分，辩证法是其中的重要内容。"照辩证法办事"，就是要求我们提高辩证思维能力，运用辩证法认识问题、分析问题和解决问题。毛泽东在领导中国革命和建设的实践中创造性地丰富和发展了辩证法，并实际地运用辩证法矛盾分析方法认识事物、推动事物发展。他提出了"矛盾论""两分法""抓重点""全面地看问题""抓主要矛盾和矛盾的主要方面""分清一个指头和十个指头""分清主流和支流""抓两头带中间""划清两种界限""反对两种倾向""两条腿走路""统筹兼顾"等辩证法的光辉思想，创造了许多灵活运用辩证法分析问题、指导实践并取得成功的鲜活范例。

在运用辩证思维、照辩证法办事方面，邓小平也为我们树立了创造性的典范。譬如，他提出：照顾各方面，照顾各阶段，（中国特色社会主义）分三步走发展战略；"一个中心,两个基本点",全面发展;波浪式前进,"几年上一个台阶";允许差别;认识平衡与不平衡的辩证关系;处理好先富后富的辩证关系;一般与个别相结合,中国具体国情是特殊,马克思主义普遍真理是一般,二者要结合;国有国情,省有省情;无论宏观还是微观,都要处理好一般与个别、共性与个性的关系;强调两点论和重点论、全面性和针对性,既反"左"又反右和抓主要倾向;"两手抓","两手都要硬";等等。

邓小平精于辩证法。他对辩证法的贡献不是在一般辩证法理论上,而是体现在领导活动、战略决策上,体现在对实际问题的处理上。譬如,关于两个文明建设、一国两制,大国与小国,全局与局部,大道理与小道理,和平与发展,共性与个性,主要矛盾与次要矛盾,民主与法制,制度与体制,先富与后富,计划与市场,主体与补充,国家、集体与个人,改革、稳定与发展等重大关系问题的论述与处置。辩证法强调战略观点。战略观点就是从长远、全局、根本出发,辩证地看问题。邓小平十分强调用战略观点分析问题。邓小平"立足中国大地而又面向世界,正视国情现实而又放眼未来"[15]。"着眼于长远,着眼于大局","顾全大局","一切从大局出发",这是邓小平哲学思想中观察问题的战略眼光,也是邓小平娴熟运用辩证法的具体体现。

江泽民、胡锦涛反复告诫全党要学习马克思主义,努力掌握辩证唯物主义和历史唯物主义,善于从政治的高度发现和解决问题,增加工作的原则性、系统性、预见性和创造性。江泽民指出:"马克思主义的科学世界观,是我们战胜一切敌人和一切艰难险阻的强大思想武器。坚持用马克思主义的科学世界观来指导我们的一切工作,始终是我们十分重要的任务。丢掉了这个强大的思想武器,我们的事业就不能取得成功,就会发生失误和挫折。进行辩证唯物主义和历史唯物主义的教育,要在全党和全国人民中始终不渝地坚持下去。"[16]他认为"具体情况具体分析、具体问题具体解决,这是马克思主义活的灵魂,是唯物辩证法的基本要求。党的思想政治工作也应坚持运用好这个活的灵魂和坚持贯彻好这个基本要求"[17]。"解放思想,实事求是,是建设有中国特色社会主义理论的精髓,是保证我们党永葆蓬勃生机的法宝。"[18]要求"领导干部,不论是干哪一行的,都应该学习马克思主义哲学,努力掌握唯物辩证法,做到既能审时度势,对不断变化的新情况作出准确判断和及时有效的处置,又能驾驭全局,根据事物发展的规律,把党的路线方针政策贯彻落实好,积极主动地做好工作"[19]。要用辩证唯物主义和历史唯物主义的世界观方法论去分析和解决问题,使思想适应发展变化的新形势。强调"理论创新,这是马克思主义唯物辩证法的根本要求。要使党和国家的发展不停顿,首先理论上不能停顿,否则,一切新的发展都谈不上"[20]。胡锦涛强调:"辩证唯物主义和历史唯物主义的世界观和方法论,是马克思主义最根本的理论特征。"[21]他要求全党"牢固树立辩证唯物主义和历史唯物主义世界观和方法论,真正做到学以立德、学以增智、学以创业"[22],善于运用马克思主义唯物辩证法的观点来分析和把握形势,认识问题,指导实践。

习近平善于运用辩证法分析复杂事物,全面把握事物变化及其关系,通晓辩证思维方式和辩证分析方法。他反复强调要增强战略思维、辩证思维、系统思维、创新思维和底线思维能力，要善于运用辩证法，正确地观察、分析事物，研究解决改革发展中的困难和问题，不断增强决策的科学性、前瞻性、主动性。对于学习实践科学发展观，他指出："要特别注意掌握蕴含其中的辩证方法"，"科学发展观是充分贯彻和体现马克思主义唯物辩证法的发展观。它所强调的发展，是正确处理局部与全局、数量与质量、速度与效益关系的又好又快发展，是正确处理人与人、人与社会、人与自然关系的协调发展，是正确处理城市与农村、发达地区与欠发达地区、国内发展与对外开放关系的统筹发展，是正确处理经济、政治、文化、社会以及生态等各方面关系的全面发展，是正确处理当前与长远、现在与未来关系的可持续发展"[23]。他灵活地运用辩证思维方式思考和处理改革开放问题，要求从纷繁复杂的事物表象中把准改革脉搏，把握全面深化改革的内在规律，指出全面深化改革是一项复杂的系统工程，应有总体设计和总体规划，包括总体方案、路线图、时间表以及战略目标、工作重点、优先顺序等。要加强顶层设计，增强改革措施的系统性、协调性，对经济体制、政治体制、文化体制、社会体制、生态文明体制的改革进行整体谋划，加强各领域改革的关联性、系统性、协同性研究，使改革举措具有可行性和可操作性，使各项改革举措在政策取向上相互配合，在实施过程中相互促进，在实际成效上相得益彰。

习近平娴熟地运用辩证法的"矛盾论"和"两点论"、"重点论"和"全面论"来观察和处理问题，要求把握全面深化改革的重大关系，处理好解放思想和实事求是的关系、整体推进和重点突破的关系、顶层设计和摸着石头过河的关系、胆子要大和步子要稳的关系以及改革发展稳定的关系。他关于既要以经济建设为中心，又要重视党的意识形态工作；既要坚定不移地抓好党的建设、反腐倡廉建设，又要坚定不移地、大胆地推进改革开放；既要在新的历史起点上全面深化改革，深化改革又必须要牢牢坚持正确方向，坚持和完善我国基本经济制度；既要重视市场资源配置的决定性作用，又要更好地发挥政府作用；既要统筹兼顾又要突出重点；既要立足当前又要放眼长远；既要把握国情又要了解世界；既要循序渐进又要竞相突破；既要胸怀全局又要抓好局部；既要治标也要治本；等等，为我们提供了成功运用辩证法的榜样。

唯物辩证法既是科学世界观，又是科学认识论和方法论。要学会辩证思维，善于运用辩证法认识事物、分析事物、说明事物、指导实践。照辩证法办事，就是掌握辩证思维方式，认识和把握事物发展的辩证规律。当然也不能把唯物辩证法原理变成僵化的公式，到处套用，那样就会使辩证法走向反面，甚至沦为诡辩论。

怎样才能真正做到照辩证法办事？

——**坚持观察的客观性，防止主观地看问题**。列宁在《哲学笔记》中把"考察的客观性"[24]作为辩证法的第一要素。毛泽东指出："研究问题，忌带主观性、片面性和表面性。"[25]所谓主观性，就是不知道客观地看问题。从本本出发，从已有的经验出发，而不是从客观存在着的实际出发，不能认识事物本身固有的客观性和特殊性。

——**坚持观察的全面性，防止孤立地看问题**。事物是普遍联系的,从客观实际出发,一定要坚持全面地、普遍联系地看问题。所谓孤立性,也就是把一事物与他事物割裂出来,单独地、毫无关联地观察该事物,不知道全面地、联系地看问题,只知其一,不知其二;只见局部,不见全体;只见树木,不见森林,不能从总体上把握客观实际。

——**坚持观察的深刻性,防止表面地看问题**。要善于透过现象看本质。所谓表面性,就是只看到事物的表层现象,看不到事物的实质,不去深入地研究客观事物的内在本质,不知道从本质上看问题,粗枝大叶地看到一点表面现象,就想动手去解决问题。

——**坚持观察的发展性,防止静止地看问题**。一切事物都是发展变化的,发展变化是绝对的,静止不变是相对的。要善于用发展的眼光看问题,把任何事物都看作一个发展过程。发展的眼光,也就是历史的眼光、过程的眼光,用发展的眼光看问题,也就是历史地看问题,把任何事情都看作一个过程,切忌把事物看成一成不变的、静止的。

——**坚持观察的重点性,防止片面地看问题**。分析问题要讲主要矛盾、矛盾的主要方面,要看重点、讲主流。包含多种矛盾的任何事物都有主要矛盾和次要矛盾,任何矛盾都有矛盾的主要方面和次要方面。抓重点、看主流是一种重要的思想方法和工作方法。人们经常用九个指头和一个指头或者多数指头和少数指头,来比喻全局和局部、一般和个别、主流和支流的关系,不能主次颠倒、本末倒置。尊重辩证法,就要通过对客观事实的科学分析来确定什么是重点和主流,不能靠主观臆断和想当然来确定重点和主流。如果脱离客观实际,离开辩证法,把九个指头和一个指头或者多数指头和少数指头的关系当成抽象的公式到处硬套，主观任意地认定全局和局部、主流和支流、主要和次要，就会犯错误。对于工作中的成绩和缺点，也要进行实事求是的分析，从中吸取经验、接受教训，不能把"成绩主要、缺点次要"这样的公式到处硬套。

二、世界是普遍联系的
——世界金融危机与全面的观点

　　由美国次贷危机所引发的世界性的全球金融危机，其严重程度、危害性均已超过1929—1933年的世界性经济危机，是第二次世界大战以来最为严重的一场危机，甚至有人认为是人类有史以来最触目惊心的一场危机，是21世纪以来最重大的世界性事件。这场危机阴霾重重，持续发酵，日渐深化，不断扩展，前景黯淡，引起了整个西方世界空前的大萧条、大衰落、大恐慌。此次危机源于美国次贷危机，继而促发美国金融崩盘，导致美国全国性的经济社会危机，再由美国危机连带引起欧洲危机至世界危机。这场危机自上而下，自虚拟经济而实体经济，自世界主要发达国家而发展中国家，自经济而政治乃至整个社会，已然演变成全球化形态的资本主义世界体系危机、资本主义全面制度危机。从美国房地产泡沫破裂和雷曼兄弟投资银行百年老店倒闭的次贷危机到欧洲主权债务危机，到早已长期处于低迷困境的日本经济，到美国政府"财政悬崖""政府停摆"，直至演变成全球性全面危机；从"占领华尔街"运动到席卷欧洲乃至全球的民众抗议运动，真乃是"美国闯祸，全世界遭殃""美国人花钱，全世界老百姓买单"……就像多米诺骨牌，一骨倒覆，引发全盘崩溃。对于这场危机产生的原因与本质，全球的思想家、理论家、政治家纷纷站在不同的立场和角度加以剖析、说明和解读。然而，从辩证法的角度来看，却表明了资本主义创造了市场经济和世界市场体系，通过市场这只看不见的手，把世界相关领域、相关方面千丝万缕地联系在一起了。它由资本主义不可克服的内在矛盾激化所致，一荣俱荣，一损俱损，充分说明世界是普遍联系的。

无独有偶。中国民间流传着一个笑话，说的是一个人很"独"，总幻想世界上的人全部死光，只剩他一人，这样就可以享尽人间富贵。可是一觉醒来，他发现还要留一个卖烧饼的。第二天醒来，他又想到还要有种麦子的、磨面的……想来想去，他才搞明白，世界上缺了哪个具体的人都可以，但就是不能只有一个人。这个笑话告诉我们，人是社会动物，离开了与他人的社会联系，任何人都是无法生存的。人类社会是谁也离不开谁的，人类社会是普遍联系的世界。

事物之间的普遍联系是不以人的意志为转移的辩证法第一原则，普遍联系的观点是辩证法的重要观点。

物质世界是普遍联系的统一整体。世界上的一切事物、一切现象都具有普遍联系的特征，没有哪一个事物、哪一个现象是孤立存在的。辩证唯物主义肯定世界的物质统一性，坚持唯物主义一元论，同肯定世界的普遍联系，坚持全面的观点，反对孤立的、片面的观点是一致的。

我们说事物是普遍联系的，也就是说事物之间是互相依存、互相制约、互相作用的。宇宙中任一事物，都是同其周围事物相互联系的，没有任何一个事物可以脱离他事物而单独存在；事物内部各个要素（部分）之间也总是互相依赖、互相作用的。在自然界中，从巨大的星系到微观粒子，从无机界到有机界，从植物界到动物界，无不处于有机联系之中。人类社会亦是如此，脱离社会联系的孤立的个人是不存在的。这正如恩格斯所说："当我们通过思维来考察自然界或人类历史或我们自己的精神活动的时候，首先呈现在我们眼前的，是一幅由种种联系和相互作用无穷无尽地交织起来的画面。"[26]

自然科学和社会科学的新发展为唯物辩证法的普遍联系的观点不断提供新的证据，证实和丰富了唯物辩证法关于普遍联系的原理。19世纪以来，物理学、天文学、地质学、生物学和化学等一系列自然科学的新发展，特别是三大发现——细胞学说、能量守恒和转化定律以及达尔文进化论，使人们对自然过程普遍联系的认识有了飞跃的进展，为普遍联系的哲学观点奠定了自然科学基础。20世纪以来，自然科学的新成就推动人们对世界的普遍联系有了更具体、更深刻、更精确的认识：相对论深刻揭示了物质、运动、时间、空间、质量、能量之间的有机关系；量子力学说明了物体由粒子构成一个不可分割的、相互联系的整体；现代物理学揭示了原子、原子核内部微观粒子互相联系和互相作用的结构；分子生物学发现了所有生物的遗传物质都有着共同的分子结构和基本相同的遗传机制，比之前的细胞学说更加深刻地揭示了生物界的内在联系；现代科学认为信息过程就是物质世界普遍联系、相互作用的一个方面；人类社会全球化进程也再次证明了普遍联系观点的正确性。随着市场化、社会化、国际化、信息化、城市化的发展，当今世界已进入全球化时代，不但使每个国家、每个国家的每个地区、每个国家的每个企业和经济部门都形成了一个互相联系、互相依存、谁也离不开谁的整体，还形成了全球化的市场经济。这些都深刻全面地揭示了世界的普遍联系性。

——**肯定事物的普遍联系，并不否定事物的相对独立性**。什么是独立性？就是指每一个具体事物都因同其他事物有质的不同而互相区别，有自己独特的存在、发展的历史。否认事物的普遍联系性是片面的，否认事物的独立性也是片面的。然而，独立性是相对的，联系性是绝对的，任一事物的独立性只是整体联系中的一个环节、一个局部。形而上学片面夸大事物的独立性，使之绝对化，把事物及其过程从世界的总体联系中割裂开来，当作彼此隔绝、毫不相干、孤立自在的东西。"鸡犬之声相闻，民至老死不相往来。"[27]这种小国寡民的观念，否认事物的普遍联系。"只见树木，不见森林"，"闭关锁国"，"关起门来搞建设"等，就是形而上学的孤立的思维方式。我国的对外开放政策，就是以普遍联系的哲学观点为依据的。

——**世界是普遍联系的，联系具有普遍性和客观性，但事物之间的联系及其形式又是多种多样的**。外部联系和内部联系、本质联系和非本质联系、必然联系和偶然联系、主要联系和次要联系、直接联系和间接联系……这些联系对事物的存在和发展所起的作用是不同的。内部的、本质的、必然的和主要的联系决定事物的基本性质及其发展的基本走向和趋势，而外部的、非本质的、偶然的和次要的联系则只能加速或延缓事物的发展，影响和干扰事物变化的基本走向和趋势。

物质世界联系的普遍性、客观性和多样性决定了任何事物都受具体的历史条件的限制和制约。

什么是条件？条件就是影响、制约、决定一事物存在和发展的一切因素，包括该事物同与它相关的事物之间的全部关系的总和。条件分事物的外部条件和内部条件。这里就产生了外因论与内因论、决定论与非决定论的区别。

——**辩证法是内因与外因的辩证统一论**。毛泽东在《矛盾论》中讲到外因是变化的条件、内因是变化的根据、外因通过内因而起作用的道理时，形象地比喻鸡蛋因得适当的温度而变成鸡子，但温度不能使石头变成鸡子，把外因与内因的辩证关系讲透了。内因是变化的根据，但否定外因的作用也是不可以的。任何事物都不能离开其外部联系即存在条件，尽管外部条件不是事物变化的最根本因素，但没有了外部条件，事物的变化也是不可能的。没有适当的温度，鸡蛋也不能变成鸡子。

任何事物都不能离开其存在的条件而存在和发展，这就是条件决定论。我们思考问题、做事情要充分估计到条件的作用，具体地分析外部条件和内部条件、客观条件和主观条件、有利条件和不利条件。不顾条件的许可，离开条件想问题，只能是空想、瞎想，不顾条件办事情，就会成为乱撞乱碰的鲁莽家。当然，条件也是可以改变的，经过人们的努力，可以变不利条件为有利条件，或者创造出需要的新条件。借口条件不具备而不去努力无所作为，做条件的奴才，也是不对的。当然，人们不能为所欲为地去改变或创造条件，须知有些条件是可以改变、可以创造的，有些条件是无法改变或创造的，或在一定时间内是无法改变或创造的。

——辩证法坚持决定论，反对非决定论。决定论和非决定论是事物普遍联系问题上的两种根本对立的观点。承认事物联系的客观性、普遍性，认为人们的行动受事物固有联系的条件制约，只有遵循事物本身固有的必然联系、遵循事物本身固有的规律进行活动，才能达到预期结果，这就是决定论。相反，否认事物普遍联系的客观性和普遍性，离开事物固有联系、固有规律的前提，认为人可以为所欲为、随心所欲，这在哲学上就是非决定论。

——辩证法所讲的决定论是辩证决定论，而不是机械决定论。辩证决定论既坚持事物联系的客观性、普遍性以及事物联系对人的行动的制约和影响，同时又承认事物联系形式的多样性和人的行为的自觉能动性。它认为不能仅仅把事物多种多样的联系形式归结为单一的、机械的、不变的唯一外部的联系形式，排斥内因的作用，排斥偶然性的存在，排斥人的主观努力。机械决定论很容易走向宿命论，即认为世界上一切事物都是命中注定的，是不可抗拒、不可改变的。坚持辩证唯物主义决定论，不但要反对非决定论，还要克服机械决定论的缺陷，既注意事物联系形式的多样性，又充分发挥自觉能动性。只有这样，才能正确地认识和改造世界。

事物是普遍联系的，这就要求人们从普遍联系的观点出发看问题，也就是坚持认识的全面性，反对认识的孤立性，防止思想上的片面性。

用全面的观点认识事物、分析事物、把握事物，照普遍联系的客观辩证法办事，就不会犯低级的错误。在坚持辩证法、肯定事物的普遍联系的同时，也要反对折中主义。列宁说过："辩证法要求从相互关系的具体的发展中来全面地估计这种关系，而不是东抽一点，西抽一点。"[28]折中主义把事物的一切联系和关系等同看待，不分内外，不分主次，不分本质与非本质，把事物没有内在联系的某些方面拼凑起来，这种做法貌似全面，实际上是用非本质的、次要的联系来掩盖本质的、主要的联系，从而模糊事物的本质的本来面貌。折中主义是反辩证法的形而上学的一种表现。

三、一切事物都是运动、变化和发展的
——赫拉克利特"一切皆流"说与发展的观点

大约在公元前7世纪至公元前6世纪，古希腊已由原始的公有制转变为人类历史上第一个私有制即奴隶制社会。古希腊的奴隶制国家是以城邦政治形式出现的。公元前8世纪至公元前6世纪，在地中海沿岸出现了许多重要的希腊城邦。在希腊本土东边即小亚细亚沿海一带有一个爱菲斯城，产生了一名唯物主义哲学家——赫拉克利特（Heraclitus，前530—前470年），列宁称他是"辩证法的奠基人之一"[29]。赫拉克利特提出了关于对立面的和谐与斗争的学说，还提出了"一切皆流"的观点，即一切都处于永恒的运动、不断的变化和持续的发展之中，绝对静止的东西是不存在的。他认为："我们踏进又没有踏进同一条河流，我们存在又不存在"。当然，赫拉克利特并没有因此而陷入相对主义，他也看到了运动与静止的对立统一关系。孔子讲："子在川上曰：'逝者如斯夫。'"[30]孔子（前551—前479年）揭示了事物一切皆过去，就如同流水一般，讲的也是万事万物处于变化之中。

世界不是僵死不变的，宇宙间的一切事物都处于永恒的产生和消亡之中，处于永无休止的运动、变化和发展之中。发展的观点是辩证法的又一个基本原则。

发展的观点包括关于事物运动、变化和发展的看法。

——运动，是物质世界万事万物的普遍存在方式，物质世界万事万物的运动是一般的、普遍的。一切事物都是运动的，运动是绝对的，静止是相对的。宇宙间发生的机械运动、物理现象、化学变化、生命过程、社会发展以至思维活动等一切变化发展的过程，无一不是物质运动的表现形式，没有不运动的物质，也没有物质是不运动的。

——变化，是物质运动的量的增减或质的变动。物质在运动过程中的转化造成了物质运动的千姿百态，也造成了物质运动的多种多样。当然，变化可以是上升的、前进的运动，也可以是下降的、倒退的运动。

——发展，是事物的一种运动状态，但又不是事物的一般的运动状态，而是特指事物向前的、向上的、由低级向高级进步的、不断推陈出新的运动；是量变到质变的进展，是旧事物的衰亡和新事物的产生的过程，是波浪式的前进和螺旋式的上升，是由低级形态向高级形态的前进、上升运动。离开了唯物辩证法的发展观，就会陷进主观主义、形而上学的误区。

我们党所提倡的科学发展观从本质上说是一种辩证的发展观，是建立在唯物辩证法发展观的哲学基础之上的，是马克思主义关于发展的世界观方法论的集中体现。

全面的、协调的、可持续的发展，就是事物发展的辩证运动过程。事物发展如此，社会发展也如此。在经济社会发展问题上，存在一种轻视经济社会和人的全面、协调、可持续发展的倾向，这是一种片面的发展观念。在片面发展观念指导下的发展，是不平衡、不协调、不可持续的畸形发展。推进社会发展就要推进经济社会全面、协调、可持续地辩证发展。

——**辩证的发展就是经济社会对立统一的发展**。发展就是事物内部矛盾不断产生、发展和解决的过程，辩证的发展就是经济社会对立统一的发展过程。运用辩证法，统筹经济社会发展，就一定要认识到社会是在经济、政治、文化的矛盾运动中，在生产力与生产关系、经济基础与上层建筑的矛盾运动中，在各类社会矛盾的运动中发展的。斯大林（1879—1953年）在领导苏联社会主义建设和发展过程中既取得了不小成就又存在严重失误，一个重要教训就是没有全面、准确地认识和处理苏联社会主义经济社会发展中的一系列矛盾，在经济社会发展上曾追求片面的发展，致使苏联经济社会发展极端不协调，矛盾逐步积累、恶化，直至激化。社会健康发展的过程就是正确认识这些矛盾并加以解决的过程。一定要高度重视和认识我国经济社会生活中存在的矛盾，发现矛盾，准确判断矛盾，运用适当的办法解决矛盾，在解决矛盾的过程中推进科学发展。

——**辩证的发展就是经济社会全面的发展**。任何事物的发展都是一个系统的过程，系统的有机组成要素在发展中相互联系、相互制约、相互作用，构成了系统的整体发展。辩证的发展应当是全面的、保持内在各要素相对平衡的发展，而不是片面的、畸形的、单一要素突进的发展。社会发展是一个系统工程，必须全面兼顾社会发展系统的各个组成要素，不能搞单打一，不能存在发展短板，要坚持经济、政治、文化各构成要素全面发展，推动社会整体进步。

——**辩证的发展就是经济社会协调的发展**。一事物不是孤立存在的，而是在与他事物的普遍联系中存在的，一事物离开与他事物的联系，就谈不上存在，更谈不上发展。普遍联系，实质上就是讲，事物的发展必然是兼顾的、对称的，照顾他方的发展，否则就是畸形的发展，甚至是停顿和倒退。辩证发展是讲协调的，单纯的经济增长不会自动保证社会公正、公平、和谐、稳定等社会协调发展的综合目标的实现。只要经济增长，忽视统筹其他因素的发展，最终还是会拖住经济发展的后腿，这已被世界上许多国家发展的历程所证明。

——**辩证的发展就是经济社会可持续的发展**。任何一事物的发展，包括社会发展，一定要有发展的潜力和后劲，要有可持续的发展能力，辩证发展又是可持续的发展。从世界各国发展的历史和现实来看，保持可持续的发展必须注重三种资源的可持续性：一是物的资源。自然、环境等物的资源，能否支持经济社会的可持续发展，是必须考虑的发展战略问题。二是人文资源。人才资源是第一资源，知识、信息、思想、道德、文化等人文资源也是不可或缺的同物的资源同等重要的资源。如果对教育科技文化卫生等投入不足，对精神文明建设不重视，人才资源、信息资源、文化资源、道德资源、思想资源、知识资源也会面临枯竭和耗尽。人文资源的缺乏比物的资源缺乏更为可怕。在世界发展史上，很多物的资源匮乏的小国，靠人文资源发展很快。三是政治资源。良好的民主政治、健全的法律体系、稳定的政治格局、坚强的领导核心，这些都是支持可持续发展的必不可少的政治资源。任何一个政治动荡、秩序紊乱、政治文明不发达的国家都是无法正常持续发展的。轻视物的资源不行，轻视人文资源、政治资源也不行。

辩证法承认事物是运动、变化和发展的，而形而上学是否认事物运动、变化和发展的，它只看到一个事物的存在而看不到它们的产生和消亡，只看到它们的静止而看不到它们的运动，把一切都当作永恒不变的东西，这是不符合客观存在的辩证法规律的。认识事物，就要认识事物的辩证发展规律；促进事物发展，就要把握事物的辩证发展规律，照辩证发展规律来办事。

客观事物是永恒运动、不断变化、持续发展的，这就要求我们必须用发展的眼光看问题，反对用静止的眼光看问题，防止思想僵化，要不断地解放思想、创新观念。

在推进我国社会主义现代化的进程中，新东西层出不穷，人们必须不断地使认识跟上变化了的客观情况，以适应我国社会主义现代化建设的需要。如果满足于老经验，固守老框框，就会耽误事业发展。

四、事物往往是作为系统而存在、变化的
——都江堰、阿波罗登月与系统的观点

20世纪70年代以来，一股系统研究的热潮在全世界蓬勃兴起，至今仍然势头不减。一时间，一系列冠以"系统"名称的新术语，如系统理论、系统科学、系统工程、系统分析、系统思想、系统观点等不胫而走，渗透到科学研究和人

类实践的各个领域。

都江堰是中国公元前 256 年在岷江修筑的著名水利工程，阿波罗登月是 1969 年美国第一次把人类送上月球的科学伟业。两件事，一个地上，一个天上；一个在古代，一个在现代；一个在中国，一个在外国，但是这两个天地分隔、远越古今、跨越中外的事件，却常常被人们作为系统思想的案例相提并论，津津乐道。

让我们先从都江堰说起。公元前 256 年秦昭襄王在位期间，蜀郡郡守李冰（前 302—前 235 年）率领蜀地各族人民创建了都江堰这项千古不朽的水利工程。都江堰主要由鱼嘴、飞沙堰、宝瓶口三大主体工程与一百二十多项系列辅助工程构成。"鱼嘴"是都江堰的分水工程，因其形如鱼嘴而得名，它昂头于岷江江心，把岷江分成内外二江。西边叫外江，是岷江正流，主要用于排洪；东边沿山脚的叫内江，是人工引水渠道，主要用于灌溉。飞沙堰的作用主要是泄洪排沙，当内江的水量超过宝瓶口流量上限时，多余的水便从飞沙堰自行溢出；如遇特大洪水的非常情况，它还会自行溃堤，让大量江水回归岷江正流。飞沙堰的另一作用是"飞沙"，岷江从万山丛中急驰而来，挟着大量泥沙、石块，如果让它们顺内江而下，就会淤塞宝瓶口和灌区。宝瓶口是前山（今名灌口山、玉垒山）伸向岷江的长脊上人工开凿的一个口子，是控制内江进水的咽喉，起着"节制闸"的作用，能自动控制内江的进水量，而且由于它的束水作用会形成涡流，岷江携带的泥沙就会通过飞沙堰而排泄掉，因它形似瓶口而功能奇特，故名宝瓶口。鱼嘴、飞沙堰、宝瓶口三者巧妙结合，相互制约，协调运行，引水灌田，分洪减灾，具有"分四六,平潦旱"的神奇功效,科学地解决了江水自动分流、自动排沙、控制进水流量等问题,消除了水患,使川西平原成为"水旱从人"的"天府之国"。

都江堰是全世界迄今为止年代最久、唯一留存、以无坝引水为特征的宏大水利工程。其至今之所以仍能使中外专家、学者和游人无不拍手叫绝,最重要的就是它生动体现了系统各个组成部分之间结构独特、相互配合、相互制约、协调运行的系统思想。著名科学家钱学森(1911—2009年)曾多次以都江堰为例,说明早在中国古代就产生了系统思想,并指出人类在知道系统思想、系统工程之前,就已经在进行辩证思维了。这正如恩格斯所说:"人们远在知道什么是辩证法以前,就已经辩证地思考了。"[31]

阿波罗计划(Apollo Project),又称阿波罗工程,是美国从1961年到1972年从事的一系列载人登月飞行任务。第二次世界大战结束后,处于冷战中的美国和苏联开始了刀光剑影的太空争霸战,美国和苏联都相信,谁有能力先将卫星和人类送入太空,谁就是超级大国的象征。1961年4月12日,苏联宇航员加加林(Gagarin,1934—1968年)乘坐"东方1号"宇宙飞船环绕地球飞行一圈,成为人类历史上首位进入太空的人。这件事使美国深受震撼,深感在太空竞赛中落后于苏联,于是加快了与苏联在太空技术中竞争的步伐。1961年5月25日,美国总统肯尼迪(Kennedy,1917—1963年)在国会上向世界宣布:"美国将在十年之内致力于将人送上月球,并将其安全送返地球。"自此美国开始实施雄心勃勃的载人登月工程,即阿波罗计划。1969年7月20日,美国航天员阿姆斯特朗(Armstrong,1930—2012

年)、奥尔德林（Aldrin，1930年— ）和科林斯（Collins，1930年— ）驾驶阿波罗11号飞船，成功登陆月球。地球上的十几亿人通过电视实况转播，目睹了阿姆斯特朗缓缓走下飞船，成为世界上第一个踏足月球的人。此后，从1969年到1972年，美国又先后把12名航天员送上了月球。阿波罗登月计划实施历时约11年，耗资255亿美元，使用的零部件高达700多万个，参加此项工程的有2万家企业、200多所大学和80多个科研机构，总人数超过30万人。对于这样一个内容庞杂、规模巨大、成本昂贵、科技先进的项目，如何合理设计、组织安排，如何最经济、最有效地如期实现预定目标，成为传统科学方法所无法胜任的艰巨课题。而美国系统开发公司通过运用系统思想方法和系统工程，为阿波罗登月进行了有效的系统设计，为解决这一复杂大系统问题提供了根本保证。

阿波罗计划成为世界航天史上具有划时代意义的一项成就，而为阿波罗工程的组织实施和圆满成功提供保障的系统工程也从此名声大噪，随之世界上出现了系统思想研究的热潮。

这样，人们把都江堰称为中国古代一项杰出的系统工程，把阿波罗登月称为当代一项伟大的系统工程。系统工程方法作为设计新系统的科学方法，通过对系统各个组成部分的分析综合，研究它们之间的相互关系，研究各个局部对系统整体的影响，规划和设计大系统，使整个工程达到综合平衡、性能良好、功能优化、协调运行。系统工程的精髓就是对系统思想的运用。也正是由于这样的原因，都江堰工程与阿波罗登月计划成为人们在谈论系统思想时常常提起的两个经典案例。人们发现，系统思想这一体现着辩证法智慧的方法，既源远流长，又新颖时尚。

事物往往是作为系统而存在变化的，无论自然界还是人类社会，都是如此。系统思想不过是人们对于作为系统而存在、变化的事物的客观辩证法的正确反映。

物质世界是普遍联系的，一事物不仅同它周围的事物互相联系、互相作用着，而且其自身内部各种要素、部分也总是处于互相联系、互相作用之中，从而构成一个统一的整体，即系统。在普遍联系的物质世界中，一切事物都是作为系统而存在、发展、变化的。从基本粒子到巨大的宇宙体，都是系统；从生物的分子、细胞、生物体、生物群、生物圈到生态体系，都是系统；从社会的家庭、企业、群体、利益集团、阶层、阶级到国家，都是系统；从生产力与生产关系、经济基础到上层建筑，也都是系统。

系统思想是一种体现现代科学思想的辩证思维方式。系统思想在中国得到广泛传播和为人们所熟知，得益于世界著名科学家、中国"航天之父"钱学森的大力倡导。钱学森以提倡系统工程、系统思想和创立复杂巨系统理论而著称于世。钱学森为什么要大力倡导系统思想呢？他认为，"马克思主义哲学是智慧的源泉"，"辩证唯物主义体现的物质世界普遍联系及其整体性的思想，也就是系统思想"[32]。自然界、人类社会都是作为系统而存在的，复杂系统几乎无所不在，而系统思想则为人类认识和解决复杂系统问题提供了锐利的认识工具。

系统思想是唯物辩证法的基本思想。

系统思想在当代的兴起虽然与系统科学紧密相关，但与哲学却有着源远流长的不解之缘。早在古希腊时期，德谟克利特（Democritus，前460—前370年）就著有《宇宙大系统》一书。被马克思称为伟大思想家的哲学家亚里士多德（Aristotle，前384—前322年）提出了"整体不等于部分的总和"的著名命题，这一命题至今仍被看作关于系统理论基本原则的体现。在中国战国时期产生的五行说认为，宇宙万物及各种自然现象都由金、木、水、火、土五种要素相生相克的运动变化所构成，体现了一种原始的系统观念。唯物辩证法中有着更为丰富的系统思想。在创立唯物辩证法的过程中，马克思和恩格斯不仅大量地使用了"系统"概念，而且已经把系统思想作为认识和研究自然界和人类社会的重要思想方法。

马克思、恩格斯在他们的著作中明确提出和多次使用过"系统""有机系统"等概念。马克思在分析社会经济现象时就曾指出："这种有机体制本身作为一个总体有自己的各种前提，而它向总体的发展过程就在于：使社会的一切要素从属于自己，或者把自己还缺乏的器官从社会中创造出来。有机体制在历史上就是这样生成为总体的，生成为这种总体是它的过程即它的发展的一个要素。"[33]这一论述不仅在严格意义上使用了"系统"概念，而且对系统与要素的关系、系统的整体性、系统的演化和自组织问题，都作出了生动阐述和说明。

恩格斯也大量使用过系统概念。例如，他在谈到物质能量守恒定律、细胞学说和达尔文进化论揭示了自然界的普遍联系时就指出："由于这三大发现和自然科学的其他巨大进步，我们现在不仅能够指出自然界中各个领域内的过程之间的联系，而且总的说来也能指出各个领域之间的联系了，这样，我们就能够依靠经验自然科学本身所提供的事实，以近乎系统的形式描绘出一幅自然界联系的清晰图画。"[34]

马克思、恩格斯在对人类社会和自然界的研究中，大量运用了系统思想的方法。在《资本论》中，马克思为了从整体上达到对资本主义社会系统的认识，以分析与综合的辩证结合为手段，剖析了资本主义社会系统的内部结构，以清晰的理论形式再现了资本主义社会系统这一整体，从而树立了以系统思想认识复杂客体的典范。恩格斯在《自然辩证法》一书中的许多论述也涉及对系统的整体性、结构性、层次性的阐发和运用。系统思想成了他们唯物辩证法方法论的重要组成部分。列宁曾经指出：马克思和恩格斯称之为辩证方法的科学方法，"把社会看做处在不断发展中的活的机体（而不是机械地结合起来因而可以把各种社会要素随便配搭起来的一种什么东西），要研究这个机体，就必须客观地分析组成该社会形态的生产关系，研究该社会形态的活动规律和发展规律"[35]。列宁这里对马克思、恩格斯辩证方法的科学说明，正是唯物辩证法系统思想的生动体现！

正是由于马克思、恩格斯对系统思想方法的这种重要贡献，很多现代系统理论的研究者都认为马克思是系统方法的创始人。一般系统论的创始人贝塔朗菲（Bertalanffy，1901—1972年）就曾指出：马克思是为系统理论作出贡献的先驱之一[36]；美国学者麦奎里（McQuarrie，1937—2009年）等人认为，马克思的"理论工作的主要部分都可以看作是富有成果的现代系统方法研究的先声"[37]；波兰学者把马克思称为"社会科学中现代系统方法的始祖"[38]。钱学森也指出:"局部与全部的辩证统一,事物内部矛盾的发展与演变等,本来就是辩证唯物主义的常理;而这就是'系统'概念的精髓。"[39]

系统思想是对现代系统科学的最新思维成果的哲学新概括。

钱学森在对一般系统论、控制论、信息论、系统工程、信息技术、自动化技术、耗散结构理论、协同学、超循环理论、混沌理论等现代新学科进行综合考察研究的基础上认定:"应该回到系统这一根本概念"[40],"系统的思想要建立起一个完整的科学体系"[41]。钱学森提出,从系统科学通向哲学有一个由此达彼、沟通双方的桥梁,这就是系统观。钱学森把系统观与马克思主义经典作家的系统思想结合起来,实现唯物辩证法和当代科学思维成果的结合,进一步丰富和充实了马克思主义哲学系统观。

五、事物总是作为过程而存在、发展的
——曹操《龟虽寿》与过程的观点

近年来,围绕着曹操墓的发掘,在考古界引发了一场真假曹操墓的争论,这场热议把曹操(155—220 年)这个历史人物再次炒热。曹操虽然死了一千七百多年了,但曹操的确是家喻户晓的历史名人。他不仅是《三国志》史书中、《三国演义》章回小说中以及戏剧、电视剧、电影、连环画、卡通片中栩栩如生的人物,更是中国历史上值得历史学家反复追记且争论不休的历史人物。在戏剧中,曹操被程式

化地设计为"白脸"奸雄;在历代文字记载中,他又被描绘为反叛窃国的奸佞小人。然而历史事实并非如此。毛泽东、郭沫若都曾为曹操翻过案,以还曹操本来的历史面貌。

在历史上,曹操不仅是东汉著名的军事家、政治家,也是著名的诗人。他的乐府诗《龟虽寿》震撼文坛,流传至今:"神龟虽寿,犹有竟时。螣蛇乘雾,终为土灰。老骥伏枥,志在千里;烈士暮年,壮心不已。盈缩之期,不但在天;养怡之福,可得永年。幸甚至哉,歌以咏志。"该诗富于哲理,笔调兴会淋漓,有一种真挚而浓烈的感情力量,阐发了诗人的人生态度。写这首诗时,曹操刚击败袁绍父子,平定北方乌桓,踌躇满志,乐观自信,充满建功立业的豪情壮志。更可贵的价值在于《龟虽寿》开辟了一个诗歌的新时代。汉武帝(前 156—前 87 年)罢黜百家,表彰《六经》,把汉代人的思想禁锢了三四百年,作为一世之雄而雅爱诗章的曹操,带头离经叛道,给文坛带来了自由活跃的空气。从哲学世界观的角度看,《龟虽寿》充满了哲理,展示了作者对事物运动变化发展的无限性和具体事物有始有终、有生有死发展的有限性的对立统一的认识。曹操通过这首诗认定一切事物的运动发展是无限的,而任何一个具体生命,再长寿也会死;而人将至死,还应保持一种向前奋斗的理想信念;表达了作者对生死的态度,展示了一种积极的人生观和生死观。

运动、变化和发展的一切事物都是作为过程而存在的。

毛泽东说:"事物(经济、政治、思想、文化、军事、党务等等)总是作为过程而向前发展的。……这应当是马克思主义者的普通常识。"[42] 过程,从广义上来说,是整个宇宙运动、变化和发展无限性的进程；从狭义上来说，又是具体事物运动、发展、变化的具体过程的有限性的进程。就事物运动的无限性来说，整个宇宙的运动、变化和发展是无始无终的，既无来者，又无去者；而就具体事物运动的有限性来说，宇宙间的一切具体的、个别的事物的运动、变化和发展却又是有始有终的，既有头又有尾。

从狭义上论述的过程，即具体事物的具体过程，就是事物发生、发展直至灭亡的历史。譬如，无边无际谓之宇，无始无终谓之宙，故称宇宙。整个宇宙是无边无界、无始无终的，而具体的宇宙体又是有边有界、有生有死的。宇宙间任一具体天体都有生有死，地球、月球、太阳乃至银河系等，都是这样。"宇宙大爆炸说"也只是假设所能观察到的宇宙，即某一部分宇宙、某一个具体的宇宙体的形成原因。从客观上讲，世界万物都遵循能量守恒定律，而具体到个体的永动机却是不可能的。世界上的任何个别生物体都有生有死，"神龟虽寿，犹有竟时"，再长寿的龟，也有死的时候，长生不老的生物体是根本不存在的。"生死在天，富贵有命"，虽然有宿命论之嫌，但从另一个方面告诉我们，有的人早死，有的人晚死，某个人早死晚死是有偶然因素作用的，或病死，或因偶然事故而死，或终老无疾而亡，但死却是必然的。人是必然要死的，一切事物的具体存在都是一个有始有终、有边有界的过程。"中国人把结婚叫红喜事，死人叫白喜事，合起来叫红白喜事，我看很有道理。中国人民是懂得辩证法的。结婚可以生小孩，母体分裂出孩子来，是个突变，是个喜事。至于死，老百姓也叫喜事。一方面开追悼会，哭鼻子，要送葬，人之常情；另一方面是喜事，也确实是喜事。你们设想，如果孔夫子还在，也在怀仁堂开会，他二千多岁了，就很不妙。"[43]毛泽东说："一切事物总是有'边'的。事物的发展是一个阶段接着一个阶段不断地进行的，每一个阶段也是有'边'的。"[44]任何一个具体事物都有一个发生、发展、灭亡的辩证过程。

整个变化的世界就是由无数的变化过程所构成的，整个世界的运动、变化、发展是普遍的、永恒的、无始无终的，而具体事物的运动、变化和发展却又是有头有尾、有始有终、有前有后、有生有死的一个过程。

辩证法大师黑格尔讲："凡是合乎理性的东西都是现实的，凡是现实的东西都是合乎理性的。"[45]他告诉我们，任何历史的具体的东西都因具体历史条件而有其存在的必然理由，也就是说，凡是现实存在的东西都有其合理存在的条件。所谓合理，就是合乎必然规律、合乎存在之条件。而一切现实存在的东西都会丧失其存在的条件，从而走向消亡，这就是其不存在的必然理由。资本主义社会作为人类历史上的一个发展阶段，有其产生、发展、兴盛的必然性，然而它也必然会因丧失其存在的必然条件而走向灭亡。社会主义社会也如此。我国现在正处于社会主义初级阶段，经过相当长的历史过程，社会主义要由初级阶段走向中级阶段，乃至高级阶段，最后也必然会被更高级的社会形态所代替。如果用发展的观点看社会主义必然胜利和资本主义必然灭亡，就应当是不言自明的道理了。

总之，历史存在的东西对其当时的存在条件来说，都有其存在的理由，都要经过或长或短的过程，在这个过程中都有其相对稳定性，但随着其存在条件的改变，该具体事物的发展过程就会终结，该事物就会丧失其存在的必然性，一事物就会转化为他事物。凡历史上产生的东西一定要走向灭亡，而在其发生的过程中就已经包含了灭亡的因素。人类历史进程中的任何一个时代造就的大国都会有一个兴衰的历史。中国历史上曾经产生的显赫于世的王朝——大秦、强汉、盛唐、康雍乾盛世，都已然经过了落日的辉煌。昔日"日不落"帝国——英国现在已经沦为美国的"马仔"，不可一世的超级大国——美国也会逐步走向衰落，2008年爆发的国际金融危机预示了美国的衰退趋势是不可避免的。一个过程的结束，就意味着另一个过程的开始，意味着新事物的出现，如此生生灭灭，循环不已，以至无穷。"事物总是有始有终的，只有两个无限，时间和空间无限。无限是由有限构成的，各种东西都是逐步发展、逐步变动的。"[46]恩格斯指出，唯物辩证法认为"世界不是既成事物的集合体，而是过程的集合体"[47]。在唯物辩证法面前，"不存在任何最终的东西、绝对的东西、神圣的东西；它指出所有一切事物的暂时性；在它面前，除了生成和灭亡的不断过程、无止境地由低级上升到高级的不断过程，什么都不存在。它本身就是这个过程在思维着的头脑中的反映"[48]。

唯物辩证法关于事物即过程的观点，具有重大的世界观和方法论的意义，用过程的观点看问题，就是要历史地看问题，用具体的、历史的观点看问题。

要认识事物，就要了解事物发展的全过程，看它是怎样由生到死、由兴到衰、由低到高，了解其现状、弄清其历史、搞明白它的来龙去脉，科学认识其产生、变化、发展、存在、消亡的条件。只有这样，才能正确地认识事物、把握规律、顺应趋势，从而正确地指导现实。看事物如此，看一个人、一个党、一个阶级也是如此。历史的观点，其科学价值也正在于此。因而，要历史地看问题，正确地、科学地揭示历史规律，总结历史经验，以史为鉴，为现实而研究历史，而不是为历史而历史、为考古而考古。

结　语

学习辩证法，就要学会用辩证思维方式认识事物，其根本任务在于从万事万物复杂多变的现象和纷繁复杂的联系中找出其固有的辩证规律，认识事物的规律性，以此作为人们行动的向导，使人们能够照规律办事，有效地改造世界。人们运用辩证思维，认识和把握事物的规律，就可以在实践中预见事物的出现和未来发展趋势，就可以利用、改变和创造条件，发挥和限制规律的作用，使事物向好的方向发展，有目的地按照客观事物的本来面目、按照事物的发展趋势来改造世界。总之，就可以坚定理想、信念，就可以增强工作的预见性、超前性和创造性。譬如，对资本主义必然灭亡、社会主义必然胜利的必然规律的正确认识，就可以坚定人们的理想、信念。而认识了其发展规律，就可以按规律办事，做社会历史发展的促进派。当然，在中国特色社会主义建设的具体过程中，我们也要学会按规律办事，不要办违背规律、受规律惩罚的事。

注　释

〔1〕《史记·老子韩非列传》。

〔2〕刘禹锡:《乌衣巷》。

〔3〕《二程遗书·卷十一》。

〔4〕《道德经》第四十章。

〔5〕王夫之:《船山思问录·外篇》。

〔6〕《道德经》第五十八章。

〔7〕《道德经》第四十章。

〔8〕《列宁专题文集　论辩证唯物主义和历史唯物主义》,人民出版社2009年版,第137页。

〔9〕《马克思恩格斯文集》第9卷,人民出版社2009年版,第149页。

〔10〕《列宁全集》第55卷,人民出版社1990年版,第128页。

〔11〕宋玉:《风赋》。

〔12〕《马克思恩格斯文集》第9卷,人民出版社2009年版,第401页。

〔13〕《列宁专题文集　论辩证唯物主义和历史唯物主义》,人民出版社2009年版,第142页。

〔14〕《毛泽东文集》第七卷,人民出版社1999年版,第200页。

〔15〕《江泽民同志在学习〈邓小平文选〉第三卷报告会上的讲话》,《人民日报》1993年11月4日。

〔16〕江泽民给中共中央政治局、书记处和军委诸同志的批示(1995年5月8日)。

〔17〕江泽民在中央思想政治工作会议上的讲话(2000年6月28日)。

〔18〕《十四大以来重要文献选编》(上),人民出版社1996年版,第39—40页。

〔19〕江泽民在长春主持召开东北三省党的建设和"十五"期间经济、社会发展座谈会时的讲话(2000年8月27日)。

〔20〕江泽民:《论党的建设》,中央文献出版社2001年版,第536—537页。

〔21〕胡锦涛:《在"三个代表"重要思想理论研讨会上的讲话》,人民出版社2003年版,第6页。

〔22〕胡锦涛:《在庆祝中国共产党成立90周年大会上的讲话》,人民出版社2011年版,第12页。

〔23〕习近平:《深入学习中国特色社会主义理论体系　努力掌握马克思主

义立场观点方法》,《求是》2010 年第 7 期。

〔24〕《列宁专题文集 论辩证唯物主义和历史唯物主义》,人民出版社 2009 年版,第 139 页。

〔25〕《毛泽东选集》第一卷,人民出版社 1991 年版,第 312 页。

〔26〕《马克思恩格斯文集》第 9 卷,人民出版社 2009 年版,第 23 页。

〔27〕《道德经》第八十章。

〔28〕《列宁专题文集 论辩证唯物主义和历史唯物主义》,人民出版社 2009 年版,第 310 页。

〔29〕《列宁全集》第 55 卷,人民出版社 1990 年版,第 296 页。

〔30〕《论语·子罕》。

〔31〕《马克思恩格斯文集》第 9 卷,人民出版社 2009 年版,第 150 页。

〔32〕钱学森等:《论系统工程》(增订版),湖南科学技术出版社 1988 年版,第 77 页。

〔33〕《马克思恩格斯全集》第 30 卷,人民出版社 1995 年版,第 237 页。

〔34〕《马克思恩格斯全集》第 21 卷,人民出版社 1965 年版,第 339 页。

〔35〕《列宁专题文集 论辩证唯物主义和历史唯物主义》,人民出版社 2009 年版,第 185 页。

〔36〕参见庞元正、李建华《系统论、控制论、信息论经典文献选编》,求实出版社 1989 年版,第 134 页。

〔37〕《马克思和现代系统论》,《国外社会科学》1979 年第 6 期。

〔38〕《马克思和现代系统论》,《国外社会科学》1979 年第 6 期。

〔39〕上海交通大学编:《智慧的钥匙——钱学森论系统科学》,上海交通大学出版社 2005 年版,第 79 页。

〔40〕钱学森等:《论系统工程》,湖南科学技术出版社 1982 年版,第 186 页。

〔41〕钱学森等:《系统理论中的科学方法与哲学问题》,清华大学出版社 1984 年版,第 10 页。

〔42〕《毛泽东文集》第八卷,人民出版社 1999 年版,第 348 页。

〔43〕毛泽东:《在八大二次会议上的第三次讲话》(1958 年 5 月 20 日)。

〔44〕《毛泽东文集》第八卷,人民出版社 1999 年版,第 108 页。

〔45〕黑格尔:《法哲学原理》,商务印书馆 1961 年版,序言,第 11 页。

〔46〕《毛泽东文集》第七卷，人民出版社1999年版，第375页。
〔47〕《马克思恩格斯文集》第4卷，人民出版社2009年版，第298页。
〔48〕《马克思恩格斯文集》第4卷，人民出版社2009年版，第270页。

学会矛盾分析方法

——对立统一规律

矛盾存在于一切事物之中，贯穿于一切事物发展的任何过程、任何阶段，是一切事物发展的内在源泉。事物矛盾双方既统一又斗争，推动事物运动、变化和发展，这是事物生生不息、不断运动、变化和发展的根本内因。

矛盾始终贯穿一切事物的全过程，矛盾规律是宇宙间的普遍规律，矛盾是辩证法的实质和核心。矛盾观点是唯物辩证法的根本观点，矛盾分析是辩证法的根本方法，要学会用矛盾观点分析、认识和解决问题。

一、矛盾规律是事物存在和发展的根本法则

——《周易》和阴阳两极对立统一说

矛盾是辩证法的关键词。

说到矛盾概念，恐怕要从韩非说起。韩非（前281—前233年）是战国晚期韩国人（今河南新郑，新郑是郑韩故城），韩王室诸公子之一，是战国末期带有唯物主义色彩的哲学家，是法家思想的集大成者。《史记》记载，韩非精于

"刑名法术之学"，与秦相李斯（约前284—前208年）都是荀子的学生。韩非因为口吃而不擅言语，但文章出众，连李斯也自叹不如。他的著作很多，主要收集在《韩非子》一书中。

韩非的文章构思精巧，描写大胆，语言幽默，于平实中见奇妙，具有耐人寻味、警策世人的艺术效果。他的《孤愤》《五蠹》《说难》《说林》《从内储》五书，十万余言，字里行间，叹世事之艰、人生之难，阅尽天下，万千感怀，充满哲理。韩非善于运用大量浅显的寓言故事和丰富的历史知识作为论证资料，说明抽象的道理，形象化地体现他的哲学思想和对社会人生的深刻认识。他文章中的很多寓言，因其丰富的内涵、生动的故事，成为脍炙人口的成语典故，至今为人们广泛运用。《韩非子·难一》讲了一个"楚人有鬻盾与矛者"的故事，阐发了矛盾概念。故事大意是：有个卖盾和矛的楚国人，夸他的盾说："我的盾坚固无比，任何锋利的东西都穿不透它。"又夸耀自己的矛说："我的矛锋利极了，什么坚固的东西都能刺穿。"有人问他："用您的矛来刺您的盾，结果会怎么样呢？"刺不破的盾和什么都刺得破的矛构成逻辑矛盾，那人便答不上话来了。当然，韩非这里讲的矛盾，是违反形式逻辑所造成的逻辑矛盾，这同辩证法讲的矛盾不完全是一回事。但借意引申来看，以子之矛攻子之盾，这就是矛盾。

周文王（前1152—前1050年）是很早就用矛盾观点看世界的中国古代政治家。据记载，中国历史上曾发生过一则著名的"文王拘而演周易"的历史活剧。周文王，姓姬名昌，史称西伯，是商末周族领袖，深得人民拥戴。昏庸残暴的商纣王（前1105—前1046年）听信谗言，将姬昌囚禁于当时的国家监狱——羑里城（地处现在的河南省安阳市汤阴县境内）。纣王为了从精神上把姬昌彻底压垮，杀害了他的长子伯邑考，烹作肉羹强令姬昌喝下。姬昌胸怀灭商大志，忍辱负重，只得咽下这揪心裂肺的人肉汤，然后再含泪呕吐。整整七年时间，在两千多个日日夜夜里，文王用监狱地上长的蓍草作为工具，克服了难忍的侮辱和锥心的苦痛，以巨大的毅力和智慧，潜心将中国古代先人伏羲的先天八卦改造成后天八卦。他把世上千变万化纷纭、复杂的事物，抽象为阴阳两个对立统一的基本范畴，从自然界选取了天、地、雷、风、水、火、山、泽八种自然物，以阴阳两极对立统一的转化发展作为万物生成的根源，作为自然和人类社会形成的根本原因，从阴阳两极贯穿在八种自然物的对立统一转化生成中，推演出自然和人类社会的发展进程，从而将八卦演绎成六十四卦和三百八十四爻，探索形成了以矛盾观点为核心内容的阴阳八卦变化说，完成了《周易》这部被奉为"群经之首"的千古不朽的著作。

《周易》尽管有迷信、神秘的唯心主义形式和外壳，但对阴阳两极对立统一的中国古代矛盾思想却作了最早的、最明晰的阐述，提出阴阳两极、对立统一、刚柔相对、变在其中的朴素辩证法思想和矛盾观。阴阳两极矛盾观点的思维方式贯穿《周易》的始终，《周易》据此抽象出阴阳、乾坤、天地、男女等一对又一对充满矛盾的范畴，按照对立统一规律变化演绎出事物无穷无尽的发展，排列出符合自然和人类社会按矛盾规律进化的过程。

除了中国殷周时的《周易》认为万事万物都是由阴阳

两极矛盾转化而成的以外，中外历史上的许多思想家已经不同程度地观察到了自然界和社会生活中的各种各样的矛盾现象，并力图从哲学上概括这种规律。譬如，春秋墨子（前468—前376年）断定"物生有两"，老子认为"万物负阴而抱阳，冲气以为和"[1]。宋朝朱熹（1130—1200年）认为"凡物便有两端"。中国古代辩证法家很早以来就用"阴、阳""两端""两""对""和"等概念来说明矛盾现象。古希腊哲学家赫拉克利特认为，"互相排斥的东西结合在一起"，"自然是由联合对立物造成最初的和谐"。德国古典哲学家黑格尔说："既对立又统一，这就是矛盾。一切事物其本质自身中都具有矛盾。"

对立统一观点是对立统一普遍规律的高度抽象，是唯物辩证法的实质和核心。

马克思主义哲学继承了辩证法思想的优秀传统，把普遍存在的矛盾现象概括为对立统一规律。唯物辩证法认为自然、社会和人类思维有三大规律，即质量互变规律、否定之否定规律和对立统一规律，对立统一规律是其中最根本的规律。列宁认为，事物运动、变化和发展是"对立面的统一（统一物之分为两个互相排斥的对立面以及它们之间的相互关系）"[2]，这是辩证唯物主义关于对立统一规律的精辟概括。马克思主义关于对立统一规律的哲学概括从根本上揭示了事物的存在状态和发展规律，说明了事物发展的根本原因。

毛泽东把对立统一规律形象地称为矛盾规律，把唯物辩证法的对立统一观点，概括为矛盾观点。

毛泽东是论矛盾的大师。早在1937年，为克服党内存在的严重的教条主义思想,他撰写了《矛盾论》,系统阐述了事物的矛盾法则即唯物辩证法的最根本法则。新中国成立后,1956年4月25日至28日,在北京召开了中共中央政治局扩大会议,各省、市、自治区党委书记也参加了会议,这是新中国成立以来开得极为成功的一次重要会议。在会上,毛泽东作了一次极其重要的讲话,即后来《人民日报》12月26日公开发表的《论十大关系》。毛泽东在讲话中,以苏联的经验为鉴戒,总结了中国的经验,提出了调动一切积极因素为社会主义事业服务的基本方针,对适合中国情况的社会主义建设道路进行了初步探索。《论十大关系》是运用对立统一观点即矛盾观点分析认识中国社会主义建设规律的典型范例。毛泽东在讲话中以矛盾观点和矛盾分析方法为武器,实事求是地分析了中国社会主义建设的十大关系:重工业、轻工业和农业,沿海工业和内地工业,经济建设和国防建设,国家、生产单位和生产者个人,中央和地方,汉族和少数民族,党和非党,革命和反革命,是和非,中国和外国等。十大关系问题就是关乎中国社会主义建设全局的十大矛盾。他说:"这十种关系,都是矛盾。世界是由矛盾组成的。没有矛盾就没有世界。我们的任务,是要正确处理这些矛盾。"[3]世界是辩证的,矛盾是辩证法的核心,辩证法的核心观点是矛盾观点。认识世界,必须用辩证法认识世界;用辩证法认识世界,必须用矛盾观点分析世界。

所谓矛盾,就是指事物内部的对立面的统一,即事物内部包含着相互联结、相互依存、相互渗透、相互转化,又相互排斥、相互分离、相互否定、相互斗争的方面和倾向。矛盾概念形象地概括了万事万物的既对立又统一的、在对立统一中发展的最普遍的客观法则。矛盾观点是对立统一观点的马克思主义哲学中国化的通俗表述。

毛泽东谆谆教导我们要学会用矛盾观点分析问题、认识问题和解决问题。矛盾观点是观察世界、认识世界、改造世界的世界观、方法论，运用矛盾观点认识说明世界，就是世界观；运用矛盾观点分析改造世界，就是方法论。

二、矛盾的普遍性与特殊性是统一的
——具体地分析具体的矛盾

晏子（？—前500年），名婴，字仲，谥平，习惯上多称平仲，是春秋时齐国莱地夷维人（今山东省莱州市平里店镇）。春秋后期担任齐国的国相。晏子睿智、爱民，头脑机灵，能言会辩，善于辞令，既坚持原则性，又富有灵活性。他内辅国政，外维国威，生活节俭，谦恭下士，为春秋时期的一大贤才。司马迁非常推崇晏子，将其比为管仲（前725—前645年）。晏子使楚，舌战楚王，维护国家尊严的故事广为传诵，为世人所赞扬。据《晏子春秋·杂下之十》记载，晏子有次出使楚国，楚王问身边的大夫们："晏子来楚，怎样做才能羞辱他呢？"一位大夫出主意说："晏子来时，我绑一个人从您眼前通过。您就问：'这人是干什么的？'我们就回答说：'（他）是齐国人。'您再问：'犯了什么罪？'（我们）回答说：'（他）犯了偷窃罪。'以此羞辱晏子。"楚王果然就按照事先的布置做了。楚王故意问晏子："齐国人是不是惯于偷盗？"晏子回答说："我听说这样一件事：橘生长在淮河以南就是橘，生长在淮河以北就变成枳，只是叶子的形状相似，它们的果实味道却完全不同。原因是什么呢？是水土条件不相同。这个人生活在齐国不偷东西，进入楚国就偷东西，莫非是楚国的水土使百姓惯于偷东西吗？"楚王苦笑着说："圣人不是能同他开玩笑的，我反而自取其辱了。""橘生淮南则为橘，生于淮北则为枳"，这说明一个道理，一切事物的变化都是以时间、地点条件为转移的，要具体地分析具体的情况。

认识事物矛盾的特殊性是科学认识事物的基础。

日常生活告诉我们，世界上千差万别的事物都是具体的，因而是特殊的，从千差万别的具体事物中找出共性和普遍规律，就要认识事物的特殊性，而事物的特殊性是由事物内在矛盾的特殊性决定的，因而揭示事物的普遍规律、探寻真理就要从矛盾的特殊性分析开始。就拿中国共产党领导的中国革命来说，受到俄国十月革命的启示，中国共产党人选择了俄国社会主义革命的方向。选择社会主义革命，这是中国革命与俄国革命的共同点，然而，中国与俄国国情不同，中国革命的具体道路与俄国的革命道路也应不同。中国有特殊的国情，与当时俄国不同，与他国不同，要按照中国的具体国情——半殖民地半封建性质的落后的农业大国，选择适合中国国情的革命道路。先进行新民主主义革命，走农村包围城市的道路，然后再进行社会主义革命，这是由中国特殊国情的特殊矛盾所决定的。中国社会主义建设也是如此，必须走出一条适合中国国情的社会主义建设道路，照抄照搬马克思主义经典作家的现成结论，照抄照搬别国的发展模式、发展道路和发展经验，是不可取的。

认识事物必须首先认识事物的矛盾，具体地分析具体事物的矛盾特殊性，这是马克思主义活的灵魂。这就提出了矛盾的特殊性和普遍性问题。

什么是矛盾的特殊性？

——矛盾的特殊性是指矛盾的相对性。任何事物都是具体的存在，普遍的东西只是存在于具体事物之中。事物本身内在的矛盾是具体的，具有各自的特点，是特殊的，因而是相对的。世界上的事物之所以千差万别，有其各自的特点，就在于其内部矛盾的特殊性。矛盾的特殊性，是指每一事物的矛盾运动发展的形式和发展的过程都有特殊性，譬如，机械的运动、物理的运动、化学的运动、生物的运动是不同的，自然的运动、社会的运动和精神的运动也是不同的，世上完全一样的事物的矛盾运动形式和运动过程是不存在的。在事物发展运动的不同阶段、不同过程中，其矛盾也有特殊性。譬如，在整个资本主义历史进程中，其基本矛盾是社会化大生产和生产资料占有的私人性质的矛盾，然而这对矛盾在自然竞争资本主义、垄断资本主义和当代资本主义的不同阶段，其具体表现形式都是不同的，呈现出事物内在矛盾阶段性的具体特点。

——矛盾的特殊性是由矛盾的特殊条件所决定的。分析事物矛盾的特殊性，就要分析事物矛盾的具体形成条件。比如，我国现阶段的人民内部矛盾的性质、特点、表现形式，都是由我国现阶段的特殊国情、特殊条件所决定的。矛盾的特殊性，还表现为矛盾在不同发展过程、阶段上，由于具体条件变化了，矛盾进程和阶段性随之发生了变化，矛盾的特点也会发生变化，因而有着特殊的表现形式。譬如，在社会发展的每个具体阶段上，其矛盾都有特殊的表现形式，看不到某社会阶段的特殊矛盾而采取落后于该阶段的路线、政策，就是右的倾向，超越该社会阶段的特殊矛盾而采取超前的路线、政策，就是"左"的倾向。我国1957年以后在社会主义建设问题上的"左"的错误就是超越了当时发展阶段的特殊矛盾。

——**事物矛盾产生的条件主要分为外因条件和内因条件，"内因是变化的根据，外因是变化的条件"**。苏联东欧发生剧变，有资本主义西化、分化作用的外部原因，但根本性的内部原因出在执政党自身。堡垒最容易从内部攻破，从历史上看，没有执政党的思想路线、政治路线和组织路线错误了而不把事业引向失败的。

什么是矛盾的普遍性？

矛盾的普遍性是指矛盾的绝对性。矛盾无所不在，没有不存在矛盾的地方和事物，矛盾存在于一切事物的发展过程之中；矛盾无时不有，每一事物在其发展过程中都自始至终存在着矛盾运动；矛盾是一切事物运动、变化和发展的根本原因，是一切事物运动、变化和发展的动力和源泉。矛盾即是事物，即是系统，即是过程。无论物质世界还是精神世界、自然世界还是人类社会，都充满了矛盾。没有什么事物不包含矛盾，也没有什么时候没有矛盾，没有矛盾就没有事物，否认矛盾就是否认事物，矛盾是普遍的、绝对的客观存在，是不以人的意志为转移的。在现实生活中，不论你主观意愿如何，矛盾都是普遍地客观存在的。正确对待矛盾的态度是承认矛盾、正视矛盾、分析矛盾、积极地化解矛盾。

今天，为什么要提出社会主义和谐社会建设问题？

这个命题不是从理论出发提出来的，而是从活生生的现实生活矛盾中提出来的。因为有矛盾才要求和谐，没有矛盾怎么会要求和谐？什么是对立？对立就是矛盾双方的对抗。什么是统一？统一就是矛盾双方的和谐。所谓对立统一就是在不断地解决矛盾的过程中求得事物的统一与和谐。我国改革开放发展到今天，既取得了举世瞩目的伟大成就，同时又出现并遇到了一系列新矛盾，这些矛盾是影响当前我国社会稳定、和谐、可持续发展的隐患，严重地制约了中国特色社会主义事业的繁荣发展。正因为有矛盾，况且有些矛盾还比较突出、比较紧张、比较尖锐，所以才提出构建和谐社会的战略任务。改革开放三十多年，我国的经济实力、综合国力、人均生活水平迅速提升，但值得思考的问题是，成绩那么大，但为什么当前矛盾还会那么多呢？这就要从矛盾的普遍性观点出发来看问题。邓小平20世纪90年代初曾讲过：现在看来，发展起来了的问题不比不发展的时候少。这是什么意思呢？就是说，发展了，问题反而多了。什么是问题？问题就是矛盾。道理很简单，没有发展起来时，最大的问题就是老百姓吃不上饭、吃不好饭，归结起来就一个字：穷，这是最主要、最大的矛盾。然而虽然穷，但搞平均主义，大家都差不多，矛盾不像现在这么多、这么突出。现在发展起来了，大家吃好了，生活好了，但一检查身体，什么脂肪肝、糖尿病、高血压、高血脂……都有了。发展起来了，生活好了，人的毛病反而多了。同样，发展得越快，所遇到的矛盾也就越多，这就是"发展中的矛盾，前进中的问题"。好中的问题、主流中的支流、阳光下的阴暗面则越发凸显。比如，贫困问题，改革开放三十多年，绝大多数人解决了温饱，达到了小康，贫困率大大下降，贫困人数大规模减少。

贫困人口绝对数少了，但贫富矛盾却突出了，原因是贫富差距一拉开，贫者就突出了。

邓小平当时还有一句话就是，解决发展起来的问题比解决发展的问题还难。矛盾法则就是如此，现实生活中的辩证矛盾并不如人们的主观愿望那么简单。发展中的矛盾，尽管是发展中的，但这些矛盾如果不解决，就会严重制约我国经济社会的正常发展。我们党针对改革发展中新的矛盾，提出要统筹解决经济与社会之间、区域之间、城乡之间、对内改革与对外开放之间、人与自然之间发展的不协调、不平衡、不可持续。什么是不协调？不协调就是有矛盾，"五统筹"就是要化解"五大矛盾"。构建和谐社会，必须承认矛盾。矛盾普遍存在，想躲躲不掉，想绕绕不开。正因为有矛盾，才要构建和谐社会。构建和谐社会不是否定矛盾、不是回避矛盾，而是要正视矛盾、协调矛盾、解决矛盾。

矛盾的普遍性和特殊性是统一的，有矛盾的特殊性，才有矛盾的普遍性，矛盾的普遍性存在于矛盾的特殊性之中，而每个特殊性的矛盾又都服从于矛盾普遍性规律。

马克思主义中国化就是矛盾的普遍性和特殊性的统一。马克思主义的普遍真理概括的是矛盾的普遍性，是从千差万别的具体事物中、从千差万别的具体国情中所总结出来的普遍真理，是来自特殊性的普遍性。马克思主义中国化是把矛盾的普遍性与特殊性相结合，既坚持马克思主义的普遍真理，又与本国的具体实际相结合。中国共产党人运用马克思主义普遍真理针对中国的特殊矛盾加以解答，形成中国化的马克思主义，成为指导中国具体实践的指导思想。这就是具体地分析具体的矛盾。

三、矛盾双方既统一又斗争
——杨献珍与"一分为二""合二而一"的争论

时针拨回到20世纪60年代第二个年头的初夏,在北京刮起了一场疾风暴雨式的政治风暴,目标就是利用"一分为二"与"合二而一"的学术讨论,无限上纲批判斗争杨献珍(1896—1992年)。

毛泽东形象地用"一分为二"来表述对立统一规律。"合二而一"则是杨献珍从中国古代思想宝库中寻找出来表述"对立统一规律"思想的另一种看法。对立统一规律即是矛盾规律,"一分为二"与"合二而一"的争论即是对矛盾问题的讨论。从学术角度来看,"一分为二"与"合二而一"的讨论焦点实际上是对矛盾内在的两重属性即斗争性与同一性的不同认识。作为学术问题,这场争论本应是学术观点的正常讨论,但却被当时策划成批判杨献珍"合二而一"的阶级斗争运动,杨献珍被打成反党反社会主义反毛泽东思想的反革命分子,许多参加正常学术讨论的无辜同志也惨遭迫害。学术讨论被政治批判所扭曲,给人们留下了沉痛的历史教训:不能把学术问题同政治问题简单地联系在一起,等同起来,对待学术上的是非问题和不同观点,不要轻易地下结论,不能随意往政治上上纲上线,必须遵循"百花齐放,百家争鸣"的方针,允许自由讨论,采取学术讨论、学术争论、学术批判的方式,逐步走向真理。"文化大革命"结束后的1979年,学术界围绕"一分为二"与"合二而一"重新展开了讨论,对这个问题的争论予以重新评价，推翻了从政治上强加给"合二而一"的罪名。尽管观点分歧还存在，有些问题还有待探索，但在这一次和上一次讨论中，对矛盾问题及其斗争性与同一性都形成了许多有价值的看法，充实和丰富了唯物辩证法的对立统一观点，即矛盾观点。

矛盾的双方既统一又斗争，同一性和斗争性是矛盾的基本属性。

《三国演义》开篇第一句就是："话说天下大势，分久必合，合久必分。"尽数"周末七国纷争，并入于秦；继秦灭之后，楚、汉纷争，又并入汉；汉朝自高祖斩白蛇而起义，一统天下，后来光武中兴，传至献帝，遂分为三国"，概述了"分久必合，合久必分"的规律，说的就是哲学问题——分与合的辩证关系。分与合的辩证思想贯穿《三国演义》故事情节始终，分与合的辩证关系同"一分为二"与"合二而一"的讨论一样，都涉及了矛盾的同一性与斗争性的关系问题。炸弹在没有引爆的时候，矛盾双方是共处的，这是同一性占主导，当然也存在斗争性；当引爆以后，矛盾就以外部冲突的形式来解决，这是斗争性占主导，当然也存在同一性。任何事物的内在矛盾双方都是相互作用的，既有相互联系的一面，具有同一性；又有相互排斥的一面，具有斗争性。"统一"是同一性方面，即"合二而一"；"对立"是斗争性方面，即"一分为二"。对立统一是同一性与斗争性的有机结合、分与合的有机统一，二者是不可截然分开的。同一性强调合，即统一、和谐；斗争性强调分，即对立、矛盾，同一性和斗争性的结合就是对立统一。没有同一性就没有斗争性，反之，没有斗争性就没有同一性。同一不是没有矛盾，统一不是没有对立，和谐不是没有斗争，反之，矛盾不是不要同一，对立不是不要统一，斗争不是不要和谐。

不能离开同一性和斗争性的具体的历史条件来理解同一性与斗争性。

在不同的具体条件下，对立统一规律的同一性与斗争性的表现方式是不同的。关于"共产党的哲学就是斗争哲学"的说法，毛泽东曾经有过两次具有代表性的表述。第一次是在1945年4月24日的《在中国共产党第七次全国代表大会上的口头政治报告》中，毛泽东说："有人说我们党的哲学叫'斗争哲学'，榆林有一个总司令叫邓宝珊的就是这样说的。我说'你讲对了'。自从有了奴隶主、封建主、资本家，他们就向被压迫的人民进行斗争，'斗争哲学'是他们先发明的。被压迫人民的'斗争哲学'出来得比较晚，那是斗争了几千年，才有了马克思主义。"[4]第二次是在1959年8月16日，庐山会议的后期，毛泽东在一篇短文中写道："资产阶级的政治家说，共产党的哲学就是斗争哲学。一点也不错。"[5]毛泽东肯定"共产党的哲学就是斗争哲学"，应当从他所处的历史条件出发来理解当时讲这句话的含义。因为毛泽东所处的中国革命的具体历史条件和历史任务，是革命，通过武装斗争，把封建主义、官僚资本主义和帝国主义"三座大山"消灭掉。在这样的历史条件下，强调斗争性的一面，强调通过一个吃掉另一个达到同一性。作这样的强调是有具体原因的，不能离开具体历史条件来理解毛泽东的话。当然，毛泽东在强调斗争性的同时，也重视同一性。比如，他强调斗争性，是要通过一个吃掉另一个的同一性的办法，求得统一。即使在当时的历史条件下，在强调斗争性的同时，毛泽东也是重视同一性的。比如，提出抗日民族战争中的统一战线问题。统一战线理论是中国共产党取得革命胜利的三大法宝之一，统一战线问题反映在哲学上就是同一性问题。问题在于，一切以时间、条件、地点为转移，条件变了，强调的方面也要相应地发生变化。1956年，我国社会主义制度建立起来了，国内主要矛盾已经不是阶级矛盾了，就不能过分地强调阶级斗争、以阶级斗争为纲、搞阶级斗争扩大化。况且对于人民内部矛盾，也不能用一个吃掉另一个的办法来解决。把战争年代条件下的大规模阶级斗争的办法，运用到了社会主义和平建设时期，是错误的。

所谓矛盾的同一性或统一性，是指矛盾的对立面在一定条件下互相联结、互相依存、互相渗透、互相贯通、互相转化的性质。

矛盾同一性的第一层含义，是指矛盾的双方互相依存、互为前提，矛盾双方共存于一个统一体之中。任何矛盾的双方，总是依一定条件、不可分割地联系在一起，互为存在前提，没有上，就没有下；没有东，就没有西；没有纪律，就没有自由；没有剥削者，就没有被剥削者……上下、东西、纪律与自由、剥削与被剥削……都是互为依存前提、互相联系的。同一性的另一层含义，是指矛盾双方互相转化、互相渗透、互相融合。中国古代哲学思想强调"和""合"，提倡"中庸"，就高度注意了融合同一的矛盾的统一性方面。当然，辩证矛盾观讲的"和"不是绝对的同一、无条件的融合，而是看到"和"中的不同，主张和而不同、大同小异、兼顾众议，得其平衡。同一性有两种转化、渗透和融合的方式：一种是一个吃掉另一个，矛盾的一方吃掉另一方。在生物学中有一个很典型的例子，蝎子交配完，雌的要把雄的吃掉，雄的变成雌的自身的蛋白质构成，以维持雌的生产出新的生命体。另一种情况是双方融合。一个吃掉一个是同一，双方融合也是同一。比如，生物雄雌交配以后，双方结合产生新体，这也是同一。在一定条件下，矛盾双方是可以相互转化的，这种转化是由矛盾的同一性所决定的，比如，敌人可以转化成朋友，朋友也可以转化成敌人，关键是必须具备一定的条件。

所谓矛盾的斗争性，指的是矛盾双方互相分离、互相对立、互相排斥、互相否定的倾向。

这里用的"斗争性"与同一性一样，是一个哲学范畴，是一个中性的概念，并不是一个极端的词汇。譬如，敌我之间的对立与冲突是斗争性，人民之间的批评与自我批评也是斗争性，哲学上的斗争性包含有差异、不同的含义。自然界中的作用与反作用、合成与分解、同化与异化……人类社会中的生产力与生产关系、上层建筑与经济基础、新社会形态与旧社会形态、剥削阶级与被剥削阶级、统治阶级与被统治阶级之间……人类思维中的分析与综合、正题与反题、肯定与否定之间……都有斗争性。不能把矛盾的斗争性同矛盾斗争的具体形式混为一谈，矛盾的斗争性这个范畴表述的不过是自然界和社会中复杂多样的差异、不同，是矛盾的共同本质，是矛盾普遍存在的属性，不论何种矛盾都具有斗争性，矛盾斗争是指千差万别的具体矛盾的千差万别的一般斗争形式。有矛盾就有斗争，矛盾的具体斗争形式千差万别，矛盾斗争的具体形式因矛盾的性质及其所处的条件不同而不同，如果仅把矛盾斗争归结于对抗这一种形式，一讲斗争就势不两立、你死我活、乱斗一气，这是对矛盾斗争性的错误认识。不能简单地说同一性是好的、斗争性是坏的，也不能认为同一性是坏的、斗争性是好的，不存在讲同一性就是主张投降、强调斗争性就是坚持原则，这是对矛盾同一性和斗争性的庸俗解释。

离开马克思主义对立统一的观点，也就割裂了同一性与斗争性的辩证关系。

无论是新民主主义革命、社会主义革命，还是社会主义建设、社会主义改革开放，包括构建社会主义和谐社会，都是以马克思主义对立统一观点为哲学依据的，不能把和谐社会的哲学理论基础同对立统一观点对立起来。构建和谐社会就要认识现实社会的矛盾、分析现实社会的矛盾、善于化解现实社会的矛盾。现实社会中的矛盾，除了对极少数反党反社会主义的犯罪分子以外，都不能采取阶级斗争的办法、处理敌我矛盾的办法来解决。当然，即便对少数犯罪分子也要用法律的手段来解决，这同战争年代处理敌我矛盾的办法也不同。

一定要避免在同一性与斗争性问题上的片面性和绝对化的倾向。

关于对立与统一、同一性与斗争性，列宁在《哲学笔记》中讲的是两句话，不是一句话。他说："发展是对立面的'斗争'。"[6]又说：发展"是对立面的统一"[7]。有人对列宁的"对立面的统一（一致、同一、均势）是有条件的、暂时的、易逝的、相对的。相互排斥的对立面的斗争是绝对的，正如发展、运动是绝对的一样"[8]这句话作了片面的、绝对化的理解，把斗争性的绝对性看成为离开同一性的绝对性了，这就违反了辩证矛盾观的本意。列宁说："注意顺便说一下，主观主义（怀疑论和诡辩论等等）和辩证法的区别在于：在（客观）辩证法中，相对和绝对的差别也是相对的。"[9]把斗争性看作排斥同一性的绝对性是不对的。恩格斯在《自然辩证法》中说，在自然界中，"到处只看到和谐的合作"和"到处都只看到斗争"，这两者都同样是片面的和褊狭的。片面地强调斗争、否认同一，或者只讲同一、忽视斗争，是形而上学的"在绝对不相容的对立中思维"[10]。毛泽东曾经借用"一分为二"这个词表述矛盾观点，但我们也不能把这个说法作简单化、片面性的曲解，只讲分、不讲合，只讲对立、不讲统一，或认为一讲联系、同一、统一、合作、团结就是投降主义、折中主义、调和主义。毛泽东曾经批评过斯大林只讲对立面的斗争、不讲对立面的统一，指出斯大林联系不起来对立面的这种斗争和统一。苏联一些人的思想就是形而上学，就是那么僵化，要么这样，要么那样，不承认对立统一。在中国革命历史上第二次国内革命战争时期，王明（1904—1974年）"左"倾教条主义恰恰是只讲对立面的斗争而不讲对立面的统一的"斗争哲学"。他盲目地认为"斗争高于一切，一切为了斗争"，不断地扩大和提高斗争，只要斗争、进攻，不讲统一、团结。在政治生活上，开展不正常的党内斗争，把同志当作敌人斗，搞肃反扩大化；在土地革命上，提出中农分坏田、地主富农不分田，把可以团结的中间力量全部推向敌人，搞孤家寡人政策和关门主义；在军事斗争上，一个劲地只讲进攻、正面进攻，主张阵地战、攻打大城市，希望毕其功于一役……因而不断地陷入不应有的和不可避免的失败，差一点葬送了中国革命。在抗日战争时期，他又从"左"跑到右的一面，只讲统一而不讲斗争，提出"一切服从统一战线"，放弃共产党在抗日民族统一战线中的领导权。

——**同一性与斗争性是矛盾属性不可分割的两个方面**。事物的对立面之间的关系是极其辩证的，对立与统一、差异与同一、矛盾与和谐，本身就是不可分割的两极，它们在对立中统一、在统一中对立，看到对立时，不能忘记统一，看到统一时，不能忘记对立，在对立中把握统一，在统一中把握对立，在思想认识上对同一性与斗争性不能有一丝一毫的死板、僵硬、简单化和绝对化。

——**事物矛盾的同一性和斗争性的关系又是相对性与绝对性的关系**。列宁说："对立面的统一（一致、同一、均势）是有条件的、暂时的、易逝的、相对的。相互排斥的对立面的斗争是绝对的，正如发展、运动是绝对的一样。"[11]矛盾的同一性是相对的、暂时的，是有条件的。没有一定条件，矛盾双方就不可能互相依存、互为前提、共处于一个统一体中，甚至相互转化。当条件变化了，矛盾双方的共存超出条件限度，该统一体就分解了，让位于适应新条件的统一体。同一性是具体的，根据不同的条件而变化。矛盾的斗争性是绝对的、是无条件的，不论矛盾双方如何同一，都存在斗争性，否认矛盾的斗争性，也就否认了事物的运动、变化、发展的绝对性。

——**正确认识矛盾的这两重属性及其相互关系，是辩证思维的实质**。矛盾的对立统一，即无条件的、绝对的斗争性存在于有条件的、相对的同一性之中。父母亲交合生出孩子是"合二为一",母亲十月怀胎、一朝分娩是"一分为二","合二为一"与"一分为二"是对于对立统一规律的不同角度的解读。一定要全面地把握矛盾的对立统一规律,既不能离开斗争性讲同一性,也不能离开同一性讲斗争性。研究事物矛盾,就要研究矛盾双方是怎样同一,又怎样斗争,在对立中把握统一,在统一中把握对立,才会全面地、辩证地看问题。坚持矛盾观点的全面性,反对片面性,反对表面性,反对绝对性,也反对相对主义、反对形而上学。譬如,在反对一种倾向时要防止另一种倾向,既要改革开放又要四项基本原则,既要经济建设又要全面建设,既要市场经济又要宏观调控,既要发展生产又要改善内需……只有全面把握矛盾,才能认清事物的本质,把握事物既对立又统一、在对立统一中发展的规律,才能推动事物健康发展。

四、矛盾是事物变化发展的根本原因
——没有"好"矛盾与"坏"矛盾之分

有人一提到矛盾就认为是坏事,认为"有矛盾不好,没有矛盾才好";或者简单地把矛盾分为"好矛盾"和"坏矛盾",认为"有的矛盾是好矛盾,有的矛盾是坏矛盾"。实际上,矛盾没有"好"与"坏"之分,也不能认为有矛盾就是坏事、无矛盾才是好事。矛盾实际上无处不在、无时不有,是客观普遍存在的。矛盾无所谓好坏,矛盾转化了、解决了是好事,矛盾得不到解决才是坏事。

矛盾存在于一切事物之中,贯穿于一切事物发展的任何过程、任何阶段,是一切事物发展的内在源泉。事物矛盾双

方既统一又斗争，推动事物运动、变化和发展，这是事物生生不息、不断运动、变化和发展的根本内因。

社会主义社会也毫不例外。社会主义各国和我国实践表明：社会主义制度建立以后，社会主义国家内部有没有矛盾，怎样认识和处理社会主义国家的内部矛盾，这是关系社会主义前途和命运的重大课题。

在探讨未来社会特征时，马克思、恩格斯并没有具体论述社会主义社会的矛盾问题，更没有明确具体地指出社会主义社会存在什么样的矛盾。相反，他们关于社会主义公有制等重要特征的分析，却使实践社会主义的人们产生一种误解，似乎由于社会主义实现了公有制，消灭了阶级对立的经济基础，从而使得人民利益上的一致替代了剥削社会的阶级对立，社会和谐取代了剥削社会的阶级冲突。很长时间以来，人们心目中的社会主义似乎是一个无矛盾、无冲突的理想社会。

1936年苏联宣布进入社会主义社会，建立了社会主义制度。由于历史与实践的局限性，也由于思想方法的片面性，苏联领导人斯大林提出了"完全适合论"和"统一动力论"，否认社会主义社会内部存在矛盾。1938年斯大林在《论辩证唯物主义和历史唯物主义》一文中首次提出社会主义的"生产关系同生产力状况完全适合"[12]的论点，"完全适合"也就是说它们之间是没有矛盾的。1939年3月，斯大林在联共（布）第十八次代表大会上指出：苏联社会"在道义上和政治上的一致、苏联各族人民的友谊以及苏维埃爱国主义这样一些动力也得到了发展"[13]。认为苏联社会不是由矛盾推动前进的，一致、统一是社会发展的动力。这样的观点显然是形而上学的。

从列宁领导十月革命建立第一个社会主义国家，到苏东剧变，到中国特色社会主义实践，社会主义发展的历史实践严肃地告诉我们，社会主义国家内部不仅存在着矛盾，而且还出现过严重的经济和政治乱子，出现过各种各样的社会冲突。

据有关资料记载，苏联在赫鲁晓夫（1894—1971 年）执政期间，发生过群众游行示威事件，例如，1956 年 3 月苏联格鲁吉亚第比利斯地区爆发一定规模的群众游行，1959 年、1962 年苏联其他地区也都发生过较大规模的工人群众罢工示威游行事件。据南斯拉夫有关学者的不完全统计，从 1958 年到 1969 年 8 月，南斯拉夫共发生了 1906 次工人罢工事件。[14] 1953 年夏，德意志民主共和国几万名工人上街，要求改善生活条件，工人们与政府发生了暴力冲突。1956 年夏秋，波兰和匈牙利爆发了全国性的社会动乱。1956 年冬到 1957 年夏，波匈事件波及我国，引起了国内一些人的思想混乱。同时又由于我国新生的社会主义制度刚刚建立，经验不足，认识与工作不到位，存在和出现了许多问题。对这些问题，有些处理不当，导致了国内连续出现一系列少数人闹事事件。全国大约有一万多名工人罢工，一万多名学生罢课。国际的新情况，国内的新问题，引起我们党的高度警惕。总结经验，借鉴教训，促使我们党运用对立统一观点，从矛盾普遍性的高度来思考社会主义国家的内部矛盾问题。

毛泽东总结了斯大林领导的苏联社会主义建设的经验教训，批评了斯大林关于社会主义国内矛盾的错误判断，科学地分析了当时我国社会主义条件下的基本矛盾、主要矛盾、两类性质不同的矛盾和人民内部矛盾的新变化，认为我国社会主义所有制改造完成后，疾风暴雨式的阶级斗争已经不是国内的主要矛盾了，提出了正确认识和处理社会主义社会的基本矛盾、主要矛盾和人民内部矛盾理论，对社会主义制度下的国内矛盾作了马克思主义的科学回答。

然而，受当时复杂的主客观条件的制约影响，毛泽东在理论上和实践上逐步背离了关于社会主义国家内部矛盾的正确理论，力图用阶级斗争的方法来解决社会主义建设和发展过程中所存在的矛盾和问题，逐步形成了"无产阶级专政下继续革命"的错误理论，形成了"以阶级斗争为纲"的"左"的政治路线，从而最终导致了"文化大革命"的悲剧，社会主义建设和发展受到了严重挫折。

1978年召开了党的十一届三中全会，在邓小平领导下，我们党实现了思想路线和政治路线上的拨乱反正，重新恢复了实事求是的思想路线，果断停止了"以阶级斗争为纲"的做法。在社会主义改革开放和建设中国特色社会主义的伟大实践中，正确认识和处理新时期社会基本矛盾、主要矛盾和人民内部矛盾问题，坚持、丰富和发展了毛泽东提出的社会主义社会基本矛盾、主要矛盾和人民内部矛盾的正确理论。

纵观社会主义各国建设的实践和教训，说明这样一个道理：能否正确认识和处理好社会主义国家的内部矛盾，关系到执政党地位的巩固，关系到社会主义改革和建设的成败，关系到中国特色社会主义事业的兴衰。凡对社会主义国家内部矛盾认识正确、处理得当的时候，执政党地位就巩固，社会主义事业就发展；凡对社会主义国家内部矛盾认识错误、处理失当的时候，社会主义事业就遭受挫折，执政党地位就受到威胁。一定要正确认识和处理好新时期社会主义社会基本矛盾、主要矛盾、人民内部矛盾，这是带有根本性的重大政治问题。

把矛盾观点运用到社会历史领域，就会发现，生产力和生产关系、经济基础和上层建筑的矛盾是一切社会形态共同存在的基本矛盾，它们的辩证发展即矛盾运动是社会不断向前发展的动力，社会主义社会也如此。

斯大林承认社会基本矛盾的普遍性，但具体到当时社会主义苏联还存在不存在社会基本矛盾，斯大林一开始是不承认的，提出苏联社会主义生产力与生产关系、经济基础与上层建筑"完全适合"的形而上学观点。理论上的误判导致了斯大林在社会主义建设指导思想上的严重失误。生产力与生产关系、上层建筑与经济基础"完全适合"、没有矛盾，那么，就不需要随着生产力的发展不断地进行生产关系和上层建筑具体体制上的变革，就会逐步形成僵化的经济政治体制，从而束缚生产力的发展。1953年，斯大林在《苏联社会主义经济问题》中隐隐约约认识到生产力和生产关系在社会主义条件下是有矛盾的。但是，他认为，在他领导下的苏联生产力与生产关系、经济基础与上层建筑之间没有矛盾。1957年，毛泽东在《关于正确处理人民内部矛盾的问题》一文中，提出社会主义社会不是没有矛盾，而是充满了矛盾。他认为，社会主义的生产力和生产关系、经济基础和上层建筑的矛盾表现为既相适应又不相适应的矛盾，也就是说，社会基本矛盾表现为适合下的不适合，这是社会基本矛盾在社会主义制度下的具体表现。在我国社会主义条件下，基本适合是指公有制、按劳分配的经济制度，以人民当家作主的人民民主政治制度，是适合我国社会生产力发展的，这就决定了社会基本矛盾总体是适合的。但是，它又是不适合的。我国的社会主义制度是好的，但具体的经济、政治体制还有许多不适合的地方，在一定程度上阻碍了生产力的发展，使社会主义制度的优越性在僵化的计划经济体制条件下没有发挥出应有的制度优越性来。到"文化大革命"时期，我国的经济社会发展已走到了崩溃的边缘。"改革是第二次革命。"中国特色社会主义道路，就是通过改革开放，改掉不适合生产力发展的生产关系和上层建筑的具体体制，以解放和发展生产力，推动经济社会全面发展的正确道路。

今天，经过改革开放，我国逐步形成了有利于生产力发展的社会主义市场经济体制和有利于人民积极性发挥的社会主义民主政治体制，但社会基本矛盾还有不适合的方面。我国社会目前阶段的基本矛盾，仍然是基本适合条件下还有不适合的地方。目前社会上出现的很多矛盾和问题，仍然同生产关系和上层建筑具体体制上的不适合有关系。当前发展中存在的问题，要靠进一步改革开放来解决。

在人与人的关系上，社会基本矛盾表现为人际矛盾。在阶级社会中，社会基本矛盾在人际关系上主要表现为阶级矛盾和阶级斗争。阶级矛盾是阶级社会发展的内在原因。

当生产力发展了，先进生产力要求冲破旧的生产关系的束缚，旧的生产关系的代表阶级则利用上层建筑拼命维持旧的生产关系，代表先进生产力的阶级则要求推翻旧的上层建筑，以变革旧的生产关系，于是社会变革就到来了。

在我国社会主义初级阶段，社会的主要矛盾不是阶级矛盾和阶级斗争，而是相对落后的社会生产力和不断提高的人民物质文化需求的矛盾，不应以阶级斗争为纲，而应以经济建设为中心。当然，阶级差别、阶级矛盾还没有消失，阶级斗争还在一定范围内存在，在一定条件下，有时可能还会很激烈。但解放和发展生产力是根本任务，不断改善和提高人民的物质文化生活水平是根本目的。

人民内部矛盾成为社会主义国家政治生活的主题，成为人际关系上的主要矛盾。人民内部矛盾是社会主义社会向前发展的内在根源。

在我国社会主义目前阶段，大量的、反复的、经常出现的是人民内部矛盾，当然，还存在一定范围的阶级斗争和敌我矛盾。要正确区别和处理两类不同性质的矛盾，正确认识和处理一定范围内的阶级斗争。执政党的主要任务是正确处理人民内部矛盾。人民内部矛盾处理好了，社会就会向前发展。正确处理好人民内部矛盾，关键是要正确处理好人民内部的利益矛盾。社会关系，从某种意义上说就是人与人之间的利益关系。有关系就有差别，有差别就有矛盾，一定的利益差别表现为一定的利益矛盾。适当地保持一定的利益差别，于社会发展是一种动力，会产生利益激励机制，推动人们去积极工作，以谋求更多的利益。利益矛盾处理好了，于社会发展有利；利益矛盾处理不好，于社会发展不利。物质的、经济的利益矛盾是人民内部矛盾产生和变化的根源。正确认识和处理人民内部的利益矛盾，是正确认识和处理人民内部诸矛盾的前提。认真研究和妥善协调人民内部的利益矛盾，才能正确处理好人民内部矛盾，推动社会主义社会不断发展。

五、善于集中力量解决主要矛盾
——人民军队克敌制胜的战略策略

　　1946年6月26日，国民党军队以围攻刘伯承（1892—1986年）、邓小平领导的中原人民解放军为起点，发动了对解放区的全面进攻，决定中国人民命运的解放战争就此拉开了帷幕。当时，人民军队与蒋介石（1887—1975年）的国民党军队存在着敌强我弱的态势。在军事力量对比、战争资源和工业生产方面，国民党军队处于压倒性优势。仅就兵力数量和武器装备来说，国民党军队总兵力约430万人，86个整编师约200万人可直接投入一线作战。人民军队总兵力约127万人，参战军队61万人，处于与国民党军1∶3.4的劣势。人民军队的装备主要是抗战时期缴获的日伪军步兵武器和为数很少的火炮。国民党军队接受了日本侵华军队100万人的装备，得到美国大量援助，装备了936架飞机、131艘舰艇，有22个师为美械、半美械装备，在自动火器方面，国民党军队是人民军队的26倍，火炮不仅数量是人民军队的9.5倍，且口径大、射程远。当然，人民军队也具备一定的取胜条件，如组建了强大的野战兵团，完成了由游击战向运动战的战略转变，有广阔的战场和占全国总面积24%的约230万平方公里的解放区，人民战争是正义的，占有极大政治优势和群众优势。

　　如何制定正确的战略策略、把握战场的主动权、以弱胜强、战胜国民党军队呢？

矛盾观点告诉我们，善于抓住和集中力量解决战争中的主要矛盾和矛盾的主要方面，是制定正确战略方针从而取胜的关键环节。

矛盾存在的特殊条件决定了事物的各种矛盾和矛盾的各个方面总是发展不平衡的，这就形成了在事物发展中起着不同作用的矛盾和矛盾的不同方面。认识不同矛盾在事物矛盾系统中的不同地位、在事物发展中的不同作用，最重要的就是认识主要矛盾和矛盾的主要方面的地位和作用，捕捉住它，解决它。在复杂事物系统的诸多矛盾中，当存在两个以上矛盾时，其中必有一种矛盾是处于支配地位，起主导、决定作用的，其余矛盾则是处于非主导地位，处于次要、从属地位的，要全力抓住主要矛盾，解决这一主要矛盾，从而带动对其他矛盾的解决。矛盾双方也是如此，必然有一方是处于主导、支配地位的，要全力抓住这一方，解决这一方，矛盾就会向有利的方面转化。

毛泽东娴熟地运用了主要矛盾和矛盾主要方面的观点，从敌我双方优劣条件的实际情况出发，正确分析了敌我双方的客观物质条件和力量对比，把歼灭敌人数量作为克敌制胜的基本依据，紧紧把握住大量歼灭敌人有生力量这个战争的主要问题，抓住了克敌制胜的主要环节和关键，以高超的战争艺术牢牢地掌控战争内在规律和主动权，形成了"集中优势兵力打歼灭战"的作战思路，明确提出了解放战争战略防御阶段"以歼灭国民党有生力量为主而不是以保守地方为主"的战略方针。人民军队丢掉坛坛罐罐，不在乎一城一地的得失，大踏步地后退，诱敌深入。结果蒋介石国民党军队每每按照毛泽东的"神机妙算"，一步一步地步入人民军队歼灭战的口袋。仅仅一年，人民军队即以劣势兵力和装备，歼灭了大量敌人，粉碎了国民党军队的战略进攻。从1946年7月到1947年7月，歼灭国民党9个半旅78万人，歼灭国民党非正规军34万人，总计歼灭112万人。而人民军队实际损失15.8万人，缴获了国民党军大量武器、弹药，还有装备、物资，解放了大片土地。人民军队总兵力由127万人发展到195万人，国民党军总兵力则由430万人下降到373万人，士气更是急剧下降。随着军事上的失利，蒋介石集团在政治上、经济上也陷入了困境。在战争第二年，人民解放战争就转入了战略进攻阶段。用了三年时间，中国共产党及其领导的人民军队在人民的支持下，抓住主要矛盾和矛盾的主要方面，遵循"集中优势兵力打歼灭战"的战略原则，创造了"小米加步枪"战胜国民党军队"飞机加大炮"的人民战争奇迹。

毛泽东经常强调的"两点论""重点论"，是既要全面看问题，又要抓住主要矛盾的思想方法，是工人阶级执政党正确解决战略和策略问题的哲学指南。

在革命和建设的每个阶段，党的领导能不能认识和抓住并解决主要矛盾是关系革命、建设能否成功的关键所在。在革命年代，毛泽东在政治上关于"建立最广泛的统一战线""团结进步势力、争取中间势力、孤立顽固势力""争取多数、反对少数，各个击破"的战略策略原则；在军事上"一定时间内只应有一个主攻方向""不要四面出击"，反对"两个拳头打人""伤其十指不如断其一指""集中优势兵力打歼灭战"等军事斗争策略，都是矛盾"两点论"和"重点论"相结合的灵活运用。无论是革命时期还是建设时期，我们党什么时候正确判断主要矛盾，并抓住解决这一主要矛盾，事业就发展。1956年，我国完成了社会主义生产资料所有制改造任务，建立了社会主义制度，党的八大及时地提出了主要矛盾已不是阶级斗争了，而是人民群众不断增长的物质文化需要同相对落后的社会生产之间的矛盾。但八大之后，我们却逐步离开了对国内主要矛盾的这一正确判断，导致社会主义建设走了很长一段时间弯路。党的十一届三中全会拨乱反正，恢复了八大关于国内主要矛盾的正确判断，把以阶级斗争为纲转变为以经济建设为中心，实行改革开放，扭住经济建设这一主要矛盾不放松，坚定不移地推进经济建设和生产力的发展。

思想方法就是工作方法。善于抓住和集中力量解决主要矛盾，是我们党行之有效的工作方法。

毛泽东说："在任何一个地区内，不能同时有许多中心工作，在一定时间内只能有一个中心工作，辅以别的第二位、第三位的工作。"[15]任何时候，都必须抓住中心、抓住关键、抓住主要环节、"抓住中心工作"。集中主要力量解决主要问题，绝不可不分先后主次、轻重缓急，"胡子眉毛一把抓"。毛泽东还要求，抓主要矛盾，还要善于抓住主要矛盾的主要方面。当然抓住主要矛盾不是说可以忽视或撇开次要矛盾，抓主要矛盾的主要方面也不是说可以忽视或撇开主要矛盾的次要方面。须知，主要矛盾解决了，次要矛盾不一定会自动得到解决；主要矛盾的主要方面解决了，次要方面不一定自动会得到解决。所以在抓主要矛盾、抓主要矛盾的主要方面时，要善于把主次结合起来，学会"十个指头弹钢琴"。无论什么时候，既要抓中心工作，反对平均使用力量，又要全面安排、统筹兼顾，防止"单打一"。以一部分为中心，把其余忽略掉，就不是全面的观点。主要矛盾和非主要矛盾、主要方面和非主要方面又是可以转化的，不是一成不变的，根据变化，采取的策略也要加以改变。比如，在中国革命和建设过程中，始终存在"左"、右两种错误倾向，当"左"是主要问题时，反"左"防止右，但当右成主要问题时，仍继续大力反"左"，也会出问题。

六、矛盾的精髓
——公孙龙《白马论》的"离合"辩

春秋战国是中国历史上著名的"诸子百家，互相争鸣"时期。赵国平原君门客公孙龙（前320—前250年）以雄辩名士自居，凭其《白马论》一举成名。当时赵国的马流行烈性传染病，导致大批战马死亡。为了严防马匹瘟疫传入，秦国就在函谷关口贴出告示："凡赵国的马不能入关。"公孙龙骑着白马来到函谷关前。关吏说："你人可入关，但马不能入关。"公孙龙辩道："白马非马，怎么不可以过关呢？"关吏说："白马是马。"公孙龙辩解道："'马'是指名称而言，'白'是指颜色而言，名称和颜色不是一个概念。'白马'这个概念，分开来就是'白'和'马'或'马'和'白'，这也是两个不同的概念。'白马'和'马'不是一回事吧！所以说白马就不是马。"关吏被公孙龙这一通高谈阔论弄得晕头晕脑，无奈之中只好让公孙龙和白马都过关了。公孙龙"白马非马"论只讲离而不讲合，将个别与一般绝对分离，违背了辩证法的"个别存在于一般之中"

的观点,但他却提出了共性与个性、绝对与相对的相互关系问题。公孙龙"白马非马"论是一个诡辩命题,但包含了共性与个性、绝对与相对、一般与个别的辩证关系的猜测。矛盾的共性是绝对的,个性是相对的,共性与个性的关系也就是一般与个别的关系。毛泽东强调:"这一共性个性、绝对相对的道理,是关于事物矛盾的问题的精髓,不懂得它,就等于抛弃了辩证法。"[16]

研究和运用矛盾观点,必须牢牢把握共性与个性、绝对与相对的矛盾问题的精髓。矛盾的共性是指矛盾普遍存在的共同本性,即矛盾的一般性、普遍性;矛盾的个性是指具体矛盾所具有的特点,即矛盾的个别性、特殊性。

矛盾的共性是从具体矛盾的特殊性中抽象出来的,而矛盾的个性则是活生生的具体矛盾的特点。矛盾的共性与个性,既互相联结,又互相区别。矛盾的共性与个性互相联结在于,矛盾的共性只能存在于矛盾的个性之中,矛盾的个性也离不开矛盾的共性,千差万别的矛盾的个性都有共同点。矛盾的共性是诸多矛盾的个性的共同点,是一般寓于矛盾的个性之中,没有离开矛盾的个性而单独存在的矛盾的共性。就拿马来说,谁都见过马,但谁也没有见过不白不黑、不公不母、不大不小……的马,见的都是具体的中国马、外国马、公马、母马、大马、小马、张家的马、李家的马,马只是一切个别马的一般,没有离开个别马而单独存在的一般马。个性是每个矛盾独有的,与其他矛盾相比的特殊点、差异点。"马"作为一般,只能存在于张家马、李家马、王家马等具体的、活生生的个别马之中,不能想象在这些具体"马"之外还存在着什么"一般"的马,也不能设想不具备

"一般"马特征的个别的马。"白马非马"就是矛盾的共性与个性、一般与个别的关系命题，"白马"是"特殊"的、"个别"的马，"马"是"一般"的马，是概括了一切个别马的共性，马的"一般"存在于"个别"马之中，个别马具有一般马的共性，一般马不包括所有个别马，只概括个别马的共性，个别马也不完全等于一般马，但个别马与一般马的区别又是相对的，不是绝对的。

矛盾的共性与个性是互相区别的，矛盾的共性只概括了矛盾的个性之中共同的、本质的东西，矛盾的个性总有许多自己独特的特点，为矛盾的共性所包括不了的。"一般"马只概括了许许多多个别马的共同本质，而不可能包括每个个别马的所有特点，每个个别马又都有自己的特点。

矛盾的共性是无条件的、绝对的，而矛盾的个性是有条件的、相对的。

事物的矛盾不仅有个性，而且具有共性，共性寓于个性之中，没有矛盾的个性，就没有矛盾的共性，而且每个具有个性的矛盾又逃脱不了矛盾的共性。

"个别""特殊""具体"是个别的、特殊的、具体的客观地存在的事物矛盾。"共性""一般""普遍"是指存在于个别、特殊、具体事物矛盾中的共同的一般属性和普遍起作用的规律。"共性""一般""普遍"存在于一个一个"个别""特殊""具体"事物矛盾之中，没有离开"个别""特殊""具体"事物矛盾而单独存在的"共性""一般"与"普遍"，而每个具体的、个别的、特殊的事物矛盾本身在与他事物矛盾的比较中都有其共同的属性和普遍起作用的规律，个性与共性、特殊与一般、具体与普遍是辩证统一于个别的、特殊的、具体的事物矛盾之中的。离开个别、特殊、具体的事物矛盾而单独存在的一般、普遍、共性是根本没有的。

矛盾的共性和个性在一定条件下是可以转化的，一定场合、一定时间的共性的东西，在一定场合和条件下则为特殊性。

如阶级社会的阶级矛盾，相对于阶级社会来说，它是共性的，而在整个人类历史长河中，它又是个性的。

共性与个性、绝对与相对的道理是正确理解辩证矛盾学说的认识关节点。

从方法论上来说，共性与个性、绝对与相对的道理是正确认识事物矛盾的根本方法。因为人的认识总是从认识具体矛盾的特殊性开始的，逐步认识到各种事物矛盾的共同本质，概括出矛盾共性，然后再运用矛盾共性的普遍道理去认识具体事物矛盾，这就是由个别到一般、又由一般到个别的对具体矛盾的认识过程。教条主义只承认一般而否认个别，拒绝研究具体事物矛盾的特殊性，把一般原理看成凭空产生的东西，当成可以不顾具体条件到处硬套的僵死教条或公式。经验主义不懂认识必须从个别上升到一般的道理，只承认个别，把狭隘的个别经验当作普遍真理，否认一般的指导作用。二者都是以矛盾的共性与个性相脱离为特征的。

从实践上说，矛盾的共性与个性、绝对与相对的道理是马克思主义普遍真理同本国革命具体实践相结合这一思想原则的哲学依据。

马克思主义政党只有以矛盾的普遍性原理为指导，对革命实践中所遇到的各种矛盾的特殊性进行具体的历史的分析，才能正确地认识各种具体矛盾，制定符合实际的纲领、路线、方针、政策，动员和组织人民群众，采取恰当的方法，正确处理各种具体矛盾，把事业引向胜利。毛泽东思想、邓小平理论、"三个代表"重要思想、科学发展观就是我们党关于马克思主义普遍真理同本国革命和建设的具体矛盾相结合的产物，就是矛盾的共性与个性、绝对与相对的道理的具体体现。中国共产党在领导中国人民进行长期革命和建设斗争的实践中，坚持马克思主义的普遍真理，又同时从本国的实际出发，具体分析本国矛盾的特殊性，不断总结群众斗争的经验，独立制定和执行符合本国国情的路线和政策。经验证明，不坚持马克思主义的普遍真理，中国的革命和建设就没有胜利的可能，而不把这种普遍真理和中国的具体实际相结合，也不能把胜利的可能变成现实。把马克思主义关于一切事物矛盾的普遍真理与中国具体矛盾的实际分析结合起来，也就是把马克思主义科学社会主义的一般原理同中国社会矛盾的特殊性结合起来，走出一条中国特色的社会主义建设道路，这就是总结我国社会主义建设具体矛盾的经验而得出的基本经验。

把矛盾的一般与个别结合起来，也是抓好各项工作的基本方法。

贯彻执行党中央的路线、方针、政策，必须从本地区、本单位的实际矛盾出发，制定出切实可行的具体措施，不能借口"特殊"而拒不执行，也不能一切照转、照抄、照搬。毛泽东所总结的"一般号召和具体指导相结合"等领导方法，是矛盾的普遍性和特殊性相结合的原理在实际工作中的具体应用。

俗话说：一把钥匙开一把锁。**矛盾的个性决定了客观世界普遍存在不同性质的矛盾，而不同性质的矛盾要用不同的办法来解决。**

就矛盾性质来说，可以分成对抗性和非对抗性两大类矛盾。毛泽东说，对抗是矛盾解决的一种形式，采取外部冲突的形式来解决的矛盾就是对抗性矛盾，而不采取外部冲突形式来解决的矛盾就是非对抗性矛盾。比如炸弹，当它引爆时，就采取了外部冲突的解决形式。在阶级社会中，有阶级对立的对抗性矛盾关系，也有非阶级对立的非对抗性矛盾关系。在社会主义国家，有两类不同性质的矛盾：一类是根本利益对立基础上的敌我矛盾，这是对抗性矛盾；还有一类是根本利益一致基础上的人民内部矛盾，这是非对抗性矛盾。当然，对抗性矛盾和非对抗性矛盾、阶级矛盾和非阶级矛盾、敌我矛盾和人民内部矛盾是既有联系又不完全等同的三对矛盾范畴。要具体分清这三对矛盾，不同性质的矛盾用不同性质的办法来解决，是有交叉的，可以转化的。在我国，人民内部矛盾从总体上来讲是非对抗性矛盾。但处理不好，人民内部矛盾可以激化，转化为对抗性矛盾甚至敌我矛盾。当前，由人民内部矛盾引发的突发性事件、群体性事件，就是人民内部矛盾的激化和对抗化的具体表现。要尽可能避免人民内部矛盾进一步转化为敌我矛盾。目前我国人民内部矛盾引发的突发性和群体性事件正处于多发期和突发期，这是影响社会和谐稳定的突出隐患，必须高度重视，认真解决好。

结　语

　　是否承认对立统一，即是否承认世界上的一切事物和现象都包含着矛盾，是否承认矛盾是事物运动、变化和发展的根本原因，是辩证法和形而上学两种世界观、方法论的根本分歧。形而上学的基本特征是否认矛盾，否认事物的自我运动和自我发展，看不到事物自身的矛盾是事物发展的源泉和动力，否认事物根本性质的变化，把事物看成是不包含任何差异、变化的抽象的同一，认为事物内部是绝对同一的，同一事物永远是同一事物，不是别的事物；认为事物变化发展是数量上增减和场所上变化，并把这种变化归结为外部原因。在矛盾的普遍性与特殊性、同一性与斗争性、外因与内因、一般与个别、共性与个性、绝对与相对问题上，辩证法与形而上学都是有原则分歧的。辩证法是一种全面的、运动的、普遍联系的、突出重点的、对立统一的观点，形而上学是一种孤立的、静止的、片面的、割裂的、绝对同一的观点。

　　形而上学与辩证法关于矛盾问题认识上的本质区别，决定了人们思想方法和工作方法的根本不同。正确认识世界、改造世界，一定要学习马克思主义的辩证矛盾思想，学会运用矛盾分析方法具体分析任何事物的特殊矛盾，认清矛盾的性质、特点，对不同质的矛盾采用不同的解决办法，分析矛盾、解决矛盾，从而推动事物的转化和发展。

注 释

〔1〕《道德经》第四十二章。

〔2〕《列宁专题文集 论辩证唯物主义和历史唯物主义》，人民出版社 2009 年版，第 149 页。

〔3〕《毛泽东文集》第七卷，人民出版社 1999 年版，第 44 页。

〔4〕《毛泽东文集》第三卷，人民出版社 1996 年版，第 316 页。

〔5〕《建国以来毛泽东文稿》（第八册），中央文献出版社 1993 年版，第 451 页。

〔6〕《列宁专题文集 论辩证唯物主义和历史唯物主义》，人民出版社 2009 年版，第 149 页。

〔7〕《列宁专题文集 论辩证唯物主义和历史唯物主义》，人民出版社 2009 年版，第 140 页。

〔8〕《列宁专题文集 论辩证唯物主义和历史唯物主义》，人民出版社 2009 年版，第 149 页。

〔9〕《列宁专题文集 论辩证唯物主义和历史唯物主义》，人民出版社 2009 年版，第 149 页。

〔10〕《马克思恩格斯选集》第 3 卷，人民出版社 1995 年版，第 374 页。

〔11〕《列宁专题文集 论辩证唯物主义和历史唯物主义》，人民出版社 2009 年版，第 149 页。

〔12〕《斯大林文集》，人民出版社 1985 年版，第 226 页。

〔13〕《斯大林文集》，人民出版社 1985 年版，第 263 页。

〔14〕参见泰察·约万诺夫《南斯拉夫社会主义联邦共和国 1958 年到 1969 年的工人罢工》，群众出版社 1964 年版，第 157 页。

〔15〕《毛泽东选集》第三卷，人民出版社 1991 年版，第 901 页。

〔16〕《毛泽东选集》第一卷，人民出版社 1991 年版，第 320 页。

要把握适度原则

——质量互变规律

认识事物的质固然十分重要，但认识事物的量同样不可忽视，无论分析什么问题、做什么决策、采取什么举措，都要做到"心中有数"，把握适度原则。

质量互变规律是辩证法三大规律之一。事物的矛盾运动，呈现出量变和质变两种运动状态，由于其自身的内在矛盾，在一定条件下向自己的对立面转化，呈现出由量变到质变、又由质变到量变的过程。唯物辩证法质量互变原理，揭示了事物的发展是在量变的基础上由旧质向新质的飞跃。要认识和驾驭质量互变规律，做到胸中有数，把握适度原则。

一、既要认识事物的量与质，更要研究事物的度

——汽会变水、水又会变冰

小学生上自然课，有一个最普遍、最常见的实验课程：把水加热至零上 100 摄氏度时，水就沸腾变成蒸汽，由液态变成气态；把水降温至零摄氏度以下时，水就逐渐凝固成冰，由液态变为固态。对水逐步加热的过程或逐步降温的过程，就是量变，水变汽、变冰，液态变气态、固态，就是质

变，零上 100 摄氏度或零摄氏度就是汽、水、冰从量变到质变的度。细心地观察世界上万事万物的变化，这种量、质、度变化现象是自然界和人类社会普遍存在的现象。宇宙间的任何事物都具有一定的质、一定的量，在其运动、变化、发展过程中又呈现出一定的度，任何事物都是质与量的统一体，度是该事物质与量的对立统一的表现。

什么是质？**质是一事物区别于他事物的内在规定性**。

世界上的事物之所以千差万别并互相区别开来，就是因为它们各有自己质的规定性。事物一旦失去其特定的质，也就不再是这一事物，而变成其他事物了。自然体与生物体、有机物与无机物、人与低级动物等等的根本区别就是由于各自具有特定的质。

——事物的质是通过其属性表现出来的。所谓属性，就是一事物和他事物发生联系时表现出来的质的区别。由于事物联系的普遍性，具有一定特质的事物表现出许多属性。例如，金属有导电性、导热性、延展性、可熔性等属性，这些属性是金属分别被击、通电、受热、遇拉、遭压、加温时表现出来的。质是事物诸属性的有机统一。

——在事物诸多属性中，有本质属性和非本质属性的区别。本质属性的存在决定着事物质的存在，本质属性不存在了，一事物也就转化成他事物了。而非本质属性的消失，则不影响事物质的存在。生物界与人类社会是不同的事物，前者的质的规定性决定了生物界的特殊性，后者的质的规定性决定了人类社会的特殊性，决定了生物界与人类社会的本质不同。生产资料公有制是社会主义的本质属性，公有制占主体是我国初级阶段社会主义的本质属性，保持公有制占主体地位就保持其社会主义的基本性质了，否则，就不具有社会主义属性。我国正处于社会主义初级阶段，在经济基础中，存在着多种所有制成分，有公有制经济，也有私营经济、个体经济，还有股份制经济、合伙经济、混合经济等，但公有制经济占主体，在经济基础中起主导作用，私营经济、个体经济等多种经济成分是社会主义经济的组成部分和必要补充。在社会主义初级阶段，既要坚定不移地坚持公有制经济为主体，又要坚定不移地支持私营经济、个体经济的发展，国家要通过立法、行政和其他方式，指导、引导、帮助、监管私营经济和个体经济。公有制经济的主体地位以及它同其他经济成分的关系，决定了我国经济基础的本质是社会主义性质的。人们在认识事物时，一定要通过认识事物的属性，通过分清哪是本质属性、哪是非本质属性，来认识事物的性质，把握事物的变化。

——一事物区别于他事物的质的规定性，是事物存在的内在根据。认识事物的质十分重要，只有了解事物的质，才能区别事物，从而掌握事物的发展规律，找到解决问题的正确方法。对于工人阶级政党来说，认清不同社会、不同社会发展阶段质的区别，划清不同社会、不同社会发展阶段的界限，是制定正确路线、方针、政策和策略的依据。毛泽东领导中国革命，首先是正确认识中国国情，阐明中国是半殖民地半封建性质的社会，针对中国社会性质，指出中国革命"分两步走"，先进行工人阶级领导的新民主主义革命，然后过渡到社会主义革命的革命战略。既反对了放弃工人阶级领导，先支持由资产阶级政党领导的资产阶级革命，然后再进行工人阶级领导的社会主义革命的右倾机会主义的"两次革命论";又反对了毕其功于一役,革命不分阶段、一竿子到底搞社会主义革命的"左"倾教条主义的"一次革命论"。在正确分析中国社会性质的基础上,毛泽东正确分析中国社会各阶级、各阶层的状况,科学地认识中国社会各阶级、各阶层的经济地位、政治态度和阶级属性,从而搞清了"谁是我们的敌人,谁是我们的朋友"这个革命的首要问题,确立了革命的领导阶级、依靠力量、联合对象和革命敌人,制定了正确的斗争策略。正是在认识中国社会和中国社会各阶级的性质的基础上,毛泽东为中国革命制定了正确的路线、方针、战略和策略,取得了中国革命的胜利。进行社会主义建设也是这样,只有认清我国正处于社会主义初级阶段的基本国情,制定正确的社会主义初级阶段的基本路线、基本纲领、基本政策,依据国情,建立以公有制为主体、多种经济成分并存的社会主义经济制度,发展社会主义市场经济,走中国特色社会主义道路,才取得了社会主义改革开放的伟大成就。脱离我国社会主义初级阶段的国情,超越现阶段生产力发展状况,搞"纯之又纯"的公有制,排斥市场经济、排斥其他经济成分,闭关锁国搞建设,是我国社会主义建设走了二十多年弯路的重要教训。当然,放弃社会主义公有制,放弃社会主义制度,走资本主义道路,对中华民族来说,同样也是一场灾难。

什么是量?量同质一样,也是事物所固有的。**量是事物存在和发展的规模、程度、速度等可以用数量表示的规定性。**

社会主义初级阶段的社会主义经济基础既要有质的规定性,还要有量的规定性。社会主义公有制占主体既要体现在质上，还要体现在量上。

质发生变化了，一事物就会变成另一事物。质的规定性是使事物成为该事物而不是他事物的根本理由。而量的规定性则不同，同一类事物可以有不同的量，在一定限度、一定范围内，事物量的变化不会影响到事物质的变化。

任何事物都是由不同要素构成的，各个构成要素的量是互相影响、互相制约的。譬如，水是由氢元素、氧元素构成的，每一个水分子由两个氢原子和一个氧原子构成，它们互相影响、互相制约，结合成水，如果任一要素的量发生变化，就不能成其为水。譬如，国民经济必须按比例平衡发展，第一产业、第二产业、第三产业各占多少比重，第一产业中的各个行业各占多少比重，都要有合理的比例，片面强调重工业，轻视轻工业，轻视农业，轻视服务业，就会造成国民经济发展比例失调。就好比一个人，身上所需求的各种营养养分比例失调就会生病，就会影响健康。

当然，在一事物中相互结合、相互作用的各方面的量，也有主次之分，有的量关乎大局，有的量无关大局或对大局的影响很小。例如，在旧中国，工人阶级人数虽然不多，但却是新生产力的代表，是近代中国最进步的阶级，这就决定了中国共产党的阶级基础，决定了中国工人阶级的领导地位，决定了中国新民主主义革命的性质。又如，研究我国国情，必须注意人口数量，注意人口中农民的比重，这是我们认识中国国情的两个最基本的数量因素。再如，在实现中国社会主义现代化发展进程中，既要注意生产力的发展质量，也要注意生产力的发展速度。离开一定的速度，生产力的发展也就毫无意义了。邓小平在谈到我国经济发展速度时曾指出，什么叫慢？实际上慢就是停顿，停顿就是后退。逆水行舟，不进则退。看样子，如果我们始终保持6%的速度就是停顿，就是后退，不是前进，不是发展。[1]一定的生产力发展速度是必要的，一定的发展速度反映了一定的生产力水平。

认识事物的质固然十分重要，但认识事物的量同样不可忽视，无论分析什么问题、做什么决策、采取什么举措，首先要做到"心中有数"。

指挥作战，就要对敌我力量作准确的估量，从事科学研究，既要有定性分析，也要有定量分析。现代科学技术与现代化大生产都把量的分析提到十分重要的地位，以准确的数据统计作基础，运用电子计算机进行模拟实验，为科学决策提供依据。现代数学有一个分支学科叫"模糊数学"，它不是抛弃量的分析，而是运用数学方法对现实世界中一下子搞不准确数量的事物，如高速运行的物体、复杂的社会问题等，对其数量作限度的、范围的、程度的、类别的分析，实际上这也是一种定量分析。

整个现代社会是一个复杂的巨系统，把握社会规律，推进社会发展，必须对复杂的社会巨系统有清醒正确的科学认识。这就需要对复杂的社会巨系统进行科学的定量分析，只有在科学定量分析的基础上，才能实现准确的定性分析。认识社会巨系统，不仅要面对经济问题，还要面对政治问题、文化问题以及各种各样的社会问题，这些都需要作科学的定量分析，没有定量也就没有定性。比如社会动荡问题，是多种复杂的经济、政治、社会因素促成的，对此作出科学的预测和判断是一个大难题。这就要对影响社会动荡的各类因素作精确的数量分析。如果不把分配、物价、就业、卫生、人口、教育、资源、环境、社会保障等社会问题特别是贫富差距问题，保持在一个可以控制的数量范围之内，而是任其恶化，社会动荡就难以避免。目前我国贫富差距到底是什么状态，对此说法很多，究竟哪个说法是准确的，需要作科学的、精确的、整体的数量分析。只有对经济、政治、文化、教育等各方面进行了精确的定量分析，在这个基础上才能对复杂的社会巨系统问题作出精确的、定性的科学判断。科学判断最终是定性分析，然而定性分析必须有多学科的精确定量的综合分析作基础和依据。康德认为，一门科学只有成熟地运用数学，才能称其为科学。[2]他这里讲的数学不是指数量的统计和数字化，而是指实验现象背后的数学模型的解释。保尔·拉法格（Paul Lafargue，1842—1911年）在《忆马克思》中谈道，马克思认为，"一种科学只有在成功地运用数学时，才算达到了真正完善的地步"[3]。恩格斯也表达过类似的意思：数学在一门科学中应用的程度，标志着这门科学成熟的程度。可以说，社会科学一旦可以运用精确的数量分析，将意味着社会科学成为现代意义上的"科学"。在科学理论指导下广泛地收集一切可以收集的数据，加以计算和推理使之成为更为精确和严谨的定量分析，才能使对社会问题的科学认识达到科学的理论高度与深度，才能正确地认识社会问题，有效地解决社会问题。

什么是度？**质与量的统一就是度。任何事物都既有质又有量，度是质与量的统一体。**

恩格斯说："每一种质都有无限多的量的等级，如色彩的浓淡、软硬、寿命的长短等等。"[4]没有一个事物是没有质而有量的，任一事物的规格大小、程度深浅、速度快慢、水平高低，都以该事物的质作为基础，即使数学研究的纯粹的量，也存在质的差异，如正数与负数、整数与分数、偶数与奇数、有理数与无理数、实数与虚数等。同样，也没有一个事物是没有量而有质的，任何事物的质都以一定的量为条件、前提和基础。譬如，以铁制工具为标志的封建社会生产力，有多少数量铁制的犁、锹、镐等工具，这是封建社会生产力成熟的重要数量标志。

在任一事物中，质与量是相互联系、相互规定、相互制约的。一定的质决定一定的量，一定的量又决定一定的质。质规定量，量支撑质。不同质的事物是由一定的量所决定的，具有一定量的界限，超过这一量的界限，事物的质就要发生变化。量以质为基础，质制约着量，质又以一定的量作为必要条件，任何事物的质都以数量为条件。无寸土不成长城，无独木不成森林，无滴水不成江河。没有生产力数量上的大发展，社会主义初级阶段就不能向更高阶段发展，就是这个道理。

认识事物的度，正确掌握事物质与量的统一，才能把握事物变化的内在规律，有效地改造客观世界。度是一定事物保持自身质的数量界限，是事物的质所能容纳的量的活动范围，在这个数量限度内，量变不会引起质变，超出这个限度，事物就会发生质的变化。

毛泽东说："任何质量都表现为一定的数量，没有数量也就没有质量。我们有许多同志至今不懂得注意事物的数量方面……不懂得注意决定事物质量的数量界限，一切都是胸中无数，结果就不能不犯错误。"[5]例如，一个人的正常血压是舒张压60—90mmHg，收缩压90—140mmHg，低于或高于这个数量界限，不是低血压就是高血压，就会发生病变。防止血压低或血压高，就要把握好"度"，既不让血压低于这个限度，也不让血压高于这个限度。

——**认识事物的度，首先要把握事物变化的关节点**。任何事物的度都有其关节点，一定限度内的两端极限就是事物发生质变的关节点。可见光线（红、橙、黄、绿、青、蓝、紫）的波长范围是7700—3900埃的区域，波长大于7700埃的是红外线，小于3900埃就变为紫外线了。人们要学会认识到事物变化的关节点，准确地把握住关节点。当事物在某个关节点上向前运动会产生好的结果时，人们就应当促进事物向正常超越这个关节点突进；当事物在某个关节点上向前发展会产生坏的结果时，人们就应当防止事物超越这个关节点。

——**认识事物的度，就要把握好最佳适度的量**。在事物的质所能容纳的量的活动范围内，能够最好地满足事物质的需要的量，叫作最佳适度的量。比如，对农作物实行合理密植有一个最佳种植密度，对农作物进行灌溉有一个最佳灌溉时间和最佳灌溉量。每一阶段我国国民经济发展都有一个最佳适度量，低于或超过这个度都不利于该阶段国民经济的发展。当然，最佳适度量都是相对的，不是固定不变的。

——**认识事物的度，要注意掌握适度的原则，把握好分寸和"火候"**。有一个成语"过犹不及"，"不及"是达不到一定的度，"过"是超过一定的度，"不及"与"过"二者不同，但结果却只有一个，那就是把好事办砸，变成坏事。

在中国革命的历史上，曾经出现过"左"、右两种错误倾向，"左"是超越中国革命的客观条件，采取了为当时中国国情所不容的过激的路线、政策和行动，不但革命革不成，反而害了革命。王明的"左"倾教条主义路线，险些将中国革命引向失败。幸亏有了毛泽东的正确领导，才使中国革命转危为安。右是落后于中国革命的客观条件，采取了为当时中国国情所不容的落后的路线、方针和行动，导致中国大革命失败的右倾机会主义路线，把革命领导权让给资产阶级，使轰轰烈烈的大革命归于失败，大批共产党人和革命群众遭到屠杀，陷入白色恐怖之中。"左"和右造成的都是同样的结果。这就好比两个人同时掉进粪坑，从粪坑左边爬出来的人笑话从右边爬出来的人，说："你是臭的，我是香的，因为你是右派，我是'左'派。"实质上两人都是一身粪臭，味道是一样的。在中国社会主义建设道路上也是同样，超越中国社会主义初级阶段的国情，采取"过"的路线、政策，欲速则不达，不仅建不成社会主义，反而还使社会主义事业陷入濒临失败的境地。按照社会主义初级阶段的国情办事，就能够发展中国特色社会主义，我国至今的改革开放成就充分证明了这个道理。适度原则随处可见。医生给病人开药方，剂量太小，没有疗效，剂量太大，可能导致病人中毒或死亡。批评过头，让受批评的人反感，达不到教育人、团结人的目的；批评太轻，轻描淡写，不仅达不到教育人、团结人的目的，反而可能会姑息养奸、养虎为患，纵容犯错误的人。因此，在办事时，一定要反对思想上的片面性和直线性，掌握好适度原则，"不及"和"过"都是要注意防止的。

当然，还有一个成语叫"矫枉过正"，说的是纠正错误而超过了应有的限度。有人常用这句话去约束人们的活动，要人们只在修正原有规矩的范围内活动，而不许完全破坏原有规矩。在修正原有规矩的范围内活动，叫作合乎"正"，如果完全破坏原有规矩，就叫作"过正"。

　　1925年爆发的震惊中外的五卅运动，标志着中国大革命高潮的到来，风起云涌的工人运动、农民运动、青年运动和妇女运动席卷中华大地。北伐军进入湖南后，湖南农村掀起了一场迅猛异常的革命风暴，攻击矛头直指土豪劣绅、贪官污吏，旁及各种宗法的思想和制度。随后农民运动扩展到湖北、江西、河南和北方一些地区。许多地方的地主政权、地主武装被打得落花流水，农民协会成为乡村农民的权力机关。当时国民党改良派和共产党党内右倾机会主义者站在农民运动的对立面批评农民斗争"矫枉过正"，否定农民运动。毛泽东在1927年3月撰写了《湖南农民运动考察报告》一文，热烈赞颂农民群众打翻乡村封建势力的伟大功绩，尖锐地批驳党内外责难农民运动的各种谬论，阐明农民斗争同革命成败的关系。他尖锐地批驳有些人攻击农民运动"过分""未免太不成话""糟得很"的谬论，强调"矫枉必须过正，不过正不能矫枉"，认为农民运动是农民阶级推翻封建地主阶级的权力的革命。农村若不用极大的力量，绝不能推翻几千年根深蒂固的地主权力。毛泽东用"矫枉必须过正，不过正不能矫枉"驳斥上述错误言论，坚持认为要终结旧的封建秩序，必须用群众的革命方法，而不是用修正的、改良的方法。这里也讲到度的问题。就好比一个弹性很强的弯曲了的金属棒，要把它扳直，必须扳过头才能变直。适度原则，也有一个对度把握的幅度问题，把握适度的幅度，也是适度。

认识事物的度，要注意按照事物度的发展规律办事。 事物发展总是要超出自己的度，这是合乎规律的事情。把握好度，还要善于掌握事物发展的客观进程，不能主观主义地去超越事物的度。但当条件具备、时机成熟的时候，还要促进事物超出它原有的度，推进客观事物向更高阶段或程度发展，这叫作适度而动。

二、认识质量互变规律，促进事物质的飞跃
——达尔文"进化论"、斯宾塞"庸俗进化论"
与居维叶"突变论"

以自然选择为核心的达尔文进化论，第一次对整个生物界的发生、发展作出了唯物的、辩证的解释，动摇了神创论、物种不变论等唯心主义形而上学在生物学中的统治地位，使生物学发生了一场革命性变革。进化论是人类历史上第二次重大科学突破：第一次是日心说取代地心说；第二次就是进化论取代神创论和物种不变论。恩格斯将"进化论"列为19世纪自然科学的三大发现之一（其他两项是细胞学说、能量守恒和转化定律），认为它是人类哲学思想伟大变革——马克思主义哲学创立的自然科学前提。

1809年2月12日，达尔文出生在英国的施鲁斯伯里。祖父和父亲都是当地的名医，希望他将来继承祖业，16岁时便被父亲送到爱丁堡大学学医。但达尔文从小就热爱大自然，尤其喜欢打猎、采集矿物和动植物标本。学医后，他仍然经常到野外采集动植物标本。父亲认为他"游手好闲"

"不务正业",一怒之下,于 1828 年又送他到剑桥大学,改学神学,希望他将来成为一个"尊贵的牧师"。达尔文对神学院的神创论等谬说十分厌烦,仍然把大部分时间用于听自然科学讲座,自学自然科学书籍,热心于收集动植物标本,对神秘的大自然充满了浓厚的兴趣。

1831 年,达尔文从剑桥大学毕业,放弃了待遇丰厚的牧师职业,献身于自然科学研究。这年 12 月,达尔文以"博物学家"身份,自费搭上英国政府组织的"贝格尔号"军舰进行环球考察。在漫长艰苦的考察过程中,达尔文根据考察到的动植物物种变化情况,思考着一个问题:自然界的奇花异树、人类万物究竟是怎么产生的?为什么会千变万化?彼此之间有什么联系?达尔文逐渐对神创论和物种不变论产生了怀疑。1832 年 2 月底,他到达巴西,上岸考察。当他攀登到海拔 4000 多米的安第斯山上时,意外地在山顶上发现了贝壳化石。达尔文非常吃惊:"海底的贝壳怎么会跑到高山上了呢?"最后他终于搞明白了地壳升降的道理,得出了一个科学结论:"这条高大的山脉地带,在亿万年前,是一片海洋。"当到了安第斯山的最高峰时,他俯瞰山下,发现山脉两边植物的种类并不相同。再仔细一看,即使同一种类,也相差很远。它们为什么会有如此明显的差别呢?达尔文进一步认识到:"物种不是一成不变的,而是随着客观条件的不同而相应变异!"

在历时五年的环球考察中,达尔文积累了大量的资料。回国之后,他一面整理资料,一面深入实践,同时,查阅大量书籍,为他的生物进化理论寻找根据。1859 年 11 月,达尔文经过二十多年研究而写成的科学巨著《物种起源》终于出版了。《物种起源》是达尔文进化论的代表作，标志着进化论的正式确立。书中用大量资料证明了世界上的一切生物都不是上帝创造的，而是在遗传、变异、生存斗争中和自然选择中由简单到复杂、由低级到高级不断变化发展的，进而提出了生物进化论学说，摧毁了各种唯心的神创论和物种不变论。

紧接着，达尔文又撰写出版了他的第二部巨著《动物和植物在家养下的变异》，以不可争辩的事实和严谨的科学论断，进一步阐述了他的进化论观点，提出了物种的遗传和变异、生物的生存斗争和自然选择等重要论点。1882年4月19日，这位伟大的科学家因病逝世，世人把他的遗体安葬在牛顿的墓旁，以表达对这位科学家的敬仰。

达尔文进化论科学地证明了事物发展的质量互变规律的普遍性和客观性。在生物界，每个物种受一定自然条件的影响和作用，在互相竞争的生长过程中，有一个量变的过程，有一个一代一代基因遗传的过程，当量变积累到一定程度，物种的基因发生突变，遗传发生中断，就会产生物种的变异，即质变。

量变与质变是事物运动的两种状态，量变与质变相互依存、相互渗透，在一定条件下相互转化，由量变到质变，再由质变到新的量变。

事物的质与量都是运动变化的，没有绝对固定的质，也没有绝对固定不变的量，事物的质量互变是客观的，又是普遍存在的。

什么是量变？**量变是事物在数量上的增加或减少，是一种连续的、逐渐的，有时是不显著的变化。**我们在日常观察中所看到的事物的统一、静止、平衡、相持等状态，都是事物处于量变过程之中呈现的状况。

什么是质变？**质变是事物根本规定性的变化，是由一种质态向另一种质态的突变，是该事物渐进过程的中断，是质的飞跃，是事物内部统一、相持、平衡状态的破坏，统一物的分解、对立、运动就是事物处于质变过程中的状态。飞跃是质变成功的表现。**

——**事物的质变是由量变引起并总是先从量变开始的。**老子说："合抱之木，生于毫末；九层之台，起于累土；千里之行，始于足下。"[6]荀子（约前 313—前 238 年）说："积土成山"，"积水成渊"，"不积跬步，无以至千里；不积小流，无以成江海"。[7]这都包含由量的积累引起质变的思想。

——**量变和质变的互相转化就是质量互变，这是事物发展的普遍规律**。事物在数量上的增加和减少，在一定限度内，不致引起质的变化。然而，量的变化一旦超出这个界限，旧质就会消灭，新质就会产生，这就是由量变到质变的转化。然而，在新质的基础上，又会发生新的量变过程，这是由质变到量变的转化。量变引起质变，质变又引起了新的量变，由量变到质变，再由质变到量变，循环往复以至无穷，构成了事物无限多样的发展过程。

人们的社会实践和科学研究证明了质量互变规律是普遍存在的客观规律。量变引起质变的规律在自然界的无机物中是普遍存在的，如宇宙现象、物理现象、化学现象，俯拾皆是，在化学运动中表现得尤其明显。恩格斯说："化学可以说是研究物体由于量的构成的变化而发生的质变的科学。"[8]门捷列夫（Mendeleyev，1834—1907年）的元素周期表说明，在自然界，原子量的变化引起元素质的变化。现代科学更加精确地断定，原子核电荷数量的变化引起元素的质变。有机化学的每一个同系列表明化学运动中量向质的转化。

生物物种的进化，由旧物种到新物种的转化，也是从量的积累到质的飞跃过程。生物进化的根本原因是生物体内部遗传和变异的矛盾。除此之外，还需要一定的外部条件。在环境的影响下，旧物种逐渐获得某些性状和机能，积累到一定程度，变异性因素战胜了遗传性因素，旧物种发生质变，成为新物种。

人类社会的发展，也是渐进性的量变进化和飞跃式的质变变革互相交错的过程。社会生产力发展到一定程度，现存的生产关系便不再适应生产力发展的要求，就会引起社会革命，生产方式和整个社会就会发生根本的质变。

人的认识，由肤浅的表面认识，进到深刻的规律性认识，也是一个由量变到质变的发展过程。感性材料十分丰富并合乎实际，才能实现向理性认识的飞跃。科学上每一次重大的突破，都有一个反复实践、积累材料、酝酿准备的过程。

量变质变是互相作用、互相制约、辩证统一的。量变是质变的必要准备，质变是量变的必然结果。没有量变，不可能发生质变，量的变化积累起来，达到一定程度，就不可避免地引起质变。另一方面，质变又带来新的量变，为新的量变开辟空间。旧质限制了量的活动范围，如果不通过质的根本变革，量的变化就不能超出这个限制范围。只有质变，才能在新质的基础上，开始新的量变。

量变是渐进的发展，质变则是中断式、跳跃式、飞跃式、突变式的发展。

没有旧质向新质的质变式的飞跃就没有发展。譬如，社会革命就是历史发展的中断、飞跃和质变。在旧社会内部，新社会的因素酝酿成熟到一定程度，造成了新制度的生产因素，就会酝酿革命，社会革命就是质变，这种质变意味着社会的跳跃式发展。中华人民共和国成立，彻底改变了旧中国半殖民地半封建社会的社会性质，新中国代替旧中国，中国社会发生了一次质的跳跃式飞跃。当然，质变并不意味着量变不重要，没有量变就没有质变，当量变积累到一定程度，不实现质的变革，事物就不可能继续前进，质变遂成为事物发展的决定性因素。譬如，水不断地加热升温，加热到沸点，就会沸腾起来，如果沸水在有盖的容器里，水蒸汽就可能冲破容器盖。在质变量变的关系上，既要反对忽视质变的重要意义，反对把发展仅仅归结为量的增减，又要反对不加分析地讲质变优于量变，否认量变是质变的必要准备。

质变有前进性和倒退性两种状况。

新的战胜旧的，新质战胜旧质，新物种取代旧物种，高级社会形态代替低级社会形态，由无知发展到有知，是前进性质变；生物物种的退化，思想道德的堕落，旧社会的暂时复辟，革命党和革命者的腐化，是倒退性的质变。事物发展的总趋势是前进的，倒退只是暂时的。无论前进性质变或倒退性质变，都是由量变引起的，量变也有向下、向上两种状态的区别。一定程度的向上的量变引起前进性的质变，一定程度的向下的量变引起倒退性的质变。

由于量变与质变有向上或向下、前进性或倒退性的区别，因此在实际工作中必须区分哪些是向上的量变，哪些是向下的量变，哪些是前进性的质变，哪些是倒退性的质变。向上是新量的增加，向下是旧量的减少，前进性的是新质的变化，倒退性的是旧质的变化。我们要做向上的量变、前进性的质变的促进派。对于向上的量变和前进性的质变，要创造条件，积极促进；对于向下的量变和倒退性的质变，要防微杜渐，防患于未然。

形而上学反对唯物辩证法的质量互变规律原理。

一种形而上学的观点是只承认量变而否认质变。19 世纪末 20 世纪初英国哲学家斯宾塞（Spencer，1820—1903 年）提出庸俗进化论，只承认事物发展的渐变，否认事物发展中的突变，只承认发展中的量变，否认事物发展的质变，否认事物发展变化的根本原因是事物的内部矛盾性。他认为自然界现有的秩序是一种渐进过程的产物，事物发展的渐进性乃是宇宙的根本规律。斯宾塞企图用生物进化的庸俗观点来说明社会现象，认为社会的发展同样只有量变，人类社会只是逐渐进化的历史，而不是矛盾斗争和社会不断革命的历史。他庸俗地套用达尔文进化论，用种族之间斗争的"优胜劣败"或气候、地理环境的因素来解释社会现象，否认社会内部的深刻矛盾是社会发展的根本原因，反对阶级斗争和社会革命，主张改良和阶级调和。斯宾塞的庸俗进化论实际上是资产阶级的反动政治哲学，是资产阶级改良主义的理论基础，它意在不触动资产阶级统治的条件下，实行某些微小的改良，反对社会主义取代资本主义的社会革命。

还有一种形而上学的极端观点是不承认质变有一个量变

过程，否认量变在事物发展中的作用，这就是19世纪法国自然科学家居维叶（Cuvier，1769—1832年）的"突变论"。19世纪到20世纪法国生命哲学家伯格森（Bergson，1859—1941年）的"创造进化论"是这种极端观点的代表。"突变论"认为，有机界的变化是由于突然性的质变所引起的；"创造进化论"把进化看成是绝对新的东西的连续制作。这些观点都否认质变是量变的结果，否认发展是事物自身量变引起的质变。在工人运动和社会主义革命进程中，无政府主义和"左"倾冒险主义看不到社会变革需要有一个过程，不承认革命有一个积蓄力量的过程，需要有一个量变到质变的过程，不愿意做艰苦的革命准备工作，企望革命一举成功。如今在推进社会主义的改革过程中，无论是经济体制改革，还是政治体制改革，都要有准备、有步骤，逐步进行，循序渐进。不做准备，贸然从事，会给社会主义改革开放事业带来巨大损害。

三、把握总的量变过程中的部分质变
——关于中国特色社会主义所处时代
和历史方位的科学判断

在总的量变过程中发生阶段性的部分质变，这在自然界和人类社会中是极其普遍的现象。

譬如，任何一个生命体，从生成到死亡是一个总的量变过程，生成是一次根本质的变化，死亡也是一次根本质的变化，然而在从生到死的总的量变中，总要发生阶段性的部分质变。小麦从种子发芽而生成一直到枯萎而死是总的量变过程，然而在总的生长过程中，种子萌芽是一次阶段性的部分质变，破土而出又是一次阶段性的部分质变，拔节生长也是一次阶段性的部分质变，抽穗成熟又是一次阶段性的部分质变，在总的量变生产过程中，小麦一部分一部分的阶段性质变终将会走到枯黄死亡的完全质变。一个苹果从成熟到完全腐烂有一个部分质变的过程，先是一部分一部分地腐烂坏死，最后发展到全部腐烂坏死，部分质变发展到根本质变。人从生到死是一个总的量变过程，其中童年、少年、青年、壮年、老年都是阶段性的质变。社会历史也是这样，从自由资本主义到垄断资本主义，再到现代资本主义，是资本主义社会总的量变过程中的阶段性的部分质变。

量变与质变并不是绝对分开的，而是互相交叉、互相渗透的。在量变中有部分质变，在总的量变过程中包含着许多部分质变。

部分质变，或者表现为根本性质未变只是比较次要的性质发生变化，使事物呈现出阶段性；或者表现为就整体来说性质未变而其个别部分发生性质的变化。

以总的量变过程中的部分质变的观点来观察社会历史进程，就可以正确判断今天我们中国特色社会主义所处的时代和历史方位。

根据马克思、恩格斯的时代判断，从总的量变进程来看，从人类历史发展长河的总体上来说，我们正处在资本主义要逐步走向灭亡、社会主义要逐步走向取代资本主义的历史时代，充满了社会主义与资本主义两种力量、两种命运、两种前途、两种道路的生死博弈。在该时代，工人阶级处于努力进行社会主义革命和社会主义建设的历史方位上。

迄今为止，总的时代特征并没有改变，但是在该时代总的发展进程中,已经经历了第一个历史阶段,走过了第二个历史阶段,正处在第三个历史阶段。这三个阶段分别呈现出不同的阶段性特征。

——**从世界近代以来的历史发展进程来看,第一个阶段是马克思、恩格斯所处的自由竞争资本主义与工人和社会主义运动兴起阶段**。由于自由竞争资本主义不可克服的内在矛盾已经十分尖锐、完全暴露出来了,阶级对立,两极分化,工人阶级作为新生产力的代表已经登上政治舞台,工人阶级与资产阶级的阶级搏斗已经展开。马克思、恩格斯对自由竞争资本主义阶段的特征作了科学明确的判断,从而揭示了资本主义必然灭亡、社会主义必然胜利的历史一般规律,体现在他们的不朽著作《资本论》中。

——**第二个阶段是列宁所处的垄断资本主义阶段,即帝国主义战争与无产阶级革命阶段**。列宁认为,由于自由竞争资本主义内部矛盾激化,资本主义从自由竞争走向垄断,发展到垄断资本主义即帝国主义阶段。帝国主义并没有消除自由竞争资本主义的内在矛盾,反而使其更为激化。帝国主义因争夺殖民地而导致帝国主义之间的矛盾激化,从而引发战争。战争引起革命。由于帝国主义经济政治发展的不平衡,社会主义革命有可能在资本主义统治的薄弱环节发生。列宁的判断是符合 19 世纪末 20 世纪初自由竞争资本主义发展到垄断资本主义即帝国主义阶段的特征的。因垄断资本主义自身不可克服的内在矛盾而导致资本主义总危机的爆发,引起战争,战争引发革命。列宁所处时代正处于帝国主义战争和无产阶级革命时代,时代主题是战争与革命,这是符合当时时代所呈现出来的阶段性部分质变特征的。第一次世界大战引发十月革命；第二次世界大战引发一系列社会主义革命（包括中国革命），这些历史事实证明了列宁的判断是正确的，列宁的《帝国主义论》正是对该时代阶段的理论判定。

——**第三个阶段就是中国特色社会主义所处的发展阶段，即当代社会主义与资本主义斗争与发展阶段**。随着国际形势的变化，时代发生了阶段性的变化，出现了新的阶段性特征，需要对时代的阶段性特征的变化作出新的判断。邓小平率先对时代的阶段性特征变化作出新判断。20世纪六七十年代东西方冷战还没有完全结束，东西方对抗、美苏争霸还是国际形势的主要方面，但进入20世纪七八十年代以来，苏东剧变，冷战结束，社会主义阵营不复存在，国际形势逐渐发生变化。邓小平第一个作出总的时代没有变但有了新的阶段性特征变化的判断。他认为当今世界面临两大问题：一是和平，一是发展，而不是战争与革命。和平与发展两大时代主题的判断符合第三个阶段性部分质变的特征变化。邓小平的战略性判断决定了我们国内政策和对外关系总方针的重大转变，引起了我们处理国内、国际问题的策略发生改变，以经济建设为中心，实行社会主义改革开放的总国策，构建和平的外部环境，集中力量搞国内建设，走中国特色社会主义和平发展道路。

和平与发展是对今天发展阶段时代主题的判断，是对今天资本主义与社会主义两大力量对比发生阶段性变化的科学分析，并不影响对总的时代特征的总的性质的判断。和平与发展是主题，并不是说资本主义生产的社会化和占有的私人性质的基本矛盾就消失了，况且和平与发展的问题，至今一个也没有解决。国际金融危机充分说明资本主义社会基本矛盾依然存在、依然起作用、依然不可克服，只不过表现形式不同，总的历史趋势没有改变，总的时代性质也没有发生根本质变。

事实上，无论哪一部分质变，对于事物的根本质变来说，都是总的量变过程中较小范围或较小规模的飞跃。然而，部分质变会促进总的量变，并为整个事物的根本质变创造条件，因而对于事物的发展具有重要意义。

俗话说，饭是一口一口吃的。在中国革命战争年代，仗是一次一次打的，敌人是一个一个消灭的，根据地是一块一块建立的。我们党通过在农村一块一块地建立革命根据地，一个一个地建立革命政权，一部分一部分地消灭敌人，一次一次地夺取阵地，最后取得全国革命的胜利。在我国改革开放时期，可以允许一部分地区先富起来、发展起来，最后通过统筹兼顾，走共同发展、共同富裕之路，这就是革命和建设的阶段性与渐进性的统一，是总的量变过程中的阶段性质变，阶段性质变的逐步累加必然带来根本性的质变飞跃。

在质变过程中，也有量的扩张。

因为，事物的飞跃、质变也有一个过程，在事物的质变开始后，伴随新的质大量增加，量也迅速扩张，这就是质变过程中量的扩张过程。我们既要看到量变中有质变，也要看到质变中有量变。

四、要研究质量互变的特殊性
——事物质变的爆发式飞跃和非爆发式飞跃

把握质量互变规律，最重要的是掌握质量互变规律的特

殊性。

不同事物的内部矛盾和外部条件的特殊性，决定了事物的量变、质变、质量互变是具体的、多样的。例如，自然界的质量互变和人类社会的质量互变就不同。同是自然界，物理现象、化学现象、生物现象的质量互变也不同。在现实生活中，认识质量互变问题，一定要具体分析量变如何引起质变、质变如何决定量变、量变中如何有质变、质变中如何有量变的特殊性，一定要具体问题具体分析。就拿战争来说，解放战争中的辽沈战役、平津战役、淮海战役这三大战役，战争发生的地理条件不同，军队的数量不同，兵力的组织和部署不同……对这些不同的量都要作具体分析，才能制定出正确的作战方针和方案，才能取得战胜对手的根本质变。三个战役采取同样的作战方案、同样的打法肯定不行。

事物的一种质转变为另一种质，都是通过飞跃即渐进过程的中断来实现的。

譬如，生物的基因突变现象，引起物质的质变或部分质变。事物的飞跃即事物的质变，其形式也是千差万别、十分不同的。由于事物内部矛盾的特殊性及该事物外部条件的特殊性，决定了事物飞跃的形式不是千篇一律的。

在自然界和人类社会，质变的飞跃大体上分爆发式飞跃和非爆发式飞跃两大类。爆发式飞跃表现为对立双方剧烈的外部冲突，非爆发式飞跃不表现为对立双方剧烈的冲突。

自然现象中打雷、闪电、地震、火山爆发、天体冲撞等，都是爆发式飞跃。人类社会的战争也是爆发式飞跃。生物的生长、社会的改良等，都是非爆发式的飞跃。

在社会领域中，一般来说，爆发式飞跃是对抗性矛盾的

解决形式，非爆发式飞跃是非对抗性矛盾的解决形式。

在一定条件下，对抗性矛盾也可能采取非爆发式飞跃形式，非对抗性矛盾也可能采取爆发式飞跃形式。在解放战争时期，长春是通过围城而迫使国民党军队投降而导致和平解放的，天津是直接运用战争手段解放的，北平则通过争取国民党军队起义而和平解放的，这些城市获得新生就是质的飞跃，但它们质变的形式即飞跃的形式不同，有的是爆发式飞跃，有的则是非爆发式飞跃。

毛泽东在《矛盾论》中指出："对抗是矛盾斗争的一种形式，而不是矛盾斗争的一切形式。"[9]根据这一论述，**可以把对抗理解为在矛盾发展的一定阶段上，矛盾双方采取外部冲突即爆发式飞跃的形式来解决矛盾的一种斗争形式，对抗是矛盾的特殊解决形式。只有矛盾双方在本质上根本对立，最后又不得不采取外部冲突即对抗的形式（爆发式飞跃）来解决的矛盾，才是对抗性矛盾。矛盾双方在本质上根本一致，而在矛盾发展的最后又不必采取外部冲突的形式来解决的矛盾，是非对抗性的矛盾，非对抗性矛盾一般采取非对抗的斗争形式即非爆发式飞跃的方式来解决。**

在我国社会目前阶段，仍然存在两种不同性质的矛盾：一种是敌我矛盾，一种是人民内部矛盾。这是两种不同性质的矛盾，不同质的矛盾必须用不同质的办法来解决。

从总体上看，人民内部矛盾是非对抗性矛盾，应当采取非对抗性、非爆发式的办法来解决。敌我矛盾是对抗性矛盾，在革命战争年代，可以用暴力革命的办法即爆发式飞跃的办法来解决，当然也不排除一定条件下用和平的办法来解决。在社会主义和平建设时期，一般采取非爆发式的办法来解决，用法律的、专政的办法来解决。如果混淆了两类不同性质的矛盾，用解决敌我矛盾的办法解决人民内部矛盾，就会出问题。当然，失去警惕，处理不当，人民内部矛盾也有可能激化或转化，出现严重的矛盾对抗和社会冲突。

面对复杂的国内外因素的综合作用，面对交错复杂的社会矛盾局面，如果我们失去警惕、混淆矛盾、政策不当、处理不妥，在一定条件下，人民内部的一些矛盾就有可能激化，以致产生对抗现象，人民内部的非对抗性矛盾就有可能转化为对抗性矛盾，甚至人民内部矛盾也可能转化为敌我矛盾。比如工人罢工、群众性的暴力冲突和流血事件，其中有些是因生活消费品供应不足或涨价引起群众不满，加上处理不当，使得矛盾积累、激化，最后导致成为对抗性的冲突，如果缺乏及时有力的处理，也会发展到暴力冲突的地步。在对抗性冲突中，除个别的少数坏人之外，大多数参与事件的人民群众，还是属于人民内部矛盾。对于人民内部所出现的矛盾对抗现象，如果不进一步采取及时有力的措施，也有可能进一步激化甚至转化为敌我矛盾。当然，人民内部的对抗现象只是人民内部非对抗性矛盾所采取的一种斗争形式，它不是最后的矛盾解决办法，也不是可采取的唯一解决方式，它往往是由于人们主观上警惕不够、行动上处理不当而造成的暂时的、局部的矛盾对抗现象，这并不反映人民内部非对抗性矛盾的本质。人民内部出现的矛盾对抗现象，不等于人民内部矛盾的非对抗性质，它只是人民内部非对抗性矛盾所采取的一种暂时的、个别的斗争形式。

在我国复杂的现实生活中，一定范围内存在的阶级斗争同人民内部的非阶级斗争性质的矛盾、一定数量的敌我矛盾同大量表现出来的人民内部矛盾、不占主导地位的对抗性矛盾同占主导地位的对抗性矛盾,并不是泾渭分明、清清楚楚地呈现在人们面前的,而往往交织在一起、难分难解,构成错综复杂的社会矛盾局面。在社会主义初级阶段,这种复杂的社会矛盾现象尤为突出。例如,学生、工人、农民、普通市民上街游行事件,一般来说,绝大部分群众主观上是爱国的,属于人民内部矛盾,但究其事件的起因来讲却又十分复杂,有敌对势力从中破坏的原因,也有我们工作中的失误和缺点引起群众不满的因素……其中隐蔽的、蓄意煽动破坏的极少数坏人则属于敌我矛盾。

一般来说,对于人民内部的矛盾对抗激化,直至出现爆发性的飞跃变化,都应采取非爆发式的解决办法,当然,对极个别的情况,也会不得已而采取爆发式飞跃的解决办法。

量变、质变的相互转化,总的量变过程中有部分质变,在质变过程中也有量的扩张,反映了事物发展的阶段性、连续性的统一。

任何新旧事物之间,甚至在同一事物、同一事物的同一变化过程的不同阶段,都是阶段性和连续性的统一。中国革命分为新民主主义革命和社会主义革命两个既相互区别又相互联系的阶段,社会主义初级阶段和更高阶段也是既相互区别又相互联系的阶段。既不能超越事物发展的阶段,又不能把事物的不同阶段截然分开,须知事物发展的前一阶段是为后一阶段作准备的,后一阶段需要有前一阶段作铺垫。既要反对"超越论",又要反对"落后论"。革命、改革与建设必须是最高纲领和最低纲领的结合,既要着眼于未来,又要从眼前的情况出发,既要一步一步脚踏实地地解决现实问题，同时又要着眼未来，树立远大理想，不能搞短期行为和"一锤子"买卖。

结　　语

关于质量互变规律，历来存在唯物辩证法和形而上学两种根本不同的观点。形而上学或是把一切变化都归于纯粹的量变，否认事物的质的变化，不承认一定的量变可以转化为质变；或是走到另一个极端，否认量变在事物发展中的作用，不承认质变有一个量变过程。要坚持唯物辩证法关于质量互变规律的原理，反对形而上学的极端观点，把握好适度原则，用来指导实践。

注　释

〔1〕参见邓小平1992年5月22日视察首钢时的讲话。

〔2〕参见雅斯贝尔斯《什么是教育》，生活・读书・新知三联书店1991年版，第115—116页。

〔3〕中共中央马克思恩格斯列宁斯大林著作编译局编：《回忆马克思》，人民出版社2005年版，第191页。

〔4〕《马克思恩格斯文集》第9卷，人民出版社2009年版，第497页。

〔5〕《毛泽东选集》第四卷，人民出版社1991年版，第1442页。

〔6〕《道德经》第六十四章。

〔7〕参见《荀子・劝学》。

〔8〕《马克思恩格斯文集》第9卷，人民出版社2009年版，第467页。

〔9〕《毛泽东选集》第一卷，人民出版社1991年版，第334页。

新事物终究战胜旧事物

——否定之否定规律

肯定一切，把一切都看作完美无缺的，就否认了事物发展前进的必要性，丢掉了事物发展前进的条件和前提；否定一切，就否认了事物发展前进的可能性和必然性。无论是肯定一切还是否定一切，实质上都是形而上学否定观的不同表现。

否定之否定规律是辩证法三大规律之一。否定之否定规律表明：由于事物内部的矛盾斗争和向对立面的转化，事物的发展总是表现为螺旋式上升、波浪式前进的运动，在发展进程中有曲折、回复，甚至会有暂时的倒退，但新生事物战胜旧事物是不可抗拒的自然法则。否定之否定规律原理揭示了事物发展的一般趋势和必然逻辑。

一、坚持辩证的否定观

——胚对胚乳的否定、麦株对麦种的否定

什么是哲学意义上的否定？

了解否定之否定规律，首先要搞清楚否定概念的科学内涵。哲学上讲的否定概念是有特定的哲学含义的，同人们日常话语所讲的否定不是一个意思。作为哲学概念的否定没有贬义，没有绝对否定的意思。哲学上讲的否定是普遍存在于宇宙间的客观现象，是客观的，而不是主观的。**否定概念不过是自然界、人类社会和人类思维普遍存在的客观现象在人们头脑中的反映而已，是人们对这种客观现象的哲学概括。**

对待否定现象，有唯物辩证法和形而上学两种截然对立的见解。

形而上学虽然也承认否定现象的客观存在，但认为否定是由外部原因决定的，否定就是全盘抛弃；唯物辩证法同样承认否定现象的客观存在，承认否定的外因作用，但认为否定是事物内部自身原因引起的自我否定，自我否定是事物否定现象的根本原因，否定是事物内部自在矛盾的结果。唯物辩证法认为否定是一事物向他事物的转化，是质的飞跃，是事物发展和联系的环节，否定是扬弃。当然，唯心主义辩证法也承认否定的自我否定的特性、否定的扬弃的特性，但不承认否定的客观性，把否定仅仅理解为纯粹思想理念的纯逻辑运动。

否定、肯定与自我否定。

在自然界中，麦种在适当的土壤、水分、温度和养分的条件下，生长为麦株，麦株是对麦种的否定。麦株对麦种的否定是小麦这一具体事物内部的自我否定。**宇宙间任何事物的内部都包含着肯定和否定两个方面**，如电的正极与负极、数的正数与负数等，**肯定方面是保持事物存在的方面，否定方面是促进事物灭亡的方面。**肯定方面和否定方面既统一又斗争，构成了事物内部的两个方面的对立统一。肯定与否定对立斗争的结果是否定方面战胜肯定方面，取得支配地位，

事物就转化到自己的对立面，这就是事物的自我否定。在麦种里，胚是否定方面，胚乳和种皮是肯定方面。胚在种皮的保护下，从胚乳中不断吸收营养物质，在适度条件下，生长分化出胚根、胚芽和子叶，突破种皮外壳，逐步生长发育成麦株（麦苗、麦秸、麦叶、麦粒），原来的麦种被否定了。麦株否定麦种的根本原因在于麦种内部的自身否定，适当的土壤、水分、养料和温度只是麦株否定麦种的外部条件，即外因。胚与胚乳、种皮之间的对立统一的斗争是麦株否定麦种的内部根据，即内因。雏鸡从鸡蛋中孵出，雏鸡是对鸡蛋的否定，但这种否定是鸡蛋内部的自我否定。受精的蛋黄是鸡蛋的否定方面，蛋清和蛋壳是鸡蛋的肯定方面，在一定温度下，蛋黄不断地吸收蛋清中的养分，并且接受蛋壳的保护和对温度的传递，逐步发育为幼鸡，最后冲破蛋壳，小鸡就是对鸡蛋的否定，即鸡蛋的自我否定。人类社会也是这样。在资本主义社会，社会生产力是否定方面，资本主义私有制的生产关系是肯定方面，社会生产力不断发展，必然冲破资本主义私有制生产关系的束缚，新的生产关系因社会生产力的需要而取代资本主义生产关系。资本主义生产力与生产关系的矛盾必然表现为工人阶级与资产阶级的人与人之间的阶级矛盾与阶级斗争，工人阶级是否定方面，资产阶级是肯定方面，工人阶级在同资产阶级的斗争中不断发展壮大，最后战胜资产阶级。社会主义社会对资本主义社会的否定，是资本主义社会内部的自我否定。

一切事物在产生时其内部就已经孕育了自己否定自己的因素，任何事物都要自我否定，走向自己的反面，永恒且长存的事物是不存在的。老子说"反者道之动"[1]，就说明了事物自我否定的道理。任何生命都包含着其否定的因素——死亡，因而任何生命总要由生转化为死，生意味着死。任何社会形态也包含着其否定的因素，原始共产主义社会内部包含其否定因素——奴隶社会的东西，奴隶社会内部包含着其否定因素——封建社会的东西，封建社会内部包含着其否定因素——资本主义社会的东西，资本主义社会内部包含着其否定因素——共产主义社会的东西，任一社会形态迟早要被更高级的社会形态所代替。马克思说"辩证法在对现存事物的肯定的理解中同时包含对现存事物的否定的理解，即对现存事物的必然灭亡的理解"[2]，讲的就是这个道理。

唯物辩证法的否定观就是辩证的否定观。

——辩证的否定观认为，否定是事物发展进程中具有决定作用的环节。**新事物代替旧事物，就是辩证的否定**。马克思说："一切发展，不管其内容如何，都可以看做一系列不同的发展阶段，它们以一个否定另一个的方式彼此联系着……任何领域的发展不可能不否定自己从前的存在形式。"[3]任何现实存在的事物都是一定条件下产生出来的，该事物所赖以存在的条件构成了该事物存在的理由，即存在的必然条件。随着时间的推移和条件的变化，该事物会逐步丧失其存在的理由即存在的条件，这样一来，它的消亡、为另一事物所代替也就成为必然。从这个意义上来说，否定是新事物与旧事物联系和替代的中间环节。当麦种被麦株所代替时，是麦株否定了麦种，是麦种自身内部胚对胚乳、种皮的否定，正是这种否定，构成了麦种与麦株、胚与胚乳、种皮联系与发展的决定性环节。当一种社会生产关系适合生产力发展时，该生产关系起着推动生产力发展的积极作用，而该生产关系所适应的生产力却同时产生出新的因素，逐步否定原有生产关系，原有生产关系逐步变成阻碍生产力发展的消极东西，新的生产力就会否定原有生产关系，适合生产力发展要求的新的生产关系就会取代旧的生产关系，从而旧的生产关系被新的生产关系所否定，旧社会被新社会所否定。自然界和人类社会就是不断地经过事物内部自我否定的环节而普遍联系着、不断发展的。

——辩证的否定观认为，否定中有肯定，肯定中有否定，决定了发展过程表现为连续性与非连续性的统一。旧事物是新事物产生的基础和条件，新事物要继承旧事物中合理的成分，这就是发展的连续性；肯定中有否定，发展中有质的飞跃，新事物代替旧事物，这又是发展的非连续性。事物发展的进程是否定中有肯定、肯定中有否定的过程，这就是发展的连续性与非连续性的辩证统一，否定是新旧事物相互联系和替代发展的环节。任何新事物都不是凭空出现的，而是从旧事物内部发展起来的。新生儿是在母体中孕育出来的，新事物是在旧事物中产生出来的，新社会的因素是在旧社会怀抱中发育起来的。作为对旧事物的否定而产生出来的新事物，是在保留了旧事物所包含的积极成果的基础上发展起来的。麦株是对麦种否定的结果，但麦株的产生离不开麦种提供的养分、基因和生长条件，麦株成熟后所孕育出新的麦种，自然保留旧麦种的遗传基因。所有的生物，一代一代的都相互保留前代的遗传基因，构成一代一代生育和繁殖的前提和基础。社会主义社会是从旧社会母体中产生出来的，它必然继承资本主义社会的一切积极成果，包括资本主义社会已经继承的以往社会形态的一切积极成果，这些积极成果构成了社会主义社会进一步发展的条件和前提。所以列宁指出:"辩证法的特征的和本质的东西不是单纯的否定,不是徒然的否定……而是作为联系环节、作为发展环节的否定。"[4]如果不承认否定是联系和发展的环节,把以往的一切全盘否定,这就否定了更高级东西进一步发展的基础和可能性,也就否定了新事物必然代替旧事物的必然性。在现实生活中,全盘否定一切、推翻一切,或全盘肯定一切、接受一切,都是有害的。比如,搞社会主义建设,如果完全抛弃资本主义的一切积极成果,必定走进发展的死胡同。如果不抛弃、克服资本主义消极的东西,也就不成其为社会主义。

——**辩证否定观主张的否定的实质就是扬弃。什么叫扬弃?哲学上的扬弃就是指新旧事物之间既否定又肯定、既克服又保留、既变革又继承的关系**。辩证的否定观认为,辩证的否定,一方面是新事物否定旧事物、克服旧事物、变革旧事物,是事物之间质的根本改变;但另一方面,新事物在否定、克服、改变旧事物的质的过程中,又肯定、保留、继承了旧事物中积极的东西,新旧事物之间存在着不可分割的必然联系,存在着发展的连续性、继承性、肯定性。任何新事物中必然存在着旧事物的因素,我国社会主义现阶段的市场经济就肯定了资本主义社会中积极的东西,新生儿必然继承父母亲的遗传基因,麦株继承了麦种的基因成分……世上一切事物都是相互联系与发展的,客观现实生活中存在的否定现象就是这种辩证的否定,这种否定就叫作扬弃。

辩证法所讲的扬弃具有方法论意义。辩证否定观的本质就是承认肯定与否定的对立统一。承认扬弃,这就要求人们对事物不能简单地肯定一切或否定一切,而是要依据事物发展的规律和条件，审慎地进行扬弃。辩证法与形而上学这两种否定观是根本对立的世界观、方法论。形而上学认为，否定就是否定一切，或是简单说"不"，或是宣布某一事物根本不存在，或者对某一事物全盘否定、全盘消灭，这是主观的、任意的、从外部强加给事物的否定，是简单否定，是一笔勾销，是没有任何肯定、保留与继承的否定。在哲学史上，费尔巴哈对黑格尔哲学的否定就是这样一种形而上学的否定。他在否定黑格尔哲学的唯心主义体系时，连同其辩证法中的合理内容也一并抛弃了。恩格斯批评了这种简单的否定，他说："像对民族的精神发展有过如此巨大影响的黑格尔哲学这样的伟大创作，是不能用干脆置之不理的办法来消除的。必须从它的本来意义上'扬弃'它，就是说，要批判地消灭它的形式，但是要救出通过这个形式获得的新内容。"[5] 马克思、恩格斯扬弃了黑格尔和费尔巴哈古典哲学，批判它们错误的东西，继承它们合理的东西，把唯物主义和辩证法结合在一起，创立了辩证唯物主义。把人类哲学思想推向一个新的阶段。

——**对任何历史文化遗产，辩证否定观提倡的扬弃就是批判地继承，这就是科学的态度。肯定一切、否定一切，都是片面的**。毛泽东指出，必须把过去的文化分解为精华和糟粕两部分，剔除其糟粕，吸取其精华。简单地肯定一切或否定一切都是错误的。对历史文化采取复古主义态度就是简单地肯定一切，只要继承，不要变革，对过去的一切不论是精华还是糟粕，不加批判地全盘接收；对历史文化采取虚无主义态度就是简单地否定一切，只要变革，不要继承，对过去的一切一概加以排斥、抛弃。这两种态度都不是科学的态度。俄国十月革命以后在苏联一度出现的"无产阶级文化派",认为无产阶级必须完全抛弃以往的一切历史文化遗产,主张在空地上建设社会主义,甚至要挖掉革命前沙俄留下的铁路,认为那是资产阶级的东西。我国"文化大革命"中,"四人帮"主张的"破四旧""大批判""宁要社会主义的草,不要资本主义的苗"的否定一切、批判一切、抛弃一切的做法,是对中国历史文化的摧残,是对社会主义建设的破坏。这种观点貌似革命,貌似坚持社会主义,实质上是取消社会主义文化、取消社会主义。社会主义不是从天上掉下来的,而是人类历史创造出来的共同财富。割断历史、割断文化是完全错误的。"全盘西化""全盘私化""全盘资本主义化"的思潮则是否定一切"左"的思潮的反动。彻底否定社会主义市场经济,彻底否定改革开放,彻底否定公有制为主、多种所有制并存的现状,同样也是错误的。在我国社会主义改革开放过程中,对市场经济完全采取一种新自由主义态度,主张市场就是一切,不要国家宏观调控,不要计划,也是否定一切;相反,只要计划、不要市场也是片面的。在国学研究中,对我国传统文化遗产,采取肯定一切或否定一切的态度都不可取。

对中国共产党的历史,对中国革命的历史,对中国建设的历史,对毛泽东和毛泽东思想,完全采取一种历史虚无主义的态度,否定党、否定党的历史、否定革命历史、否定中国社会主义建设历史,认为一切都不好、一无是处,甚至连正确的东西也一概抹杀,是思想领域否定一切的错误思潮。当然,把过去的历史完全肯定,认为一切都是好的,只能赞扬、不能批评,甚至把错误说成是正确的,也不符合历史实际。上述两种错误态度都混淆了是非界限，违背了实事求是的态度。毛泽东说："对于任何问题应取分析态度，不要否定一切。""我们许多同志缺乏分析的头脑，对于复杂事物，不愿作反复深入的分析研究，而爱作绝对肯定或绝对否定的简单结论。"[6]在我们党的历史上有两个重要决议：一个是在延安时期形成的《关于党的若干历史问题的决议》；一个是改革开放新时期形成的《关于建国以来党的若干历史问题的决议》，对党的历史，包括领导人的功过是非，采取实事求是的态度，肯定了应当肯定的东西，否定了应当否定的东西。这对于统一全党认识、团结全党同志、推动党的事业发展，起到了极其重要的作用。

肯定一切，把一切都看作完美无缺的，就否认了事物发展前进的必要性，丢掉了事物发展前进的条件和前提；否定一切，就否认了事物发展前进的可能性和必然性。无论是肯定一切还是否定一切，实质上都是形而上学否定观的不同表现。

形而上学的否定观是同形而上学思维的绝对性、狭隘性、片面性一致的，它是在绝对不相容的对立中思维，把肯定与否定绝对对立起来，或肯定一切或否定一切。而唯物辩证法认为，肯定与否定是对立统一的，肯定中包含否定，否定中包括肯定，没有绝对的肯定，也没有绝对的否定。事物的发展就是由肯定到否定，又由否定到新的肯定，是不断扬弃、循环往复以至无穷的过程。要坚持辩证否定观，反对形而上学否定观，反对思维方法的绝对化和片面性。

二、否定之否定规律是客观的、普遍的
——毛泽东妙论飞机起飞、飞行和降落

据 1949 年 8 月开始给毛泽东当俄文翻译的李越然（1927—2003 年）在《缅怀毛泽东》一书中回忆：1957 年 11 月 2 日，毛泽东乘飞机去苏联访问，苏联驻华大使、哲学家尤金（Yudin, 1899—1968 年）陪同，毛泽东问尤金："你说说，方才我们在机场，现在上了天，再过一会儿又要落地，这在哲学上该怎么解释？"尤金作难地叹道："哎呀，这我可没有研究过。""考住了？"毛泽东笑道："我来答答试试看，请你鉴定鉴定。飞机停在机场是个肯定，飞上天空是个否定，再降落是个否定之否定……""妙，妙！"尤金抚掌喝彩："完全可以这样说明。"[7] 在这里，毛泽东用极其通俗的方法把否定之否定规律说得十分清楚明白。飞机从北京飞起来，是对停在北京的一次否定，降落在莫斯科则是对空中飞行的否定，是二次否定。从地上到空中，又回到地上，在否定中有肯定，不是落在北京而是落在莫斯科，是肯定中又有否定，从而构成否定之否定。

否定之否定规律是客观的。

恩格斯说，否定之否定"是自然、历史和思维的一个极其普遍的、因而极其广泛地起作用的、重要的发展规律"[8]。**恩格斯把否定之否定概括为普遍存在的、客观的、不以人的意志为转移的客观规律**。事实上，在自然界、人类社会和人类思维中，这条规律是普遍起作用的，是客观存在的。

——**否定之否定规律在自然界是普遍存在的**。地质学说明，地壳——海洋——地壳是一个否定之否定的过程。地壳的变化发展是一个旧地壳不断破坏、经过海洋、新地壳不断形成的否定之否定过程。原始地壳，经过海洋、气象及风化等的作用而碎裂，这是第一次否定。这些碎裂的物体，一层层沉积在海底，由于海水的高压和海水退出又形成新的地壳，这就是否定之否定。同样，海水——地壳——海水也是一个否定之否定的变化发展过程。植物学表明，种子——植株——种子是一个否定之否定的过程，植株是对种子的第一次否定，而新的种子是对植株的第二次否定，在否定之否定阶段出现的种子，已不同于肯定阶段的种子，不仅在数量方面多出许多倍，某些特征、特性也会有所改变。在自然选择和人工培育的条件下，某种植物经过若干次否定之否定，还会出现新的品种。生物学表明，卵——虫——卵是一个否定之否定的过程，虫是对卵的否定，而卵又是对虫的否定，第二次否定虫的卵已经不同于第一次被虫否定的卵了。

——**人类社会的发展也是一个否定之否定的过程**。无阶级社会被阶级社会否定，阶级社会还将被建立在生产力高度发展基础上的无阶级社会所代替。人类历史上原始共产主义社会的生产资料公有制为生产资料私有制所否定，而生产资料私有制必将最终为在生产力高度发达前提下的生产资料公有制所取代。马克思预见人类社会必将依次经历产品经济社会、商品（市场）经济社会和更高阶段的产品经济社会。迄今为止，人类历史上的产品经济社会已然为商品（市场）经济社会所取代，而按历史发展趋势来看，商品（市场）经济社会必将被更高阶段的产品经济社会所取代。这些都是否定之否定的客观过程。

——**在人类思维的发展过程中，否定之否定规律的作用也是普遍存在的**。就拿时空观的发展来说，古希腊哲学家亚里士多德的古代时空观把时空和物质运动朴素地结合在一起，认为事物在时间和空间中运动，二者不可分；牛顿（Newton，1643—1727年）的绝对时空观却把时空和物质运动分割开来，认为存在与物质的运动相分离的绝对空间和绝对时间；爱因斯坦（Einstein，1879—1955年）狭义相对论和广义相对论的时空观在新的科学成果的基础上，则把时间和空间密切联系起来，认为时空和物质的存在与运动密切联系，是不可分的。从学科发展来看，古希腊哲学社会科学与自然科学则是不可分的，是一家；而在欧洲，随着近现代社会生产力的发展，哲学与自然科学、哲学社会科学与自然科学逐步分离；在今天，又向综合、融合的方向发展。从人类认识过程来看，实践——认识——实践，个别——一般——个别，循环往复，以至无穷，也是一系列否定之否定的过程。

在人类思维领域，人对外部事物的认识，是从朴素的系统的认识方法发展到分门别类的认识方法，再从分门别类的认识方法发展到一方面越来越专业、越来越复杂，而另一方面又越来越综合集成的现代系统认识方法。一条线是由综合到分类，再由分类到综合；另一条线是从简单到复杂，再由复杂到简单，都是一个否定之否定的过程。在人类社会生活的早期，朴素的系统思维方式支配人对客观事物的认识，然后产生了分门别类地认识问题的形而上学思维方式，再发展到辩证的、系统的、综合的、集成的现代系统思维方式，又是一个否定之否定的过程。古代的一些思想家、科学家看问题，运用的是朴素的系统观。例如，孔子认识宇宙就是一个字——天，他把人与自然的全部关系都看成天人关系，这是早期系统思想的体现。后来生产力发展了、科学发展了，人们可以把认识对象分成各种领域，分门别类地加以研究，形成一门一门的具体学科。在19世纪之前，自然科学受机械论方法论的指导，即把所有的问题分门别类加以研究。机械论的哲学基础是形而上学，是分门别类地、割裂地，而不是整体地、系统地看问题。19世纪中叶以来，科学认识的发展冲破了分门别类的研究视野，比如进化论、能量守恒定律、相对论等，都是系统地、整体地看问题。学科的专业性更强了，分工更细，就更需要综合集成、系统思维的方式。马克思主义的辩证思想、系统思想、总体思想的哲学系统认识论应运而生。人的思维方式开始转变成综合的、集成的、系统的、整体的现代系统思维方式。系统——分门别类——系统，人类对事物的思维认识方式是一个否定之否定的发展过程。

人类思维的否定之否定规律还体现在科学方法论的一个分支的发展上，这就是还原论，即把复杂的东西还原到最简单的东西，将它们视为构筑世界万物的砖瓦。还原论是科学发展的产物。原始还原论到现代还原论也是一个否定之否定的过程。古代人的还原论是宏观的还原论，如讲人体，不知道人体是由细胞组成的，对人体的认识是大而化之的，归结为最基本的气。中医的经络学认为人有经络存在，可是一解剖又找不到经络。还有把自然界还原为金、木、水、火、土五种元素组成的阴阳五行说，古希腊哲学家德谟克利特把世界本原归结为原子的原子论等。这种大而化之、宏观模糊、综合系统的古代还原论的认识方式是有朴素的辩证法道理的。随着生产力发展带动了科学认识的发展，人们对事物的认识进入到近代还原论。如对生物的认识以细胞学、解剖学为基础，将生物还原到细胞，细胞再往下还原到生物分子和基因。对物质的研究，将事物还原到分子，再往下还原到原子、原子核、基本粒子。但是近代还原论同机械论一样，在研究进展中遇到了困难，这就是还原到微观层次后，不能再简单地回到宏观了。譬如，人体可以解剖为各个部分，还原到细胞，但把这些部分或细胞简单相加，却变不回活人。从细胞到大的生物体，从基本粒子到宇宙，简单相加恢复不了原来的系统状态。这就产生了现代还原论，即系统整体的和综合集成的还原论的思维方式，从根本上克服将整体拆分为部分、再将部分简单相加的思路，解决机械论、近代还原论解决不了的问题，这是现代还原论。如贝塔朗菲提出的现代系统论、钱学森提出的现代系统工程方法，都是用系统的、综合集成的科学认识论和方法论将事物的各个组成要素有机地整合、融合、耦合成为系统的整体。近代还原论是对古代还原论的否定，现代还原论是对近代还原论的否定，这就是人类认识的系统观——机械观——系统观的否定之否定过程。

　　事物运动表现为否定之否定的两次否定、三个阶段，是否定之否定规律的形式，是这一规律不容忽视的方面。

　　一般来说，事物发展，总要经过两次否定、三个阶段，由肯定阶段走向否定阶段，这是第一次否定，再由否定阶段到第二次否定，即否定之否定，事物走向新的肯定阶段。

——**否定之否定是事物发展两次向对立面转化的结果**。从表面上看，它会重复该事物在肯定阶段的某些特征、属性，好像又回到了原来的出发点，仿佛是恢复旧东西，但它实质上已经与原有的东西不同了，是包括继承了旧东西中某些因素的新东西了。

——**否定之否定是事物内在矛盾发展的结果**。俄国19世纪末20世纪初的马克思主义哲学家普列汉诺夫（Plekhanov，1856—1918年）认为："任何现象，发展到底，转化为自己的对立物；但是因为新的，与第一个现象对立的现象，反过来，同样也转化为自己的对立物，所以，发展的第三阶段与第一阶段有形式上的类同。"[9] 譬如，人类社会总体上经历了由生产资料公有制社会到私有制社会再到更高阶段的公有制社会这样一个否定之否定的过程。这个过程，就是社会内部生产力与生产关系矛盾运动的结果，是两次向自身对立面转化的结果。在原始共产主义社会，生产资料归全体公社成员共同所有，然而随着原始社会生产力的发展，个体生产能力的提高，私有制生产关系适应生产力的发展，替代了公有制生产关系，这是对公有制生产关系的第一次否定。原始共产主义社会解体，顺之以私有制的奴隶社会、封建社会、资本主义社会。发展到资本主义社会，生产力大发展，社会化大生产的能力提高了，需要公有制的生产关系与之相适应，产生了社会主义运动和社会主义革命，以共产主义公有制（在共产主义第一阶段是社会主义公有制，在我国是社会主义初级阶段为主体的公有制）代替资本主义私有制，这是第二次否定。人类社会的奴隶社会、封建社会、资本主义社会私有制代替原始共产主义社会公有制的第一次否定阶段，共产主义公有制代替资本主义私有制的第二次否定阶段，都是一个漫长的历史过程。共产主义公有制代替资本主义私有制，具体到我国的实际，先要经过社会主义初级阶段的公有制，到社会主义更高阶段的公有制才能最终发展到更高程度的共产主义公有制。私有制否定公有制是第一次否定，是从公有制的肯定阶段到否定阶段，第二次否定是公有制对私有制的否定，是公有制的回复，仿佛又回到公有制了，但不是简单的回复，而是经过社会主义的公有制，最终发展到共产主义的公有制，即马克思所说的"建立在个人所有制基础上的社会所有制"，这就大大高于原始社会的公有制了，社会生产资料所有制就向新的肯定阶段迈进了。生产资料所有制这两次否定、三个阶段的过程，即否定之否定的过程，则是社会内部生产力与生产关系矛盾发展的结果，而每一个阶段又有无数的否定之否定的具体过程。在自然界，由事物内部矛盾发展而导致的两次向对立面转化的否定之否定的过程比比皆是，如种子——植株——种子、水——冰（汽）——水……都是这样。

否定之否定是事物内在矛盾发展的客观结果，对于一个事物发展的周期来说，其起点和终点是客观的而不是任意的。

对于人类思维的否定之否定的过程，有人不理解，误以为否定之否定周期的起点、终点可以由人来主观决定，这是不对的。例如，水稻的生长周期是从稻种的萌芽开始，经过稻株（包括幼苗、分蘖、拔节、抽穗、开花、结子）到新稻谷的成熟，都是经过稻种——稻株——稻种的过程，不能主观地把水稻的生长期概括为稻株——稻种——稻株，因水稻的生长期不是从稻株开始的，而是从稻种开始的。插秧阶段只是栽培技术的提高，人们把育苗期作为重点培育的阶段而重点突出出来了。一般商品的运动周期是商品——货币——商品，而一般资本的运动周期是货币——商品——货币，不能把一般商品和一般资本的运动周期混同起来。事物的发展各有各的否定之否定的特定的起点和终点。历史与逻辑是统一的，历史从哪里起步，逻辑就从哪里开始。资本主义市场经济运动的历史起点是商品，马克思论证资本主义就从商品开始。

有人因人类思维存在否定之否定的规律，而误以为否定之否定规律是人主观臆造的，这是唯心主义的解释。

在学术界，有人把否定之否定规律同黑格尔的正题、反题、合题的人类思维论证三段式的观点说成是一回事。实际上，唯物辩证法的否定之否定原理只是概括了事物的发展规律，否定之否定原理同黑格尔的正题、反题、合题三段式有着本质区别。黑格尔的确提出了否定之否定规律，这是对辩证法的一大贡献，但是黑格尔的否定之否定观是建立在唯心主义框架里的。他认为否定之否定是纯粹理性运动的规律，他把客观外界存在的否定之否定规律放在唯心主义否定之否定观的框架之内。况且，黑格尔把否定之否定规律与对立统一规律、质量互变规律并列，并没有看到对立统一规律是辩证法三大规律之首，这也是黑格尔辩证法的局限性。不可否认，在人的思维论证逻辑中，存在正题、反题、合题的三段式，但它只是否定之否定规律中的一个案例，而不是否定之否定规律。黑格尔把事物发展的否定之否定规律硬塞进思维逻辑论证的正题、反题、合题的三段式框架中，常常闹到牵强附会的程度。马克思主义的否定之否定规律是唯物主义的普遍真理,是自然界、人类社会和思维发展普遍规律的正确反映。人类思想的否定之否定过程既是客观事物发展过程在人们头脑中的反映,其本身又是一个客观的过程。马克思在《资本论》中分析了资本主义的历史趋势,指出以个人自主劳动为基础的分散的私有制转化为资本主义私有制,以社会生产为基础的资本主义私有制转化为更高阶段的新的公有制,这是一个否定之否定的过程。前者是少数掠夺者剥夺人民群众,后者是人民群众剥夺少数掠夺者。杜林(Dühring,1833—1921年)歪曲马克思主义的辩证否定观,把它说成只是一种证明工具,污蔑马克思论证资本主义必然灭亡是拄了黑格尔否定之否定的拐杖。恩格斯驳斥他说:"当马克思把这一过程称为否定的否定时,他并没有想到要以此来证明这一过程是个历史地必然的过程。相反,他在历史地证明了这一过程一部分实际上已经实现,一部分还一定会实现以后,才又指出,这还是一个按一定的辩证法规律完成的过程。"[10]马克思主义哲学的否定之否定规律原理是客观的真理,是对宇宙间普遍存在的否定之否定现实的科学概括。

三、新生事物是不可战胜的
——纵观一个半世纪以来的世界历史进程

否定之否定规律告诉我们一条真理:事物的发展是前进性和曲折性、上升性和回复性的统一,是螺旋式上升、波浪式前进。

世界上一切事物发展的总趋势是前进上升的,这种发展的总趋势是由于事物发展过程中的否定不是简单的抛弃，而是扬弃，是否定中有肯定。新事物否定旧事物，既克服旧事物中过时的、消极的东西，同时又吸收、继承和发扬旧事物中的积极因素，且加入了富有生命力的新内容，是比旧事物更高级的东西。事物发展的前进上升的总趋势是由于事物发展过程中的否定不是一次完成的，而是经过两次的充分否定，使事物集中了两次否定的积极成果，而向更高一级发展，所以更完善、更丰富。

然而，事物前进、上升的途径不是直线式的，而是迂回曲折的，甚至有可能出现暂时的倒退，这是因为否定的过程是事物内部两个对立面斗争的结果，是向对立面转化的结果，是经过两次向对立面转化的结果。在现实中，这种事物内部对立面斗争的过程、两次向对立面转化的过程，是极其复杂的，事物在高级阶段、在每次否定阶段都要重复低级阶段的某些特征，仿佛是向旧阶段回复，甚至有可能是较大幅度、较大程度的回复，这种回复有时可能表现为暂时的倒退，当然每次回复或者倒退都不是简单的回复与倒退，都包括有一定数量的新事物的因素。如土豆种的退化，土豆作为种子，到一定程度就会发生退化，这时人们就会淘汰退化的土豆种，而采用更健康的土豆种，从而进一步提高土豆的产量，久而久之，人类就会不断培育出更优良的土豆种。所以，列宁说："无论天体运动，或机械运动（地球上的），或动植物和人的生命——它们都不仅把运动的观念，而且正是把回到出发点的运动即辩证运动的观念注入人类的头脑。"[11]

否定之否定的辩证法告诉我们：任何事物的发展都不是

直线上升式发展，而是波浪式地前进、螺旋式地上升、曲折式地发展，社会历史发展也是如此。

社会主义运动的世界历史进程就是这一历史辩证法的铁定案例。从 19 世纪 40 年代马克思、恩格斯的《共产党宣言》问世，至今已一个半世纪过去了。**纵观一个半世纪的世界历史进程，可以清楚地看出社会主义运动正是遵循这一历史辩证法的逻辑在曲折中前进，其间虽有挫折与失败，但总体上是循时前行的，这一历史进程恰恰从实践角度检验了马克思主义辩证否定观颠扑不灭的真理性。**

对社会历史规律的观察，历时越久、跨度越大，也就越看得明白，其判断也就越经得起实践检验。世界历史进入资本主义社会形态的发展阶段，即伴随着工人阶级与资产阶级、社会主义与资本主义两个阶级、两种社会制度、两大历史前途的博弈，其历史较量的线索、特点、规律与趋势，随着历史的发展、空间的变换、时间的推移，越发清晰，人们也看得越发清楚，社会主义的历史必然性越发显现，其前进性与曲折性、上升性与回复性的波浪式前进、螺旋式上升的向前向上发展总趋势越发清晰，越发显示出唯物辩证法关于否定之否定规律原理的科学性。

进入 21 世纪以来，马克思主义问世已经一百六十余年。回眸一观，可以清楚看到，社会主义运动的世界历史进程发生了四次重大转折，社会主义呈现由兴起至发展到高潮再到低潮、再从低潮起步，逐步进入新的高潮，标志着社会主义在斗争中、在逆境中顽强地生长。这一历史进程尽管曲折，有高潮，也有低潮；有前进，也有倒退；有成功，也有失败，但在总体上印证了马克思主义关于社会主义必然胜利的历史发展总趋势的判断是完全正确的，同时也说明社会主义战胜资本主义的历史进程不会是一帆风顺的，也绝不可能在短时间内实现，必须经过一个相当长的历史跨度、经过几十代甚至上百代人千辛万苦、甚至抛头颅洒热血的献身奋斗才能到来，是一个前进性与曲折性相统一、波浪式的、螺旋式的、总趋势是上升、前进的进程。

社会主义运动的四次世界性历史转折可以分为前两次和后两次。前两次转折发生在20世纪中叶，即第二次世界大战结束前后。社会主义运动从兴起到发展，资本主义则由资本主义革命兴起的上升期，经过19世纪矛盾四起的自由竞争资本主义时期和垄断资本主义时期，经过一系列经济危机和两次世界大战，逐步走向下降期。

第一次世界性历史转折发生在20世纪初，其标志是1917年爆发的十月社会主义革命。19世纪中叶，马克思主义经典作家创建科学社会主义，替代了空想社会主义，工人运动从此有了正确的指南，开创了世界工人运动和社会主义运动的新篇章。进入20世纪初，科学社会主义理论指导的社会主义运动由轰轰烈烈的工人运动实践变成了社会主义制度实践。列宁成功地领导了十月社会主义革命，建立了第一个社会主义制度国家，这是20世纪初最重大的世界性事件，从此开启了人类历史的新纪元，社会主义运动开始走向阶段性高潮。

第二次世界性历史转折发生在20世纪中叶，其标志是1945年第二次世界大战之后一系列国家社会主义革命成功，形成了一个社会主义阵营。矛盾激化引发危机，危机造成革命机遇。20世纪初叶爆发的第一次世界大战、20世纪中叶爆发的第二次世界大战，都是资本主义不可克服的内在矛盾激化的结果。自由竞争资本主义由于其不可克服的内在矛盾而导致垄断，垄断资本主义代替自由竞争资本主义，不仅没有克服自由竞争资本主义愈演愈烈的固有矛盾，反而加剧了矛盾。早在自由竞争资本主义阶段，其固有矛盾不断激化，导致从1825年开始，每隔10年左右爆发一次经济危机，危机的累加演变成1873年资本主义空前激烈的世界总危机，这次总危机及之后不断叠加的危机，最终导致第一次世界大战的爆发。战争只能加重危机，第一次世界大战之后旋即爆发了1929—1933年资本主义世界大危机，资本主义步入严重的衰退。面对这场空前的资本主义世界危机，世人惊呼"末日来临"、"资本主义已经走到尽头"。危机的结果又要依靠战争来解决问题。战争是缓解资本主义内在矛盾、转嫁危机的外部冲突解决方式，但不能从根本上克服资本主义内在矛盾。垄断资本主义内在矛盾的进一步激化导致了第二次世界大战爆发。第二次世界大战仍然是在帝国主义国家之间的争斗中始发的，西方资本主义制度是无法遏制战争的。当时苏联靠社会主义制度的优越性动员全体人民、联合世界上一切反法西斯的力量，包括中国人民的抗日力量战胜德日法西斯，赢得了战争。两次大战，标志着资本主义逐步走向衰落，资本主义败象显见。危机与战争给革命带来前所未有的机遇，第一次世界大战期间，俄国率先从资本主义统治的薄弱环节突破，建立了社会主义制度。第二次世界大战前后，中国等一系列落后国家革命成功，从东方站立起来了，建立了一系列社会主义国家，形成了社会主义阵营。相反，战后，资本主义社会矛盾和总危机进一步加深，美国每隔一段时间爆发周期性危机，并波及北美、日本和西欧主要国家，成为世界性危机。资本主义整体实力下降，遭受重大打击。当然，在西欧资本主义国家衰落时期，优越的国际环境和国内条件，致使美国这一后发资本主义国家抓住了战争机遇迅速兴起，代替了老牌资本主义国家。第二次世界大战后的一段时间，资本主义发展处于低迷状态，而社会主义发展却处于上升状态，社会主义运动出现了阶段性高潮。

从国际走势来看，20世纪八九十年代至今的二十余年中，社会主义运动又接连发生了后两次重大的世界性历史转折。社会主义运动由高潮到低潮，然而以中国特色社会主义为重要标志的社会主义却开始走出低谷。资本主义由低迷困境进入高速发展时期，2008年爆发的美国金融危机却诱使现代资本主义濒入险境，呈进一步衰退之势。

第三次世界性历史转折发生在20世纪末叶，其标志是20世纪80年代末90年代初的苏东剧变、社会主义阵营解体，社会主义进入低谷，这使世界形势发生了自第二次世界大战以来最为重大的变化与转折。第二次世界大战之后，20世纪上半叶，社会主义走上坡，资本主义走下坡。但世界进入20世纪下半叶，社会主义诸国却放慢了发展速度，甚至出现了停滞和负增长，导致社会主义诸国经济社会发展受挫，特别是苏东剧变，社会主义面临举步维艰的境遇。现代资本主义吸取资本主义发展进程中的经验教训，同时也吸取社会主义国家发展的经验教训，展开资本主义改良，现代资本主义进入了相对缓和发展时期。当然在资本主义相对缓和发展时期，危机并没有中断，美国就多次爆发波及世界的危机。这次转折表明，社会主义处于发展的低潮，现代资本主义处于相对缓和稳定的发展期。伴随着这个历史性转折，我国及国际上出现了一系列新情况、新问题，这对中国20世纪末叶以来至21世纪以来很长一段时间的社会主义发展进程发生着深远影响。中国艰难起步，坚定不移地推进1978年启动的改革开放，成功地开辟了中国特色社会主义发展道路。

第四次世界性历史转折发生在21世纪初叶，其标志是2008年爆发的世界金融危机。这对世界发展格局和中国特色社会主义建设将产生的影响是无法估量的。俗话说，三十年河东，三十年河西，短短二三十年时间，中国特色社会主义的成功使世界社会主义运动呈低潮中的起步之势。而美国金融危机却使美国以及其他西方发达资本主义国家陷入困境，美国独霸势态逆转下滑，资本主义整体实力呈下降态势。二三十年前的世界性历史事件爆发是此消彼长，社会主义力量暂时下降，资本主义力量暂时上升；二三十年后的今天，又是此长彼消，社会主义力量始升，资本主义力量始降。金融危机的爆发使世界力量对比发生了戏剧性变化。

美国金融危机是资本主义的制度性危机，具体的救市措施只能使危机得到暂时的缓解，但最终是无法克服的。当今资本主义金融危机与中国特色社会主义成功并存。社会主义市场经济与资本主义市场经济的本质区别是生产资料占有方式的不同。资本主义生产资料私有制决定了商品经济二重矛盾引发的危机最终是无法避免的。社会主义市场经济决定了商品二重性矛盾可能会产生危机，而为主体的社会主义生产资料公有制又决定了危机是可以规避和防范的，一旦发生是可以治理和化解的。市场经济与社会主义制度相结合，使中国特色社会主义规避和战胜世界性金融危机成为可能。中国人民在中国共产党的正确领导下，成功地顶住了金融风暴的冲击，不仅实现了预定的稳定发展的目标，而且取得了显著成绩。这既要归功于党的正确领导和果断决策，更根本的是彰显了社会主义制度的政治优势，越加证明了社会主义的生命力、中国特色社会主义的生命力、马克思主义的生命力，证明了社会主义运动的世界历史发展总趋势，尽管有挫折、有失败、有低潮，但是其趋势是光明的。

事物发展的前进性和曲折性、上升性和回复性的规律告诉我们，在方法论上，既要反对循环论，又要反对直线论。

——**所谓循环论，就是把一切运动看成简单的周而复始，从而否定事物前进、上升的总趋势，反对新生事物战胜旧事物，实质上是否认事物发展的普遍法则**。宋代理学家朱熹就持这种观点："气运从来一盛了又一衰，一衰了又一盛，只管恁地循环去。"[12]现代资产阶级思想家中也有人主张循环论，宣扬人类社会发展到一定程度必将退回到以前的时代，提出"回到中世纪去""回到原始时代去"等口号。宗教的宿命论观点实质上也是一种循环论，宣扬人的生死轮回，宣扬恶有恶报、善有善报的唯心主义人生观。循环论实质上是把否定之否定规律中的否定中的肯定，继而把事物前进、上升的总进程中的暂时回复，任意夸大为总趋势，说成是完全回复到出发的原点，这是一种彻头彻尾的形而上学观点。

——**所谓直线论，是把事物的发展看成直线式的，否认事物发展的曲折性、复杂性，认识不到事物发展的前进性和曲折性、上升性和回复性对立统一的客观规律，认识不到事**

物发展呈波浪式前进、螺旋式上升的进程，把一切事物发展都看作一帆风顺、直线式的上升。第二次国内革命战争时期的王明"左"倾机会主义，就是犯了直线性的思想方法错误。在敌强我弱的形势下，主张革命的力量要纯粹又纯粹、革命的道路要笔直又笔直，看不到斗争的艰巨性、复杂性，拒绝做艰苦的积蓄和发展革命力量的工作，拒绝走农村包围城市然后夺取城市的曲折道路。在我国社会主义经济建设中，也存在这种直线性的错误思想倾向。这种错误思想不懂得在一定条件下，压低一下发展速度、压缩一下产能过剩的生产能力，正是为了长远的更好的建设；局部的压低，正是为了全局的发展。在基本投资已经超过资源、环境、人口、国力负担的情况下，如果继续把摊子铺得很大，就会造成国民经济比例失调和通货膨胀的后果。事物的发展是反复曲折的，以退为进，以迂为直，是符合事物辩证运动规律的。不懂得根据事物发展进程的曲折性、回复性，采取"退一步，进两步"的办法有效地推动事物前进，就犯了直线论的错误。

否定之否定规律还告诉我们一条真理：新生事物是不可战胜的，新事物终将代替旧事物，这是一个不以任何人的意志为转移的必然规律。

这是因为宇宙间一切事物都是永恒不息地运动、变化、发展的，没有一个事物不走向消亡，旧事物不断消亡，新事物不断产生，推陈出新、新陈代谢，后浪推前浪、一浪更比一浪高，是宇宙间不可抗拒的规律。所谓新生事物，就是在历史发展进程中具有必然性的、进步的、顺应事物发展规律的、代表历史发展趋势的、有远大发展前途的东西。识别新事物只能看它是否有历史发展的必然性，而不能以出现时间先后作为标准，先出来的、新出来的东西不见得都是新事物。在社会历史领域，适应并促进生产力发展要求，顺应时代潮流，与人民群众的根本利益相一致的东西才能称为新生事物。当然，任何新生事物也要走向消亡，被另一个新生事物所替代。历史上任何新的社会形态也终究为比它更高级的社会形态所代替。

由于新生事物是符合事物发展规律、适应事物发展客观需要的，因而具有强大的生命力，具有旧事物所不可比拟的强大优越性。当然，新生事物在开始时它可能比较弱小、不完善、有这样或那样的缺憾，其成长过程也不见得一帆风顺，要经历曲折的发展成长过程，但总是由小到大、由弱到强、由不完善到完善。历史的逻辑永远是：暂时显得弱小的、代表进步趋势的新生事物终将战胜那些表面强大的、代表保守方面的、趋向灭亡的旧事物。

一定要按照辩证法的要求，学会识别、爱护、扶持新事物。要善于敏锐地发现新事物，热情地扶植新事物。新事物在开始时总是不完善的、弱小的，不能采取讥笑非难的态度，而要采取积极爱护、扶持的态度。当然，对新事物的扶持要根据新生事物所处的条件及其生长规律来进行，不能揠苗助长，不能"求全责备"，也不能"护短""迁就"，既要支持、爱护，又要帮助它克服短处，弥补缺憾，使它逐步完善起来。

四、要研究否定之否定的特殊性和多样性
——防止千篇一律与"一刀切"

在中国古代的成语故事中,有"刻舟求剑""郑人买履""守株待兔"三则,都是讽刺用一个固定的思维定式死搬硬套的活生生的现实生活的案例,说明任何事物都是千变万化的,不可能用一个固定的模式千篇一律地硬套一切。

在现实生活中,人们碰到的或者虽然没有碰到但客观存在的否定之否定规律是特殊的、具体的、多样的。千万不能把否定之否定规律原理变成固定的公式乱套一切,搞"一刀切""齐步走"。

对否定之否定规律既不能做唯心主义解释,也不能做形式主义的、绝对化的、庸俗的理解。两次否定、三个阶段是否定之否定规律的表现形式,但绝不能形式主义地把否定之否定规律硬框成三分法或三段式,再把三分法或三段式当作先验的公理去套用一切,把一切事物变化发展不加区别地纳入三分法和三段式的公式之中。否定之否定是事物发展的普遍规律,它的具体表现形式却是多种多样的,应当把马克思主义的否定之否定原理当作研究事物的指南,而不能当作单纯的证明工具。不但要研究否定之否定的一般性、普遍性,更要研究否定之否定规律的特殊性。

任何事物内部都存在着否定的因素,任何生命体内部都存在着致死的可能性因素,否定是有普遍性意义的,但否定的方式却是具体的、多样的。不同的事物存在不同的否定形式,具体的否定形式又是特殊的。

恩格斯说:"每一种事物都有它的特殊的否定方式,经过这样的否定,它同时就获得发展,每一种观念和概念也是如此。"[13]人类社会的否定方式不同于自然界的否定方式,有机界的否定方式不同于无机界的否定方式,物理的否定方式不同于化学的否定方式……世间的否定方式是千差万别的,不能用一个固定的否定之否定公式任意剪裁一切。

——否定方式有采取外部冲突形式和非外部冲突形式之分。有些事物的否定方式是采取外部冲突的形式,例如,宇宙大爆炸是作为新事物的宇宙间的一部分天体对作为旧事物的宇宙间的另一部分天体的否定;在人类社会,一个新生政权用暴力推翻另一个旧政权……有些事物的否定方式又是采取非外部冲突的形式,比如,在生命体中,新生生命的出现就是在母体孕育中产生出来的,没有采取激烈的外部冲突形式;新中国成立后对资本主义工商业的社会主义改造,就采取了和平"赎买"的办法完成了。

毛泽东指出:怎样处理社会主义社会的敌我矛盾和人民内部矛盾,这是一门学问,值得好好研究。敌我矛盾同人民内部矛盾是两种性质不同的矛盾,不同质的矛盾必须用不同质的方法来解决。从辩证的否定观来看,一般来说,敌我矛盾采取的是外部冲突的否定形式,人民内部矛盾采取的是非外部冲突的否定形式。从矛盾论角度来说,外部冲突的否定形式是对抗的矛盾解决形式,非外部冲突的否定形式是非对抗的矛盾解决形式。

在战争年代和和平年代,敌我矛盾的对抗的斗争形式是不同的,采取的解决办法也是不同的。在战争年代,主要采取激烈的暴力革命办法;而在和平年代,则采取专政的办法。所谓采取对抗的斗争形式，用专政的办法来解决敌我矛盾，就是要求在中国共产党的领导下，行使人民民主专政的国家职能，运用法制力量来解决对内对外两方面的敌我矛盾。在对内方面：镇压国家内部反对、敌视、破坏社会主义建设的社会势力和社会集团；镇压国家内部严重破坏社会主义正常秩序的各类犯罪分子、社会渣滓，剥夺他们的政治权利，强迫他们服从法律，从事劳动，在劳动中把他们改造成为新人。在对外方面：防御、粉碎帝国主义以及各种反社会主义势力的颠覆破坏和可能的侵略，保卫社会主义祖国。

在社会主义和平建设时期，处理敌我矛盾必须注意这样几个问题：**第一**，运用社会主义法制的力量，通过法律程序来解决敌我矛盾。在革命战争年代，我们主要是通过武装斗争的形式来解决敌我矛盾。建立社会主义制度以后，人民掌握了政权，掌握了社会主义法制武器，要通过法律程序来解决。**第二**，妥善处理好阶级斗争问题。革命战争年代，主要是通过疾风暴雨式的、群众性的、大规模的阶级斗争来解决敌我矛盾。在社会主义条件下，阶级斗争虽然不是主要矛盾了，但阶级斗争仍然是解决敌我矛盾的一种形式。当然，这种阶级斗争在对象、范围、地位和作用上已经不同于阶级社会的阶级斗争了，它主要是依靠和运用人民民主专政的工具，通过法律程序来进行。因此，在解决敌我矛盾时，必须妥善处理好阶级斗争问题。既不能搞阶级斗争"无限扩大"化，又不能搞阶级斗争"完全熄灭"论；既不能搞战争年代群众运动性的阶级斗争，又不能完全放弃阶级斗争这种斗争形式，必须通过法律程序，运用专政工具，通过一定范围的阶级斗争形式，来解决敌我之间的对抗性矛盾。**第三**，根据敌我矛盾的具体情况和形式，掌握好对敌斗争的策略和方式，把握好对敌斗争的范围、分寸和火候，有所侧重地采取不同的法律程序，运用不同的专政办法来解决。

"不同质的矛盾，只有用不同质的方法才能解决。"[14]必须使用不同于解决敌我矛盾的解决办法，即用非外部冲突的否定方式、非对抗式方法，来解决好人民内部矛盾。**一是**主要采取经济的手段，来解决人民内部的物质、经济利益上的矛盾。**二是**必须用民主的方法，来解决人民内部在思想政治领域的矛盾。**三是**人民内部矛盾是复杂多变的，必须采取综合性的、多种具体有效的办法来解决复杂多样的人民内部矛盾。人民内部矛盾的表现十分复杂，必须采用不同的具体办法、通过综合性的办法来解决。在我国目前阶段，人民内部矛盾并不是简单、孤立的矛盾，而是一个复杂的、与外部因素相互联系的、内部各类矛盾相互作用的矛盾系统。因此，在解决人民内部矛盾的时候，所采取的方法也不可能是单一的、永久不变的，必须根据矛盾的具体情况和变化，采取综合性的、多种多样的办法来解决。在这里，没有一成不变的公式，也没有包治百病的处方。例如，在共产党与民主党派的关系上，实行"长期共存，互相监督"的方针，通过民主协商的对话，通过共产党领导的政治协商制度来解决党同民主党派的关系问题。又如，人民内部矛盾"大量地表现在人民群众同领导者之间的矛盾问题上。更确切地讲，是表现在领导上的官僚主义与人民群众的矛盾这个问题上"[15]。能否处理好领导与群众的矛盾，在很大程度上取决于我们能否有效地克服官僚主义。又例如，在处理民族问题时，必须牢固树立各民族之间的矛盾是在根本利益一致基础上的人民内部矛盾、各民族之间"谁也离不开谁"的观点，把各民族共同利益同少数民族特殊利益、社会主义的一致性同民族的多样性统一起来，实行民族区域自治，大力扶持和帮助少数民族地区发展经济文化，逐步消除民族间经济文化事实上不平等的政策，实现多民族的共同繁荣政策，处理好汉族同少数民族以及少数民族之间的矛盾。四是坚持社会主义改革开放，完善社会主义制度和体制，大力发展社会主义生产力，是正确处理人民内部矛盾的制度保证和物质保障。

——**否定的方式还有全局式否定和局部式否定之分**。全局式否定是新事物对旧事物的最根本性的否定，比如，社会主义否定资本主义就是对资本主义制度的全局式根本否定，当然，社会主义对资本主义的否定里面也有肯定。譬如，中国特色社会主义市场经济，是对资本主义积极文明成果的批判式、扬弃式的肯定。局部式否定是对事物的某些部分、某些要素的局部性质的否定，当然，局部式否定的累积也会达到对事物性质的全局式根本否定。

一切辩证的否定都是"扬弃"，即包含肯定的否定，但具体到每个具体事物的否定过程，肯定什么、否定什么，肯定多少、否定多少，具体事物不同，具体的"扬弃"方式也不同。

在中国特色社会主义发展过程中，既要对中国社会原有的半殖民地半封建社会的封建因素加以否定，又要肯定中国几千年封建社会中的积极成果；在发展社会主义过程中，既要与资本主义制度割裂，又要吸收中国民族资本主义、外国资本主义发展进程中的一切积极的东西。肯定什么、否定什么，肯定多少、否定多少，要依据中国具体国情来进行。全盘否定、全盘接受、不加分析地接受和否定都会脱离中国国情，都要出问题。比如，对资本主义的民主，我们承认资本主义民主是优越于封建专制主义的，但资本主义民主对于中国特色社会主义是全面适合还是全面不适合、哪些部分可能适合，要加以具体分析才能取舍，否则不是社会主义民主变色为资本主义民主，就是对资本主义民主形式中有积极意义的东西也一概抛弃。

对于否定方式要具体问题具体分析，不能千篇一律地看待，也不能用一种否定方式去硬套一切事物的否定方式。

——否定方式的不同决定了事物发展的前进性、曲折性也是不同的。有的事物需要经过肯定、否定、否定之否定的多次反复，才能明显地表现出前进性、上升性；有的事物只需要一个否定之否定周期就可以清楚地看出前进、上升的趋势。曲折性也有不同的情形。在高级阶段重复低级阶段的特征是一种曲折。这种曲折是两次向对立面转化所引起的，是事物自我发展、自我完善的正常的道路和形式。事物发展的曲折有时还表现为前进过程中暂时的倒退或逆转。这是因为事物自我否定的过程是新事物和旧事物斗争的过程。新事物在成长中必然要遇到衰亡着的旧事物的抵抗；同时，新事物自身也不可避免地有这样那样的弱点和不完善的地方。新事物总是要通过同旧事物的斗争为自己开辟道路，也总是在不断克服自身的弱点和缺陷中向前发展。新旧双方的力量此消彼长，事物的发展时起时伏。从总的趋势看，否定因素是促使事物合乎规律地向前发展的，新事物必定战胜旧事物。但是新事物中往往也包含着使事物倒退的否定因素，再加上内部、外部种种条件的影响，旧事物一时占据优势，新事物暂时受挫甚至夭折，使整个过程发生倒退、逆转，都是有可能发生的。生物物种的退化，某一旧社会制度的复辟，就属于这种情形。

——**新事物前进中的曲折和旧事物走向灭亡过程中的曲折是根本不同的**。对于革命的阶级和政党来说，前进中的曲折也有不同的表现。为了前进而后退，为了向正面而向侧面，为了走直路而走弯路，这是一种情形。还有一种情形是由于主观上犯错误，被迫走的"之"字形的道路。这是两种不同的曲折，我们应当尽量避免后一种曲折。当然，由于错误所造成的曲折，有的是难以避免的，但有的则是可以避免的。在革命和建设的进程中，我们必须尊重客观规律，发挥自觉能动性，尽可能少走一些弯路、少花一些代价。借口事物发展的曲折性，把可以避免的错误所造成的曲折，完全归之于客观，一概称之为"交学费"，这是不负责任的表现。

结　　语

学习唯物辩证法的否定之否定规律，说到底，是要坚信事物前进发展的必然趋势，要坚信新生事物终将代替旧事物，要做新生事物发展的促进派。同时又要承认事物发展道路的曲折性，既要反对循环论，又要反对直线论，对事物发展的暂时倒退要有足够的思想准备，不能丧失信心，自觉地按照螺旋式上升、波浪式前进的方式，把事物不断推向新阶段。

要坚定社会主义必然战胜资本主义的信心和信念。既要看到历史发展的总趋势,坚信社会主义必然要取代资本主义,这是一个不可抗拒也不可改变的历史趋势;同时又要看到,社会主义代替资本主义是一个漫长的历史进程,充满曲折,充满斗争,甚至有可能出现暂时的倒退与挫折。既要反对社会主义"渺茫论",又要反对社会主义"速胜论"。不能因为挫折和失败,就对实现社会主义丧失信念和信心,也不能因为顺利和成功,就对实现社会主义心存侥幸和性急。

注 释

〔1〕《道德经》第四十章。

〔2〕《马克思恩格斯文集》第5卷,人民出版社2009年版,第22页。

〔3〕《马克思恩格斯全集》第4卷,人民出版社1958年版,第329页。

〔4〕《列宁专题文集 论辩证唯物主义和历史唯物主义》,人民出版社2009年版,第141页。

〔5〕《马克思恩格斯文集》第4卷,人民出版社2009年版,第276页。

〔6〕《毛泽东选集》第三卷,人民出版社1991年版,第938、939页。

〔7〕参见李越然《缅怀毛泽东》(上),中央文献出版社1993年版。

〔8〕《马克思恩格斯文集》第9卷,人民出版社2009年版,第148页。

〔9〕《普列汉诺夫哲学著作选集》第1卷,生活·读书·新知三联书店1961年版,第635页。

〔10〕《马克思恩格斯文集》第9卷,人民出版社2009年版,第141页。

〔11〕《列宁全集》第55卷,人民出版社1990年版,第295页。

〔12〕《朱子语类》卷一。

〔13〕《马克思恩格斯文集》第3卷,人民出版社2009年版,第149页。

〔14〕《毛泽东选集》第一卷,人民出版社1991年版,第311页。

〔15〕《刘少奇选集》下卷,人民出版社1985年版,第303页。

用系统的观点看世界

——系统论

系统思想把辩证法的联系和发展原则与当代科学思想紧密结合起来，实现了与时俱进，丰富和发展了马克思主义哲学的唯物辩证法原理。

在唯物辩证法看来，系统是一个标志事物整体的哲学范畴，关于系统的思想是唯物辩证法的重要原理。在哲学领域，人们把用系统观点来认识世界、改造世界的一系列原则、方法统称为系统思想。系统思想在辩证法发展的历史上由来已久，并对当代系统科学的形成给予了重要思想启迪。系统思想在当代能够大放异彩，广为流行，又借助了系统科学兴起的巨大推力。系统科学证实和发展了唯物辩证法的系统思想，系统思想吸收了系统科学的最新思维成果和鲜活素材。系统思想把辩证法的联系和发展原则与当代科学思想紧密结合起来，实现了与时俱进，丰富和发展了马克思主义哲学的唯物辩证法原理。

一、用整体观认识问题
——整体不等于部分的总和

系统具有整体性，是系统思想的一个基本原则。

解剖学告诉我们，把一个活体解剖，分解成头、躯干、足等部分，有助于分别认识活体的各个组成部分。然而把分解的各个组成部分再加和在一起，却恢复不了活体及其功能。这就是著名的系统的整体性原则，"整体不等于部分之总和"，或说"整体大于部分之总和"。

"整体等于部分的总和"，这是通常的数学常识，也是近代以来对于整体与部分关系的基本看法。而"整体不等于部分之总和"则被视为一个错误的逻辑悖论。但是正如同悖论在科学史上往往成为真理的发端一样，整体性悖论又一次为系统思想通向真理开辟了道路。

系统的整体性表明，整体的功能并不等于它的组成部分功能的简单相加，这就是所谓的"整体不等于部分的总和"。

那么，为什么会出现"整体不等于部分的总和"的现象呢？系统整体的功能为什么是"非加和性"的呢？

我们知道，系统是由若干相互联系、相互作用的要素按一定方式组成的统一整体，仅有孤立的各组成部分并不构成系统，只有在各部分的相互联系、相互作用中才存在系统。贝塔朗菲指出，系统"只能通过自己的广义的内聚力即通过组成部分的相互作用来说明"[1]。他认为，为了理解一个整体或系统，不仅需要了解其部分，而且同样还要了解各部分之间的关系。[2]因此，相互联系、相互作用是解开一切系统现象之谜的关键所在。实际上，由于系统各个组成部分的相互作用、相互联系，造成了彼此活动的限制、彼此属性间的筛选以及某些协同的功能，由此而形成了系统的新质态——系统的整体性能。这种整体性能是由部分相互作用而在整体层次上涌现的，为个别组成部分或它们的总和所不具有的。这就是系统整体性形成的基本原因。

马克思在研究生产过程中的协作时就曾指出，由于协作把"许多力量融合为一个总的力量而产生新的力量"，它不仅"提高了个人生产力，而且是创造了一种生产力，这种生产力本身必然是集体力"[3]。他还援引一位研究协作的经济学家的话说："如果我们把数学上整体等于它各部分的总和这一原理应用于我们的主题上，那就是错误的。"[4] 这些论述表明，马克思已经明确地揭示了社会现象中整体功能并不等于其各部分功能的简单总和。他还曾以军队作战为例指出："一个骑兵连的进攻力量或一个步兵团的抵抗力量，与每个骑兵分散展开的进攻力量的总和或每个步兵分散展开的抵抗力量的总和有本质的差别。"[5]

说到军事和战争，毛泽东的论述更具有权威性。毛泽东在中国人民解放战争中发动了三大战役，其中淮海战役是解放军在兵力、装备都不占优势的情况下同国民党重兵集团展开的决定性的战略决战，最后以解放军的全面胜利而告终。中国人民解放军参战部队60万人，国民党军先后出动兵力80万人，历时65天，解放军共歼敌55.5万余人，使蒋介石在南线战场上的精锐部队被消灭干净，基本上解放了长江以北的华东和中原广大地区。当初中央军委决定由第二野战军和第三野战军联合发起淮海战役，毛泽东就说："二野三野联合作战，不只是增加一倍两倍的力量，数量变，质量变，这是一个质的变化。"[6] 后来，作为淮海战役前敌委员会书记的邓小平就曾引述毛泽东这句话，来说明"搞经济协作区"[7] 的必要性，讲述了整体性功能大于部分的道理。

系统是由若干相互联系、相互作用的要素组成的统一整体，整体性是系统的最显著的特征，也是处理和解决系统问题需要坚持的基本原则。

关于推进经济社会全面、协调、可持续发展的问题，就是一个运用整体性思维方式认识和对待经济社会发展问题的成功案例。改革开放之初，我们就提出了物质文明与精神文明建设"两手抓，两手都要硬"的"两位一体"思路，到经济建设、民主政治建设、文化建设"三位一体"的认识，再到经济建设、政治建设、文化建设、社会建设"四位一体"的认识，最后形成了关于经济建设、政治建设、文化建设、社会建设、生态文明建设"五位一体"的认识过程，深刻反映了我们对经济社会全面发展的认识日益全面。2008年1月19日，胡锦涛总书记去看望病中的钱学森。他对钱学森说："上世纪80年代初我在中央党校学习时，就读过您的有关（系统科学）的报告。您这个理论强调，在处理复杂问题时一定要注意从整体上加以把握，统筹考虑各方面因素，这很有创见。现在我们强调科学发展，就是注重统筹兼顾，注重全面协调可持续发展。"这里的关键问题是对社会系统的整体性的认识必须不断深化。从系统的整体性看，社会（广义）系统本身就是由经济、政治、文化、社会（狭义）、生态子系统组成的一个大系统。这些子系统相互联系、相互制约、相互作用，决定着社会大系统的整体功能状况。单有某一两个子系统的发展，而没有其他子系统的配套发展，社会大系统的整体功能肯定得不到最好的发挥，各个子系统之间的功能肯定是不协调的。很长时间里，我们把社会（狭义）子系统和生态子系统排除在社会大系统的认识之外，一讲社会发展就仅仅局限于经济、政治、文化三个方面，这就导致了发展的不全面、不协调、不可持续。现在我们认识到社会大系统是由经济、政治、文化、社会（狭义）和生态五个子系统所构成，因而相应地把对经济社会全面发展的认识提升到经济建设、政治建设、文化建设、社会建设和生态文明建设"五位一体"，这样才能够做到真正地坚持全面科学发展。

经济、政治、文化、社会（狭义）和生态都是经济社会发展不可或缺的组成方面，现代化的发展，本质上是经济建设、政治建设、文化建设、社会建设和生态文明建设全面推进的进程。其中，经济建设为全面发展提供前提条件和物质基础，政治建设为全面发展提供政治保证和法律保障，文化建设为全面发展提供智力支持和思想保证，社会建设为全面发展提供和睦相处的社会条件，生态文明建设为全面发展提供可持续发展的自然环境基础。只有从社会系统的整体性原则出发，统筹处理好经济建设、政治建设、文化建设、社会建设和生态文明建设相互联系、相互制约的关系，才能使中国特色社会主义现代化建设全面协调可持续地发展。

二、以结构观点观察系统
——结构决定功能

结构是系统中诸要素相互联系、相互作用的方式，是系统诸要素相互间一定的比例、一定的秩序、一定的结合方式，结构性原则是系统思想的又一重要原则。结构性原则揭示了系统中诸要素之间的关系，指出了实现系统功能优化的基本途径。

自然界和人类社会的大量事实表明，系统的性质和功能不但取决于构成系统的要素，而且取决于要素之间相互联系所形成的结构。

最典型的事例，如在化学中被称为同素异性体的金刚石和石墨，它们虽然都由碳原子组成，但碳原子的结合方式不同，从而导致它们的性质迥然不同。金刚石的碳原子分布均匀，结合紧密，是一种无色透明、外形为八面体的硬质晶体。石墨的碳原子层之间的间距大，结合力弱，形成一种软质鳞片状晶体。由于结构不同，性质迥异，石墨不透明、导电、硬度为1；金刚石透明、不导电、硬度为10。这说明，系统有什么样的结构，也就必然具有与之相应的功能，系统的结构不同，系统的功能也就不同。

这种现象不仅存在于自然界，而且也存在于人类社会中。在社会领域中，恩格斯曾举过一个非常生动的例子。"拿破仑描写过骑术不精但有纪律的法国骑兵和当时无疑地最善于单个格斗但没有纪律的骑兵——马木留克兵之间的战斗，他写道：'两个马木留克兵绝对能打赢三个法国兵，一百个法国兵与一百个马木留克兵势均力敌，三百个法国兵大都能战胜三百个马木留克兵，而一千个法国兵总能打败一千五百个马木留克兵。'"[8] 这里双方骑兵数量的增加，引起了双方力量对比向反比例的方向发生变化，其原因就在于，法国兵纪律严明，结构有序；而马木留克兵纪律松散，结构无序。

结构与功能的辩证关系还表现为二者的相互作用、相互转化。

结构的变化引起功能的变化。有什么样的结构，就相应地有什么样的功能，结构发生了变化，功能必然要发生变化。金刚石晶莹剔透，价格昂贵，如经工匠琢磨成钻石，更是世间奇珍异宝。石墨则呈铁黑色，易污染，适合做价格低廉的铅笔芯。金刚石和石墨同样是由碳原子组成，通过人工的方法，把石墨的结构改变为金刚石的结构，可以制造成人造金刚石。在 5000 摄氏度和 20 万个大气压的条件下，把石墨的碳原子间的结构，由原来的近似"二维片状结构"，改换成金刚石的"三维点阵结构"，于是石墨的性状由不透明变得透明，由导电变为不导电，硬度由 1 变成 10。这样就可以"点石成金"，把石墨加工制作成人造金刚石了。

中国俗话中有"三个和尚没水吃"和"三个臭皮匠，顶个诸葛亮"的说法。同样是三个人组成的系统，为什么"三个和尚没水吃"，而"三个臭皮匠，顶个诸葛亮"，原因就在于结构上，结构构成不同，功能也就不同。结构不合理，系统的内耗增加，系统的整体功能就下降；结构合理，系统组成要素的功能就会相互激发，系统的整体功能就会得到放大，系统功能就可以优化。系统的结构变化了，系统的功能也会随之发生相应的变化。各种系统要达到一定的功能，就不能停留在一种结构上，而需要进行不断的结构更新。中国改革开放初期，农村实行了家庭联产承包责任制的改革，与人民公社时期相比，人员、土地、生产资料都没有什么变化，但是生产组织结构改变了，结果极大地解放了农村生产力，长期困扰我国农村的温饱问题很快就得到了解决。这说明，系统的结构决定系统的功能，系统的结构变化了，系统的功能也会随之发生相应的变化。这是自然界和人类社会存在的普遍的带有规律性的现象。

综观客观世界中的物理系统、化学系统、生物系统、社会系统的演变，各种系统的结构变化，无不对系统功能的变化产生决定作用。马克思对社会结构变化引起社会形态变化非常重视。他指出：劳动者和生产资料始终是生产的因素，凡是要进行生产，就必须使它们结合起来，而实行这种结合的特殊方式也就是社会的经济结构，社会经济结构的不同，使社会形态区分为不同的时期，社会结构的变化则标明了社会形态的变化。

结构性原则告诉我们，根据结构决定功能的原理，合理的结构促进系统功能的优化，不合理的结构造成系统功能的内耗，只有通过结构的合理化，才能实现系统的功能优化。

在当代科学研究和社会实践中，结构性原则得到了广泛的应用。人们越来越重视对各类系统结构的研究。如对知识结构、领导班子结构、生产力结构、生产关系结构、经济结构、产业结构、投资结构、消费结构、城乡结构等的研究，其目的都是为了通过结构的调整和优化，实现系统功能的优化。

当前，我国的发展面临着转变经济发展方式的艰巨任务。我国的经济发展方式之所以陈旧和存在弊端，其根源之一在于经济结构的不合理、不协调。转变经济发展方式必须以经济结构的调整为主攻方向。通过产业结构的调整，做优第一产业，做强第二产业，做大第三产业，培育和发展战略型新兴产业，才能实现经济发展方式的转变；进行消费投资结构的调整，提振内需，扩大消费，才能实现从以投资为主导的经济增长方式向以内需为主导的发展方式的转变；调整要素投入结构，增加对科技创新、管理创新、体制创新的投入，才能实现从资源依赖型的发展方式向创新驱动型的发展方式的转变；调整能源消费结构，减少对煤炭、石油、天然气等化石能源的依赖，大力发展风能、水能、太阳能、核能等可再生能源、清洁能源和新型能源，才能实现向低碳经济、绿色经济、循环经济发展方式的转变；调整城乡结构，走中国特色的城镇化道路，建设社会主义新农村，才能实现向城乡一体化的经济发展方式的转变。经济结构调整，对发展方式先进与否起着决定性作用，是提高国民经济整体素质和国际竞争力的关键。

三、从层次性出发分析事物
——山外有山，天外有天

层次概念是由系统科学的产生而凸显出来的新的哲学范畴。系统的层次性也是系统思想的一个重要原则。

系统科学认为，系统是由若干相互作用的子系统所组成的，系统和子系统的划分具有相对性，不仅系统可以看作更高层次上较大系统的子系统，而且子系统也可以看作由更低层次上若干较小的子系统所组成的系统。所谓层次，指的是系统中的这种垂直隶属关系。它是系统中不同的组成部分之间在依次隶属的关系中形成的等级。

任何系统都具有层次性，都是由若干不同层次的子系统组成的复合体。

客观物质世界的层次是不可穷尽的，层中有层，层上有层，层层叠叠，永不穷尽，真可谓"山外有山，天外有天"。

无机界是一个由层子——基本粒子——原子核——原子——地上物体——行星——恒星——星系团——超星系——总星系等不同层次所组成的宇宙系统。目前，人类所能够观测到的星系大约有 10 亿个，但还是无穷尽。

整个有机自然界呈现为由生物大分子——细胞器——细胞——组织——器官——系统——个体——群体——生态群——生物圈等各个层次组成的有机界系统。从生物大分子到生物圈，层次分明，每一个层次都可以相对独立地自成系统，形成生命界的复杂层次结构。

人类社会也是一个由众多层次构成的复杂系统。如基层的生产经营组织是企业、公司、商店等，它们分属于农业系统、工业系统、商业系统、交通运输系统等社会组织，而农业系统、工业系统、商业系统、交通运输系统又属于经济系统，经济系统又与政治系统、文化系统等组成社会大系统。

系统之所以具有层次性，是有其深刻原因的。

美国著名系统科学家、诺贝尔奖获得者西蒙（Simon, 1916—2001 年）曾指出，在要素由自组织形成系统的过程中，它们的基本结合方式是分层次进行的，即由要素先组合成低层次的子系统，然后再由这些子系统组合成更高层次的系统。可以从概率论的角度证明，由层次形成的系统的概率远远大于由同样数目的要素非层次形成的系统。因为，当具有层次结构的系统解体为各个层次上的子系统时，各个子系统的结构并不因此而全部解体；而当非层次结构的系统解体时，它们会分解为各个基本的组成要素，全部结构都被破坏了。

系统的层次性还表明，在系统的任何层次上，都有组成它的低层次子系统所不具备的性质、功能和规律。

在无机界，原子具有其组成要素所没有的原子序数和质量数，并且具有其组成要素所没有的能谱和其他性质。同样，分子亦具有分子结构和特征能谱，该能谱并非组成分子的原子的能谱之简单叠加。同样，行星具有宏观物体所没有的自转和公转等性质，而太阳系则具有行星所不具有的结构方式，如此等等。

在生命界，从生物大分子到细胞、组织、器官、系统、生物个体、种群、生物群落、生物圈和生态系统，每一层次也都有新性质的出现。例如，细胞是生物大分子的一个层次，细胞能吸收生物大分子，并进行重组、集合和排除别的成分，它可以替换非功能成分，排除和抑制某些化学成分，即对自身实施某种清理和修补、进行分化等，这些都是生物大分子所不具备的性质。再如，人有七情六欲、喜怒哀乐，这是人的神经系统和思维器官的功能，它是人体的细胞、组织、器官等层次所没有的。

在社会系统中，随着社会组织层次的提高，系统也会有新的性质和功能的涌现。

一个生产班组就没有企业、公司全面地协调供、产、销的职能。而一个企业、公司就没有对整个宏观经济系统进行宏观调控、平衡全社会供需矛盾的职能。而经济系统又不会有作为更高层次的社会大系统的政治、文化职能。当然，每一个层次的功能的出现，又绝不是构成它的子系统的性质和功能的简单加和。

系统不同层次上属性的不同，表明了不同层次上系统活

动规律的不同。

系统的不同层次既有共同的运动规律，又有各自不同的特殊运动规律，层次不同，规律有别。例如，宇观天体、宏观物体和微观粒子处于不同的层次，宇观天体遵守的是相对论力学规律，宏观物体遵守的是牛顿力学规律，而微观粒子遵守的是量子力学规律。认识和研究系统，不仅要揭示系统固有的层次，发现不同层次上的共有规律，而且特别重要的是发现不同层次上的特殊规律。贝塔朗菲强调指出，等级秩序原理是系统论的主要理论支柱。贝塔朗菲所说的"等级秩序"，指的就是系统的不同层次具有的不同规律。

系统的层次不同，属性就会不同，规律就会有别，由此，从系统理论引申出一种与简化还原论不同的系统层次分析方法。

简化还原论作为一种传统分析方法，为了认识事物的整体属性，把整体分解为部分，再把部分分解为更基本的组成单位，然后通过这些孤立的基本单元的属性及其简单加和来认识对象的整体属性。这种简化分析方法虽然曾极大地推动了科学研究的深入发展，但由于没有层次观念，忽略和舍弃了事物组成部分之间的复杂联系，结果势必要把事物的属性归结为组成它的基本单元的属性以及这些属性的简单加和，因而不能达到对系统整体涌现性的认识。系统层次分析方法是同简化还原论根本对立的科学研究方法。进行系统层次分析，重点在于研究系统各个层次上的特有属性和特殊规律，研究各个层次上质的差异性，进而揭示出系统整体对其组成要素所具有的"超越质"，即其各组成要素所不具有而为系统所独具的整体涌现性。因此，系统层次分析能够揭示系统在不同层次上的特有属性和规律，避免对事物简化还原的片面认识。

层次性原则在科学研究和社会实践中的应用是十分广泛的。

研究系统不同层次上的特殊运动规律，历来是科学研究的重要课题。这一思想对于我国的改革也具有重要的指导意义。例如，改革开放过程中有一个长期困扰我们的问题，就是经济生活中出现的"一放就活，一活就乱，一乱就统，一统就死"的恶性循环。究其原因之一，就在于忽略了国民经济系统在宏观层次和微观层次上的不同运动规律和要求。要搞活经济，必须在微观经济的层次上扩大企业的自主权，使企业做到自主经营、自负盈亏、自我发展，发挥市场经济"看不见的手"的作用；但在宏观经济层次上，则必须加强调控，充分利用一切经济手段、法律手段乃至行政手段，加强集中管理和统一领导，建立良好的经济运行秩序，这又要充分发挥政府这只"看得见的手"的作用。如果对宏观经济和微观经济的层次性不加区别，在微观经济放权搞活的同时，忽视宏观经济调控体系的建立和完善，那么出现"一放就乱"的局面就在所难免了。可见，在深化改革的过程中，必须坚持层次性的原则，根据经济系统不同层次上的不同规律和要求，做到微观放开搞活、宏观管住管好。我国实行的是社会主义市场经济，充分发挥市场在资源配置中的决定性作用，更好地发挥政府的作用，把加强宏观调控与发挥市场机制结合起来，尤为重要。

四、凭开放的眼光看世界
——开放导致有序，封闭导致无序

任何系统都是开放的，开放性也是系统思想的重要原则。

20世纪40年代以来，对系统开放性的研究开始形成和不断发展。先是贝塔朗菲提出了开放系统理论，接着耗散结构理论的创始人普利高津（Prigogine，1917—2003年）又对开放系统的机制进行了创新性的阐发，此后哈肯（Haken，1927年——）的协同学和艾根（Eigen，1927年——）的超循环理论也对开放系统的机制进行了深入的研究。在对这些最新科学成果进行概括和提炼的基础上，唯物辩证法的系统开放性观点借助于新的范畴有了更新的表述。

唯物辩证法的系统开放性观点认为，系统可以分为孤立系统、封闭系统和开放系统。但系统思想同时又认为，孤立系统和封闭系统只是一种理论上的抽象，现实系统都是开放的。

所谓系统是开放的，即是说，系统与外界环境之间不断进行着物质、能量和信息的传递与交换。系统的开放性原则揭示的是系统凭借与外界环境的这种相互联系、相互作用而不断发展演化的特征。它表明：第一，开放是系统维持自身和不断发展的必要条件。正是在与外界环境的物质、能量、信息的交换过程中，系统通过引进"负熵"才能维持和更新自身的结构，实现从无序向有序的演化。第二，系统处于封闭状态和不能正常地与外界进行物质、能量、信息的交换，系统的结构就不能维持和发展，并不可避免地要导致结构的解体和混乱无序。第三，如果系统在与外界的物质、能量和信息交换中引进的是"正熵"，系统也要导致解体和混乱。

开放导致有序，封闭导致无序，这是自然界从无机物系统到有机物系统都遵循的规律。

现代科学成果表明，任何物理系统的有序化都需要与外部环境交换物质和能量，如晶体的生长、大分子的形成，都要吸收和放出能量。同样，任何一个有机体的生长和发育，任何生物种群发展和进化的基础和机制都离不开新陈代谢。一旦新陈代谢停止了，生物系统就要走向解体。自然系统是如此，人类社会系统也是如此。

在世界历史上，由于闭关自守而导致落后的事例不胜枚举。一个典型的事例是玛雅人的衰落。据说，玛雅人是亚洲人的后代，在最后一个冰期，他们的祖先离别故土，越过封冻了的白令海峡，踏上了美洲新大陆，繁衍生息两万年，在中美洲形成了一个人类文化发源地。一万年前，气候变暖，冰期结束，白令海峡复陷。美洲大陆被两大洋隔离，形成孤岛，陷于封闭状态。公元前1000年左右，人类进入青铜时代，后来又学会冶铁技术，而玛雅人到公元16世纪还处于石器时代，一直没有金属、没有车辆、没有犁。刀耕火种，采集狩猎几万年，生产方式没有与亚欧大陆同步前进。公元1500年，西班牙人入侵，玛雅人毫无抵抗能力，整个民族衰微。现在墨西哥只有20%的印地安人，70%是混血人。玛雅人的历史证明，在开放的世界中一个封闭的社会是无法发展的。

我国历史上也有过封闭导致落后的惨痛教训。邓小平就说过:"任何国家要发达起来,闭关自守都不可能。我们吃过这个苦头,我们的老祖宗吃过这个苦头。恐怕明朝明成祖时候,郑和(1371—1433年)下西洋还算是开放的。明成祖死后,明朝逐渐衰落。以后清朝康乾时代,不能说是开放。如果从明朝中叶算起,也有近二百年。长期闭关自守,把中国搞得贫穷落后,愚昧无知。"[9]邓小平对中国近代历史经验的总结,更能说明封闭对发展的窒息。郑和下西洋是1405年,比哥伦布(Columbus,1451—1506年)1492年发现新大陆早了近90年。但是1433年明宣宗朱瞻基(1398—1435年)宣布实行封关,销毁了可以出海的航船。清朝的康熙(1654—1722年)和乾隆(1711—1799年)虽有文治武功的美誉,但也实行了海禁政策。这种闭关锁国的政策阻断了中国与世界文明发展的联系,从而埋下了衰落的种子。

与此形成鲜明对照的是,比康熙小20岁的俄皇彼得大帝(1672—1725年),亲自去欧洲考察,回国后大力发展工业和科学,成立了圣彼得堡科学院,吸引了很多欧洲科学家来工作。两种不同的发展道路,使中俄两国的实力对比发生了明显的变化。从1652年到1689年,俄入侵黑龙江一带共37年大多无功而返。到了19世纪,俄国的工业、军事有了较大发展,其后的屡次中俄战争,清朝连连失败,丢掉了一百多万平方公里的土地。中俄近代史的这一对比,可以说是开放导致有序、封闭导致无序的很好例证。

"现在的世界是开放的世界","中国的发展离不开世界",这是邓小平运用马克思主义哲学观察当代世界发展大势、总结历史经验、研究现代化的客观规律得出的重要结

论，也是中国改革开放对系统开放性原则最出色的运用。

"现在的世界是开放的世界"，就是指世界各民族、各国家之间的经济、政治、文化和科学交往越来越普遍化，世界各民族、各国家处于相互影响、相互制约、相互依赖的历史阶段。资本主义生产方式的兴起，开拓了世界市场，使世界步入了开放的时代。而在当代，经济生活全面国际化，世界经济出现了全球化、一体化的趋势。世界生产力的高度发展，生产和资本的国际化达到了一个新的更高阶段。国际贸易迅速发展，跨国公司遍布世界，这使得人流、物流、资金流、信息流打破国界，在全世界广泛流动。随着经济的发展，世界各国对资源的需求量越来越大，现在没有任何一个国家，能够拥有和生产自己所需要的一切原料和材料。进口国际资源、利用国际资源，成为世界所有国家的惯例。国际贸易状况是反映世界开放程度的一个综合标志，这表明世界的开放程度已达到前所未有的程度，任何国家都不能孤立于世界之外。

"中国的发展离不开世界。"中华人民共和国成立以后，由于复杂的国内国际因素，我国的对外开放也是不正常的，结果造成我国发展缓慢，与发达国家和周边国家的差距进一步拉大。邓小平在总结新中国成立之后的经验教训时强调指出："建国以后，人家封锁我们，在某种程度上我们也还是闭关自守，这给我们带来了一些困难。三十几年的经验教训告诉我们，关起门来搞建设是不行的，发展不起来。"[10] 改革开放以来，我国实现了由封闭半封闭向对外开放的转变，大力引进国外先进技术，引进国际资金，吸收和借鉴国外先进的经营方式、管理方式，吸收和借鉴国外一切有益的知识和经验，建立形成了开放型经济，实现了国民经济的迅速崛起。在全球化深入发展的条件下，进一步扩大开放，是加快我国现代化建设的必然选择，也是与国际社会共同应对挑战、共享发展机遇的客观需要。在夺取全面建设小康社会和实现现代化的进程中，我们要适应世界格局的深刻变化，坚持对外开放的基本国策，实施互利共赢的开放战略，进一步扩大开放领域、拓展开放空间、提高开放质量、完善开放型经济体系，形成新形势下参与国际经济合作和竞争的新优势。

结　语

系统思想作为人类认识世界、改造世界的哲学思维方式，是辩证法联系原则与发展原则的统一，同联系的观点、发展的观点、全面的观点看问题是一致的，具有哲学世界观、方法论意义。系统思想要求我们用系统的观点认识世界，包括认识人类社会。掌握系统的哲学思维方式，对于今天来说具有重大的现实意义。我国正在进行的社会主义改革开放是一项复杂的社会系统工程，中国特色社会主义现代化建设是一项复杂的系统工程，这要求我们用系统观点观察问题、分析问题、解决问题，不断推进中国特色社会主义事业的顺利发展。

注　释

〔1〕贝塔朗菲：《普通系统论的历史和现状》，载《科学学译文集》，科学出版社1980年版，第322页。

〔2〕参见贝塔朗菲《一般系统论的发展》,《自然辩证法学习通讯》1981年增刊。

〔3〕《马克思恩格斯全集》第23卷,人民出版社1972年版,第362页。

〔4〕《马克思恩格斯全集》第32卷,人民出版社1998年版,第294页。

〔5〕《马克思恩格斯全集》第44卷,人民出版社2001年版,第378页。

〔6〕《邓小平文选》第三卷,人民出版社1993年版,第341页。

〔7〕《邓小平文选》第三卷,人民出版社1993年版,第25页。

〔8〕《马克思恩格斯全集》第20卷,人民出版社1971年版,第141页。

〔9〕《邓小平文选》第三卷,人民出版社1993年版,第90页。

〔10〕《邓小平文选》第三卷,人民出版社1993年版,第64页。

把握事物联系与发展的基本环节

——唯物辩证法的重要范畴

哲学范畴是反映事物、现象最普遍本质和关系的概念。认识和掌握范畴是认识一切事物、把握一切规律的科学途径。对立与统一、质与量、肯定与否定，都是唯物辩证法的基本范畴。此外，唯物主义辩证法的范畴还有内容与形式、现象与本质、原因与结果、必然性与偶然性、可能性与现实性等。掌握这些范畴的辩证关系，有利于把握事物联系和发展的基本环节，有利于通晓事物的规律性。

范畴是各门科学中的最基本概念。各门科学都有自己的范畴。如经济学中的商品、价值、货币、资本，生物学中的细胞、基因、遗传、进化，物理学中的物质、重量、质量、速度、能量等。范畴反映了各门科学研究领域的事物、现象的普遍本质、相互关系。哲学范畴是反映事物、现象最普遍本质和关系的概念，适用于一切科学领域。范畴是客观事物的反映，既不是人脑固有的，又不是先于事物而存在的。认识和掌握范畴是认识一切事物、把握一切规律的科学途径。联系与发展是自然界、人类社会和人类思维具有的基本特征,联系与发展又是通过一系列基本环节体现出来和得以实现的。唯物辩证法作为研究世界联系和发展的科学,形成了一系列范畴反映这些联系和发展。前文所说到的对立与统一、质与量、肯定与否定,都是唯物辩证法的基本范畴,这些范畴揭示了物质世界最普遍的本质联系和发展的基本过程与趋势,形成了唯物主义辩证法的基本规律。此外,唯物主义辩证法的范畴还有内容与形式、现象与本质、原因与结果、必然性与偶然性、可能性与现实性等。掌握这些范畴的辩证关系,有利于把握事物联系和发展的基本环节,有利于通晓事物的规律性,有利于提高认识世界和改造世界的能力。

一、反对形式主义
——从文山会海看内容与形式

各种文山会海泛滥成灾,早已成为中国各级党政机关的"老大难"问题。20年前,曾有商业部搬出"文山"展览示众。说明词介绍:该部每年因印发文件和简报要用掉22万元、4000令纸,能装满25辆解放牌卡车。某县一个乡政府为开会行文,四年赊账28700元,拖垮邻近的一家打字复印店。据《半月谈》报道,一个县委主要领导,一年中参加的大小会议、活动不少于1000次,真是令人叹为观止![1]必须坚决治理以会议落实会议、以文件落实文件一类的形式主义、官僚主义会风、文风、作风痼疾。

例行公事的太平会,轮流发言的推磨会,议而不决的扯皮会,言不及义的闲谈会,名目繁多的庆祝会,旷日持久的马拉松会；会外有会，会内有会，会前有会，会后有会；官话、假话、大话、空话、套话、长话、废话、车轱辘话；繁文缛节中，"以其昏昏，使人昭昭"，"言者谆谆，听者邈邈"。炫耀彰显了多少人的虚荣，消磨损耗了多少人的精神。

由于"文山会海"，导致起草材料累、会务接待累、干部赴会累，既消耗了大量人力、物力和财力，极大增加了行政成本，又降低了工作效率。由于"文山会海"，使得一些工作在"文山"之上缓缓推进，在"会海"之中慢慢漂移，使得一些干部整天攀爬在"文山"之上、畅游于"会海"之中，斗志和激情被消磨殆尽。无边无际、无休无止的文山会海就像巨大的黑洞，吞噬了无穷无尽的人力、物力、财力，既糟蹋了来之不易的金钱，又浪费了不复再来的时间。

曾有这么一副对联给此类痼疾画了个像：上联是"今天开会，明天开会，天天开会"，下联是"你也讲话，我也讲话，人人讲话"，横批是"无人落实"。难怪有的乡镇干部编了顺口溜："开大会开中会开小会，开了白开；你也说我也说他也说，说了白说"，结果到头来还是一场空。

诚然，解决文山会海问题，需要从认识上、制度上、作风上、具体操作上加以解决。但这里却提出了一个不容回避的哲学问题：开会、发文只不过是一种领导方式，即一种形式，而会上要讲什么、文中要写什么、实际要做什么，才是实质内容，这就提出了正确认识和处理形式与内容的关系问题。弄清内容与形式的辩证关系，有助于从理论上真正认清形式主义的危害。

任何事物都有自己的内容和形式，是内容和形式的统

一。内容与形式是从构成要素和表现方式两个方面反映事物的一对范畴。内容是事物内部各种要素的总和，形式是事物内在要素相互联系采取的表现方式。

　　包子好吃不好吃、价钱贵不贵、卖包子赚不赚钱，更多的是取决于包子馅而不是包子皮，当然包子皮有问题包子也卖不出好价钱。包子馅好比是"内容"，包子皮好比是"形式"，二者的有机统一才是包子。有一个蹩脚商贩，为了多赚钱，把包子皮做得厚厚的，把包子馅做得小小的。顾客买了包子咬了几口，还没有吃到包子馅，久而久之这个包子铺肯定就少人问津了。当然，也有会做生意的，把包子馅做得又香又大，包子皮做得又薄又好，结果生意越做越红火。这说明，形式与内容二者是辩证统一的，包子馅与包子皮二者有机统一才是美味可口的包子。如果包子没馅，只有皮，就不是包子，而是馒头了；如果只有馅，而没有皮，也不是包子，而是肉丸子。只讲形式，不要内容，就是形式主义。当然，只讲内容，没有形式，内容再好，也表现不出来。形式符合内容的要求，这是做事成功的必要条件。

　　内容和形式是辩证统一的关系。

　　——**内容居于主导地位，内容决定形式，形式依赖于内容**。一定的内容要求采取一定的形式来实现，有什么样的内容，就要求有什么样的与之相适应的形式。因为构成内容的要素是形式的承担者，其结构形式则是各要素之间具有的稳定性的关系，要素之间采取何种表现形式决定于要素的性质及其整体联系所要达到的功能。

　　——**内容的变化决定形式的变化**。由于内容居于决定地位，它不会允许与自己不相适应的形式长久存在下去，在它发展的一定阶段上，就要求抛弃旧的形式，创立新的形式。

——**形式具有相对独立性，形式对内容并不是消极的、被动的，而是对内容有巨大的反作用**。这种反作用表现在两个方面：一方面，当形式适合于内容时，它能够对内容的发展起强有力的推进作用；另一方面，当形式不适合内容的时候，形式对内容的发展就起着延缓和阻碍的作用；当不变更形式内容就不能发展的时候，形式的变更甚至可以起主要的决定作用。

从事物的发展过程来看，内容和形式的统一具有暂时的、相对的性质。在内容与形式的关系中，内容是比较活跃的、易变的，而形式则是比较不活跃的、相对稳定的。这样，就形成了内容和形式的矛盾运动，并贯穿于事物发展的始终。

在内容与形式的矛盾运动中，内容居于支配地位，形式终究要适应内容的发展要求而发生相应的变化。当旧形式不再适应内容的要求，甚至阻碍内容的发展时，内容就会冲破旧形式的束缚而要求新的形式。内容和形式的矛盾运动主要表现为，从基本适应到基本不适应，再由基本不适应到基本适应，是一个循环往复不断发展变化的过程。

例如，生产活动是人类改造自然、创造物质财富的活动，是劳动者使用以劳动工具为主的生产资料实现物质生产和生活资料的生产和再生产的过程。在这个过程中，劳动者和劳动工具、劳动对象的总和构成的生产力，就是生产活动的内容。这些生产要素以不同的方式结合在一起，形成不同的生产资料所有制、不同的分配关系、资源在生产中的不同配置方式，这些就构成了生产活动的形式。任何一个社会的生产活动都是通过生产力与生产关系的统一来进行的,这是生产活动的内容与形式的统一。仅有生产力的内容,而没有一定的生产关系的形式,生产活动就不可能进行。

人们进行生产活动,目的是要创造更多更好的物质财富,这就要求提高社会生产力的水平。而生产力的发展又要求有与之相适应的形式。如果生产资料所有制、分配制度、资源的配置方式这些生产活动的形式不合理,就会阻碍生产力水平的提高和效率的发挥,提高生产力水平的这个内容也不能实现,这时就需要改变生产关系这个形式,建立更为符合生产力发展要求的生产资料所有制、分配制度和资源配置方式。只有通过创建更为符合生产力发展要求的生产关系形式,社会生产才能更好地发展。

改革开放之前,我国实行"一大二公"、"纯之又纯"的公有制,"吃大锅饭"的平均主义分配制度,僵化的计划经济资源配置方式,这种生产关系的具体形式严重束缚了生产力的发展。社会生产的内在要求迫切需要改变这种不合理的生产关系形式。改革开放以来,我国实行了以公有制为主体、多种经济共同发展的所有制制度,以按劳分配为主与多种分配形式相结合的分配制度,建立社会主义市场经济体制,结果极大地解放和发展了生产力,社会生产得到了前所未有的发展。

事实表明,生产力与生产关系这种内容与形式的矛盾运动,永远不会停止在一个水平上。生产力不会停止发展,生产关系也不会有一种永远不变的完美形式。当前,我国的社会生产虽有很大发展但还不能称之为发达,人民希望生产力有更大的提高能够创造更多的物质财富,但生产关系的具体形式还存在很多需要改善的地方，如分配不公、差距过大、无序竞争等。这表明生产关系的具体形式还不完全符合生产力这个内容的要求，仍需通过改革，进一步创新和完善适应生产力内容发展的生产关系形式。

辩证法还告诉我们，内容与形式之间并没有绝对的界限，在一定条件下，某一内容的形式，可以成为另一形式的内容；某一形式的内容，亦可以成为另一内容的形式。

例如，在人类改造自然界的活动中，贯穿着生产力和生产关系的矛盾，其中生产力是内容、生产关系是形式。在改造社会的活动中，贯穿着经济基础和上层建筑的矛盾，经济基础即一个社会占统治地位的生产关系的总和是内容，而上层建筑则成为它的形式。由此可见，生产关系是生产力的形式，又是上层建筑的内容。

现实的世界是纷繁复杂的，事物的内容和形式也必然是复杂的。因此，对于内容和形式的关系，不能作简单化的理解。

在现实生活中，内容和形式并不都是一一对应的关系。同一内容，可以有多种不同的表现形式；同一形式也可以表现不同的内容，所以要具体事物具体分析，切不可简单化处理。例如，歌颂英雄人物，弘扬真善美的精神，或者批评消极腐败现象，痛斥假丑恶的行为，可以通过小说、诗歌、戏剧、电影、电视剧、相声、小品、漫画等多种形式来表现，不是只有一种形式。传达上级指示精神，贯彻落实某项工作，可以采取会议动员、报刊报道、网络通知、典型示范、现场指导等多种形式，也并不是只能采取层层开会宣读文件这样一种单调的形式，更不能采取以会议落实会议、以文件指导文件的形式主义、官僚主义的工作方式。

内容和形式关系的复杂性还表现在，新内容可以利用某些旧的形式，旧内容也可以利用新的形式。

当然，这种利用绝不是对原有的内容和形式原封不动地照搬，不能新瓶装旧酒、换汤不换药，而是要对旧的形式进行改造并加以创新，以适应新内容的需要。例如，在新的形势下，人民内部矛盾的内容有了很大变化，利益矛盾变得更突出了，房屋拆迁、城市扩建、环境污染等引发的矛盾无不与人们的切身利益相关。解决这些矛盾，仍然可以运用也需要坚持运用批评与自我批评、说服教育这种行之有效的工作形式，但是想做到"我说你听，我打你通"，绝不能回避人们的利益诉求，还要采取利益调节、合理补偿、依法裁决等新形式来解决矛盾。

掌握内容和形式辩证统一的原理，处理好内容和形式的关系，具有重要的现实意义。要注重内容，讲求形式，反对形式主义。

一方面，要注重事物的内容，事物的发展变化体现在内容的不断更新上，不能脱离开内容去片面追求形式，以形式替代内容；另一方面，又不能忽视形式对内容的反作用，应当依据内容发展的要求，选择适合内容的形式，并不断地及时变更那些已经不适合内容的旧形式，创造新形式。

在实际工作中，既要注意讲究形式，又必须反对形式主义。形式主义背离了形式与内容相统一的原则，颠倒了内容与形式的主次关系，本末倒置，舍本逐末，是官僚主义的工作作风。形式主义不从实际出发，做工作只图虚名而不办实事，写文章、作报告，空话连篇，无的放矢；贯彻上级指示，玩花架子，作表面文章；搞社会调查，或蜻蜓点水，浅尝辄止，或事先安排，哗众取宠，如此等等。搞形式主义，要么是一些人推卸责任、消极对抗上级指示的惯用手法；要么是利用形式，另有所图，达到某些不可示人的目的。华而不实的形式主义，别有居心的形式主义，败坏了我们党的一切从实际出发、实事求是的作风，是党的肌体的腐蚀剂，是广大干部群众十分厌恶的东西。在实际工作中，一定要坚持形式与内容的辩证统一，坚决反对和防止形式主义。

二、透过现象看本质
——怎样练就"火眼金睛"

孙悟空是中国四大古典名著之一《西游记》中的人物。他武艺高强，勇敢机智，刚正不阿，疾恶如仇，会七十二变，能腾云驾雾。特别是他有一双火眼金睛，能看穿妖魔鬼怪的伪装。《西游记》第二十七回"尸魔三戏唐三藏　圣僧恨逐美猴王"，所描写的孙悟空"三打白骨精"的故事，更是家喻户晓。

唐僧师徒四人西天取经，经过宛子山，妖魔白骨精为了吃唐僧肉而长生不老，第一次变成了月貌花容的村姑来送斋饭，把猪八戒迷得神魂颠倒，唐僧也不辨真伪，认为来了个"女菩萨"。孙悟空火眼金睛，一眼识破白骨精的伪装，一金箍棒将白骨精打跑，唐僧才没有落入妖精手中。唐僧却认为孙悟空无故伤人性命。白骨精一计不成，又连施两计，先变成白发老妪来寻女儿，又被孙悟空识破、打跑；再变成白发老公公，来寻女儿和老伴，唐僧大发慈悲，几乎上当，但还是躲不过孙悟空的火眼金睛，任凭白骨精用尽心机，又被孙悟空识破它的原形和诡计。心地善良的唐僧误认为孙悟空无故三次伤人，佛法难容，竟然将孙悟空赶回花果山。离开孙悟空，唐僧果然中了白骨精的奸计，被白骨精将他和沙僧掳去。猪八戒侥幸逃出，急奔花果山，智激美猴王。孙悟空救师心切，不念前怨，毅然下山，变成老妖，巧入妖精洞府，一番激战，终于打死白骨精，解救出唐僧和沙僧，师徒四人又愉快上路，继续西天取经。

毛泽东在《七律　和郭沫若同志》一诗中盛赞孙悟空：

一从大地起风雷，便有精生白骨堆。
僧是愚氓犹可训，妖为鬼蜮必成灾。
金猴奋起千钧棒，玉宇澄清万里埃。
今日欢呼孙大圣，只缘妖雾又重来。

唐僧识不破白骨精、蝇子精、鲇鱼精、老鼠精等妖精，分不清好人坏人，一心只想"普渡众生"。若不是孙悟空的火眼金睛能够识别真伪人妖，制服妖魔鬼怪，唐僧如何能上西天取经？所以，在《西游记》中，孙悟空常说："我老孙有火眼金睛，可以识得妖怪。"火眼金睛是孙悟空的专利，是孙悟空在太上老君的八卦炉中煅烧了七七四十九天的意外收获。

当然，《西游记》只是神话故事，现实中并没有火眼金睛的孙悟空。但《西游记》的故事却对人们有着深刻的启示。在现实生活中，以善掩恶，以假乱真，大奸若忠，大贪若廉，佞臣贼子装作忠贞不贰，腐败分子高唱反腐高调，战争贩子扮作和平使者，这类现象屡见不鲜。当然，现象也有真相和假象之分，本质也有深浅之别，这就要求我们分辨是非真伪，区分事物的现象与本质。如果拿"三打白骨精"打个比方，白骨精变成美丽少女、白发老妪、悲情老翁，这都是事物的现象，乃至是假象，而事物的本质则是一个想吃唐僧肉的妖精。怎样才能练就一双火眼金睛呢？需要我们掌握现象与本质的辩证法，学会透过事物的现象看清本质的本事。

任何事物都具有现象与本质两个方面。现象是事物的外部联系和表面特征，是事物本质的外在表现，是人们认识和研究事物首先感觉和接触到的东西。本质是事物的根本性质，是事物内部构成要素的稳定的联系，是深藏于事物现象之后的东西。

现象是表面的、丰富多彩的、变动不居的，事物的现象可以凭借人的感官去感知；而本质则是隐蔽的、比较一般的、相对稳定的，事物的本质要靠人的抽象思维才能把握。马克思指出："如果事物的表现形式和事物的本质会直接合而为一，一切科学就都成为多余的了。"[2]

大千世界之所以千姿百态、五光十色，就在于万事万物的现象是丰富多彩、变化多端的。现象裸露在人们面前，而本质却深藏于现象之中。列宁曾以海水作比喻，形象地指出，现象如同浮在水表面的泡沫，本质就像水底层的深流。人们在实践中首先接触到的就是事物的现象，经过对现象的感知和理性分析，才能逐步深入到事物的内部，接触到事物的本质。

研究事物的现象，应注意区分真相和假象。真相是本质

的表现，假象也是本质的表现。

现象的丰富多彩，突出体现在现象的多样性上。在五光十色的现象中，既有真相，又有假象，从正面表现本质的是真相，从反面表现本质的是假象。列宁说："不仅本质是客观的，而且外观也是客观的。"[3]"本质具有某种外观。"[4]由于事物现象是多种多样、真伪并存的，所以，要完全地反映整个的事物，反映事物的本质，反映事物的内部规律性，就必须经过思考和科学研究，将丰富的感觉材料加以去粗取精、去伪存真、由此及彼、由表及里的改造制作功夫。

以自然界中的月光为例。唐朝浪漫主义诗人，被后人誉为"诗仙"的李白（701—762年）的"床前明月光，疑是地上霜"，唐代现实主义诗人白居易（772—846年）的"霁月光如练，盈庭复满池"，都是千古传颂的诗句。但是月亮真的发光吗？科学研究表明，月亮本身并不发光，它是反射太阳光到了地球上，所以我们看到它是亮的。它的亮度随着太阳、月亮间的距离的变化而变化。月食就是月球不发光的证明。如果地球转到月球与太阳中间，这三个天体恰好或接近处于一条直线时，那么月球就走进了地球的黑影里，太阳光照不到月球上，月球不再反射太阳光，就发生了月食，也就是民间常说的"天狗吃月亮"。月球全部进入地球的黑影中，形成月全食；只有一部分进入地球黑影，形成月偏食。所以，人们所见到的"月光熠熠"，本质上是月球所反射的太阳光。

在社会现象中，假象很多是人为制造的。"明修栈道，暗渡陈仓"，就是中国古代一个著名的典故。《史记·高祖本纪》记载：项羽（前232—前202年）自封为西楚霸王后，就向各路诸侯分封领地。项羽把巴、蜀、汉中三郡分封给刘邦（前256—前195年），立刘邦为汉王。刘邦自知兵力不如项羽，只得忍气吞声。在去封地的路上，他采用张良（约前250—前186年）的计策，将长达好几百里的栈道全部烧掉，他这是向项羽表白，没有向东扩张、争夺天下的意图。其实，刘邦意在麻痹项羽，是等待具备一定实力后再挥师东进，与项羽一决雌雄。后来，有人起兵反项，刘邦认为时机已到。大将韩信（前231—前196年）提出了"明修栈道，暗渡陈仓"的计策，建议派人去修栈道以迷惑敌方。陈仓就是现在的宝鸡市，是刘邦进入关中的必经之地，两地之间有险山峻岭阻隔，又有雍王章邯（？—前205年）的重兵把守。刘邦采纳了韩信的计策，派大将樊哙（前242—前189年）带领一万人去佯修已被刘邦进汉中时烧毁的五百里栈道，摆出要从褒斜道出兵的架势，迷惑麻痹了陈仓的守将。陈仓的雍王章邯万万没想到韩信率领精锐部队摸着无人知晓的小道翻山越岭偷袭了陈仓，章邯兵败自杀。刘邦顺利挺进到关中，站稳了脚跟，从此拉开了他开创汉王朝事业的大幕。后来"明修栈道，暗渡陈仓"就成为一种非常规用兵的法则和军事谋略，指的是制造假象，迷惑敌人，用来掩盖真实的攻击路线，而从侧翼进行突然袭击，从而达到声东击西、出奇制胜的目的。在战争史上，明修栈道、暗渡陈仓，制造假象，迷惑对方，这样的例证不胜枚举。1991年，在海湾战争中，美军实施"沙漠盾牌行动"，就是用海面的假登陆掩盖了沙漠中的真迂回，直插伊军后方发起强烈攻势，避实击虚，重创伊拉克军队。军事将领只有善于识破假象，洞察对方的真实意图，才能在战争中不被敌方欺骗而陷于败局。

现象有真与假之分，本质也有深与浅之别。人们认识事物，不仅要透过现象把握本质，而且还要逐层深入地认识本质，揭示事物的规律。

本质有深浅之别，有初级本质、二级本质以及更高级的本质。列宁说："人的思想由现象到本质，由所谓初级本质到二级本质，不断深化，以至无穷。"[5] 正由于本质是有层次的，所以，本质与非本质的区分也是相对的，而不是绝对的。人们在认识了某一层次的本质后，继续深入地研究下去，还会接触到并进一步揭示出更深层次的本质。所以，本质是一种多层次、多等级的构成物，它深刻地展现了现实事物的复杂的层次结构。人们认识事物绝不能仅仅停留在现象上，也不能仅仅停留在初级的本质上，而应当把认识不断地引向深入。

在科学史上，人类对宇宙中心的认识，就是一个对事物现象背后的本质逐渐深入认识的过程。

太阳从东边升起、从西边落下，这是人们在日常生活中几乎天天看到的现象。两千年前古罗马时代的托勒密（Ptolemy，约90—168年）根据人们的这种观测，提出"地心说"。他认为地球是宇宙的中心，地球静止不动，太阳围着地球这一中心由东向西旋转。托勒密的"地心说"还精确地计算出了所有行星运动的轨迹，与当时人们的观测结果也相符合。一千五百年来，人们根据他的计算决定农时。而且由于这个学说与基督教《圣经》中关于天堂、人间、地狱的说法刚好互相吻合，处于统治地位的教廷便竭力支持地心学说，因而地心学说长期居于统治地位。

但是，到了 16 世纪，科学史上的一场"哥白尼革命"爆发了。哥白尼（Copernicus，1473—1543 年）是波兰的天文学家，他提出"日心说"，否定"地心说"。哥白尼从中学时代就对天文学很感兴趣，曾跟着老师在教堂的塔顶上观察星空。他相信研究天文学只有两件法宝：数学和观测。他不辞劳苦，克服困难，每天坚持观测天象，30 年如一日，终于取得了可靠的数据，提出了"日心说"，并在临终前的 1543 年出版了他的不朽名著《天体运行论》。可惜这时的哥白尼，已经因为脑溢血而双目失明，他只摸了摸书的封面，便与世长辞了。在这本巨著中，哥白尼明确提出：地球不是宇宙的中心，太阳才是宇宙的中心；不是太阳绕地球运转，而是地球绕太阳运行，同时地球还绕着它自身的轴进行自转。地球自转的方向是自西向东的，因此人们在地球上看到太阳东升西落，这是相对运动的结果。1609 年，意大利科学家伽利略（Galileo，1564—1642 年）发明了天文望远镜，并在 1610 年 1 月 7 日用天文望远镜发现了木星的四颗卫星，为哥白尼学说找到了确凿的证据。1687 年，牛顿提出了万有引力定律，进一步深刻揭示了行星绕太阳运动的力学原因，使日心说有了牢固的理论基础。1842—1846 年，英国天文学家亚当斯（Adams，1819—1892 年）和法国天文学家勒维烈（Le Verrier，1811—1877 年）又根据万有引力定律，预言了一颗尚未发现的行星的存在和位置。1846 年 9 月 23 日晚，柏林天文台的加勒（Galle，1812—1910 年）就在勒维烈所预告的新行星出现的位置上，发现了这颗新行星即海王星。到这时，哥白尼"日心说"才最终被证实了。

哥白尼的"日心说"，不仅大大深化了人类对地球与太阳之间关系的本质认识，建立了科学的宇宙体系，而且否定了教会把地球置于宇宙中心的宗教义，它标志着自然科学与神学的分离和独立。恩格斯在《自然辩证法》中称此书是"给神学的绝交书"，是"自然科学的独立宣言"。很多历史学家认为，近代自然科学就是从1543年起诞生的。

哥白尼，一位科学巨匠，为后世留下了宝贵的遗产。由于时代的局限，哥白尼只是把宇宙的中心从地球移到了太阳，并没有放弃宇宙中心论和宇宙有限论。后来，意大利的哲学家和思想家布鲁诺（Bruno, 1548—1600年）扩展了这个理论，他提出太阳系实际上只是无限宇宙中的一个天体系统。因为布鲁诺反对维护宗教统治的经院哲学，接受和发展了哥白尼学说，被宗教裁判所判处死刑，被烧死在罗马的鲜花广场，成为捍卫科学真理的殉道者。

20世纪的科学技术进一步发展，天文学家通过间接手段在太阳系外发现了近150颗行星，它们所在的恒星系统与太阳系类似。这时人们才明白，原来太阳不是宇宙的中心，也不是银河系的中心，而只是太阳系的中心，而太阳系只不过是宇宙大家庭中的普通一员。由此可见，人类对所谓"宇宙中心"的本质认识，是经历了一个多么艰难的逐步深入的过程。

人类的认识和实践过程告诉我们，现象与本质是对立统一的关系。本质和现象既有明显的区别，又有内在的紧密联系。现象中蕴含着本质，本质寓于现象之中。

事物的本质即使隐蔽得再深，也会通过现象这样或那样地表现出来，任何现象都是本质在某一方面的显现。不表现为现象的赤裸裸的本质或不以某一本质为根据的现象是没有的，二者任何一方离开了另一方都是不能存在的。

人们可以透过现象认识事物的本质，从不甚深刻的本质到更深刻的本质，这是科学的认识方法和认识途径。认识的任务就是要透过现象揭示事物的本质和规律。

毛泽东说过："我们看事情必须要看它的实质，而把它的现象只看作入门的向导，一进了门就要抓住它的实质，这才是可靠的科学的分析方法。"[6]认识事物的种种现象只是初步的、浅层次的，是一种感性认识，它还不能用来指导实践。只有透过现象进入到事物的本质，把握事物的规律性，用这种理性的认识作指导，去继续研究尚未研究过或尚未深入研究过的现象，才能进一步补充、丰富和加深对于事物本质的认识。这是一个不断地由现象进入到本质、又由本质到现象的循环往复的认识过程。要真正地认识事物，揭示事物运动的规律，就必须深入实际、注重实践、善于观察和分析事物的种种现象，从中找到事物的本质。

三、善于认识原因与结果的辩证关系
——话说蝴蝶效应与彩票中奖

蝴蝶效应是人们津津乐道的一种诡异现象。什么是蝴蝶效应？这还要从美国麻省理工学院气象学家洛伦兹（Lorenz，1917—2008年）的发现谈起。20世纪60年代，洛伦兹在研究天气预报问题时提出了一种形象的说法，其大意为：一只南美洲亚马孙河流域热带雨林中的蝴蝶，偶尔扇动几下翅膀，可能在两周之后在美国得克萨斯就会引起一场龙卷风。其原因在于：蝴蝶翅膀的运动，导致其身边的空气系统发生变化,并引起微弱气流的产生,而微弱气流的产生又会引起它四周空气或其他系统产生相应的变化,由此引起连锁反应,最终导致其他系统的极大变化。

之所以把这种现象称为蝴蝶效应,又是源于这位气象学家制作的电脑程序的图像。为了预报天气,洛伦兹用计算机求解仿真地球大气的 13 个方程式,试图利用计算机的高速运算来提高长期天气预报的准确性。在 1963 年的一次试验中,为了更细致地考察结果,他把一个中间解 0.506 取出,提高精度到 0.506127 再送回。而当他到咖啡馆喝了杯咖啡回来后,再看时却使他大吃一惊:本来很小的差异,结果却偏离了十万八千里!再次验算发现计算机并没有毛病。洛伦兹由此发现,由于误差以指数级增长,所以一个微小的误差随着不断推移将会造成截然不同的后果。他还发现,图像是混沌的,而且十分像一只蝴蝶张开的双翅,因而他形象地将这一图形以"蝴蝶扇动翅膀"的方式进行阐释,于是便有了蝴蝶效应的说法。从此以后,所谓"蝴蝶效应"之说就不胫而走。

"蝴蝶效应"之所以令人着迷、令人激动、发人深省,不但在于其大胆的想象力和迷人的美学色彩,更在于其深刻的科学内涵和内在的哲学魅力。类似蝴蝶效应的事例在古今中外都是不乏其例的。

第二次世界大战期间,在伦敦英美给养司令部的墙上,醒目地书写了一首 1620 年摇篮曲:

丢失一个钉子,坏了一只蹄铁;
坏了一只蹄铁,折了一匹战马;

折了一匹战马，伤了一位骑士；
伤了一位骑士，输了一场战斗；
输了一场战斗，亡了一个帝国。

马蹄铁上一个钉子是否会丢失，本来是初始条件的十分微小的变化，但其"长期"效应造成的却是一个帝国存与亡的根本差别。这就是军事领域中的"蝴蝶效应"。2011年1月，一向被视为非洲之星的突尼斯，因为一个青年大学生毕业后找不到工作而无证销售水果和蔬菜，遭到警察殴打，投诉无门自杀而死，引起大规模的抗议，进而演化成无法控制的社会骚乱。统治了突尼斯23年的铁腕总统本·阿里（Ben Ali, 1936年—　）最后变成了众叛亲离的孤家寡人，不得不乘飞机逃亡到沙特阿拉伯去做寓公。当然，引起突尼斯社会骚乱的原因是十分复杂的、深层次的、多元的，大学生自杀事件只不过是一个导火索，由此而引发了一场政治领域中的蝴蝶效应。一个明智的领导者一定要防微杜渐，看似一些极微小的事情却有可能造成全局性的分崩离析，那时岂不是悔之晚矣？

"蝴蝶效应"的理论以实证手段证明了中国一千三百多年前《礼记·经解》中"《易》曰：'君子慎始，差若毫厘，谬以千里'"的哲学思想。

在当代，蝴蝶效应通常表现于天气、股票市场等在一定时段内难以预测的比较复杂的系统中。蝴蝶效应说明，事物发展的结果，对初始条件具有极为敏感的依赖性，初始条件的极小偏差，将会引起结果的极大不同。蝴蝶效应引起了人们对因果性关系的深入认识。

因果联系是物质世界普遍联系的一种情形,是物质世界发展链条上的重要一环。

因果联系是人们在日常工作和生活中接触最为频繁的一种联系。人们对世界的认识和改造,都离不开对事物的因果关系的探索。

一切事物和现象都处于普遍联系、相互制约之中。每一种现象都是由另一些现象引起的,同时,它又引起了另一些现象。一种现象对于被它引起的现象来说是原因,对于引起它的现象来说则是结果。事物、现象之间这种引起与被引起的关系就是因果关系。

需要注意的是,事物之间先行后续的关系,并不都构成因果关系,白天之后黑夜,但白天并非导致黑夜的原因,昼夜更替的现象是由于地球自转引起的。引起和被引起才是构成因果关系的关键。

因果联系作为物质世界普遍联系中的一个环节,构成了一事物与其他事物相互联系的中介。它对于人们认识和把握事物、现象、过程之间的联系,起着极为重要的作用。

人们可以通过某一种现象、过程的出现,以此为中介,把前后相续的现象和过程连接起来,去追溯产生它的原因,并预测它进一步发展的结果,从而加深和扩展人们对事物的认识。正如列宁所说,原因和结果是各种事件的世界性的相互依存、普遍联系和相应联结的环节,是物质发展这一链条上的一环。

原因与结果存在着对立统一关系。

——**它们是对立的**。当我们把两组具有因果联系的现象从普遍联系中抽出来观察时,原因和结果是确定的。原因就是原因，结果就是结果。原因不能同时是结果，结果也不能同时是原因。不能倒因为果，也不能倒果为因。天气变冷引起一些人感冒，前者为因，后者为果，但不能倒过来说感冒是天气变冷的原因。

——**它们又是统一的**。原因与结果在一定条件下互相依存、互为存在的前提，就是说，原因相对于它作用的结果来说成为原因，结果相对于产生它的原因来说才成为结果。原因与结果在一定条件下又互相转化。它们的互相转化有两种情况，一种情形是，甲现象引起乙现象，乙现象又引起丙现象，对于甲现象，乙现象是结果，对于丙现象，乙现象又是原因。比如，下雨过量造成水灾，水灾引起疾病。在前一种因果关系中，水灾是果，在后一种因果关系中，水灾是因。原因和结果互相转化的另一种情形是，当我们从某一过程中抽取相互作用的两个现象考察其因果关系时，就某一种意义说，前者为因，后者为果；就另一种意义说，后者为因，前者为果。比如，理论和实践的关系，没有实践就形不成理论，没有正确理论的指导，也就不可能有成功的实践。在不同意义上，实践和理论互为因果。

因果联系是多种多样、极其复杂的。现实中的因果联系往往不是一个原因产生一个结果，而更多地表现为一因多果、一果多因。

就因果关系的类型来看，有单值因果关系和统计因果关系、线性因果关系和非线性因果关系、非目的因果关系和目的性因果关系。就原因来说，有现在的原因和过去的原因、主观原因和客观原因、内部原因和外部原因、主要原因和次要原因、直接原因和间接原因，等等。

发现非线性因果关系，是人类对因果关系的一种新认识。

再让我们回到蝴蝶效应的讨论上来。前面已经指出，蝴蝶效应表明，有些事物的发展结果，对初始条件具有极为敏感的依赖性，初始条件的极小变化，将会引起结果的极大不同。在科学和哲学中，这被称为非线性因果关系。非线性因果关系是相对于线性因果关系而言的。线性和非线性，本来是数学用语。线性关系是指可以叠加的数学关系，非线性关系是指不可以叠加的数学关系。一般说来，整体和部分之间的关系是加和性的，都可以用线性方程加以表示，正是在这种意义上，系统理论把这类系统称之为线性系统。控制论的创始人艾什比（Ashby，1903—1972年）指出：在"这种系统中两个原因的合并作用等于它们各自作用的简单的和"[7]。因此线性系统实质上表明了整体与部分之间的一种线性因果关系。线性因果关系最基本的特征是"因果相当"，即整体的原因是由各部分的原因组成的，各孤立部分的原因累加起来就能说明结果。笛卡尔（Descartes，1596—1650年）就认为，"在结果里的东西没有不是在它的原因里的"[8]。

德国唯心主义辩证法大师黑格尔的一个重要贡献是，他承认大事件的产生具有一种"导因"。这一思想已接近发现非线性因果关系。实际上，当我们的视野一进入非线性系统的领域如天气变化、股票市场等，线性因果关系观念与现代科学的裂痕就难以弥合了。诺贝尔化学奖得主、耗散结构理论的创始人普利高津（Prigogine，1917—2003年）就指出，在非线性不稳定的世界里，"小的原因可能产生大的效果，但这个世界并非是任意而为的。相反，小事件放大的原因对于合理的研究而言是正当的事情"[9]。现代科学的新进展推动哲学彻底突破线性因果关系观念。

对于唯物辩证法而言，确立非线性因果观念，有着特别重要的意义。

这是因为，形而上学把事物的运动变化归结为单纯的量的增加，只承认量变不承认质变，线性因果关系对于描述这种量的单纯增加，是再合适不过的手段了。但是唯物辩证法不仅承认事物的量变，而且重视事物的质变，不仅承认量的增加和积累，而且承认质的飞跃。而要描述质变、描述飞跃，线性因果关系观念就难以胜任了。只有非线性因果关系观念才能揭示事物从量的积累到质的飞跃。纷繁复杂、变化万千的世界只有在非线性因果的基础上才能够得到更为深刻和全面的说明。

统计性因果关系是因果关系的新形式，是非线性因果关系的一种表现形式。

让我们从大家感兴趣的彩票中奖谈起。改革开放以来，为了发展公益事业，国家政策允许发行体育彩票、福利彩票、赈灾彩票以及各种专项彩票，吸引了很多人购买，确实有的人通过买彩票中大奖，一夜暴富，发了大财。但是为数众多的彩民有的毫无所获，有的入不抵出。那么，怎样看买彩票和中大奖的因果关系呢？有人说这里没有因果联系，因为还有很多人买了彩票而一无所获。

这就涉及因果与概率的关系问题，这个问题在现代科学中也有过争议。比如吸烟能不能引起肺癌，很多肺癌患者曾有长期吸烟的历史，于是有人说吸烟是致癌的原因；有的人吸了一辈子烟却没有得肺癌，有人又说吸烟与患上肺癌没有任何因果联系。现代医学研究表明，严重吸烟确实能导致人的肺部病变，以致患上肺癌。特别是通过吸烟组和不吸烟组的分组实验，证明吸烟组的人中得癌症的概率，远高于不吸烟组的人得癌症的概率。这说明，吸烟与致癌确有某种因果关系。这一观点已经为科学界和卫生界所公认。1998年，世界卫生组织已将烟草依赖作为一种慢性病列入国际疾病分类，并确认烟草是目前人类健康的最大威胁。2003年，世界卫生组织又通过了具有法律约束力的《烟草控制框架公约》，目前全球已经有一百二十多个国家签署这一公约。根据这个公约的要求，现在即使是生产香烟的厂家，也必须在烟盒上写上醒目的"吸烟有害健康"的警告语。

在现代科学中，量子力学、信息科学、分子生物学的研究对因果关系的一大贡献就是，在以往严格确定性的因果关系之外，发现了具有概率特点的统计性因果关系。在确定性因果关系中，原因引起结果是单值的，也就是单一必然的；在统计因果关系中，原因引起结果是多值的，也就是多种可能或然的，结果只是以一定的概率与原因相关联。统计性因果关系是普遍存在于自然界和人类社会生活中的。上面谈到的彩票中奖、吸烟致癌，都是统计性因果关系的表现。统计性因果关系的发现，是辩证唯物主义因果观的深化。著名哲学家罗素（Russell，1872—1970年）就指出，因果关系的统计性表明"因果关系已经不是从前旧式哲学家的书里的因果关系了"[10]。

再回到买彩票的问题上，个别人买彩票中了大奖，买彩票是因，中大奖是果，这里面肯定具有因果关系，但更多的人却始终与中大奖无缘，损失了程度不等的钱，同样具有因果关系，买彩票是因，赔本赚吆喝是果。其实，早在彩票中奖率的设计时，多少人中大奖、多少人不中奖是事先就已经安排好了的，只不过中大奖的概率设计得极低极低，不中奖的概率设计得极高极高，这样才能实现各种彩票募集资金的目的。有的人看到极个别运气好的人买彩票中了大奖，也去买彩票，如果只是为了碰碰运气，赔了钱也就算是为公益事业作了贡献，抱着这样的心态，弄点零花钱去试试倒也无妨；如果真的是为了通过买彩票一夜暴富，而且不惜血本，那么这种人就要当心了，因此而倾家荡产的可是大有人在！

探寻事物之间的因果关系，是人与生俱来的求知欲望，也是人类认识世界、改造世界的必经途径。

人生在世，不论做任何工作、从事任何活动，不仅要"知其然"，更要"知其所以然"。博学多才的德谟克利特有一句名言："宁可找到一个因果的解释，不愿获得一个波斯王位。"这充分体现了一个人追求真理的强烈渴望。认识原因与结果的辩证关系，把握因果关系丰富多彩的形式，无疑会有助于人们在认识和实践活动中取得成功。

认识事物的因果关系，要掌握正确的方法，对各种原因应当进行客观的分析，不能靠主观臆测来确定；同时，也要进行全面的分析，既不能只抓住次要原因而忽视主要原因，也不能停留在表面原因上而忽视了本质的原因，更不能只强调客观原因而忽视主观原因。就结果来说，有积极结果和消极结果，有的结果立刻表现出来，有的结果则需要长期积累后才能表现出来，如此等等。要特别关注那些具有全局的长远意义的结果，绝不能只顾局部、不顾全局，只顾眼前、不顾长远。美索不达米亚、希腊、小亚细亚以及其他各地的居民，为了想得到耕地，把森林都砍完了，但是他们做梦也想不到，这些地方后来竟因此成为荒芜的不毛之地，因为他们使这些地方失去了森林，也失去了积聚和储存水分的中心。恩格斯以此告诫人们不要过分陶醉于人类对自然界的胜利，对于这样的每一次胜利，自然界都会对我们进行报复的。因果联系的多样性和复杂性要求我们必须坚持唯物辩证法活的灵魂，对于具体问题进行具体分析。

四、通过偶然性把握必然性
——"杂交水稻之父"袁隆平的成功

提起袁隆平（1930年—　）的名字，虽然不能说无人不晓，但确实是好评如潮。外国人称他为"杂交水稻之父"，中国人称他为"现代的神农氏"。20世纪80年代报纸上曾引述农民的话说："我们吃饱饭，靠的是两'平'，邓小平和袁隆平。"在解决中国人吃饭的问题上，把一个科学家与中国改革开放的总设计师邓小平相提并论，由此可见袁隆平的卓越贡献。

袁隆平为什么能够获此殊荣？袁隆平是世界著名的杂交水稻专家，是我国杂交水稻研究领域的开创者和带头人，为我国粮食生产和农业科学的发展作出了杰出贡献。他的主要成就表现在杂交水稻的研究、应用与推广方面。袁隆平1973年研究成功杂交水稻，在全国农业科技工作者的共同努力下，从1976年杂交水稻研究成功推广至今，中国累计种植60多亿亩，增产稻谷6亿多吨，全世界播种面积共计

1.5亿公顷，每年增产的稻谷可以多供养7000万人口，其显著的社会和经济效益为国内外所公认。1981年，他获得新中国成立以来第一个国家特等发明奖。1999年，我国发射的一颗小行星被命名为"袁隆平星"。2001年，他获首届国家最高科学技术奖。1991年，他受聘担任联合国粮农组织国际首席顾问。2006年，他当选为美国科学院外籍院士。他还先后获得联合国"科学奖"、"沃尔夫奖"、"世界粮食奖"等11项国际大奖。国际水稻研究所所长、印度前农业部部长斯瓦米纳森博士高度评价说："我们把袁隆平先生称为'杂交水稻之父'，因为他的成就不仅是中国的骄傲，也是世界的骄傲，他的成就给人类带来了福音。"

袁隆平为什么能够取得杂交水稻研究的成功？他在一篇名为《"偶然"非偶然》的短文中做了回答："必然性与偶然性是唯物辩证法中的一对范畴。必然性寓于偶然性之中，通过偶然性表现出来；偶然性是必然性的表现形式，'偶然'非偶然。科学家的任务，就是透过偶然性的表面现象，找出隐藏在其背后的必然性。很多科学发现正是通过偶然所触发的灵感而完成的。"这段话是袁隆平从杂交水稻研究成功中得出的切身感受，它深刻表明人类要取得认识和改造世界的成功，就必须把握好必然性与偶然性的辩证关系。

必然性和偶然性是反映事物发展过程中确定联系和非确定联系相互关系的一对范畴。

——必然性联系是事物发展过程中不可避免的、一定如此的趋向。它之所以是确定不移的，是由事物内部的根本矛盾决定的。人体内部的新陈代谢决定了人终有一死，这是客观的、必然的，谁也改变不了。

——偶然性联系是指事物发展过程中的不确定的因素和联系，在事物发展过程中，它可能出现、也可能不出现，可能此时出现、也可能彼时出现，可能这样出现、也可能那样出现。偶然性联系之所以是非确定的，是由于它是由事物的外部条件即一事物同其他事物的关系引起的，而条件本身则是不确定的。

必然性和偶然性是事物发展过程中不可分割的两个方面，它们是辩证统一的关系。

必然性和偶然性互以对方为自己存在的前提。必然性总是通过大量的偶然性表现出来，并为自己开辟道路。偶然性背后总是隐藏着必然性，它是必然性的表现形式和补充。既没有脱离偶然性的赤裸裸的必然性，也没有脱离必然性的纯粹的偶然性。必然性亦即事物的规律性，规律的实现需要具备种种必要的客观的和主观的条件，其中就包含着多种偶然性成分。如果必要条件不具备，必然性的实现就不具有可能性。

以科学发现为例。很多科学发现正是通过偶然所触发的灵感而完成的，例如，阿基米德（Archimedes，约前287—前212年）在洗澡时发现了测定王冠含金量的方法，从而发明了流体静力学；牛顿通过苹果落地发现了万有引力定律；代数学中的四元素是英国数学家哈密顿（Hamilton，1805—1865年）在和妻子散步时发现的；德国化学家凯库勒（Kekule，1829—1896年）在椅子上小憩时发现了苯环结构；英国的细菌学家佛莱明（Fleming，1881—1955年）在培养金黄色葡萄球菌时不慎污染了点青霉菌，而青霉菌抑制了金黄色葡萄球菌的生长，佛莱明对这种青霉菌进行深入研究，最终导致了青霉素及其他一系列抗菌素的发现。这种善于抓住偶然的机遇作出成功的科学发现的佳话，在科学史上不胜枚举。

任何偶然的科学发现背后都有必然因素在起作用。

需要指出的是，这些偶然发现并不是凭空产生的，善于抓住偶然性同碰大运完全是两回事：一是研究者对需要解决的问题具有丰富而专门的知识储备；二是研究者必须有一个对问题寻求解答的反复思考和艰苦探索的过程；三是研究者要对多种科学方法、思维方法十分娴熟以至于可以无意识地进行选择和运用。袁隆平以自己成功培育杂交水稻为例，深刻说明了这种"偶然"非偶然的道理。袁隆平这样讲述了他发现和培育杂交水稻的过程：

"1960年，一次偶然的机会，我在试验田中发现了一株'鹤立鸡群'的水稻，它不仅穗大粒多，而且籽粒饱满。我如获至宝，将种子收集起来，第二年种下进行试验，满心希望这个品种能成'龙'，结果却大失所望，性状竟发生了分离，高的高、矮的矮，生长期也有长有短，没有一株超过前一代。但就在失望和疑惑之余，我产生了顿悟：根据遗传学常识，纯种水稻的第二代是不会出现分离现象的，只有杂种才会。这样看来，原先发现的那株优良水稻，可以断定是天然杂交水稻的第一代。这一发现，使我对'水稻是自花授粉作物，没有杂交优势'这个当时育种界的流行观点产生了动摇，进而提出了'要利用水稻的杂种优势，首推利用水稻的雄性不孕性'的设想，并设计出整套培育杂交水稻的方案，即培育出不育系、保持系和恢复系，然后通过'三系'配套，完成不育系繁殖、杂交制种和大田生产应用这样的一套杂交水稻生产程序。从此，我坚定地踏上了杂交水稻的研究道路，并最终取得了成功。"[11]

对此，袁隆平是这样总结的："我成功的秘诀：知识、汗水、灵感、机遇。"他指出：有知识是很重要的；有了知识，又发奋努力，才会有灵感；再加上好的机遇，才有可能获得事业上的成功。他分析说："试想一下，如果我没有对水稻知识的储备，没有对水稻问题的研究和思考，我就不会'发现'那株'鹤立鸡群'的水稻，也不会产生什么顿悟。偶然与必然的辩证法说明：一方面，在科学研究过程中，切勿放过'思想火花'；另一方面，'幸运'只会惠顾有准备的人。"[12]如果没有平常日积月累的知识，即使流再多的汗水，在科学上也出不了灵感；即使机遇再好，也可能视而不见。

谈到这里，我们只是谈了问题的一半。因为袁隆平这里说的还是科学发现中必然与偶然的辩证关系。往深里说，客观事物本身也是必然与偶然的辩证统一。科学发现的必然与偶然不过又是客观事物本身必然与偶然关系在人类实践中的体现。

事物的存在和发展都有其必然性。

例如，杂交水稻之所以优质高产，是因为物种杂交具有产生某种杂种优势的必然性。所谓杂种优势，是一个遗传学和育种学的术语，指的是杂交子代通过继承双亲的不同优势可能获得更好的生物性能的现象，如在生长活力、育性和种子产量等方面优于双亲的平均值。大量事实表明，不同品系、不同品种甚至不同种属间的生物进行杂交会造成杂种产生某些优势的必然性。我国早在先秦时代，就已经知道公马配母驴所生的骡子具有明显优势。现在搞的杂交水稻，就是利用遗传关系较远的纯合亲本杂交得到的杂种一代种子的杂种优势，来获得优质高产的水稻。如果物种杂交根本就没有产生优势的必然性，那么即使袁隆平再刻苦努力，他的水稻杂交试验也只能归之于失败。这正如同有人想发明永动机一样，由于违背了事物的必然性和客观规律，只能落得个水中捞月一场空。

事物的存在和发展又都有其偶然性。

袁隆平之所以偶然地发现了那株"鹤立鸡群"的水稻，那是因为水稻是自花授粉作物，产生天然杂交水稻具有很大的偶然性。袁隆平能够发现那颗天然杂交水稻就纯属偶然了。而更加偶然的是，水稻是自花授粉植物，好比一出生就是夫妻成双。想让它出现杂交，就要找到天生的水稻"寡妇"，这就是雄性不育系水稻，让这种"水稻寡妇"找到特定的"丈夫"进行杂交，才能产生杂交优势。而水稻作为自花授粉植物出现雄性不育系的"水稻寡妇"，又取决于水稻出现的偶然性的基因突变。现在已经知道在自然状态下单个基因的突变率在 10^{-4}—10^{-9} 之间。因此，单个基因的突变是一种非常罕见的事件，它在什么时间突变，在什么条件下突变，都是偶然的。如果没有这种偶然的基因突变，就不会产生"水稻寡妇"，袁隆平要进行水稻杂交试验，就成了"巧妇难为无米之炊"，也绝没有成功的可能。当然，承认偶然性在生物进化中的这种重要作用，并不一定导致对必然性作用的否定，因为基因突变有确定的频率，这恰恰说明，偶然性的突变同时也受到统计必然性的支配。

必然性和偶然性在一定条件下互相转化。

例如，在生物进化过程中，生物个体由于变异出现某些偶然的、不稳定的性状，当这些性状同改变了的外部环境相适应，并通过遗传不断地固定下来，最后使有机体发生根本变异，成为新物种的固有性状时，偶然性就转化为必然性了。就袁隆平的杂交水稻来讲，偶然出现的"水稻寡妇"（雄性不育系水稻），与其他稻子（保持系）发生偶然的天然杂交，产生了"鹤立鸡群"的优质高产杂交水稻（恢复系）。这一系列偶然事件经过袁隆平的精心培育，把它们分别培育成不育系（"水稻寡妇"）、保持系（与不育系进行异花授粉的稻子）以及杂交水稻（恢复系），这样"三系"配套，生产优质高产的杂交水稻就成为必然性。与此相反，必然性转变为偶然性的现象也是存在的。在新物种形成后，原有物种的某些特征，在过了很长时间以后还可能在某些个体上偶尔出现，但这是生物进化中的返祖现象，已是不稳定的形状，从必然性转变为偶然性了。必然性和偶然性的相互转化还有另外的情形，由于事物范围的广大和发展的无限性，在一定范围或一定过程为必然性的东西，到了另一范围或另一过程则变为偶然性，反之亦然。

其实，不论是人类的实践还是物质世界本身，都是一系列必然性与偶然性辩证统一的发展过程。把握必然性与偶然性的统一，是人类有效认识世界、改造世界的锐利思想工具。

把握必然性和偶然性的辩证统一关系，要反对两种错误倾向。

——一种倾向是片面夸大必然性，否认偶然性。恩格斯曾举过一个生动的例子。他说：豌豆荚中有五粒豌豆而不是四粒或六粒；今天清晨4点钟一只跳蚤咬了我一口，而不是3点钟或5点钟，而且是咬在右肩上，而不是左腿上。这种把偶然性的事情说成是纯粹的必然性，是一种机械决定论、宿命论的观点。[13]这无异于把必然性降低为偶然性。

——**另一种倾向是片面夸大偶然性，否认必然性**。这是唯心主义非决定论的观点。按照这种非决定论的观点，一切事物的存在与发展都是一片混沌无序，客观世界和人类实践没有任何必然性和规律性可言，那么人类认识世界和改造世界的实践还有什么意义可言！这种否定必然性的观点在社会历史领域表现得尤为突出。

这两种观点的错误都在于形而上学地割裂了必然性和偶然性的关系，片面夸大一方面，否认另一方面。

把握必然性和偶然性的辩证统一关系，具有重要的意义。

——**善于通过偶然性，去掌握必然性，揭示事物发展的规律**。既然必然性是事物发展过程中确定不移的趋势，而必然性又是通过偶然性表现出来的，就要善于通过偶然性把握事物特别是历史发展的必然规律，不要被历史上五光十色的偶然现象所迷惑而怀疑历史发展的必然性。同时，也应当尽可能利用有利的偶然因素，努力克服不利的偶然因素带来的影响。

——**运用必然性和偶然性的辩证统一关系的原理于实践，重要的是善于把握机遇促进事物的发展**。机遇作为偶然性具有不确定性和非长驻性的特点。但是机遇背后隐藏着必然性，所以机遇的出现并非神秘莫测、不可把握，而是有规律可循、有原因可查的，机遇的出现体现了偶然性和必然性的统一。把握机遇不仅有助于改变事物发展的速度，而且在一定条件下能够改变事物发展的方向和趋势，使潜在的可能性变成现实。在现实实践中，善于认识和把握机遇具有重要意义。在人类历史上出现的一些重大的历史机遇，往往改变了一个民族和一个国家的命运。列宁领导俄国布尔什维克党，抓住了俄国社会主义革命的重大机遇，发动了十月革命，建立了人类历史上第一个社会主义国家。苏东剧变，列宁缔造的第一个社会主义国家虽然暂时失败，但却开创了人类历史的社会主义新纪元。毛泽东领导中国共产党，把握了中国革命的历史机遇，引导中国革命取得胜利，缔造了社会主义新中国。邓小平敏锐地认识到了时代主题的转换、世情国情党情的变化，牢牢掌握中国社会主义改革开放的新机遇，开创了中国特色社会主义新局面。今天，我们必须十分注意把握住并充分利用好我国经济社会发展的战略机遇期，全面深化改革，推动经济社会的和谐发展和全面进步。

五、可能在一定条件下可以转化为现实
——"中国梦"与"中国向何处去"

2012年11月29日，新当选的十八届中央政治局常委在习近平总书记率领下参观了国家博物馆《复兴之路》基本陈列。

在参观过程中，习近平指出：《复兴之路》这个展览，回顾了中华民族的昨天，展示了中华民族的今天，宣示了中华民族的明天，给人以深刻教育和启示。中华民族的昨天，可以说是"雄关漫道真如铁"。近代以后，中华民族遭受的

苦难之重、付出的牺牲之大，在世界历史上都是罕见的。但是，中国人民从不屈服，不断奋起抗争，终于掌握了自己的命运，开始了建设自己国家的伟大进程，充分展示了以爱国主义为核心的伟大民族精神。中华民族的今天，正可谓"人间正道是沧桑"。改革开放以来，我们总结历史经验，不断艰辛探索，终于找到了实现中华民族伟大复兴的正确道路，取得了举世瞩目的成果。这条道路就是中国特色社会主义。中华民族的明天，可以说是"长风破浪会有时"。经过鸦片战争以来170多年的持续奋斗，中华民族伟大复兴展现出光明的前景。现在，我们比历史上任何时期都更接近中华民族伟大复兴的目标，比历史上任何时期都更有信心、有能力实现这个目标。

习近平指出："现在，大家都在讨论中国梦，我以为，实现中华民族伟大复兴，就是中华民族近代以来最伟大的梦想。这个梦想，凝聚了几代中国人的夙愿，体现了中华民族和中国人民的整体利益，是每一个中华儿女的共同期盼。"历史告诉我们，每个人的前途命运都与国家和民族的前途命运紧密相连。国家好，民族好，大家才会好。实现中华民族伟大复兴是一项光荣而艰巨的事业，需要一代又一代中国人共同为之努力。空谈误国，实干兴邦。我们这一代共产党人一定要承前启后、继往开来，把我们的党建设好，团结全体中华儿女把我们国家建设好，把我们民族发展好，继续朝着中华民族伟大复兴的目标奋勇前进。

习近平最后强调："我坚信，到中国共产党成立100年时全面建成小康社会的目标一定能实现，到新中国成立100年时建成富强民主文明和谐的社会主义现代化国家的目标一定能实现，中华民族伟大复兴的梦想一定能实现。"[14]

"雄关漫道真如铁"、"人间正道是沧桑"、"长风破浪会有时"，习近平总书记引用这三句诗，概括了中华民族百余年沧桑巨变的昨天、今天和明天的历史图景，展现了几代人为实现"中国梦"而奋斗的艰辛历程。

一个多世纪以来，"中国梦"是中华民族几代人执着坚持、不懈追求的，是实现中华民族伟大复兴的宏大理想和现实目标。选择什么样的目标、选择什么样的实现道路是圆"中国梦"的关键。为实现"中国梦"，为图强中华民族，中华民族的忠实儿女，不惧千辛万苦，不畏千难万险，苦苦探索解救中国、振兴中华的正确道路。"中国向何处去"这一时代课题，既包含了对"中国梦"的描绘，又包含了实现"中国梦"的道路选择。

谈到"中国向何处去"，我们不能不想到毛泽东的《新民主主义论》。"中国向何处去"就是这篇名著开篇所提出的问题，也是这篇名著第一节醒目的标题。《新民主主义论》是毛泽东在抗日战争中的1940年所写的。1938年10月，广州、武汉相继为日军攻陷，抗日战争进入战略相持阶段。这时，国民党顽固派在日本侵略者的政治诱降下，采取了消极抗战、积极反共的政策，不断发动反共高潮，并在思想上大肆叫嚣"一个主义，一个政党，一个领袖"的谬论。在这种情况下，全国人民对中国革命的前途极为担心。于是，"中国向何处去"就成为当时最中心的问题。为了向全国人民表明中国共产党对中国前途的看法，1940年1月，毛泽东发表了《新民主主义论》。

其实，在此之前的1938年的5月，毛泽东就撰写了

《论持久战》，对中国的抗日战争的前途进行了科学分析。当时国人对抗日前途的可能性有几种不同看法，有"亡国论""再战必亡论""速胜论"，毛泽东依据对中日双方的国情和世界形势的科学分析，中肯地指出："中国会亡吗？答复：不会亡，最后胜利是中国的。中国能够速胜吗？答复：不能速胜，抗日战争是持久战。"[15]毛泽东对中国抗日战争各种可能性的分析，鞭辟入里，入木三分，一时洛阳纸贵，人们争相传颂。连蒋介石、白崇禧（1893—1966年）、陈诚（1898—1965年）这些国民党的最高军事将领也不得不真心折服，认真研读。

《论持久战》主要论述的还是中国抗日战争的前途，而《新民主主义论》则针对国民党反动派的反共宣传，从理论上科学回答了中国向何处去的问题。阐述了中国共产党对中国革命和建设一个新中国的全部见解。文章运用马克思列宁主义关于殖民地半殖民地革命的理论，根据中国历史的特点和中国革命的经验，科学地分析了中国的社会性质和中国革命发展的基本规律，明确地回答了当时中国革命中提出的一系列基本问题。说明在第一次世界大战和列宁领导的俄国十月社会主义革命胜利以后，中国革命的领导权必然属于中国工人阶级；说明中国革命必须分为新民主主义革命和社会主义革命两个阶段，工人阶级领导下的新民主主义革命的前途必然是社会主义；说明在新民主主义革命时期，党必须采取既区别于资本主义又区别于社会主义的新民主主义的政治纲领、经济纲领和文化纲领，为建立一个新中国而奋斗。在文章结尾处，毛泽东纵情写道：

"新中国航船的桅顶已经冒出地平线了，我们应该拍掌欢迎它。"

"举起你的双手吧，新中国是我们的。"[16]

在《新民主主义论》发表九年之后，毛泽东的预言实现了，可能性转变为现实性，1949年10月1日，中华人民共和国宣告成立，新中国巍然屹立在世界的东方。

"中国梦"与"中国向何处去"内在地蕴含着可能性与现实性这对范畴的辩证关系。

那么，什么是可能性？什么是现实性？又应当如何看待二者的辩证关系呢？

——**可能性是指事物内部潜在的、预示事物发展前途的种种趋势，是潜在的尚未实现的东西**。某种事物在它还没有成为现实之前，只是一种可能，而且并不是任何可能都会变为现实的。这是因为，在事物发展过程中，存在着种种不同的可能，在特定条件下，只有一种可能由于具备了充分的条件，才会转变为现实。而当这种可能性转变为现实后，其他的可能在同一时期内就丧失了转变为现实的可能，或者在一定时期内就难以再转变为现实。可能之所以成为可能，因为在现实中存在着某些实现的根据，没有任何根据可循的东西是不具有可能性的。

举个简单的例子。一块布因为它可剪裁、可缝制，可能用来做衣服，也可能用来做鞋子，还可能用来做窗帘，这是它的多种可能性。当一个人恰巧缺衣服，用了它做衣服，布可以做衣服的可能性就成为现实性，这时再用这块布做鞋子、做窗帘的可能性，就不复存在了。

——**现实性是指相互联系着的实际存在的事物的综合，是实现了的可能性，是已经产生和存在的东西**。现实之所以成为现实，是由其内部的必然性所决定的。一个事物，只要合乎发展的必然性，一当条件具备，迟早会变成现实。反之，现存的事物只要有其继续存在的必然性，迟早一定会变为非现实。黑格尔的一个著名命题"现实性在其展开过程中表明为必然性"，讲的就是这个道理。

——可能性和现实性之间是对立统一的关系，它们不仅**互相区别、互相联结，而且在一定条件下互相转化**。可能性存在于现实性之中，现实性是可能性的实现。可能性在一定条件下转化为现实，新的现实又包含向更高阶段推进的可能性。事物的发展过程，新事物代替旧事物的过程，正是可能性和现实性相互转化的过程。

可能性向现实性的转化是由事物的内部矛盾和外部条件决定的，是内在根据和外在条件的统一。

事物的内部矛盾决定了一事物转化为他事物的可能性；这种可能性实现出来，变为现实的东西，必须具备一定的条件。果树包含生长出果实的可能性，是由果树的内部结构决定的，但这种可能变为现实，则需要必要的外部条件，如适当的温度、水分与阳光，如果缺乏必要的外部条件，果树或是不开花，或是开花不结果。可见，没有一定的必要条件，可能性是不可能转化为现实性的。毛泽东在《新民主主义论》中讨论"中国向何处去"，分析的就是当时中国社会发展的各种可能性，特别是分析了"建立一个新中国"这种可能性转变为现实性所应具备的条件，从而提出了把这种可能性转变为现实性的历史任务。

把握可能性和现实性的关系，要特别注意对可能性进行具体分析。

——**要区别可能性与不可能性**。事物变化的可能性是由内在根据决定的。凡真正属于可能的事物,一定能够在现实中找到它出现的客观根据。不可能性指在现实中没有任何客观根据和必要条件,因而在任何时候、任何情况下都不能实现的事物。有根据就有可能,无根据就没有可能。正确区分可能性和不可能性非常重要。如果把毫无根据、没有办法实现的事情误认为是可能的,例如,让棍子长出果实,制造"永动机",妄想长生不老,把当代社会拖回到茹毛饮血的原始社会等,硬要使这些不可能的事情成为现实,就会事与愿违、徒劳无益、四处碰壁。同样,如果把可能性误认为是不可能的,把尚未被认识的可能性和不可能性混为一谈,在认识和实践中也会贻误时机,产生消极后果。

——**在可能性中,要区别现实的可能性和抽象的可能性**。现实的可能性是指,在现实中具有充分根据,经过努力可以实现的可能性。抽象的可能性是指,在现实中缺乏充分根据,在一定时期内即使作出很大努力也不会实现的可能性。这两种可能性都有自己的根据,区别在于是否具备充分的根据和实现的条件。某些抽象的可能性的实现虽然还不具备条件,但随着实践的发展、认识的深化,经过种种努力,逐步具备了各种主观和客观条件,抽象可能性就会转化为现实可能性。遨游太空,登上火星,在历史上是一种抽象的可能性,但在航天技术高度发达的今天,已经在不断变为现实的可能性。

——**对现实的可能性也要进行具体分析**。现代科学和哲学对可能性问题的最重要的贡献,是提出了"可能性空间"和概率性的概念。现代科学如量子力学、控制论、信息论、系统论和分子生物学表明，事物的发展变化存在多种可能性，但各种可能性实现的程度却各不相同。把这种多种可能性的集合称为"可能性空间"，把各种可能性不同的实现程度称为概率性，这样对有些可能性就可以进行定量化的描述，把概率高的事件看成为大概率事件，把概率低的事件看成为小概率事件，而概率为零的事件，就是不可能发生的事件，概率为1的事件，就是百分之百必定能实现的事件。

——**在现实的可能性中，要区别好的可能性和坏的可能性、有利的可能性和不利的可能性**。要积极争取好的、于人民有利的可能性转化为现实，努力防止坏的、于人民不利的可能性转化为现实。从历史发展的总趋势看，光明的、进步的一方终究会战胜黑暗的、腐朽的一方，但是，如果不清醒地估计到存在着两种可能性是会吃苦头的。任何时候、任何情况下，对坏的、不利的一面有足够的估计比没有足够的估计要好。应当准备应付最坏的可能性，以避免措手不及，导致不良的结果。毛泽东说过："向着最坏的一种可能性作准备是完全必要的，但这不是抛弃好的可能性，而正是为着争取好的可能性并使之变为现实性的一个条件。"[17]

在我们对可能性与现实性及其辩证关系进行了深入分析后，让我们再回到毛泽东对"中国向何处去"的讨论。毛泽东的精辟分析在九年后经过历史检验而得到了证明，这不能不让人们叹服毛泽东对中国社会发展的深刻洞见和高瞻远瞩。但这不又是与毛泽东对可能性与现实性的辩证关系的娴熟把握直接相关吗?!

毛泽东针对当时人们对"中国向何处去"的愁云疑雾，指出中国是一个半殖民地半封建的社会，遭受帝国主义的奴役和侵略，有着各种变化的可能性。由于国内外形势的变化，中国革命的性质也发生了变化。广大中国人民不甘心忍受压迫与奴役，展开革命推翻封建主义、帝国主义的统治。先前的资产阶级领导的反对帝国主义、封建主义的旧民主主义革命，已经转变为由无产阶级领导的，人民大众的，反对帝国主义、封建主义和官僚资本主义的新民主主义革命。并且由于俄国十月革命的成功，苏联已经成为有能力领导世界无产阶级革命的力量，因此，中国革命已经成为无产阶级世界革命的一部分。在这样的历史条件下，虽然中国还没有直接进行社会主义革命的可能性，但建立资产阶级专政的资本主义社会也没有了可能，因为帝国主义要把中国变为殖民地，决不允许它建立资本主义社会，社会主义的苏联和英、美、法、意、日等国的无产阶级反对资本主义的斗争，也不允许中国走上资本主义道路。因此，中国通过新民主主义革命，建设一个新民主主义的中国，就有了现实的可能性、最大的可能性，也是对中国人民最有利的可能性。

经过中国共产党人和中国人民艰苦卓绝的努力和浴血奋战，这种可能性终于在1949年转变成为现实性。中国人民迎来了一个新中国。

遭受到"文化大革命"的严重挫折，人们再次思考"中国向何处去"，这与毛泽东提出这个问题的时候相比，早已发生了巨变。新中国成立后，经过社会主义改造建立了社会主义制度，奠定了社会主义发展的思想、理论前提和物质、制度基础。在中国社会主义面临生死存亡的关键时刻，邓小平总结了国际共产主义和社会主义各国的经验教训以及我国社会主义的经验教训，分析了中国社会主义成功发展的有利的国际环境和国内条件，科学地、系统地回答了"什么是社会主义，怎样建设社会主义"的问题，开始了史无前例的社会主义改革开放，开辟了中国特色社会主义的新局面，指明了中国特色社会主义伟大事业发展的可能趋势。中国在三十多年中实现了迅猛崛起，经济快速发展，人民生活不断改善，综合国力显著增强，国际地位日益提高。当今中国已经成为仅次于美国的世界第二大经济体，中华民族实现伟大复兴的百年"中国梦"正在不断转变为现实。社会主义改革开放的可能性转变成中国特色社会主义伟大成功的现实。

应当看到，由可能性向现实性的转化，条件是格外重要且必要的。我们是条件论者，但不是唯条件论者。在尊重客观事实及其规律的基础上，人们完全可以通过自己的主观努力，发挥人所特有的主观能动性，去积极地改变某些不利条件为有利条件，并创造尚不具备又是实际需要的并有可能创造的新条件，促使对人们有利的可能性转化为现实，防止对人们不利的可能性转化为现实。

我们既不能因为种种不利条件而悲观失望，也不能坐失宝贵的有利条件的良机，或坐等有利条件自动到来，从而丧失大好的历史机遇，这些都不利于积极性、主动性和创造性的发挥，不利于事物的发展。

今天，我国在实现了三十多年的快速发展之后，既取得了举世瞩目的成就，同时又遇到了大量的矛盾与问题。中国发展面临的机遇前所未有，挑战也前所未有，但机遇大于挑战。我们既不能为巨大的挑战所吓倒，更不能因为堆积如山的困难而望洋兴叹。要看到在21世纪中叶，把中国建设成为一个富强民主文明和谐的社会主义现代化国家,仍然是中国发展最现实的可能性、最大概率的可能性、最有利于中国人民和中华民族的可能性。前途是光明的,道路是曲折的,看一看新中国的建立经过了多少艰难险阻、付出了多少流血牺牲,就会明白把这种可能性转变为现实性要付出多少艰辛努力。每一个热血青年,每一个有爱国心的人,每一个矢志献身中国特色社会主义事业的共产党员,都应当为把这一可能性变为现实性而英勇奋斗、辛勤工作。

在此,让我们仿效毛泽东在回答"中国向何处去"时的语式,充满信心地说:

一个富强民主文明和谐的社会主义现代化中国航船的桅顶,已经冒出地平线了,我们应该拍掌欢迎它。

举起你的双手吧,中国特色社会主义现代化强国一定是属于我们的。

中国特色社会主义现代化强国,就是百年"中国梦"。

结　语

本质与现象、内容与形式、原因与结果、必然性与偶然性、可能性与现实性等基本范畴,都以对立统一的形式,各自从不同的侧面揭示了普遍联系和发展,是唯物辩证法基本规律的补充。基本规律和基本范畴构成了唯物辩证法的科学体系。我们分析问题、认识问题、解决问题,不仅要善于运用唯物辩证法的基本规律,还要善于运用唯物辩证法的基本范畴,反对形式主义,透过现象看本质,善于认识原因与结果的辩证关系,通过偶然性把握必然性,在可能性中实现现实性……并运用到改造客观世界与主观世界的实践中，以增强工作的前瞻性、预见性、战略性和科学性。

注　释

〔1〕参见《半月谈》2008 年 6 月上。

〔2〕《马克思恩格斯全集》第 25 卷，人民出版社 1974 年版，第 923 页。

〔3〕《列宁全集》第 55 卷，人民出版社 1990 年版，第 82 页。

〔4〕《列宁专题文集　论辩证唯物主义和历史唯物主义》，人民出版社 2009 年版，第 133 页。

〔5〕《列宁全集》第 55 卷，人民出版社 1990 年版，第 213 页。

〔6〕《毛泽东选集》第一卷，人民出版社 1991 年版，第 99 页。

〔7〕《自然辩证法研究参考资料丛刊：控制论哲学问题译文集》（第一辑），商务印书馆 1965 年版，第 77 页。

〔8〕伽桑狄：《对笛卡儿〈沉思〉的诘难》，商务印书馆 1963 年版，第 34 页。

〔9〕伊·普里戈金、伊·斯唐热：《从混沌到有序》，上海译文出版社 1987 年版，第 255—256 页。

〔10〕罗素：《我的哲学的发展》，商务印书馆 1982 年版，第 180 页。

〔11〕袁隆平：《"偶然"非偶然》，《求是》2002 年第 23 期。

〔12〕袁隆平：《"偶然"非偶然》，《求是》2002 年第 23 期。

〔13〕参见《马克思恩格斯全集》第 9 卷，人民出版社 2009 年版，第 479 页。

〔14〕参见中共中央总书记、中央军委主席习近平参观《复兴之路》展览时的讲话，《人民日报》2012 年 11 月 30 日。

〔15〕《毛泽东选集》第二卷，人民出版社 1991 年版，第 442 页。

〔16〕《毛泽东选集》第二卷，人民出版社 1991 年版，第 709 页。

〔17〕《毛泽东选集》第二卷，人民出版社 1991 年版，第 784 页。

新大众哲学 下卷
xin dazhong zhexue

王伟光 主编

中国社会科学出版社
人民出版社

新大众哲学·4·认识论篇

认识世界的目的在于改造世界

从实践到认识，又从认识到实践

——认识论总论

人类的认识过程是在实践的基础上从感性认识到理性认识，又从理性认识到革命实践的能动的辩证发展过程，是实践、认识、再实践、再认识的一个循环往复、不断深化上升的过程。

马克思主义认识论是以实践为基础的唯物主义反映论，又是革命的、能动的反映论，反对不可知论，坚持科学的可知论。马克思主义认识论把实践观点引入认识论，把实践作为认识的基础，把辩证法应用于认识论，科学地揭示了认识的辩证发展过程，排除了旧唯物主义在认识论上的直观性，既坚持了唯物论，又坚持了辩证法，实现了认识论与唯物论、辩证法的统一，实现了认识论的伟大变革。马克思主义认识论为人们指出了通往真理、认识世界、改造世界的科学路径，是中国共产党思想路线的哲学依据。

一、实践是认识论首要的基本观点
——纸上谈兵，亡身祸国

战国时期，赵国大将赵奢（生卒年不详）曾以少胜多，大败入侵的秦军,被赵惠文王(前308—前266年)提拔为上卿。他有一个儿子叫赵括(?—前260年),从小熟读兵书,张口爱谈军事,别人往往说不过他。赵括很骄傲,自以为天下无敌。赵奢并不看好赵括,反而很替他担忧。赵括的母亲询问原因,赵奢说:"用兵打仗是危险的,战争是关乎生死存亡的大事,赵括只是纸上谈兵,并把它说得很容易。将来赵国不用他为将则已,若用他为将,他一定会使赵军遭受失败。"

赵奢死后,公元前260年,赵孝成王(?—前245年)任命赵括为将,代替廉颇(生卒年不详),与秦国作战。赵括自认为很会打仗,死搬兵书上的条文。他下了一道命令:"秦国来挑战,必须迎头打回去;敌人打败了,就得追下去,非杀得他们片甲不留不算完。"秦国大将白起(?—前257年)则布置埋伏,故意打了几阵败仗,把赵括的军队引了出来,切断了他们的后路。赵军被困四十多天,内无粮草,外无救兵。赵括亲自带领精兵搏战,被秦军乱箭射死。白起叫人挑着赵括的脑袋,命令赵军投降。赵军已经饿得没有力气了,一听说主将被杀,全都扔下武器投降,40万赵兵被秦国全部活埋。

赵括虽然熟读兵书,但没有亲身实践的经验。他刚愎自用,对于战争的理解只是书本上的,照搬照抄兵书上的条条,不能因时制宜、因地制宜,不听正确的意见,不尊重前人的经验,到头来只能招致失败,落得个亡身祸国的悲惨下场。

明朝刘如孙(1313—1400年)根据赵括的故事,写了一首题为《湘南杂咏》的诗:"遣使频年赴帝京,名为计事岂真情。鄂垣仅有湘南地,朝野犹夸纸上兵。诸镇一如唐末岁,孤忠谁是李长城?山河依旧天如水,愁听寒鸦日暮声。"后来,人们从"朝野犹夸纸上兵"的诗句中,引申出了"纸上谈兵"这个成语,用来批评轻视实践、空谈理论、脱离实际、照搬照抄的恶劣学风。

纸上谈兵的成语故事告诉人们,要获得真知,干成实事,就必须重视实践、联系实际。荀子(前313—前238年)说:"不闻不若闻之,闻之不若见之,见之不若知之,知之不若行之。学至于行之而止矣。"[1]南宋词人陆游(1125—1210年)也以重视躬行践履来教育自己的孩子:"古人学问无遗力,少壮工夫老始成。纸上得来终觉浅,绝知此事要躬行。"[2]

实践的观点是马克思主义认识论的首要观点。

马克思主义哲学十分重视实践的作用。马克思、恩格斯自认是"实践的唯物主义"者。列宁认为:"生活、实践的观点,应该是认识论的首要的和基本的观点。"[3]马克思主义以前的唯物主义反映论反对唯心主义认识论,是应当肯定的。但它的根本缺陷是离开人的社会性、离开人的历史、离开人的实践去说明人的认识问题,不理解实践在认识中的作用,不能把辩证法应用在认识论上,把认识看作对客观实在的直观的、被动的、消极的反映,最终自然掉到唯心主义认识论的泥坑中。

马克思主义哲学第一次自觉地把实践作为自己哲学的基础,实现了哲学的伟大革命。在被恩格斯称作"包含着新世界观的天才萌芽的第一个文献"[4]的《关于费尔巴哈的提纲》中,马克思涉及了实践在认识中的根本作用问题,强调了哲学认识改造世界的功能，奠定了马克思主义认识论的基石。

针对教条主义者轻视实践，不了解中国实际，不尊重中国实践及其经验，不重视调查研究，生搬硬套马克思主义的词句和外国革命的经验，给中国革命造成严重危害的现实，毛泽东特别强调实践第一的观点，把他的认识论著作称为《实践论》。从认识的来源、认识发展的动力、检验真理的标准和认识的目的四个方面说明了实践对于认识的决定作用，并以实践为基础，第一次对认识的辩证发展过程作了全面的论述，深刻揭示了实践在认识过程中的基础地位和决定作用。

实践需要理论，实践孕育理论，不断发展的实践推进理论的不断创新。

马克思主义发展到今天，始终保持旺盛的生命力，不仅因为马克思主义解释的是反映自然和社会发展普遍规律的真理，更因为一代又一代的马克思主义者根据新的实践既坚持马克思主义，又发展马克思主义。列宁回答了帝国主义阶段的时代问题，并结合俄国国情和革命实践，创立了列宁主义；毛泽东同志把马克思列宁主义同中国具体国情和现实实践相结合，创立了毛泽东思想；以邓小平、江泽民、胡锦涛、习近平为代表的中国共产党人把马克思列宁主义、毛泽东思想与中国改革开放新的实践永续结合，创立并丰富、发展了中国特色社会主义理论体系。

随着实践的推进，中国共产党人对中国特色社会主义理论体系的认识也愈益深入。党的十三大报告第一次提出了建设有中国特色的社会主义理论的新概念，指出党的十一届三中全会以来，我们党在对社会主义再认识的过程中，构成了建设有中国特色的社会主义理论体系的基本轮廓。党的十四大报告明确提出邓小平建设有中国特色社会主义理论，强调邓小平对建设有中国特色社会主义理论的创立作出了历史性的重大贡献。党的十五大报告指出，马克思列宁主义同中国实际相结合有两次历史性飞跃，产生了两大理论成果。第一次飞跃的理论成果是在实践中产生并被实践证实了的关于中国革命的正确的理论原则和经验总结，即毛泽东思想。第二次飞跃的理论成果是中国特色社会主义理论体系，是在新的实践中产生并被新的实践所证实了的关于改革开放历史新时期的正确认识和经验概括。中国特色社会主义理论体系是马克思主义中国化的最新成果，是当代中国的马克思主义，是马克思列宁主义、毛泽东思想在中国发展的新阶段。中国特色社会主义理论体系是党最可宝贵的政治和精神财富，是全国各族人民团结奋斗的思想基础，一定要在实践中坚持和发展这个理论体系。

中国特色社会主义理论体系的"创新"源于实践的"创新"，它适应了实践的新需要，回答了实践的新问题，从而深化了对"三大规律"，即社会主义建设规律、执政党执政规律、人类社会发展规律的认识，开拓了马克思主义新境界。

中国特色社会主义理论体系集中回答中国特色社会主义这个新的实践主题。在改革开放的实践过程中，党围绕中国特色社会主义这个总课题，面临着四大实践问题：什么是社会主义、怎样建设社会主义；建设一个什么样的党、怎样建设党；实现什么样的发展、怎样发展；在新的历史起点上，怎样坚持和发展中国特色社会主义。这四个重大实践问题始终是党必须要不断加以回答的，党在回答这些问题过程中，进一步回答了"什么是马克思主义，怎样坚持和发展马克思主义"，持续推动了马克思主义中国化、时代化和大众化，实现了中国特色社会主义理论体系的不断创新。

改革开放的新实践是中国特色社会主义理论体系产生、丰富和发展的真正动力和源泉。

——**实践提出的第一个问题，什么是社会主义，怎样建设社会主义**。对于中国共产党来说，这个问题实质上可以分为两个阶段性的问题。首先要回答的问题是，"在落后的中国，社会的性质和革命的任务是什么，怎样进行革命"。毛泽东认为中国是半殖民地半封建社会，在这样的国家，无产阶级政党领导人民进行社会主义革命，必须分两步走：第一步，先进行无产阶级领导的新民主主义革命，选择农村包围城市，武装夺取政权的道路；第二步，在取得新民主主义革命胜利后，不间断地进行社会主义革命，中国革命的前途是社会主义，建立社会主义制度，为向共产主义过渡创造条件。

对于夺取了全国政权，建立了社会主义制度的执政党来说，面临的第二个阶段性问题是，"在落后的中国，建设什么样的社会主义，怎样建设社会主义"。毛泽东领导中国共产党人进行了艰苦的探索，取得了成功的经验，但也遇到了巨大的挫折。邓小平关于社会主义本质的论述把生产力放在极其重要的地位，他认为不发展生产力的社会主义、贫穷的社会主义不是社会主义，发展太慢也不是社会主义，计划经济还不是社会主义。他说，什么是社会主义，怎么建设社会主义，这个问题一定要搞清楚。什么是社会主义，社会主义的本质是什么？是解放和发展生产力，反对两极分化，实现共同富裕。

怎样建设社会主义？邓小平指出，一切从实际出发，走中国人自己的道路，建设中国特色社会主义。什么是中国的实际？中国是处于初级阶段的社会主义，这是中国最大的实际。从中国实际出发，就要从中国社会主义初级阶段的实际出发，根据本国的生产力发展状况进行社会主义建设；不能照抄照搬别国的经验和模式，要走适合中国国情的独特的道路，从而创造性地回答了"什么是社会主义，怎样建设社会主义"的历史性课题。以江泽民为核心的第三代党的领导集体，以胡锦涛为总书记的中央委员会，以习近平为总书记的新一届中央委员会，在实践中不断深化关于这个问题的认识。

——**实践提出的第二个问题，建设一个什么样的党，怎样建设党**。在半殖民地半封建的旧中国，毛泽东回答了"在落后的中国，在农民、小资产阶级占多数的国家里，建设一个什么样的无产阶级政党，怎样建设党"的问题，提出了从思想上建党的重要思想。

在回答"什么是社会主义，怎样建设社会主义"的过程中，邓小平提出关于执政党建设的问题，要求回答"执政党是一个什么样的党"这个重大问题，提出了新时期的党建思想。

以江泽民为核心的党的第三代中央领导集体提出了"三个代表"重要思想，创造性地回答了"进入新世纪，建设一个什么样的党，怎样建设党"的问题，丰富和发展了马克思主义、毛泽东思想、邓小平理论的党建思想。

以胡锦涛为总书记的党中央按照"三个代表"重要思想的要求，扎扎实实地、兢兢业业地抓执政党的建设，突出抓了党的执政能力建设和先进性建设，取得了很大的进展，丰富了执政党建设思想。

党的十八大以来，以习近平为总书记的新一届中央委员会提出了一系列加强党的建设的重要思想和重大举措，狠抓党的思想、组织、作风、反腐倡廉和制度"五大"建设，发展和丰富了执政党建设思想。习近平认为，治国必先治党，治党务必从严，这是必须自始至终抓住不放松的解决中国一切问题的关键问题。围绕党要管党、从严治党，围绕坚持党的群众路线、密切联系群众，习近平作了系统的阐述，深刻回答了党的建设的重大理论和现实问题，更加明确了加强党的建设的关键和重点，为推进党的建设新的伟大工程指明了方向，为把我们党建设成为中国特色社会主义事业的坚强领导核心明确了任务和要求。

——**实践提出的第三个问题，实现什么样的发展，怎样发展**。以胡锦涛为总书记的中央委员会，在总结国际国内发展经验的基础上，提出了"科学发展观"，提出"科学发展、和谐发展、和平发展"的发展新理念。科学发展观是马克思主义关于发展问题的世界观、方法论的集中体现，是在继承马克思主义和我们党关于发展问题的思想基础上形成的，把马克思主义发展理论推向一个新的高度。科学发展观针对我国在新世纪新阶段发展的新问题、新要求和新任务，提出了以人为本、全面协调、可持续的发展观。科学发展观，第一要务是发展，核心是以人为本，基本要求是全面协调可持续，根本方法是统筹兼顾。科学发展观是解决中国当代发展所必须遵循的指导思想。

牢牢把握发展这一硬道理不放，大力推动科学发展，是党的十八大以来习近平总书记系列重要讲话的核心要义。习近平总书记指出：发展是解决中国一切问题的金钥匙，是解决我国所有问题的关键，以经济建设为中心任何时候都不能偏离；发展就要坚持以科学发展为主题，坚持稳中求进的工作总基调，扎实推动我国经济持续健康发展。他强调，推动发展要尊重经济规律，坚持有质量、有效益、可持续，在不断转变经济发展方式、优化经济结构中实现增长，切实把发展的立足点转到提高质量和效益上来，再也不能简单地以国内生产总值增长率论英雄。他认为，我国经济正处于增长速度换挡期、结构调整阵痛期叠加的阶段，要坚持统筹稳增长、调结构、促改革，坚持宏观政策要稳、微观政策要活、社会政策要托底；要发挥好"两只手"的作用，既要发挥市场作用，通过市场机制增强经济增长的内生活力，更要发挥宏观调控作用，善于运用政府手段实施宏观经济政策，防止增速滑出底线；要推进创新驱动发展，全方位推进科技创新、企业创新、产品创新、市场创新、品牌创新；要加大统筹城乡发展、统筹区域发展力度，加快工业化、信息化、城镇化、农业现代化，提高城镇化质量，推动城乡发展一体化；保障和改善民生没有终点站，只有连续不断的新起点，要按照守住底线、突出重点、完善制度、引导舆论的思路，做好保障和改善民生工作，加强社会管理创新和制度建设，深入细致做好群众工作，打牢社会和谐的基础。他还特别指出，建设生态文明是关系人民福祉、关系民族未来的大计；

要把生态文明建设融入经济、政治、文化、社会建设各方面和全过程，正确处理好经济发展同生态环境保护的关系，更加自觉地推动绿色发展、循环发展、低碳发展，决不以牺牲环境为代价去换取一时的经济增长，努力建设美丽中国。

——十八大以来新的实践提出的第四个问题，在新的历史起点上，怎样坚持和发展中国特色社会主义。坚持和发展中国特色社会主义，是改革开放以来我们党全部理论和实践的鲜明主题。习近平运用马克思主义立场观点方法，对中国特色社会主义的重大理论和现实问题给予明确回答，作出深刻论述，提出并形成了一系列富有创建的新思想、新观点、新论断、新要求、新举措，是对党的十八大精神的深入阐发，是对中国特色社会主义理论体系的丰富、发展和创新。他关于中国特色社会主义是社会主义，不是别的什么主义；只有社会主义才能救中国，只有中国特色社会主义才能发展中国；中国特色社会主义是社会主义，不论怎么改革、怎么开放，都始终要坚持中国特色社会主义道路、理论体系和制度；在新的历史条件下体现科学社会主义基本原则的内容不能丢，丢了这些，就不成其为社会主义；不能用改革开放后的历史时期否定改革开放前的历史时期，也不能用改革开放前的历史时期否定改革开放后的历史时期，本质上都是我们党领导人民进行社会主义建设的实践探索；资本主义必然灭亡、社会主义必然胜利，马克思、恩格斯关于资本主义社会基本矛盾的分析没有过时，要始终坚持马克思列宁主义、毛泽东思想和中国特色社会主义理论体系；改革开放是决定当代中国命运的关键一招，也是决定实现"两个一百年"奋斗目标、实现中华民族伟大复兴的关键一招，要坚定不移地推进改革开放；我们的改革是有方向、有立场、有原则的，是中国特色社会主义道路上不断前进的改革，即坚持社会主义市场经济方向的改革；问题的实质是改什么、不改什么，有些不能改的，再过多长时间也不能改，既不走封闭僵化的老路，也不走改旗易帜的邪路；密切党群、干群关系，保持同人民群众的血肉联系，始终是我们党立于不败之地的根基；如果我们脱离群众，失去人民的拥护和支持，最终也会走向失败，以及对苏联垮台根本原因的判断等一系列重要论断，在错综复杂的国际国内环境下，为我们指明了方向，明确了目标，树立了必胜的信心和决心。

——**不断发展的实践推动中国共产党人自始至终抓住并不断予以回答的总问题，什么是马克思主义，怎样坚持和发展马克思主义**。毛泽东在领导中国革命的过程中，创造性地把马克思主义与中国革命实际相结合，创立了马克思主义中国化的第一个理论成果——毛泽东思想，回答了"什么是马克思主义，怎样坚持和发展马克思主义"的问题。

邓小平、江泽民、胡锦涛、习近平正是在回答中国特色社会主义主题的过程中，创造性发展了马克思列宁主义、毛泽东思想，形成并不断丰富和发展了马克思主义中国化的第二个理论成果——中国特色社会主义理论体系，在新的历史时期，创造性地回答了"什么是马克思主义，怎样坚持和发展马克思主义"。

中国共产党人理论上的不懈创造充分证明了实践在认识中的地位和作用。

什么是实践？实践是人们有目的地改造世界的物质活动。

实践是客观的物质活动，是人作为物质力量、运用物质手段、作用于物质对象并产生物质性的结果的活动。实践是人的有意识的自觉能动的社会活动。人的实践活动不像动物那样被动地适应自然界，而是一种自觉的有目的的活动。实践是社会性活动。人们只有结成一定的社会关系，才能在自然界面前确立自己的主体地位，形成社会性的物质力量，进行改造自然的生产活动。实践是历史性活动。实践活动既受历史条件制约，又是一个历史发展过程。

实践是多种多样的。实践可以划分为三种基本类型：物质生产实践、社会政治实践以及科学文化实践。

人类的生产活动是最基本的实践活动，决定其他一切人类活动。人的社会实践不限于生产活动一种形式，还有多种其他形式，如阶级斗争、政治生活、科学和艺术活动。社会实践过程表现为物质生产过程、阶级斗争过程以及科学实验过程。物质生产是人类历史的第一个实践活动。物质生产实践要解决的是人与自然的矛盾，生产物质生产资料和生活资料，是最基本的首要的实践活动。没有物质生产实践，人就不能生存，国家和民族就要灭亡。社会政治实践是人类在政治上层建筑领域从事各种交往的实践活动，只有经过这种实践，才能建立和完善各种社会政治关系，从事社会政治交往，协调人们的各种利益，社会才能正常运转，物质生产才能不断地进行。在阶级社会里，阶级斗争是最主要的社会政治实践活动。科学文化实践是人们从事科学研究、科学创造和生产精神文化产品的实践活动。人们通过这种实践，探索世界的奥妙，发现世界的规律，发展自然科学、哲学社会科学、思维科学，创造各种科学技术和精神文化产品，为经济社会发展与自身的发展提供科技支撑、理论指南、思想基础、价值取向、道德规范和文化氛围。科学文化实践也包括哲学社会科学的社会调查与科学研究实践。

马克思主义以前的唯物论即旧唯物论,不了解实践的社会性、历史性、能动性,不了解实践在人类与人类社会产生、生存、发展过程中的作用。他们所说的人也只能是自然的、生物学意义上的、抽象的人,而不是处于一定社会关系之中、从事物质生产实践和其他实践的人;他们所说的历史,是由不变的人与不变的人性构成的历史,而不是以物质生产实践为基础的人类实践的历史;他们所说的认识,是人脑对于外部世界的机械、被动、直观的反映,而不是以实践为基础的能动的、辩证的发展过程。由于他们离开人的社会性、离开人的历史发展去观察认识问题,因此不能了解认识对社会实践的依赖关系。

马克思主义创立了科学的实践观,不仅正确地解释了人与社会的生成与发展,而且对于人的认识也作出了科学的说明,创立了辩证唯物主义认识论。

——**实践是认识产生的源泉**。毛泽东说过,"你要有知识,你就得参加变革现实的实践。你要知道梨子的滋味,你就得变革梨子,亲口吃一吃"[5]。人们通过物质生产实践、社会政治实践以及科学文化实践等活动,逐渐了解自然规律和社会规律,认识人和自然的关系以及人和人的关系。若离开实践,人的认识就成了无源之水、无本之木。就人类认识的总体而言,认识来源于实践,一切真知都是从直接经验发源的。但由于人生有涯,宇宙无疆,由于知识可以传承,因而人不可能也没有必要事事都要直接经验,需要大量吸收间接经验，从书本上、从他人的经验中学习。但吸收间接经验是以直接经验为基础和前提的。而对于自己是间接经验的东西，对最初取得这些经验的人来说，仍然是直接经验。

——**实践是认识发展的动力**。社会实践不断向人们提出新的问题和新的要求，推动人们去探求新知。人的实践是自觉能动的活动，是以对于客观世界运动发展规律的认识为指导的。为了正确实践并取得预期的结果，必须认识客观实际，认识事物运动发展的规律。社会实践也为人们积累了日益丰富的经验材料，创造出了新的认识手段和认识工具。社会实践纵向的推进和横向的拓展，使人们能够用宏大深远的时空视野来观察社会历史，发现社会发展的客观规律和必然趋势。社会实践是一步又一步地由低级向高级发展的，人的认识也是一步又一步地由低级向高级发展的，即由浅入深，由片面到更多的方面，由必然王国而不间断地走向自由王国。

——**实践是认识的目的**。认识的基础是实践，又反过来为实践服务。如果说认识的根本任务是认识本质、把握规律；那么，认识的最终目的则是指导实践，改造世界，实现人的生存和发展。马克思主义看重理论，理论的重要性正是，也仅仅是，因为它能够指导行动。但如果有了正确的理论，只是把它空谈一阵，束之高阁，并不实行，那么，这种理论再好也是没有任何意义的。

——**实践是检验真理的唯一标准**。人类历来崇尚真理，但对于什么是真理，如何检验真理，却一直莫衷一是，以致有人认为书本是检验真理的标准，有人认为圣人、伟人的话是检验真理的标准……无奈之下，人们要么把裁决权交给书本，认为书本的话就是真理；要么把裁决权交给多数，认为大家认同的就是真理；要么把裁决权交给杰出的少数，认为他们说的或认同的就是真理。但是人们最终发现，无论书本的话，还是简单的多数，还是少数人非凡的才能，都不是真理的可靠证明。因为真理的基本特征是主观认识与客观实际相符合，仅仅停留在主观认识的范围内，是无法对是不是真理作出正确判断的。只有联结主观认识与客观实际的实践，才能作为检验真理的标准。

马克思在《关于费尔巴哈的提纲》中指出："人的思维是否具有客观的……真理性，这不是一个理论的问题，而是一个实践的问题。人应该在实践中证明自己思维的真理性，即自己思维的现实性和力量，自己思维的此岸性。关于离开实践的思维的现实性或非现实性的争论，是一个纯粹经院哲学的问题。"[6]只有人们的社会实践，才是人们对于外界认识的真理性的标准。判定认识或理论是否具有真理性，不是依主观上觉得如何而定，而是依客观上社会实践的结果如何而定。检验真理的标准只能是社会实践。

坚持实践是检验真理的唯一标准，这是马克思主义认识论的基本观点。毛泽东在《实践论》中特别强调实践检验标准的唯一性。所谓唯一性，即只有一个标准。一种理论、一种思想、一个观点、一个办法是否正确，只能由实践来说话、来判断、来裁定。什么谁的指示、谁的讲话、谁的本本，都必须服从实践标准。改革开放之初展开的实践是检验真理的唯一标准的大讨论，是一场空前的马克思主义教育和思想解放运动，把人们从对马克思主义教条化的理解、对错误路线的无条件的服从和执行、对个人的盲目崇拜迷信的思想禁锢中解放出来了，开启了社会主义改革开放的新篇章。在当时的历史关节点上，邓小平敏锐地认为，要"让事实来说话"[7]，"不是靠本本，而是靠实践"[8]。坚定不移地坚持实践是检验真理的唯一标准。

实践之所以是检验真理的唯一标准，是由真理的本性和实践的特性决定的。真理是人们的思想对于客观事物及其规律的正确反映，是主观与客观相符合的认识。判断一种认识是不是真理，在主观的范围内是不能解决的，客观事物本身也不能自动地把自己与人的认识相对照。作为检验真理的标准，既不能到主观领域中去寻找，也不能到纯粹客观的领域中去寻找，只能到能够把主客观联结起来的东西中去寻找。这只能是实践。

列宁认为，实践"不仅具有普遍性的品格，而且还具有直接现实性的品格"[9]。实践具有直接现实性。实践作为在一定思想指导下的感性物质活动，能够将一种理论、路线、方针、政策、计划、方案付诸行动，并产生一个结果，因而能够使人们把主观与客观、思想与实际联系起来加以对照。如果在实践中达到了预期的目的，就证明了人的认识的正确性。如果经过反复实践都不能达到预期的目的，就是对于一种认识的证伪。判断一种理论、一个方案是否正确，要看它在实践中是不是行得通，看能不能取得预期的结果。实践还具有普遍性。个别的、特殊的事物的普遍本质与一般规律能够在实践中逐步显露出来，实践本身也具有共通性和普遍规律性，只要具备了同样的条件，实践就可以随时随地产生合乎规律的运动，并且获得同样的结果，从而证明规律与必然性的存在，证明正确的思想、理论是对客观事物的本质的认识，是与规律相符合。

实践作为检验真理的标准，也是总体性与具体性、绝对性与相对性的统一。

实践标准具有确定性或绝对性，人的认识是否具有真理性，只能由社会实践来检验。只要经过实践检验证明是真理性的认识，就具有不可推翻的性质。即使在一定条件下的具体实践不能证明某一认识是不是真理，人类世代相续的总体性实践最终还是能够作出证明的。人类总体性的实践，是能够证明和证伪人的一切认识的，因而它具有绝对性；实践作为检验认识是否具有真理性的标准具有最高的权威性。一切思想观念、体制做法，都要在实践中证明自己的正确性、合理性、合法性。被实践证明是正确的，就应当肯定和坚持；被实践证明是错误的，就应当否定和抛弃。

实践标准又具有不确定性或相对性。人类实践总是具体的、历史的，都是有其局限性的，只能在一定的范围内，从一定的方面、一定的局部和一定的层次对人类的认识作出检验。在一定历史条件下的实践对认识的检验都不具有最终完成的性质。个别的、具体的实践是成功的，并不意味着总体性的实践是成功的；一种认识、理论在特定历史条件下的实践中被实现、证明了，并不意味着这种认识、理论就是绝对正确的。任何一种认识、一种理论，都要用总体性的、不断发展的实践来证明；任何一种实践，其本身的效果也需要在不断发展的实践中，在人类社会发展的历史中来检验。列宁指出："实践标准实质上决不能完全地证实或驳倒人类的任何表象。这个标准也是这样的'不确定'，以便不让人的知识变成'绝对'，同时它又是这样的确定，以便同唯心主义和不可知论的一切变种进行无情的斗争。"[10]

实践标准是确定性与不确定性的辩证统一。实践标准确定性与不确定性的矛盾是在人类社会实践的历史发展中不断解决的。否认实践标准的确定性，就会导致相对主义、唯心主义和不可知论；否认实践标准的相对性，就会把实践和认识绝对化、凝固化，导致绝对主义、终极真理论和形而上学。

坚持实践是检验真理的唯一标准，要划清与实用主义的原则界限。

实用主义认为，凡是有用的、有效果的、能给人带来利益的东西，就是真理。实用主义哲学家詹姆斯（James, 1842—1910年）主张："你可以说'它是有用的，因为它是真理'，也可以说'它是真理，因为它是有用的'，这两句话的意思是一样的。"[11] 在实用主义者看来，真理是人造出来的，是为了人造出来的，是人造出来供人用的，因为它对人有用处，所以人才给它冠以"真理"的美名。所谓真理，不过是对人有用的工具。这是典型的主观唯心主义的真理观，同马克思主义建立在实践基础上的真理观是截然相反的。

马克思主义认识论是建立在实践基础上的革命的能动的反映论。

20世纪80年代以来，有人对马克思主义反映论提出了质疑，认为反映论是费尔巴哈直观唯物主义的思想，反映的是牛顿经典力学时代人们的认识水平；甚至认为反映论只是列宁在《唯物主义和经验批判主义》中提出的思想，并不代表马克思的本意，马克思主义的认识论本质上应该是

"实践的唯物主义"的认识论,强调主体维度的"建构论"(或称"选择论""重建论")。那么,马克思主义认识论所主张的到底是反映论还是建构论?马克思主义的反映论与旧唯物主义的反映论究竟有什么区别?应该如何科学认识马克思主义的革命的能动的反映论,即马克思主义认识论呢?

在认识论上,始终存在唯物主义和唯心主义的对立。认识论的基本问题,是以如何回答物质与意识何为第一性、谁决定谁这个哲学基本问题为前提的。唯物主义认识论首先是唯物主义反映论,认为认识是人的头脑对外部客观世界的反映。唯心主义认识论则否认认识是对外部客观世界的反映。客观唯心主义认为,在人脑之外存在一个独立的神的世界或理念世界,主观唯心主义断言认识是对主观体验、感觉、心理活动的把握。

一切唯物主义认识论都主张反映论,认为人们的认识是对客观物质世界的反映。在古希腊,许多朴素唯物主义者就持唯物主义反映论观点,如恩培多克勒(Empedocles,约前483—前435年)的"流射说"、德谟克利特(Democritus,前460—前370年)的"影射说",以及亚里士多德(Aristotle,前384—前322年)的"蜡块说"。近代英国哲学家洛克(Locke,1632—1704年)著名的"白板说",更是旧唯物主义反映论的典型表现。旧唯物主义者从物质第一性、意识第二性的前提出发,认为认识是主体对客观世界的反映,人的认识来源于客观世界。旧唯物主义反映论是简单的直观的反映论,离开了社会实践去认识人的认识,忽视了主体能动性在认识中的作用,把人的认识简单地、直观地看成主体消极、被动地接受客观外界的反映。

马克思主义认识论与旧唯物主义的直观反映论的根本区别，首先在于把人的认识置于社会实践的基础之上，认为人的认识的过程同时就是改造世界的过程；认为人的认识活动是一个实践、认识，再实践、再认识，由不知到知、由知之不多到知之甚多的由浅入深的辩证发展过程；认为在认识并改造客观世界的过程中，人们能够从已有的认知成果出发，根据以往认识所形成的认知模式，对认识过程中所形成的感性认识和理性认识进行创造性的加工和改造，在主客体的实践交互作用中形成自己的认识。

马克思主义认识论一方面坚持实践第一的观点，坚持了认识是一个反映的过程，认为认识是客观世界在人的头脑中的反映；但另一方面，也强调意识的能动性作用，指出人的认识不是对客观世界的消极、被动的反映，人的意识在认识活动过程中发挥着巨大的反作用，它是人们对外部世界的积极、主动的反映。人的认识不是先验的产物，而是在实践推进下，在反映的基础上进行能动创造的过程，是主体与客体双向作用、相互建构的过程。

随着人类创新性思维的发展，随着认识论研究的深入，西方哲学对认识论提出了许多新的观点，如皮亚杰（Jean Piaget，1896—1980 年）的发生认识论。受这些影响，有人提出以建构论代替反映论。所谓建构，是指主体根据已有的认识图式，对来自客观世界的信息材料进行选择、加工、运演、重组等思维活动，从而形成一个完整的认知行为过程。毫无疑问，在马克思主义认识论中，"建构"是认识论中的一个新的范畴。作为认识主体的人，本身就具有能动性特征，当其对客观对象加以认识时，无法离开主体的选择、创造和建构，这是主体创造性功能的充分体现。因为主体的活动总是一种从自身的利益、需要出发的有计划、有目的的活动，是在主体既有的知识积淀基础上所进行的，这种活动不是盲目的、被动的和消极的，它必然要求主体对外在的客体的信息进行重新建构，这种建构在人的认识过程中起着重要的作用。毛泽东曾说过，人类认识客观事物，必须经过思考作用，将丰富的感觉材料加以去粗取精、去伪存真、由此及彼、由表及里的改造制作功夫，造成概念和理论的系统。这里的"改造制作功夫"，实际上就是马克思主义能动的反映论重新建构的作用。然而，却不能因此而把建构说成是认识的本质，是离开社会实践、离开对外部世界的反映的纯主观先验的创造活动。建构只是主体能动反映客体过程中的一种手段和一个环节，如果把它抽取出来，加以片面夸大和无限膨胀，就会得出主观唯心主义认识论的结论。认识建构离开了外部世界，离开了对外部世界的反映，离开了社会实践的作用，就排除和否定了物质第一、实践第一的原则。主张用建构论取代马克思主义认识论的观点，力图提升人的主体性地位而忽视了物质世界的客观实在性，忽视了实践的基础作用，把这些降低为了辅助因素。脱离认识的客观前提和实践基础，而过分强调主体的能动性作用，把人类认识本质的能动方面与客观反映割裂和对立起来，势必背离唯物主义认识论路线。在人的认识问题上，建构与反映在本质上是一致的，建构是反映基础上的建构。马克思主义的反映论不同于旧唯物主义的反映论，就在于它是以实践为基础的能动的反映论，这种能动的反映论本身就包括主体的选择、创造和建构。反映与建构在认识论中的地位和作用是不同的，反映属于认识论的本质，居基础性地位，而建构从属于反映，以反映为基础，并以反映为内容和目的，建构总是以反映为轴心而展开的，反映才是认识论的本质特征。所以，把建构作为认识的本质，夸大了认识中建构的作用，颠倒了反映与建构在认识论中的地位，用"建构论"替代唯物主义反映论，完全背离了马克思主义认识论的基本原则。

二、人类认识的两个飞跃
——从化学元素周期表的诞生看人的认识过程

在俄国化学家门捷列夫（Mendeleev，1834—1907年）发现元素周期表之前，人们就发现了化学元素，但尚未弄清各种化学元素之间的关系。人们所获得的化学知识是非常零散的，远未达到系统化、理论化的完善程度。1829年，德国化学家段柏莱纳（Dobereiner，1780—1849年）发现了三元素组。锂钠钾、氯溴碘等性质相似，排在中间的元素原子量正好是另外两种元素原子量的1/2。段柏莱纳的这一发现，促使化学家们开始关注元素和原子量之间的关系问题。1866年，英国的纽兰兹（Newlands，1837—1898年）把化学元素按原子量大小排列起来，发现第一个元素与第九个元素性质相似，第二个元素与第十个元素性质相似。也就是说，每隔八个元素，就出现性质相似的元素，这就是所谓的八音律。纽兰兹的发现，已经十分接近对化学元素周期的规律性认识了。1869年，门捷列夫把原子量这一永久伴随元素不变的量作为元素列队编序的基础，把当时已经发现的63种元素逐一排队，并给没有发现的元素预留了位置，又纠正了近十个元素的原子量，还建议重新精确测定另外几个元素的原子量，从而列出了最初的元素周期表。1869年2月17日，他正式编写出了第一张化学元素周期表。1875年，法国化学家布瓦博得朗（Boisbaudran，1838—1912年）用光谱分析法发现了"镓"，与门捷列夫四年前的预言惊人的一致。门捷列夫还指出该元素的比重应是5.9—6.0，而不是4.7。布瓦博得朗经过重新测定，证实了门捷列夫的预言。门捷列夫所预言的11种未知元素，后来全部被找到了。门捷列夫之所以能够发现化学元素周期律，是因为他在科学概括化学研究的经验材料的基础上，深刻揭示了化学元素间的内在联系，由凌乱的、表面的、片断的认识，上升到系统的、本质的、全面的认识；尔后的化学家陆续发现了此前未知的化学元素，是运用元素周期表所体现的各种化学元素相互联系、制约的思想指导科学实践的生动例证。化学元素周期表的诞生和完善，是人类认识不断深化飞跃的实际案例。

马克思主义认识论坚持从物到感觉和思想的唯物主义反映论立场，主张人的认识是以实践为基础的能动的辩证的发展过程。

列宁说："从生动的直观到抽象的思维，并从抽象的思维到实践，这就是认识真理、认识客观实在的辩证途径。"[12]毛泽东在《实践论》中发展和深化了列宁这一思想，认为人的认识是一个由实践到理论，再由理论到实践的辩证发展过程。在这个过程中，人的认识发生"两个飞跃"，即在实践的基础上由感性认识而能动地发展到理性认识，又从理性认识而能动地指导革命实践。

认识的第一次飞跃是从感性认识到理性认识。

人们在实践过程中，开始只是看到事物的现象、片面和外部联系，这就是感性认识。而随着社会实践的继续，引起感觉和印象的东西反复出现，就促使人们思考事物、现象、过程之间的内在联系，形成对于事物的本质、全体和内部联系的认识，这就是理性认识。认识的真正任务，就是实现从感性到理性的飞跃，认识本质，通观全体，发现内部联系，把握客观规律。要实现从感性认识到理性认识的飞跃，第一，必须通过实践获得丰富而不是零碎的、合于实际的而不是主观臆造的感觉材料；第二，必须对于感觉材料进行去粗取精、去伪存真、由此及彼、由表及里的改造制作功夫，形成概念和理论系统，从而获得对于事物的本质和规律的认识。梁启超（1873—1929年）在《自由书·慧观》中说："学莫要于善观。善观者，观滴水而知大海，观一指而知全身，不以其所已知蔽其所未知，而常以其所已知推其所未知，是之谓慧观。"[13]这里都是讲认识的深化飞跃。

为什么只有形成了概念和理论的系统，才能认识事物的本质和规律？这是因为，事物的本质和规律具有多方面、多层次的规定性，只有把握客观事物诸多方面和诸多层次的规定性，把握客观事物的内在联系，才能由理论的抽象上升到理论的具体，由现象深入到本质，从而以系统而完备的理论形态，全面把握客观事物的本质和规律。世界是一张普遍联系的网，反映事物本质属性的一个个概念就是网上的纽结，反映世界普遍联系之网的理论是由许多概念纽结构成的，概念的系统化则是对世界普遍联系本质的深化认识。

感性认识和理性认识是辩证统一的。理性认识以感性认识为前提，感性认识以理性认识为归结；感性认识中有理性认识的萌芽、元素，渗透着理性认识；理性认识涵纳着感性认识，是感性认识的整合与提升、深化。一方面，理性认识依赖于感性认识。理性认识之所以可靠，正是由于它来源于感性，一切真知都是从直接经验发源的。坚持这一观点，就坚持了认识论问题上的唯物论。另一方面，感性认识有待于发展到理性认识。人的认识只有从感性上升到理性，才能把握事物的内部联系和规律性。承认感性认识有待于发展到理性认识，就坚持了认识论问题上的辩证法。

  黑格尔（Hegel，1770—1831年）说："老人讲的那些宗教真理，虽然小孩也会讲，可是对于老人来说，这些宗教真理包含着他全部生活的意义。即使这小孩也懂宗教的内容，可是对他来说，在这个宗教真理之外，还存在着全部生活和整个世界。"[14] 同一句格言，从一个饱经风霜的老人嘴里说出来，和从一个未谙世事的孩童嘴里说出来，含义是根本不同的。因为一个老人口中的格言浸透了无数的人世沧桑和丰富的生活体验。电影《我这一辈子》中的那位旧中国的老警察，穷困潦倒之时长叹道："我这一辈子"，其中所包含的酸甜苦辣、人生悲凉，自不待说。可一个孩子鹦鹉学舌地也说这样一句话，会让人不禁失笑。当理论饱含了人生的体验，并达到一种澄明的境界，才能真正体现出理论理性的精深博大和内在力量。真正掌握宇宙社会人生的真理与智慧，不仅需要理性的慎思明辨，更需要感性的躬行践履。同时，感性也不能停滞不前，还要深化、拓展、提升。因为，只有理解了的东西，才能更深刻地感知它。

  唯理论否认感性认识而重视理性认识，只承认理性的实在性，不承认经验的实在性；经验论则忽视理性认识而只重视感性认识，只承认经验的实在性，否认理性的实在性。教条主义和经验主义是实际工作中的唯理论和经验论，二者都属于主观主义。教条主义不懂得要根据中国的实际来运用马克思主义，拒绝研究中国实际和中国革命的经验，把马克思主义变成了僵死的、一成不变的、可以机械套用的教条。经验主义则是轻视理论，拒绝正确理论的指导，满足于一孔之见和一得之功，把局部经验当成普遍真理，也只能导致革命的失败。有鉴于此，有书本知识的人向实际方面发展，向实际学习，然后才可以不停止在书本上，才可以不犯教条主义的错误。有工作经验的人，要向理论方面学习，要认真读书，然后才可以使经验带上条理性、综合性，上升成理论，然后才可以不把局部经验误认为即是普遍真理，才可不犯经验主义的错误。

认识的第二次飞跃是从理性认识到新的实践。懂得了客观世界的规律性，因而能够解释世界固然很重要，但更重要的是拿这种对于客观规律性的认识去能动地改造世界。认识从实践开始，经过实践得到理论的认识，仍须再回到实践中去。因为只有经过这次飞跃，才能检验认识是否具有真理性，才能在总结新的实践经验的基础上使认识得到补充、完善、丰富和发展，才能达到认识的目的。要实现第二次飞跃，还必须把思想理论转化为路线、方针、政策、计划、方案，并抓好贯彻落实，才能实现好由理性认识到实践的飞跃，达到改造世界的目的。

路线、方针、政策、计划、方案是按照客观规律、客观条件以及主体的利益需求建构起来的。但无论是客观事物的规律，还是人们的利益需求，都是非常复杂的。人们在制定路线、方针、政策、计划、方案时，既要全面地认识、把握事物的复杂规律系统，又要正确地反映、处理各种利益关系。无论是对于客观规律的认识出了偏差，还是对于各种利益关系处理不当，都会导致路线、方针、政策、计划、方案的错误，并进而导致实践的失败。如果一项实践失败了，既要看思想、理论有没有问题，也要看路线、方针、政策、计划、方案、方法、途径有没有问题，同时，还要看是不是落到了实处。实现好这"两个飞跃"，是一个复杂而困难的过程，往往要不断地试错，经历许多挫折、失败，才能最终取得成功。毛泽东说："原定的思想、理论、计划、方案，部分地或全部地不合于实际，部分错了或全部错了的事，都是有的。许多时候须反复失败过多次，才能纠正错误的认识，才能到达于和客观过程的规律性相符合，因而才能够变主观的东西为客观的东西，即在实践中得到预想的结果。"[15]

无论是人的认识，还是人的实践，都是积极能动的，而不是消极被动的。人们并不是消极地、无选择地面对所有的客体，吸收来自客体的全部信息，而总是根据自己的需要、利益、动机、目的而关注一些事物，忽略一些事物，总是选择一些信息，忽略一些信息。如果没有选择和注意，就不可能有认识。人们在经过实践获得了大量的感性材料之后，就要对其进行筛选、整理、分析、综合，发现各种事物、现象、过程之间的内部联系，揭示事物的规律，形成新的思想、理论和观念，并且根据对于事物的本质和规律的认识以及对于人的需要、利益的认识，在观念中预先设想出实践的结果，构建实践的蓝图，作为行动的向导。马克思说人比蜜蜂高明的地方，就是人在建筑房屋之前就有了房屋的图样。

毛泽东说过，一个好的中国的马克思主义者，必须懂得从改造中国去认识中国又从认识中国去改造中国。"我们要建筑中国革命这个房屋，也须先有中国革命的图样。不但须有一个大图样，总图样，还须有许多小图样，分图样。而这些图样不是别的，就是我们在中国革命实践中所得来的关于客观实际情况的能动的反映……我们的老爷之所以是主观主义者，就是因为他们的一切革命图样，不论是大的和小的，总的和分的，都不根据于客观实际和不符合于客观实际……老爷们既然完全不认识这个世界，又妄欲改造这个世界，结果不但碰破了自己的脑壳，并引导一群人也碰破了脑壳。老爷们对于中国革命这个必然性既然是瞎子，却妄欲充当人们的向导，真是所谓'盲人骑瞎马，夜半临深池'了。"[16]

三、人类认识是循环往复以至无穷的
——认识过程"不是涅瓦大街的人行道"

写有著名小说《怎么办?》的俄国杰出的革命民主主义者，伟大的革命家、作家，一生为真理而奔走呼号的战斗者车尔尼雪夫斯基（Chernyshevsky，1828—1889 年）曾说过："历史道路并不是涅瓦大街的人行道，它全然是在旷野上穿行，时而尘土飞扬，时而泥泞不堪，时而经过沼泽，时而穿过密林，谁怕沾上尘土和弄脏靴子，他就不要从事社会活动。"[17] 列宁用"政治活动并不是涅瓦大街的人行道"[18]的话，批判设想革命发展道路笔直又笔直、革命发展条件纯粹又纯粹的"左派"幼稚病，说明革命道路的曲折性与革命事业的艰巨性，论述了前进性与曲折性的辩证法。毛泽东也说:"革命的道路,同世界上一切事物活动的道路一样,总是曲折的,不是笔直的。"[19]鲁迅(1881—1936年)曾经说:"什么是路?就是从没路的地方践踏出来的,从只有荆棘的地方开辟出来的。"[20]

人类的认识活动与人类社会发展的历史进程一样,并非径情直遂和一帆风顺,而是充满了荆棘坎坷,是曲折的、迂回的,是波浪式前进、螺旋式上升的。要认识自然的规律、社会的规律、思维的规律,绝不是直截了当、简单容易的,而是在社会实践的基础上由不认识到认识、由浅入深、由片面到全面的过程,是在实践的基础上循环往复、曲折前进、螺旋式上升的过程。

毛泽东在《实践论》中,深刻阐述了实践在认识中的基础地位、认识的辩证发展过程之后,精辟概括了人类认识的总规律:通过实践而发现真理,又通过实践而证实真理和发展真理。从感性认识而能动地发展到理性认识,又从理性认识而能动地指导革命实践,改造主观世界和客观世界。实践、认识,再实践、再认识,这种形式,循环往复以至无穷,而实践和认识之每一循环的内容,都比较地进到了高一级的程度。这就是辩证唯物论的全部认识论,这就是辩证唯物论的知行统一观。

人类的认识过程是在实践的基础上从感性认识到理性认识,又从理性认识到革命实践的能动的辩证发展过程,是实践、认识,再实践、再认识的一个循环往复、不断深化上升的过程。

一般来说,如果人们在实践中实现了从感性认识到理性认识的飞跃,形成反映客观实际、客观过程、客观规律的思想理论，制订了计划、方案，应用于新的实践，实现了预想的目的，将思想理论与计划、方案变为现实，就完成了一个具体的认识过程。但由于受主体认识能力、科学技术条件以及客观过程的发展及其表现程度的限制，人们的认识往往不深刻、不全面甚至是错误的，只有经过实践与认识的多次反复，经历多次挫折和失败，才能实现主观与客观的观念统一和现实统一。

从客观过程的推移来看，客观事物是向前推移、发展的，人的认识也必须随之向前推移、发展。当一个客观过程从某一发展阶段向另一发展阶段推移转变，人们的主观认识、行动任务、方针政策，也必须随之转变，以适应新的情况的变化。要刚健而时中，进取而及时。若思想脱离实践、落后实际，非但不能充任社会发展的向导，反而怨恨车子走得太快，企图开倒车，这就要犯右倾机会主义的错误；若思想超越客观过程的发展阶段，把幻想看作真理，把抽象可能看作现实可能，把将来才能实现的理想勉强放在现时来做，就要犯冒险主义的错误。客观事物不断发展，社会实践不断推进，人的认识不断深化。根据一定的思想、理论、计划、方案从事变革客观现实的实践，一次又一次地向前，人们对于客观现实的认识也就一次又一次地深化。客观现实世界的变化运动永远没有完结，人们在实践中对于真理的认识也就永远没有完结。马克思主义并没有结束真理，而是在实践中不断地开辟认识真理的道路。

就总体而言，认识是一个过程，由于主客观多方面的原因，必须经历从实践到认识、从认识到实践的多次反复，不可能一次完成。从事变革现实的人们常常受到许多限制，不但常常受到科学条件和技术条件的限制，而且也受着客观过程的发展及其表现程度的限制（客观过程的方面及本质尚未充分暴露），在这种情形之下，由于在实践中发现前所未料的情况，因而部分地改变思想、理论、计划、方案的事是常有的，全部改变的事也是有的。

在自然科学领域，关于物质结构的认识就是这样。开始，人们根据观察，把千变万化的物质世界归结为某一种或某几种元素，如归结为气，归结为水，或归结为金、木、水、火、土五种元素等。待后来有了显微镜，能观察到微观世界的情形，就有了由分子、原子构成物质世界的学说，再后来，由于科学仪器的发展，又能够发现比原子更小的构成元素，称之为基本粒子。可以看到，这种认识的深化，主要受制于科学仪器和科学技术水平。同时，还能看到，认识每达到一个新的层次，人们往往就认为认识已经"到底"。因而这些元素才被称为"原子"、"基本粒子"，这些名称本身正是反映了这样一种认识"到底"的意识。但是，随后人们总是发现，认识并没有完结，认识还需要发展。

社会领域就更是如此。例如对于社会主义的认识，早在16世纪，作为对资本主义的批判和对理想社会向往的空想社会主义就开始出现。马克思主义以唯物史观为基础，把社会主义从空想变成了科学，创立了科学社会主义。列宁领导的十月革命又把社会主义从理论变成了现实。随后建立的第一个社会主义国家苏联，曾经被视为热爱社会主义的人们的楷模，直至形成了苏联社会主义建设的僵化模式，遭受重大挫折。中国一开始根据苏联经验建设社会主义，在经过多次严重的挫折之后，终于认识到："什么叫社会主义，什么叫马克思主义？我们过去对这个问题的认识不是完全清醒的。"[21] 必须搞清楚"什么是社会主义，怎样建设社会主义"这一首要的基本问题。改革开放以来，在"解放思想、实事求是"思想路线的指引下，我们党对社会主义的认识又有了新的深化，逐步形成了中国特色社会主义制度、道路和理论体系。当然对社会主义的认识远没有完结，社会主义是一个漫长的过程，对它的认识还有待继续深化和发展。

四、真理是一个发展过程
——黑天鹅的启示

在 18 世纪欧洲人发现澳洲之前，由于他们所见到过的天鹅都是白色的，所以他们认为，所有天鹅都是白色的。直到欧洲人发现了澳洲，看到当地的黑天鹅以后，他们才知道原来的认识并不全面，天鹅不仅有白色的，也有黑色的。

2007 年，美国纽约大学库朗（Courant, 1888—1972 年）数学研究所的研究员塔勒布（Taleb, 1960 年— ）写的《黑天鹅效应：如何及早发现最不可能发生但总是发生的事》一书出版，引起了人们的关注。作者以黑天鹅的发现为例，进一步指出，罕见的和不可能的事件出现的次数比人们想象的还要多。人的想法通常受限于其所见、所知，但是，实际的情况比人们认知的更复杂、更不可预知。这里所涉及的就是，马克思主义认识论中关于真理的过程性以及相对真理和绝对真理关系问题。

所谓相对真理，或者说真理的相对性，是说，作为认识主体的人具有各种各样的局限性，因而任何具体的真理都是

相对的，具有一定的局限性。

由于人的生命短暂，受到环境、条件的限制，又由于认识对象无比广大、复杂，且处在不断的变动中，人们所得到的具体认识都有一定的局限性，都是对一定对象、一定层次、一定范围的认识，不可能那么圆满，不可能一下子把什么都认识清楚了、认识完全了、认识透彻了。

所谓绝对真理，或者说真理的绝对性，是说，凡是正确的认识都是主观对客观事物的正确反映，是与客观事物相符合的认识。

客观事物的存在是绝对的、毫无疑义的。真理之所以是真理，必须是与客观事物相符合的认识，这也是绝对的。虽然符合到什么程度是变动的、相对的，但是必须符合则是绝对的，而不能说可以符合，也可以不符合。在澳洲发现黑天鹅以后，原来认为天鹅都是白色的认识就是不正确的。但是，白天鹅确实是存在的，认为天鹅是白色的认识并非一无是处。所以准确地说，原来的认识并非全错，只是不完全的即相对的，是相对真理。但是，这个相对真理也具有绝对性，因为白天鹅无疑是存在的，认为天鹅是白的也正确地反映了部分事实。如果连这一点也不承认，那就走向另一个错误的极端了。

苏格拉底（Socrates，前469—前399年）有一句名言："我唯一知道的就是我不知道。"这句话鲜明地指出了人的认识的相对性。苏格拉底是古希腊伟大的哲人，他知道很多道理。他讲的这句话也反映了一种深刻的正确认识。大概不会有人因为他讲了这样的话就以为苏格拉底什么都不懂，是一个大傻瓜。由此可知，相对真理与绝对真理是互相联系的，不能片面地承认一个方面而否定另一个方面。在这个意义上，可以说，相对真理与绝对真理是真理的两重属性，所有的具体真理都同时具有这两重属性。

如果绝对真理是指对于客观世界完全的认识的话，那么，这样的真理不是哪一个人、哪一个时候所能够获得的。但是，由于人类社会及人的认识能力的发展是无止境的，这种认识的可能性是不能否定的、人类向这种认识的接近也是无止境的，因而也是绝对的。不过这种绝对真理只能存在于相对真理无止境的发展过程中，而不能离开相对真理单独存在。也可以说，绝对真理是由相对真理构成的，相对真理中包含着绝对真理的成分。

人类的实践以及对于客观事物的真理性认识是一个不断发展的过程。人类实践是总体性与具体性、历史性与绵延性的统一，人的思维是至上性与非至上性的统一。

按照人类实践的本性和思维的本性，是可以在世代相续的总体性实践中认识客观事物的本质和规律，获得客观真理或绝对真理的；但人类总体性实践是由各个历史时期的具体实践构成的，人类思维的至上性是由非至上的各个历史时期的具体人的思维构成的，人类对于总体宇宙发展过程的认识是通过对于各个具体过程的认识实现的。绝对真理是由无数相对真理的总和构成的。绝对真理犹如长河，相对真理就是支流或水滴。无数相对真理的总和构成绝对真理。人类实践的每一次进步，科学技术的每一次发现，人类认识的每一次深化，都向绝对真理趋近了一步。

人们在实践中所获得的真理都既是相对的，又是绝对的，是相对性与绝对性的统一。我们承认客观真理和绝对真理，或承认真理的客观性与绝对性，坚持物质世界的客观性、可知性以及一切从实际出发、主观符合客观的必要性，反对在真理问题上的唯心论、不可知论、相对主义；同时，我们又承认真理的主观性与相对性。真理是在人的能动创造的实践中，在主观对客观的能动反映中，在人类世代延续的具体的历史的实践中，通过无数相对真理而趋向绝对真理的。我们应该反对在真理问题上的机械唯物论、终极真理论和绝对主义，避免把真理性认识变成脱离实践、脱离时代的凝固不变、死板僵化、永不发展的教条。毛泽东说过，谁能一开始就认识中国革命规律？开始只想革命，但怎么革法，先革什么，后革什么，不清楚。只有经过多次胜利多次失败，经过大风大浪，才能逐步认识中国革命的规律。

客观世界是充满矛盾和斗争的发展过程，作为客观世界之反映的人的认识也是一个充满矛盾和斗争的发展过程。当客观世界的发展过程进入了新的阶段，出现了新矛盾、新特点、新情况、新问题，人们就必须更新思想观念，反映新的实际，形成新的理论，指导新的实践。客观实际的运动、变化、发展永无终结，人类在实践中对于客观世界的认识也永无终结。社会实践中的发生、发展和消灭的过程是无穷的，人的认识的发生、发展和消灭的过程也是无穷的。人们根据一定的思想、理论、计划、方案从事变革客观现实的实践，一次又一次地向前，对于客观现实的认识也就一次又一次地深化。客观现实世界的变化运动永远没有完结，人们在实践中对于真理的认识也就永远没有完结。马克思主义并没有穷尽真理，而是在实践中不断地开辟认识真理的道路。我们的结论是主观和客观、理论和实践、知和行的具体的历史的统一，反对一切离开具体历史的"左"的或右的错误思想。

承认真理的相对性与绝对性，不仅具有重要的理论意义，也具有非常重要的现实意义。

过去有一段时间，大家出于对革命领袖和革命理论的敬重和崇拜，认为伟大领袖什么都知道，马克思主义的理论每句话都正确，好像什么问题都解决了，只要照抄照搬照办就可以了，不需要有新的探讨，更不容许有丝毫的怀疑和批评。这样做的结果，是思想的僵化，教条主义、个人崇拜盛行，造成了严重的危害。经过实事求是思想路线的教育，大家明白了，实践是检验真理的唯一标准，伟大领袖也会犯错误，有了错误也应当批评和纠正。马克思主义也会有时代的局限性，也需要继续探讨和进一步发展。但是，有的人又因此走向另一个极端，认为世界上什么东西都靠不住、都不可信。走向了只承认相对性、不承认绝对性的相对主义。

真理同谬误相比较而存在、相斗争而发展，并且在一定条件下相互转化。

真理是人们对于客观事物的正确反映，谬误则是对于事物歪曲的反映，二者是有原则区别的。但任何真理都是对于特定对象的正确反映，都适用于一定的范围。如果把真理同它的具体对象割裂开来，超越它所适用的范围到处套用，就会把真理变成谬误；反之，当我们克服了把真理绝对化的错误，严格划定它所适用的范围，谬误就能够向真理转化。市场经济体制奉行利益原则、价值原则、竞争原则，实行市场经济体制，会提高经济运行效率；但市场经济也会发生垄断，造成公共性、公平性和宏观性失灵，也有其不可避免的局限性。如果将市场原则加以泛化，将其扩展到社会生活的各个方面，就会导致灾难性的后果；相反，如果我们既充分发挥市场在资源配置中的作用，又为市场经济合理划界，切实履行好政府经济调节、市场监管、社会管理、公共服务的职能，就会回归对于市场经济的正确认识。

错误往往是正确的先导，如果我们不是对错误采取简单否定的态度，而是认真分析错误产生的根源，从中吸取经验教训，就会得出正确的认识。我们对于中国革命和建设规律的认识就是在总结多次胜利和多次失败的经验教训的基础上而逐步获得的。只有善于总结经验，才能够有所发现，有所发明，有所创造，有所前进。毛泽东自称是靠总结经验吃饭的。1965年7月26日接见李宗仁（1891—1969年）夫妇时，程思远（1908—2005年）作陪。毛泽东问程思远："你知道我靠什么吃饭吗？"正当程思远不知如何回答时，毛泽东说："我是靠总结经验吃饭的。"而总结经验要及时，要持之以恒，要发扬民主，要勤于思考，要兼收并蓄，要正确对待成功与失败，要善于提升到哲学的高度。最后，还要坚持实践标准，在实践中检验我们总结的经验是否正确。

懂得相对真理与绝对真理及其相互关系的道理，可以帮助人们正确认识和对待各种认识成果。一方面，对于符合客观实际的正确认识，对于正确认识世界的能力，应当充满信心，奋发有为。另一方面，又应该保持清醒的头脑，时刻意识到人的认识的局限性，并不断克服这种局限性，从而在认识世界、改造世界的征途中不断前进。懂得真理和谬误的辩证法，也可以帮助人们正确对待真理和严格运用真理，不把真理绝对化，不把真理教条化；帮助人们正确对待错误、挫折和失败，善于从挫折、失败的教训中学习；勇于追求真理、坚持真理，承认错误、修正错误，变得聪明、睿智起来，在实践中不断获得真知，在实践中不断取得进步。

五、认识世界是为了改造世界
——不同于一切旧哲学的根本特点

马克思主义哲学以实践为主题，以改造世界为目的，以改变旧世界与建设新世界为己任。马克思在《关于费尔巴哈的提纲》中旗帜鲜明地表达了他的以实践为基础的新世界观不同于过去一切旧哲学的显著特点，明确宣称马克思主义哲学认识世界的目的在于改造世界。毛泽东指出："无产阶级和革命人民改造世界的斗争，包括实现下述的任务：改造客观世界，也改造自己的主观世界——改造自己的认识能力，改造主观世界同客观世界的关系。"[22]这些论断揭示了人类认识的根本目的，阐明了马克思主义哲学的基本功能，指出了无产阶级改造世界的伟大历史使命，为学习和运用马克思主义认识论指明了方向。

所谓改造客观世界，就是改造自然和社会；改造主观世界，就是改造人们的思维方式、价值观念，提升人们的道德情感、精神境界，增强人们的主体素质和能力。

无论是改造客观世界，还是改造主观世界，都要把理论与实际结合起来，要紧密联系客观实际和思想实际，把理论转化为具有操作性的路线、方针、政策、措施、办法，用于指导人们的实践，达到改造客观世界的目的。同时，还要有锲而不舍、坚持不懈的意志和坚定不移的韧性，有踏石留印、抓铁有痕的干劲。对于领导干部来说，还要有正确的政绩观和高尚的精神境界，正确运用手中的权力增加百姓利益、多谋百姓福祉，既要科学决策规划好发展蓝图，又要有一张蓝图抓到底的恒心。不能只是热衷于搞规划、提口号，而不去通过艰苦细致的工作组织实施。要有高远的志向、深邃的眼光、长远的规划以及"功成不必在我"的胸襟，不能一任领导一个思路，不能做急功近利、杀鸡取卵、竭泽而渔的蠢事。要切实把工作落到实处。一个实际行动胜过一打纲领，一个实际的效果胜过所有空洞的口号。如果只是空谈理论，没有改造的路径、方法、桥梁、中介，只是制定规划，而不能采取切实有效的办法落实规划，只是热衷于提出新的口号，而不能采取实际的行动，就达不到改造世界的目的，就会把改造世界变成一句空话。

改造客观世界与改造主观世界是紧密联系的，人们要正确地认识客观世界，有效地改造客观世界，必须主动自觉地改造自己的主观世界。而要改造主观世界，也必须积极从事对于客观世界的改造。

只有在改造客观世界的实践中，人们才能获得对于自然、社会和人生的本质与规律的认识，形成科学的思维方式和正确的价值观念，才能锻炼自己的胆魄与意志，提升自己的主体素质和能力。要在改造客观世界的过程中改造自己的主观世界，通过改造主观世界促进、推动客观世界的改造。

如果说认识规律、获得真理是认识的直接目的，那么运用规律、改造世界则是认识的最终目的。马克思主义主张理论与实践、知与行的统一。要做一个真正的马克思主义者，就要把理论和实践有机结合起来，既要精通理论，又要运用理论去指导实践；就要把知和行有机结合起来，既要努力求知,又要积极实践,说实话,办实事,求实效。

人类发展进程是认识世界和改造世界、改造主观世界和客观世界辩证统一的过程。

认识世界和改造世界是统一的,认识世界以改造世界为基础,改造世界以认识世界为指导;认识的目的不仅在于认识世界,更在于改造世界。作为彻底的、实践的唯物主义者,更应重视对世界的改造和重建。改造世界的任务是多重的,改造世界包括改造客观世界和主观世界两项基本任务。马克思主义认识论的目的,说到底是为了改造世界,既改造客观世界,也改造自己的主观世界,改造自己的认识能力,改造主观世界与客观世界的关系。客观世界,包括自然界和社会。人们通过实践改造自然,使之发生既合规律又合目的的变化,创造物质财富,满足生存与发展需要。改造自然,就必须改造社会,社会得不到有效的改造,就无法实现改造自然、利用自然,与自然和谐发展的目的。改造社会,要破除阻碍社会进步、束缚人的自由发展、践踏人的权利的制度体制,创新、构建促进社会进步和人的自由发展的制度体制,改造黑暗、落后的旧社会,建设进步、光明的新社会。改造社会,需要克服依附于旧的制度体制的压迫者、专制者、既得利益者的抵抗与反对。因为改造社会的实践,无论对于经济制度和体制的改造,还是对于作为经济利益集中表现的政治制度和体制的改造,都是利益关系的变动和调整,因而也是各个阶级、阶层和利益集团之间的斗争。认识世界和改造世界的主体是人。改造社会就是对人的改造,要改造甚至消灭逆历史潮流而动而又顽固不化、顽强抵抗的人,改造旧人使之为新的社会制度而生产、生活,要教育人使之成为顺应新的历史潮流的人。总而言之，人们在改造客观世界的过程中，认识了客观世界的规律，创造了物质财富，改革、创新、完善了社会制度，满足了自己追求真知、生存发展、自由民主的需要，锻炼、增强、提升了自己的主体能力和素质，因而在改造客观世界的过程中人的主观世界也得到了改造。为了更好地改造客观世界，就要自觉主动地改造自己的主观世界。这就需要有完善的知识结构，有科学的认识方法、思想方法、工作方法，有正确的价值观和高尚的道德情感，有崇高的理想和坚定的信念。

在改造客观世界和主观世界的过程中，主观世界与客观世界的关系也得到了改造。比如在人与自然的关系上，从自然界对人的压迫奴役到人在自然面前主体地位的确立，从对自然片面的征服、攫取、占有到人与自然的和谐共生。而要完成这一转变，是与人的主体能力的提高、思想观念的变化以及人与自然相互作用的方式密切相关的。认识世界和改造世界，不仅是一个求真的过程，也是一个求善、求美的过程，作为主体的人，不仅要有正确的世界观方法论，还要有正确的价值观道德观。

结　　语

实践的观点，是认识论的首要的、基本的观点。人的认识经过"两次飞跃"，是一个循环往复、螺旋式上升，以至无穷的过程。真理的形成也是一个过程，是相对真理与绝对真理的统一。中国共产党人高度重视马克思主义认识论的学习、研究与运用。在中国革命、建设和改革的长期实践过程中，在不断反思和总结经验的基础上，创造性地发展和丰富了马克思主义认识论，形成了"从实践到认识，又从认识到实践"、"由个别到一般，再由一般到个别"、"从群众中来，到群众中去"、"物质变精神，精神变物质"、"实践是检验真理的唯一标准"和"解放思想，实事求是，与时俱进，求真务实"思想路线等重要思想。人们认识世界的根本目的是改造世界。学习马克思主义认识论，一定要掌握这些基本观点并用于指导自己的言行。

注　释

〔1〕《荀子·儒效》。

〔2〕陆游：《冬夜读书示子聿》。

〔3〕《列宁专题文集　论辩证唯物主义和历史唯物主义》，人民出版社 2009 年版，第 49 页。

〔4〕《马克思恩格斯文集》第 4 卷，人民出版社 2009 年版，第 266 页。

〔5〕《毛泽东选集》第一卷，人民出版社 1991 年版，第 287 页。

〔6〕《马克思恩格斯文集》第一卷，人民出版社 2009 年版，第 503 页。

〔7〕《邓小平文选》第三卷，人民出版社 1993 年版，第 155 页。

〔8〕《邓小平文选》第三卷，人民出版社 1993 年版，第 382 页。

〔9〕《列宁专题文集　论辩证唯物主义和历史唯物主义》，人民出版社 2009 年版，第 139 页。

〔10〕《列宁专题文集　论辩证唯物主义和历史唯物主义》，人民出版社 2009 年版，第 49 页。

〔11〕詹姆斯：《实用主义》，商务印书馆 1996 年版，第 104 页。

〔12〕《列宁专题文集　论辩证唯物主义和历史唯物主义》，人民出版社 2009 年版，第 135 页。

〔13〕《梁启超选集》，上海人民出版社 1984 年版，第 107 页。

〔14〕黑格尔：《小逻辑》，商务印书馆 1980 年版，第 423 页。

〔15〕《毛泽东选集》第一卷，人民出版社 1991 年版，第 294 页。

〔16〕《毛泽东文集》第二卷，人民出版社 1993 年版，第 344 页。

〔17〕转引自《列宁选集》第 4 卷，人民出版社 1995 年版，第 823 页，注释 85。

〔18〕《列宁选集》第 4 卷，人民出版社 1995 年版，第 180 页。

〔19〕《毛泽东选集》第一卷，人民出版社 1991 年版，第 155 页。

〔20〕《鲁迅全集》第 1 卷，人民文学出版社 1981 年版，第 371 页。

〔21〕《邓小平文选》第三卷，人民出版社 1993 年版，第 63 页。

〔22〕《毛泽东选集》第一卷，人民出版社 1991 年版，第 296 页。

由个别到一般，再由一般到个别

——认识的秩序和过程

把个别和一般结合起来，遵循从个别到一般、从一般再到个别的路数去认识世界，既符合客观事物的辩证法，也符合人类认识的辩证法，是认识世界、获得真知的不二门径。

从实践到认识，又从认识到实践，由特殊到一般，再由一般到特殊，人类认识总是这样循环往复、不断深化的，这就是人类认识的总的秩序和总的过程。

一、人类认识的个别与一般
——关于马克思主义中国化

"一般"与"特殊"的关系既是辩证法的精髓，也是认识论的关键问题。马克思主义中国化，实质上就是马克思主义的"一般"与具体情况的"特殊"的辩证结合过程。

把马克思主义的一般原理应用于中国的"具体环境"和"特殊条件"，使之发生内容和形态的改变，才能形成适应中国实际需要的、具有中国内容和表现形态的、为中国人民所接受的中国化的马克思主义。中国化马克思主义，就是实现马克思主义的中国化。既要肯定"一般性",坚持马克思主义一般原理,又要肯定"特殊性",坚持马克思主义一般原理与中国特殊实际相结合;不能因为强调"特殊性"而否定"一般性",从而否定马克思主义一般原理;也不能因为强调"一般性"而否定"特殊性",从而否定马克思主义中国化的必要性。因为强调"特殊性"而否定"一般性",是拒绝和否定马克思主义的指导作用;因为强调"普遍性"而否定"特殊性",就会脱离中国的具体国情,脱离中国的历史文化,脱离中国的人民大众。因为强调"普遍性"而否定"特殊性",就是教条主义;因为强调"特殊性"而否定"普遍性",就是经验主义。教条主义离开具体实际,生搬硬套马克思主义的结论和词句,拿来指导实践,就会走弯路,使事业遭受损失。经验主义否定马克思主义的普遍指导作用,拒绝马克思主义指导,离开马克思主义的正确指南,就会迷失方向。总而言之,让马克思主义一般原理与中国特殊国情相结合,这是马克思主义中国化的真谛所在。

早在井冈山斗争时期,毛泽东就已经从辩证唯物主义认识路线的高度提出了党的正确的思想路线,论及马克思主义中国化问题。他在1930年就提出要把马克思主义的"本本"同我国实际情况相结合。在1936年《中国革命战争的战略问题》一文中,他从哲学高度明确阐述了一般战争规律与革命战争规律的关系,科学地阐明了"一般性"与"特殊性"的辩证关系。在1937年的《实践论》、《矛盾论》这两部马克思主义中国化的经典论著中,他科学地论证了矛盾的"一般性"和"特殊性"辩证关系这个马克思主义哲学的普遍原理，形成了马克思主义与中国具体实践相结合的马克思主义中国化的哲学根据。在1938年10月中共六届六中全会的报告中，毛泽东对马克思主义中国化作了最为经典的论述："共产党员是国际主义的马克思主义者，但是马克思主义必须和我国的具体特点相结合，并通过一定的民族形式才能实现。马克思列宁主义的伟大力量，就在于它是和各个国家具体的革命实践相联系的。对于中国共产党说来，就是要学会把马克思列宁主义的理论应用于中国的具体的环境。成为伟大中华民族的一部分而和这个民族血肉相连的共产党员，离开中国特点来谈马克思主义，只是抽象的空洞的马克思主义。因此，使马克思主义在中国具体化，使之在其每一表现中带着必须有的中国的特性，即是说，按照中国的特点去应用它，成为全党亟待了解并亟须解决的问题。"[1]

马克思主义中国化这个科学命题，深刻包含了人类认识的个别与一般的辩证内涵。从哲学意义上来说，马克思主义中国化问题，实质上就是哲学原理"一般性"与"特殊性"的辩证关系问题，只有从认识路线上解决好这个关键问题，才能解决好马克思主义中国化问题。马克思主义是"一般"，是马克思、恩格斯在科学分析自由资本主义经济的特殊基础上所揭示出来的资本主义发展的一般规律、一般趋势，所概括出来的人类社会发展的一般规律、一般趋势的一般原理，是放之四海而皆准的真理。而马克思主义中国化又是"个别"，是马克思主义一般原理与中国特殊实际相结合的产物。马克思主义中国化就是马克思主义一般原理与中国特殊国情辩证结合的产物。马克思主义中国化的命题深刻说明了人类认识由个别到一般、再由一般到个别的辩证关系和辩证过程。

1937年4月到8月初，为了提高广大军政干部的哲学素养，帮助他们学会运用马克思主义的立场、观点、方法分析问题和解决问题，毛泽东在延安抗日军政大学讲了一百多学时的哲学课。他在七八月间讲的《实践论》和《矛盾论》中，不仅指出人类的认识是一个由实践到认识，再由认识到实践的过程，即在实践的基础上由感性认识到理性认识，再由理性认识到革命实践的过程；而且指出人类的认识也是一个由个别、特殊到一般、普遍，再由一般、普遍到个别、特殊的过程。

人类认识的个别与一般的问题既然如此重要，那么，什么是个别、什么是一般呢？

个别就是指单个的、具体的事物。一般则是指不同事物之间在本质上的共同点。个别是具体的、特殊的、活生生的，而一般则是普遍的、抽象的、干巴巴的。

比如，人们所看到的人是一个一个具体的人，或是男人，或是女人，或是黄种人，或是白种人，或是黑种人，这些一个一个的具体的人就是个别。而人们所说的人的概念则是一般，因为不管是男人还是女人，是黄种人、白种人还是黑种人，这个人还是那个人，都具有人的共同本质，都是人，这一点是共同的。具体的人就是个别的，个别是具体的、生动的、实实在在的；一切个别人的共同的、普遍的本质则是一般。不论男人、女人，黄种人、白种人、黑种人，都是人，都具有人的共同本性，一般则是抽象的。个别与一般是相对而言的，男人相对于人是个别，相对于某个男人又是一般。人的认识过程就是认识个别与认识一般的辩证统一。

认识个别与认识一般的定义和区别似乎并不难理解，但是深入思考之下，要真正把握也不容易。多年前，在《小朋友》杂志上有这样一则小故事总是令人难忘。故事说，一位小朋友从幼儿园回到家，兴奋地向爸爸妈妈汇报："老师教我们算术了，我学会算术了。"父母听了很高兴。父亲说："我考考你。"他拿了三根香蕉放在桌上，又拿了两根香蕉放到一起，然后问："三根香蕉加两根香蕉等于几根香蕉？"小朋友说："不知道。"父母听了很奇怪："你们老师不是教你算术了吗？"小朋友回答说："老师用的是苹果，不是香蕉。"这个故事似乎令人难以置信，但却极鲜明地揭示了人类认识的一般规律：从个别到一般、从具体到抽象。

从认识个别到认识一般、从认识具体到认识抽象，是人的认识的一个飞跃。

这个飞跃意义重大，实现起来却有一个过程，并不容易。恩格斯也说到过类似问题。他说："先从感性的事物得出抽象，然后又期望从感性上去认识这些抽象，期望看到时间，嗅到空间。经验主义者深深地陷入经验体验的习惯之中，甚至在研究抽象的时候，还以为自己置身在感性体验的领域内。"[2]

这种认识上的失误，在人类认识史上历来存在。在我国古代哲学史上，先秦时期的"辩者"提出过著名的"鸡三足"命题。在《庄子·天下篇》中记载的"辩者二十一条"中，有"鸡三足"这一命题。在《公孙龙子》的《通变论》中有更具体的记载："谓鸡足一，数足二，二而一，故三。"同时记有："谓牛羊，一，数足，四，四而一，故五。"说的是同样的道理。这里的"谓",即称谓,是指的一般,这里的"数",是具体的鸡和牛羊的具体的足的数目,是鸡或牛羊足的个别。一般的鸡足加个别的鸡足,则为"鸡三足"。

本来,一般存在于个别之中,在具体的鸡或牛羊足之外,并不独立存在一个作为一般、"共相"的鸡或牛羊的足。在这个命题中,把一般作为脱离个别的独立存在与个别的具体的东西相提并论,就得出了"鸡三足"之类荒谬的结论。正如冯友兰(1895—1990年)所说,概念和具体的东西并不是一类的,而是属于两个世界的,所以并不是并排放着的。

这里所说的两个世界是从逻辑上说的,不是就空间上说的。比如说,人们看见过一千只狗,由此得到狗的概念,这个狗的概念并不是第一千零一只狗,而是另外一件事。对于那一千只狗的认识是感性认识,它们是感觉的对象,狗的概念是关于狗的共相,即一般的认识,是理性认识。共相,一般是理性认识的对象,由感性认识到理性认识是一个飞跃。真正认识到共相和殊相即一般和个别的区别以后,就可以体会到从认识个别到认识一般飞跃的真实意义了。

个别和一般并不是彼此孤立、互相排斥的,而是具有内在统一性的。一般只能在个别中存在,只能通过个别而存在。认识一般只能通过认识个别而实现。

在个别的事物中,蕴含着一般的、普遍的、共同的本质和规律;如果离开了个别的、具体的事物,一般就是空洞的、虚幻的、没有内容的东西。不能设想,离开了一个个具体的、个别的、特殊的人,还能存在什么抽象的、一般的、普遍的人；没有了多种多样的、五彩缤纷的具体的、个别的、特殊的树叶，还能存在什么抽象的、一般的、普遍的树叶；在平房、楼房、四合院等具体的、个别的、特殊的房屋之外，还存在着什么抽象的、一般的、普遍的房屋。从这个意义上说，"个别就是一般"，"任何个别（不论怎样）都是一般"[3]。

我们说一般只能在个别中存在，那么，能否说个别可以脱离一般而存在呢？也不能。"个别一定与一般相联而存在。"[4]因为在个别的、特殊的事物中蕴含着一般的、共同的本质与规律，个别是受一般所规定、所制约的。如果个别、特殊的事物中不存在一般的、普遍的本质和规律，这样的个别、特殊的事物就不会存在。如果张三、李四、王五，不是生活在社会关系之中，没有理性、情感、意志，不进行物质生产实践、社会政治实践、科学文化实践这些物质性的、社会性的能动创造活动，不具有人的一般的、共同的本质，也就不成其为人了。可见，对一般人的认识来自对个别人的认识，对一般事物的认识来自对个别事物的认识。

个别与一般是内在统一、紧密相连的，二者之间没有不可逾越的鸿沟，其区别是相对的而不是绝对的，但二者毕竟还是有区别的。 认识一般与认识个别是辩证统一的。

在中国哲学史上，"名"与"实"的关系问题的争论，实质就是关于特殊与一般的关系的争论问题。"名"为一般，"实"为特殊，譬如，桌子是此类物品的统称，为"名"，而人们所看到、接触到的都是一个一个具体的桌子，如长桌、圆桌、木桌、石桌、大桌、小桌等，此则为"实"，即桌子实物。"名"是"实"的共同属性的抽象，

"名"存在于"实"之中,"名"离不开"实",而"实"则有"名"。人的认识则是从"实"到"名",由名而到实,二者既有区别,又相互统一,是认识"名"与认识"实"的统一、认识个别与认识一般的统一。

一般比个别深刻、概括,个别比一般丰富、生动。个别是千差万别、丰富多彩的,每一个具体的、个别的事物除了具有同类事物的共同点、共性、一般性、普遍性之外,还有自身的个性特点、独特规定性。一般性、共性、普遍性只是大致地概括、包含了具体的、个别的事物的共同点,而不可能包括具体的、个别的事物的一切特点、一切方面;任何个别事物的所有特性、规定性也不可能全部包含在一般之中。比如"人"这一概念,只是反映了人之为人的一般的、普遍的本质规定,即人是一切社会关系的总和。至于说是男人还是女人,古人还是今人,好人还是坏人,每一个人的性别、相貌、品质、性格、担当什么社会角色、从事什么样的职业,这些个性特点则在从具体的人向一般的人的概括提升过程中被"蒸发"掉了。正如列宁所说:"任何一般都是个别的(一部分,或一方面,或本质)。任何一般只是大致地包括一切个别事物。任何个别都不能完全地包括在一般之中。"[5]

那么,某一个别的、特殊的事物是怎样同另一些个别的、特殊的事物相联系呢?从发生学的意义上说,任何一个个别的事物一开始都是独自走着自己的发展、演化之路的。一些特殊的事物在其演变、进化过程中,具有了某种规定性、特点、特殊性,这种规定性、特点、特殊性的产生,一开始是偶然的、不确定的。而经过漫长的演变、进化,这种规定性、特点、特殊性反复出现，日益具有了确定的、必然的性质，并成为一些事物经常的、普遍具有的属性。于是，偶然性便向必然性转化了，个别性、特殊性就向一般性、普遍性转化了。这样，"任何个别经过千万次的过渡而与另一类的个别（事物、现象、过程）相联系"[6]。这是一种自然界的必然性、客观联系，是一种客观的、自然的辩证法。而当我们从一些个别的、特殊的事物中，发现了它们一般的、普遍的、共同的属性，把握了它们一般的、共同的、普遍的本质、规律、联系，从个别中发现一般，从特殊中发现普遍，从个性中发现共性，从偶然中发现必然，将对事物个别属性的认识上升到一般、普遍的认识，则是以客观的辩证法为基础的认识的辩证法。辩证法是客观世界所本来具有的，也是人类的全部认识所固有的。"辩证法也就是（黑格尔和）马克思主义的认识论。"[7]

人的认识由个别、特殊过渡、上升到一般、普遍，需要思维方式的转换，这就是要由形象思维转换到理性思维、抽象思维。

恩格斯说："先从感性的事物得出抽象，然后又期望从感性上去认识这些抽象，期望看到时间，嗅到空间，经验主义者深深地陷入经验体验的习惯之中，甚至在研究抽象的时候，还以为自己置身在感性体验的领域内。"[8]冯友兰曾经说，在日常生活中，人们常用的思维是形象思维，所以对形象思维比较容易了解。但对于理论思维、抽象思维，即对于一般的了解比较困难。一说到"红"这个抽象概念、即"红"的一般，总觉得有一个什么红的东西，这还是停留在形象思维。其实，"红"的概念或一般的"红"，并不是什么红的东西，只有认识到"红"的概念或一般的所谓"红"并不红，"动"的概念或一般的所谓"动"并不动，"变"的概念或一般的所谓"变"并不变，这才算是懂得了概念和事物、一般和个别的区别，懂得了认识个别与认识一般的辩证法。

一般是存在于个别之中的，不能把一般作为脱离个别的独立存在与个别的具体的东西相提并论，否则，就会得出荒谬的认识结论。

冯友兰说，概念和具体的东西不同，但也不是截然分开的两个世界，不是可以并排放着的。比如说，人们看见过一千棵树，由此得到树的概念，这个树的概念并不是第一千零一棵树。对于那一千棵树的认识是感性认识，它们是感觉的对象，树的概念是关于树的共相，即一般的认识，是理性认识。共相、一般是理性认识的对象，由感性认识到理性认识是一个飞跃。真正认识到共相和殊相、即一般和个别的区别以后，就可以体会到这个飞跃的真实意义。冯友兰深有体会地说："无论怎样，我认识到抽象和具体的分别以后，觉得眼界大开，心胸广阔。"[9]

实际生活中常常会发生这样的情形。例如，过去我们曾经把国有制等同于公有制，结果路越走越窄，几乎走进了死胡同。把国有制等同于公有制，即把个别等同于一般，或者只看到个别，看不到一般，其所犯的是跟一开始提到的那个小朋友相类似的错误。其实，国有制只是公有制的一种形式，公有制作为一个一般概念，它包含了许多个别的形式。甚至连国有制也是一个一般概念，它也包含了许多个别的形式。我们认识到这一点以后，明确提出"探索公有制特别是国有制的多种有效实现形式",也就打开了新的局面,让国有企业焕发了新的活力。

二、由认识个别到认识一般
——从小孩喊第一声"妈妈"说起

一个刚刚出生的婴孩,首先接触的是自己的母亲,在母亲的抚爱、哺乳中成长,他首先认识的是自己的母亲。随着发育成熟,他学会的第一句话就是"妈妈"。他说的"妈妈"是具体的、特殊的、他的妈妈。当孩子渐渐长大懂事,他对妈妈的认识丰富了,也抽象了,逐步认识到"妈妈"是一切孩子母亲的统称。随着他长大成人,对妈妈认识的范围、内涵更为扩展、更为深化,进一步认识到"祖国是我的母亲、党是我的母亲",对妈妈的认识就更抽象、更一般、更普遍了。他可以使用妈妈的一般概念去对比认识一个一个具体的事物了。

毛泽东在《矛盾论》中指出:就人类认识运动的秩序说来,总是由认识个别和特殊的事物,逐步地扩大到认识一般的事物。人们总是首先认识了许多不同事物的特殊的本质,然后才可能更进一步地进行概括工作,认识诸种事物的共同的本质。当人们已经认识了这种共同的本质以后,就以这种共同的认识为指导,继续地向着尚未研究过的或者尚未深入研究过的各种具体的事物进行研究,找出其特殊的本质,这样才可以补充、丰富和发展这种共同的本质的认识,而使这种共同的本质的认识不致变成枯槁的和僵死的东西。这是两个认识过程:一个是由特殊到一般,一个是由一般到特殊。人类的认识总是这样循环往复地进行的，而每一次的循环（只要是严格地按照科学的方法）都可能使人类的认识提高一步，使人类的认识不断地深化。由个别到一般，再由一般到个别，这一认识秩序和过程的辩证法，是马克思主义认识论的辩证法精髓，是指引人们认识真理并获得实践成功的正确途径。

辩证法是活生生的、多方面的。它既是客观事物的辩证法，也是人的认识、思维和实践的辩证法。马克思主义认识论与形而上学的唯物主义认识论相比之所以具有无比丰富的内容，一个重要区别就在于它把辩证法引入了认识论。

形而上学唯物主义认识论的根本缺陷，是不能把辩证法应用于反映论，应用于认识的过程与发展。它把人的认识看作消极的、直观的、个别的、经验的，不能够实现从个别到一般、从感性到理性的跃迁；唯心主义认识论则是把认识的某一特征、方面、侧面、阶段片面地、夸大地发展为脱离了物质、脱离了自然的、神化了的绝对的东西。

人们认识客观事物，从事实践，应当如何正确处理个别与一般的关系，应当沿着什么样的认识秩序和路数去认识真理并取得实践的成功呢？马克思主义认识论从更高层面和更大跨度上概括了个别与一般的认识辩证法。

由认识个别到认识一般。

人的思维具有从个别上升到一般的本领。但是，如果不加限制，也可能得出荒唐的结论，在实践中招致灾难。被马克思称为"英国唯物主义和整个现代实验科学的真正始祖"的培根（Francis Bacon，1561—1626年）认为："决不能给理智加上翅膀，而毋宁给它挂上重的东西，使它不会跳跃和飞翔。"[10]这种说法未免过分，但确实应该为理智制定一定的规则，使其合乎规律地飞翔。为此，培根明确地提出了系统的经验归纳法。他说："既然有这样大量的特殊事物的队伍，而这个大队伍又是这样地分散，使理智迷惑混乱，只凭理智打小仗，进行小的攻击，只凭它的散漫运动，就不会有多大的希望；要想有希望，只有借助于适当安排好的并且看来富于生气的'发现表'，把一切与所研究的问题有关的特殊事例调动和排列起来，使人的心灵在这些表适当准备好和消化过的帮助之下来进行工作。"[11]培根的归纳法是由个别、特殊推导出一般概念、一般公理的逻辑方法，这种方法就是在大量的经验材料的基础上进行概括，以便"从感觉与特殊事物把公理引申出来，然后不断地逐渐上升，最后才达到最普遍的公理"[12]。

　　培根的归纳法可以分为三个步骤：第一步：收集材料。按他的说法，就是准备一部充足、友善的自然和实验的历史。由此提供的大量材料是全部工作的基础。第二步：按照三种"例证表"整理材料。这三种例证表是：1."具有表"，即具有所要考察的某种性质的例证；2."接近中的缺乏表"，即情形近似却没有所要考察的某种性质的例证；3."程度表"，即按不同程度出现所要考察的某种性质的例证。这样，就不仅考察了正面的例证，而且也考察了反面的例证，不同程度地表现出某种性质的例证，从而避免常用的列举法的片面和轻率。第三步：对三类材料进行分析比较，把无关和非本质的东西排除掉，然后把"一般"即事物的本质和规律发现出来。培根的归纳方法注重从个别上升到一般过程中的慎重和严密，反对中世纪流行的轻率的推理。

从个别上升到一般的方法是多种多样的。培根的归纳法同"由认识个别到认识一般"不完全是一回事,归纳法有其局限性。恩格斯在《自然辩证法》中多次说明"凭观察所得的经验是决不能充分证明必然性的","归纳法没有权利要求充当科学发现的唯一的或占统治地位的形式"[13]。爱因斯坦(Einstein,1879—1955)对归纳法也有类似的批评。爱因斯坦的相对论就不是归纳出来的。培根讲的归纳法并没有达到马克思主义认识论"由认识个别到认识一般"的水平。当然,归纳法也有合理的成分。除传统的归纳法以外,还有分析、综合和概率归纳以及类比等方法。现在许多关于人类疾病的病因的结论就是通过统计,了解因某种原因而发生或治愈某种疾病的概率而得出的。类比也是从个别上升到一般的有效方法。例如,有人根据城市消防的经验和方法,推导出大面积防火的一般方法,并有效地运用于森林防火,就是采取了这种方法。

由认识个别到认识一般飞跃的条件。

由个别到一般的认识过程,实际上是在实践基础上实现由感性认识到理性认识的飞跃。要想实现这样的飞跃,需要具备两个条件:一是大量的丰富的感性材料;二是要在此基础上进行科学加工。毛泽东用"去粗取精、去伪存真、由此及彼、由表及里"四句话精辟地概括了科学加工的方法。

与个别相对应的一般有两种含义:一是指事物之间在现象上的共同之点;二是指事物之间在本质上的共同之点,与必然性相等。作为"本质"的一般是在第二种含义上使用的。这就必须有"由表及里"的飞跃。这个飞跃非常复杂,往往使人感到迷惑。因为表达"一般"的那些概念、范畴、规律等等，并不能从对象中直接产生，是由人赋予的。认识到这一点，人的主体性就得到了高扬，但有人却因此否认理性认识是对客观对象的反映，得出了唯心论或不可知论的结论。也有人以神秘的"灵感"、"悟性"等来加以形容，反映论似乎被颠覆了。其实，这里只是一个如何反映的问题，而不是能不能反映的问题。正如列宁所说："认识是人对自然界的反映。但是，这并不是简单的、直接的、完整的反映，而是一系列的抽象过程，即概念、规律等等的构成、形成过程，这些概念和规律等等（思维、科学 = '逻辑概念'）有条件地近似地把握永恒运动着和发展着的自然界的普遍规律性。在这里的确客观上是三项：（1）自然界；（2）人的认识 = 人脑（就是同一个自然界的最高产物）；（3）自然界在人的认识中的反映形式，这种形式就是概念、规律、范畴等等。人不能完全地把握 = 反映 = 描绘整个自然界、它的'直接的总体'，人只能通过创立抽象、概念、规律、科学的世界图景等等永远地接近于这一点。"[14] 很显然，抽象、概念、规律、科学的世界图景等是需要在一定条件的基础上通过发挥主观能动性创造出来的。没有主观方面的努力不行，没有一定的条件也不行。研究表明，即使是那些具有神秘色彩的灵感、直觉、悟性等，也需要事先有相当的积累才有可能在特定的条件下爆发。神秘感只在于人们对这些条件还缺乏充分的了解，不是违背规律凭空而来。

此外，概念、规律、范畴、图景要受到一定历史条件的制约。恩格斯早就指出："任何意识形态一经产生，就同现有的观念材料相结合而发展起来，并对这些材料作进一步的加工。"[15] 各种意识形态"总要包含某些传统的材料，因为在一切意识形态领域内传统都是一种巨大的保守力量。但是，这些材料所发生的变化是由造成这种变化的人们的阶级关系即经济关系引起的"[16]。人们头脑中发生的由个别到一般的认识思维过程，归根到底是由人们的物质生活条件决定的。这就把坚持唯物论的反映论原则与主观能动性的发挥很好地结合起来了。

三、由认识一般再到认识个别
——谈谈理论的指导作用

从个别到一般除了使对特定对象的认识得到深化以外，更重要的是为了"举一反三"，帮助认识新的个别。这就发生了从一般到个别的认识过程。

要实现从一般到个别的飞跃，首先要对一般有深切的了解。

理论，即对于一般的系统化的认识成果，除了自己在亲身实践中获得以外，更多的是要通过学习间接地获得。恩格斯早就说过："现代自然科学已经把一切思维内容都来源于经验这一命题以某种方式加以扩展，以致把这个命题的旧的形而上学的限制和表述完全抛弃了。它由于承认了获得性的遗传，便把经验的主体从个体扩大到类；每一个体都必须亲自取得经验，这不再是必要的了，个体的个别经验在某种程度上可以由个体的历代祖先的经验的结果来代替。例如，在我们中间，一些数学公理对每个八岁的儿童来说都好像是不言自明的，用不着通过经验来证明，这只是'累积的遗传'的结果。想用证明的方法向一个布须曼人或澳大利亚黑人传授这些公理，这可能是困难的。"[17]

随着社会的发展，学习这种间接得来的理性认识具有越来越重要的地位。马克思、恩格斯曾经指出，由于社会化程度低，"在历史发展的最初阶段，每天都在重新发明，而且每个地域都是独立进行的"[18]。在这种形势下，人类认识的发展十分缓慢，卢梭（Rorsseau，1712—1778年）形容说："在这种状态中，既无所谓教育，也无所谓进步，一代一代毫无进益地繁衍下去，每一代都从同样的起点开始，许多世纪都在原始时代的极其野蛮的状态中度了过去；人类已经古老了，但人始终还是幼稚的。"[19]

人类社会发展从远古的蛮荒时代一路走来，历经农业社会、工业社会，直到今天的信息时代，状况已经发生了根本改变。今天，借助于电子计算机和网络技术，知识的宝库就在我们手边，只要我们勤于和善于学习，我们就能用人类最先进的认识成果武装自己，要实现从一般到个别的飞跃，首先应当充分利用人类创造的先进手段，充分吸取作为一般而存在的社会知识财富。

从一般到个别的飞跃是通过一般的指导作用帮助认识新的个别，即认识新的具体事物。

这种指导作用体现在可以提供正确的思路，帮助人们的认识沿着正确的方向发展。比如马克思主义的阶级斗争理论就起到了这样的作用。列宁说："某一社会中一些成员的意向同另一些成员的意向相抵触；社会生活充满着矛盾；我们在历史上看到各民族之间，各社会之间，以及各民族、各社会内部的斗争，还看到革命和反动、和平和战争、停滞和迅速发展或衰落等不同时期的更迭，——这些都是人所共知的事实。马克思主义提供了一条指导性的线索，使我们能在这种看来扑朔迷离、一团混乱的状态中发现规律性。这条线索就是阶级斗争的理论。"[20]

中华民族是历史悠久的伟大民族，有五千年的辉煌历史，但在近代严重落伍了。一时间国家面貌千疮百孔，民不聊生。中华民族的优秀儿女为了救国救民，设想过各种各样的办法，诸如实业救国、教育救国、技术救国等等，都无济于事。直至找到马克思主义，才找到一条光明大道。毛泽东自己生动地描述了这一过程。他说："记得我在一九二〇年，第一次看了考茨基著的《阶级斗争》，陈望道翻译的《共产党宣言》，和一个英国人作的《社会主义史》，我才知道人类自有史以来就有阶级斗争，阶级斗争是社会发展的原动力，初步地得到认识问题的方法论。"但是，这些书里没有讲中国的事情该如何做，"没有中国的湖南、湖北，也没有中国的蒋介石和陈独秀"，因此，毛泽东说，他看这些书，只取了四个字："阶级斗争。"[21]按说，我们是要找到解决中国当时的问题的办法，既然书中没有讲中国的事情该怎么做，为什么还要如获至宝，那么重视它呢？就是因为它抓住了社会发展的本质，指明了认识和解决中国当时的问题的正确的、有效的方法。

要实现从一般到个别的飞跃，要真正解决问题，固然离不开正确理论的指导，但更重要的还在于，在一般理论的指导下，深入研究具体的认识对象。

马克思主义传入中国后，有的人不理解它、抵制它，甚至认为中国不存在阶级和阶级斗争，马克思主义不适合中国国情；也有人满足于一般结论，或者照搬照抄别人的具体做法，既不能把别人做法中的一般与个别分开，更不善于把一般与自己的个别结合起来，结果只能在实际行动中碰壁。

毛泽东在得到马克思主义的真理以后，在一般指导下，在个别分析上下功夫，开辟了中国革命的成功道路。毛泽东得到靠阶级斗争解决中国问题的明确结论后，就下功夫认真研究中国当时的阶级状况，写出了《中国社会各阶级的分析》，进一步明确了中国社会各阶级的实际状况和对待革命的态度，明确了中国革命的领导阶级、联合和团结的力量，明确了革命对象以及革命的基本策略。在尔后的革命实践中，逐步形成了指导中国革命的系统理论——毛泽东思想。在正确理论的指导下，中国革命取得了辉煌的胜利。可以说，中国革命取得成功的过程，就是运用马克思主义的一般真理指导中国革命的具体实践的过程。

从一般到个别的飞跃过程，既是一般理论发挥指导作用的过程，也是其正确性得到检验和进一步丰富、发展的过程。

任何理论，都是绝对真理与相对真理的统一，都有它的适用范围。即使是真理性的认识，若超出它的适用范围而到处硬套，也会走向其反面。同样是阶级斗争理论，在中国历史的不同时期，发生过完全不同的作用。在"文化大革命"中，全国各地的大喇叭里曾经反复广播一段毛泽东语录："马克思主义的道理千条万绪，归根结底，就是一句话：造反有理。"可以说，这成了"文化大革命"的重要理论根据之一。把这段话与前面我们引用过的那段话相比，可以发现，它们说的基本上是一个意思。一个说，看了三本书，道理一大堆，只取其四个字：阶级斗争；一个说，马克思主义的道理千条万绪，归根结底就是一句话：造反有理。两段话都是说要靠阶级斗争、革命斗争解决问题。道理是同样的道理，但是用在不同时期，其结果却完全不一样。革命年代运用它，取得的是辉煌胜利；已取得政权的"文化大革命"时期运用它，得到的却是一场浩劫。总结正反两方面的教训，应该得到的结论不是说这个理论错了，而是说要用在适当的地方。真理超出它的适用范围，就会走向反面。

四、认识个别与认识一般相结合
——"个别"与"一般"相结合的生动体现

2013年1月5日，习近平在"新进中央委员会的委员、候补委员学习贯彻党的十八大精神研讨班"的重要讲话中指出，中国特色社会主义不是什么别的主义，而是科学社会主义。这句话包含了"个别"与"一般"相统一的深刻道理，科学社会主义是"一般"，即马克思主义关于社会主义的一般原理。中国特色社会主义是生长于中国具体国情、符合中国实际的"个别"，即把科学社会主义一般原理运用于中国实际而形成的中国道路、中国制度和中国理论。

中国特色社会主义就是个别与一般、个性与共性、特殊与普遍的统一，就是科学社会主义的"一般"与中国特色的"个别"有机结合的生动体现。社会主义的本质规定是共性、普遍、一般，中国特色是个性、特殊、个别；社会主义规定着中国特色，中国特色体现着社会主义。中国特色社会主义应具有社会主义的一般特征和规定性，若没有这些一般特征和规定性，拒斥科学社会主义的普遍原则，就不是社会主义；社会主义的一般特征和规定性又必须与国情、世情、党情、民情结合，否则，就找不到符合本国具体实际的社会主义建设道路，社会主义就不能落地生根。既要承认科学社会主义的普遍原则，勇于承担起在立足中国国情的基础上实现社会主义的历史责任，又要承认社会主义的特殊规律，走具有具体特色的社会主义道路。中国特色社会主义就是马克思主义科学社会主义的一般原理与中国具体国情实际相结合的产物。

实际上，世界上的任何事物都是个别与一般、个性与共性、特殊与普遍的统一体。在自然界，山、河、湖、江、海、平原、高原、盆地、沙漠……是一般，而庐山、黄河、太湖、长江、东海、华北平原、云贵高原、四川盆地、塔克拉玛干沙漠……又是个别，而庐山、黄河、太湖、长江、东海、华北平原、云贵高原、四川盆地、塔克拉玛干沙漠……的"个别"却包含着山、河、湖、江、海、平原、高原、盆地、沙漠……的"一般"，是"个别"与"一般"的统一。

把个别和一般结合起来，遵循从个别到一般、从一般再到个别的路数去认识世界，既符合客观事物的辩证法，也符合人类认识的辩证法，是认识世界、获得真知的不二门径。

从人类认识的秩序看，人们总是先认识个别的和特殊的事物，然后逐步扩大到认识一般的事物；总是先认识许多不同事物的特殊本质，然后进行概括工作，认识诸种事物的共同本质，并以关于事物的共同本质的认识为指导，进行新的实践，继续研究尚未研究或尚未深入研究的事物的特殊本质，丰富对事物共同本质的认识。我们既要认识具体事物的一般性、普遍性、共性，以发现事物运动发展的普遍的原因和普遍的根据；还要重视研究事物的个别性、特殊性、个性，以发现事物运动发展的特殊原因与特殊根据。只有通过实践，才能获得感性认识和理性认识；只有深入研究事物的特殊本质，才能充分认识事物的共同本质；而在认识了事物的共同本质之后，还要继续研究那些尚未深入研究的事物或新事物。马克思主义者不但要认识事物的个别性、特殊性、个性，还要认识事物的一般性、普遍性、共性。要懂得普遍性始终寓于特殊性之中，只有真正把握了事物的特殊性，才有可能揭示事物的本质，得出正确的结论；只有真正掌握了事物的普遍性，才有可能认识一个一个具体事物，并指导改变一个一个具体事物。

在个别与一般问题上，要坚持二者统一的辩证法，反对只讲个别不讲一般或只讲一般不讲个别的任何一种片面性。如果只懂得事物的个别性、特殊性、个性，不懂得事物的一般性、普遍性、共性，不能做概括提升的工作，不能把握事物普遍的本质和一般的根据，不能形成一般的、普遍的、共性的理论观点，满足于一孔之见和一得之功，甚至拒斥正确理论的指导，单凭局部的、狭隘的经验办事，就会犯经验主义的错误。如果只懂得事物的一般性、普遍性、共性，不懂得事物的个别性、特殊性、个性，不具体地研究具体的矛盾，不去认识和把握个别事物的特殊本质，这样的认识就是空洞的、抽象的，是不能解决任何问题的。如果机械地、简单照搬反映矛盾一般性、普遍性的理论，不将其与具体实际相结合，就会犯教条主义的错误。

坚持个别与一般、特殊与普遍、个性与共性的认识辩证

法，是党和毛泽东反对主观主义特别是反对教条主义的经验总结。

从认识论上说，教条主义是由于颠倒了理论与实践的关系，一切从本本出发，而不是从具体的实际出发。从辩证法的角度来说，是割裂了事物的普遍性与特殊性的相互联结，只承认事物的普遍性，不承认事物的特殊性，拒绝研究特殊矛盾和特殊规律。

特殊性与普遍性、个性与共性的认识辩证法是马克思主义基本原理同中国实际相结合的重要哲学基础，是与教条主义进行斗争的锐利武器。

对具体情况作具体分析，是马克思主义的精髓、活的灵魂。高度重视事物的特殊性，认清中国的特殊国情和中国社会的特殊矛盾，是实现马克思主义与中国实际相结合的关键。共性与个性、绝对与相对的道理，是关于事物矛盾问题的精髓，不懂得它，就等于抛弃了辩证法。认识个别与认识一般的辩证关系的道理，同样是马克思主义认识论的精髓。

结　语

人的认识，是从个别上升到一般，又以一般指导个别的无限循环的辩证过程。个别与一般的结合，是马克思主义认识论的关键，是辩证思维的精髓，也是共产党人的基本思想方法。

注　释

〔1〕《毛泽东选集》第二卷，人民出版社1991年版，第534页。

〔2〕《马克思恩格斯文集》第9卷，人民出版社2009年版，第500页。

〔3〕《列宁专题文集　论辩证唯物主义和历史唯物主义》，人民出版社2009年版，第150页。

〔4〕《列宁专题文集　论辩证唯物主义和历史唯物主义》，人民出版社2009年版，第150页。

〔5〕《列宁专题文集　论辩证唯物主义和历史唯物主义》，人民出版社2009年版，第150页。

〔6〕《列宁专题文集　论辩证唯物主义和历史唯物主义》，人民出版社2009年版，第150页。

〔7〕《列宁专题文集　论辩证唯物主义和历史唯物主义》，人民出版社2009年版，第151页。

〔8〕《马克思恩格斯文集》第9卷，人民出版社2009年版，第500页。

〔9〕冯友兰：《三松堂自序》，生活·读书·新知三联书店1984年版，第278页。

〔10〕转引自夏基松《现代西方哲学教程新编》，高等教育出版社1998年版，第1页。

〔11〕培根：《新工具》，见北京大学哲学系外国哲学史教研室编译《西方哲学原著选读》上卷，商务印书馆1981年版，第359—360页。

〔12〕培根：《新工具》，见《西方哲学原著选读》上卷，商务印书馆1981年版，第358页。

〔13〕《马克思恩格斯文集》第9卷，人民出版社2009年版，第492页。

〔14〕《列宁专题文集　论辩证唯物主义和历史唯物主义》，人民出版社2009年版，第136—137页。

〔15〕《马克思恩格斯文集》第4卷，人民出版社2009年版，第309页。

〔16〕《马克思恩格斯文集》第4卷，人民出版社2009年版，第312页。

〔17〕《马克思恩格斯文集》第9卷，人民出版社2009年版，第539页。

〔18〕《马克思恩格斯文集》第1卷，人民出版社2009年版，第560页。

〔19〕卢梭：《论人类不平等的起源和基础》，商务印书馆1962年版，第106—107页。

〔20〕《列宁专题文集　论马克思主义》，人民出版社2009年版，第15页。

〔21〕《毛泽东文集》第二卷，人民出版社1993年版，第378—379页。

从群众中来，到群众中去

—— 党的根本认识路线

从群众中来，才能形成正确的认识；到群众中去，才能将正确的认识转化成群众的行动，才能在群众行动中检验和发展自己的认识。

群众观点，既是历史观的根本观点，也是认识论的根本观点。群众路线，既是党的根本工作路线，也是党的根本认识路线。一切为了群众，一切依靠群众，从群众中产生，再回到群众中去贯彻，同从实践到认识，又从认识到实践，由个别到一般，再由一般到个别是一致的，是工人阶级政党必须遵循的马克思主义认识路线。

一、一切真知灼见来自人民群众实践

—— 小岗村率先实行联产承包责任制的启示

小岗村位于凤阳县东部的小溪河镇，"大包干"前隶属于梨园公社，当时仅仅是一个20户、115人的生产队，以"吃粮靠返销、用钱靠救济、生产靠贷款"的"三靠村"而闻名。1978年11月24日晚上，小岗村的18户农民，勇于打破旧的生产关系具体形式的束缚，冒着坐牢的危险，实行联产承包责任制，揭开了我国农村改革的序幕。在大包干协议书上，小岗村18位农民明确写明：收下粮食后，首先交给国家，保证国家的，留足集体的，剩下都是自己的；如果队干部因为分田到户而蹲班房，他家的农活由全队社员包下来，还要把小孩养到18岁。他们以"托孤"的方式，冒险在土地承包责任书上按下鲜红手印，实施了"大包干"。这一"按"竟成了中国农村改革的第一份宣言，它改变了中国农村发展史，掀开了中国改革开放的序幕。小岗人创造出了"敢想敢干，敢为天下先"的小岗精神，小岗村也由普普通通的小村庄一跃而为中国农村改革第一村。

1982年中央一号文件中指出："目前实行的各种责任制，包括小段包工定额计酬，专业承包联产计酬，联产到劳，包产到户、到组，包干到户、到组，等等，都是社会主义集体经济的生产责任制。不论采取什么形式，只要群众不要求改变，就不要变动。"这个文件对包产到户、包干到户是社会主义集体经济的界定，彻底地解决了人们对包产到户、包干到户的后顾之忧，促进了联产承包责任制在全国广泛推行，极大地解放了中国农村的生产力。

小岗村实行联产承包责任制，在长期实行的高度集中统一的计划经济体制上扯开了第一个缺口，开了农村改革的先河。小岗村人的勇敢实践，表明人民群众的创造力是无限的，人民群众的实践是智慧的源泉，人民群众是推动社会发展的根本动力。坚持群众路线，密切联系群众，是中国共产党的一贯主张和政治优势，是中国共产党领导人民取得革命、建设和改革发展事业胜利的法宝。群众路线，既是党的根本工作路线，同样也是党的根本认识路线。中国共产党人的一切正确主张必须遵循马克思主义的认识路线：一切依靠群众，一切为了群众；从群众中来，到群众中去。

人民群众是社会历史的活动主体，一切依靠群众。

马克思主义认为，人民群众是推动社会发展的决定性力量。社会历史发展的规律和趋势，就蕴藏和体现在人民群众的利益、意志、愿望和要求之中，蕴藏和体现在人民群众创造历史的活动之中，大势所趋与人心所向是一致的。马克思主义一贯强调："工人阶级的解放应该由工人阶级自己去争取"[1]，"在世界上，不论哪个地方哪个时候，群众要摆脱压迫和专横获得真正解放，无不是这些群众自己进行独立、英勇、自觉斗争的结果。"[2] 人民是历史的创造者，群众是真正的英雄。一切依靠群众、一切来自群众，是我们党永不枯竭的力量源泉。党的领导的任务，就是代表群众、宣传群众、组织群众，调动群众的积极性，依靠群众的力量和智慧，努力把群众的认识提高到党的路线、方针、政策的水平，善于把党的政策变为群众的行动，为实现群众的利益而斗争。

人民群众是社会历史的价值主体，一切为了群众。

共产党人的一切言论行动，必须以合乎最广大人民群众的最大利益，为最广大人民群众所拥护为最高标准。在我国，人民是国家和社会的主人，人民群众是价值主体，全心全意为人民服务是党的价值追求。社会主义的一切价值，归根到底是由人民创造的。中国共产党以全心全意为人民服务为根本宗旨，以立党为公、执政为民为庄严的价值承诺和价值取向。社会主义国家的制度、体制，是中国共产党领导人民并为了人民而建构起来的，其所蕴含和体现的价值属性与人民的愿望、利益、需求是一致的。人民群众作为价值主体，既是价值的享有者，同时也是价值的创造者。社会主义实践、制度所体现、追求的价值，是通过广大人民群众的实践而实现的。

人民群众是实践和认识的主体，从群众中来，到群众中去。

实践是认识的来源，而人民群众是实践的主体，因此，说到底，认识来源于人民群众的实践，一切真知灼见都源于人民群众的实践，群众同样是社会认识的主体。

——**"从群众中来"，从认识论来讲，就是了解群众的实际问题，集中群众的经验和智慧，反映群众的利益、愿望和要求，上升为党的领导者的正确理论、路线、方针和政策，即上升为党的领导者的正确的认识和主张。**"从群众中来"，就是善于深入到群众实践中，发现和总结群众实践经验，就是发扬民主、广开言路，听取群众的意见，包括反面的意见，善于从各种不同意见中、从群众的情绪中发现、总结，上升为正确的主张。有这样一件事，至今仍有启发意义。1942 年 8 月的一天，边区政府正在开征粮会议，天降暴雨，雷电交加，正在参加会议的延川县县长被雷电击死。当地老百姓中有人说怪话，讲雷公为什么不打死毛泽东？保卫部门要追查严办，毛泽东不让，说我们要想一想做错了什么事引起老百姓反感。经调查发现，当时陕北只有一百三四十万人口，一年却征收公粮 19 万担，老百姓不堪重负，强烈不满。于是，毛泽东提出不能这样办了，决定减少公粮征收，同时在部队开展大生产运动。结果受到群众的热烈拥护。这件事说明，认真听取群众意见，对于发现问题和解决问题，是非常有益的。必须以对群众高度负责的态度，客观反映实际情况，既听成绩也听问题，不能只报喜不报忧，更不能说假话，一切真知皆来自群众。

——"到群众中去"，从认识论来讲，就是把党的领导者的正确认识和主张转化为群众的实践，通过群众的实践达到改造客观世界的目的，同时检验和丰富党的领导者的认识和主张。凡是群众的实践证明是正确的，给群众带来利益、得到群众拥护的，就继续坚持；凡是群众的实践证明是错误的，给群众的利益带来损害、受到群众反对的，就坚决改正；群众的新的实践又积累新的经验，使党的领导者的意见得到进一步丰富和发展。坚持"到群众中去"，要认真听取群众的呼声，本着对群众负责的精神，坚持真理，修正错误，那种认为一经形成领导意见就绝对正确、不需任何修正和发展的想法和做法，是完全错误的。因为那样只能导致思想僵化、脱离群众、脱离实际，给党和人民的事业造成危害。坚持"到群众中去"，必须善于把党的理论、路线、方针、政策和办法转变成群众的自觉行动，动员群众，团结群众，发动群众，同心同德为实现党的主张而一起奋斗，同时要在群众实践中检验、修正、发展党的理论、路线、方针、政策和办法。

二、"从群众中来，到群众中去"
是马克思主义认识论

——从"摸着石头过河"到"顶层设计"

1980年12月，在中央工作会议上，陈云（1905—1995

年）讲话称："我们要改革，但是步子要稳。……随时总结经验，也就是要'摸着石头过河'……"[3]邓小平对陈云提出的"摸着石头过河"完全赞同。"摸着石头过河"，这是对中国改革开放经验的鲜活总结，也是善于通过群众的实践，探索、总结出一条正确路子的正确认识路线的通俗说法。从中国农村联产承包责任制的改革，到企业改革、城市改革，到科技、教育、文化、医疗卫生改革，到市场经济体制改革，再到政治体制改革、文化体制改革……一路走来，边实践，边探索，边总结，边推广，从而走出了一条社会主义改革开放的新路子，这充分证明了"摸着石头过河"观点的正确性。

关于中国社会主义市场经济体制改革的进程，也是一个"摸着石头过河"的"实践、认识，再实践、再认识"的不断深化的过程，也是"从群众中来，到群众中去"的不断探索的过程。改革开放之前，传统观念认为市场经济是资本主义特有的，计划经济才是社会主义的基本特征，我国实行的是高度集中的计划经济体制。改革开放以来，对计划与市场关系的认识逐步摆脱了传统观念的束缚。1979年11月，邓小平会见美国《不列颠百科全书》副总编吉布尼（Gibney，1924—2006年）时指出："说市场经济只存在于资本主义社会、只有资本主义的市场经济，这肯定是不正确的。社会主义为什么不可以搞市场经济，市场经济，在封建社会时期就有了萌芽。社会主义也可以搞市场经济。"[4]他认为，社会主义的市场经济方法上基本上和资本主义社会相似，但也有不同。之后，邓小平多次论述计划与市场的关系，强调重视和利用市场经济。1980年9月五届人大三次会议《政府工作报告》提出"有计划的商品经济"。1981年6月十一届六中全会提出:"必须在公有制基础上实行计划经济,同时发挥市场调节的辅助作用。要大力发展社会主义的商品生产和商品交换。"1982年十二大提出:"正确贯彻计划经济为主、市场调节为辅的原则。"1984年十二届三中全会提出:"社会主义是公有制基础上的有计划的商品经济。"1990年12月十三届七中全会提出:"实行计划经济与市场调节相结合。"一直到1992年,邓小平提出"计划多一点还是市场多一点,不是社会主义与资本主义的本质区别。计划经济不等于社会主义,资本主义也有计划;市场经济不等于资本主义,社会主义也有市场。计划和市场都是经济手段"[5]这一精辟论断,表明我们党对社会主义市场经济的认识有了重大突破。十四大明确指出:"我国经济体制改革的目标是建立社会主义市场经济体制","就是要使市场在社会主义国家宏观调控下对资源配置起基础性作用"。十六大提出:"在更大程度上发挥市场在资源配置中的基础性作用。"十七大提出:"从制度上更好发挥市场在资源配置中的基础性作用。"十八大进一步提出:"更大程度更广范围发挥市场在资源配置中的基础性作用。"十八届三中全会决定明确指出:"紧紧围绕使市场在资源配置中起决定性作用深化经济体制改革。""使市场在资源配置中起决定性作用和更好发挥政府作用。"通过群众探索、认识,再探索、再认识,发展到今天,形成社会主义市场经济这一成熟的重大创新理论。

坚持社会主义市场经济的改革取向,充分说明:正确的认识来自实践,来自群众。"摸着石头过河",就是在群众实践中一步一步地从认识上弄清楚怎样做才对路子、才正确。通过不断探索，不断深化认识，才能把群众实践探索中的好做法、好经验逐步提升到路线方针政策层面。实践是千百万群众的实践，没有小岗村农民"摸着石头过河"的承包制改革探索，就不会有农村改革的巨大成功；没有千百万群众"摸着石头过河"的改革试验，就不会有今天全面改革的成功。从党的认识路线上来看，"摸着石头过河"就是从实践中来，从群众中来。

十八大以来，习近平多次强调"顶层设计"。所谓"顶层设计"，就是把从群众实践中总结出来的新鲜经验和成功做法，上升为党的主张，上升为党的方针政策和实施方案，再用来指导群众实践。"顶层设计"就是"从群众中来"，再"到群众中去"。从"摸着石头过河"到"顶层设计"，恰恰体现了我们党"从群众中来，到群众中去"的群众路线和党的根本认识路线。

我们党为什么要坚持"从群众中来，到群众中去"的根本认识路线呢？这是因为中国共产党是马克思主义政党，不同于历史上任何统治阶级集团，它没有任何一党私利，人民的利益就是党的利益。中国共产党的群众观点是马克思主义的基本观点。群众路线是中国共产党一贯奉行的政治路线。

中国共产党人把马克思主义的世界观、方法论创造性地运用于中国革命、建设和改革实践，总结革命、建设和改革实践经验，形成了在一切工作中的根本观点和根本工作路线——群众观点和群众路线。所谓群众观点，就是人民群众是历史的真正创造者、是推动社会前进的根本动力；一切从人民的利益出发，全心全意为人民服务；相信群众自己解放自己，向人民群众学习；干部的权力是人民赋予的，对党负责和对人民负责相一致；既要依靠群众又要教育群众等观点。所谓群众路线，就是一切为了群众、一切依靠群众，从群众中来、到群众中去的根本工作路线。

十八大刚刚召开不久，习近平就重提毛泽东与黄炎培在延安关于"历史周期率"的对话，告诫全党要懂得脱离群众、贪污腐败亡党亡国的深刻道理，要始终牢记群众观点和群众路线，亲自领导开展了党的群众路线教育实践活动。唐朝初年，魏征（580—643年）上唐太宗（598—649年）疏中说道："鱼失水则死，水失鱼犹为水也"，劝诫唐太宗不能离开老百姓。魏征的这个认识是很深刻的，"皇帝离开老百姓就要灭亡，而老百姓失去皇帝仍然是老百姓"。用今天马克思主义的话来说，就是不能脱离群众，脱离群众必亡，这是党的群众路线的实质。

党的群众路线最早提出于民主革命初期。从可以查到的资料来看，李立三（1899—1967年）于1928年11月在同江浙地区党的负责人谈话时说："在总的争取群众路线之（下），需要竭最大努力到下层群众中去。"[6]第一次使用了"群众路线"的提法。周恩来最早给群众路线提出了明确的含义。他在1929年9月主持起草的《中央给红四军前委的指示信》中谈到筹款工作时，强调"不要由红军单独去干"，而要"经过群众路线"。同年12月14日以中央通告第六十二号名义发布的《接受国际对于中国职工运动的决议案》中，提出要"建立群众工作路线"，强调"在一切运动和斗争中要运用群众路线去发动群众，组织群众的斗争。

有了群众路线的建立,才能使党与群众建立广大而密切的关系,扩大党在群众中的活动和领导作用"。从此以后,"群众路线"的用语便经常出现在党的文献中。

一切为了群众、一切依靠群众,从群众中来、到群众中去,这是党的群众路线的完整表达,是党的根本工作路线和生命线。

在延安整风之后不久召开党的七大上,群众路线被正式写入党章。这一时期,群众路线实际上已经成为中国共产党在各项工作中依靠群众战胜各种艰难险阻、不断取得革命斗争胜利的一个重要法宝。刘少奇(1898—1969年)在七大上所作的关于修改党章的报告中,专门对群众路线进行了说明,指出:七大"在党章的总纲上和条文上,都特别强调了党的群众路线,这也是这次修改党章的一个特点。因为党的群众路线,是我们党的根本的政治路线,也是我们党的根本的组织路线。这就是说,我们党的一切组织与一切工作必须密切地与群众相结合"[7]。

邓小平指出,党的群众路线,包含两方面的意义:在一方面,它认为人民群众必须自己解放自己;党的全部任务就是全心全意地为人民群众服务;党对于人民群众的领导作用,就是正确地给人民群众指出斗争的方向,帮助人民群众自己动手,争取和创造自己的幸福生活。因此,党必须密切联系群众和依靠群众,而不能脱离群众,不能站在群众之上;每一个党员必须养成为人民服务、向群众负责、遇事同群众商量和同群众共甘苦的工作作风。在另一方面,它认为党的领导工作能否保持正确,决定于它能否采取"从群众中来,到群众中去"的方法。1961年在《提倡深入细致的工作》一文中，邓小平又对群众路线的含义解释说："党的正确的路线、政策是从群众中来的，是反映群众的要求的，是合乎群众的实际的，是实事求是的，是能够为群众所接受、能够动员起群众的，同时又是反过来领导群众的，这就叫群众路线。"

1990年十三届六中全会通过的《中共中央关于加强党同人民群众联系的决定》强调："历史经验反复证明，什么时候党的群众路线执行得好，党群关系密切，我们的事业就顺利发展；什么时候党的群众路线执行得不好，党群关系受到损害，我们的事业就遭受挫折。"

关于群众路线的地位和作用，毛泽东曾从马克思主义历史观、认识论、辩证法的高度进行精辟论述，十三届六中全会通过的《中共中央关于加强党同人民群众联系的决定》更是明确指出，党在长期斗争中创造和发展起来的一切为了群众，一切依靠群众，从群众中来，到群众中去的群众路线，是实现党的思想路线、政治路线和组织路线的根本工作路线，是中国共产党的优良传统和政治优势。

群众路线就是马克思主义的认识论。

1937年，毛泽东在《实践论》中概括了人类认识发展的一般规律："实践、认识、再实践、再认识，这种形式，循环往复以至无穷，而实践和认识之每一循环的内容，都比较地进到了高一级的程度。"[8]延安整风期间，毛泽东对党的群众路线从哲学认识论角度进行了科学概括，他在1943年写的《关于领导方法的若干问题》中指出："在我党的一切实际工作中，凡属正确的领导，必须是从群众中来，到群众中去。这就是说，将群众的意见（分散的无系统的意见）

集中起来（经过研究，化为集中的系统的意见），又到群众中去作宣传解释，化为群众的意见，使群众坚持下去，见之于行动，并在群众行动中考验这些意见是否正确。然后再从群众中集中起来，再到群众中坚持下去。如此无限循环，一次比一次地更正确、更生动、更丰富。这就是马克思主义的认识论。"[9]毛泽东的科学概括既是对党的群众路线的全面正确的表述，同时又是党的群众路线成熟的标志。毛泽东把群众路线提到马克思主义哲学的高度作了理论概括，认为群众路线同时就是马克思主义认识论，这一概括把马克思主义认识论、辩证法、历史观高度地结合起来了，是马克思主义认识论的中国经验的哲学总结和中国表述。

毛泽东上述两个论断讲的都是认识论，虽然具体表述不同，其实质是一致的。马克思主义认识论反映在认识过程上，表现为实践、认识、再实践、再认识的循环往复，因为一切真知来自实践；反映在认识主体和目标上，表现为从群众中来，到群众中去，因为马克思主义认识论所讲的实践主体、认识主体，都是指人民群众。离开人民群众的实践，不可能获得真知。离开人民群众的实践，党的正确主张也不可能转化为改造世界的行动。群众路线作为马克思主义认识论，体现了理论和实践的统一、过程和来源的统一、主张和效果的统一、方法和目的的统一。

群众路线是实现党的思想路线、政治路线和组织路线的根本工作路线。所谓根本工作路线，是指党的工作必须坚持的根本原则和根本方法，也是实现党的纲领的根本途径。所谓党的思想路线，是党必须坚持的根本思想方法和认识方法。我们党的思想路线是一切从实际出发，理论联系实际，实事求是，在实践中检验真理和发展真理。由党的根本宗旨所决定，实现这条思想路线，必须坚持走群众路线，即从群众中来、到群众中去。从群众中来，对马克思主义政党来说，群众生产、群众利益、群众生活、群众情绪，以及群众所思、所想、所盼、所愿、所需，任何时候都是最大的实际。党的理论、路线、方针和政策是否正确反映了客观事物的内在联系即规律性，是否符合广大群众的利益、愿望和要求，归根结底要看是否符合群众的实践需要、符合群众的利益要求，是否做到了一切为了人民，一切从人民的利益出发。从群众中来，必须从群众的利益出发，一切想着人民，一切为着人民，而要为了群众，必须依靠群众，一切正确的理论、路线、方针、政策都来自于群众的实践。而理论正确与否又要靠群众的实践来检验，要看群众赞成不赞成、拥护不拥护、答应不答应；到群众中去，党的正确的主张一旦产生，必须回到群众中间去，要发动群众、依靠群众，靠群众来检验，靠群众的力量来实现。从这个意义上来看，从群众中来，到群众中去，既是根本工作路线，也是根本的思想路线和认识路线，是马克思主义政党必须遵循的根本认识路线。

三、先当群众的学生，后当群众的先生
——毛泽东一生三次重大调研活动

实现"从群众中来，到群众中去"的认识路线，是一个向群众学习的过程。

既然认识来源于实践，人民群众又是实践的主体，那

么，认识必须依靠广大群众的实践，这是任何人都取代不了的。这就要求我们党的一切干部必须向群众学习，做群众的学生。向群众学习必须有虚怀若谷、甘当群众小学生的态度，真正满腔热忱、诚心诚意地向群众请教，决不能居高临下，盛气凌人。真正实现"从群众中来，到群众中去"，必须做到先当群众的学生，再当群众的先生。

马克思主义哲学之前的旧的哲学认识论，由于忽略了人民群众实践的作用，结果只能是或者寄希望于个别人的"天才"，或者乞灵于"全知全能"的上帝，好为人民群众之师，把群众看成一群无知的群氓。有人曾经试图研究大科学家、相对论发明者爱因斯坦大脑的脑容量，从而证明爱因斯坦是一个不同于常人的天才。[10] 实际上，辩证唯物主义者并不是一般地否认人的天分，即天才的存在，只是反对不讲一切条件、只讲天才的主观唯心主义"天才论"。马克思、恩格斯、列宁、斯大林之所以能够提出他们的理论，除了他们的天才条件之外，主要地是他们亲自参加了当时的阶级斗争和科学实验的实践，没有这后一个条件，任何天才都是不能成功的。要把群众的实践看作自己认识的源泉，不断地通过调查研究吸取群众的智慧，当好群众的学生。毛泽东的态度是一个真正的马克思主义者应该有的立场。他说："必须明白，群众是真正的英雄，而我们自己则往往是幼稚可笑的，不了解这一点，就不能得到起码的知识。"[11]

调查研究是向群众学习的基本形式，是领导干部获得正确认识的基本来源，是领导干部最基本的思想方法和工作方法。

要了解实际、获得真知、做好工作，就必须向人民群众作调查，深入实际，深入实践，深入群众，总结群众实践经验，吸取群众聪明智慧，反映群众利益诉求，以形成系统化、理论化的思想、观念、意见、思路。向群众学习，最基本的方法是迈开双脚，到群众中去调查研究。

如果说调查研究是做好领导工作的基本功，那么，深入人民群众的实践，则是调查研究的正确途径。若脱离人民群众及其实践，不能深入群众调查研究，我们就无法发现规律、获得新知，我们的思想就是空洞的，行为就是盲目的。调查研究是"从群众中来"、向群众学习的基本方法，是共产党人的一项重要领导方法。

正是由于高度重视调查研究，使毛泽东一步步走向辉煌的顶点。毛泽东时时、处处注意调查研究，向群众学习，因此而被称为"调查研究之父"，甚至连他的敌人都懂得毛泽东的这个特点、愿意向他学习。曾任国民党代总统李宗仁机要秘书的程思远曾经告诉毛泽东：一个国民党人对他说过，他也用毛泽东思想办事。他把毛泽东思想概括为两句话：调查不够不决策，条件不备不行动。

毛泽东一生中重大的调查研究活动有三次。第一次是在民主革命时期。为了抵制"左"倾教条主义的危害，形成正确的民主革命纲领和政策，毛泽东展开了大规模的调查研究工作。针对"左"倾路线"杀！杀！杀！杀尽一切反动派的头颅；烧！烧！烧！烧尽一切反动派的房屋"；把小资产阶级变成无产者，强迫他们革命；对中小商人以及兼为地主的工商业者都实行没收等错误的主张和政策，毛泽东选定地处闽、粤、赣三省交界处的寻乌，进行了二十多天的集中调查，然后又利用战争间隙，整理出了近十万字的报告

《寻乌调查》,并在此基础上从哲学高度进行理论概括,写下了《调查工作》一文。后来,为了制定正确的土地政策,又进行了"永新调查"和"宁冈调查",从而为克服"左"倾错误的影响、制定有别于苏联的土地政策及民主革命纲领、为夺取民主革命的胜利打下了坚实的思想基础。

第二次大规模的、系统的调查研究工作是在1956年。为了总结实施第一个五年计划期间取得的经验,为了吸取苏联的经验教训,寻找适合中国国情的建设道路,1956年初,毛泽东和中共中央政治局的其他领导同志一起听取了中央工业、农业、运输业、财政等三十四个部门的工作汇报,详尽地了解了我国实施第一个五年计划的实际情况。在此基础上写出了《论十大关系》这一指导我国社会主义建设的重要著作。1956年9月,毛泽东在与南斯拉夫客人谈话时说过:"你们提到的《论十大关系》,这是我和三十四个部长进行一个半月座谈的结果。我个人能提出什么意见呢?我只是总结了别人的意见,不是我的创造。制造任何东西都要有原料,也要有工厂。"[12]

第三次大规模的调查研究是在20世纪60年代初,为了纠正自身工作中的错误而展开的。由于缺乏进行社会主义建设的经验,1958年发动的"大跃进"和"人民公社"化运动造成了严重的消极后果,为了查明情况,纠正错误,毛泽东在党内重新大力倡导调查研究方法。他自己身体力行,于1961年1月26日乘火车南下,经天津、济南、南京、上海、杭州、南昌、长沙,于2月24日到达广州,亲自集中进行了将近一个月的调查研究。在毛泽东的倡导和带动下,刘少奇、周恩来、陈云等中央领导同志纷纷深入基层,展开扎实的调查研究工作，发现和解决了一批问题，对于走出当时的困境起到了积极的推动作用。

毛泽东曾经在1962年召开的"七千人大会"上检讨过自己调查研究少了，给党的事业带来了损失。他说："去年六月十二号，在中央北京工作会议的最后一天，我讲了自己的缺点和错误。我说，请同志们传达到各省、各地方去。事后知道，许多地方没有传达。似乎我的错误就可以隐瞒，而且应当隐瞒。同志们，不能隐瞒。凡是中央犯的错误，直接的归我负责，间接的我也有份，因为我是中央主席。我不是要别人推卸责任，其他一些同志也有责任，但是第一个负责的应当是我。"[13]缺乏调查研究的盲目决策会给实际工作带来损害，没有调查研究的错误决定会造成实际工作的失败。"文化大革命"这场浩劫是多种原因造成的，其中离开调查研究、脱离中国的实际情况做出重大决策，也是一个重要原因。

"文化大革命"结束后，新一代领导人纠正"文化大革命"的错误路线和做法，坚持和恢复了实事求是的思想路线，坚持和恢复了党的群众路线，坚持和继承了调查研究的好传统。邓小平明确指出："毛泽东同志倡导的作风，群众路线和实事求是这两条是最根本的东西。"[14]他说："我们搞四个现代化，因为经验不足，会面临多方面的困难"，会遇到许多问题，"这些问题，归根到底，只有相信群众，依靠群众，充分走群众路线，才能够得到解决。"[15]改革开放新时期实行农村家庭联产承包责任制、发展乡镇企业、创办特区，推进城市改革，进行社会主义市场经济体制改革、政治体制改革、文化体制改革等，哪一项成功的改革都离不开事前周密的调查研究，都是发扬党的优良传统，认真贯彻群众路线的结果。

在改革开放新时期，从十一届三中全会，一直到党的十八大，我们党每一项重大决定、每一次重要决议都是在大兴调查研究之风的基础上做出来的。党的十八大以来，习近平大力倡导调查研究，并提出切实改进调查研究，以密切党群关系、干群关系，保持同人民群众的血肉联系，使我们党始终立于不败之地。他指出，领导干部下去调查研究，是为了掌握第一手材料。焦裕禄（1922—1964年）讲，吃别人嚼过的馍没有味道，就是说要掌握真实情况，形成真知灼见，以利于正确下决心、指导工作。他同时还严肃批评了调查研究搞形式主义、走过场的错误倾向。他说，现在调查研究好像还有一个"功能"，就是让别人知道我在调查研究，我在忘我工作，我在接触群众。而这个"功能"在一些人那里似乎渐渐变成了调查研究的主要功能，调查研究的本来目的倒变成次要的，甚至可有可无的了。有的下基层调研走马观花，下去就是为了出镜头、露露脸，坐在车上转，隔着玻璃看，只看"门面"和"窗口"，不看"后院"和"角落"。群众说是"调查研究隔层纸，政策执行隔座山"。有的明知报上来是假情况、假数字、假典型，也听之任之，甚至通过挖空心思造假来粉饰太平。脱离群众、脱离实际的变了味、走了样的"调查研究"，只能导致错误的认识、错误的决策，招致错误的后果。

不仅要重视调查研究，还要善于进行调查研究。

调查研究不但要有强烈的愿望，还需要有正确的调查研究方法。早在1931年4月2日，在毛泽东起草的《总政治部关于调查人口和土地状况的通知》中，就在"没有调查，就没有发言权"这个著名观点的基础上，进一步提出了"不做正确的调查研究同样没有发言权"的观点。在1930年5月写的《反对本本主义》一文中，毛泽东专门写了"调查的技术"一节，提出了具体的调查研究方法。

要想通过调查研究获得真实的情况，除了必须有诚意以外，还有许多值得注意的技巧。首先，要根据调查研究的需要找到适当的人。从总体上说，认识来自亲身从事实践活动的人民群众。具体而言，只有从事相应活动的人，才最有发言权。毛泽东调查研究的对象各种各样，都是根据调查研究的需要确定的。

毛泽东在20世纪30年代进行的调查研究是为了摸清各个社会阶层的状况和态度，以制定正确的方针政策。这种调查的对象，除了工人、农民外，还包括穷酸秀才、钱粮师爷、县衙狱吏、商会会长、破产地主、学校教员等各式各样的人物。毛泽东说过，我们的主要目的，是要明了社会各阶级的政治经济状况。我们调查所要得到的结论，是各阶级现在的以及历史的盛衰荣辱的情况。举例来说，我们调查农民成分时，不但要知道自耕农、半自耕农、佃农，这些以租佃关系区别的各种农民的数目有多少，我们尤其要知道富农、中农、贫农，这些以阶级区别阶层区别的各种农民的数目有多少。我们调查商人成分，不仅要知道粮食业、衣服业、药材业等行业的人数各有多少，尤其要调查小商人、中等商人、大商人各有多少。我们不仅要调查各业的情况，尤其要调查各业内部的阶级情况。我们不仅要调查各业之间的相互关系，尤其要调查各阶级之间的相互关系。我们调查工作的主要方法是解剖各种社会阶级，我们的终极目的是要明了各种阶级的相互关系，得到正确的阶级估量，然后定出我们正确的斗争策略，确定哪些阶级是革命斗争的主力，哪些阶级是我们应当争取的同盟者，哪些阶级是要打倒的。我们的目的完全在这里。正是因为做了这样的调查研究，所以能够制定出正确的政策策略，在艰巨复杂的条件下取得革命斗争的胜利。

取得政权以后，身居高位的领导人往往不容易得到真实的情况。为了解决这个问题，毛泽东发明了一套特殊的方法。他让身边的警卫战士利用回乡探亲的机会，了解家乡各方面的情况。他要求担负起警卫工作的一中队成员，由全国各个专区来的战士组成，以便全面了解情况。他通过他们的汇报、他们写的调查报告以及他们与家乡的通信了解各方面的情况。他曾经对他的卫士张仙朋说：只要你们每两个月写一次信，把回信给我，我的消息就灵通了。

在20世纪60年代初的严重困难时期，一次，一名警卫战士探亲回来，给毛泽东带来了农民吃的糠窝窝头，并汇报说："俺们村里，这样的窝窝头，每人每天也只能分到两个。"毛泽东心情沉重地接过窝窝头，刚咬了一口，眼睛就红了，眼里闪着泪花。他让身边的人都尝一尝，说："这是农民吃的口粮！比比你们吃的饭，要将心比心啊！"正因为毛泽东能以各种方式了解真实情况，与人民群众心连心，所以，在遭遇罕见的困难局面时，全国人民仍能保持团结，万众一心，共同奋斗，顺利地渡过难关。

就总体而言，人民群众是真正的英雄。但具体而言，也会有各自的局限性，也会产生不同意见。只有正确地综合群

众的意见，才能得出正确的结论。

正确的调查研究是很不容易做到的。毛泽东曾说过，他非常赞赏明代杨继盛（1516—1555年）的两句诗："遇事虚怀观一是，与人和气察群言。"他说："我从年轻的时候，就喜欢这两句，并照着去做。这几十年的体会是：头一句'遇事虚怀观一是'，难就难在'虚怀'这两个字上，即有时是虚怀，有时并不怎么虚怀。第二句'与人和气察群言'，难在察字上面。察，不是一般的察言观色，而是虚心地体察，这样才能从群言中吸取智慧和力量。"体察，实际上是指在具体情景中体会所言，即在丰富的个别中深刻理解一般。这已属不易。而"虚怀观一是"则更不易。人往往自以为是，坚持自己的观点。因为观点是反复提炼后形成的，要改变，是一种理性层面的重新建构，需要在消化大量不同材料的基础上重新建构。

当今，情况已经发生了很大的变化。发达的信息技术使得反映实际情况、表达群众愿望的条件是前人所难以想象的。但是，在这样的条件下，深入群众，调查研究对于关心群众利益、了解真实情况、善于透过现象看本质、善于驾驭复杂情况，仍然是不可或缺的。

四、善于把党的理论路线化为群众行动
——怎样回答党校学员的一个问题

在党校的课堂上，学员提出了这样一个问题：我们中国共产党为什么要坚持马克思主义指导？美国等西方资本主义国家反对马克思主义指导，不也发展成为目前世界上生产力

最先进的国家了，甚至成为超级大国。党校教员针对这个问题，做了这样一番回答：

我们党是一贯重视理论指导的党。要说明我们党为什么必须坚持马克思主义指导，必须从中国近代史，从中国共产党历史，从中国的实际国情说起。

1919年爆发的五四运动是中国近代史上的重大历史事件，其发生和发展受到处于十月革命爆发和社会主义革命前夜的世界局势的深刻影响，是世界近代历史和中国近代社会矛盾发展的必然结果，是中国人民大众同帝国主义、封建主义、官僚资本主义的社会主要矛盾激化的必然结果。辛亥革命以后，帝国主义国家日益走向腐朽和无产阶级革命方兴未艾的世界局势，以及旧中国继续延续甚至更加恶化的黑暗现实，特别是1914年爆发的帝国主义战争，使中国先进知识分子对资本主义制度及其思想武器产生了怀疑，认识到资产阶级的思想武器解决不了中国的问题，三民主义无法解救中国。

辛亥革命为什么失败？救中国的目的为什么达不到？到底什么思想武器能解决中国问题？十月革命的成功对中国先进知识分子产生巨大的震撼和影响，使他们开阔了眼界，认识到决定中国人民命运的不是资产阶级，不是资本主义，而是无产阶级，是社会主义。选择无产阶级作为领导阶级，选择无产阶级政党——中国共产党作为领导核心，选择社会主义作为中国革命的方向，这是中国国情所决定的。这就决定了中国共产党必须选择无产阶级世界观方法论——马克思主义作为指导思想。中国先进知识分子接受了马克思主义，开始在马克思主义中寻找答案，探索中国民主民族解放之路的思想方向发生了根本转折。他们冲破了资产阶级民主思想的藩篱，冲破了旧民主主义民主、科学、爱国主义的精神界限。当时各种思潮涌入中国，一时沉渣泛起，鱼龙混杂，有什么无政府主义、新村主义、合作主义、泛劳动主义、基尔特社会主义、社会民主主义等。李大钊（1889—1927年）、陈独秀（1879—1942年）、毛泽东、蔡和森（1895—1931年）、恽代英（1895—1931年）等一批中国先进知识分子，经过对各种社会主义思潮的反复比较，选择了马克思主义，把马克思主义作为指导中国革命成功的唯一思想指南。

中国近代史、中国共产党历史告诉我们，我们党的成立和发展的前途命运是同坚持马克思主义指导紧密相联系的，什么时候坚持马克思主义指导，什么时候就发展，否则就会受到挫折，就会失败，这是中国具体国情所决定的。

坚持马克思主义指导，这是一条根本的经验，也是一条根本的原则。坚持马克思主义指导，就必须善于与中国实际相结合，善于把党的理论转化为千百万群众的自觉行动。吸取和凝练群众的智慧，上升为党的理论，最终是为了正确指导群众的行动，以通过群众的实践实现群众的利益。因此，从群众中来，形成正确的认识，还须回到群众中去，变成群众的自觉行动。真正的领导，不但善于从群众中来，也要善于到群众中去，这才完成了完整认识，这才是一个全面正确的领导。

回到群众中去，从认识论上说，就是从认识到实践，从一般到个别的过程。回到群众中去，就是把从群众集中起来的正确的认识，从总结的群众实践经验而上升为理性认识的正确理论，用于指导群众的行动，转化为千百万群众自觉的运动。

回到群众中去需要解决好两个问题：一个是理论的正确性问题。理论要想征服群众、相信群众，首先必须做到让群众接受这个理论、坚信这个理论。再一个是理论的大众化问题。理论要掌握群众、为群众所接受，还要具有为群众所喜闻乐见的形式。

正确的理论要回到群众中去，必须同时具有群众所能接受的真理取向和价值取向，代表并体现客观规律和群众利益。

从理论上说，人类实践活动是有目的性的，也就是说，是有明确的价值取向的。但一段时间以来，有人却忽视了这一点。改革开放之初，继真理标准大讨论之后，理论界又展开了"目的是否包含在实践之中"的讨论。这个让一般人觉得有点费解的理论问题，却有着很大的理论和实践意义。经过讨论，大家一致地认识到，作为人的有目的的社会实践，实际上体现了客观事物的外在尺度和人的内在尺度的统一，二者是不能分开的。对理论正确性的判断，也须体现社会实践的外在尺度和内在尺度的一致性。

所谓外在尺度是指人的认识要与外界客观事物相一致；所谓内在尺度则是要符合人的主观方面的价值追求。在一个大学课堂上老师与学生曾发生了这样一场小小的争论。老师说，真理就是主客观的统一。与外界客观事物相一致的认识就是真理。一个爱抬杠的学生追问：小偷为了偷东西，事先踩好点，然后偷窃成功，算不算掌握了真理？这让老师有点为难：按他说的真理定义，应该说算。可是说小偷偷东西是掌握了真理，又觉得有点荒唐。其实这里混淆了两个东西：

一个是认识论的真理观问题，主要解决主客观的关系问题；另一个是伦理学的价值观问题。小偷的问题不在认识论方面，而是在价值取向上损人利己，为人所不齿。中国共产党人坚持理论的正确性必须同时正确解决真理取向和价值取向问题。

正确理论的真理取向，是指正确的理论必须科学地反映客观事物的规律。而正确的理论的价值取向，则是指正确的理论必须代表并体现群众的利益需求。全心全意地为人民服务，一刻也不脱离群众，一切从人民的利益出发，而不是从个人或小集团的利益出发，向人民负责和向党的领导机关负责的一致性，这些就是我们的出发点。从群众的利益出发，一切为了实现群众的利益，这是中国共产党人一贯的立场，这也是党坚持的正确理论的价值取向。我们共产党人从群众中来、回到群众中去的目的是把党的理论转化为群众的实际行动，以引导群众实现自身的利益，这是由共产党人一切从人民利益出发的价值取向所决定的。

正确的理论要回到群众中去，还必须具有为群众所喜闻乐见的形式。

艾思奇的《大众哲学》之所以受到广大群众特别是青年的喜爱，原因之一就是因为他把令人望而生畏的哲学大道理变成了与人们的日常生活息息相关的生动的文字。这里就有一个文风问题。文章的内容是文章的实质，而文章的表达形式，即文风问题，也很重要。一篇文章内容很充实，但文风不好，引不起读者兴趣，也会影响读者对文章内容的接受。

文风问题在延安整风中受到特别重视。延安整风通过反对主观主义以整顿学风、反对宗派主义以整顿党风，还要通过反对党八股以整顿文风。党八股是主观主义和宗派主义的宣传工具和表现形式。犯有党八股毛病的人，不论是作报告、写文章、还是发指示、搞宣传，都空话连篇，言之无物、装腔作势、借以吓人，不看对象、无的放矢，与过去科举考试使用的八股文有某些相似之处。而它又以党的面孔出现，故而毛泽东称之为党八股。这种文风，窒息革命和创造精神、破坏马克思主义和党的形象，曾经给党的事业造成过很大的危害。

今天，在新的历史条件下，党八股文风又有新的表现，我们可以称之为新八股。新八股的具体内容虽然与过去的党八股有很大不同，但基本特征和危害与过去却有相似之处。由于今天的世界处于日新月异的变化之中，新八股尤为引人注目、令人生厌，其危害也更为突出。要使党的理论保持生机和活力，要使党的理论、路线、方针、政策真正为群众所接受、回到群众之中，必须反对新八股文风，真正实现党的理论大众化，以群众能接受的语言风格、话语形式，为群众所接受、所掌握，使党的理论真正入群众之耳、之心、之脑，成为群众的自觉行动。

回到群众中去，发动群众检验和丰富认识。

群众是认识的主体，一个认识是否正确，当然是群众最有发言权。党的理论和主张，只有回到群众中去，由群众判断是否符合实际，是否符合客观规律，是否符合群众的利益，才能证明它是否正确。所以邓小平说，群众满意不满意、群众赞成不赞成、群众高兴不高兴、群众拥护不拥护、群众答应不答应，是判断的标准，也正是在这个意义上说的。1958年推广和结束"大办食堂"的过程，就是一个很有教益的案例。本来，在农忙时搭伙在一起吃饭，是群众自发的行为，有一定的合理性。后来在大跃进中被大规模推广，并和"吃饭不要钱"一类"共产风"结合起来，实行的结果，负面作用越来越大。开始时，谁反对就给谁扣上"右倾机会主义"的帽子。后来，群众不满意、不高兴、不拥护，党经过深入的调查研究，认真听取群众意见，终于停止了这场荒唐的运动。

回到群众中去，在群众实践中深化和发展认识。

一个正确的认识，可以在群众实践中变得更加丰满、更加富有创新性。一个好的领导者，应当尊重和善于鼓励、发挥群众的积极性和创造性，而不应当以自己的想法取代甚至压制群众的积极性和创造性。也只有在群众创新性的实践中，才能进一步发展真理，完善真理。

五、坚持领导与群众相结合，以获取正确的认识
——既不搞命令主义，也不搞尾巴主义

坚持"从群众中来，到群众中去"的正确的认识路线，必须要正确处理领导和群众的关系，正确对待群众，密切联系群众，实现领导和群众相结合，这是获取正确认识的科学途径。

如何对待群众、怎样联系群众，存在两种错误的认识倾向和工作作风：

一种是命令主义。具体表现为，站在群众上头，不顾群众的意愿与觉悟程度，指手画脚，强迫群众去干不愿干的

事，或者干群众尚没有觉悟到必须干的事；对实际情况不了解、不关注，不愿深入困难艰苦地区，不愿帮助基层和群众解决实际问题，甚至不愿同基层和普通群众打交道，怕给自己添麻烦，工作上敷衍塞责、推诿扯皮、得过且过；不顾地方实际和群众意愿，凭领导者个人的主观愿望想问题、做决策，喜欢拍脑袋决策、拍胸脯表态，盲目铺摊子、上项目，大搞所谓的"政绩工程"、"形象工程"、"面子工程"，最后拍屁股走人，留下一堆后遗症；对上吹吹拍拍、曲意逢迎，对下吆五喝六、横眉竖目，门难进、脸难看、事难办，甚至不给钱不办事，收了钱乱办事；对待上级部署囫囵吞枣、断章取义，执行上级决定照本宣科，或者照猫画虎、生搬硬套，完全不顾本地本部门实际情况；官气十足、独断专行，老子天下第一，一切都要自己说了算，拒绝批评帮助，容不下他人，听不得不同意见；不愿意做耐心细致的群众工作，用行政命令强迫群众，把给群众办的好事办成烂事、坏事。

再一种是尾巴主义。具体表现为，怕得罪人，当老好人，太爱护自己的羽毛，不要原则，没有立场，满足、迁就、迎合落后群众的落后意见，保护落后；当进行某一项工作任务的条件已经成熟，群众的觉悟已经达到一定程度时，却对客观形势估计不足，对群众意见不加分析，盲目照办，把一部分落后群众的意见当作广大群众的意见，做了落后分子的尾巴，落在群众的后面；不深入群众调查研究，不了解群众的觉悟，群众已经跑到前面了，而自己却还在原地徘徊，抱残守缺。

实行领导和群众相结合，必须克服"命令主义"和

"尾巴主义"两种错误的认识倾向和工作作风。

在一切工作中,命令主义是错误的,因为它超过了群众的觉悟程度,违反了群众的自愿原则,害了急性病。在一切工作中,尾巴主义也是错误的,因为它落后于群众的觉悟程度,迁就了部分落后群众违反了领导群众前进一步的原则,害了慢性病。从认识论上看,无论命令主义,还是尾巴主义,都是以主观与客观相分离、思想与实际相分离、领导与群众相分离为特征的。人民群众是历史的活动主体,群众的解放和利益要靠群众自己去争取。领导者的责任,是代表群众利益,反映群众意愿,集中群众智慧,形成正确决策,制定正确政策,启发、提高群众的觉悟,在群众出于自愿的原则下,组织、领导群众开展内外环境和现实条件所许可的一切必要的工作,实现好、维护好、发展好群众的根本利益。

——**命令主义不顾群众的实际状况,在群众不同意、不接受或者还不觉悟时,硬性压着群众去干,超过了群众的实际意愿和需要。**更为糟糕和有害的是,有时领导者的认识本身就是错误的,也强迫群众去干。有时客观上虽然有了为群众做某件事情的需要,有良好的愿望,而且做这件事情也是能够给群众带来利益的。但如果群众还没有觉悟,还不愿意做这件事,就要做说服教育工作,做典型示范和引导工作,直到多数群众有了觉悟,有了决心,看到了这件事的好处,才能带领群众去开展这方面的工作。在一切工作中,不要以为自己了解了的东西,群众也一样了解了。要善于宣传、组织群众,努力把群众的认识提高到党的路线、方针、政策的水平,善于把党的政策变为群众的行动。

——**尾巴主义落后于群众的觉悟,对群众不正确的意见

和行为，不给予教育和引导，而跟在群众后面照着办。许多时候，广大群众跑到我们的前头去了，迫切地需要前进一步了，我们的同志不能做广大群众的领导者，却反映了一部分落后分子的认识，并且将这种落后分子的认识误认为广大群众的认识，做了落后分子的尾巴。尾巴主义看起来很相信群众，实际上他们的思想已经落后于形势的发展和群众的觉悟程度，迁就群众中的落后认识。他们不是站在群众的前头领导群众，而是跟在群众后面拖群众的后腿。犯右倾错误的人，其思想方法和工作方法的毛病，往往出在这里。尾巴主义的典型口号是"群众要怎么办就怎样办"。1948年4月1日，毛泽东在《晋绥干部会议上的讲话》中指出："凡属人民群众的正确的意见，党必须依据情况，领导群众，加以实现；而对于人民群众中发生的不正确的意见，则必须教育群众，加以改正。"[16]如果忽视了党应当教育群众和领导群众的方面，就助长了尾巴主义错误；顺应群众的落后觉悟，就违反了领导群众前进的原则，成为群众的尾巴了。

坚持"从群众中来，到群众中去"的认识路线，做到领导和群众相结合，获得正确的认识，必须既反对命令主义，又反对尾巴主义，必须发挥领导骨干和人民群众两个积极性。

只有领导骨干的积极性，而无广大群众的积极性相结合，便将成为少数人的空忙。如果只有广大群众的积极性，而无有力的领导骨干去恰当地组织群众的积极性，则群众积极性既不可能持久，也不可能走向正确的方向和提到高级的程度。高明的领导者必须善于发挥由积极分子组成的领导骨干的作用，密切联系群众，紧紧依靠群众，总结群众斗争经验，以正确的和坚定的路线与政策指导群众前进。脱离群众，搞孤家寡人，越俎代庖，是不对的；对于群众的实践放任自流，崇拜群众中的自发倾向，放弃指引群众前进的领导责任，也是不对的。

要坚持正确的群众路线和认识路线、克服命令主义和尾巴主义的错误，就要既"当人民群众的学生"，又"当人民群众的老师"。一方面，尊重、爱护群众，真正放下架子，虚心倾听群众呼声，竭力为群众谋利益，和群众打成一片，从群众中获取真知；另一方面，根据群众的思想实际，进一步启发和提高群众觉悟，党的决策一旦形成，就旗帜鲜明地领导群众展开实际工作。老师易当，学生难做。在实际工作中必须注意两点：一是当学生要真心实意，不能只做样子、作作秀、虚情假意。只有首先做好群众的学生，才能获取源源不断的智慧与力量。在群众面前，必须要有满腔的热忱、求知的渴望，真正放下架子，甘当小学生，才能了解实情、求到真知，增进感情，才能在做决策、抓工作过程中不偏不倚、不犯命令主义和尾巴主义的错误。二是当老师要循循善诱，力戒生硬粗疏。当今时代，人民群众的视野更加开阔，思想更加活跃，价值更加多元，观念更加自主。在工作中不能好为人师、急于求成，更不能简单粗暴、以权压人，而要以教育、说服为主，注重解决各种困难，既耐心构建价值认同、统一群众思想，又特别注重回应群众关心的问题，真正达到理顺情绪、化解矛盾、密切关系、凝聚力量、共同奋进的目的。

命令主义是急性病，尾巴主义是慢性病，两种病症一个病根，都是主观脱离客观、思想脱离实际、领导脱离群众，是党的群众路线和认识路线所不能容的东西,必须坚决加以摒弃。只要党员干部真正把群众放在第一位,问政于民、问需于民、问计于民,真心实意地为最广大的人民群众谋利益,这两种主义就不会在我们身上找到藏身之地,就会真正实现"从群众中来,到群众中去",获得正确的、符合群众利益的认识。

坚持"从群众中来,到群众中去"的认识路线,做到领导和群众相结合,是一个发扬民主、在党的领导下加强民主建设的过程,只有充分发扬民主,才能获得正确的认识。

1962年1月30日,毛泽东在扩大的中央工作会议上指出:不论党内党外,都要有充分的民主生活,都要认真实行民主集中制。民主是集中的基础,如果没有民主,就不能集中正确的认识,不能正确地总结经验,不能制定出好的路线、方针和政策。他号召发扬党内民主,实行集体领导。只要是大事,就得集体讨论,认真听取不同意见,对复杂情况和不同意见加以分析,要想到事情的多种可能性,估计情况的几个方面,好的和坏的,顺利的和困难的,可能办到的和不可能办到的,尽可能慎重一些、周到一些。如果不是这样,就是个人专断、一人称霸。他教育领导干部虚心听取不同意见,学习礼贤下士、豁达大度、从谏如流的刘邦,不要学习刚愎自用、不能知人用人、不能虚心纳谏的项羽,否则,就要霸王别姬了。[17]

结　　语

"从群众中来,到群众中去"既是党的群众路线,又是马克思主义认识路线。人民群众是认识世界、改造世界的主体。要正确地认识世界、有效地改造世界，必须实行"从群众中来、到群众中去"。从群众中来，才能形成正确的认识；到群众中去，才能将正确的认识转化成群众的行动，才能在群众行动中检验和发展自己的认识。"从群众中来，到群众中去"是我们党形成正确的理论、路线、方针、政策，并在实践中贯彻到群众中去加以实施的唯一正确的认识方法和工作方法。必须坚持"从群众中来、到群众中去"的认识路线，不断学习新的本领，增强新的能力，不断获取新的认识，既不落后于群众认识，又不超越于群众认识，以适应新的形势和新的要求、开创新的局面。

注　释

〔1〕《马克思恩格斯文集》第3卷，人民出版社2009年版，第226页。

〔2〕《列宁全集》第20卷，人民出版社1989年版，第143页。

〔3〕《陈云文选》第三卷，人民出版社1995年版，第279页。

〔4〕《邓小平文选》第二卷，人民出版社1994年版，第236页。

〔5〕《邓小平文选》第三卷，人民出版社1993年版，第373页。

〔6〕《关于建国以来党的若干历史问题的决议注释本（修订）》，人民出版社1985年版，第565页。

〔7〕《刘少奇选集》（上卷），人民出版社1981年版，第342页。

〔8〕《毛泽东选集》第一卷，人民出版社1991年版，第296—297页。

〔9〕《毛泽东选集》第三卷，人民出版社1991年版，第899页。

〔10〕方亮：《切开列宁的大脑》，《青年参考》2011年5月20日。

〔11〕《毛泽东选集》第三卷，人民出版社1991年版，第790页。

〔12〕《毛泽东文集》第七卷，人民出版社1999年版，第128页。

〔13〕《毛泽东文集》第八卷，人民出版社1999年版，第296页。

〔14〕《邓小平文选》第二卷，人民出版社1994年版，第45页。

〔15〕《邓小平文选》第二卷,人民出版社 1994 年版,第 230 页。

〔16〕《毛泽东选集》第四卷,人民出版社 1991 年版,第 1310 页。

〔17〕参见《毛泽东著作选读》下册,人民出版社 1986 年版,第 820—821 页。

物质变精神，精神变物质

——马克思主义认识论的新表述

物质变精神、精神变物质，就是物质到精神、精神到物质，作为人类认识过程，与实践到认识、认识到实践，个别到一般、一般到个别，群众中来、群众中去，是内在一致的，讲的是一个道理。

"物质变精神，精神变物质"的"两变"思想，与马克思主义关于实践与认识辩证关系的基本原理相一致，全面概括了物质与精神的辩证关系，客观地表述了人类认识的辩证发展全过程，既是人类认识的唯物论新表达，又是人类认识的辩证法新表述。

一、马克思主义认识论新的简明概括
——从马克思主义的形成及其伟大作用看"两变"思想

1963年5月，毛泽东在修改《中共中央关于目前农村工作中若干问题的决定（草案）》时，加了一大段关于马克思主义认识论的阐述，后来以《人的正确思想是从哪里来的?》为题发表。其中有这样一段话："一个正确的认识，往往需要经过由物质到精神，由精神到物质，即由实践到认识，由认识到实践这样多次的反复，才能够完成。这就是马克思主义的认识论，就是辩证唯物论的认识论。"[1]这段话被概括为"物质变精神，精神变物质"的"两变"思想。毛泽东认为，对于物质可以变成精神、精神可以变成物质这样日常生活中常见的飞跃现象，有的同志觉得不可理解。因此，对我们的同志，应当进行辩证唯物论认识论的教育。[2]"物质变精神，精神变物质"同"从实践到认识，又从认识到实践"是一个道理两种表述。"两变"思想不仅反映了马克思主义认识论的实质，同时也是马克思主义认识论的新的简明概括，是对中国共产党领导人民进行革命、建设历史经验的哲学认识论总结。端正思想，调查研究，总结经验，克服困难，少犯错误，做好工作，一定要深刻理解辩证唯物论的认识论的"两变"思想，照辩证唯物论的认识论办事。

马克思主义的形成及其伟大历史作用生动体现了"物质变精神，精神变物质"的辩证过程。

19世纪40年代的西欧，英、法、德等国家已经或正在实现产业革命，社会生产力和科学技术达到了前所未有的水平。资本主义生产的社会化与资本私人占有之间的内在矛盾，以及作为其阶级表现的工人阶级与资产阶级之间的矛盾日益尖锐。人类思想巨匠马克思、恩格斯，深刻总结这一时期资本主义的巨大的物质进步与深刻的社会矛盾，同时吸收、改造人类思想文化的一切优秀成果和前人的理论成果，创立了马克思主义。马克思在创立自己的哲学时宣称，在全人类解放事业中，解放的头脑是哲学，心脏是无产阶级。马克思主义把工人阶级作为自己的物质武器；而工人阶级则把马克思主义作为自己的精神武器。马克思主义作为人类先进的思想，是人类社会发展到一定阶段，有了大工业生产的物质基础，有了工人阶级的物质力量，又有工人运动的物质实践，有了新世纪科学技术的物质发展，正是在这样一个大的物质前提下，经过马克思、恩格斯物质大脑的加工而形成的。这一过程恰恰是"物质变成精神"的过程。

在马克思主义指导下，欧洲工人阶级反对资本主义的运动风起云涌，马克思主义与工人阶级的结合，转化为声势浩大的工人阶级改造旧社会的社会主义运动，这一过程又恰恰是"精神变物质"的过程。

进入20世纪，自由竞争资本主义为垄断资本主义所替代，社会物质生产力进一步发展，生产社会化的程度大幅提升，同时资本主义世界的矛盾愈益激化，工人阶级进一步壮大。帝国主义之间的矛盾激化引发了第一次世界大战。与此同时，科学技术进一步发展。在物质条件发生巨大变化的情况下，马克思主义传播到当时的俄国，与俄国的具体国情相结合。列宁顺应这一时代环境的变化，把马克思主义发展到列宁主义阶段。正是在马克思主义以及在帝国主义和无产阶级革命时代的马克思主义——列宁主义指引之下，俄国工农群众打碎旧沙俄帝国的锁链，俄国十月革命取得了成功，建立了世界上第一个社会主义国家。马克思主义由科学的理论变为活生生的现实。这一过程又是一个"物质变精神，精神变物质"的进程。

马克思主义一经掌握群众就会转变成巨大的物质力量。马克思主义传到中国，为中国共产党人和人民群众所接受、所掌握、所运用，彻底改变了旧中国的面貌。中国共产党人清醒认识中国国情，深刻把握中国革命规律，把马克思主义普遍原理与中国的实际相结合，与中国工农大众相结合，实现了马克思主义中国化，形成了毛泽东思想。在马克思主义中国化的理论形态——毛泽东思想的指引下，中国共产党领导人民，焕发出巨大的物质改造力量，取得了新民主主义革命、社会主义革命的胜利，建立了社会主义新中国，取得了社会主义建设的巨大成就，中国面貌为之一新，实现了"物质变精神，精神变物质"的转变和飞跃。

在改革开放新时期，在马克思主义、毛泽东思想指导下，中国共产党把马克思主义、毛泽东思想与中国改革开放实践相结合，实现了马克思主义中国化的伟大创新，形成了中国特色社会主义理论体系。在中国特色社会主义理论体系指导下，中国共产党领导中国人民开创、建设和发展中国特色社会主义事业，取得了举世瞩目的伟大成就，再次展现了"物质变精神，精神变物质"的现实辩证法。

纵观马克思主义诞生170余年的历程可以看出，马克思主义这一科学理论的诞生，及其对于世界共产主义运动、世界社会主义革命、建设的实践，对于中国社会主义革命、建设和改革事业的巨大指导作用，给整个世界、给中国社会带来的巨大变化，充分显示了"物质变精神，精神变物质"这一认识论原理的普遍性。科学社会主义运动以波澜壮阔的伟大实践生动地诠释了"物质变精神，精神变物质"的辩证唯物主义的认识论。

哲学讲的物质是指客观实在的一切事物，它应包括自然物质、社会物质，也包括人的肉体物质。哲学讲的精神则是物质世界长期发展的产物，是人脑的机能与属性，是人们在实践的基础上对客观事物能动的反映，是社会实践的产物。

物质不依赖于人们的感觉而存在，但物质并非不可捉摸的神秘之物，人们在物质面前也不是无所作为的。人们可以通过社会实践认识客观实在的物质世界，形成对客观物质世界的正确认识，即精神，这是一个物质变精神的过程。人们以对客观世界规律性的认识为指导，去能动地改造客观物质世界，使客观物质世界发生改变，这又是一个精神变物质的过程。

所谓物质变精神，是指人们通过实践认识客观事物，产生感性认识并进而上升到理性认识，形成关于客观事物的感觉、知觉、表象以及理论、观点、主张，从而以观念的形式认识把握客观事物。

"物质变精神"是一个从客观到主观、从物到感觉和思想、从实践到认识的过程。人们在社会实践中从事各项斗争，有了丰富的经验，有成功的，有失败的。无数客观外界的现象通过人的眼、耳、鼻、舌、身这五个官能反映到自己的头脑中来，开始是感性认识。这种感性认识的材料积累多了，经过大脑的反复加工，就会产生一个飞跃，变成理性认识，这就是思想。人的正确思想不是从天上掉下来的，也不是自己头脑里固有的。人的正确思想，只能从社会实践中来。物质决定精神，社会存在决定思想观念。人类的认识秩序、进程是从客观到主观，从存在到思维，从物到感觉和思想，而不是相反。物质变精神，这是整个认识过程的第一个阶段，即由客观物质到主观精神的阶段，由存在到思想的阶段。承认物质变精神，就坚持了马克思主义认识论的唯物主义反映论。

所谓精神变物质，就是根据对客观事物之本质和规律的

认识，在正确理论指导下，制定路线、政策、计划、方案、办法，将思想理论付诸人们的行动，转化成改造客观世界的物质实践，在实践中达到预想的目的，从而改变、改造客观世界，将精神的力量转化为物质的东西，变主观的东西为客观的东西。

毛泽东曾经以大理石为例，说明精神变物质的道理。大理石有许多种，有天然的大理石，有人造的大理石。为什么能够造大理石？是因为认识了大理石的化学构造，认识了大理石生成的化学过程，人就可以造出大理石，精神就可以变为石头。精神变物质的过程，不仅是精神反作用物质、理论指导实践、形成物质成果的过程，而且也是检验认识正确与否的过程。当处在物质变精神的认识过程的第一阶段，这时候的精神、思想、理论、政策、计划、办法等是否正确地反映了客观外界的规律，还没有得到证明，还不能确定其是否正确。只有进到认识过程的第二个阶段，即由精神到物质、由思想到存在的阶段，把第一个阶段得到的认识放到社会实践中去，检验这些理论、政策、计划、办法等是否能得到预期的成功，才能对人们的认识是否正确作出检验和判定。一般说来，成功了的就是正确的，失败了的就是错误的。人们的认识经过实践的检验，又会产生一个飞跃。这次飞跃，比起前一次飞跃来，意义更加伟大。因为只有这一次飞跃，才能证明认识的第一次飞跃，即从客观外界的反映过程中得到的思想、理论、政策、计划、办法等，究竟是正确的还是错误的，此外再无别的检验真理的办法。人们也只有经过由精神到物质的过程，才能最终达到认识的目的。因为人们认识世界的目的，只是为了改造世界，此外再无别的目的。承认精神变物质，就坚持了马克思主义认识论的辩证法。

物质变精神、精神变物质，就是物质到精神、精神到物质，作为人类认识过程，与实践到认识、认识到实践，个别到一般、一般到个别，群众中来、群众中去，是内在一致的，讲的是一个道理。

如果说由实践到认识、由认识到实践，重点展现了认识活动的路径，从个别到一般、从一般到个别，重点展现了认识活动的秩序，从群众中来、到群众中去，重点展现了认识活动的实践主体，那么，物质变精神、精神变物质则重点展现了认识活动的唯物辩证过程、客观内容与根本特征。它与哲学基本问题直接联系起来，从最根本、最实质的意义上表达了认识过程的物质性与精神性的辩证统一，既是对人类认识过程的本质性概括，又是对物质与精神同一性的辩证关系的生动表述。"物质变精神，精神变物质"只是一个哲学概括，并不是简单地说物质的东西可以像变戏法那样变成精神的东西，以及反过来说，精神的东西也可以像魔术那样变成物质的东西，不能这样简单化地、直观化地、庸俗化地理解"两变"问题。

马克思主义的发展历程说明，"物质变精神，精神变物质"是一个循环往复以至无穷的过程，是一个不断由低级向高级发展的过程。"物质变精神，精神变物质"又是一个复杂而困难的过程，往往要不断地试错，经历许多挫折、失败，才能最终取得成功。

如何正确地、自觉地对待错误，也是一个非常重要的认识论问题。1960年6月18日，毛泽东写了一篇文章《十年总结》。中华人民共和国的成立，无疑是中国历史上的丰碑。新中国成立十年所做的工作，使整个社会面貌发生了翻天覆地的巨变，无疑是值得大书特书的。但对于这些丰功伟绩，毛泽东在这篇文章中没有讲。文章的基本内容却是对于错误的自我批评，包括对具体错误的检讨，还包括如何看待和对待错误的反思。

毛泽东在文章一开头说了两句话："前八年照抄外国的经验。但从一九五六年提出十大关系起，开始找到自己的一条适合中国的路线。"[3]照抄别人或许可以避免自己犯错误，但这是一条走不通的路。走路总要从模仿别人起步，但决不能满足于此。这是中国共产党人在革命年代里花了很大代价得到的深刻教训。在建设时期，中国共产党人自觉地吸取历史的教训，努力走自己的路。但是，走前人从来没有走过的路，注定不会是平坦的，错误难以避免。关于如何对待错误，毛泽东有许多深刻的思考，他指出："错误不可能不犯。如列宁所说，不犯错误的人从来没有。""哪里有完全不犯错误、一次就完成了真理的所谓圣人呢？真理不是一次完成的，而是逐步完成的。我们是辩证唯物论的认识论者，不是形而上学的认识论者。"[4]

毛泽东的结论不仅来自理论的推导，也来自对亲身经历的深刻总结。1962年1月30日，毛泽东在扩大的中央工作会议上说："从党的建立到抗日时期，中间有北伐战争和十年土地革命战争。我们经过了两次胜利、两次失败。""在民主革命时期，经过胜利、失败、再胜利、再失败，两次比较，我们才认识了中国这个客观世界。"他说："对于中国革命的规律，在一开始的时候就完全认识了，那是吹牛，你们切记不要信，没有那回事。过去，特别是开始时期，我们只是一股劲儿要革命，至于怎么革法，革些什么，哪些先革，哪些后革，哪些要到下一阶段才革，在一个相当长的时间内，都没有弄清楚，或者说没有完全弄清楚。"[5]

总结历史经验，是为了更好地解决今天的现实问题。毛泽东当时就说："我讲我们中国共产党人在民主革命时期艰难地但是成功地认识中国革命规律这一段历史情况的目的，是想引导同志们理解这样一件事：对于建设社会主义的规律的认识，必须有一个过程。"[6]

有人问，既然毛泽东知道有一个过程，他为什么还要犯错误呢？应该说，犯不犯错误，既有主观原因，也有客观原因。医生知道为什么会得病，怎样治病，但是不能保证自己不得病。因为他不能完全脱离得病的环境，也不能随意设定自己的身体状况。他的优势只在于，没有病自觉防病，有了病及时治病。伟人、党也是这样，完全不犯错误谁也做不到，"郑重的党在于重视错误，找出错误的原因，分析所以犯错误的客观原因，公开改正"[7]。

现在回过头来看，毛泽东当年对错误的具体认识是有局限的。但是他留下的对待错误的正确态度和方法，即马克思主义认识论的正确观点，指导我们党在实践中继续探讨和总结，开创了中国特色社会主义事业的崭新局面。

在对革命和建设认识规律的回顾和探讨中，如何对待错误和挫折的问题，特别值得我们深思。毛泽东说："土地革命战争曾经取得了很大的胜利，红军发展到三十万人，后来又遭到挫折，经过长征，这三十万人缩小到两万多人，到陕北以后补充了一点，还是不到三万人，就是说，不到三十万人的十分之一。究竟是那三十万人的军队强些，还是这不到三万人的军队强些?我们受了那样大的挫折,吃过那样大的苦头,就得到锻炼,有了经验,纠正了错误路线,恢复了正确路线,所以这不到三万人的军队,比起过去那个三十万人的军队来,要更强些。""我们更强了,而不是更弱了。"[8]

在社会主义建设时期,我们也经历过不少挫折,特别是"文化大革命"的挫折。经历过这些挫折以后,我们也得到了锻炼,有了经验,纠正了错误的路线,恢复了正确的路线,中国共产党也因此变得更加强大。邓小平指出:"我们的现代化建设,必须从中国的实际出发。无论是革命还是建设,都要注意学习和借鉴外国经验。但是,照抄照搬别国经验、别国模式,从来不能得到成功。这方面我们有过不少教训。把马克思主义的普遍真理同我国的具体实际结合起来,走自己的道路,建设有中国特色的社会主义,这就是我们总结长期历史经验得出的基本结论。"[9]改革开放以来中国特色社会主义事业的新局面,充分证明了这一点,并将继续证明这一点。中国共产党人不断从错误和挫折中走出来,总结经验教训,指导实践,取得更大胜利的实践,不也是"物质变精神,精神变物质"复杂而困难过程的有力例证吗?

二、"物质变精神,精神变物质"需要一定的条件
——李贺诗句"少年心事当拏云,谁念幽寒坐呜呃"

李贺(790—816年)是唐朝的一位杰出的浪漫主义诗人,他的诗意态纵横,奇丽诡谲,体现了一种不屈不挠、愈挫愈奋、刚健有为、积极向上的精神风貌。毛泽东曾经称赞李贺为英俊天才,对于李贺的诗百读不厌。他多次圈画李贺

的《致酒行》中"我有迷魂招不得,雄鸡一声天下白。少年心事当拏云,谁念幽寒坐呜呃"的诗句,以李贺胸怀凌云壮志、不懈追求理想为例,激励广大干部振作精神,破除迷信,充分发挥主观能动性,努力做好自己的工作。李贺诗句充分展示了精神力量的作用,正确的理念可以起到"雄鸡一声天下白"的作用。

物质可以变成精神,精神又可以变成物质,这是一个日常生活中常见的事实,也是人类长久以来一种不懈的愿望和追求。人的思想是从哪里来的?心里想的能不能变成现实?如何变成现实?做事情怎样才能如意?物质是怎样变成精神的?精神是如何变成物质的?精神本身又是如何形成的?物质变精神、精神变物质需要不需要条件?这些问题,都需要从马克思主义哲学认识论的高度加以回答。

精神依赖于物质,是物质"变"来的,物质决定精神,任何精神的形成都需要一定的条件,离开必要的条件,任何物质都是无法变成精神的。精神变物质也绝对离不开必要的条件,离开一定的条件,任何精神也不可能变成物质。

物质变精神,精神变物质,这个"变"极不容易,除了必要的客观条件外,如必要的物质条件(生产生活资料、认识工具、手段、设施、设备……)、必要的精神条件(前人的思想成果、科学研究成果、经验教训、个人认识水平……)、必要的社会条件(生产力的发展、经济基础的变化、政治变革、群众基础、阶级斗争……),特别要经过人的实践、经过在实践基础上人的头脑的加工改造。物质变精神是人类正确发挥主体能动性的结果,精神变物质也是发挥主体能动性的过程。但有人把物质到精神、精神到物质的必要条件忽略了，把人的主体能动性夸大了，这就必然得出主观唯心主义的结果。

说到"物质变精神、精神变物质"过程中人的主体能动性问题，必然涉及人的主体性问题。正确发挥人的主体能动性，即主观能动性，同样需要一定的条件。

谈到人的主体能动性，必然涉及对主体性的认识。我们所说的主体性，是指主体在利用、改造、再塑客体的社会实践和认识、评价客体的社会认知过程中，所表现出来的全部特殊属性。主体的主要特性是：

——**自然性**。主体并不是游离于自然界之外的超自然物，而是自然的产物，是自然界中特殊的一部分。主体是物质世界长期发展的产物，主体的肉体是由复杂的物质元素构成的实体，主体的能动性是物质反应性长期发展的结果。主体的心理与生理活动都有其自然物质基础。自然属性是主体的第一天然属性，主体的一切特性都是以自然物质性作为载体、前提和基础的。

——**实践性**。实践是主体的根本特性。人之所以成为主体，就在于人不是消极地、被动地单靠自然提供的条件和材料来维持生命活动，而是通过自身的社会实践活动，能动地改造外部自然社会以满足自身生存和发展的需要，并且在改造外部世界的过程中不断地改造完善自身。实践是人作为主体活动的基本形式，是主体能动活动的最主要、最集中的表现。

——**社会性**。人作为主体必定是社会主体，其社会认识和社会实践活动无不具有社会性。在阶级社会中，主体具有阶级性。主体的社会性、阶级性决定了主体的思想、决定了主体对客体的态度、决定了主体之间的关系。离开了社会性也就无所谓主体。

——**意识性**。人是有意识的，主体具有意识性。主体的意识以情感、意志、目的、理性思维等形式表现出来，使主体在活动中表现出一定的指向性、目的性和计划性，表现出主体对客体具有主动的反映性、思维性、控制性和创造性。主体的意识性一方面表现在主体的自我意识上，即主体能够认识到主体自身在整个世界中的地位和作用，认识到主体自身素质在认识和实践过程中的重要性；另一方面则表现在主体对客体的意识，即能够认识到客体的条件、规律以及客体涉及的内外诸关系。没有主体的意识性也就没有主体及其主体的活动。

——**主动性**。因为人是有意识、有目的、实践的人，所以主体在思想和行动上表现出一种主动的特性。所谓主动性，就是指主体不是被动地、消极地、无所作为地适应客体，成为客体的奴隶。相对客体来说，主体具有一种自由性、自主性、积极性、选择性和创造性。主体的自由性集中表现出主体对客体必然规律的认识和把握，表现出主体对客体对象的利用、改造和再塑，表现出主体自身自由全面发展的需求。主体的自主性就是指主体具有自我意识、独立思考、自我评价、自我反省、自我批评、自行调控、自我设计、自我规范的自主精神和自主能力。主体的积极性就是指主体在社会认识和社会实践中表现出积极进取、不甘现状的态度和劲头，为了维持和发展自身的需要，主体对客体采取一种积极认识、积极实践的态度和行为。在历史活动中，主体对历史活动、历史事件、历史发展趋向具有一定的选择能力。主体在对客体的认识、实践过程中表现出巨大的创造性,这种创造性突出表现在主体不是直观地、消极地、反射式地反映客体,而是积极地、能动地预见客体的发展趋势,突出表现为主体不是消极地、被动地适应客体,而是积极地、主动地改造、再塑客体,并在改造客体的过程中改造自身。

上述五个主要特性集中起来就是我们通常讲的主体能动性,主体能动性是主体的综合特征,是主体所表现出来的最突出、最集中的品质。恩格斯说:"人同其他动物的最后的本质区别",就是"一句话,动物仅仅利用外部自然界,简单地通过自身的存在在自然界中引起变化;而人则通过他所作出的改变来使自然界为自己的目的服务,来支配自然界"[10]。"如果说动物对周围环境发生持久的影响,那么,这是无意的,而且对于这些动物本身来说是某种偶然的事情。而人离开动物越远,他们对自然界的影响就越带有经过事先思考的、有计划的、以事先知道的一定目标为取向的行为的特征。"[11]这种认识现实世界和支配、利用、改造、创造现实世界的特征,就是主体的能动性。主体能动性是一种自觉的能动性,是人之所以区别于动物的特点。

主体的自觉能动性主要表现为认识的能动性和实践的能动性两个方面。

——主体认识的能动性是通过人对客观外界的感性活动的能动性、理性活动的能动性而表现出来的。一方面,主体认识的能动作用表现为"从感性到理性"、"从理性到实践"这两个能动的飞跃;另一方面,主体认识的能动作用通过感性活动也可以表现出来,如果仅仅强调了理性认识活动的能动作用，而忽视了作为认识初级形式的感性活动的能动性，那么就是片面地认识主体认识的能动性。现代西方哲学的某些流派歪曲唯物主义反映论，攻击唯物主义认识论主张感性活动的反映特征是消极的机械反映论。实际上，马克思主义认识论主张人的认识活动从始至终包括感性阶段在内都是一个能动的过程。

——**主体能动性一方面通过主体的认识活动表现出来，另一方面，而且更重要的方面则通过人的实践活动表现出来**。实践在本质上是一种创造性活动，主体实践的能动作用首先表现在人对自身生存的自然环境和社会环境的利用、改造上，其次表现为人对自身的改造上。主体实践的能动作用，还表现为它是主体认识的源泉、动力和检验标准。

主体性问题，说到底是主体能动性和客体制约性的关系问题，主体能动性的发挥能不能离开客体的制约和限制，怎样在客体制约前提下，最大限度地发挥主体能动性的问题。在实际工作中，这就是能不能坚持主观符合客观的唯物主义原则，坚持一切从实际出发、实事求是的思想路线问题。

讨论主体能动性和客体制约性的关系问题，必须反对忽视主体能动性和夸大主体能动性两种倾向，一定要避免走两个极端：一个极端是无视客体的制约性，过分夸大主体能动性，搞"精神万能论"、"唯意志论"，跌到主观唯心主义的泥坑里；另一个极端是过分强调客体的制约性，完全排除主体能动性，搞"宿命论"、"机械论"，倒退到旧唯物主义的形而上学的立场上。马克思主义哲学坚持主体能动性和客体制约性的辩证统一，坚决反对主体问题上的两个极端的错误倾向。有人错误地理解马克思《关于费尔巴哈的提纲》的精神实质,说《关于费尔巴哈的提纲》表明马克思主义哲学是主体性哲学。事实上,马克思绝无抬高主体能动性、贬低客体制约性的意向。马克思批评旧唯物主义"对事物……只是从客体的或直观的形式去理解……",并没有肯定只从主体方面去理解事物。在主体能动性和客体制约性的关系中,客体的制约性是客观存在的,但在客体制约性面前,主体又不是被动的、消极的、无所作为的,而是积极的、主动的、能动的,即不是被"对象所设定的"、"受动的、受制约和受限制的存在物",而是积极的、主动的,"能创造或设定对象的"、"能动的"存在物。当然,主体自觉的能动性是在一定的客体制约基础上才得以发挥。

怎样才能科学地认识、正确地发挥主体能动性呢?这就需要既坚持唯物主义基本原理,反对唯心主义,又坚持辩证的观点,反对把主客体机械地割裂开来、对立起来的形而上学片面性,主张主体能动性与客体制约性的辩证统一。

在哲学研究中轻视主体的作用,看不到主体能动性,是机械唯物主义;脱离唯物主义前提,过分夸大主体的作用,是主观唯心主义。这两种倾向不仅会给理论界、学术界带来消极的影响,而且在实践中也会造成指导思想和指导路线上的偏差,从而给实际工作带来巨大的损失。斯大林时期,苏联哲学理论的机械唯物主义倾向,对苏联社会主义建设产生了一定的消极影响。比如,采取"肉体消灭"、"肉体惩处"的办法来搞肃反,忽视改善和提高人民的物质和精神文化生活,经济建设中重视重工业的发展方针,缺乏民主和法制等错误,恐怕与轻视主体性的哲学倾向不无关系。

在哲学指导思想上任意夸大主体能动性,反映到实际工作中，就会犯主观严重脱离客观的主观主义错误。在我们党的历史上，民主革命时期的"左"倾机会主义、冒险主义、盲动主义都是以过分夸大革命的主观条件，轻视革命的客观条件为根本特征的。在我国社会主义建设时期，曾多次出现过一再夸大主观能动性的错误倾向，一度给我们的社会主义经济发展蒙上阴影。"文化大革命"时期，林彪、"四人帮"一伙搞什么大批"唯生产力论"，搞什么"精神万能论"、"上层建筑领域革命论"，一度给中华民族带来巨大的灾难。十一届三中全会以来，通过批判唯心主义和形而上学，恢复实事求是的思想路线，我们的主观认识比较符合客观实际了。然而，过分夸大主观作用的错误却仍时有发生。

全部的问题不在于要不要发挥主体能动性，而在于怎样才能正确发挥主体能动性。马克思主义哲学所主张的主体能动性是符合客体的客观条件、客观规律的能动性，是建立在科学认识和正确把握客观条件、客观规律基础上的能动性，这种正确的、科学的主体能动性需要大力提倡。不断提高主体素质，提高主体的认识能力和实践能力，按照客观规律办事，是正确发挥主体能动性的关键。

要实现"物质变精神、精神变物质"，还必须处理好理性的认识与情感、意志等非理性的精神因素的关系。

恩格斯在《路德维希·费尔巴哈和德国古典哲学的终结》中，在分析自然界与人类社会的区别时曾指出："社会发展史却有一点是和自然发展史根本不相同的……在自然界中，全是没有意识的、盲目的动力，这些动力彼此发生作用，而一般规律就表现在这些动力的相互作用中。""在社会历史领域内进行活动的，是具有意识的、经过思虑或凭激情行动的、追求某种目的的人。"[12]毛泽东在八届二中全会上曾经讲过:"人是要有一点精神的。"这里讲的精神也不仅是指认识,更是指艰苦奋斗的革命精神。没有这种精神,革命就不会成功,在今天的社会主义建设时期,仍然需要这样的精神。可见,影响人的行动的,不仅有思想即人的理性认识活动,还有"激情"即情感、意志等非理性的精神活动,忽视这一部分非理性因素,便无法正确理解复杂的人的活动。

在人的精神领域,理性认识与非理性认识是相互影响的。既能产生积极的影响,也可能产生消极的影响。平时人们常常批评"感情用事",认为这样可能会失去理智,干出蠢事。在一些重大问题上更不能让感情蒙蔽了理智。然而,我们讲共产党人要站在人民的立场上,要有对人民大众的深厚感情。对人民的感情又是非常重要的,不爱人民、不爱祖国的人不是合格的共产党人。邓小平曾深情地说:"我是中国人民的儿子,我深情地爱着我的祖国和人民。"[13]讲的就是共产党人对人民的感情问题。

情感等非理性因素不仅影响人的认识,对人的行动的影响更加明显。一个人若是没有毅力,终将一事无成。要把一些重大的认识付诸行动,就更是如此。不仅需要正确的世界观方法论的指导,也需要毅力、决心和信心。中国唐朝大诗人李白(701—762年)年少时曾遇到过一个老婆婆在石头上磨铁杵,好奇的李白问老婆婆在干什么,老婆婆说在磨针啊,李白很惊讶,问这么大的铁杵怎么能磨成针呢?老婆婆说:"只要功夫深,铁杵磨成针。"这个故事深深地教育了少年李白。李白成才,不仅有个人的天分,更有勤奋的学习，勤奋离不开个人的毅力、恒心、决心和信心。

在我国改革开放新时期，形成"一个中心、两个基本点"的基本路线不容易，是长期探索的结果。但要在实践中坚持这条路线就更不容易了。邓小平生前曾一再讲到这一点："我们的政治路线，是把四个现代化建设作为重点，坚持发展生产力，始终扭住这个根本环节不放松，除非打起世界战争。即使打世界战争，打完了还搞建设。"[14]这里用了两个很形象的词"扭住"、"不放松"，就是说要真正把党的基本路线坚持下来是不容易的。一般情况下，大家都承认发展生产力的重要性，一旦出现干扰因素，就有可能偏离这个中心任务。要坚持这个中心任务和战略目标，不仅要有正确的理论和路线指引，还必须有清醒的头脑和坚定的意志。1992年，邓小平在离开领导岗位后的南方谈话中又特别强调了这一点："不坚持社会主义，不改革开放，不发展经济，不改善人民生活，只能是死路一条。基本路线要管一百年，动摇不得。"[15]改革开放以来，我们国家能取得令世人瞩目的成就，正是坚定不移地坚持、贯彻党的基本路线的结果。

坚持重大战略需要坚强的毅力，需要坚持不懈的努力，需要发挥人的主观能动性。其实，做成任何事情都是如此。俗话说："简单的事能坚持到底就不简单"，也是这个道理。

三、在改造客观世界的过程中改造主观世界
——"打铁还需自身硬，绣花要得手绵巧"

中国有句俗话："打铁还须自身硬，绣花要得手绵巧。"

意思是说，作为一个铁匠，要打出坚固耐用的铁器，必须有过硬的技术、体力；作为一名绣工，要绣出美丽的图案，必须要有灵活灵巧的手。人类要认识世界和改造世界，实现从物质到精神、从精神到物质的转化，就必须在改造客观世界的过程中改造主观世界，通过改造主观世界推动对客观世界的改造。

人类的认识过程，是认识世界和改造世界、改造主观世界和客观世界辩证统一的过程。

认识世界和改造世界是统一的，认识世界的目的不仅在于能够解释世界，更重要的在于改造世界；认识世界以改造世界为基础，改造世界以认识世界为指导。

人类改造世界的任务是双重的，即"改造客观世界，也改造自己的主观世界——改造自己的认识能力，改造主观世界同客观世界的关系"[16]。哲学讲的客观世界，包括自然界、社会以及作为客体的人自身。人们通过实践改造自然，创造物质财富，满足生存与发展需要；改造社会，破除阻碍社会进步、束缚人的全面发展的权利的制度体制，创新、构建促进社会进步的制度体制，改造黑暗、落后的旧世界，建设进步、光明的新世界；改造作为客体的人自身，人既是改造世界的主体，又是改造世界的客体，人在改造世界的过程中，必须不断地改造自身，提高自身的体质素质，提高自身的认识能力。

改造自然，需要克服自然的抵抗力；改造社会，需要克服依附于旧的制度体制的压迫者、专制者、既得利益者的抵抗与反对；改造人自身，需要克服人自身的惰性和反能量。改造自然的实践，需要不断提高人对自然的认识能力和改造能力；改造社会的实践，无论对于经济制度和体制的改造，还是对于政治制度和体制的改造，都是利益关系的变动和调整，因而也是各个阶级、阶层和利益集团之间的斗争，都需要与逆历史而动的人进行斗争。在改造自然、社会和人自身的实践中，认识世界和改造世界的主体是人。人们在改造客观世界的过程中，认识了客观世界的规律，创造了物质财富，改革、创新、完善了社会制度，满足了自己追求真知、生存发展的需要，锻炼、增强、提升了自己的主体能力和素质，因而在改造客观世界的过程中人的主观世界也得到了改造。人为了更好地改造客观世界，要自觉主动地改造自己的主观世界。在改造客观世界和主观世界的过程中，主观世界与客观世界的关系也得到了改造。

能不能有效地改造客观世界，从一定意义上说，取决于对主观世界的改造。

要想更好地改造客观世界，必须改造好主观世界，提高认识世界、改造世界的本领。人们要改造客观世界，当然要认识客观世界，按照客观规律办事，这就决定人必须具备改造客观世界的素质和能力，并且在改造客观世界的实践中不断提高改造世界的素质、能力和水平，也就是具有良好的主体素质。人的素质包括要有完善的知识结构，有科学的认识方法、思想方法和工作方法，有正确的世界观、价值观和高尚的道德情感、崇高的理想、坚定的信念。

怎样才能提高认识世界和改造世界的本领呢？办法只有一个：学习。

一是向他人学习，通过书本和他人的经验学习；二是向实践学习，亲身参加实践，在实践中提高自身。人们通过学习而获得的道德、知识和本领，也是前人和他人在改造世界的实践中得来的。因此，无论向书本学习、向他人学习，还是向实践学习，归根到底，只有通过改造客观世界的实践，才能使人的主观世界也得到改造。

恩格斯曾经指出："自然科学和哲学一样，直到今天还全然忽视人的活动对人的思维的影响；它们在一方面只知道自然界，在另一方面又只知道思想。但是，人的思维的最本质的和最切近的基础，正是人所引起的自然界的变化，而不仅仅是自然界本身；人在怎样的程度上学会改变自然界，人的智力就在怎样的程度上发展起来。"[17] 非凡的人物、非凡的本领往往与非凡的经历联系在一起，对主观世界的改造离不开改造客观世界的实践活动。

在论及西方的文艺复兴时期时，恩格斯说："这是人类以往从来没有经历过的一次最伟大的、进步的变革，是一个需要巨人而且产生了巨人的时代，那是一些在思维能力、激情和性格方面，在多才多艺和学识渊博方面的巨人。"[18] 这些巨人都积极投身于伟大时代的伟大实践，"他们几乎全都置身于时代运动中，在实际斗争中意气风发，站在这一方面或那一方面进行斗争，有人用舌和笔，有人用剑，有些人则两者并用。因此他们具有成为全面的人的那种性格上的丰富和力量"[19]。比较之下，脱离实践的"书斋里的学者是例外：他们不是二流或三流的人物，就是唯恐烧着自己手指的小心翼翼的庸人"[20]。同样，在伟大的中国革命、建设和改革事业中，也涌现出一大批足智多谋、能力非凡的领袖人物和英雄模范人物。没有革命和建设的伟大事业，这些人物也是不可能出现的。

人除了生理的基因遗传以外，其后天获得的知识和能力主要是通过社会、通过文化传承下来的。人的个体的差异可以很大，个体一生中的改变也很大。其中的一个决定性的因素就是本人的学习能力及其发挥的差异，决定了知识和本领的巨大差异。随着社会发展的加快和人类知识的大量积累，学习的重要性更加明显。

20世纪末，一本题为《学习的革命》的书大行其道，这本书的副标题"——通向21世纪的个人护照"——点出了学习在我们这个时代的重要性。作者告诉我们，在今天这个信息时代，信息已经成为最宝贵的财富，而学习能力则成为最重要的能力。进入新世纪之后，这类观点越来越成为人们的共识。

尽管如此，通过学习获取别人的知识仍不能完全取代亲身实践的直接学习。首先，要想很好地接受别人的知识，也需要一定的亲身实践作为基础。在过去的革命年代，出现过这样的情况："读过马克思主义'本本'的许多人，成了革命叛徒，那些不识字的工人常常能够很好地掌握马克思主义。"[21]就是因为他们的实际生活状况使得他们能够更好地理解和接受革命的道理。今天，在和平建设时期，我们也看到，许多只有书本知识、缺乏亲身实践的年轻人尽管读过许多书，实际的工作能力、管理能力常常显得薄弱，需要经过一段实践锻炼，才能更好地增长、发挥本领和才干。因为人类面对的具体的对象是无比丰富多彩的，再多的间接知识也无法穷尽它。我们都有这样的体验："百闻不如一见。"读了再多的书，听了再多的介绍，实际接触之后，还是会有许多新的感受。因此，学习间接的知识，并不能完全取代亲身实践的学习。

为了更好地改造客观世界，必须努力改造主观世界。而对主观世界的改造只有在改造客观世界的过程中得到实现。我们必须善于把改造主观世界与改造客观世界很好地结合起来。学习、学习、再学习，实践、实践、再实践，就是今天的时代对我们的要求。

结　语

"物质变精神，精神变物质"，是马克思主义认识论的重要观点，既坚持了认识论的唯物论，又坚持了认识论的辩证法，是二者的有机统一。正确的思想来自实践，要用于对实践的指导，要经过实践的检验。人们要在改造客观世界的同时改造自己的主观世界，并且通过主观世界的改造推动客观世界的改造。马克思主义者以改造世界为己任，以改造主观世界为必要条件，努力学习，以提升主体素质，提高主体的认识能力，以全部的智慧和力量，从理论和实践的结合上完成改造世界的根本目的。

注　释

［1］《毛泽东文集》第八卷，人民出版社1999年版，第321页。

［2］《毛泽东文集》第八卷，人民出版社1999年版，第321页。

［3］《建国以来毛泽东文稿》第九册，中央文献出版社1996年版，第213页。

［4］《毛泽东文集》第八卷，人民出版社1999年版，第197页。

［5］《毛泽东文集》第八卷，人民出版社1999年版，第300页。

［6］《毛泽东文集》第八卷，人民出版社1999年版，第300页。

〔7〕《毛泽东文集》第八卷，人民出版社1999年版，第197页。

〔8〕《毛泽东文集》第八卷，人民出版社1999年版，第299页。

〔9〕《邓小平文选》第三卷，人民出版社1993年版，第2—3页。

〔10〕《马克思恩格斯文集》第9卷，人民出版社2009年版，第559页。

〔11〕《马克思恩格斯文集》第9卷，人民出版社2009年版，第558页。

〔12〕《马克思恩格斯文集》第4卷，人民出版社2009年版，第301—302页。

〔13〕这是邓小平为英国培格曼出版公司出版的《邓小平文集》英文版写的序言，1981年2月14日。

〔14〕《邓小平文选》第三卷，人民出版社1993年版，第64页。

〔15〕《邓小平文选》第三卷，人民出版社1993年版，第370—371页。

〔16〕《毛泽东选集》第一卷，人民出版社1991年版，第296页。

〔17〕《马克思恩格斯文集》第9卷，人民出版社2009年版，第483页。

〔18〕《马克思恩格斯文集》第9卷，人民出版社2009年版，第409页。

〔19〕《马克思恩格斯文集》第9卷，人民出版社2009年版，第410页。

〔20〕《马克思恩格斯文集》第9卷，人民出版社2009年版，第410页。

〔21〕《毛泽东选集》第一卷，人民出版社1991年版，第111页。

实事求是思想路线

——兴衰成败的决定性因素

贯彻实事求是思想路线，必须解放思想、与时俱进、求真务实，这是新时期贯彻实事求是思想路线的基本要求。

实事求是，是马克思主义认识论的中国特色、中国风格、中国话语的理论概括，是中国共产党的思想路线的核心概念，是中国共产党人思想和行为的基本准则。能否坚持实事求是，关系到党和人民事业的兴衰成败。

一、实事求是是中国经验的哲学总结
——从"修学好古，实事求是"到延安中央党校校训

中国共产党"实事求是"思想路线是对中国优秀哲学精华的继承和发扬。

在我国，实事求是思想传统源远流长。班固（32—92年）在《汉书·景十三王传》中，称河间献王刘德（？—前130年）"修学好古，实事求是"。这是中国古代文献中第一次出现"实事求是"一词。河间献王刘德，是汉景帝刘启（前188—前141年）的第三个儿子，封河间王，都乐

城（今河北献县东南）。汉景帝时吴楚等七国之乱、内宫储位之争，使献王刘德感叹儒道衰微、道德沦丧，于是在封地河间国内收集佚书，修兴礼乐，以期通过汇集并研究儒家典籍来振兴儒学。他每得到一本好书，就令人抄写一份送给原来的藏书主人，而将真本留下，并赐给献书者金帛。于是四面八方学问之士纷纷前来献书。他在河间封国内修建规模宏大的日华宫，内设二十余处馆舍，招待四方饱学之士。齐、鲁、燕、赵、代、魏等地的儒者数百人聚集于此，夜以继日地梳理、校勘收集来的儒家典籍，把整理好的儒家经典及礼乐制度保存下来并献给朝廷。"修学好古，实事求是"是班固对刘德的总评价。

唐代经学家颜师古（581—645年）把"实事求是"解释为"务得事实，每求真是"。清初唯物主义哲学家王夫之（1619—1692年）主张即事穷理、即物穷理，认为"有即事以穷理，无立理以限事"[1]，认为要从客观事物中探索规律和法则，而不能先设立一个法则去限制、裁定客观事物。曾国藩（1811—1872年）把"即事穷理"、"即物穷理"与"实事求是"结合起来加以论述，他说："夫所谓事者非物乎？是者非理乎？[2]实事求是，非即朱子所称即物穷理者乎？"实事求是作为为学做事、治国安邦的格言千古流传。

湖南长沙岳麓书院，创办于唐末五代，为中国四大书院之一。1914年，从德国留学归来的宾步程（1879—1943年）出任湖南公立工业学校校长，将学校迁到岳麓书院。他以"实事求是"为校训，激励学生立足客观实际，矢志追求真理，踏实做人做事。

1943年，延安中央党校修建了一座占地1200平方米、可容纳千余人的大礼堂。这座建筑物虽然雄伟宽敞,但大家总觉得少点什么。有人提议在正面挂个题词。一开始,请范文澜(1893—1969年)题写。但他试着写了几条,都觉得不满意。有人提议去找毛泽东,毛泽东欣然接受了党校同志的请求,挥笔写下了"实事求是"四个雄健潇洒的大字。镶嵌在大礼堂正面的"实事求是"的石刻,使这座建筑物顿添神采、熠熠生辉。"实事求是"遂成为党校的校训,也成为党的思想路线的马克思主义认识论中国化的高度概括。

党的思想路线是马克思主义认识论在中国共产党革命、建设和改革实践中的实际运用,是决定中国共产党事业成败的决定性因素。

党的思想路线就是一切从实际出发,理论联系实际,实事求是,在实践中检验真理和发展真理。实事求是,是党的思想路线的核心;一切从实际出发,是实事求是的前提;理论联系实际,是实事求是的必然要求;坚持在实践中检验真理和发展真理,是实事求是的根本保证。实事求是思想路线要求我们从实际出发,而不是从原则出发;从"实事"中求"是",而不是自以为是;坚持理论联系实际,而不是理论和实际脱节;在实践中检验真理和发展真理,而不是凭本本、权力或主观的感觉与愿望来判定认识是不是真理。在民主革命时期,党和毛泽东倡导实事求是,反对唯书唯上的教条主义,走出了一条中国革命的正确道路;在社会主义革命和建设时期,党和毛泽东反复强调要坚持实事求是,探索符合中国国情的社会主义改造和社会主义建设道路;在改革开放新时期,我们党坚持和弘扬实事求是,开创了中国特色社会主义道路。当我们在经济建设中发生了急躁冒进、求成过急的失误后,党和毛泽东也是从世界观方法论入手解决问题,号召全党坚持实事求是,大兴调查研究之风;要求真务实,不能弄虚作假;要做老实人,说老实话,办老实事,不能务虚名而招实祸。

1985年9月,加纳国家元首罗林斯(Rawlings,1974年—)访问中国,想了解和学习中国改革开放的经验。9月18日,邓小平在人民大会堂接见他时,他当面恳请邓小平谈谈中国改革开放的经验,邓小平对他说:"如果说中国有什么适用的经验,恐怕就是实事求是。也就是说,按照自己国家的实际情况来制定自己的政策和计划。"[3]罗林斯访问中国受到不少启发,他感慨地说:"西方人总是给你规定一个模式,只能照搬。但你们的邓小平说,千万不要照搬我们的模式,而是要实事求是。有几千年文明的国家才能讲出这样的话,这是一种西方远远不及的智慧。"邓小平对党的实事求是思想路线的极端重要性给予了高度的评价,认为实事求是,"是毛泽东思想的出发点、根本点"[4],是"毛泽东思想的精髓"[5],"是无产阶级世界观的基础"[6],我们所取得的一切胜利,"是靠实事求是"[7]。

思想路线问题实质上就是思想方法问题、认识路线问题。

所谓思想方法,就是想事情、办事情采取什么样的态度、运用什么样的方法问题,是从实际出发,还是从本本出发。思想方法不同,对于理论的态度、对于实际的认识、对于是非的判断、对于善恶的评价、对于路线的选择不同,实践的结果也就不同。思想方法问题,在本质上是哲学问题。在一切工作中,看问题、想问题、解决问题,说到底是坚持唯物论、辩证法，还是坚持唯心论、形而上学，是坚持历史唯物主义，还是坚持历史唯心主义，是坚持辩证唯物主义认识路线，还是坚持唯心主义或形而上学唯物主义的认识路线的问题。思想方法问题就是思想路线问题、认识论问题。

思想路线正确与否，决定着事业的兴衰成败，决定着党的生死存亡。没有正确的思想路线，就不能实现马克思主义与中国实际相结合，不能制定和实施正确的战略策略，党就不能担负起领导人民前进的历史重任。在领导中国革命、建设的过程中，党的所有大的错误、全局性错误、根本性错误之所以发生，就是因为思想路线出了毛病。思想路线错了，政治路线、军事路线乃至组织路线就一定会出问题。中国的主观主义者"不从具体的现实出发，而从空虚的理论命题出发"，"不注意具体特点，妄把主观构成的东西当作特点"[8]。不具体分析事物发展的过程、阶段、条件、可能，用抽象、空洞的理论去指导实践。主观主义的思想路线、思想方法，是一切"左"的和右的错误的总根源。

为了防止"左"的和右的错误，实现马克思主义与中国革命实际相结合，就必须倡导和践行实事求是的思想路线。

1929年12月，毛泽东在给红四军第九次党代会写的决议中指出：主观主义在某些党员中浓厚地存在，对于分析政治形势和指导工作都非常不利。因为对于政治形势的主观主义分析和对于工作的主观主义指导，其必然的结果，不是机会主义，就是盲动主义。为此，他主张使党员的思想政治化、科学化，教育党员用马克思列宁主义的方法去作政治形势的分析和阶级势力的估量，注意思想方法，注意调查研究，以代替主观主义的分析和估量，由此来决定斗争的策略和工作的方法。

党的思想路线是毛泽东在中国革命的实践中，在反对主观主义，特别是教条主义的斗争中，科学总结中国革命的经验教训而形成的。

红军长征到达陕北以后，党和毛泽东开始深刻总结党领导政治斗争和军事斗争的经验，批判"左"的政治路线与军事路线，根据时局变化科学解决了党的政治路线和军事路线问题，同时酝酿解决思想路线问题。

1935年12月召开的瓦窑堡会议，提出了建立最广泛的抗日民族统一战线的主张。会后，毛泽东根据会议精神在党的活动分子大会上作了《论反对日本帝国主义的策略》的报告。报告科学总结了政治斗争经验，正确地解决了党的政治路线问题，为党领导伟大的抗日战争做了重要思想准备；批判了"左"的关门主义和冒险主义错误，深刻揭示了其脱离实际、死板僵化的教条主义这一思想方法论根源，标志着党在系统解决政治路线问题的同时，开始从哲学高度解决思想路线问题。

1936年12月，毛泽东在抗日红军大学作了《中国革命战争的战略问题》的演讲。他强调研究战争"应该着眼其特点和着眼其发展"，不但要研究战争规律，而且要研究革命战争规律，还要研究中国革命战争规律，更要研究中国革命各个时期的战争规律。研究战争指导规律，必须做到主观与客观相符合。这就要全面了解、深入分析敌我双方的情况，对各种材料加以去粗取精、去伪存真、由此及彼、由表及里的思索，研究双方的力量对比和相互关系，以构成判断，定下决心，作出计划，执行计划，并在战争实践中检验、调整计划。要做到主观符合客观，学习在战争大海中的"游泳术"，就必须学习、运用马克思主义的科学的思想方法和认识方法。毛泽东关于研究战争规律问题的论述，已超出了军事斗争范畴，而具有了世界观方法论的思想路线的意蕴。

在制定正确的政治路线和军事路线的同时，毛泽东适应中国革命的迫切需要，紧密联系中国革命实际，以很大的精力研究哲学，从哲学高度总结中国革命经验，批判主观主义特别是教条主义，探索中国革命特别是当时抗日战争的战略道路，并提出了关于思想路线的新的哲学见解。他针对主观主义特别是教条主义者脱离实践学习理论、脱离国情照搬理论的错误，强调我们研究哲学、重视理论，是"为着有效地指导实践"[9]。而教条主义者则反对结合中国实际学习和运用马克思主义，反对把马克思主义中国化。针对教条主义的错误，毛泽东强调"共同点与特殊点都是要紧的，而特点尤要"[10]；针对教条主义者不能正确把握中国社会的主要矛盾及其发展变化，导致了政治路线和军事路线的错误，强调"客观世界是发展的，主观认识也是发展的"[11]，"客观形势发展了，主观认识也应跟着发展。认识新形势中的新矛盾与新联结"[12]。要根据主要矛盾的变化，来确定我们的根本任务和战略策略。毛泽东研读哲学的心得与写的笔记，为他系统地创立和建构马克思主义思想路线的新哲学，做了重要的思想与资料准备。

1937年七八月间，毛泽东在延安抗日军政大学讲了《实践论》和《矛盾论》，论述了主观与客观、理论与实践、知与行的具体的历史的统一,深刻揭示了"左"、右倾错误的认识论根源,指出"唯心论和机械唯物论,机会主义和冒险主义,都是以主观和客观相分裂,以认识和实践相脱离为特征的"[13]。论述了矛盾普遍性与特殊性的辩证关系,深刻揭示了"左"、右倾错误的形而上学实质,指出他们不懂得由特殊到一般,又由一般到特殊的认识过程的辩证法,拒绝对具体事物做任何艰苦的研究工作,把一般真理看成是凭空出现的东西,视为人们所不能够捉摸的纯粹抽象的公式;他们也不了解应当用不同的方法去解决不同的矛盾,而只是千篇一律地用一种自以为不可改变的公式到处硬套,这就只能使革命遭受挫折,或者将本来做得好的事情弄得很坏。"两论"对马列主义同中国革命具体实践相结合的必要性作了充分的哲学论证,对否认这种"结合"的主观主义特别是教条主义作了深刻的哲学批判,对如何实现这种"结合"在方法论上作了系统总结,这就为实事求是思想路线的确立奠定了坚实的哲学基础。

"两论"为解决思想路线问题提供了哲学基础。但以正确的哲学路线为指导破除主观主义的思想路线与思想方法,确立马克思主义的思想路线和思想方法,还须付出艰巨的努力。为了彻底清算以教条主义为特征的"左"的错误,使全党同志深刻认识这种错误产生的思想理论根源,学会运用马克思主义的立场、观点、方法观察问题,明辨是非,实现党在指导思想、政治路线、组织路线、军事路线上的高度统一,党和毛泽东在全党范围内发起了一场普遍的马克思主义教育运动即延安整风运动,反对主观主义以整顿学风,反对宗派主义以整顿党风,反对党八股以整顿文风。反对主观义以整顿学风,则是整风运动的重点。这是一次彻底解决党的思想路线问题的运动。

马克思主义的学风和态度是对周围环境作系统周密的调查研究,就是不割断历史,就是有目的地去研究马克思主义的理论,使马克思主义和中国革命的实际结合起来,就是为了解决中国革命的理论问题和策略问题而从中找立场、观点和方法。主观主义,特别是教条主义,就是对周围环境不作系统周密的调查研究,单凭主观热情去工作;就是割断历史,对中国的过去不求甚解;就是抽象地、无目的地研究马克思主义。无论是右的错误,还是"左"的错误,从思想根源上看,都是由于主观与客观相分裂,理论与实践相脱离。主观主义者,特别是教条主义者没有掌握马克思主义的精髓,不了解中国的国情,无实事求是之意,有哗众取宠之心,只知背诵马恩列斯著作中的若干词句,徒有虚名,并无实学,却以马克思主义者的面目出现,作报告和演说滔滔不绝、引经据典,迷惑文化水平不高的工农干部,吓唬天真烂漫的青年。毛泽东引用明代翰林学士、《永乐大典》总编纂解缙(1369—1415年)的楹联给教条主义画像:墙上芦苇,头重脚轻根底浅;山间竹笋,嘴尖皮厚腹中空。指出主观主义特别是教条主义害人害己害革命,是工人阶级的大敌、人民的大敌、民族的大敌,只有打倒它,马克思列宁主义的真理才会抬头,党性才会巩固,革命才会胜利。

毛泽东在《改造我们的学习》的报告中精辟而深刻地阐述了党的实事求是思想路线的丰富内涵。他说:"'实事'就是客观存在着的一切事物,'是'就是客观事物的内部联系,即规律性,'求'就是我们去研究。我们要从国内外、省内外、县内外、区内外的实际情况出发,从其中引出其固有的而不是臆造的规律性,即找出周围事变的内部联系,作为我们行动的向导。而要这样做,就须不凭主观想象,不凭一时的热情,不凭死的书本,而凭客观存在的事实,详细地占有材料,在马克思列宁主义一般原理的指导下,从这些材料中引出正确的结论。……这种态度,就是党性的表现,就是理论和实际统一的马克思列宁主义的作风。"[14]在这段文字中,内含着一切从实际出发,实事求是,理论联系实际等基本观点。延安整风教育和训练了干部,提高了党的马克思主义水平,确立了实事求是的马克思主义思想路线。1945年4月23日至6月11日召开的中国共产党第七次全国代表大会,确立了毛泽东思想在全党的指导地位,实现了党在指导思想上的空前统一和组织上的空前团结与巩固,从而为党领导人民夺取抗日战争和解放战争的胜利奠定了坚实的思想路线基础。

二、只有解放思想,才能实事求是
——实践是检验真理的唯一标准大讨论

1976年,是中国现代史上的一个重要转折点。这一年的10月,随着"四人帮"被粉碎,持续了十年之久的"文化大革命"终于结束了。党和人民需要认真总结经验,认识世情国情,纠正"左"的错误,使我们的国家走上健康发展的轨道。然而,"两个凡是",即"凡是毛主席作出的决策,我们都坚决拥护;凡是毛主席的指示,我们都始终不渝地遵循"的教条主义却严重禁锢着人们的思想。如果在实践中被证明是错误的东西得不到纠正，开辟新的道路便无从谈起。在这个关键时刻，邓小平以马克思主义者的远见卓识和革命胆略，在千头万绪中抓住解放思想、实事求是这个关键性环节，旗帜鲜明地批判"两个凡是"的教条主义，强调要完整准确地掌握毛泽东思想的科学体系，坚持和恢复党的实事求是的思想路线。邓小平对"两个凡是"的批判，作为新时期思想解放的先声，引发了1978年5月在全国范围内开展的关于实践是检验真理的唯一标准问题的大讨论。1977年10月，《光明日报》哲学专刊收到了南京大学讲师胡福明（1935年— ）的文章《实践是检验真理的标准》，理论部认为文章很有现实意义，在对文章进行修改后，准备在1978年4月初的哲学专刊上发表。《光明日报》总编辑杨西光（1915—1989年）在中共中央党校学习期间参加了关于真理标准的讨论，他在审阅这篇文章的清样后，非常重视。但他一方面感到主题重要，另一方面又感到分量不够。他主持了几次修改，当得知中央党校《理论动态》编辑部正在写同样主题的文章，就把文章送给中央党校《理论动态》编辑部。《实践是检验真理的唯一标准》一文经修改定稿，在1978年5月10日出版的《理论动态》上发表，第二天以"特约评论员"名义在《光明日报》上发表。当天由新华社向全国转发，12日，《人民日报》、《解放军报》以及《解放日报》、《河南日报》等地方报纸全文转载。13日，又有15家省级报纸转载此文，由此引发了波及全国的真理标准的大讨论。

文章共分四个部分：检验真理的标准只能是社会实践；理论与实践的统一是马克思主义的一个最基本的原则；革命

导师是坚持用实践检验真理的榜样；任何理论都要不断接受实践的检验。文章阐明了马克思主义认识论的一个基本问题：实践不仅是检验真理的标准，而且是唯一的标准。文章指出，凡是科学的理论，都不会害怕实践的检验。马克思主义不是僵死不变的教条，要在实践中不断增加新的观点、新的结论，抛弃那些不再适合新情况的个别旧观点、旧结论。

这场讨论反映了广大干部群众纠正"左"的错误、拨乱反正、开创社会主义建设新局面的强烈愿望。是坚持和恢复党的实事求是思想路线，还是坚持"两个凡是"的"左"的教条主义？在两条思想路线斗争的关键时刻，邓小平发表了一系列重要讲话，旗帜鲜明地支持了这场讨论，推动了全党和全国人民思想的大解放。邓小平坚定地重申：实践是检验真理的唯一标准，是马克思主义的基本观点。"我们开会，作报告，作决议，以及做任何工作，都为的是解决问题……解决问题，究竟是否正确或者完全正确，还需要今后的实践来检验。"[15]真理标准讨论实际上也是要不要解放思想的争论。"一个党，一个国家，一个民族，如果一切从本本出发，思想僵化，迷信盛行，那它就不能前进，它的生机就停止了，就要亡党亡国。""从这个意义上说，关于真理标准问题的争论，的确是个思想路线问题，是个政治问题，是个关系到党和国家的前途和命运的问题。"[16]在邓小平的推动和支持下，实践是检验真理的唯一标准问题的讨论在全国广泛开展，成为一次普遍的马克思主义教育运动，使全党和全国人民的思想获得了大解放，使党的实事求是思想路线得到了恢复和重新确立，从而为创立中国特色社会主义理论，制定正确的政治路线，开创社会主义现代化建设的新局面，奠定了坚实的世界观方法论基础。

正确的思想路线是制定和执行正确的政治路线的基础。

搞四个现代化是我们的政治路线，而思想路线"是确定政治路线的基础"，"不解决思想路线问题，不解放思想，正确的政治路线就制定不出来，制定了也贯彻不下去"，"正确的政治路线能不能贯彻实行，关键是思想路线对不对头"[17]。正是由于实事求是思想路线的重新确立，使我们党坚决纠正了"以阶级斗争为纲"的"左"的错误，把工作中心转移到经济建设上来；逐步形成了建设中国特色社会主义理论，提出了一系列改革开放的新政策，逐步确立了"一个中心、两个基本点"的党的基本路线。

解放思想与实事求是具有内在一致性。思想是行动的先导，理论是实践的指南；思想的解放，是实事求是的前提，是观念转变、社会变革的先导。

邓小平深刻阐述了思想路线与政治路线、解放思想与实事求是的关系。邓小平说："解放思想，就是使思想和实际相符合，使主观和客观相符合，就是实事求是"[18]，就是"在马克思主义指导下打破习惯势力和主观偏见的束缚，研究新情况，解决新问题"[19]。坚持实事求是之所以要解放思想，是因为长期以来教条主义和个人崇拜盛行，民主集中制受到破坏，造成了思想僵化或半僵化。思想一僵化，条条框框就多起来了，个人迷信、个人崇拜、随风倒的现象就多起来了，不从实际出发的本本主义就严重起来了。"解放思想，开动脑筋，实事求是，团结一致向前看，首先是解放思想。只有思想解放了，我们才能正确地以马列主义、毛泽东思想为指导，解决过去遗留的问题，解决新出现的一系列问题，正确地改革同生产力迅速发展不相适应的生产关系和上层建筑，根据我国的实际情况，确定实现四个现代化的具体道路、方针、方法和措施。"[20] 没有解放思想，就没有实事求是，解放思想的目的在于实事求是。必须把二者统一起来，而不能对立起来。

在改革开放和现代化建设的整个过程中，都要坚持解放思想、实事求是。解放思想是发展中国特色社会主义的一大法宝。

党的十一届三中全会以来，我们在理论上的重大发展，在政策上的成功调整，在经济建设和社会全面进步上所取得的巨大成就，都是解放思想、实事求是的结果。如果没有解放思想、实事求是，就不可能实现理论上的突破，开辟马克思主义的新境界；就不可能实现思想观念的根本转变，以新的眼光和视野观察新的实践中出现的新问题；就不可能积极推进经济体制改革和政治体制的改革，探索出中国特色社会主义发展的新路子。邓小平说："我们搞改革开放，把工作重心放在经济建设上，没有丢马克思，没有丢列宁，也没有丢毛泽东。老祖宗不能丢啊！"[21] 同时，他又反复强调，马克思主义一定要同实际相结合，一定要随着实践的发展而发展。邓小平说："绝不能要求马克思为解决他去世之后上百年、几百年所产生的问题提供现成答案。列宁同样也不能承担为他去世以后五十年、一百年所产生的问题提供现成答案的任务。真正的马克思列宁主义者必须根据现在的情况，认识、继承和发展马克思列宁主义。"[22] 习近平指出："马克思主义必定随着时代、实践和科学的发展而不断发展，不可能一成不变，社会主义从来都是在开拓中前进的。""全党同志首先是各级领导干部必须坚持马克思主义的发展观点，坚持实践是检验真理的唯一标准，发挥历史的主动性和创造性……不断推进理论创新、实践创新、制度创新。""一定要以我国改革开放和现代化建设的实际问题，以我们正在做的事情为中心，着眼于马克思主义理论的运用，着眼于对实际问题的理论思考，着眼于新的实践和新的发展。"[23]我们一定要坚持马克思主义，但这种坚持不是对马克思主义采取本本主义的态度，而是应当采取把马克思主义同实际相结合的态度。这是因为，马克思主义为我们解决具体问题提供了根本方法和原则，但没有提供现成的答案。在中国建设社会主义这样的事，在马克思的本本上找不到，在列宁的本本上也找不到。每个国家都有自己的情况，各自的经历也不同，所以要独立思考，在干中学，在实践中摸索。实践在发展，情况在变化，我们的思想认识也应当随之发展变化，要研究新情况，总结新经验，创造新理论，把马克思主义不断推向前进。解放思想始终是我们党坚持的一个基本原则，是发展中国特色社会主义的一个基本原则，要把解放思想贯彻到发展中国特色社会主义的始终。

三、与时俱进是马克思主义认识论的理论品格
——《易传》"损益盈虚，与时偕行"思想

《易传·象下》说："损益盈虚，与时偕行。"意思是说，对于礼仪制度，或因循或变革，或减损或增益，如月之盈虚，须要因时而动、因时制宜。中国传统文化认为变化日新是宇宙的本质，生成化育万物是天地的大德。与时偕行，

乘势而行，顺势而为，是中国传统哲学思想的精华。

继承人类优秀哲学思想遗产的马克思主义，是在实践中产生并在实践中发展的理论，与时俱进是马克思主义认识论的理论品质。

马克思主义作为一门科学，是始终严格地以客观事实为依据、以实践为基础，随着时代的变迁、事物的发展、实践的深化而不断丰富、发展、前进的。客观实际、客观事物是不断变化的，人类实践是不断深化的，马克思主义要永葆自己的科学性和生命力，也必须与时俱进，随着时代、实践和科学的发展而不断发展。马克思主义是一种科学的方法和行动的指南，而不是必须背得烂熟并机械地加以重复的教条；马克思主义基本原理的实际运用，"随时随地都要以当时的历史条件为转移"，[24]而不能机械地照抄照搬。我们要使自己的思想不落后于时代，要使自己的思想与客观事物相符合，就必须解放思想、与时俱进，不断适应变化了的客观情况，用马克思主义的科学态度不断总结新的实践经验，作出新的理论概括，用发展着的马克思主义指导新的实践。若思想僵化，故步自封，离开对实际问题的理论思考，离开新的实践和新的发展，去空洞地、抽象地谈论马克思主义，是毫无意义的。

坚持与时俱进，是在新的实践中运用和发展马克思主义的需要。

马克思主义引导时代前进又随着时代发展。马克思主义具有科学性，它始终严格地以客观事实为依据。马克思主义具有实践性，它在实践中产生，在实践中发展，在实践中接受检验，在实践中发挥其改造客观世界的巨大力量。马克思主义具有开放性。它总是在把握客观情况的变化、总结人民群众的新鲜经验、吸取当代科学文化的最新成果的基础上，不断丰富和发展。马克思主义是随着时代的变迁、革命和建设主题的转换以及人民群众波澜壮阔的实践的不断深化而不断丰富和发展的。社会实践没有止境，解放思想、实事求是没有止境，马克思主义理论的发展和创新也没有止境。马克思主义经典作家从来不把自己的理论当作教条，从来都是把它当作行动的指南，当作认识问题和解决问题的科学方法。马克思十分厌恶对他的理论的"奴隶式的盲目崇拜"和"简单模仿"。恩格斯认为，马克思的整个世界观不是教义，而是方法。列宁也明确表示，决不把马克思的理论看作某种一成不变的和神圣不可侵犯的东西，马克思主义者必须考虑生动的实际生活，必须考虑现实的确切事实，而不应当抱住昨天的理论不放。马克思主义是最讲科学精神、创新精神的。马克思主义理论的每一次重大突破，社会主义实践的每一次历史性飞跃，都是马克思主义基本原理与具体实践相结合进行理论创新的结果。我们既要坚定地坚持马克思主义的立场、观点和方法，又要坚持与时俱进，尊重实践权威，勇于探索真理，根据历史条件的变化，对我们在前进中遇到的一些重大问题给予符合实际的科学回答，在实践中不断丰富和发展马克思主义。

与时俱进，是中国共产党永葆先进性和创造力的可靠思想保证。

客观事物是不断发展的，人类的社会实践也是不断发展的。与此相适应，人类对于客观事物的规律和人类实践的规律的认识也是不断地发展、上升和深化的。马克思主义的发展史，就是对于自然、社会和人类思维发展的规律的认识不断深化的历史；中国共产党诞生以来九十多年的历史，就是对中国革命、建设和改革规律的认识不断深化的历史。建设中国特色社会主义，是一项全新的事业。马克思主义经典作家只是为我们提供了一些基本原理和原则，没有提供现成的答案；对于别国的经验，我们不能照搬照抄。无论是照搬本本，还是固守过去的经验、照搬别人的办法，都不能解决问题。只有坚持与时俱进，在实践中开拓前进，才能促进改革开放和现代化建设事业的顺利发展。中国共产党要始终保持先进性和生机活力，永远得到人民群众的拥护，就必须与时俱进，根据新的条件、新的时代和新的实践，不断深化对共产党执政的规律、社会主义建设的规律以及人类社会发展的规律的认识，以新的理论丰富和发展马克思主义，用发展着的马克思主义指导新的实践。

坚持与时俱进，就是要使党和国家的全部理论和工作体现时代性，把握规律性，富于创造性。

世界在发生巨大变化，中国在发生巨大变化，人民群众的伟大实践在不断前进。要使党和国家的发展不停顿，首先是思想理论上不能停顿。我们要坚持被实践反复证明了的马克思主义的基本理论，坚持马克思主义立场、观点、方法，否则，就丧失了根本，迷失了方向；同时，又要在新的实践中丰富和发展马克思主义，反对教条主义地对待马克思主义。我们要用实践去发展本本，而不能用本本去束缚实践。坚持解放思想，实事求是，与时俱进，就要用发展的、变化的、前进的眼光看问题，不断深化对共产党执政规律、社会主义建设规律以及人类社会发展规律的认识，在思想上不断有新解放，理论上不断有新发展，实践上不断有新创造。

——**坚持与时俱进，必须适应实践的发展，以实践来检验一切，自觉地把思想认识从那些不合时宜的观念、做法和体制的束缚中解放出来，从对马克思主义的错误的和教条式的理解中解放出来，从主观主义和形而上学的桎梏中解放出来**。与时俱进是在实践中坚持和发展马克思主义的必然要求，是马克思主义与时俱进的理论品质的具体体现。我们要坚持和发展马克思主义，推进中国特色社会主义事业，需要从思维方式、思想理论以及观念、体制、做法等多个层面入手，纠正、革除错误的、不合时宜的思想观念，打破过时的僵化体制和习惯做法，消除对马克思主义的错误的和教条式的理解，破除主观主义和形而上学的思维方式，以马克思主义的科学世界观和方法论为指导，研究新情况，解决新问题，提出新理论，从事新实践，使我们的思想和行动更加符合客观实际，更加符合社会主义初级阶段的国情和时代发展的要求。

——**坚持与时俱进，必须不断根据实践的要求进行理论创新、制度创新、科技创新、文化创新以及其他各方面的创新**。创新是一个民族进步的灵魂，是一个国家兴旺发达的不竭动力，也是一个政党永葆生机的源泉。社会实践是不断发展的，我们的思想认识也应不断前进，应勇于和善于根据实践的要求进行创新。要进行理论创新，使我们党和国家的基本理论在继承的基础上不断吸取新的实践经验、新的思想而向前发展；进行体制创新，不断完善适应发展社会主义市场经济、全面建设中国特色社会主义要求的各方面的体制；进行科技创新，使科学技术成为推动经济社会发展的强大力量。要通过理论创新推动制度创新、科技创新、文化创新以及其他各方面的创新,不断在实践中探索前进。

——**坚持与时俱进,要以科学的态度对待马克思主义**。既要始终坚持马克思主义基本原理,又要坚决反对以教条主义的态度对待马克思主义。如果不顾历史条件和现实情况的变化,拘泥于马克思主义经典作家在特定历史条件下、针对具体情况作出的某些个别论断和具体行动纲领,我们就会因为思想脱离实际而不能顺利前进,甚至发生失误。在对待马克思主义的态度上,要始终做到两个"坚定不移、不能含糊":一是必须坚持马克思主义的立场、观点和方法,坚持马克思主义基本原理。这一点,要坚定不移,不能含糊。二是必须贯彻解放思想、实事求是的思想路线,坚持勇于追求真理和探索真理的革命精神。这一点,也要坚定不移,不能含糊。既要坚持"不丢老祖宗",又要做到"讲新话"。

四、求真务实是马克思主义认识论的要义
——"空谈误国,实干兴邦"的历史教训

西晋末期,政局动荡,社会混乱,史称"刘石之乱"[25]。当时的文人士大夫不敢去触及社会的痼疾和问题,而又对烦琐的两汉经学、怪诞的谶纬神学、腐朽的三纲五常深感厌倦,转而寻找新的心灵安顿之所,醉心于清谈玄道,热衷于有无、生死、动静、名教自然等形而上问题的辩论。后来的有志之士总结这段历史时认为,玄虚空洞的清谈无益于国计民生,刘石之乱、两晋之亡乃亡于清谈,提出"空谈误国,实干兴邦"的政治主张。

大书法家王羲之（303—361年，一作321—379年）认为，"虚谈废务，浮文妨要，恐非当今所宜"[26]。东晋学者范宁（约339年—？）甚至严厉斥责："其源始于王弼、何晏，二人之罪深于桀、纣。"[27]明末清初的大思想家顾炎武（1613—1682年）指出："刘石乱华，本于清谈之流祸，人人知之。孰知今日之清谈，有甚于前代者。昔之清谈谈老庄，今之清谈谈孔孟。……以明心见性之空言，代修己治人之实学，股肱惰而万事荒，爪牙亡而四国乱，神州荡覆，宗社丘墟！昔王衍妙善玄言，自比子贡，及为石勒所杀，将死，顾而言曰：'呜呼！吾曹虽不如古人，向若不祖尚浮虚，戮力以匡天下，犹可不至今日！'今之君子得不有愧乎其言。"[28]鉴于清谈误国的历史教训，顾炎武主张经国济世，重视实学实功，反对清谈浮论。他说："君子之为学，以明道也，以救世也，徒以诗文而已，所谓雕虫篆刻，亦何益哉？"[29]清谈误国，实干兴邦，是中国传统文化的宝贵精神财富。反对清谈，提倡实干，必须大力弘扬求真务实的精神。

求真务实，追求真理、服膺真理，重视实践、务求实效，是马克思主义认识论的内在精神。

如果说认识的根本任务是认识本质、把握规律；那么，认识的最终目的则是指导实践、改造世界。理论的基础是实践，又转过来为实践服务。"马克思主义看重理论，正是，也仅仅是，因为它能够指导行动。如果有了正确的理论，只是把它空谈一阵，束之高阁，并不实行，那末，这种理论再好也是没有意义的"[30]。马克思主义是理论与实践、知与行、求真与务实的统一论。马克思主义的认识论是知行统一论，坚持求真与务实、认识世界和改造世界的有机统一，是马克思主义认识论的实质与真谛。

求真务实，对于永葆党的生机活力，对于党和人民事业的兴旺发达，具有决定性的意义。

求真，就是认识事物本质，把握客观规律，求得真理的认识；务实，就是通过实践获得真知，运用真理指导实践，理论联系实际，务求指导改造实践。早在民主革命时期，毛泽东就号召全党把革命气概和实际精神结合起来，实事求是，力戒空谈，要当老实人，说老实话，做老实事。在改革开放和社会主义现代化建设的新时期，邓小平强调要真抓实干，坚决制止热衷于做表面文章、不讲实际效果的形式主义，杜绝说大话、空话、假话的恶习。江泽民反复强调实干兴邦，空谈误国。领导干部要重实际、说实话、务实事、求实效，脚踏实地、埋头苦干，不说空话，不做表面文章，不搞花架子。胡锦涛强调求真务实是马克思主义一以贯之的科学精神，是中国共产党的思想路线的核心内容，也是中国共产党的优良传统和共产党人应该具备的政治品格。中共十八大以来，习近平强调要"讲实话，干实事，敢作为，勇担当，言必信，行必果"，强调"空谈误国，实干兴邦"。求真务实是党的活力之所在，也是党和人民事业兴旺发达的关键之所在。求真务实坚持得好，党和国家就充满朝气与活力，党和人民的事业就能顺利发展；否则，党和国家就缺乏朝气和活力，党和人民的事业就受到挫折。

我国改革和发展正处于关键时期，面对新的形势和新的任务，在全党、全社会大力弘扬求真务实精神，大兴求真务实之风，具有十分重要和紧迫的意义。

在改革开放和现代化建设的实践中，广大党员干部认真贯彻党的路线方针政策，牢记全心全意为人民服务的宗旨，解放思想、实事求是、求真务实、真抓实干、兢兢业业、艰苦奋斗，以自己的实干精神和优良作风赢得了人民群众的赞誉。同时，也必须看到，在党员干部队伍中也存在一些亟待解决的突出问题：一是不思进取、得过且过，不认真学习理论，不用心汲取新知识，不深入思考新问题，思想上故步自封、停滞不前，工作上敷衍了事、庸碌无为。二是作风飘浮、工作不实，以会议落实会议，以文件落实文件，满足于一般号召，身子沉不下去，对实际情况不甚了了。三是好大喜功、急功近利，不按客观规律办事，不顾现实条件，提不切实际的高指标，搞违背科学的瞎指挥，导致决策失误，造成严重浪费。四是随心所欲、自搞一套，不认真贯彻执行中央的方针政策和工作部署，甚至搞"上有政策、下有对策"，不仅损害国家的全局利益，而且侵犯群众的切身利益。五是心态浮躁、追名逐利，一事当前，总是算计个人得失，习惯于做表面文章，热衷于搞"形象工程"、"政绩工程"，脱离实际，劳民伤财。六是弄虚作假、欺上瞒下，报喜不报忧，掩盖矛盾和问题，蒙蔽群众，欺骗上级。七是明哲保身、患得患失，在原则问题上采取事不关己、高高挂起的态度，奉行"你好、我好、大家好"的处世哲学，不开展批评，不让人批评，甚至压制批评。八是贪图享受、奢侈浪费，追求低级趣味，热衷于个人享乐，大吃大喝，大手大脚，铺张浪费。九是以权谋私、与民争利，干工作不是先考虑群众利益，而是先考虑小团体、本部门、本单位的利益，乱收费、乱集资、乱摊派，侵害群众利益，甚至中饱私囊。

十是高高在上、脱离群众，对群众的安危冷暖漠不关心，工作方法简单粗暴，甚至肆意欺压群众……官僚主义、形式主义、享乐主义和奢靡之风严重。这些问题同党的宗旨和性质格格不入，同人民群众的利益格格不入。由于这些问题的存在，一些本来可以做好的事情没有做好，一些本来应该解决的问题久拖不决，一些本来可以缓解的矛盾进一步激化。如果不坚决刹住这些不良风气，必将严重削弱党员干部队伍的战斗力，损害党同人民群众的血肉联系，妨碍全面建设小康社会宏伟目标的顺利实现。

在新的历史条件下，面对复杂多变的国际环境，面临艰巨繁重的国内建设任务，中国共产党一定要肩负起自己的历史使命，领导人民推动科学发展，促进社会和谐，实现经济社会全面、协调、可持续发展和人的全面发展，夺取全面建成小康社会新胜利；要坚持立党为公、执政为民，保持党同人民群众的血肉联系，切实把最广大人民的根本利益维护好、实现好、发展好；要全面推进党的建设新的伟大工程，加强党员干部队伍建设，始终保持先进性与纯洁性，提高党的执政能力，都必须大力弘扬求真务实精神、大兴求真务实之风，不断求我国社会主义初级阶段基本国情之真，务坚持长期艰苦奋斗之实；求社会主义建设规律和人类社会发展规律之真，务抓好发展这个党执政兴国的第一要务之实；求人民群众的历史地位和作用之真，务发展最广大人民根本利益之实；求共产党执政规律之真，务全面加强和改进党的建设之实。

——**大兴求真务实之风，要牢固树立马克思主义价值观，一切从人民利益出发。**马克思主义的根本价值追求，是为了争取工人阶级和最广大人民的自由、解放，为了促进和实现人的自由而全面发展。共产党人的一切言论行动，必须以合乎最广大人民群众的最大利益、为最广大人民群众所拥护为最高标准。增强党的宗旨意识，坚持全心全意为人民服务，摆正同人民群众的关系，是坚持求真务实的根本准则。只有始终牢记党的宗旨，坚持一切从人民的利益出发，坚持以最广大人民的根本利益为最高标准，才能从根本上做到求真务实。要在广大党员干部特别是领导干部中深入开展马克思主义群众观点和党的群众路线的教育，使广大党员干部牢固树立人民群众是历史创造者的观点、虚心向人民群众学习的观点、竭诚为最广大人民谋利益的观点、干部的权力是人民赋予的观点、对党负责和对人民负责相一致的观点，坚持立党为公、执政为民，坚持权为民所用、情为民所系、利为民所谋，把最广大人民的根本利益放在首位，自觉用最广大人民的根本利益来检验自己的工作和政绩，做到凡是为民造福的事情就一定要千方百计办好、凡是损害广大群众利益的事情就坚决不办。

——**大兴求真务实之风，要牢固树立马克思主义的真理观，一切从实际出发**。正确认识国情，按照国情制定路线方针政策和开展工作，是坚持求真务实的根本依据。我们想问题、作决策、办事情，要坚持从基本国情出发，老老实实地艰苦创业，踏踏实实地艰苦奋斗。认识规律、把握规律、遵循和运用规律，是坚持求真务实的根本要求。要认清我国的基本国情，深化对共产党执政规律、社会主义建设规律和人类社会发展规律的认识。要在推进各项工作时更好地把握规律性、增强主动性、减少盲目性、克服片面性。只有从实际出发，按照客观规律办事，才能真正牢固树立和深入贯彻落实科学发展观，促进经济社会全面发展和人的全面发展。

——**大兴求真务实之风，要牢固树立马克思主义的实践观，一切从实践出发**。一切从实践出发，就要在实践中认识人类社会发展规律、社会主义建设规律和执政党建设规律，在实践中推进科学发展、促进社会和谐，在实践中坚持和发展中国特色社会主义，在实践中实现国家富强、民族振兴和人民福祉。一定要紧密联系全面建成小康社会的实践，坚持讲实话、出实招、办实事、务实效，把工作的着力点真正放到研究解决改革发展稳定中的重大问题上，放到研究解决群众生产生活中的紧迫问题上，放到研究解决党的建设中的突出问题上。而在抓落实的过程中，要处理好全局与局部的关系，既要坚持从本地区本部门的实际出发，创造性地开展工作，注意克服脱离实际、照本宣科的教条式做法，又要牢固树立全局观念，增强在大局下行动的自觉性，坚决杜绝"上有政策、下有对策"的不良现象；要处理好眼前和长远的关系，既要抓紧解决当前经济社会发展中亟须解决的突出矛盾和问题，切实提高工作效率，认真纠正推诿扯皮、办事拖拉的衙门作风，又要着眼未来发展，建立长效机制，追求长期效果，坚决防止急功近利、寅吃卯粮的短期行为；要处理好继承和创新的关系，既要坚持和发扬行之有效的好传统、好经验、好做法，又要根据新形势新任务的要求，积极推动各项工作与时俱进，坚决克服不思进取、墨守成规的观念和行为。

结　语

以毛泽东为代表的中国共产党人将马克思主义的理论与中国革命的实际相结合，并将马克思主义的科学理论与中国传统文化相结合，提出了"实事求是"的思想路线，开创了理论与实际相结合的光荣传统，此后一代又一代中国共产党人在马克思主义科学理论的指导下，紧密结合各个时期的中国国情和在实践中遇到的新问题，不断丰富实事求是的思想路线，为中国的革命和建设事业提供了重要的思想保证，也为后人留下了宝贵的精神财富。贯彻实事求是思想路线，必须解放思想、与时俱进、求真务实，这是新时期贯彻实事求是思想路线的基本要求。

注　释

〔1〕王夫之：《续春秋左氏传博议·士文伯论日食》。
〔2〕《曾国藩全集·诗文》，岳麓书社1986年版，第166页。
〔3〕《邓小平年谱（1975—1997）》，中央文献出版社2004年版，第721页。
〔4〕《邓小平文选》第二卷，人民出版社1994年版，第114页。
〔5〕《邓小平文选》第三卷，人民出版社1993年版，第10页。
〔6〕《邓小平文选》第二卷，人民出版社1994年版，第143页。
〔7〕《邓小平文选》第二卷，人民出版社1994年版，第143页。
〔8〕《毛泽东哲学批注集》，中央文献出版社1988年版，第9、432页。
〔9〕《毛泽东哲学批注集》，中央文献出版社1988年版，第152页。
〔10〕《毛泽东哲学批注集》，中央文献出版社1988年版，第176页。
〔11〕《毛泽东哲学批注集》，中央文献出版社1988年版，第14页。
〔12〕《毛泽东哲学批注集》，中央文献出版社1988年版，第14—15页。
〔13〕《毛泽东选集》第一卷，人民出版社1991年版，第295页。

〔14〕《毛泽东选集》第三卷，人民出版社 1991 年版，第 801 页。

〔15〕《邓小平文选》第二卷，人民出版社 1994 年版，第 113—114 页。

〔16〕《邓小平文选》第二卷，人民出版社 1994 年版，第 143 页。

〔17〕《邓小平文选》第二卷，人民出版社 1994 年版，第 191 页。

〔18〕《邓小平文选》第二卷，人民出版社 1994 年版，第 364 页。

〔19〕《邓小平文选》第二卷，人民出版社 1994 年版，第 279 页。

〔20〕《邓小平文选》第二卷，人民出版社 1994 年版，第 141 页。

〔21〕《邓小平文选》第三卷，人民出版社 1993 年版，第 369 页。

〔22〕《邓小平文选》第三卷，人民出版社 1993 年版，第 291 页。

〔23〕习近平：《紧紧围绕坚持和发展中国特色社会主义学习宣传贯彻党的十八大精神》，人民出版社 2012 年版，第 5 页。

〔24〕《马克思恩格斯文集》第 2 卷，人民出版社 2009 年版，第 15 页。

〔25〕永嘉二年（208 年）刘渊称帝，建都平阳，国号汉。山西、河北一带的各族胡人以及汉族，纷纷响应。此时晋朝的内讧仍未停止。永嘉六年（312 年）刘聪攻陷洛阳，纵兵烧掠，俘虏晋怀帝。石勒一度攻破豫州、江夏，势力范围西及南阳，北据淮汝，南抵长江。太兴四年（321 年）祖逖病死，石勒又攻占河南。中原遭刘石之乱，人民之荡析离居者，十室而九。

〔26〕刘义庆：《世说新语·言语》。

〔27〕《晋书·范宁传》。

〔28〕顾炎武：《夫子之言性与天道》。

〔29〕顾炎武：《与人书二十五》。

〔30〕《毛泽东选集》第一卷，人民出版社 1991 年版，第 292 页。

新大众哲学·5·历史观篇

人类思想史上的新历史观

关于现实的人及其历史发展的科学

——历史观总论

历史唯物主义即唯物主义历史观,简称唯物史观,是人类思想史上全新的历史观。它揭示了人类社会历史发展的客观规律,是关于社会发展一般规律的科学,也是"关于现实的人及其历史发展的科学"。

历史唯物主义即唯物主义历史观,简称唯物史观,是人类思想史上全新的历史观。它揭示了人类社会历史发展的客观规律,是关于社会发展一般规律的科学,也是"关于现实的人及其历史发展的科学"。它既为人们提供了认识社会历史问题的根本看法,又为人们提供了处理社会历史问题的基本方法,是正确认识人及人类社会,改造人及人类社会,推进人与社会自由全面发展的锐利思想武器。

一、第一个伟大发现

——拨开社会历史的迷雾

马克思的生是伟大的生,马克思的死也是伟大的死。德国工人运动著名活动家梅林(Mehring,1846—1919

年）撰写的《马克思传》忠实地记载了马克思伟大的一生。在《马克思传》最后一章中，梅林充分展示了马克思在生命的最后一年，是怎样为他毕生从事的事业奉献出最后一份力量的热望，是怎样把伟大的共产主义事业同他的生命维系在一起的。

1883年3月14日，英国伦敦，天气阴沉，乍暖还寒。下午两点半，恩格斯按每天一次的惯例来看望马克思。老保姆琳蘅走上楼去，立刻又下来了，说马克思处在半睡状态。当恩格斯走进马克思的房间，发现他在安乐椅上安静地睡着了，但已经永远地睡着了。在两分钟之内，他就安详地、毫无痛苦地与世长辞了，一位最伟大的思想家停止了思想。

马克思的逝世，使人类损失了一个最杰出的头脑。3月17日，马克思被安葬在他夫人燕妮·马克思（Jenny Marx，1814—1881年）的身旁。在伦敦海格特公墓的马克思墓前，恩格斯发表了著名的《在马克思墓前的讲话》，高度评价了马克思作为最伟大的思想家和革命家对于人类思想史和世界工人运动作出的巨大贡献，简短、诚恳而又真实地表述了马克思对于人类所具有的并永远具有的伟大意义：

"这个人的逝世，对于欧美战斗的无产阶级，对于历史科学，都是不可估量的损失。这位巨人逝世以后所形成的空白，不久就会使人感觉到。

"正像达尔文发现有机界的发展规律一样，马克思发现了人类历史的发展规律，即历来为繁芜丛杂的意识形态所掩盖着的一个简单事实：人们首先必须吃、喝、住、穿，然后才能从事政治、科学、艺术、宗教等等；所以，直接的物质的生活资料的生产，从而一个民族或一个时代的一定的经济发展阶段，便构成基础，人们的国家设施、法的观点、艺术以至宗教观念，就是从这个基础上发展起来的，因而，也必须由这个基础来解释，而不是像过去那样做得相反。

"不仅如此。马克思还发现了现代资本主义生产方式和它所产生的资产阶级社会的特殊的运动规律。由于剩余价值的发现，这里就豁然开朗了，而先前无论资产阶级经济学家或者社会主义批评家所做的一切研究都只是在黑暗中摸索。

"一生中能有这样两个发现，该是很够了。"[1]

马克思对整个人类思想发展作出两个最伟大的贡献：一是发现唯物史观；一是发现剩余价值学说。

马克思发现了人类历史的发展规律，创立了唯物史观；运用唯物史观分析资本主义社会，发现了现代资本主义生产方式和它所产生的资产阶级社会的特殊运动规律，创立了剩余价值学说；指明了资本主义必然灭亡的历史趋势和人类社会发展的共产主义前途，揭示了无产阶级的历史使命，找到了工人阶级这一实现深刻社会变革的主体力量，从而使社会主义从空想变成了科学。

唯物史观的创立是马克思对人类思想史的划时代贡献。恩格斯把唯物史观看作马克思的第一个伟大发现。列宁认为，马克思的历史唯物主义是科学思想中的最大成果。

自古及今，人们都在不断地追问社会发展的原因，探索社会发展的规律和趋势，试图解释人类社会何以产生、何以运行、何以发展的问题，提出了各种各样的看法和观点，形成了形形色色的历史观。但社会历史现象的异彩纷呈、繁茂芜杂，又极大地困扰着人们的思想与心灵，使人们在纷繁复杂的社会历史现象面前往往陷于五里云雾，走入思想迷途。

在马克思主义第一个伟大发现产生之前，人类始终陷入唯心主义历史观的思想迷途中而不能自拔。

与以往的唯心主义历史观相反，马克思在考察社会历史、寻找社会发展的真实动因时，不是从主观意识、客观精神、上帝、神意或抽象的人性出发，而是从现实的人及其活动出发，从现实的人的物质生活条件出发。在马克思看来，"有生命的个人的存在"是全部人类历史的第一个前提。人们为了创造历史，必须能够生活。为了生活，就必须进行物质生活资料的生产。物质生产是人类的第一个历史活动，是一切历史的基本条件。追求生存发展需要的满足，是人们的一切思想动机背后最深刻的物质根源；人们所从事的物质资料生产，是社会发展的根本原因。人类社会的经济关系，及其派生的政治关系、思想文化关系等一切社会关系都是在物质生产基础上建构起来的，并随着物质生产的发展变化而发展变化；必须从人类生存发展的物质经济基础出发来说明人类社会的发展变化，来说明一切人类社会历史现象。

唯物史观的创立，是人类思想史上的一场伟大革命，它将唯心主义从社会历史领域中彻底清除出去，从而彻底地改变了历史观领域唯心主义占统治地位的状况，实现了自然观上的唯物主义与历史观上的唯物主义的统一，使马克思主义哲学成为彻底的和完备的唯物主义学说。

马克思的思想照亮了历史的时空，使在黑暗中摸索的人们豁然开朗。他所创立的唯物史观作为关于社会发展的根本动因、总体进程、一般规律和必然趋势的学说，反映了社会历史发展规律，一扫笼罩在社会历史领域的神秘的雾霾，为人们提供了认识社会发展规律、求解社会历史之谜的锁钥；

代表了工人阶级和广大人民群众的利益，为工人阶级推翻资本主义社会，实现阶级解放和全人类解放，指明了前进的方向和道路。在当时，马克思是最遭忌恨和最受诬蔑的人，各国政府——无论专制政府或共和政府都驱逐他，资产者——无论保守派或极端民主派都竞相诽谤他、诅咒他；同时，马克思又是当代和后世最受尊重、爱戴和敬仰的人，他是全世界工人阶级的精神导师，他的理论成为世界社会主义运动的指南。

马克思主义哲学是由辩证唯物主义和历史唯物主义组成的，是马克思主义政治经济学和科学社会主义的思想基础。

——**从马克思主义哲学产生的过程来看，历史唯物主义和辩证唯物主义是同时产生的**。马克思在19岁时是青年黑格尔派的唯心主义者，大学毕业以后，参加了当时德国的政治斗争。通过实际工作，接触到了当时贫苦的农民和工人，发现了农民和工人的物质利益同统治阶级的物质利益的矛盾关系，而物质利益关系是由生产关系决定的，生产关系最终是由生产力所决定的。历史观的重大突破使马克思从唯心主义转向了彻底的唯物主义，同恩格斯一道创立了辩证唯物主义和历史唯物主义哲学体系。

——**从马克思主义哲学整个理论体系的完整性来看，历史唯物主义是整个体系中不可缺少的部分**。从整体上看，如果没有历史唯物主义，也就没有完整的马克思主义哲学世界观。有人对马克思主义哲学有一种误解，认为辩证唯物主义解决自然观问题，历史唯物主义解决历史观问题，历史唯物主义只不过是辩证唯物主义在社会历史领域的推广和应用。这实际上贬低了历史唯物主义的地位和作用。列宁认为，**辩**

证唯物主义和历史唯物主义是一块整钢，密不可分，紧密结合在一起，互为前提而存在，构成马克思主义哲学的整个理论体系。人要认识历史，必须运用辩证唯物主义的基本观点和方法分析社会历史现象，辩证唯物主义为历史唯物主义提供了基本的方法和理论前提。没有唯物辩证法作为理论、方法的前提，就不可能有对社会历史的科学说明，不可能有唯物主义历史观；反过来，没有对社会历史过程的唯物的、辩证的理解，特别是对人类物质实践活动意义的认识，就不能彻底解决物质与精神、存在与意识的关系问题，就不能形成辩证唯物主义的科学理论。辩证唯物主义是自然、社会、人类思维一般规律的概括，既涵盖自然观，又涵盖历史观和认识论。在这个意义上说，如果没有历史唯物主义的创立，也就没有辩证唯物主义的最终形成。历史唯物主义和辩证唯物主义的区分只是相对的，它们作为统一的世界观方法论发挥作用，一起构成马克思主义统一而严整的哲学世界观方法论，成为人类认识世界、改造世界的最锐利的思想武器，成为工人阶级及其政党全部活动的哲学基础。历史唯物主义作为马克思主义哲学的组成部分，一方面同辩证唯物主义是一个完整的整体；另一方面，它又具有相对的独立性，具有相对独立的研究对象、研究范畴和理论体系，具有非常重要的意义。

在马克思主义哲学中，历史观与自然观是有机统一的。马克思主义哲学在自然观中坚持物质第一性的唯物主义基本观点；在历史观中，把唯物主义物质第一性的基本观点贯彻到社会历史领域，运用唯物辩证法，指出人们的生产劳动实践创建了人类和人类社会，揭示了人及人类社会发展的根本原因在于社会的生产方式，发现了人类社会发展的客观规律，从而把唯心主义彻底逐出历史唯心主义的避难所。如果只在自然观中坚持唯物主义立场，而在历史观中仍然坚持唯心主义立场，就不是彻底的唯物主义者，只能是半截子的唯物主义者，上半截是唯物主义，下半截是唯心主义。马克思主义哲学是辩证唯物主义和历史唯物主义的统一。

二、旧历史观的根本缺陷
——罗素悖论与旧历史观的认识难题

马克思创立历史唯物主义之前的一切历史观统统都是旧历史观，旧历史观存在不可克服的根本缺陷，分析旧历史观的根本缺陷可以从悖论说起。

在逻辑学发展史上有一个著名的罗素悖论。罗素（Russell，1872—1970年）是非常有名望的英国现代哲学家和逻辑学家，于1950年获得诺贝尔奖。他所进行的罗素悖论研究推进了逻辑学的分支——数理逻辑的发展，为现代计算机和信息科学技术提供了基础理论支撑。悖论是指自相违背而又无解的难题。据说，公元前6世纪就有古希腊说谎者悖论，大意是：一个希腊人说，所有希腊人都说谎。如果这句话是假的，那么说这话的希腊人也在说谎，这句话就是真的；如果这句话是真的，那么说这话的希腊人并没有说谎，这句话又是假的。究竟是真还是假呢？这就形成了一个自相背离的悖论。悖论问题一开始并没有引起思想家们的重视。直到1901年，罗素发现了"理发师的胡子由谁来刮"的悖论问题，人们才开始对悖论展开深入研究。罗素悖论很简单，讲的是一个小村庄的理发师向村民们宣布了一条不可违背的法规："凡是不给自己刮胡子的人，必须由理发师来刮。"一个聪明的村民问理发师："我的胡子由您来刮，那么您的胡子由谁来刮呢？"这就提出一个深刻的悖论问题：理发师的胡子或者由自己来刮，或者由村民来刮。如果理发师自己刮胡子，按照法规，他的胡子不能由他自己来刮，这同第一种可能性发生矛盾；如果理发师的胡子由村民来刮，按照法规，就必须由理发师刮胡子，这又同第二种可能性发生矛盾。自己刮不行，别人刮也不行，这就陷入了互相违背、二律背反的悖论之中了。罗素悖论至今无解。

旧历史观在对人类及其社会历史产生原因、发展规律和趋势的认识上，似乎也陷入了某种"悖论"。当然，这个"悖论"由马克思破解了。

自人类和人类社会产生以来，人们一直在苦苦思索一个问题：人类社会几十万年、几万年、几千年、几百年、几十年……进步发展、你争我夺、流血死人、改朝换代、兴盛衰亡……究竟是什么东西决定人们的言行，主宰、推动人类及其社会历史产生和发展？社会历史之谜到底是什么？为了揭开这个谜底，人们苦苦追求，久久找不到正确答案。

在马克思主义新历史观产生之前，对人类历史之谜不外乎有两类答案：

——**一类是唯心主义的回答。或是把历史发展归结为神、天命的作用；或是归结为精神的作用**。如将历史发展的根本原因归之于上帝、神灵、天命、神意。孔子（前551—前479年）的得意门生子夏（前507年—？）说"死生有命，富贵在天"[2]，人世间的死生祸福、穷达贵贱、贫富寿夭，都是由天命决定的；中世纪的基督教把社会历史理解为从原罪经赎罪到千年王国和最终审判的演进过程，认为这一切都是由上帝安排的，都体现了上帝的智慧与意志；西方有"上帝造人"说、中国有"女娲造人"说……把神作为人类及其社会的创造者、主宰者和历史发展的第一推动者。

如归之于人的理性、情感、动机、意志的主观唯心主义的主观精神决定论，归之于在自然界和人类社会产生之前就存在的、无人身的客观精神的客观唯心主义的客观精神决定论。

在近代哲学史上，德国产生了一批杰出的哲学家，代表人物有康德（Kant，1724—1804 年）、费希特（Fichte，1762—1814 年）、谢林（Schelling，1775—1854 年）、黑格尔（Hegel，1770—1831 年）和费尔巴哈（Feuerbach，1804—1872 年）。在历史观上，他们虽然坚持了唯心主义立场，但有某些突破性进展，构成了马克思主义哲学的理论来源之一——著名的德国古典哲学流派。

18 世纪末 19 世纪初，德国与英、法等先行进入资本主义的国家相比，长期处于分散的、落后的封建割据状态，严重阻碍了资本主义的发展。德国古典哲学正是这一历史条件下德国资产阶级意识形态的哲学反映，是整个德国经济、政治状况的理论反映，一方面反映了德国资产阶级发展资本主义的革命要求，另一方面又反映了迫于强大封建势力的德国资产阶级的软弱性。这种两面性体现在德国古典哲学思想中，一方面主张辩证法或唯物主义，另一方面又坚持唯心主义。这种状况在德国古典哲学三个代表人物——康德、黑格尔、费尔巴哈身上淋漓尽致地表现出来了。康德、黑格尔坚持唯心主义，费尔巴哈则是形而上学唯物主义的代表。

德国古典哲学创始人康德一生都在企图调和唯物主义和唯心主义，使二者妥协。一方面，他勉勉强强地承认人们之外存在着"自在之物"；但另一方面，他又认为人们对"自在之物"的认识永远停留在表象上而达不到本质，认为"自在之物"是不可能认识的。那么人的认识是从哪里来的？康德主张在人的头脑中存在着一种先于"自在之物"的"先天的认识形式"，认为正是"先天的认识形式"决定了"自在之物"。而这种"先天的认识形式"在伦理道德领域表现为"善良意志"，它是先验的、普遍适用的、永世不变的、至高无上的，从而决定人类社会历史。康德认为历史过程中的一切事件和现象，人们的道德选择和道德行为，都决定于人的理性为道德行为颁布的道德律令，即"绝对命令"。他反对意志他律，主张意志自律，认为人应当完全按照理性为自己订立的法则即道德律令而行动。他说："有两样东西，人们越是经常持久地对之凝神思索，它们就越是使内心充满常新而日增的惊奇和敬畏：我头上的星空和我心中的道德律。"[3]这就是康德的主观唯心主义先验论的历史观。

德国古典唯心主义辩证法大师黑格尔坚持客观唯心主义的"绝对精神决定论"。尽管他已经意识到了人类社会历史的辩证运动规律，但认为在万事万物之上有一个绝对精神，这个绝对精神是自然界和人类历史发展的第一推动者。黑格尔将客观的理性、绝对精神作为世界的本原和历史的主体，认为自然的、历史的和精神的世界的不断运动、变化、转化和发展，都是绝对精神追求自我实现的过程。绝对精神在其发展过程中，经历了逻辑阶段、自然阶段和精神阶段。在逻辑阶段，体现为纯粹概念，具有抽象性的片面性；在自然阶段，体现为自然界，具有物质性的片面性；在精神阶段，体现为人类历史，克服了逻辑阶段和自然阶段的片面性，获得了最全面、最具体、最复杂和最真实的表现。自由是精神的本质，精神的全部发展就是通过自己的活动扬弃外在性而获得自由的过程。在黑格尔看来，理性或绝对精神是社会历史的主体、动力和决定性力量，人不过是理性或绝对精神实现自身的工具和手段。

——**另一类是旧唯物主义的回答**。唯心主义历史观的答案显然是荒谬的，这就导致一些旧唯物主义哲学家试图从物质上寻找历史的最终原因。一些旧唯物主义者虽然在自然观上坚持了唯物主义立场，但在考察社会历史时，却被社会领域和历史过程的特殊性所迷惑，只是看到了人们从事历史活动的思想动机，而没有进一步探究隐藏在思想动机背后的原因；只是看到了在社会历史领域中起作用的精神动力，而没有发现动力的动力是什么，没有看到隐藏在精神动力背后的物质动因，将精神动力看成社会发展的终极原因，从而在历史观上陷入了唯心主义的泥沼。

18世纪法国资产阶级启蒙思想家、资产阶级社会学地理学派创始人孟德斯鸠（Montesquieu，1689—1755年），提出"地理环境决定论"，断言一切民族的道德、政体、法律是由气候、土壤、土地面积大小决定的。他举例说，热带地方的民族缺乏精力与勇气，往往变成奴隶；寒带地方的民族坚韧耐劳，容易保持独立；幅员广大，产生专制；小国寡民，导向民主。他认为，地理环境决定人的理性，人的理性又决定政治、法律制度。孟德斯鸠的地理环境决定论从唯主义命题出发，又返回到人的理性决定社会存在的唯心主义老路上了。

18世纪法国形而上学唯物主义者爱尔维修（Helvetius，1715—1771年）提出"人是环境的产物"的唯物主义命题，然而他所说的环境不是自然环境，不是社会生产方式，而是政治法律制度。他认为制度是由人的理性所决定，从而环境是由人的理性决定的。爱尔维修从唯物主义原则出发，又回到了人的意见决定一切、理性支配世界的唯心主义历史观立场上，陷入了认识"悖论"的恶性循环。

19世纪德国人本唯物主义者费尔巴哈提出"感性的人"决定论。他看到了神造论的荒谬，看到了唯心主义和形而上学唯物主义的缺陷，提出感性的人、肉体的人决定了历史的发展，似乎他的历史观由神、由纯粹理念回到了人，由唯心主义回到了唯物主义。但费尔巴哈是直观的唯物主义者，他只看到了感性的、肉体的、被动存在的、生物学意义上的人，不懂得物质与精神的辩证法，不懂得人的社会性，不懂得实践的人的能动作用。对于感性的人怎样创造历史说不清楚，提出了人类永恒之"爱"决定人的行动，从而决定人类历史的论断。费尔巴哈看似回到肉体的物质存在的人，但结果又回到了"爱"决定一切的空洞无物的唯心主义历史观。

认为人类历史是神、天命、客观精神或主观精神决定的，肯定是荒谬的，但直观地、简单地把历史创造归结为物质，归结为肉体存在的人，仍然还是回到唯心史观的老路上。承认神或精神为第一动力不对，但直观地、简单地、形而上学地承认物质的原因，甚至承认感性、肉体的人的原因也不对，人类似乎在历史观上陷入了某种认识"悖论"。在马克思主义哲学产生之前，在社会历史领域，基本上是唯心主义旧历史观占统治地位。如果没有马克思创立全新的历史观——唯物史观，人类对自身的认识、对社会历史的认识，还会在旧历史观的认识"悖论"中打转转，还会在黑暗中摸索。

综观一切旧历史观，有两个根本缺陷：一是从思想原因而不是从物质经济根源，来说明人类历史活动的动因和社会发展的动力，这就是旧历史观的思想动机论。二是只看到少数历史人物的作用，忽视人民群众是真正的历史主人，抹杀了人民群众在历史发展中的决定作用，这就是旧历史观的英雄史观。英雄史观看不到人民群众创造人类历史、推动社会进步的动力作用，将历史发展的根本原因归之于帝王将相、英雄豪杰的个人意志，认为一个好念头可以使国泰民安，一个怪想法可以使国破家亡、生灵涂炭。英雄史观说到底还是唯心史观。

要走出唯心史观的认识怪圈，既要把唯物论贯彻到历史领域，彻底解决物质第一性和精神第二性的哲学基本问题，又要把辩证法贯彻到历史领域，科学地解决精神对物质的反作用问题，认识到人的主观能动性，认识到社会历史是一个物质与精神相互作用的辩证发展过程。把唯物论和辩证法有机地结合起来，彻底贯彻到历史领域，才能克服旧历史观的根本缺陷，把唯心史观逐出社会历史领域。

在自然界中起作用的是没有人和人的意识参与的、自发的、被动的力量，而在社会历史中起作用的是有思想、有意识、有目的的人，每一个社会现象都留有人的意志的轨迹和烙印。这就很容易造成一种假象，似乎个别英雄人物决定了历史发展，而最终又是英雄人物头脑中的思想动机支配了历史发展，这就是旧历史观永远走不出来的认识悖论，其解不开的死结就是对人在历史活动中的主观能动性、思想意识的作用缺乏科学的认识。社会规律同自然规律不一样，它始终同有意识、有目的的人联系在一起，社会历史离不开人的自觉活动。

夸大社会历史发展过程中人的主观能动性，肯定会得出唯心主义的结论；简单地承认物质是第一性的，把人看作被动的、无意识的自然物，把社会规律完全等同于自然规律，看不到人的自觉活动在历史发展中的创造性作用，表面上看，虽然坚持了唯物主义原则，但实际上却无法说明社会历史的客观规律，最终仍然还是陷于唯心主义的解释。

唯心主义哲学坚持精神是第一性的，当然不可能确立科学的历史观。譬如黑格尔唯心主义哲学，尽管不像神学历史观那样，把人和人类社会说成是上帝和神的作用结果，而且还在历史领域贯彻了辩证法思想，揭示了人类社会历史发展的辩证规律，但只不过是"头脚倒立"地揭示了社会历史发展的客观规律，最终认为绝对精神是社会历史发展的第一推动力。

有些杰出的旧唯物主义者在历史领域坚持了物质第一性的观点，却不懂得历史辩证法，不懂得精神的能动的反作用，从直观的唯物主义立场出发来分析人类社会历史，把历史动力归结为某种僵硬的、被动的自然物，最终又返回到唯心主义的历史观点上。孟德斯鸠、爱尔维修和费尔巴哈就是如此。19 世纪法国复辟时代的历史学家梯叶里（Thierry，1795—1856 年）、基佐（Guizot，1787—1874 年）、米涅

（Minie，1796—1884年）和梯也尔（Thiers，1797—1877年）等人看到了阶级斗争在社会发展中的作用，并试图探讨阶级斗争的经济根源。他们认识到财产关系是一个国家政治制度的基础，而财产关系是由什么决定的呢？财产关系应当由生产关系所决定，而生产关系又是由生产力决定的。他们认识不到这个道理，不得不用"征服"来解释财产关系及其起源，再用人性来说明征服。他们认为在人的本性中有一种征服欲、统治欲，正是人性的征服欲决定了财产关系。这样一来，他们又退回到精神决定历史发展的老路上了。

搞清楚旧历史观似乎不可解的认识"悖论"的症结所在，就可以进一步搞清楚马克思是从哪里入手破解旧历史观所无法解决的认识难题，为人们找到摆脱唯心史观羁绊的科学认识，创立人类思想史上的新历史观。

三、社会历史观的基本问题
——从"灵魂不死"说起

哲学基本问题，即思维与存在，也就是精神与物质的关系问题，源于远古时代人类关于人死之后灵魂是否存在的思考。人死了，灵魂是否还存在？"灵魂不死"的问题，是有了人和人类思维开始，就一直在思索的问题，这就引出了关于"灵魂与外部世界的关系"问题的人类原初之问。随着人类认识的发展，这个问题逐渐由灵魂崇拜的原始迷信演化为社会意识与社会存在的关系问题，同时已构成了思维与存在、精神与物质的关系问题。历史观的基本问题与哲学的基本问题是一致的。只有破解了社会历史观的基本问题，才能战胜唯心史观，成功地创立唯物史观。

社会意识和社会存在的关系问题是社会历史观的基本问题，是哲学基本问题——思维与存在的关系问题在社会生活领域的体现。

社会意识和社会存在的关系包括两层含义：一是谁决定谁，谁是第一性的问题。唯物史观的回答是，社会存在决定社会意识，而不是社会意识决定社会存在，唯心史观则恰恰相反。

二是社会意识与社会存在的同一性问题。唯物史观认为，社会意识反映和认识社会存在，社会意识具有相对独立性，并在一定条件下，对社会存在有一定的反作用；社会存在与社会意识可以依一定条件相互转化。

"物质可以变成精神，精神可以变成物质"[4]，讲的就是社会存在与社会意识的同一性问题。正确的理论一旦为群众所掌握，就可以转化为巨大的能动的物质改造力量，人民群众的物质的能动的实践活动又可以创造强大的精神财富和精神力量。比如，人民群众在社会实践中创造的正确的理论观点、好的文学艺术等精神作品，可以武装人的头脑，鼓舞人的精神，指导人们能动地改造客观世界。

形形色色的不可知论否定社会意识与社会存在的同一性，认为社会意识不可以反映并指导人们能动地改造社会存在。在社会历史领域，任何不可知论的最终结局是陷入唯心史观的泥沼。庸俗唯物论则不认为社会意识具有相对独立性，否认社会意识对社会存在的反作用，不承认社会意识可以转化为物质力量。

社会意识和社会存在关系问题的科学解决，奠定了历史

唯物主义大厦的理论基础，是历史唯物主义理论体系的总纲。

社会存在决定社会意识的原理，为揭开人类社会历史之谜，科学认识人类社会发展规律，破除旧历史观的一切错误观点，建立全新的历史观，打下了第一块牢固的基石。恩格斯指出："人们的意识取决于人们的存在而不是相反，这个原理看来很简单，但是仔细考察一下也会立即发现，这个原理的最初结论就给一切唯心主义，甚至给最隐蔽的唯心主义当头一棒。关于一切历史的东西的全部传统的和习惯的观点都被这个原理否定了。政治论证的全部传统方式崩溃了。"[5]唯物史观关于社会存在和社会意识关系原理的确立，宣告了历史唯心主义旧历史观的彻底破产。

社会存在和社会意识是唯物史观最基本的范畴，是对人们的物质生产和生活过程、精神生产和生活过程两个方面的最一般的概括。

社会存在是人们的物质生产、生活条件和过程，主要是物质资料的生产条件和过程，以及人们在这种过程中结成的物质的社会关系。地理环境、人口和物质生产方式是社会存在的三大要素。

——**地理环境包括地理条件、气候条件、生态环境、自然资源等，它提供生产和生活资料的来源，是人类社会存在和发展的必要的物质前提。** 人们通过劳动创造财富，但如果只有劳动，而没有劳动对象，没有地理环境所提供的各种资源，劳动也无法创造出财富来。正如马克思所说："劳动不是一切财富的源泉。自然界同劳动一样也是使用价值（而物质财富就是由使用价值构成的！）的源泉，劳动本身不过是一种自然力即人的劳动力的表现。"[6]地理环境通过影响生产布局和产业结构，而对社会发展起着加速或延缓作用。

——**人是社会生产和社会生活的主体，是人类社会历史发展能动的自然要素，人口的数量、密度、素质、结构等对于社会的发展具有重要作用。**

——**物质资料的生产方式则对社会的存在和发展具有决定性的作用**。人们在物质生产过程中，一方面，要运用劳动资料作用于自然界，与自然界进行物质变换，从而形成现实的生产力。而为了进行物质生产，就必须进行分工协作，形成人与人之间的经济关系即生产关系。而一定的生产力和一定的生产关系的有机统一，就构成了作为社会存在和发展的决定力量的生产方式。物质资料的生产方式决定着社会的结构、性质和面貌，有什么样的生产方式便有什么样的社会形态；物质资料的生产方式发展变化决定整个社会历史的发展变化和社会形态的更替。

社会意识是人们的精神生产和生活过程，是社会存在的反映。

从意识的主体性质来说，包括个人意识和社会意识；从意识的内容特征来说，包括低级形式的意识，即社会心理，还有高级形式的意识，包括观点、思潮、思想、学说等意识形态的内容。社会心理是人们的感情、态度和欲望，这是一个心理状态的东西，不是理性状态的东西。社会心理又包括个体心理和群体心理两方面。个体心理就是个人的心理态度，群体心理就是群体的共同的心理态度。高级形式的意识实际上是观点、思潮、思想、学说等上升到理性高度的意识，即上层建筑中的意识形态部分，以及自然科学、语言学、逻辑学等非意识形态部分。哲学属于意识形态。社会意识是由社会存在决定的，是社会存在的反映。社会意识的全部内容都是由社会存在决定的，人类社会意识的发展变化，归根结底是由社会存在的发展变化决定的。在阶级社会中，每一种阶级意识都是特定阶级、阶层、集团等的地位和根本利益的反映。

社会存在与社会意识关系的原理告诉我们：

——**社会存在是唯物史观的基本出发点**。社会存在决定社会意识，只能从社会存在，主要是从社会生产方式出发，从经济基础出发，来说明上层建筑，来说明社会意识，来说明社会历史，而不是相反。

——**生产的观点是历史唯物主义的核心要点**。人类的社会生产创造了人和人类社会，既是促进社会形成的决定性力量，又是社会有机体赖以存在的基础。

——**社会基本矛盾理论是历史唯物主义的基本原理**。马克思提出了科学的生产关系范畴，把生产关系的发展归结为生产力的最终作用，把生产关系总和概括为社会经济基础，又形成了基于经济基础之上的、为一定经济基础服务的上层建筑范畴，内在地发现了它们之间的全部运动关系，从而找到了说明全部社会问题的科学基础。生产力与生产关系、经济基础与上层建筑，构成了社会有机体的基本框架和要素，它们之间对立统一的矛盾运动，是社会历史的基本矛盾，推动着人类社会不断地向前发展。

——**阶级和阶级斗争、国家和社会革命理论，是唯物史观的重要思想**。在阶级社会中，社会基本矛盾在人与人的关系上表现为阶级矛盾。有阶级必然就有阶级差别、阶级矛盾和阶级斗争。阶级斗争的结果是统治阶级建立军队、法庭和监狱，于是国家便出现了，国家是阶级统治的工具。社会革命是革命阶级夺取国家政权，推翻旧的国家制度，建立新的国家政权的社会变革。阶级、阶级斗争，国家和社会革命的理论是历史唯物主义对阶级社会的科学解读。

——**群众观点，是唯物史观的主要观点。人民群众是历史的创造者**。一切从人民群众的利益出发，一切为了群众，一切依靠群众，从群众中来，到群众中去，是从唯物史观得出的必然结论。

历史唯物主义坚持社会存在决定社会意识，同时也重视社会意识的相对独立性及其对社会存在的反作用。

唯物史观认为，社会存在是第一性的，决定社会意识，并不等于否定社会意识的能动性。社会意识的能动性表现为社会意识的相对独立性，可以超前或落后于社会存在。比如，我国虽然处在社会主义初级阶段，但我们共产党人所遵循的马克思主义世界观、共产主义远大理想，已经超越社会主义初级阶段，具有一定的先进性和前瞻性。我国社会主义初级阶段占统治地位的是以公有制为主体、多种所有制并存的经济基础，封建土地私有制的经济基础已经不复存在了，但是根深蒂固的封建主义思想残余仍然在思想文化领域存在，具有一定的滞后性和落后性。

社会意识的能动性还表现为对社会存在的反作用力，这种反作用力有积极作用和消极作用两个方面。正确的社会意识指导是社会发展的正能量，错误的社会意识指导是社会发展的负能量。社会意识的积极作用表现为先进的社会意识可以指导人们的社会实践，社会意识的消极作用表现为落后的社会意识可以误导人们的社会实践。在实际工作中，忽视或否认社会意识的积极作用，不重视理论的指导作用，不重视思想道德的作用，就会陷入形而上学、机械论，而否认社会存在对社会意识的决定作用，片面地夸大社会意识的作用，则会陷入唯意志论、唯我论。在"文化大革命"期间，"四人帮"反党集团在哲学上片面夸大社会意识的反作用，大肆鼓吹"天才论""精神万能论"和"上层建筑决定论"等，从根本上颠倒了社会存在与社会意识的关系，造成唯心主义泛滥，严重破坏了我国社会主义建设事业。

在马克思主义产生之前，不论唯心主义还是唯物主义，一切旧历史观都不能解决历史领域社会存在与社会意识的关系问题。

列宁在揭露唯物史观产生之前旧历史观的重要缺陷时，揭示了旧历史观的认识根源。列宁指出："发现唯物主义历史观，或者更确切地说，把唯物主义贯彻和推广运用于社会现象领域，消除了以往的历史理论的两个主要缺点。第一，以往的历史理论至多只是考察了人们历史活动的思想动机，而没有研究产生这些动机的原因，没有探索社会关系体系发展的客观规律性，没有把物质生产的发展程度看作这些关系的根源；第二，以往的理论从来忽视居民群众的活动，只有历史唯物主义才第一次使我们能以自然科学的精确性去研究群众生活的社会条件以及这些条件的变更。"[7]旧历史观正是利用和夸大了人类社会历史中人的主观能动性的特殊作用，从而把意识、精神当作历史发展的决定性力量，把少数英雄豪杰说成历史的真正主人，进而把神力、精神力量说成历史的终极动力，没有看到物质生产和生活过程的决定作用、物质生产力对人及其社会发展的决定意义,没有看到人民群众在历史发展中的作用。

唯心主义之所以在历史观上占据统治地位,不仅有认识根源,还有社会历史的、阶级的原因。无限夸大人的主观能动性无疑是一切唯心主义旧历史观的认识根源,而剥削阶级的偏见是旧历史观不可能客观地观察社会历史现象的阶级局限。从社会客观条件来说,生产规模的狭小也限制了人们观察历史现象的眼界。

在资本主义大工业出现之前,生产落后、经济发展缓慢,阶级关系被等级制度所掩盖,人们很难从复杂的社会现象中找出阶级原因,再从阶级原因背后找出历史的经济根源,即从物质生产资料生产的发展中找到历史发展的真正动力。19世纪40年代,世界社会历史条件发生了根本变化,资本主义大生产的迅猛发展引起社会生活的深刻变化,把社会历史的因果联系、重大历史事件的经济根脉暴露出来,使得资产阶级和无产阶级两大阶级关系简单化、明朗化,这就为彻底揭开历史之谜提供了客观可能性。工人阶级作为独立的、代表先进生产力和先进世界观的先进阶级登上政治舞台,对历史的考察必然采取科学的态度。这些主客观条件的具备,使唯物主义新历史观代替唯心主义旧历史观成为可能。

四、社会生活在本质上是实践的
——解开人类历史奥秘的金钥匙

人和人类社会是从哪里来的?是怎样产生、变化和发展的？怎么解释说明人类社会的一切现象和问题？一句话，如何破解旧历史观的认识"悖论"，如何揭开人类社会历史之谜？这就要找到打开人类历史秘密之门的金钥匙。这把金钥匙就是马克思所创立的实践（首先是生产劳动实践）范畴，正如恩格斯所说："在劳动发展史中找到了理解全部社会史的锁钥的新派别。"[8]

马克思主义新历史观正是在解决社会历史基本问题的前提下，揭示了实践在人类产生及人类社会的形成、发展过程中的地位和作用，才得以创立。

马克思主义唯物史观突破旧历史观的所谓认识"悖论"禁锢，面临的第一个认识问题是：必须首先解决在社会历史领域怎样坚持存在决定意识这个唯物主义原则的问题。然而，解决了存在第一性、意识第二性的问题，并不等于解决了对全部历史的科学认识问题。这就要同时解决第二个认识问题：必须找到在社会历史领域存在与意识相互作用的结合点和突破口。

一切旧历史观，包括旧唯物主义的历史观，都是唯心主义历史观。马克思是通过什么途径，从哪里开始克服旧历史观的根本缺陷，建立唯物主义新历史观的？法国18世纪唯物主义的历史观认为"人是环境的产物"，然而又陷入"意见支配世界的矛盾"；空想社会主义历史观看到了生产因素在社会发展中的作用，然而逃脱不了人类历史是理性进化的历史唯心主义结论；法国复辟时代历史学家发现了阶级斗争在社会发展中的作用，并试图探讨阶级斗争的经济根源，然而却用征服来说明经济关系，并且用历史之外的人性来证明征服的起源；黑格尔把绝对精神说成是社会历史的动力，在唯心主义前提下,纠正意见支配世界的观点,企图从历史本身,而不是从历史之外去寻找历史发展的动因,但最终回归到绝对精神上;费尔巴哈表面上把历史归结为人的历史,但由于他讲的人是抽象的人,因而历史也不过是抽象的人的本质的历史,还是陷在唯心史观的老圈子里。尽管他们都在力图找寻历史的动因,但终又回到精神动因的解释上。这说明有一个基本认识问题需要解决,只有解决了这个认识问题,才能克服旧历史观徘徊不前的状况。

怎样才能找到既克服唯心主义、坚持唯物论,又克服形而上学、坚持辩证法,走出唯心主义泥坑的逻辑起点呢?吸取旧历史观失败的教训,在考察社会历史发展规律时,既要考虑到社会历史发展的物质原因,又不能囿于旧唯物主义的物质动因说,而要寻找与人的主观能动性相联系、相一致的物质根源。也就是说,要找到既体现社会历史发展规律的客观物质性,又体现出人的历史活动的能动性,二者统一于一体的社会历史范畴,才能最终摆脱唯心史观的束缚。

旧唯物主义的历史观坚持物质存在第一性的原则,但为什么在历史观上却仍然是唯心主义的呢?马克思在《关于费尔巴哈的提纲》中指出:"从前的一切唯物主义——包括费尔巴哈的唯物主义——的主要缺点是:对对象、现实、感性,只是从客体的或者直观的形式去理解,而不是把它们当做人的感性活动,当做实践去理解,不是从主体方面去理解。"[9]

马克思创造性地提出了社会实践观点,彻底破解了由旧历史观,特别是旧唯物主义的历史观向新历史观转变的理论难题,第一次从根本上批判了一切旧历史观的局限性,第一次把社会实践当作历史（辩证）唯物主义的基本范畴提出来，说明实践是社会生活的基础，是人类社会生活的本质，从而把社会历史的第一前提看作现实的个人所从事的物质生产活动实践，把社会发展更看成人的物质生产实践的活的历史，看成进行物质生产资料生产的劳动群众实践史，从而找到了说明社会历史现象的逻辑起点，揭示了社会历史的客观规律。

马克思主义哲学认为，旧的唯物主义的历史观，包括费尔巴哈人本主义历史观的认识缺陷是：看不到社会实践的作用，离开社会实践去理解客观事物、理解人，因而只能形而上学地把人与环境对立起来。他们把客观世界仅仅看成了人的认识对象，而不是人的改造对象；把人看成单纯的、被动的感性客体，而没有看成是从事实践活动的人，忽视了人对客观外界的能动的改造活动；看不到人们对客观世界的认识是在改造客观世界中形成的。他们在认识上，对人类社会历史现象只是从客体的或者直观的方面去理解，而不是从主体方面、从主客体对立统一方面来认识人及人类社会，没有把人类社会历史当作人的感性活动，当作人的社会实践来理解。旧唯物主义只看到人受制于自然环境，把人看作纯自然的、环境的受动者，是摆脱不了唯心主义的纠结的。譬如，拉美特利（La Mettrie，1709—1751 年）认为人是机器、人是自然产物，只看到了人的自然属性的一面。费尔巴哈似乎比他的前辈们高明，把人看作一个有血有肉、有意识、有理性的感性存在物，认为人是感觉的动物，是感性客体，但他不懂人的感官是长期实践的结果，人及人类社会是长期实践的产物，不懂得人不仅是感性的客体，而且还是感性的主动者，只能从人的自然肉体自身来认识社会历史规律。费尔巴哈一类旧唯物主义思想家自以为从自然客体角度解释人是最"唯物"不过的了，可是，最终不可避免地退回到"爱"支配环境、理性决定一切的老路上去。黑格尔紧紧抓住了旧唯物主义的这个"小辫子"，看到了人的能动性，单纯从主体方面去考察人，唯心主义地扩大、发展了人的主观能动的方面，必然陷在唯心主义的泥坑里。一切旧历史观，无论唯心主义的，还是旧唯物主义的，无论是从客体方面来认识人与社会，还是从主体方面来认识人与社会，之所以在社会历史问题上陷入历史唯心主义的泥坑，逃脱不了唯心主义的厄运，认识论上的一个重要原因，就是在人与外部环境的关系上，在存在与意识的关系上，不能从主—客体统一的角度来考察、来说明；之所以不能从主—客体统一的角度来说明问题，就是没有找到人的社会实践这个联结主—客体的关键环节。马克思确立了实践在社会生活中的地位，跳出一切旧历史观的认识怪圈，开启了正确认识人及人类社会之谜的大门。

马克思新历史观的革命意义在于把革命实践理解为"改变世界"的物质的能动的活动，认为"社会生活在本质上是实践的"[10]。实践是人的有意识、有目的、物质的能动活动，是人积极改造世界的能动的物质活动。

旧历史观，包括费尔巴哈人本主义历史观在内，就是因为离开实践去观察社会生活，因而无一例外地都陷入唯心史观。坚持实践的观点，也就在社会历史领域坚持了物质第一性的唯物主义原则。**人既是实践的主体，又是实践的客体。人是能动的实践活动的主体，人自身、其活动内容都是客观**

的、物质的，人同时又是社会实践的客体，即实践对象，人本身就是社会实践的产物，是社会实践改造并创造的客体，人的实践过程就是人与物质世界的物质、能量、信息的交换过程。人既是自然和社会环境的产物，又是自然和社会环境的创造者。人们所生活的物质生活环境（包括人们生活于其中的现成的自然环境，经过人们改造的自然环境，以及人们所创造的社会环境）是人们实践的结果，人类社会历史的发展过程就是人类社会实践的过程；人不断地改造客观环境，客观环境也不断地改造人。人的社会实践过程既有主体性质，又有客体性质，人的实践过程就是能动的主客体统一的发展过程，人们在改造客观世界的实践活动中，不断地改造作为客体的自身，人和人类社会永远不是一个样子，这就在社会历史领域坚持了唯物主义辩证法的原则。只有从人的物质实践活动这个基本前提出发，才能正确认识人及人类社会。把劳动实践作为揭开社会历史秘密的逻辑起点，既能避免机械的、庸俗的唯物主义，又能避免唯心主义。

马克思主义新历史观认为，人要满足自身生存的生命需要，必须从事物质的生产劳动活动，通过生产过程改造自然，从大自然中获取生活资料，人的生产劳动实践是人类第一个历史活动，是人类的最基本的实践活动。

只有从劳动实践入手，才能找到人及人类社会何以产生的真正原因。人是劳动的产物，劳动创造人、改造人。人既是劳动的客体和对象，同时又是劳动的主体。劳动实践既是社会的客观物质力量，又高于一般物质力量，是有精神活动的、有意识的、能动的主体力量的客观运动。劳动充分体现出物质与精神、存在与意识、主体与客体、客观规律的物质性与人的主观能动性的辩证统一，充分体现出人民群众的物质力量。

恩格斯在《劳动在从猿到人转变过程中的作用》一文中，**运用马克思主义的实践观科学地说明了劳动使猿变成人的作用，从劳动实践概念入手，认识到人类的劳动实践活动创造了人和人类社会，科学地说明了人类及其社会的起源和发展。**

全世界的考古学家在世界各地对猿人化石的不断发现，从实证的角度证明了马克思主义劳动实践使猿变成人的科学论断，确凿无误地证明了新历史观的科学性。1901年，荷兰籍医生、解剖学家杜布瓦（Dubois，1858—1940年）在爪哇梭罗河边发现了一种已灭绝了的生物的遗骨化石，它具有人和猿的两重生活构造特征。杜布瓦把它命名为"直立猿人"，认为这是从猿到人的过渡阶段的中间环节之一。这一发现和命名立即在全世界引起了一场关于人类起源的激烈争论，这场争论一直到1929年12月发现了北京猿人才宣告结束。1921年8月，瑞典地质学家安特生（Andersson，1874—1960年）、美国古生物学家格兰阶（Granger，1872—1941年）和奥地利古生物学家师丹斯基（Zdansky，1894—1988年），在北京周口店龙骨山发现了北京人遗址。从1921年起，中国考古学家对遗址进行发掘，陆续发现了不少古人类化石，还有大量的石器和石片，共10万多件。特别是1929年12月2日，发掘到第一个头盖骨，它很像人的头盖骨。后来又发掘了5个北京猿人头骨化石。经过研究，确认这是50万年前猿人的头盖骨，定名为"中国猿人"或"北京猿人"，在人类分类学上叫直立人。北京猿人身材粗短，男性身高约 156 厘米，女性身高约 144 厘米。前额低平，眉骨粗大，颧骨高突，鼻子宽扁，嘴巴突出，头部微微前倾，脑量平均仅有 1000 多毫升。当时的北京猿人已经学会制造骨角器以及使用火和保存火种。北京猿人尚属直立人，还存有古猿的特征。遗憾的是，新中国成立前所发现的北京猿人化石材料，特别是其中 5 个完整的头盖骨，1941 年 12 月太平洋战争爆发的时候，被弄得下落不明了。新中国成立后，经过我国科学工作者的努力，又在周口店发掘到许多北京猿人的材料。特别是在 1966 年，又挖掘出一个头盖骨。北京猿人的整体发现，揭示了从猿到现代人转化的中间状态。科学家将同一进化程度的人类统称为猿人，猿人是从猿到人的过渡阶段的中间环节之一，恩格斯称之为"完全形成了的人"。猿人分为早期猿人和晚期猿人。属于早期猿人的人类的化石，有 1960 年在东非坦桑尼亚西北部发现的"能人"，1972 年在东非坦桑尼亚特卡纳湖发现的 knmer1470 号人等，他们生活在距今 170 万年至 300 万年之间。属于晚期猿人有印度尼西亚的爪哇直立人、莫佐克托人，欧洲的海德堡人，我国的元谋人、蓝田人、巫山人和北京猿人等，生活在距今 50 万年至 200 多万年之间。

  后来中国考古工作者又在北京猿人遗址顶部洞中发掘了山顶洞人，山顶洞人则属于晚期智人，比北京猿人智商更高。虽然山顶洞人仍用打制石器，但已掌握了磨光和钻孔技术。他们靠采集、渔猎为生，已学会人工取火，用骨针缝制衣服，并能走到很远的地方同别的原始人群交换生活用品。女性在社会生活中起着主导的作用，按母系血统确立亲属关系。一个氏族有几十个人，由共同的祖先繁衍下来。他们使用共有的工具，共同劳动，共同分配食物，没有贫富贵贱差别。山顶洞人的体质已有很大进步，脑量已达 1300—1500 毫升，男性身高约为 174 厘米，女性身高约为 159 厘米。这些特征和现代人已基本一致了。从北京猿人和山顶洞人可以看出，即使在原始社会，人与社会的生存与发展也是以制造和使用工具、进行物质资料生产为基础的，它决定着人类体质和脑力的发展状况，决定着人类的生存与社会的发展状况。以生产工具为主的劳动资料不仅是人类劳动力发展的测量器，也是劳动借以进行的社会关系的指示器。原始社会与现代社会在发展程度上是不可比拟的，但在物质生产的决定性与社会发展的规律性问题上，原始社会与现代社会又是相通的。我们要研究社会发展的历史，探究社会发展的规律，就不能不从物质生产劳动入手，从人们的经济关系开始。

自然界是人与人类社会产生、存在和发展的先在条件，人产生于自然界并与自然界一起发展起来。没有自然界，人类就不能产生，也不能生存和发展。人类社会与自然界紧密相连，人类社会的发展规律受整个物质世界的运动规律所制约和支配。但人类并非自然界自然而然的产物，而是劳动的产物；人类并非靠本能被动地适应自然，而是自觉能动地改造自然；社会发展的最终决定力量不是精神、意志、神灵，而是作为人类改造自然、满足自身生存与发展需要的能力的生产力，是人的劳动实践。

劳动是人类自我创生的方式。人是自然界长期进化的最高产物，又是生产劳动的产物。距今七八百万年以前，由于地形和气候巨大变化的影响，原先茂密的森林逐渐变得稀疏，林中空地不断扩大，最终被草原所取代。生活在这里的一些古猿逐渐由树栖生活转到地面生活，最终进化成人类；而继续留在森林中的古猿则进化成了类人猿。古猿来到空旷的地面上生活，逐渐能够使用树枝和石块等防御猛兽袭击，挖掘植物根茎食用。在这个过程中，古猿的身体结构发生了重大变化，最重要的是由四肢行走变为两足直立行走，使前肢从用来行走和支持身体中完全解放出来，为进行各种活动创造了条件，同时也为脑的进一步发展和增大创造了条件。人类祖先在使用天然工具的过程中，逐渐学会了制造工具。在制造和使用工具、从事共同劳动的过程中，其大脑越来越发达，并逐渐产生了语言，形成了人类社会。制造和使用生产工具进行物质生产劳动，一方面改造了自然，获得了生存发展的物质资料；另一方面也改造了人自身，成为有别于动物的有目的、有意识的社会性的存在物。

劳动是人类社会产生与发展的根据。现实的人的存在是人类历史的经常性的前提，也是劳动以及其他历史活动的经常性的结果。马克思正是在劳动发展史中，才找到理解全部社会史的锁钥，这样也才能理解"整个所谓世界历史不外是人通过人的劳动而诞生的过程"[11]。人们为了创造历史，必须能够生活，而为了生活，必须进行物质生产。为了进行物质生产，就必须结成一定的经济关系，进而结成政治关系、思想文化关系等一切社会关系，以交换其活动、实现其利益。由于人的主体能力的不断提高，活动范围的不断扩大，活动程度的不断加深，同时更由于人的生存与发展需要创造越来越多的社会财富，因而劳动是需要反复进行和发展深化的。由于以物质生产劳动为基本活动的社会实践的反复进行，由于劳动的需要而产生的越来越复杂的社会分工，必然创造出越来越复杂而完善的社会关系。

——**劳动实践是人的生命存在和全部社会活动的前提和源泉**。马克思说过:"任何一个民族,如果停止劳动,不用说一年,就是几个星期,也要灭亡,这是每一个小孩都知道的。"[12]作为生命存在的人首先必须解决吃、穿、住的问题,因此只有生产生活资料的劳动,才能解决人的生命存在的问题。劳动创造了人类生活所必需的全部物质条件和精神条件。

——**劳动实践是人类全部社会关系形成和发展的基础**。劳动不仅生产出为人们社会生活所必需的全部生活资料,而且同时也生产着人与人之间的社会关系。人们首先在劳动中结成一定的生产关系,由此才产生人们之间其他的生活的、思想的、伦理的、家庭的关系,人的复杂的社会关系就是在劳动的基础上形成的。

——**劳动实践是人类历史发展的基始推动力**。在劳动这个人类最初的最基本的社会实践形式中,从一开始就包含有机体未来发展的一切萌芽,预示着社会物质生活和精神生活从低级向高级的发展。人的劳动实践创造是促使社会历史发展的根本推动力量。

五、自原始公社解体以来的人类历史都是阶级斗争的历史
——毛泽东与梁漱溟的一场争论

自原始共产主义社会解体以来,迄今为止存在剥削制度的社会都是阶级社会,阶级、阶级矛盾与阶级斗争的存在是

阶级社会的客观事实，阶级斗争是阶级社会发展的直接动力，阶级和阶级斗争理论是马克思主义哲学的基本原理。

1938年1月的一个冬夜，在延安的一间窑洞里，毛泽东与来访的传统文化代表梁漱溟（1893—1988年）进行了一场颇具意义的争论。争论从梁漱溟的《乡村建设理论》开始。梁漱溟提出，"中国的社会贫富贵贱不鲜明、不强烈、不固定，因此阶级分化和对立也不鲜明、不强烈、不固定。这种情况在中国历史上延续了一二千年，至今如此"[13]，因而不必发动社会革命，只需进行改良主义的"乡村建设"。相反，毛泽东认为，当时的中国农村无疑是封建社会，存在着尖锐的、不可调和的阶级矛盾和阶级斗争，走改良主义道路是行不通的，只有通过彻底的革命才能解决中国问题。至天明，这场争论依旧在进行，谁也没有说服谁。最后，毛泽东对梁漱溟说："我们今天的争论可不必先作结论，姑且存留听下回分解吧。"[14] 11年后，毛泽东领导的中国革命取得了辉煌的胜利，为这场争论画上了圆满的句号，也使梁漱溟心悦诚服。回顾这场争论，可以发现，是否科学地认识到阶级、阶级矛盾和阶级斗争及其在社会发展中的作用，不仅关系到能否从总体上把握中国社会面貌，而且也关系到工人阶级政党能否制定出正确的路线方针政策。

阶级是客观存在着的一种社会现象，阶级与阶级斗争理论是马克思主义的一个基本观点，然而最早发现阶级和阶级斗争的，并不是马克思和恩格斯。马克思主义的伟大之处不在于承认不承认阶级与阶级斗争，而在于在阶级与阶级斗争问题上提出了超越资产阶级思想家的唯物主义历史观的科学认识。坚持马克思主义阶级和阶级斗争理论是一个基本立场

和基本方法问题。

自从人类社会进入奴隶社会，经过封建社会，到资本主义社会，在这漫长的历史长河中，一直存在阶级、阶级差别、阶级矛盾和阶级斗争。在奴隶社会和封建社会，阶级和阶级斗争事实被纷杂的社会矛盾、森严的等级制度等表面的社会现象所掩盖，再加上统治阶级的欺骗宣传，不易被人们所认识。到了近代资本主义社会，随着大工业发展，阶级关系变得越发简单明了，各个阶级同经济活动的联系更直接、更明显。正如《共产党宣言》所指出的那样："资产阶级撕下了罩在家庭关系上的温情脉脉的面纱，把这种关系变成了纯粹的金钱关系。"[15] 这就为人们正确认识阶级与阶级斗争提供了客观条件。

在马克思之前，资产阶级思想家已经发现资本主义社会中有阶级的存在，发现了各阶级之间的斗争。

马克思曾说过："无论是发现现代社会中有阶级存在或发现各阶级间的斗争，都不是我的功劳。在我以前很久，资产阶级历史编纂学家就已经叙述过阶级斗争的历史发展，资产阶级经济学家也已经对各个阶级作过经济上的分析。"[16] 英国资产阶级古典经济学的重要代表人物亚当·斯密（Adam Smith，1723—1790 年）和大卫·李嘉图（David Ricardo，1772—1823 年），第一次从经济上揭示了资本主义社会的阶级结构和阶级分野。他们认为，资本主义社会有三大基本阶级：地主阶级、工人阶级和资产阶级，他们分别以土地地租、劳动工资和资本利润为其经济收入；同时，揭示并说明了阶级以及阶级之间的经济对立。梯叶里、基佐、米涅等已经叙述了中世纪以来阶级斗争的历史发展，指出这是理解中世纪以来法国历史的钥匙,是当时历史发展的动力。19世纪空想社会主义者也意识到了阶级与阶级斗争,恩格斯认为圣西门(Saint-Simon,1760—1825年)"认识到法国革命是贵族、资产阶级和无财产者之间的阶级斗争,这在1802年是极为天才的发现"[17]。但由于他们都是站在唯心史观的立场上,并不认识资本主义生产方式的内在矛盾,不可能揭示阶级产生的根源和消灭的途径。

马克思主义的功劳仅仅是科学地说明了阶级和阶级斗争问题。

资产阶级思想家既不能科学揭示阶级产生的根源,当然也不可能指出消灭阶级的正确途径。对阶级进行科学认识,这一任务是由马克思来完成的。在资产阶级思想家已有的思想成果基础上,**马克思在给约瑟夫·魏德迈**(Jose-pheydemeyer,1818—1866年)**的信中谈到**,关于阶级和阶级斗争,"我所加上的新内容就是证明了下列几点:(1)阶级的存在仅仅同生产发展的一定历史阶段相联系;(2)阶级斗争必然导致无产阶级专政;(3)这个专政不过是达到消灭一切阶级和进入无阶级社会的过渡"[18]。

——"**阶级的存在仅仅同生产发展的一定历史阶段相联系**",**指出了阶级的产生和消亡的历史条件**。阶级是一个历史范畴,它的产生和消亡是一个历史过程。阶级的产生只是社会生产力发展到一定历史阶段,出现了剩余产品,有了旧式分工和私有制,才出现的。阶级随着生产力的发展也会走向消亡。当生产力发展到一定程度,旧式分工和私有制消灭时,阶级也就消亡了。可见,阶级的产生和消亡是和生产力发展状态与私有制的存亡完全连在一起的,阶级仅仅同生产发展的一定历史阶段相联系，阶级不是永恒的。

——**"阶级斗争必然导致无产阶级专政"，指出了阶级斗争的前途**。在资本主义社会，整个社会分裂为无产阶级和资产阶级两大对立阶级，在发展现代生产力的同时，也造就了资本主义的掘墓人。由于资本主义社会的国家政权是资本借以压迫劳动的专制机器，因而无产阶级在阶级斗争中不能简单地掌握现成的国家机器，并用以达到自己的目的。而是要开展社会革命，乃至暴力革命，打碎资产阶级旧的国家机器，使自己上升为社会的统治阶级，建立无产阶级专政。只有运用无产阶级专政，无产阶级同时使整个社会摆脱一切剥削压迫、阶级差别和阶级斗争，才能使自己从资产阶级的奴役下解放出来。

——**"这个专政不过是达到消灭一切阶级和进入无阶级社会的过渡"，指出了阶级消亡的途径**。无产阶级专政是要达到无阶级社会必须经过的唯一途径。阶级的产生是个自发过程，但阶级的消亡不是自发的。不能说生产力发展起来以后，阶级自然就没有了。阶级消亡必须经过无产阶级专政的途径。无产阶级专政是为了达到消灭阶级的目的而必须采取的阶级专政的形式，是由阶级社会向无阶级社会过渡的一个桥梁，人类社会必定走向无阶级的社会。在我国，人民民主专政是无产阶级专政的表现形式，是对人民实行民主和对敌人实行专政的有机统一，承担着消灭一切阶级和进入无阶级社会的历史使命。

——**阶级是一个经济范畴，阶级的划分依据经济原因，经济关系是衡量阶级的根本标准**。马克思主义认为："社会阶级在任何时候都是生产关系和交换关系的产物，一句话，都是自己时代的经济关系的产物。"[19]阶级是特定历史时代经济关系的产物，人们对生产资料的占有关系，在社会生产中的地位和作用，是划分阶级的根本标准。列宁按照马克思主义的基本观点给"阶级"下了明确的定义："所谓阶级，就是这样一些大的集团，这些集团在历史上一定的社会生产体系中所处的地位不同、同生产资料的关系（这种关系大部分是在法律上明文规定了的）不同，在社会劳动组织中所起的作用不同，因而取得归自己支配的那份社会财富的方式和多寡也不同。所谓阶级，就是这样一些集团，由于它们在一定社会经济结构中所处的地位不同，其中一个集团能够占有另一个集团的劳动。"[20]阶级的本质是经济关系，是由人们对生产资料的占有不同而决定的。一是对生产资料的占有不同；二是在劳动组织中所起的作用不同；三是在生产体系中所处的地位不同；四是领得自己支配的那份社会财富的方式和多寡也不同。人们在社会经济结构中所处的地位不同，其中一个集团能够占有另一个集团的劳动，正是这样的经济关系决定了阶级划分的标准。可见，划分阶级最根本的依据只能是经济标准，即看人们在劳动中以什么方式占有生产资料，在劳动中的地位和作用如何，以什么样的方式分配劳动成果。

——**阶级是一个历史的范畴**。阶级不是永恒的，人类社会经历无阶级社会——原始共产主义社会，阶级对立社会——奴隶社会、封建社会、资本主义社会，再到共产主义社会的第一阶段——社会主义社会，经过阶级逐步消亡的过渡，最后将达到更高阶段的共产主义社会。阶级有一个产生、发展到消亡的过程。阶级是历史的，因而也是具体的。

在不同的历史阶段，人类社会产生并存在不同的阶级：奴隶主阶级与奴隶阶级、地主阶级与农民阶级、资产阶级与无产阶级。每个阶级因经济地位不同、具体条件不同，还可分为不同的阶层，如中国半殖民地半封建社会的资产阶级，分为官僚资产阶级和民族资产阶级。在对立的阶级之间，还存在一些中间的阶层，如旧中国的知识分子阶层，既可能隶属于资产阶级，也可能隶属于工人阶级。在人类历史上，从来不存在永恒的、不变的阶级。

——**阶级成熟的政治标志**。阶级一旦形成，必然会在政治上表达自己的态度与愿望，形成一定的阶级意识，并建立相应的政治组织。一个阶级有无自己的阶级意识和政治组织，是判断其是否成熟的重要标志。马克思主义的阶级观点要求，在衡量阶级属性问题上，最根本的是把握各阶级的经济地位，在此基础上进一步考察相应的政治立场和意识形态，全面分析不同阶级的历史与现状，善于观察阶级力量对比的变化，从而正确处理阶级矛盾和阶级斗争问题。

——**在阶级社会，人的社会性首先是阶级性**。人是一切社会关系的总和，人具有社会性。在阶级社会，人不是超阶级的、抽象的人。没有抽象的、超阶级的人性，只有具体的、历史的、阶级的人性。人的社会性就是阶级性，阶级社会中的每一个人无不打上阶级的烙印。

承认不承认阶级和阶级斗争，并不是马克思主义与资产阶级思想体系关于阶级与阶级斗争思想的根本区别。马克思主义阶级和阶级斗争理论的关键点，也是马克思主义不同于资产阶级思想体系的根本区别，就在于说明了阶级和阶级斗争产生、发展和消亡的历史条件与必然规律；提出了科学划

分阶级的标准；说明了阶级斗争在社会历史发展中的作用；指出了无产阶级专政的必然性和必要性，指明了无产阶级的历史使命和阶级消亡的正确途径。

正如列宁在《国家与革命》中所说："只有承认阶级斗争、同时也承认无产阶级专政的人，才是马克思主义者。"[21]这是马克思主义阶级和阶级斗争理论不同于资产阶级思想家阶级和阶级斗争理论的一个鲜明特点。

六、科学说明社会历史现象的根本方法
——授人以鱼不如授人以渔

中国古代有这样一个故事：一个小孩来到河边，看到一位老翁正在柳树下垂钓。老翁的鱼筐中已是满满的一筐鱼了，小孩很是喜欢。老翁看小孩喜欢，就打算把这筐鱼送给他。可让人想不到的是，小孩不要这筐鱼，而对老翁说："把您的鱼竿送给我吧！"这就是中国古代名言所概括的"授人以鱼不如授人以渔"。道理其实很简明，鱼是目的，钓鱼是手段，一条鱼能解一时之饥，但不能解长久之饥。如果想解长久之饥，就要学会钓鱼的方法。我们可以进一步说，传授给人以知识，不如传授给人以学习知识的方法。学习唯物史观的目的不是机械地背诵词句，而是要学习马克思主义观察社会问题、分析社会问题、解决社会问题的方法。

马克思主义经典作家历来十分重视唯物史观的方法论意义。

恩格斯晚年多次指出："如果不把唯物主义方法当做研究历史的指南，而把它当做现成的公式，按照它来剪裁各种

历史事实，那它就会转变为自己的对立物。"[22]列宁指出："历史唯物主义也从来没有企求说明一切，而只企求指出'唯一科学的'（用马克思在《资本论》中的话来说）说明历史的方法。"[23]怎样分析和认识社会历史问题呢？应当掌握唯物史观的唯物的、辩证的、具体的、历史的分析方法。

所谓唯物的、辩证的分析方法，就是一定要从社会存在、从物质经济原因、从社会经济基础、从社会经济关系出发，从社会实践出发，从人民群众出发，来观察、分析、认识社会现象；就是要运用辩证法的基本规律、基本范畴，如社会矛盾分析方法，联系的、发展的、全面的分析方法等，来观察、分析、认识社会现象。所谓具体的、历史的分析方法，就是要把任何一种社会现象都放在具体的、特殊的历史环境、历史条件下来分析，具体地分析具体的问题；就是要把任何社会现象看作一个发展变化的过程，既要看它的过去，又要看它的现状，还要看它的未来。

唯物地、辩证地、具体地、历史地分析社会现象和社会问题，就要把经济分析、阶级分析和利益分析作为分析社会现象的基本方法。

列宁认为："必须到生产关系中间去探求社会现象的根源，必须把这些现象归结为一定阶级的利益。"[24]经济原因是一切社会赖以存在和发展的前提条件，经济关系是一切社会关系存在和变化的基础。在现实社会生活中，一定的经济关系必然表现为一定的利益关系，利益是一定社会经济关系的体现。在阶级社会中，经济关系集中表现为一定的阶级关系，表现为一定的阶级利益关系。认识社会现象，重要的是从社会存在的经济基础出发进行分析，从经济入手进行分析，必然要分析社会的利益关系。在阶级社会中，对社会现象进行经济分析、利益分析，必然导致阶级分析的正确认识途径。经济分析、阶级分析、利益分析方法既相一致，又有一定的区别，是唯物的、辩证的、具体的、历史的方法论的可操作的分析方法。

认识社会现象必须从经济分析入手。

是从物质的、经济的因素出发，还是从精神、思想的原因出发说明社会历史问题，这是历史唯物主义和历史唯心主义在方法论上的根本区别。 物质的、经济的因素是全部社会生活的基础，是推动社会发展的决定性力量，一切社会问题都根植于最深厚的经济事实之中，一切社会现象最终都受一定的经济原因的制约和影响，因此，认识社会问题，必须从经济入手进行分析。

——**从经济分析入手，必须注意把握社会的经济的、物质的整体结构。** 马克思从社会有机结构整体这一基本观点出发，首先把社会作为一个完整的系统来看。从这个系统整体中分离出最基本的构成要素，深入分析这些要素之间的对立统一关系，揭示构成社会结构的最基本要素之间的关系及矛盾，从而全面把握社会有机体，把握各个要素之间相互制约的决定环节；并从这些相互制约的环节入手，展开环环相连的考察，揭示一个因素是如何在另一个因素的作用下发生变化的，而这个因素的变化又如何导致另一个因素的改变，从而引起社会形态的改变，进而揭示社会发展的客观规律，科学认识社会历史现象。

马克思对社会历史进行社会结构分析，最重要的是从社会经济结构矛盾分析方法引申出社会基本矛盾分析方法。他把物质资料的生产及其方式作为社会有机体的物质基础，从物质生产中进一步区分出生产力和生产关系这两个方面，并揭示了二者之间的辩证关系，把生产关系（经济基础）作为既受生产力制约，又制约上层建筑的中间环节，从生产力、生产关系（经济基础）和上层建筑这三个基本构成要素的相互联系、相互矛盾中分析社会。他从根本上抓住了生产力这个社会历史发展的决定性因素，又从生产力的高度分离出生产关系，从生产力和生产关系的矛盾运动入手，揭示出经济基础和上层建筑的矛盾运动规律，发现了社会形态发展的自然历史过程的基本秘密。生产力、生产关系（经济基础）和上层建筑是社会整体结构的三个基本构成要素，正是三者之间的矛盾关系，构成了社会结构最基本的内在矛盾，正是这个基本的内在矛盾决定了社会有机体的基本特征、基本功能、基本性质和基本运动规律。

马克思正是从社会生产力和生产关系、经济基础和上层建筑的矛盾作为社会有机结构的内在基本矛盾分析入手，建立了唯物史观分析社会历史规律的根本观点和基本方法。

——进行经济分析，必须坚持生产力标准。生产力是社会发展最终的物质决定力量。人类社会发展和历史的进步，归根到底是生产力发展的结果，这是认识和说明社会历史现象的一个基本出发点。所谓生产力标准，实际上就是要把是否有利于生产力的发展，作为衡量社会进步和一切工作成败的根本标准，作为认识和说明社会历史问题的根本办法。运用生产力标准来认识社会历史问题，就必须把是否有利于生产力的发展看作衡量一个社会形态的生产关系、上层建筑及其具体体制是否适合的根本标准；把生产力作为决定社会的性质、衡量社会发展阶段的特征，评价社会进步的主要标准；把生产力作为评价一个政党的路线、方针、政策、措施及其工作好坏和成败的最高标准；把是否有利于生产力的发展作为判断一个人、一个阶级、一个政党的言行是非的基本标准。

当然，我们在运用生产力标准分析社会历史问题时，必须科学地、全面地、正确地把握生产力标准，要把坚持生产力标准同考核社会发展的整体利益和局部利益、长远效益和暂时效益、物质效益和精神效益、经济效益和生态效益结合起来；要把根本标准同考察具体工作的具体标准统一起来，不能用生产力标准来代替其他一切具体标准。在实践中，不能把生产力标准当作标签到处乱贴，切忌绝对化、简单化、庸俗化。生产力标准只是我们认识社会现象的总的原则、总的标准。

——**进行经济分析，必须坚持物质关系决定思想关系，经济关系决定非经济关系的原则，从物质的、经济的关系出发来说明思想的、政治的及其他的关系。**人们在生产过程中结成的经济关系就是生产关系，生产关系就是人们的经济关系，它从本质上来说是一种物质的关系。生产关系包括生产资料所有制关系，人们在社会生产中的地位作用和相互联系，劳动产品的分配关系这三个方面。这三个方面又贯穿于人类社会生产、交换、分配和消费四个环节之中。在这里，所有制关系是生产关系中的主要内容，它是判断社会性质和社会进步的直接标准。在人类社会生活中，社会的生产关系，即社会的物质、经济关系是第一性的社会关系，决定思想的、伦理的、家庭的、政治的和思想的等一切其他社会关系，它决定社会的上层建筑及其具体形式。因此，从一定生产力基础上的一定的生产关系出发分析社会现象，也是一个重要的方法。

坚持从物质的、经济的关系出发说明社会问题，就要把生产关系的性质和状况作为衡量上层建筑是否适合经济基础的直接标准；把生产关系的性质和状况作为判断社会形态及其发展阶段的性质和特征的直接标志；把生产关系作为分析一切社会关系发展变化规律的基点；把人们对生产资料占有的形式和多寡，把人们在生产中的地位及其作用，把人们在产品分配上的形式，作为判断一个人、一个社会团体、一个政党的阶级属性、政治态度、社会行为和思想表现的重要标准。

——**坚持经济分析，必须避免把"经济因素"看作"唯一的决定性因素"，把经济分析看作分析社会现象的唯一方法的庸俗化倾向**。社会意识对社会存在具有相对独立性，具有能动的反作用；思想关系对物质关系、政治关系对经济关系具有相对独立性，具有能动的反作用；上层建筑对经济基础具有相对独立性，具有能动的反作用；生产关系对生产力具有相对独立性，具有能动的反作用。社会生活是极其复杂的，在社会生活中起作用的因素也是复杂多样的。从经济出发分析社会问题，否认其他社会因素的作用，会陷入庸俗唯物主义的泥沼，同样无法正确说明复杂的社会历史现象。改革开放之前，我们曾一度过分强调社会意识的反作用，过分强调人的主观能动性，过分强调精神思想的作用，大批唯生产力论、唯条件论，结果忽视了人民群众的物质利益要求，忽视了物质的、经济的生产力的决定作用，导致社会主义建设一度走了弯路。改革开放以来，一方面，我们以经济建设为中心，以发展生产力为根本任务，以最大限度满足人民的物质文化需求为最终目的，实现了经济的快速发展，人民生活水平迅速提升，综合国力极大增强；另一方面，在一定程度上，对思想意识的反作用有所忽视，在快速发展进程中出现了思想道德滑坡的问题。因此，在加强经济建设的同时，要大力加强思想文化道德建设，真正实现"两手抓，两手都要硬"。

——**坚持经济分析，必须全面把握生产关系一定要适应生产力状况、上层建筑一定要适应经济基础状况的客观规律，既要防止生产关系超越生产力发展的现状，又要反对生产关系落后于生产力发展的需要，既要防止上层建筑超越经济基础发展的状况，又要避免上层建筑落后于经济基础发展的要求。**艾思奇在《大众哲学》一书中把生产力比作蛋黄，把生产关系比作蛋壳，当蛋黄发育不成熟时，需要蛋壳的保护，才有适当的温度、营养，保护蛋黄的发育。一旦蛋黄发育成幼鸡时，蛋壳就再也容不下已然由蛋黄发育成的幼鸡，于是幼鸡就破壳而出，社会革命就到来了。我们还可以把生产力比喻成小孩的脚，把生产关系比喻成小孩的鞋，如果给小孩的脚配一双大鞋，鞋不跟脚，小孩走起路来就要摔跟头。当小孩脚长大了，给小孩穿一双小鞋，鞋小脚大，小孩照样走不好路。生产关系对生产力的不适应有两种情况：生产关系跑到生产力前面去了，超越生产力发展阶段，就犯了"左"的错误，阻碍生产力的发展；当生产关系落后于生产力，就犯了右的错误，阻碍生产力的发展。总之，生产关系无论是"超前"生产力，还是"落后"生产力，都会阻碍生产力的发展。在旧中国，半殖民地半封建的生产关系严重束缚生产力的发展，中国共产党领导的中国革命的胜利极大地解放了生产力。在改革开放前的二十多年，形成了"一大二公"、纯之又纯的公有制生产关系，阻碍了生产力的发展。改革开放以来，建立了以公有制为主体、多种所有制经济共同发展的生产关系，培育和发展了社会主义市场经济，极大地解放和发展了生产力。

认识阶级社会现象必须坚持阶级分析方法。

所谓阶级分析方法，就是用唯物史观关于阶级和阶级斗争的观点去分析阶级社会的社会历史现象的方法。

阶级分析方法是坚持用经济方法分析社会历史现象的必然延伸，是矛盾分析方法在阶级社会领域中的具体运用，是社会基本矛盾分析方法对人与人之间阶级关系分析的具体运用，是工人阶级及其政党研究阶级社会现象的科学方法。列宁指出："马克思主义提供了一条指导性的线索，使我们能在这种看来扑朔迷离、一团混乱的状态中发现规律性。这条线索就是阶级斗争的理论。"[25]阶级斗争理论，既是分析阶级社会历史现象的根本方法，也是对阶级社会进行分析的基本方法。

为了正确掌握和运用阶级分析的科学方法，必须坚持唯物论、辩证法，反对主观主义和形而上学。

——**进行阶级分析，必须坚持实事求是的原则**。在阶级社会中，阶级是大量的、普遍存在的现象，但又不是唯一的、囊括一切的现象；阶级关系是人与人关系中的基本关系，但并不是一切社会关系都属于阶级关系；阶级斗争是重要的社会实践，但并不是唯一的社会实践形式。也就是说，既要认识到阶级分析方法的普遍性、重要性,又不能把它绝对化。必须坚持从实际出发,实事求是,对确实存在的阶级斗争现象,必须如实地承认它,对于严酷的阶级斗争不能视而不见;对于确属非阶级斗争的现象,又绝不能不顾事实无限上纲,硬要分析出阶级斗争来。

——**进行阶级分析,必须坚持全面性,力戒片面性**。社会的阶级现象是复杂多样的,阶级斗争首先表现为经济斗争,同时又表现为政治斗争、思想斗争,不仅表现在经济领域,还表现在思想领域、政治领域、文化领域等社会生活的各个方面、各个领域。因此,阶级分析方法就要求把握阶级和阶级斗争现实中的"多种多样的关系的全部总和"[26],坚持全面性的观察原则,切忌片面性。既要分析经济领域的阶级斗争事实,又不能忽视政治、思想、文化等领域的阶级斗争现象;既要分析社会各集团的经济地位,同时又要观察它们的政治态度;既要分析该阶级的经济地位、政治态度和思想倾向,又要分析该阶级同其他阶级的关系,该阶级所处的社会环境的变化,以及可能的发展趋势……总之,要全面地、辩证地、发展地把握复杂的阶级斗争事实,切忌孤立地、静止地、片面地观察阶级斗争现象。

——**进行阶级分析,必须要坚持具体问题具体分析这一马克思主义活的灵魂**。阶级和阶级斗争会因时间、地点、条件的不同,而具有不同的表现形式和表现特点。在不同的社会形态,在同一社会形态相同的或不同的发展阶段,在同一发展阶段而处于不同的国度,甚至在同一国度但在不同的地区、不同的民族或不同的时间跨度,阶级结构、阶级阵线、阶级敌人、阶级朋友、阶级依靠对象,以及阶级斗争的表现形式和特点都是不同的。这就需要我们根据时间、地点、条件的变化，来具体把握阶级斗争的特殊规律。比如，我国正处于社会主义初级阶段，剥削阶级作为阶级整体已经被消灭了，但在一定范围还存在阶级、阶级差别和阶级矛盾；阶级斗争已经不是主要矛盾了，阶级斗争虽然在一定范围内仍然存在，但阶级斗争的对象、范围、规模、解决办法已经同革命战争年代不同了。如果离开了具体问题具体分析这一活的灵魂，仍然用革命战争时期的眼光来看待社会主义初级阶段的阶级、阶级差别和阶级矛盾问题，用革命战争时期的办法来处理社会主义初级阶段的阶级、阶级差别和阶级矛盾问题，必然要犯大的错误。在今天的具体情况下，我们既不能再把阶级斗争看作主要矛盾，搞阶级斗争为纲那一套，犯"阶级斗争扩大化"的错误，又不能否认一定范围内存在的阶级差别和阶级矛盾，忽视一定范围内存在的阶级斗争。

阶级分析方法是科学严谨的方法，必须运用唯物辩证法对阶级和阶级斗争现象进行具体的、历史的、现实的、全面的分析。如果把阶级分析当作固定的思维模式到处乱套，就会背离历史唯物主义阶级分析方法的正确原则。

利益分析方法是有普遍意义的重要方法。

利益支配人们的社会历史活动，一定的经济关系必然表现为一定的利益关系，这是一条重要的历史唯物主义原则。

列宁指出："如果你们没有指出哪些阶级的利益，哪些在当前占主导地位的利益决定着各政党的本质和这些政党的政策的本质，那么事实上你们就没有运用马克思主义……"[27]根据利益原则，对复杂的经济、政治、思想、文化等社会生活及其关系进行利益分析，这是洞察社会历史奥秘的重要方法。

所谓利益分析，就是依据利益原则，揭示出人们社会活动背后的利益动因，找出利益关系所赖以表现出来的生产关系，然后从这种利益动因和利益关系出发来说明各种社会关系和社会历史现象。

在历史唯物主义的方法论体系中，经济分析、阶级分析和利益分析是一致的、互相补充的，而不是互相排斥、互相对立的。无论是经济分析、阶级分析还是利益分析，都是建立在历史唯物主义"生产力和生产关系"是全部社会的前提这一基本原理基础之上的。经济分析坚持从物质的生产及其关系出发来分析社会历史现象，阶级分析方法是经济分析方法观察阶级社会的社会生活现象的进一步具体应用，利益分析方法同阶级分析方法是一致的，在阶级社会中，利益分析方法以分析阶级社会中阶级利益的矛盾和冲突为基本线索。然而，利益分析方法又具有自己特殊的意义。

——**利益分析方法比阶级分析方法和经济分析方法更加具体化**。经济分析方法着重于从经济关系出发来分析社会历史发展的根本原因，阶级分析方法侧重于从阶级关系出发来划分阶级和分析阶级斗争的基本线索，而利益分析方法则着重于从利益关系出发来分析具体的社会历史问题。在阶级社会中，生产关系表现为一定的经济关系，一定的阶级关系表现为一定的利益关系，利益分析则从更直接和更具体的利益关系中来剖析阶级斗争的对象。

——**利益分析方法可以作为阶级分析方法的补充**。在阶级社会中，并不是一切社会现象都是阶级斗争现象，也不是一切社会关系都是阶级关系。这样，在非阶级斗争领域，就可以运用利益分析的方法。在阶级社会中，不同阶级之间存在阶级利益的差别，在同一阶级内部又存在不同的阶层和利益集团，利益分析可以在该阶级内阶层和利益集团的划分上发挥作用。在非阶级社会，阶级关系不存在了，阶级斗争现象不存在了，但一定的利益差别和利益矛盾依然存在。比如，原始社会部落之间的利益矛盾。这时，利益分析方法就具有普遍性的意义了。

——**在社会主义社会的一定发展阶段上，利益分析具有特殊的意义**。在我国社会主义社会的现阶段，剥削阶级作为一个阶级整体已经被消灭了，阶级、阶级差别、阶级矛盾和阶级斗争，只是在一定范围内存在。在阶级矛盾和阶级斗争都不占主导地位的条件下，如何认识人民内部矛盾呢？在这里，利益分析方法就具有特殊的方法论意义了。

——**进行利益分析，关键是运用利益分析方法，科学地划分利益群体，进一步考察利益群体在利益关系中的地位和作用，分析不同的利益群体之间的矛盾，从中找出规律性东西。所谓利益群体，就是指以一定社会关系为基础的具有大体相同的利益要求，对共同利益持相对一致态度而结合在一起的个体的集合体**。不同的利益群体具有不同的甚至相互矛盾的利益要求。个人必须通过一定的社会联系才能实现自己的利益，利益群体具有追求和维护本共同体成员利益的强大力量。在利益冲突和利益角逐中，它具有比个体更为强大的竞争力与追逐力，个人往往是以参与利益群体的方式来参加利益竞争，并通过利益群体来实现个人利益的。不同的利益群体之间的矛盾是社会利益矛盾的主线。

必须坚持从人们在社会经济关系中对生产资料的占有不

同、在生产过程中所起的作用不同、在分配中的收入多少不同等这些基本的经济关系出发，同时考虑到其他社会因素的影响，来作为划分利益群体的标准。

关于社会利益群体的基本划分标准表明，马克思主义以生产资料所有制的不同来划分阶级的理论，仍然具有方法论意义，它同社会利益群体的基本划分标准是一致的。不同的利益群体具有不同的利益要求，不同的利益群体之间存在着一定的利益差别和利益矛盾，这是分析社会现象的一条重要线索。

运用利益分析方法分析社会历史现象，绝对不能排斥和否定经济分析和阶级分析的基本方法，要善于在唯物史观的指导下，把三者有机地结合起来，有效地运用到对社会历史现象的观察、分析和说明中去。

结　　语

历史唯物主义彻底地克服了旧历史观对人类社会认识的一切谬误观点和根本缺陷，创立了科学的历史观，唯物地、辩证地说明了社会意识与社会存在的关系，说明了劳动实践创造人和人类社会，主张一切从物质生产基础出发说明社会历史，找到了揭示现实的人及其历史发展秘密的钥匙。

历史唯物主义理论体系的内容十分丰富，涉及的问题非常广泛。马克思在《〈政治经济学批判〉序言》中对历史唯物主义基本思想作了精辟论述，论证了历史唯物主义的基本范畴和规律，大致勾画出了历史唯物主义理论体系的基本框架和主要理论观点，如生产观点、群众观点、阶级和阶级斗争观点，还有社会存在和社会意识相互关系理论，社会经济形态理论，社会基本矛盾理论，国家、社会革命和无产阶级专政理论，社会意识形态理论，社会利益理论，人和人的自由全面发展理论……学习历史唯物主义，贯彻少而精的原则，最重要的是理解和掌握唯物史观的基本观点和基本原理，理解和掌握其中所贯彻的科学世界观方法论，并运用到认识社会、改造社会的社会实践中去。

注　释

〔1〕《列宁专题文集　论社会主义》，人民出版社2009年版，第399页。

〔2〕《论语·颜渊》。

〔3〕康德：《实践理性批判》，人民出版社2003年版，第220页。

〔4〕《毛泽东文集》第八卷，人民出版社1999年版，第321页。

〔5〕《马克思恩格斯文集》第2卷，人民出版社2009年版，第598页。

〔6〕《马克思恩格斯文集》第3卷，人民出版社2009年版，第428页。

〔7〕《列宁专题文集　论马克思主义》，人民出版社2009年版，第14页。

〔8〕《马克思恩格斯文集》第4卷，人民出版社2009年版，第313页。

〔9〕《马克思恩格斯文集》第1卷，人民出版社2009年版，第503页。

〔10〕《马克思恩格斯文集》第1卷，人民出版社2009年版，第505页。

〔11〕《马克思恩格斯文集》第1卷，人民出版社2009年版，第196页。

〔12〕《马克思恩格斯文集》第10卷，人民出版社2009年版，第289页。

〔13〕汪东林：《梁漱溟与毛泽东》，吉林人民出版社1989年版，第7页。

〔14〕汪东林：《梁漱溟与毛泽东》，吉林人民出版社1989年版，第8页。

〔15〕《马克思恩格斯文集》第2卷，人民出版社2009年版，第34页。

〔16〕《马克思恩格斯文集》第10卷，人民出版社2009年版，第106页。

〔17〕《马克思恩格斯文集》第9卷，人民出版社2009年版，第391—392页。

〔18〕《马克思恩格斯文集》第10卷，人民出版社2009年版，第106页。

〔19〕《马克思恩格斯文集》第9卷，人民出版社2009年版，第29页。

〔20〕《列宁专题文集 论社会主义》，人民出版社 2009 年版，第 145 页。

〔21〕《列宁专题文集 论马克思主义》，人民出版社 2009 年版，第 206 页。

〔22〕《马克思恩格斯文集》第 10 卷，人民出版社 2009 年版，第 583 页。

〔23〕《列宁专题文集 论辩证唯物主义和历史唯物主义》，人民出版社 2009 年版，第 166 页。

〔24〕《列宁全集》第 1 卷，人民出版社 1984 年版，第 464 页。

〔25〕《列宁专题文集 论马克思主义》，人民出版社 2009 年版，第 15 页。

〔26〕《列宁专题文集 论辩证唯物主义和历史唯物主义》，人民出版社 2009 年版，第 139 页。

〔27〕《列宁全集》第 15 卷，人民出版社 1988 年版，第 375 页。

不以人的意志为转移的
社会发展规律

——历史决定论

生产力是社会发展的最终决定力量。生产关系一定要适应生产力的发展,上层建筑一定要适应经济基础的发展,这是社会发展不以人的意志为转移的根本规律。

唯物史观肯定社会历史的发展存在不以人的意志为转移的客观规律,认为在社会历史发展中物质生产力起着最终决定性的作用。当然它也从来没有否认历史活动中存在人的有意识的主体能动性,坚持认为要揭示社会历史秘密,必须揭示既体现人的有意识的能动活动,又不以人的意志为转移的客观规律。唯物史观是历史决定论与历史选择论的统一。

一、社会发展是一个自然历史过程
——"逻各斯"与社会规律

在本书辩证法篇提到的古希腊哲人赫拉克利特(Heraclitus,约前530—前470年),除了提出"一切皆流"的辩证思想外,还以唯物主义思维方式到特定的物质形态中去寻找世界之本,力图找出世间万事万物的本原。他把"火"作为万事万物的本原,用火的燃烧与熄灭来解释宇宙万物的产生与消灭。他说："这个世界……不是任何神所创造的，也不是任何人所创造的，它过去、现在和未来永远是一团永恒的活火。在一定的分寸上燃烧，在一定的分寸上熄灭。"[1]在赫拉克利特看来，火的运动变化是有规律的，他把这个规律称作"逻各斯"（logos）。"逻各斯"是古希腊语，可译为中文的"道""法则"或"规律"。这个"逻各斯"，人们虽然看不见、摸不着，却须臾不能离开它，因为万物都是根据这个"逻各斯"而产生的。可以说，赫拉克利特是最早从朴素唯物论的角度认识到客观规律的西方哲学家。自然界存在不以人的意志为转移的客观规律，作为自然界一部分的人类社会也存在不以人的意志为转移的客观规律。

人类社会是自然界的一部分，社会规律也是整个自然规律的一部分，社会规律服从自然规律。自然规律是不以人的意志为转移的一个客观过程，是固定的、反复出现的、长期起作用的自然界的普遍联系。作为自然规律的一部分，社会规律也是不以任何人的意志为转移的，固定的、长期起作用的社会的普遍联系。

在《〈政治经济学批判〉序言》中，马克思对人类社会发展的客观规律作了经典阐释："人们在自己生活的社会生产中发生一定的、必然的、不以他们的意志为转移的关系，即同他们的物质生产力的一定发展阶段相适合的生产关系。这些生产关系的总和构成社会的经济结构，即有法律的和政治的上层建筑竖立其上并有一定的社会意识形式与之相适应的现实基础。物质生活的生产方式制约着整个社会生活、政治生活和精神生活的过程。不是人们的意识决定人们的存在，相反，是人们的社会存在决定人们的意识。社会的物质生产力发展到一定阶段，便同它们一直在其中运动的现存生产关系或财产关系（这只是生产关系的法律用语）发生矛盾。于是这些关系便由生产力的发展形式变成生产力的桎梏。那时社会革命的时代就到来了。随着经济基础的变更，全部庞大的上层建筑也或慢或快地发生变革。"[2]

每一历史时代的生产方式是该时代之政治的和精神的历史赖以确立的基础，经济条件归根到底具有决定性的意义，构成了一条贯穿于全部人类社会发展进程并唯一能使我们理解这个发展进程的客观规律的红线。生产力是社会发展的最终决定力量。**生产关系一定要适应生产力的发展，上层建筑一定要适应经济基础的发展，这是社会发展不以人的意志为转移的根本规律**。

这是马克思主义观察、分析、认识社会规律，把握、顺应社会规律的唯一正确的世界观和方法论——唯物史观的最基本的科学认识。

马克思、恩格斯为了与唯心史观论战，常常不得不强调经济因素是历史发展的决定性因素这一主要原则。但在肯定经济因素的最终决定作用的前提下，又承认其他因素在社会发展中的作用。

人类社会的历史，就是物质资料生产的历史。但马克思主义唯物史观并不认为经济因素是唯一起作用的因素，社会发展是由多种因素交互作用的结果。在一个社会内部，既要看到经济因素的决定性作用，也要看到政治的、思想的上层建筑之间的相互作用及其对于经济基础、物质生产的影响，还要考虑到自然基础、历史条件、文化传统以及各个国家相

互交往所形成的世界历史背景。

如果只是承认经济因素的决定性作用,并将经济视为社会历史中唯一决定性的因素,否认社会中其他因素的交互作用及其对于经济的影响;只是从一个社会内部寻求其发展变迁的原因,而忽视了周围环境、外部条件以及时代特点对于该社会的影响,就不能对社会发展客观规律作出科学的说明。

恩格斯指出:"根据唯物史观,历史过程中的决定性因素归根到底是现实生活的生产和再生产。无论马克思或我都从来没有肯定过比这更多的东西。如果有人在这里加以歪曲,说经济因素是唯一决定性的因素,那么他就是把这个命题变成毫无内容的、抽象的、荒诞无稽的空话。经济状况是基础,但是对历史斗争的进程发生影响并且在许多情况下主要是决定着这一斗争的形式的,还有上层建筑的各种因素。"[3]经济条件归根到底制约着历史的发展,政治、法律、哲学、宗教、文学、艺术等发展既以经济发展为基础,又互相影响并对经济基础发生影响。并非只有经济状况才是原因,才是积极的,其余一切都不过是消极的结果。但这一切因素间的交互作用,"是在归根到底总是得到实现的经济必然性的基础上的互相作用"[4],"而在这种相互作用中归根到底是经济运动作为必然的东西通过无穷无尽的偶然事件……向前发展"[5]。

从整个社会历史发展来看,有一个各个民族、各个国家都共同遵循的普遍规律,但是,它们各自又具有自己的特殊性,体现为社会发展的多样性。

列宁曾经指出:"世界历史发展的一般规律,不仅丝毫不排斥个别发展阶段在发展的形式或顺序上表现出特殊性，反而是以此为前提的。"[6] 人类社会由低级向高级发展，并由各个国家和民族的地域性发展向世界历史性的发展转变，这是社会发展的普遍性、共性。由于社会发展不仅由经济必然性所决定，而且受政治的、文化的、历史的、传统的因素以及自然环境、时代条件和其他国家与民族的影响，因而社会发展又呈现出复杂性和多样性的特点。

人类社会的历史是一个由低级形态向高级形态不断演进的过程。但这种发展的大趋势在各个民族、国家发展进程中的表现却是千差万别的，人类社会的发展道路是多种多样的。

马克思在《〈政治经济学批判〉序言》中将当时所知道的几种生产方式按照其发展程度和水平排列为亚细亚的、古代的、封建的和现代资产阶级的这样的发展序列；在《资本论》中，通过研究西欧资本主义的起源和发展进程，梳理出了从原始公社经奴隶制、封建制向资本主义制度过渡的典型的社会发展的阶段性序列。这种发展序列作为社会发展总趋势的逻辑再现，并未囊括各个国家、民族社会发展道路和阶段的全部丰富性，并非任何国家和民族都要毫无例外地经过原始社会、奴隶社会、封建社会、资本主义各种社会形态的依次更替而走向未来社会，没有任何变异性和独特性。从人类社会的发展历史来看，必然经过原始社会、奴隶社会、封建社会、资本主义社会，最后通过社会主义到共产主义社会，这是整个人类历史发展的普遍逻辑。但具体到某一民族、某一国家、某一地区，其发展的阶段可以有跨越、有偶然、有特殊。有的国家、民族和地区的发展是渐进、连续的，比较完整地展现了历史演进的常规性，依次经历了原始社会、奴隶社会、封建社会和资本主义社会等发展阶段，而有的国家、民族、地区的社会发展则是隔断的、非连续的和跳跃式的，往往越过某一社会形态和历史阶段而直接进入较高级的社会形态和历史阶段。如美国没有经历封建社会的发展阶段，其资本主义发展道路与西欧资本主义国家所经历的发展过程与阶段不同，却是"资产阶级社会的最现代的存在形式"[7]。特别是近代以来，由于生产力的巨大发展、交往的普遍化以及"世界历史"的形成，各个国家、民族和地区之间经济的、政治的、文化的交往、冲突与融合达到了前所未有的程度，这既给落后国家的独立与生存带来了沉重压力，同时也为它们吸收利用资本主义的一切肯定成果、实现赶超式发展带来了历史机遇。即使是在大体相同的生产力水平和经济条件下，由于历史文化传统、自然地理条件以及国际环境的不同，各个国家和民族的发展方向和道路也表现出差异性。

社会历史发展的多样性、差异性与统一性、普遍性是有机统一的，有时体现为社会发展的有条件的跨越性。

近代以来，由于生产力的巨大发展、资本主义生产方式的兴起以及世界市场的开辟，"各个相互影响的活动范围在这个发展进程中越是扩大，各民族的原始封闭状态由于日益完善的生产方式、交往以及因交往而自然形成的不同民族之间的分工消灭得越是彻底，历史也就越是成为世界历史"[8]。各个国家和民族超越了地域性的狭隘界限而在广阔的世界历史背景上相互作用。在这种普遍交往关系之中，多样的每个国家和民族都有可能从其他国家和民族中吸取有利于自身发展的因素，从而在这种内在的、紧密的、统一的交互作用中发生前所未有的根本性变化，特别是在落后国家和民族的多种多样的发展中，实现社会的跨越性发展又带有一种普遍性。如中国跨越了资本主义的完整社会形态，直接进入了社会主义社会初级阶段。我国一些少数民族地区，甚至跨越了封建社会和资本主义社会，由原始社会、奴隶社会直接进入了社会主义初级阶段。

人类社会的发展模式是多样化的，表现为一定条件下的跨越性；同时又呈现统一性、普遍性，但尽管如此，社会历史发展是一个自然历史过程，表现为不以人的意志为转移的客观规律。

列宁指出："只有把社会关系归结于生产关系，把生产关系归结于生产力的水平，才能有可靠的根据把社会形态的发展看作自然历史过程。"[9] 马克思主义唯物史观认为，尽管社会历史是人的有意识的活动的历史，但人类社会的发展仍然是"一种自然史的过程"[10]，有其内在的必然性，是遵循着一定的客观规律向前发展的。马克思主义唯物史观将全部社会关系归结于生产关系，把生产关系归结于生产力，从而为将社会形态的发展看作自然历史过程提供了可靠的根据。在一定的历史条件下，人类对社会制度可以作出一定的选择，可以实现一定的超越，但是从整体上来说，社会生产力发展、社会经济发展的自然历史过程却是要经历的，因为社会发展是一个自然历史过程，遵循其自身固有的客观规律。当然，生产力发展、经济发展的自然历史进程可以有快有慢，可以缩短或延长。

二、不断从低级向高级发展的"社会有机体"
——《小蝌蚪找妈妈》的故事

小学课本上有一篇名叫《小蝌蚪找妈妈》的童话故事，很有意思。在温暖的春天里，青蛙在池塘的水草上生下好多圆圆的卵。池水变暖，这些卵慢慢地活动起来，变成了一群大脑袋、长尾巴的小蝌蚪。小蝌蚪想起自己的妈妈，开始到处寻找。鸭妈妈告诉它们，"你们的妈妈有两只大眼睛，嘴巴又阔又大"，小蝌蚪误把大金鱼当作自己的妈妈了。大金鱼告诉小蝌蚪，"你们的妈妈肚皮是白的"。小蝌蚪就把白肚皮的螃蟹误认为妈妈了。螃蟹告诉它，"你们的妈妈有四条腿"。小蝌蚪又把四条腿的乌龟当作妈妈了。乌龟说："你们的妈妈穿着好看的绿衣裳，唱起歌来'呱呱呱'，走起路来一蹦一跳。"小蝌蚪终于在池塘边找到了自己的妈妈——一只青蛙。可是，小蝌蚪很奇怪，为什么自己和妈妈长得不一样呢？青蛙妈妈告诉它，等过几天，它们会长出两条后腿来；再过几天，又会长出两条前腿；然后蜕掉尾巴，换上绿衣裳，就变成青蛙了。

青蛙与蝌蚪在形态上的差别如此之大，也难怪蝌蚪再三认错妈妈呀！这篇故事以生动活泼的语言介绍了青蛙的成长历程，特别是在不同阶段的形态变化：长两条后腿—再长两条前腿—蜕掉尾巴—换上绿装。在自然界，许多生物都会经历不同的发展阶段，比如植物由种子萌发、生成幼苗，再到发育、开花、结果。在每一阶段上，每种生物都有其不同的面貌和特点。

人类社会如同自然界中的许多物种一样，也会经历不同的发展阶段。例如，按照唯物史观，人类社会是一个"社会有机体"，在总体上要经历五种社会形态，即原始社会、奴隶社会、封建社会、资本主义社会和共产主义社会，表现为一个从低级向高级不断发展的"自然历史过程"。

社会形态归根结底就是经济社会形态。

应该从社会经济关系出发对社会形态加以考察。这主要是因为社会经济关系在整个社会结构中占有特殊的重要地位。社会经济关系作为经济基础，决定着整个上层建筑的性质。社会经济关系决定政治关系和思想关系。社会最主要的经济关系是生产关系，生产关系与一定的生产力密切联系，并与生产力共同构成社会生产方式的两个方面。只有从特定社会的经济关系出发，才能把握生产方式的社会性质，既把握生产力的脉搏，又把握上层建筑的性质。俗话说，"打蛇打七寸"，"七寸"之处是蛇的关键部位。经济社会形态就是社会形态的"七寸"之处，它既与社会形态其他部分相联系，又是社会形态的核心部位。社会形态说到底就是经济社会形态。

所谓经济社会形态，就是建立在经济基础之上的一定历史发展阶段上的社会，是同生产力发展的一定阶段相适应的经济基础与上层建筑的统一体。

马克思主义认为，社会是社会关系的总和，是"一切关系在其中同时存在而又互相依存的社会机体"[11]。生产关系是最主要的、最基本的社会关系，是社会形态的基础。我们要"用生产关系来说明该社会形态的构成和发展。但又随时随地探究与这种生产关系相适应的上层建筑，使骨骼有血有肉"[12]。具体而言，社会形态主要是由社会经济结构、社会政治结构和社会意识结构构成的有机体。恰如一个细胞是由细胞核、细胞质、细胞膜的相互联系构成的有机体。

——**社会经济结构是社会形态存在和发展的基础和前提，是社会有机体的坚实"骨骼"**。社会经济结构指与一定的生产力发展水平相适应的生产关系的总和，是社会政治结构和社会文化结构赖以存在和发展的基础。马克思指出："每一历史时代主要的经济生产方式和交换方式以及必然由此产生的社会结构，是该时代政治的和精神的历史所赖以确立的基础，并且只有从这一基础出发，这一历史才能得到说明。"[13]

社会经济结构是不断发展的，在特定社会形态的量变过程中存在着部分质变。社会经济结构与生产力之间的矛盾尖锐到不可调和的程度时，就会发生质变。高级社会形态的经济结构取代低级社会形态的经济结构就属于这种质变。某一社会形态中的社会经济结构也存在着部分质变。从自由竞争的资本主义阶段发展到垄断资本主义的阶段，就是资本主义社会形态内部经济结构的部分质变。

——**社会政治结构是社会形态存在和发展的保证，是社会有机体的"器官"**。社会政治结构是建立在社会经济结构之上的政治法律设施、制度及其相互关联的方式，维护社会经济结构的正常运行。如果说社会经济结构是社会有机体的"骨骼"，那么社会政治结构恰如社会有机体的"器官"，社会有机体主要通过这一"器官"来保证社会有机体的正常运行。在特定的社会形态下，人们往往是分散地进行物质生产活动，不可能自发地形成较大范围的统一的活动。这就需要一种超经济的力量来有效地组织和协调社会关系的方方面面，保证社会经济活动的正常运行。这种超经济的力量集中体现为政治的力量，体现为社会政治结构。正是由于社会政治结构对社会经济活动的规范、引导，社会经济活动才能在较大范围内协调起来。资本主义经济危机爆发之后，资本主义政府往往运用、发挥社会政治结构的强制性，调整社会经济结构，保证社会经济结构的正常运行。

社会政治结构不像社会经济结构那样通过物质利益的引导，也不像社会意识结构那样通过思想文化的说服或感化影响，而是把人们的政治交往限制在一定的范围内，甚至直接依赖于暴力。凭借这种暴力，就可以通过强迫的方式使人们服从特定的政治制度。社会政治结构中的各种政治法律制度都有与之相适应的机构与设施，比如国家政权、军队、法庭、监狱、警察，等等。这些机构和设施是为了维护现有的社会形态，压制之前的社会形态和将要出现的新的社会形态。新的社会形态的力量只有强大到超过当前社会形态的力量时，才有可能实现新的社会形态取代旧的社会形态。我国近代戊戌变法提出了进行资本主义改革的主张，但当时中国的资产阶级力量还很弱小，且先天不足，难以同强大的封建势力和帝国主义力量斗争，结果是戊戌变法"六君子"断头北京菜市口。尽管资本主义社会形态是比封建社会形态高级的社会形态，但是在生产力的发展还没有超过当时封建社会的发展水平时，这种代替也只能是"纸上谈兵"，难以实现。

——**社会意识（文化）结构是社会形态存在和发展的精神基础，是社会有机体的"血肉"，渗透到社会形态的各个领域**。社会意识（文化）结构指由各种意识形态、非意识形态，包括文化形态组成的有机系统，是具有确定规范的意识、文化的联结方式。这些意识（文化）实际上代表着和反映了社会各个集团的利益和要求，起主导作用的还是统治阶级的意识形态。在特定社会形态中，统治阶级往往会借助自身所掌握的政治结构来宣传自己的阶级意识、自己的文化，以维护本阶级的利益。即便是在当今全球化时代也不例外。美国等西方资本主义国家凭借自己先进的科学技术传播资产阶级的思想文化，企图通过各种思想文化手段颠覆社会主义国家。20世纪90年代，西方资本主义国家通过意识形态力量进行的颠覆，是苏联解体的一个重要外部原因。我们不仅要阐明自身社会形态的合理性和正确性，而且要反对破坏自身社会形态的思想理论观点。社会意识（文化）结构对社会经济结构、社会政治结构的反作用主要体现为，一方面是帮助形成、巩固和发展自身的社会经济结构、政治结构；另一方面是同对自己社会经济结构、政治结构有害的因素作斗争。

——**社会经济结构、社会政治结构和社会意识（文化）结构构成社会有机体**。社会经济结构决定着社会政治结构、社会意识（文化）结构。更为准确地说，社会经济结构决定社会政治结构、社会意识（文化）结构的可能性的范围，即社会政治结构、社会意识（文化）结构只能在社会经济所蕴含的可能性范围内进行选择和发挥。现实的社会政治结构、社会意识（文化）结构只是诸多可能性之中的一种必然选择。随着社会经济结构的变化，拥有先进生产力的社会集团势必要求调整社会政治结构来维护新的社会经济结构，这就引起社会政治结构的变更。社会政治结构一旦确立，就用各种方式为社会经济结构服务，保护和促进新的经济结构。社会经济结构的变化反映到人们的思想上会形成新的政治观点、文化氛围、文化产品、思想理论、伦理道德，也就会引起社会意识（文化）结构的变化。社会意识（文化）结构的变化，也会反作用社会政治结构，并通过社会政治结构，反作用社会经济结构。

社会形态是一个不断变化的社会有机体。在这个有机体内，社会经济结构、政治结构、意识（文化）结构自身是不断变化的，经历着从量变到质变的过程。在量变的过程中，社会有机体的各部分会发生部分质变。生产力的变化，必然导致生产关系的变化，引起社会经济结构变化，产生社会经济结构与社会政治结构和社会意识（文化）结构之间的矛盾。最初，这种矛盾通过政治结构和意识（文化）结构的调整得到一定程度上的缓解，但是由于生产力的变化，社会经济结构与社会政治结构和社会意识（文化）结构之间的矛盾逐渐加大，直至不可调和的程度，就会出现新的阶级反对旧的阶级，最终建立新的社会形态来取代旧的社会形态，使人类社会表现为不断地从低级向高级的发展过程。因而，要研究某种经济社会形态，还必须"研究该社会形态的活动规律和发展规律"[14]。

按照经济社会形态理论，人类社会在总体上必然经过原始社会、奴隶社会、封建社会、资本主义社会、共产主义社会五个历史阶段，每一个社会形态都经历着产生、发展和灭亡的过程。

社会形态的发展在总体上呈现出不断地从低级向高级的发展过程。新事物必然战胜旧事物，因为新事物既要否定旧事物中的消极因素，继承旧事物中的积极因素，还要增加一些旧事物所无法容纳的新内容。新的社会形态必将代替旧的社会形态，因为新的社会形态是从旧的社会形态中产生出来的，克服了旧的社会形态中的弊端，继承了旧的社会形态中的积极的、仍然适合新的历史条件的东西，增加了旧的社会形态所不能容纳的新内容，代表着先进的生产力，符合绝大多数人的根本利益，反映着社会进步的要求，最终会得到绝大多数人特别是有远大前途的先进社会阶级的支持。以上任何一个新的社会形态代替旧的社会形态的上升时期，该社会形态总是表现出高于旧的社会形态的解放和发展生产力的优越性。邓小平指出："封建社会代替奴隶社会，资本主义代替封建主义，社会主义经历一个长过程发展后必然代替资本主义。这是社会历史发展不可逆转的总趋势。"[15]

对社会历史发展不可逆转总趋势的科学认识，关键在于正确理解和把握"两个必然"和"两个决不会"及其相互关联的思想。

"两个必然"是"资产阶级的灭亡和无产阶级的胜利是同样不可避免的"[16]。也就是说，资本主义社会必然灭亡，社会主义社会必然胜利。

"两个决不会"是"无论哪一个社会形态，在它所能容纳的全部生产力发挥出来以前，是决不会灭亡的；而新的更高的生产关系，在它的物质存在条件在旧社会的胎胞里成熟以前，是决不会出现的"[17]。这也就是说，社会形态的发展过程要受社会历史条件的制约，最终取决于生产力的发展水平。生产力是社会形态更替的最终决定要素，只有当旧的社会形态完全无法容纳生产力的发展时，旧的社会形态才能最终走向灭亡。而新的社会形态是从旧的社会形态中发展而来的，最终要取代旧的社会形态。

现代资本主义社会仍然存在，还在发展，主要原因是资本主义社会的生产关系与当今的生产力还存在相适应的方面，还没有到完全不能容纳的程度。资本主义自由竞争阶段，资本主义社会内部矛盾——资产阶级与无产阶级之间的矛盾已然尖锐到即将失控的地步，马克思才预言资本主义丧钟就要敲响，社会主义革命前夜已经来临。随着垄断资本主义的形成，一方面自由竞争的矛盾有所转移和缓解，另一方面垄断带来的矛盾却进一步激化，带来了一系列战争、危机与革命。矛盾激化迫使资本主义调整生产关系，甚至借用社会主义的某些手段进行改良，使得其内在矛盾进入相对缓和的状态，形成了当代资本主义相对缓和的发展。这说明资本主义生产关系对生产力还有适应的一面，资本主义还有一定的存活空间，资本主义还有一定的生命力。

由于现实的社会主义不是在发达资本主义国家取得革命成功，社会主义制度并不是建立在发达资本主义生产力高度发展的基础之上，而是在经济文化相对落后的国家建立起来的，生产力水平相对落后；由于发达资本主义国家对社会主义制度的破坏和颠覆；由于社会主义实践者们对社会主义的认识与实践还需要一个过程；由于社会主义生产关系和上层建筑的具体体制还相当不完善、不成熟，存在弊端的地方还很多……新的社会形态代替旧的社会形态是一个复杂的、长期的历史过程。因此，社会主义取代资本主义也必将是一个长期的、曲折的、艰巨的历史过程。

目前我国正处于社会主义初级阶段。

这包含两层含义：第一，我国已经建立了社会主义制度，是社会主义社会，必须坚持和发展社会主义；第二，我国的社会主义社会正处于并将长期处于初级阶段。我们必须正视而不能超越这个初级阶段。如果把共产主义比作长大了的青蛙，那么，我国的发展还处于"蝌蚪"的发展状态，需要一个相当长的历史时期才能过渡发展到共产主义社会。

社会主义初级阶段的发展前途是走向发达的、成熟的社会主义社会，并最终走向共产主义社会。

"星星之火，可以燎原。"在世界范围内，同发展了几百年的、比较成熟的资本主义社会形态相比，社会主义社会形态是一种崭新的社会形态，社会主义的力量还比较弱小。但是，社会主义社会形态是在扬弃资本主义社会形态的基础上建立的，是符合社会形态发展必然趋势的，是具有远大的发展前途的社会形态。

共产主义社会是符合历史发展规律的社会形态。尽管共产主义的实现是一个长期的历史过程，需要经过若干历史阶段才能实现，在没有完成各个历史阶段的特定目标和任务时，实现共产主义只能是空谈。但是，共产主义的理想和信念为我们指明了未来前进的道路，鼓舞我们战胜社会主义建设过程中的种种困难，最终进入共产主义社会！

三、人类社会发展"最后动力的动力"
——强大的古罗马帝国为什么衰亡了

古罗马是一个强大的帝国，在公元 1 世纪至公元 2 世纪，它的统治领地包括了欧、亚、非三大洲的大片土地，不可一世。但是好景不长，从公元238年到公元253年的15年间，罗马帝国陷入危机，由盛至衰，先后更换了十个皇帝，一直走下坡路。公元395年，大一统的罗马帝国分裂为东罗马和西罗马两部分。公元476年，西罗马帝国彻底灭亡了。东罗马帝国，史称拜占庭帝国，到1453年被奥斯曼帝国所剪灭。类似罗马帝国由强盛到衰亡的例子，古今中外不胜枚举，中国从夏商周到春秋战国，从秦汉唐宋元明到大清帝国；外国从古印度、古巴比伦、古希腊到罗马帝国、拜占庭帝国、奥斯曼帝国，到"日不落"的大英帝国……究竟是什么原因致使天下兴亡变化？什么是人类历史发展的最终动力？

透过纷杂的社会历史现象，抓住广大群众持久的、引起伟大历史变迁的行动，然后找到触发这些行动的思想形式的动机，再去寻找思想动机背后的推动历史发展的最终的动力，即"最后动力的动力"，战胜旧历史观，这是马克思主义新历史观所完成的伟大使命。

为了探寻"最后动力的动力"，黑格尔哲学提出了许多合理的思想，成为唯物史观得以创立的直接理论来源。列宁指出，黑格尔的见解"接近历史唯物主义"[18]，"有历史唯物主义的胚芽"[19]。马克思认为，黑格尔的历史观是历史唯物主义的"直接的理论前提"[20]。黑格尔认为：人类历史不是一成不变的，是由低级向高级发展的辩证过程；任何一个历史阶段都有产生、发展和消亡的过程；在社会历史领域，似乎有一个不以人的意志为转移的客观法则（"理性的狡计"）在起作用；历史人物的表面动机和真实动机都不是历史事变的最终动因，在这些动机后面，还应有其他动力，历史动力不在人性之中,而在人性之外;历史活动存在"最后动力的动力"。

到底"最后动力的动力"是什么呢?马克思给予了唯一正确、科学的回答。自然界中低级动物的活动是盲目的、无意识的、被动的活动,而在历史领域内进行活动的全是有意识、追求一定目的的人。人类社会历史就是人的有意识的创造活动的历史,社会历史是由人的有目的的活动创造的。人们从事的一切社会活动,必须通过大脑,通过思维,才能有意识地进行。这样一来,考察社会历史进程,必须要考察人的活动,考察社会历史的动力,必须要考察人的历史活动的动因;考察人的历史活动的动因,必然首先涉及人的意愿、欲望、目的等思想动机。于是,从表面上看,似乎是思想动机促使人们去参加社会活动。在自然界里纯粹是盲目的客观力量在起推动作用;在社会、人的活动领域,又好像是人的意愿、目的、情欲等思想动机在起决定作用。这样,就很容易得出精神是人类历史发展的最后动力的唯心主义结论来。历史唯物论和历史唯心论的区别,不在于是否承认思想动机,即精神动力的作用,而在于是停留在精神动力的结论上,还是进一步寻找精神动力背后的动力。

探讨历史发展的终极原因,必须首先抓住使整个阶级、整个民族行动起来的思想动机,然后,进一步去探讨使整个阶级乃至整个民族行动起来的思想动机背后的动力,发掘思想动机背后物质的、经济的动力。

关于思想动机背后的最终动因的探求,马克思和恩格斯为此花费了毕生的心血。在《路德维希·费尔巴哈和德国古典哲学的终结》一书中,恩格斯论证了四个非常重要的

思想：一是需要和利益是人们进行社会活动的具体动因；二是人类历史发展的最后动力或终极原因是物质经济因素；三是阶级斗争是阶级社会历史发展的直接动力；四是社会基本矛盾是历史发展的根本动力，归根结底生产力是最终决定性因素。

恩格斯指出："如果要去探究那些隐藏在——自觉地或不自觉地，而且往往是不自觉地——历史人物的动机背后并且构成历史的真正的最后动力的动力，那么问题涉及的，与其说是个别人物，即使是非常杰出的人物的动机，不如说是使广大群众、使整个整个的民族，并且在每一民族中间又是使整个整个阶级行动起来的动机。"[21]在这里，他提出了"最后动力的动力"的概念。"最后动力的动力"指的就是使个人乃至整个民族、整个阶级行动起来的动机背后的起最终决定性作用的力量或终极的原因。

恩格斯以西欧资本主义社会历史发展为例，说明土地贵族、资产阶级和无产阶级"这三大阶级的斗争和它们的利益冲突是现代历史的动力"[22]。随后他又进一步剖析了阶级斗争背后的经济原因，认为这些阶级斗争"首先是为了经济利益而进行的，政治权力不过是用来实现经济利益的手段"，"这些阶级是怎样产生的呢？……显而易见，这两大阶级的起源和发展是由于纯粹经济的原因"。[23]历史发展"归根到底，是由生产力和交换关系的发展决定的"[24]。从恩格斯的理论推导可以看出，在阶级社会中，阶级斗争是历史发展的直接动力，而阶级斗争是由经济利益决定的，经济利益构成了人们从事历史活动的动因，但经济利益又是由一定的生产力和生产关系的发展所决定的。"生产力和交换关系"，这就是社会历史发展的最后动力的动力或终极原因，社会历史发展的"最后动力的动力"是纯粹的物质经济因素。由此可见，利益是使人们行动起来的动因，在阶级社会中，阶级间的利益冲突，即阶级斗争，构成了历史发展的直接动力。认识历史发展的"直接动力"，必须探究"终极原因"或"最后动力的动力"，最后动力的动力或终极原因与直接动力相比，前者更根本，后者是派生的。

物质经济因素是历史发展的最终决定性力量，从这个意义上来说，生产力和生产关系的矛盾运动是历史发展的根本动力，生产力是最终决定性的因素。

生活需要和利益要求是隐藏在人们动机背后的内在动因。

探讨历史发展的动力，必须首先探讨推动人们进行历史活动的动因。而人们的一切活动都要经过人的意识，也就是说，人的活动必须采取思想动机的形式。思想动机是一种心理现象，凡是反映在人们的头脑中并促成人的活动，引导人的活动去满足人的某种需要的欲望、念头、想法、意向，就叫作思想动机。它是推动人们进行活动的内在动力，是激励人们去行动以达到一定目的的内在原因，即行为的心理动因。在思想动机中，经济活动的动机是人们从事经济活动的原因，它是人类活动的基本动机，决定其他一切思想动机。任何一个人要进行生产活动，直接取决于他思想的意向。人的衣食住行是最基本的生活要求，它是直接推动人们行动起来进行生产斗争和其他社会实践的第一位的动机和念头。人的衣、食、住、行等基本的需求是由人的基本生活需要所触发的。人的消费需要和利益要求引发了思想形式的动机，引发了人们的生产活动，从而引起了人们的全部社会活动。

在阶级社会中，阶级斗争成为历史发展的直接动力。

人们正是在生产活动中实现自己的利益需要，首先是物质利益需要的。在生产关系中处于不同地位的人有着不同的物质利益，生产关系实质上是人们之间的物质利益关系。代表旧的既得利益的阶级总是固守旧的生产关系，利用旧的生产关系来保护自身的既得利益。代表新的生产力的阶级总是通过改变旧的生产关系，反对维护旧的生产关系的统治阶级的既得利益，获取本阶级的应得利益。生产力与生产关系的矛盾运动通过利益的动力传递，而展现为人与人之间的阶级矛盾。

"一切重要历史事件的终极原因和伟大动力是社会的经济发展，是生产方式和交换方式的改变，是由此产生的社会之划分为不同的阶级，是这些阶级彼此之间的斗争。"[25] 文明社会以来的历史就是阶级斗争的历史。自由民和奴隶、贵族和平民、领主和农奴、行会师傅和帮工、资本家和工人，一句话，压迫者和被压迫者，始终处于相互对立的地位，进行不断的、有时隐蔽有时公开的斗争，而每一次斗争的结局都是整个社会受到革命改造，或者是斗争的各阶级同归于尽。

——**阶级斗争的动力作用首先体现为实现社会形态的更替**。当旧的生产关系变成生产力发展的桎梏时，维护旧生产关系的落后阶级同代表生产力发展要求的先进阶级必然形成激烈的对抗。当矛盾达到尖锐化的程度，统治阶级无法照旧统治下去，被压迫阶级也不能照旧生活下去，就具备了发生社会革命的客观形势。在这种情形下，先进阶级用先进思想发动和组织群众，就为社会革命提供了主观条件。只有通过先进阶级反对落后阶级的社会革命，才能推翻反动阶级的统治，建立新的社会形态，从而促进生产力的解放与发展。

——**阶级斗争的动力作用也体现为推动同一社会形态发生量变**。从历史上看，被统治阶级反对统治阶级的斗争，在不同范围内都打击了剥削阶级的统治，迫使其调整某些经济关系与社会政策，由此就会减轻劳动群众的赋税负担，或使劳动群众获得休养生息的机会，进而必将在一定程度上缓和社会矛盾，或多或少地推动了生产力的发展与社会的进步。在我国封建社会，曾经爆发了多次农民起义，如秦末的陈胜、吴广起义，西汉的赤眉、绿林起义，隋末的瓦岗军起义，元末的红巾军起义，明末的李自成起义，清末的太平天国起义等。尽管受农民阶级自身局限性的制约，加之在统治阶级的残酷镇压下，这些起义大多以失败收场，即使取得了胜利，最终也只能是改朝换代。但是，每一次农民起义都推动着封建社会的量变过程：受到打击的封建统治者不得不吸取血的教训，不得不调整统治政策，不得不缓和阶级矛盾，由此在一定程度上促进了生产力的解放和社会的发展。

社会基本矛盾是推动社会历史发展的根本动力。

——**生产力与生产关系、经济基础与上层建筑之间的社会基本矛盾，是贯穿人类社会始终的、决定性的、基础性的社会矛盾**。生产力是人们在物质生产活动中通过利用和改造自然来获取物质资料的力量。生产力是历史唯物主义的基本范畴之一，它表示的是生产中人与自然的关系。生产力是作为系统而存在的，它包括参与社会生产和再生产过程的各种要素，其基本要素包括以生产工具为主的劳动资料、劳动对象、从事物质资料生产的劳动者。劳动资料与劳动对象结合起来构成生产资料。生产资料是生产力中物的要素。具有一定生产经验和劳动技能的劳动者是生产力中人的要素，劳动者是生产力中最活生生的、起主导作用的因素。当然，科技、管理等也是生产力的重要要素。

在生产过程中，人们不仅同自然界发生关系，人们之间也必然发生一定的社会关系。生产关系就是人们在物质生产与再生产活动中所结成的经济关系。生产关系也是历史唯物主义的基本范畴之一。生产关系主要包括生产资料的所有制关系，人们在生产中的地位、作用及人与人的相互关系，以及产品分配关系。生产关系各要素之间互相联系、互相制约、互相作用，共同构成生产关系系统。一定的生产力和一定的生产关系的统一构成生产方式。生产资料所有制关系，即生产资料归谁占有、由谁支配的问题，所有制形式是生产关系的基础，决定生产关系的性质，是区别不同生产关系的主要标志。

经济基础是指与一定生产力状况相适应的、在特定社会中占据统治地位的生产关系的总和；上层建筑是建立在一定经济基础之上的制度设施及思想体系，包括政治上层建筑和思想上层建筑。国家机构、军队、法院、监狱、警察等属于政治上层建筑，哲学、理论、宗教、文学、艺术等观点属于思想或意识形态上层建筑。经济基础与上层建筑的统一构成社会的经济形态，从而决定社会形态的性质和类型。在这里，经济基础与生产关系是两个术语、同一内容：相对于生产力而言叫生产关系，相对于上层建筑来说占统治地位的生产关系则是经济基础。

生产力与生产关系、经济基础与上层建筑的矛盾体现了社会结构诸要素的本质的必然的联系，构成了人类社会的基本矛盾。这两对矛盾存在于一切社会形态中，决定和制约着其他社会矛盾的产生与解决，影响着整个社会的总体面貌，并推动着社会发展的历史进程。

——**生产关系一定要适合生产力状况，上层建筑一定要适合经济基础状况，是适用于整个人类历史的基本规律**。生产关系一定要适合生产力状况包括三项基本内容：生产力决定生产关系；生产关系反作用于生产力；生产力和生产关系之间的矛盾运动。在一种生产关系产生和确立后的一段时间内，它与生产力的性质与发展要求是基本适合的，对生产力发展起到积极的推动作用；而当生产力发展到一定程度时，原来的生产关系就逐渐变得过时与保守，成为生产力进一步发展的桎梏，客观上要求实现生产关系的推陈出新；新生产关系一旦确立起来，就在新的基础上出现了生产关系与生产力在矛盾运动中的基本适合。生产关系由适合生产力的状况到不适合再到新的适合这一矛盾运动，是一个具体的历史的过程，从而也是推动人类社会不断向前发展的过程。

上层建筑一定要适合经济基础状况体现为，经济基础决定上层建筑、上层建筑反作用于经济基础、上层建筑和经济基础的不断的矛盾运动。经济基础要求上层建筑同自己相适合，这本身就以它们之间某种不适合为前提；同时，对这种不适合状况，或迟或早地变为相适合的条件是，通过社会革命或通过社会改革来解决上层建筑与经济基础的不适合，使之适合。上层建筑与经济基础之间的适合是相对的，其矛盾始终处于不断产生和不断解决的历史过程中。

人类社会从低级向高级发展，是由生产力和生产关系、经济基础和上层建筑的矛盾运动推动的，是生产关系一定要适合生产力状况、上层建筑一定要适合经济基础状况规律发生作用的结果。

在原始社会，人们使用的劳动工具是粗陋的石器，生产力极其低下，劳动产品没有剩余，这种生产力状况决定了原始社会的生产关系是生产资料共同占有，人们共同劳动，劳动产品按需分配，没有剥削，没有压迫，没有阶级差别与对立，人与人之间的关系是平等的。原始社会末期，青铜器这样的金属工具出现了，生产力水平有了提高，产生了剩余劳动产品，使得一部分人占有另一部分人的劳动成为可能，于是产生了社会分工和产品交换，这就促进了私有制的产生，形成了人类历史上第一个剥削制度的社会——奴隶主占有制社会。

奴隶社会的产生是历史的进步。青铜器的普遍应用，畜牧业、农业与手工业的分离，使得大规模利用奴隶的简单劳动协作成为可能。奴隶社会提高了劳动生产率，发展了生产力。奴隶主占有生产资料并占有劳动者——奴隶，是奴隶社会生产关系。奴隶制建立在对奴隶极其残酷的剥削压迫之上，奴隶对生产劳动毫无兴趣和积极性，其解放和发展生产力的作用是有极大的历史局限性的，奴隶采取怠工、逃跑、破坏工具、暴动、起义等形式反抗。奴隶制生产力与生产关系的不可克服的矛盾最后导致奴隶制社会崩溃，封建社会生产关系代替奴隶社会生产关系成为历史的必然。

封建社会代替奴隶社会也是一次历史的进步。封建社会生产关系是封建地主阶级占有生产资料和不完全占有劳动者，封建主运用地租形式，剥夺农民阶级的剩余劳动和剩余产品。发明冶铁技术，使用铁制农具，推进农业和手工业进一步的发展，相对于奴隶社会，封建社会解放和发展了生产力。与奴隶相比，农民有一小部分以个人劳动为基础的个体经济，这就使得农民对生产有着一定程度的主动性。但封建社会生产关系也有极大局限性。封建地主阶级对农民阶级的剥削和压迫，不断激起广大农民的反抗和斗争。随着农业和手工业的发展，在商品经济发展的基础上，资本主义的商品生产逐步成熟，逐步形成了资本主义生产关系，破坏了自给自足的自然经济，封建社会生产关系成了生产力发展的桎梏，从而引起资产阶级革命，封建社会就必然为资本主义社会所代替。

资本主义社会代替封建社会又是一次重大的历史进步。资本主义生产关系代替封建主义生产关系对生产力的发展起着巨大的解放作用。资本主义生产关系的基础是生产资料的资本家占有制，是以资本家占有生产资料并用以剥削一无所有的雇佣劳动者为特征的。资本主义市场经济极大地解放和发展了社会生产力。机器生产代替了手工劳动，蒸汽机的发明和蒸汽动力的广泛应用是一场工业革命。资本主义制度在其发展历程中所创造的生产力，远远大于过去一切时代所创造的生产力的总和。但是，资本主义生产关系也有极大的局限性。资本主义生产方式从产生之日起，就存在着不可克服的矛盾：一方面，资本主义使社会生产过程变为大规模的社会化的生产；另一方面，它又使生产资料越发集中在少数的资本家手里。这就产生了资本主义生产方式的基本矛盾，即生产社会化和生产资料资本主义私人占有之间的矛盾。具体表现为单个企业生产的有组织性和整个社会生产的无政府状态的矛盾，生产能力无限扩大的趋势和社会购买力相对缩小之间的矛盾等。这些矛盾的发展，导致周期性的生产"过剩"的经济危机。无产阶级和资产阶级的阶级矛盾和阶级斗争是资本主义内在矛盾的阶级表现。

随着资本主义的发展，自由竞争被垄断所代替，资本主义由自由竞争阶段发展到了一个新的阶段——帝国主义，即垄断资本主义阶段。垄断资本在社会经济生活中起着决定性的作用。垄断不仅没有消除竞争和生产的无政府状态，没有消除周期性的经济危机，反而使资本主义生产方式所固有的矛盾更加尖锐化。在垄断资本主义阶段，资本主义内部矛盾激化，在不到半个世纪的时间里，先后爆发了两次世界大战。战争引起了社会主义革命，建立了一系列社会主义国家。当今，垄断资本主义已经发展到现代垄断资本主义（又称国际金融垄断资本主义）阶段。资本主义内在矛盾并没有化解，反而更为激化。目前虽然没有爆发世界大战争，但局部战争仍然不断。资本主义生产关系早已成为生产力发展的桎梏，严重地阻碍着生产力的发展。以生产资料公有制来适应社会化了的生产过程，这是历史发展的必然趋势。社会主义革命是不可避免的，社会主义代替资本主义是历史发展的总趋势。

在垄断资本主义和现代垄断资本主义阶段，资本主义的生产关系从根本上说已经成为腐朽的生产关系，严重地束缚着生产力的发展，然而，这并不意味着在资本主义社会条件下，生产力就不再有所发展了，资本主义就寿终正寝了。从唯物主义历史观来看，社会主义代替资本主义是一个相当长的历史过程，在这个相当长的历史过程内，并不排除资本主义经济社会在一定的时间段里获得相对稳定的发展。列宁指出："如果以为这一腐朽趋势排除了资本主义的迅速发展，那就错了。不，在帝国主义时代，某些工业部门，某些资产阶级阶层，某些国家，不同程度地时而表现出这种趋势，时而又表现出那种趋势。整个说来，资本主义的发展比从前要快得多。"[26] 垄断资本主义的腐朽趋势并不排除某些国家在个别阶段内，生产力有相当迅速的发展。第二次世界大战以后，在当今的世界全球化进程中，现代资本主义国家的一系列发展就是如此。

但是，当代资本主义国家生产力的某些发展，并没有也不可能解决资本主义固有的社会矛盾，只是使资本主义固有的内在矛盾在更大的范围内和更高的程度上进一步发展和激化。周期性经济危机是资本主义不可克服的内在矛盾的固定表现。第二次世界大战后资本主义各国发生过多次经济危机，资本主义经济多次出现了长期持续的滞胀趋势、生产停滞和通货膨胀交织在一起的恶性循环，企业大量倒闭，失业人口大量增加，使资本主义经济陷入新的更大的困境，愈益暴露出资本主义经济结构危机的性质。现今爆发的世界金融危机更说明了这一点。现代垄断资本主义是资本主义基本矛盾发展的必然结果，并没有改变资本主义衰退并逐步灭亡的必然趋势。列宁指出："国家垄断资本主义是社会主义的最充分的物质准备，是社会主义的前阶。"[27] 资本主义制度为社会主义制度所替代，这是生产关系一定要适合生产力状况规律发生作用的历史必然，是世界历史发展不可抗拒的时代潮流。

当社会基本矛盾运动的不适应性处于激化和尖锐化时，即生产关系再也容纳不下新生产力的发展、上层建筑再也不适应经济基础的需要时，就需要通过社会革命的方式加以克服。在阶级社会，社会革命表现为激烈的、政治的直至暴力的阶级斗争。先进阶级通过阶级斗争，以新的上层建筑取代没落阶级的政治统治和意识形态，随之变更旧的经济基础，从而为生产力的发展开辟道路。阶级矛盾和阶级斗争是历史发展的直接动因也正是在这个意义上讲的。

革命是解放和发展生产力，改革也是解放和发展生产力。

当社会基本矛盾处于部分、局部不适应状况时，要通过不断的改革以使不适应的生产关系的一些环节和方面适应生产力的发展，使上层建筑的一些环节和方面适应经济基础的发展。在阶级社会中，当这种不适应性初步展现或不太尖锐时，统治阶级可以通过采取改良措施，调整社会政策，在一定程度上缓和阶级矛盾，促使上层建筑和生产关系更好地适应生产力的发展，巩固和维护经济基础。在中国封建社会的历史上，变法、改革等就起到了减轻农民负担、缓和阶级矛盾的作用，调动了农民的生产积极性，促进了社会生产力的发展。

由此看来，天下兴亡的终极原因，历史发展的根本动力，不是神力，不是天命，也不是个别英雄豪杰的作用，更不是思想动机所促成，而是由唯物史观所揭示的最终的物质经济原因所决定的。古罗马帝国之所以盛极一时，因为它实行的是与当时生产力相适应的、比原始社会公社制度进步的奴隶制度，可以创造更多的物质财富。但随着生产力的发展,奴隶制度严重束缚了生产力的发展。生产力与生产关系的矛盾表现为奴隶与奴隶主之间的,由物质的、经济的利益所引发的阶级斗争。奴隶们反对奴隶主的压迫剥削,不断进行反抗,如古罗马著名的斯巴达克起义。奴隶自身的解放实际上就是生产力的解放,在奴隶们反抗奴隶主统治的斗争中,逐步形成了农民阶级和地主阶级,自给自足的封建经济关系逐渐发展起来,越发显示其比奴隶制优越,奴隶制度越发成为生产力进一步发展的桎梏。于是顽固坚持奴隶制度、不作任何改革的古罗马帝国便不可避免地走向灭亡。作为新生产力最主要成分的农民阶级代替奴隶阶级,新兴的封建地主阶级作为统治阶级代替落后的奴隶主阶级,封建制度代替奴隶制度;新兴的资产阶级代替落后的封建阶级,资本主义制度代替封建制度;代表先进生产力的工人阶级代替资产阶级,社会主义制度代替资本主义制度,是历史发展的必然。

四、历史发展的"合力"作用
——黑格尔的"理性的狡计"

在历史进程中,每个人都有自己的行动愿望,可是历史发展又不是完全按照每个人的愿望实现的。除了顺应历史发展趋势的进步意愿,许许多多的个人意愿恰恰实现不了。每个人的有意识的行为最终受不以个人意志为转移的、支配人的某种规律的支配,这种客观规律表现为一种合力作用。

德国古典哲学家黑格尔是唯心主义的辩证法大师。他站在唯心主义立场上,提出"理性的狡计"说,从辩证法的高度揭示了人类社会历史的客观辩证运动的合力作用过程,超越了旧唯物主义历史观的认识局限。黑格尔在《精神现象学》等著作中认为，在社会历史领域，人们尽管抱着一定的目的去行动，但是很少如愿以偿，似乎有一个不以人的意志为转移的客观法则在起作用。黑格尔断言，人的有意识的活动背后肯定隐藏着更深刻的原因，这些原因是未曾被人们意识到而又支配人们行动的最终原因。遗憾的是，黑格尔并没有沿着这一正确的认识深入下去。他认为，人的有意识的活动背后是"世界精神"起作用，"世界精神"统治着历史。每一个人固然都在追求和满足自己的目的，但这只是"世界精神"为满足自己的目的的手段或工具，每个人虽然都进行有目的的活动，但最终结果往往事与愿违，人们都中了理性（世界精神）的计谋，理性（世界精神）实现了自己的目的。

为什么历史是由人的有意识的活动创造的，而社会历史发展的总趋势又表现为不依人的意志为转移的客观规律的合力作用呢？

黑格尔虽然对人的主观能动性同客观规律的辩证关系，对社会历史发展不以人的意志为转移的客观法则的揭示和论证，是非常深刻的，但最终还是归结为"理性的狡计"。唯物史观彻底破解了这个认识难题。**恩格斯从唯物史观出发，在1890年9月21日致约·布洛赫的信中提出了著名的历史合力理论**。他说："历史是这样创造的：最终的结果总是从许多单个的意志的相互冲突中产生出来的，而其中每一个意志，又是由于许多特殊的生活条件，才成为它所成为的那样。这样就有无数互相交错的力量，有无数个力的平行四边形，由此就产生出一个合力，即历史结果，而这个结果又可以看做一个作为整体的、不自觉地和不自主地起着作用的力量的产物。因为任何一个人的愿望都会受到任何另一个人的妨碍，而最后出现的结果就是谁都没有希望过的事物。所以到目前为止的历史总是像一种自然过程一样地进行，而且实质上也是服从于同一运动规律的。但是，各个人的意志——其中的每一个都希望得到他的体质和外部的、归根到底是经济的情况（或是他个人的，或是一般社会性的）使他向往的东西——虽然都达不到自己的愿望，而是融合为一个总的平均数，一个总的合力，然而从这一事实中决不应作出结论说，这些意志等于零。相反，每个意志都对合力有所贡献，因而是包括在这个合力里面的。"[28]历史合力论表明：

——**人的思想意识及其活动是受人所生活的社会物质条件制约的**。社会物质条件不仅决定人的思想意识及其活动是这样而不是那样，而且还决定人的思想实现程度、活动的成败得失。个人乃至阶级的意志及其活动，可以加快或延缓社会历史的进程，但不能根本改变历史的总进程、总趋势。个人是作为社会整体联系、整个过程中的一个因素、一个原子而有机地加入社会整体运动之中的。个人的自觉活动不过是社会整体运动的一个环节、一个因素、一个部分，要受社会复杂系统的诸要素、诸过程、诸关系的相互作用，要受相互联系的社会有机体机制的制约。

——**人的思想动机背后隐藏着不以人的意志为转移的客观物质力量**。历史活动是由人创造的，社会关系是由人所建立的，但个人往往是无法预料，或者不能完全意识自己的活动及其创造物会有什么样的结果。比如，蒸汽机的创造者就不曾料到他的创造物会给社会带来这么巨大的影响。人的思想意识背后隐藏着不以人的意志为转移的社会物质经济原因。

——**社会历史合力表现为不以人的意志为转移的客观的发展规律**。在历史活动中，每个人都有自己的目的和愿望，但每个人的有意识的活动在总的历史发展过程中，互相交错、互相协助、互相矛盾、互相抵消，融合成一个不以任何一个人的愿望为转移的历史合力。

马克思主义合力理论告诉我们，在社会历史领域活动的都是一个一个现实的人，每个人的活动都是有意志的活动，而每个人的意志都受其存在的社会条件所制约与影响。无数有意识活动的个人之间都有冲突，并且相互抵消，最后形成一个总的历史的合力。这个总的历史力量是不以任何个人的意志为转移的客观力量，历史发展的最终结果是由历史的合力促成的。这个历史合力既包含有历史活动中每个人的有意识的行为作用，又表现为受最终物质经济原因支配的，不以个人的意志为转移的客观合力规律作用。

五、正确认识和处理社会主义社会矛盾
——从波匈事件看社会主义社会矛盾问题

1956 年，震惊世界的社会主义阵营的波兰波兹南和匈牙利事件（简称波匈事件）吸引了全球人的眼球。波匈事件是指 1956 年 6 月波兰西部波兹南城发生的流血事件，还有 1956 年 10 月 23 日至 11 月 4 日匈牙利发生的震惊世界的社会动乱。

波兹南事件发生的重要原因是波兰党在社会主义建设中

不顾本国国情照搬苏联模式，致使经济不景气，影响人民生活水平的提高。1956年6月，波兹南的斯大林机车车辆厂工人要求政府增加工资和减少税收，与政府谈判陷入僵局，致使该厂工人举行示威游行，部分示威者冲击政府机关，夺取武器，开枪射击公安人员，政府当局出动警察进行镇压。冲突中，死54人，伤200多人，数百人被捕。

匈牙利建国后，以拉科西（Rakosi，1892—1971年）为首的领导集团照搬苏联的经济、政治模式。1949年6月以后在清洗"铁托分子"运动中，又造成一批错案，加之生活必需品严重短缺，引起匈牙利人民的强烈不满。1956年6月发生的波兹南事件和10月举行的波苏会议，对匈牙利事态的发展产生了直接影响，从而在1956年10月引发了大规模的流血冲突，部分学生、工人、士兵同苏军发生了武装冲突。事件发生后，匈牙利劳动人民党瓦解。11月1日晚，匈牙利社会主义工人党宣告成立，动乱逐渐平息。匈牙利事件爆发除了国内经济、政治原因之外，西方帝国主义和国内反革命分子利用也是一个重要因素。

波匈事件的爆发，引起了社会主义的实践者们的深思，提出了一个大问号：社会主义国家内部存在不存在矛盾，存在怎样的矛盾，怎样处理社会主义社会的矛盾问题？

人类社会充满了矛盾。没有矛盾，就没有人类历史，也没有社会发展。只要有人类活动的地方，就会有矛盾；旧的矛盾解决了，又会产生新的矛盾。社会矛盾是人类社会发展的内在动因，社会矛盾运动是社会发展的客观规律，社会主义社会也绝不例外。

然而对社会主义社会矛盾问题的认识，社会主义的实践者们却经历了一个曲折的认识过程。马克思主义经典作家只是一般地论述到了社会矛盾问题，揭示了社会矛盾在社会历史发展中的动因作用，社会矛盾运动是社会发展的客观规律，但并没有具体地揭示社会主义社会的矛盾规律。

承认不承认社会主义社会矛盾的存在，承认不承认社会主义社会矛盾运动的客观规律，如何正确处理好社会主义社会存在的矛盾，是社会主义各国的建设实践者所遇到的一个重大课题，对这个重大课题的科学解答，关系到社会主义各国发展的前途和命运。

鉴于波匈事件的教训，根据我国国内的新情况，毛泽东深刻总结了我国社会主义建设的实践经验，也注意总结斯大林和苏联党关于认识和处理社会主义社会矛盾的经验教训，在党的八大科学回答国内主要矛盾发生转变的前提下，又发表了《论十大关系》和《关于正确处理人民内部矛盾的问题》，深刻认识和把握社会主义社会矛盾规律，创造性地发展了马克思主义关于社会主义社会矛盾的理论。一是把对立统一规律贯彻到对社会主义社会的研究中，通过对社会主义社会矛盾特殊性的揭示，坚持了矛盾普遍性的原理，阐明了社会主义社会不是没有矛盾而是充满矛盾，只是这种矛盾和旧社会的矛盾不同，它是非对抗性的矛盾，可以经过社会主义制度本身，不断得到解决。二是明确指出社会主义的基本矛盾仍然是生产关系和生产力之间、上层建筑和经济基础之间的矛盾，其特点是它们之间既有基本适应的一面，又有不相适应的一面。三是提出了人民内部矛盾和敌我矛盾两类不同性质矛盾的学说，认为敌我矛盾是对抗性的矛盾，人民内部矛盾是非对抗性的矛盾，二者解决的办法是不同的。人民内部矛盾是社会主义社会大量存在的矛盾,"正是这些矛盾推动着我们的社会向前发展"[29]。四是关于国内的主要矛盾,明确指出,革命时期的大规模的急风暴雨式的群众阶级斗争已基本结束,我们的根本任务已经由解放生产力变为在新的生产关系下保护和发展生产力。

然而,事情的发展是曲折的。在"反右"开始后,毛泽东逐步违背关于社会主义社会矛盾问题的正确论断,把阶级斗争看作我国社会主义社会面临的主要矛盾,违背了社会矛盾规律。在错误理论路线指导下发动的"文化大革命",给中国人民和社会主义事业造成了深重的灾难。这个教训从反面说明了正确认识社会主义社会矛盾的极端重要性。

1978年党的十一届三中全会以来,我们党彻底清理和纠正了长期存在的"左"倾思想和理论观点,其中也纠正了关于社会主义社会矛盾问题的错误观点。党的十一届三中全会果断地停止使用"以阶级斗争为纲"的口号,恢复了我们党八大和《关于正确处理人民内部矛盾的问题》关于社会基本矛盾、主要矛盾、人民内部矛盾的正确理论,对社会主义时期的阶级斗争进行了新的理论概括,指出在剥削阶级作为阶级消灭以后,阶级斗争已经不是社会主义社会的主要矛盾,但由于国内的因素和国际的影响,阶级斗争还将在一定范围内长期存在,在某种条件下还有可能激化。

当然,我们党并没有仅仅停留在拨乱反正的工作上,而是从总体上提出了对社会主义矛盾规律、对社会主义的再认识问题,进一步发展关于社会主义社会矛盾的理论:一是进一步深化对社会主义社会基本矛盾的认识,认为在我国目前初级阶段的社会主义条件下,社会基本矛盾仍然是生产力与生产关系、上层建筑与经济基础之间的矛盾，它们既相适应，又不相适应，改革就是解决社会主义基本矛盾不适应的方面和环节，是社会主义制度的自觉调整和自我完善。改革是推动社会主义不断发展的强大动力。二是恢复和坚持党的八大关于国内主要矛盾的正确论述，明确作出人民群众日益增长的物质文化需要同相对落后的社会生产之间的矛盾是社会主义初级阶段的主要矛盾的科学判断，果断地停止以阶级斗争为纲的错误提法和做法。三是充分认识到生产力在社会主义基本矛盾运动中的决定性作用，把生产力标准提到第一位，把发展生产力作为社会主义的根本任务，"把是否有利于发展社会生产力作为检验一切改革得失成败的最主要标准"[30]，作为"考虑一切问题的出发点和检验一切工作的根本标准"[31]。四是深刻认识到我国多年来形成的过分集中的僵化的社会主义经济—政治体制，严重地束缚了社会生产力的发展。目前我国改革的迫切任务就是在坚持社会主义制度的前提下，改革不适应生产力发展的僵化的经济—政治体制，建立以公有制为主体、多种所有制并存，以按劳分配为主、多种分配方式并存的基本经济制度，建立社会主义市场经济体制，建立社会主义民主政治和法制体系，进一步解放生产力，使社会主义真正变得生机盎然、充满活力。五是坚持实事求是的思想路线，具体分析我国的国情，从我国生产力的实际状况出发，明确指出我国正处于并将长期处于社会主义初级阶段，说明必须从这个最基本的重要国情和客观实际出发，不能做超越社会发展阶段的事情，形成了党在社会主义初级阶段的基本路线。六是明确提出了正确认识和处理新时期人民内部矛盾问题，按照统筹兼顾的原则，兼顾各方利益，协调各种利益关系，调动一切积极因素，走共同富裕的道路，努力发展中国特色社会主义。

社会主义的运动实践表明，每当社会主义的领导力量对社会矛盾判断和处理失误，就会严重影响社会主义的民主和法制建设，就会给社会主义建设带来不应有的损失。实际上，社会主义社会的矛盾是一个复杂的系统，有着特殊复杂的运动规律，人们只有自觉地、系统地认识社会主义社会矛盾的运动规律，才能自觉地而不是被动地、正确地而不是错误地处理社会主义社会的矛盾，才能按照社会主义社会矛盾的客观规律，建立起能够有效协调社会矛盾的体制机制，保证社会主义社会协调和谐发展。

结　语

恩格斯指出："现代唯物主义把历史看做人类的发展过程，而它的任务就在于发现这个过程的运动规律。"[32]历史唯物主义是在充分揭示物质生产在社会生活中的地位和作用的基础上建立起来的。它把物质生产的发展理解为整个社会生活以及整个现实历史的基础，并在此基础上阐明物质生产方式制约着整个社会生活、政治生活和精神生活，从而揭示了社会发展是一个自然历史过程，揭示了生产关系适合生产力状况、上层建筑适合经济基础状况的客观规律，说明了社会历史发展的根本动力和最终动因。

注　释

〔1〕北京大学哲学系外国哲学教研室编译：《古希腊罗马哲学》，商务印书

馆 1982 年版，第 21 页。

〔2〕《马克思恩格斯文集》第 2 卷，人民出版社 2009 年版，第 591—592 页。

〔3〕《马克思恩格斯文集》第 10 卷，人民出版社 2009 年版，第 591 页。

〔4〕《马克思恩格斯选集》第 4 卷，人民出版社 1995 年版，第 732 页。

〔5〕《马克思恩格斯选集》第 4 卷，人民出版社 1995 年版，第 696 页。

〔6〕《列宁专题文集　论社会主义》，人民出版社 2009 年版，第 357—358 页。

〔7〕《马克思恩格斯文集》第 8 卷，人民出版社 2009 年版，第 29 页。

〔8〕《马克思恩格斯文集》第 1 卷，人民出版社 2009 年版，第 540—541 页。

〔9〕《列宁专题文集　论辩证唯物主义和历史唯物主义》，人民出版社 2009 年版，第 161 页。

〔10〕《马克思恩格斯文集》第 5 卷，人民出版社 2009 年版，第 10 页。

〔11〕《马克思恩格斯文集》第 1 卷，人民出版社 2009 年版，第 604 页。

〔12〕《列宁专题文集　论辩证唯物主义和历史唯物主义》，人民出版社 2009 年版，第 162 页。

〔13〕《马克思恩格斯文集》第 2 卷，人民出版社 2009 年版，第 14 页。

〔14〕《列宁专题文集　论辩证唯物主义和历史唯物主义》，人民出版社 2009 年版，第 185 页。

〔15〕《邓小平文选》第三卷，人民出版社 1993 年版，第 382—383 页。

〔16〕《马克思恩格斯文集》第 2 卷，人民出版社 2009 年版，第 43 页。

〔17〕《马克思恩格斯文集》第 2 卷，人民出版社 2009 年版，第 592 页。

〔18〕《列宁全集》第 55 卷，人民出版社 1990 年版，第 270 页。

〔19〕《列宁全集》第 55 卷，人民出版社 1990 年版，第 274 页。

〔20〕《马克思恩格斯文集》第 2 卷，人民出版社 2009 年版，第 602 页。

〔21〕《马克思恩格斯文集》第 4 卷，人民出版社 2009 年版，第 304 页。

〔22〕《马克思恩格斯文集》第 4 卷，人民出版社 2009 年版，第 305 页。

〔23〕《马克思恩格斯文集》第 4 卷，人民出版社 2009 年版，第 305 页。

〔24〕《马克思恩格斯文集》第 4 卷，人民出版社 2009 年版，第 306 页。

〔25〕《马克思恩格斯文集》第 3 卷，人民出版社 2009 年版，第 509 页。

〔26〕《列宁专题文集 论资本主义》，人民出版社 2009 年版，第 210 页。

〔27〕《列宁专题文集 论资本主义》，人民出版社 2009 年版，第 235 页。

〔28〕《马克思恩格斯文集》第 10 卷，人民出版社 2009 年版，第 592—593 页。

〔29〕《毛泽东文集》第七卷，人民出版社 1999 年版，第 213 页。

〔30〕《十一届三中全会以来重要文献选读》下，人民出版社 1987 年版，第 772 页。

〔31〕《十三大以来重要文献选编》上，人民出版社 1991 年版，第 131 页。

〔32〕《马克思恩格斯文集》第 3 卷，人民出版社 2009 年版，第 543 页。

做历史发展的促进派

——历史选择论

在历史面前，人不是无所作为的，人对历史是有选择性、有主观能动性的。但这种选择又是有条件的，要按照历史发展规律来选择，这是历史选择论。

唯物史观肯定，在一定的历史条件下，人对历史的发展有一定的主体能动性，从而有一定的选择性。当然，过分夸大人的主观选择性，必然导致唯意志论，滑到唯心史观的泥坑。而否认人的主观能动作用，只承认不可抗拒的客观规律性，必然导致历史宿命论。人的选择性是在一定客观条件限度内，通过发挥人的主观能动性，顺应社会客观规律的必然趋势的主动选择。历史唯物主义是历史决定论基础上的历史选择论。

一、历史不过是追求着自己目的的人的活动而已
——风云际会的近代中国

人是社会条件的产物。但是，这不等于说人在社会、自然面前是无所作为、完全被动的。社会发展是一种自然历史过程，同时又是人的能动创造过程。人类社会就是在客观条

件、历史际遇、时代大势以及人的主体活动的交互作用中前行的。必须在尊重客观规律、按客观规律办事的前提下，人们才可以在多种可能性中作出正确的选择，而只有符合客观规律的选择，顺应客观规律的行事，才能成功。

近代以来的中国，清王朝的统治风雨飘摇，帝国主义列强侵略欺凌，中华民族面临着亡国灭种的深重危机。无数有血性的先进的中国人苦苦找寻救国良方，探索拯救黎民于水火的道路。龚自珍（1792—1841年）、魏源（1794—1856年）等作为最先睁开眼睛看世界的人，深感中国的积贫积弱、国势衰微、社会腐败、人才匮乏，主张中体西用，引进西方的器用技艺、坚船利炮，"师夷之长技以制夷"，打破因循守旧、沉闷僵化的局面，呼唤人才辈出时代的来临。龚自珍曾在《己亥杂诗》中写道："九州生气恃风雷，万马齐喑究可哀。我劝天公重抖擞，不拘一格降人才。"戊戌变法时期的风云人物康有为（1858—1927年）、梁启超（1873—1929年）、谭嗣同（1865—1898年）、严复（1854—1921年）等人，则力主启蒙与改良，开民智，鼓民力、新民德，培养公民精神，实行君主立宪。孙中山（1866—1925年）提出资产阶级民主主义思想，走上了武装反清的暴力革命之路，于1911年10月发动武昌起义，推翻了清朝长达两百多年的专制统治。

辛亥革命之后，进步与保守、前进与倒退、革命与反革命、民族独立与民族压迫之间的矛盾与斗争仍然相当激烈。新文化运动高举民主与科学的大旗，中国先进的知识分子接受和传播了马克思主义。中国共产党的成立作为一个历史大事件，使中国革命由旧民主主义革命转变为新民主主义革命。在经历了第一次国内革命战争、土地革命战争，中国人民的抗日战争胜利以后，又面临着两个中国之命运的生死抉择。中国共产党领导人民推翻了国民党反动派的统治，使中国走向了自由、民主、光明的社会主义征程。

近代以来的中国，就是在各种思想、政治与文化力量的斗争、融会中，在救亡与启蒙的双重变奏中，在客观情势与主体活动中，走着自己艰难的道路。各种政治力量、各种历史人物都试图按照自己的利益和世界观改造中国，都试图对中国前行的过程施加影响。正是在各种力量的交互作用中，中国走出了一条由改良到革命、由旧民主主义革命到新民主主义革命、由新民主主义革命到社会主义革命的曲折道路。这一曲折道路，说明了中国社会历史发展的必然结局和中国人民历史选择的正确性，显示了社会规律的客观必然性与主体选择性的双重特征，证明了唯物史观是历史决定论与历史选择论的有机统一。

在如何理解社会历史客观规律和社会历史发展最终动力的问题上，存在历史决定论与历史非决定论的区别，存在着唯物主义与唯心主义的区别。

历史决定论认为社会历史发展是有其历史必然性的，是有客观规律的，是由某种力量最终决定的。历史非决定论恰恰相反，认为历史发展是偶然的、无规律可循的，因而历史发展并不存在终极原因。历史非决定论实质是唯心主义历史观。历史决定论可以区分为唯物主义决定论和唯心主义决定论。唯物主义决定论又分为旧唯物主义机械决定论和辩证唯物主义辩证决定论。唯心主义决定论也有主张辩证决定论的，如黑格尔就是唯心主义辩证决定论者。马克思主义哲学是唯物主义的、辩证的决定论。神创论、天命论、客观精神决定论和主观精神决定论都是唯心主义决定论。一切旧唯物主义决定论由于其在社会历史认识上的形而上学片面性，终将导致机械决定论，而机械决定论最终依然逃脱不了唯心史观的窠臼。机械决定论者认为社会历史有规律可循，社会历史是决定性的，而不是非决定性的，但否认了社会历史的特殊性，否认人的主观能动性。

社会历史事件的确独一无二、不可重复，但社会历史规律并非社会历史事件，它是隐藏在社会历史事件背后的深层规律。尽管社会历史事件不可重复，但社会历史规律及其作用具有可重复性，并通过不可重复的、偶然的历史事件表现出来。无论是英国的工业革命、法国的大革命、美国的独立战争、日本的明治维新，还是中国的辛亥革命，都是不可重复的社会历史事件。但正是透过这些社会历史事件，体现了资本主义社会代替封建社会的历史规律性与必然性，体现了社会历史发展进步的潮流。

社会历史过程即人的活动过程，社会历史规律即人的活动规律。若离开人的社会实践活动，社会历史过程就无从展开，社会历史规律就无从生成。但人的社会实践不是纯粹主观任意的行为，而是要受到社会历史条件制约的，其选择与创造活动是在社会历史发展的"可能性空间"中进行的。人类社会的发展是既合规律性，又具有主体选择性的历史过程。承认人的主体能动性、选择性与创造性同承认社会历史过程的规律性与必然性并不矛盾。在社会历史领域，人们的预见能够引发其行动，因而能够主动地消除、避免、延缓或者加速所预言的事件的出现。从表面上看，似乎社会历史由人的主观愿望任意造成，因而不可能对社会历史的未来发展与走向作出预见。实际上，人们能够根据预见采取相应的行动，以消除、延缓、避免不利的发展趋势，促使事物有利的发展趋势变成现实，正是社会历史可以预见的明证。这不仅证明社会历史领域存在着客观规律，而且证明人们可以根据对于客观规律的认识而自觉活动、趋利避害。

社会规律是在社会领域中形成和发挥作用的客观规律，是社会"本身运动的自然规律"[1]**。承认社会规律的客观性和必然性，并不意味着把这种规律看作外在于人的活动而独立存在和发挥作用的。**

历史是人们通过自己的活动而实现自身发展的历史，是追求着自己目的的人的活动的历史。社会规律是通过人们的活动实现的，是"人们自己的社会行动的规律"[2]。在自然界中，没有任何事情是作为预期的自觉的目的发生的。而在社会历史领域内进行活动的，全是具有意识的、经过思虑或凭激情行动的、追求某种目的的人；任何事情的发生都不是没有自觉的意图、没有预期的目的的。虽然历史是像一种自然过程一样进行的，"历史进程是受内在的一般规律支配的"[3]，但是，历史的过程及其一般规律是通过人的有目的、有意识的活动形成和实现的，唯物史观是承认人的历史选择性的。

人是社会历史活动的主体。社会的物质生产实践和其他实践，都是人们为了满足自身的生存和发展需要而进行的。

在人与历史的关系中，人是历史的创造者、是历史的目的，而不是历史用来达到自己目的的工具。马克思和恩格斯在《神圣家族》一书中指出："历史什么事情也没有做，它

'不拥有任何惊人的丰富性',它'没有进行任何战斗'！其实,正是人,现实的、活生生的人在创造这一切,拥有一切并且进行战斗。并不是'历史'把人当做手段来达到自己——仿佛历史是一个独具魅力的人——的目的。历史不过是追求着自己目的的人的活动而已。"[4]

人既是历史的剧中人,又是历史的剧作者；既受客观规律和客观条件的制约,又以自己的实践活动创造了历史。社会发展规律本质上是人的实践活动规律,是通过人的实践生成和实现的。而人的实践是具有选择性和创造性的、有目的有意识的、自觉能动的感性物质活动。

社会历史的规律性和必然性是在人的有选择的实践活动中生成和实现的。人们的社会活动并非只有一种可能性,社会规律作为普遍的、必然的联系并非只能通过一种方式表现出来。人类社会由于受主体与客体、历史与现实、内部与外部诸多因素的影响,其发展的趋势、方向、道路、方式是多样性的。在历史发展过程中,特别是在重大历史转折时期,由于各种因素的相互作用,人们的活动、社会发展的走向,总是具有多种可能性。而社会历史将朝着哪一个方向、通过什么道路、采取什么方式前进,哪一种可能性将变为现实,在一定客观条件下,也在于人的选择。选择作为人的主体能动性和创造性的表征,便成为社会发展的关键性环节。

在历史面前,人不是无所作为的,人对历史是有选择性、有主观能动性的。但这种选择又是有条件的,要按照历史发展规律来选择,这是历史选择论。

孙中山讲：世界潮流,浩浩荡荡,顺之则昌,逆之则亡。"世界潮流"是讲历史决定论，谁也不可违背；"顺之则昌，逆之则亡"是讲历史选择论。符合历史规律的选择是正确的，是可以成功的，是有利于人的生存和发展的；违背历史规律的选择是错误的，是必然遭到失败并受到历史惩罚的。唯物史观就是历史决定论和历史选择论的结合。**人的主体选择在社会发展中起着重要作用，但人的选择绝非主观任意的行为**。人的选择是有条件的，是受不依人的意志为转移的必然性和规律性制约的。

人的选择，从根本上来说，是人民的选择。

历史的活动是人民群众的事业，人民群众是历史的创造者。民心民意反映了社会发展的客观规律和人类历史的必然趋势。社会发展的规律与人民群众的活动是紧密相连的，大势所趋与人心所向是高度一致的。研究社会发展规律，就必须研究人民群众的活动；预见社会发展趋势，就必须关注人民群众的愿望诉求；尊重社会发展规律，就必须顺应人民群众的历史选择。杰出人物之所以能够引领时代，影响历史，建功立业，就在于反映了人民群众的愿望，代表了人民群众的利益，从而遵循了社会发展规律，把握了历史必然趋势。若脱离人民，违背规律，自视甚高，任意妄为，不仅一事无成，而且必遭历史的惩罚。

二、在尊重客观规律的前提下，发挥人的历史选择性

——"人有多大胆，地有多大产"错在哪里

1949年10月1日，新中国成立了。中国共产党领导人

民迅速恢复了国民经济，成功地完成了生产资料的社会主义改造，建立了社会主义制度，提前完成了第一个五年计划，取得了举世瞩目的伟大成就。但是党不满足以往的发展速度，希望加快社会主义建设步伐，力图用尽可能短的时间，使中国摆脱"一穷二白"的落后状态，犯了革命的急性病，提出了"争取七年赶上英国，再加八年或者十年赶上美国"。1958年，掀起了一场万马奔腾、轰轰烈烈的"大跃进"运动。一些人头脑发热，提出了一些不切实际的错误口号，比如，"人有多大胆，地有多大产""不怕做不到，就怕想不到；只要想得到，就能做得到""天上没有玉皇，地上没有龙王，喝令三山五岳开道，我来了""我国粮食要增产多少，是能够由我国人民按照自己的需要来决定的"等，甚至提出"应积极运用人民公社的形式，探索出一条过渡到共产主义的具体途径"。一时间，许多重要生产指标纷纷放出"卫星"。

"愿望失去了理性，干劲离开了科学，想象代替了现象。""大跃进"期间是一个普遍激情的年代，一些人头脑不同程度地发热，失去了应有的科学冷静。全民动员，砸锅毁林，大炼钢铁；办起大食堂，吃饭不要钱；放开肚皮吃饭，拉开架势干活……似乎离共产主义的大门仅有一步之遥了。

然而，问题很快就暴露出来了。"浮夸风""共产风""强迫命令风"泛滥，浪费惊人，国民经济严重失调，工业生产全面紧张，农村生产力受到严重挫伤，一些地区出现了断炊逃荒现象，造成了重大损失。当然，对"大跃进"也不能完全否定，比如说开辟了一些新的工业基地，建立了一些新的工业部门，积累了一些全面建设社会主义的经验，但从全局来说，是失大于得，是一次欲速则不达的错误行动。"大跃进"是从良好愿望出发，采取了错误的方法，遭到了严重挫折的一次失败的尝试。"大跃进"一方面反映了党和广大人民群众在胜利完成社会主义改造、确立社会主义制度之后，建设热情空前高涨，急于改变中国落后面貌的强烈愿望；另一方面也反映了我们党在社会主义建设上缺乏经验，犯了急于求成，将战争年代的办法用于建设时期的错误。

唯物史观从来是承认人的历史选择性的，提倡积极发挥人的主观能动作用和创造精神。但是，创造历史不能随心所欲，人的历史选择不能离开一定的物质前提和条件，不能违背客观规律，必须在尊重客观规律的前提下，发挥人的历史选择性和主动性。

"大跃进"的教训是深刻的。反映在哲学上，有一个正确处理客观规律和历史选择性，即历史决定论和历史选择论的关系问题。恩格斯说："我们自己创造着我们的历史"，但是，"我们是在十分确定的前提和条件下创造的。其中经济的前提和条件归根到底是决定性的"。[5] "大跃进"恰恰忽视了中国经济落后、底子薄、人口多、耕地少、80%人口是农民等最基本的前提和条件，误以为仅仅依靠大搞群众运动和革命热情，依靠发挥主观能动性，就能在短时间内改变中国面貌，赶上甚至超过英、美。实际上，这背离了马克思主义哲学，过分夸大了人的历史选择性的作用，违背了客观规律，滑入了主观唯心主义。

社会历史发展的规律不以人的意志为转移，这是它的客

观性，同时它又是一个人的有意识的、能动的选择和创造过程。这就是说，在客观规律的发展过程中有人的主观能动的历史选择性起作用，社会规律发展过程体现了客观性与主观性、决定性与选择性二者的矛盾统一。

任何人的历史选择性都离不开客观条件的限制，离不开客观规律的作用。人的历史选择性符合客观规律则对历史的发展起到促进作用，否则起阻碍作用，这就是历史发展的客观规律决定性和历史选择性的关系。

人类在创造历史的选择进程中，既要讲条件，又不能唯条件。"有条件上，没有条件也要上"，这句话背离了唯物论。在我国社会主义建设历史上超越客观条件的许可、违背客观发展规律，过分夸大人的历史选择性的问题就曾发生过。离开了客观条件，只讲历史选择性，就会违背客观发展规律，就成了主观唯心主义。因此，既要坚持有条件论，又不能搞唯条件论。

历史发展是不以人的意志为转移的客观发展过程，人们对本民族、本国家的生产力和经济发展状况是无法作出主体选择的。但在一定的生产力条件下，在一定的经济发展状况范围内，人作为历史发展的主体，对历史的发展应当有一定的历史主动性，有一定的历史选择性。

社会主义在中国的实现，就是在一定的生产力条件下，经过中国共产党人和中国人民前赴后继的努力选择的结果，这里面既有历史发展的必然性，又有人民的主观努力选择的结果。然而，我们对我国落后生产力水平的客观状况是无法作出选择的，我们必须要在落后生产力基础上建设社会主义，这是由我国的特殊国情条件所决定的。

历史进步的总趋势是不可逆转的，这既是由社会发展客观规律决定的，也取决于人民群众的积极选择推动，要顺应历史进步的潮流，做历史发展的促进派。

社会规律是客观存在的，是不以人们的意志为转移的，其强制性作用决定了历史进步具有客观必然性；社会规律又是"人们自己行动的规律"，人民群众改造世界的社会实践能够产生巨大的能动选择作用，体现了社会规律的客观要求。尊重社会规律与顺应人民意愿本质上是一致的。先进阶级和政党的重要作用在于，既顺应社会规律的客观要求，又反映人民群众的根本利益。如果说社会规律的强制性表现为"世界潮流，浩浩荡荡"，人民群众的选择性体现为"顺之则昌，逆之则亡"，那么二者的结合就是无法改变的历史进步的总趋势。一切阻挡历史进步车轮的反动派之所以陷于失败，归根结底是违背了社会规律，从而也违背了人民意志。与之相反，一切顺应历史进步潮流的先进阶级或政党之所以取得最终胜利，也在于既遵循了社会规律，又代表了人民意志，是历史进步的促进派。

袁世凯（1859—1916年）是中国近代史上最具争议的人物之一。辛亥革命后，袁世凯一方面凭借武力镇压革命，另一方面暗中与革命党人谈判。随后，袁世凯逼迫清帝退位，又迫使孙中山提出辞职，在国会、民众请愿团、筹安会和各省国民代表的"推戴"下，于1913年10月6日出任中华民国第一任大总统。然而，袁世凯的野心并未就此打住，他内心中始终做着一个"皇帝梦"。他自以为是天意选定的人物，可以随心所欲地改变历史进程。1915年12月12日，他强改民国五年（1916年）为"洪宪元年"，把总统府改为新华宫，准备于1916年元旦加冕登基。

袁世凯的倒行逆施，引发了沸腾的民怨，激起了全国人民的义愤。孙中山、梁启超等人坚决反对帝制，北洋将领段祺瑞（1865—1936年）发出了"恢复国会、退位自全"的电文，帝国主义列强也分别向其提出了警告。12月25日，蔡锷（1882—1916年）、唐继尧（1883—1927年）等在云南宣布起义，发动护国战争，讨伐袁世凯。随后，贵州、广西也相继响应。在全国多方面的声讨和各种势力的打击下，袁世凯被迫于1916年3月22日宣布退位，取消帝制，恢复"中华民国"年号。5月下旬，袁世凯忧愤成疾，怏怏离开了人世。

袁世凯从登基到退位仅仅83天，一出闹剧沦为历史的笑谈。为什么会如此呢？

或许原因是多方面的。但深层的原因在于，辛亥革命摧毁了统治中国两千多年的封建君主专制制度，建立了民主共和国，由此使民主共和观念日益深入人心，也使人民群众的民主意识和觉悟程度逐步提高。在当时的历史条件下，选择支持民主共和就是对历史进步潮流的顺应，就会获得广大民众的拥护；反之，选择恢复帝制就是对历史潮流的违背，就会遭到全国人民的唾弃和历史的惩罚。

袁世凯这场闹剧充分说明，凡是违背历史进步潮流而选择倒行逆施的人，无论多么骄横跋扈、显赫一时，都必将受到人民群众的审判，最终也改变不了历史进步的大趋势。

三、只有社会主义才能救中国，只有中国特色社会主义才能发展中国
——中国人民唯一正确的历史选择

公元前321年，萨姆尼特人在古罗马卡夫丁城附近的卡夫丁峡谷击败了罗马军队，并迫使罗马战俘从峡谷中用长矛架起的形似城门的"牛轭"下通过，借以羞辱战败军队。后来，人们便用"卡夫丁峡谷"比喻灾难性的历史经历，卡夫丁峡谷成了"耻辱之谷"的代名词，并进而引申为人们在谋求发展的过程中所遇到的巨大困难、挑战和苦痛。马克思也曾引用"卡夫丁峡谷"一词，用来特指资本主义制度，并用跨越"卡夫丁峡谷"的设想表达俄国农村公社可以绕开资本主义制度的曲折，避免资本主义制度的苦难，走上社会主义道路的可能性。

马克思、恩格斯在创立和发展科学社会主义理论的过程中，开始注意力和着眼点主要放在西方发达资本主义国家。他们从社会一般发展规律出发，根据当时的实际，认为社会主义革命将首先在生产力比较发达、无产阶级人数众多的西方发达资本主义国家发生，至少是在几个主要发达资本主义国家同时发生时才能胜利。但后来的社会实践发展促使他们开始关注并研究东方国家和民族发展道路，研究西方国家社会主义革命和东方国家社会主义革命的不同情况。

1867年，《资本论》第1卷出版。此时正值俄国废除奴隶制并向资本主义过渡的时期。俄国学者和政论家对《资本论》提出的由封建生产方式向资本主义生产方式转变的

历史必然性以及俄国社会发展道路等问题展开了激烈争论。1881年2月16日，俄国人查苏利奇（Zasufich，1849—1919年）致信马克思，希望他就俄国农村公社的命运以及世界各国是否都要经过资本主义生产各阶段发表看法。1881年2月至3月，马克思在给查苏利奇的复信中先后拟了四个草稿，在这些草稿中，马克思倾向于认为，虽然俄国农村公社面临危机，但在当时的历史环境下，俄国农村公社还有另一种命运和前途，即吸收、运用资本主义的一切肯定成果，可以"不通过资本主义制度的卡夫丁峡谷"，而成为俄国社会复兴的因素，成为俄国社会新生的支点。

马克思关于跨越资本主义制度的"卡夫丁峡谷"的设想，对于我们今天研究中国特色社会主义道路具有重要的历史观方法论意义。中国特色社会主义道路的成功开创，说明在具备一定的历史条件下，在经济社会发展相对落后的国家，吸收、利用资本主义的积极成果，不经过资本主义制度的"卡夫丁峡谷"，步入社会主义道路，既是可能的，也是合乎历史发展逻辑的。

只有社会主义才能救中国。将中国革命引向社会主义前途，走社会主义道路，进行社会主义建设，在中国取得了成功。

纵览中国近代史，可以看到一个丧权辱国、割地赔款、受人欺负的"东亚病夫"的弱国形象。中国近代史的开端是鸦片战争，在鸦片战争之前中国也曾辉煌过。据历史学家统计，在康乾盛世，我国的GDP世界第一，占世界总量的三分之一。1840年鸦片战争，中国沦为半殖民地半封建国家。如何振兴中华民族？如何再创辉煌？这是中华民族一切有志之士的共同理想和奋斗目标。在近代历史进程中，涌现出不少志士仁人，为了中华民族的振兴，作出了不懈的努力，提出了种种救国方案。林则徐（1785—1850年）启动的禁烟运动，是在维护封建统治的基础上，试图通过禁烟恢复中华民族的辉煌，但这条路根本走不通；以洪秀全（1814—1864年）为代表的太平天国农民运动吸收部分西方文明思想，提出具有农民起义局限性的革命方案，虽然轰轰烈烈，给予了封建统治阶级以重大打击，但在中外反动势力联合镇压下惨遭失败；左宗棠（1812—1885年）、李鸿章（1823—1901年）、张之洞（1837—1909年）等人发起的洋务运动，引进西方先进的工业和武器，然而洋务运动是在保持原有封建制度的基础上，走的是西方工业化的老路，其结局是甲午海战全军覆没，求富求强的愿望最终化为泡影；以康有为、梁启超为代表的维新派发动了戊戌变法运动，百日维新，试图在维护封建制度框架内，通过改良解救中国，结果戊戌变法的斗士在菜市口被砍头，康有为跑到了日本，皇帝被逼死，康有为变成了保皇党；孙中山领导的辛亥革命，走革命道路，推翻了中国几千年的封建专制统治，但其领导的资产阶级旧民主主义革命，并没有从根本上改变旧中国面貌，"革命尚未成功"。中国仍然处于帝国主义、封建主义、官僚资本主义的黑暗统治之下。

中国近代史上旨在救国救民的斗争和探索，每一次都在一定程度上推动了中国进步，但又一次次归于失败。根本的原因就是没有选择正确的道路、正确的领导阶级及其政党、正确的理论指导。

除了一些旧式农民起义以及对封建制度修修补补的方案

外，很多民族复兴的方案，其指导思想是资产阶级政治理论，其主要学习对象是西方资本主义文明，是发展资本主义的经济、政治和文化，走资本主义道路建立现代资本主义国家，其革命的领导阶级和领导者是农民阶级、封建阶级的改革派、民族资产阶级及其政党。为什么西方在资产阶级政治思想指导下资本主义民主革命可以成功，而在旧中国却失灵了呢？这是由国内外的客观条件决定的。国内外条件不允许中国建立独立富强的资产阶级民主共和国。帝国主义列强入侵中国的目的，绝不是把封建落后的中国变成强大的资本主义国家，而是要永久地控制、剥削中国。帝国主义列强从自身利益考虑，绝不容许中国变成一个强大的资产阶级民主共和国，必须要维持和强化中国的半殖民地半封建制度。为了维持旧制度，必然要与封建势力和官僚资本勾结，不允许中国民族资产阶级强大起来。因而帝国主义是不允许在中国这块土地上进行资产阶级民主革命的，它只允许中国保持半殖民地半封建制度。而中国资产阶级是一个软弱的、两重性的阶级，担当不起革命的领导力量。在资产阶级思想指导下的资产阶级旧式民主革命，根本解救不了中国。

毛泽东指出："十月革命一声炮响，给我们送来了马克思列宁主义。十月革命帮助了全世界的也帮助了中国的先进分子，用无产阶级的宇宙观作为观察国家命运的工具，重新考虑自己的问题。走俄国人的路——这就是结论。"[6]十月革命的成功使先进的中国知识分子认识到，决定中国人民命运的不是资产阶级，不是资本主义，也不是资产阶级思想武器，而是工人阶级、科学社会主义和马克思主义。在旧中国，运用资产阶级思想武器，走改良的、资产阶级旧民主主义的道路行不通。辛亥革命为什么失败？救中国的目的为什么不能达到？通过对这些问题的深刻反省，中国先进知识分子终于接受了马克思主义，把马克思主义作为思想工具，选择社会主义为中国的唯一出路，选择中国工人阶级及其政党作为领导阶级和领导核心。正是这样的历史选择，成为中国走向社会主义道路的主观原因。

中国社会和中国革命的发展前途是社会主义，但在旧中国的社会条件下，不能立即进行社会主义革命，直接进入社会主义。

毛泽东认为，认清中国社会的性质，是解决中国一切革命问题的最基本的根据。中国是一个半殖民地半封建的社会，中国革命的敌人主要是帝国主义、封建势力和官僚资本主义，中国革命的任务是推翻这三座大山。革命的对象不是一般的资本主义，而是帝国主义、封建主义和官僚资本主义。因此，中国共产党所领导的整个中国革命运动，应当分为民主主义革命和社会主义革命两大阶段。第一阶段的民主主义革命，不是一般意义上的资产阶级民主主义革命，而是无产阶级领导的、新式的、特殊的新民主主义革命。这一革命是终结半殖民地半封建社会和建立社会主义社会之间的一个过渡阶段，它一方面替资本主义发展扫清了道路，另一方面又为社会主义创造了前提。中国社会必须经过这个革命，才能进一步发展到社会主义革命和过渡到社会主义社会。新民主主义革命是社会主义革命的必要准备，社会主义革命则是新民主主义革命的必然趋势。毛泽东正确地指出了中国革命的社会主义前途，制定了中国革命分两步走的战略策略，为新民主主义革命过渡到社会主义革命作了充分的理论准备。新民主主义革命胜利后，我们党不失时机地将革命转变为社会主义革命，完成了"三大改造"，从而正式建立了社会主义制度。

马克思说："一个社会即使探索到了本身运动的自然规律……它还是既不能跳过也不能用法令取消自然的发展阶段。但是它能缩短和减轻分娩的痛苦。"[7]中国实践说明，在世界历史条件下，经济文化比较落后的国家可以吸取、利用资本主义的一切积极成果，跨越资本主义制度的"卡夫丁峡谷"，实行社会主义生产方式，建立社会主义制度，走社会主义道路。因为这样可以避免由生产的社会化和生产资料私人占有之间的矛盾所导致的阶级压迫、经济危机及其灾难性后果。而在实行社会主义生产方式和建立社会主义制度之后，必须发展生产力，实行社会主义市场经济。这又是因为，社会发展是一个自然历史过程，物质生产力的自然发展阶段不能跳过，与生产力发展水平相适应的市场经济自然发展阶段不能跳过。人类社会的发展"是受物质力量即生产力的发展所制约的"[8]。不经过充分发展的市场经济，没有生产力的发展，社会主义制度就不能巩固，社会主义社会就不能建成。社会主义革命的目的是解放生产力，使社会生产力迅速向前发展；在建立了社会主义制度之后，根本任务就由解放生产力变为在新的生产关系下保护和发展生产力。

在中国这样一个经济文化十分落后的国家探索民族复兴道路，实现社会主义现代化，是一项极为艰巨的任务。在领导中国社会主义革命和社会主义建设的过程中，我们党经过艰辛探索，为今天中国特色社会主义的发展提供了宝贵经验、理论准备、制度条件和物质基础。探索中的一些失误，也给人们提供了教训。正是在总结社会主义建设深刻经验教训的基础上，我们党在新的历史条件下，回答了"什么是社会主义、怎样建设社会主义"这一首要的基本问题，确立了"一个中心，两个基本点"的基本路线，实行社会主义改革开放，开创了中国特色社会主义发展的新局面。

三十多年的改革开放，我国取得了中国特色社会主义的伟大成功。最重要的就是开辟了中国特色社会主义道路，形成了中国特色社会主义理论体系，确立了中国特色社会主义制度，这是党和人民长期奋斗、创造、积累的重大成就，也是改革开放取得一切成绩和进步的根本原因。

——**中国特色社会主义道路**，就是在党的领导下，立足基本国情，以经济建设为中心，坚持四项基本原则，坚持改革开放，解放和发展生产力，建设社会主义市场经济、社会主义民主政治、社会主义先进文化、社会主义和谐社会、社会主义生态文明，促进人的全面发展，逐步实现全体人民共同富裕，建设富强、民主、文明、和谐的社会主义现代化国家。

——**中国特色社会主义理论体系**，就是包括邓小平理论、"三个代表"重要思想、科学发展观在内的科学理论体系，是对马克思主义、毛泽东思想的坚持和发展。

——**中国特色社会主义制度**，就是作为根本政治制度的人民代表大会制度、中国共产党领导的多党合作和政治协商制度、民族区域自治制度以及基层群众自治制度等基本政治制度，中国特色社会主义法律体系，公有制为主体、多种所有制共同发展的基本经济制度，以及建立在这些制度基础上的经济体制、政治体制、文化体制、社会体制等各项具体制度。

中国特色社会主义道路是实现途径,中国特色社会主义理论体系是行动指南,中国特色社会主义制度是根本保障,三者统一于中国特色社会主义伟大实践,这是党领导人民在建设社会主义长期实践中形成的最鲜明的特色。

中国发展的现实表明,只有中国特色社会主义才能发展中国。中国要想加快现代化进程,既不能走封闭僵化的老路,也不能走改旗易帜的邪路,只能坚定不移地走中国特色社会主义道路。这是中国人民经过长期摸索所作出的正确历史选择。我们必须增强道路自信、理论自信、制度自信,毫不动摇地坚持和发展中国特色社会主义,不断丰富中国特色社会主义的实践特色、理论特色、民族特色和时代特色,成功走出一条实现社会主义现代化和中华民族伟大复兴的发展道路。

结　　语

历史唯物主义科学论证了社会规律的客观性质,也指明历史是人们的活动创造的,历史过程就是社会历史的客观规律的作用和人的主体活动的统一,是客观必然性与主体能动性、辩证决定与主体选择的统一。要处理好发挥人的主观能动性和尊重客观规律的关系,不仅要承认人类社会发展规律的客观必然性,还要看到人的主体能动性;不仅要承认社会发展的历史决定性,还要看到人的历史选择性。既要尊重客观规律,顺应历史潮流;又要充分发挥人的认识、选择、创造能力,在多种多样的可能性空间中,选择符合历史发展规律、符合人民根本利益的发展道路。要尊重历史规律，发挥主体选择能力，自觉地走历史必由之路。

注　释

〔1〕《马克思恩格斯选集》第2卷，人民出版社1995年版，第101页。
〔2〕《马克思恩格斯文集》第9卷，人民出版社2009年版，第300页。
〔3〕《马克思恩格斯文集》第4卷，人民出版社2009年版，第302页。
〔4〕《马克思恩格斯文集》第1卷，人民出版社2009年版，第295页。
〔5〕《马克思恩格斯文集》第10卷，人民出版社2009年版，第592页。
〔6〕《毛泽东选集》第四卷，人民出版社1991年版，第1471页。
〔7〕《马克思恩格斯文集》第5卷，人民出版社2009年版，第9—10页。
〔8〕《列宁专题文集　论马克思主义》，人民出版社2009年版，第54页。

一切从人民利益出发

——利益论

利益是历史唯物主义的一个重要范畴。人民的利益至高无上,是马克思主义利益观的根本原则。全心全意为人民谋利益,是共产党党性的集中表现。

利益问题一直是人们关注的焦点问题,人类的全部社会活动都与利益密切相关,利益是社会发展的基础、前提和内在推力。利益是历史唯物主义的一个重要范畴,一切从人民的利益出发,是马克思主义利益观的基本点。

一、利益牵动每一个人的神经
——关于司马迁的利益观

《史记》是中国璀璨的历史文化遗产中的一颗耀眼的明珠。它是西汉伟大的史学家、思想家、文学家司马迁(约前145年或前135年—?)历经千辛万苦、遍览名山大川、饱受宫刑之耻后写作而成的。在《史记·货殖列传》中,司马迁通过阐述管仲(前719—前645年)所言"仓廪实而知礼节,衣食足而知荣辱"的合理性,引出古人圣贤的名言"天下熙熙,皆为利来;天下攘攘,皆为利往",说明"利"在人们社会生活中的重要性,人们追求"利"是正当的。

利益问题贯穿人类社会始终,普遍存在于人类社会生产、生活之中。正是人们对"利益"的追求,才促进社会不断地发展进步。马克思认为,"人们为之奋斗的一切,都同他们的利益有关"[1]。列宁认为,利益是"人民生活中最敏感的神经"[2]。古今中外许多思想家都曾从不同角度讨论过"利益"问题,但他们对利益问题的看法,即利益观各不相同。

许多古代思想家都把利益问题作为自己研究和论述的重要议题。

孔子在《论语》里提出"君子爱财,取之有道",肯定义利的统一。但就总体而言,他强调"重义轻利",多次讲到"君子喻于义,小人喻于利""见利思义""因民之所利而利之"等重要命题。他站在维护当时统治阶级整体利益的立场上,也提出过"不与民争利"的思想。

中国古代有相当多思想家肯定"利"的积极作用。荀子(约前313—前238年)从"性恶论"的角度出发,认为人的本性是追求利的。墨子(前468—前376年)提出"兼相爱,交相利"[3],把"利"作为社会生活的基本内容。后期墨家继承墨子的思想,指出"义,利也",以功利作为衡量社会行为的标准。韩非子(约前280—前233年)将"利"作为人的行为的动力。

中国进入封建社会,汉武帝刘彻(前157—前87年)推行"罢黜百家,表彰《六经》"的文化政策,董仲舒(前179—前104年)则继承了孔子"重义轻利"的思想,提出

"正谊不谋利，明道不计功"。朱熹（1130—1200 年）等宋明理学家对这一学说大加肯定，否定"利"的合理性和历史作用，提出"存天理，灭人欲"的主张。中国封建社会儒家理学从维护封建统治阶级的根本利益出发，提出封建阶级的利益观。所谓"存天理，灭人欲"，只不过是封建统治阶级欺骗老百姓的把戏，遵从封建社会的道德要求，让被统治阶级放弃利益追求，目的是维护统治阶级的利益。事实上，封建地主阶级从来没有放弃过自己的利益欲求。

针对宋明理学的禁欲思想，南宋思想家陈亮（1143—1194 年）和叶适（1150—1223 年）主张功利主义，认为道德不能脱离国计民生，不能脱离生活，道德需要借功利实现其价值。明清之际反对封建礼教的斗士李贽（1527—1602 年）宣传个人功利主义，反映了封建社会晚期工商阶层的利益诉求，对封建统治阶级的利益观是一个反驳。清初思想家、教育家、颜李学派创始人颜元（1635—1704 年）肯定人欲的合理性，主张谋取利益和道德原则相结合，提出"正其谊以谋其利，明其道而计其功"的义利统一观；"义中之利，君子所贵"的个人功利观；以富天下、强天下为内容，以安天下为目的的社会功利观；以是否有利于国家利益为价值标准来评价人才的"斡旋乾坤，利济苍生"经世致用的用人观。颜元还以"撒网得鱼"为比喻，认为"世有耕种，而不谋收获者乎？世有荷网持钩，而不计得鱼者乎？"[4]说明世界上没有不计功利的行为。他认为，义与利是统一的，义中有利，利中有义，合理之利含有义，合义之事内含利。颜元的利益观是对封建唯心主义义利观的否定，有其合理价值。

在西方思想史上，关于利益问题的论述也有许多有价值的看法。利益（interest）一词来源于拉丁文 intecesse，原义是指某些具有报酬性的东西。古希腊哲学家柏拉图（Plato，约前427—前347年）在《理想国》中论述"公道既为政府之利益，非即强者之利益乎"[5]，反映了奴隶主阶级的利益观。

17世纪荷兰唯物论者斯宾诺莎（Spinoza，1632—1677年）认为，人为了保存自身而尔虞我诈，彼此处于敌对状态，人的自私需要是社会冲突的最终原因。17世纪英国唯物论者霍布斯（Hobbes，1588—1679年）则说："对于每一个人，其目的都是为着他自己的利益的。"[6]他有一句名言："人对人像狼一样。"因为在他看来，处于自然状态中的人的自然本性是"自爱心""自利心"，人是彻头彻尾的利己的存在，这是造成人与人之间全面战争和冲突的原因。

真正把利益问题提到人类社会生活乃至历史变迁首要地位的西方资产阶级思想家，是18世纪法国唯物主义学者爱尔维修。在他看来，利益是社会生活中唯一的、普遍起作用的因素，是社会生活的基础、动力和社会矛盾根源，一切错综复杂的社会现象都可以从利益的角度得到解释。他说："利益在世界上是一个强有力的巫师，它在一切生灵的眼前改变了一切事物的形式。"[7]强调"利益"对精神的决定作用，把利益看作决定着社会生活一切领域（包括人的思想、感情、道德、政治和文化艺术等）的因素，无论在任何时候、任何地方，无论在道德上，还是在认识上，都是个人利益支配着个人的判断，国家利益支配着国家的判断。爱尔维修较为明确地看到了利益规律制约着人的社会生活及社会历史的变迁。他有一句至理名言："河水不能倒流，人不能逆着利益的浪头走。"[8] 他把利益规律看作不可抗拒的客观规律。

19世纪德国唯心主义古典哲学家黑格尔认为，私人利益，特别是自私和恶劣的欲望是历史发展的直接动因。他还进一步用利益去说明社会不同集团、不同阶级、不同阶层的矛盾、冲突的原因。

从18世纪以来，资产阶级思想家们已经形成了比较系统的利益理论，这些理论承认人的物质欲望的正当性，承认物质利益的历史作用，这对封建主义和唯心主义神学利益观是一个沉重的打击。然而，他们的利益理论美化了资产阶级唯利是图的阶级本性，是资产阶级利益观的理论表现：一方面，他们看到了利益的历史作用和社会功能，反映了上升期资产阶级对封建主义及神学利益观的批判；另一方面，也反映了资产阶级追逐物质利益的精神实质，强调利己主义的资产阶级本质。

也有一些唯心主义思想家把唯物主义和人类美德对立起来，认为唯物主义就是贪吃、酗酒、娱乐、肉欲、虚荣、爱财、吝啬、贪婪、牟利、投机，而把唯心主义理解为对美德、普遍的人类爱的信仰。

唯物主义历史观创立之前的思想家们无法摆脱唯心史观的支配，无法科学揭示利益的形成机制和社会本质。

从唯物史观出发，马克思和恩格斯正确地说明了利益的本质、特点及其历史作用，科学地界定了利益范畴，形成了马克思主义利益理论：

——追求利益是人类一切社会活动的动因。"人们为之奋斗的一切，都同他们的利益有关。"[9]

——**利益是思想的基础，利益决定思想，利益推动生产和生活**。"'思想'一旦离开'利益'，就一定会使自己出丑。"[10]利益"成为生产的推动因素"。列宁肯定了马克思、恩格斯的思想，认为"利益'推动着民族的生活'"[11]。

——**利益纠纷是阶级斗争产生的物质根源**。阶级斗争是"基于物质利益的"[12]根本冲突。

——**利益冲突具有推动社会发展的动力作用**。针对英法两国封建贵族、资产阶级和无产阶级的斗争情况，恩格斯认为："这三大阶级的斗争和它们的利益冲突是现代历史的动力，至少是这两个最先进国家的现代历史的动力。"[13]

——**利益的社会本质和社会基础是生产关系**。"每一既定社会的经济关系首先表现为利益"[14]，经济利益是生产关系的具体表现，只有从生产关系出发，才能说明利益的本质和历史作用。

——**利益决定、支配政治权力、政治活动**。阶级斗争"首先是为了经济利益而进行的，政治权力不过是用来实现经济利益的手段"[15]。

——**分工是引起利益矛盾的原因**。"一个民族内部的分工，首先引起工商业劳动同农业劳动的分离，从而也引起城乡的分离和城乡利益的对立。"[16]"随着分工的发展也产生了单个人的利益或单个家庭的利益与所有互相交往的个人的共同利益之间的矛盾。"[17]

——**在阶级社会中，共同利益实际上是特殊的阶级利益**。"每一个企图取代旧统治阶级的新阶级，为了达到自己的目的不得不把自己的利益说成是社会全体成员的共同利益。"[18]资产阶级标榜为共同的利益，实际上就是资产阶级自己特殊的阶级利益。

马克思主义利益理论认为，任何一个社会首先必须满足人们的物质生活需要，满足人们的物质要求，即满足人们的物质利益要求。利益是社会发展的基础、前提和动力因素。生产力是社会发展的根本动力，而追求物质利益是人类一切社会活动的最终动因，是推动人们进行社会历史活动的内在推动力量，是历史演变的伟大杠杆。如果我们把物质利益作为观察历史的认识基点，那么我们就可以透视整个社会历史，洞察人类社会一切纷杂现象，从中理出一条清晰的线索来。任何社会变革归根结底都必须重新调整人们的利益关系，以促进和推动社会生产的发展，以满足人们的物质文化利益的需要。

二、物质利益是人类最基本的、首要的利益
——古希腊女神厄里斯的"引起纷争的金苹果"

人类社会中人与人之间无数的差别、矛盾与对立，乃至大大小小无数次冲突、战争的最终动因、根源是什么呢？古希腊人通过一个神话无意间揭示出了这个谜底。

据古希腊神话传说，阿尔戈英雄珀琉斯同海中女神忒提斯结婚时大宴宾客，奥林匹斯山上诸神都被邀请去参加，唯独没有邀请不合女神厄里斯。厄里斯为了报复，把一个金苹果抛在筵席上。这只金苹果引起了天后赫拉、智慧女神雅典娜和爱与美之神阿芙罗狄蒂之间的争端，她们都想得到金苹果，于是就请牧童帕里斯裁决。三位女神分别以不同的好处

私许帕里斯,希望他将金苹果断给自己,其中阿芙罗狄蒂许诺他得到最美的女子为妻。帕里斯愿得美女,于是就把金苹果断给阿芙罗狄蒂。帕里斯在阿芙罗狄蒂的帮助下,引诱斯巴达王的妻子海伦弃家与他私奔到特洛伊。斯巴达人为了夺回海伦而远征特洛伊,围困特洛伊十年之久,最后用木马计攻陷特洛伊。厄里斯的"金苹果"引起了希腊诸神的争斗,导致斯巴达人和特洛伊人之间的战争。于是,人们就用"引起纷争的金苹果"来比喻造成争斗和战争的根源。希腊神话中的"金苹果"不就是现实社会生活中的物质利益吗?

物质利益是引起一切社会矛盾和冲突的最终根源。人们追求物质利益的不断实现,促使社会历史不断前进,物质利益是历史发展的内在动因。

从历史事实来看,迄今为止,人类文明进化史就是一部血与火的利益矛盾、利益冲突和利益争战的历史。在原始社会,血族之间的械斗、部落之间的战争此起彼伏,也是因物质利益之争而起,只不过原始社会的物质利益争斗不带有阶级斗争性质而已。传说古代中国的"人文始祖"黄帝就曾为了本部落的根本、长远利益,以确立大一统的地位,统一华夏民族,发动了一系列前所未有的惊心动魄的部落战争。最著名的决定性一战,史称"黄帝战蚩尤",也称涿鹿之战。

进入阶级社会,战争更是连绵不绝。仅举世界历史上的著名战争为例:公元前492年,波斯帝国国王大流士(Darius I the Great,前522—前486年)发动的波希战争持续了43年;公元前431年,斯巴达联合城邦组成的"伯罗奔尼撒同盟"同雅典之间的伯罗奔尼撒大战历时27年;14世纪初期到 15 世纪中期，英、法两国封建王朝为了争夺封建领地进行了一百多年的战争，史称"百年战争"；"百年战争"结束后，英国贵族之间又进行了长达 30 年的争权夺利、互相残杀的"红白玫瑰战争"。近代资本主义发展的历史也充满了暴力冲突和战争：欧美资产阶级的革命战争、资本主义殖民地宗主国之间争夺殖民地的战争、第一次世界大战、第二次世界大战等，不胜枚举。当今虽然没有爆发世界性的大战，但国际性的局部战争从来没有中断过……引发战争的导火线各种各样，但说到底，战争爆发的最终根源仍在于物质利益之争。

无论是资本家的追求利润最大化，还是帝王将相的权力争夺，甚至是老百姓关心的柴米油盐酱醋茶，无不渗透着物质利益。叱咤风云的英雄豪杰，流芳千古的风流人物，遗臭万年的乱臣贼子，庸俗可笑的跳梁小丑，欺世盗名的野心家，等等，我们都可以找到支配他们的行动背后的物质利益根源；轰轰烈烈的革命起义，陈尸遍野的部落争斗，民族战争，乃至世界大战，工于心计的外交之战，等等，我们到处都可以发现这些事件背后的物质利益根源。一言以蔽之，物质利益是人们进行社会历史活动的强大发动机。

在人类的利益体系当中，物质利益是最基本的利益。人们对物质利益的追求是第一位的，只有物质利益得到保障，人们才能去争取其他利益。

物质利益是以人的物质需要对象为基本内容的利益，是指人们对于生产资料和消费资料的占有。人们进行生产是为了获得物质利益；进行阶级斗争、社会革命最终也是为了实现物质利益。

——**物质利益推动人们从事历史活动，是历史变更的伟大杠杆**。如果我们把物质利益作为观察历史的认识基点，那么我们就可以透视整个社会历史，洞察人类社会一切纷杂现象，从中理出一条清晰的线索。

——**物质利益是一切时代人们改造自然、进行生产活动的直接动因和最终目的**。人们为了生存，就需要物质生活资料，这是生产的最终目的，也是生产的直接动因。在社会发展的各个阶段上，人们改良工具，提高劳动生产率，其根本动因就在于要从自然界获取更多的物质生活资料，即物质利益。所以说，物质利益是人类历史活动，首先是生产活动的杠杆。

——**物质利益是一切社会集团、社会组织得以形成的物质基础，是一切社会矛盾和社会斗争的经济根源**。在历史发展的进程中，物质利益是人与人之间、民族与民族之间、阶级与阶级之间、国家与国家之间、党派与党派之间矛盾关系的物质根源。人们正是基于一定的利益关系，首先是物质经济利益关系而联合在一起，构成了阶层、阶级、民族、国家等各种各样的社会集团、社会组织，建立了反映一定物质经济利益要求的各种政治团体和党派。法国大革命时期，无产阶级及其他劳动群众和资产阶级联合在一起所形成的第三等级的共同行动，我国抗日战争时期抗日统一战线内部各阶级之间的联合抗日，归根结底都是建立在各阶级、各阶层某些共同利益的物质基础上。同时，我们也能够在物质利益差别、物质利益矛盾上追溯到社会矛盾和社会斗争的根源。在阶级社会中，一切阶级间的对立、矛盾、冲突归根结底是由物质利益决定的，阶级社会中阶级斗争实际上是不同经济利益集团之间的争斗。社会矛盾和斗争是社会历史发展的源泉和动力，正是在这个意义上说，物质经济利益冲突，从而物质利益矛盾是历史发展的动力根源。

——**物质利益是推动社会变革的内在动因**。一定的生产关系反映了人与人之间的利益关系，上层建筑也是为一定的社会集团的物质利益服务的，政治权力是实现物质经济利益的手段。任何一种权力都是受物质利益支配的，并且是为实现一定的物质利益而服务的。权力斗争实质上就是物质利益斗争，权力集团实质上代表了一定的利益集团。当权力斗争发展到顶点必然采取暴力夺取的斗争形式。生产关系——物质经济利益——政治权力——暴力夺权，这四者之间存在着必然的逻辑联系，物质利益是这一历史逻辑联系中的关键环节。

从生产力与生产关系的矛盾运动过程来看，生产力十分活跃，不停地发展变化，而生产关系具有相对的稳定性，具有一定的惰性。当一种新的生产关系代替旧的生产关系时，必然触动旧的生产关系所代表的那部分人的物质利益，这部分人为了维护自己的既得利益，必然要利用上层建筑、政治权力拼命地阻挠生产关系的变革，这样就使得旧的生产关系具有一种历史惰性。新的生产关系代替旧的生产关系，实质上就是新的利益关系代替旧的利益关系，对利益关系进行新的调整，取消一些人的既得利益，满足另外一些人的新的利益要求，从而调动受压抑的这部分人的积极性，对生产力的发展起到积极的推动作用。

在阶级社会中，反动的统治阶级为了维护本阶级的既得利益，总是竭力运用自己的上层建筑和政治权力维护过时的生产关系。而广大劳动人民和革命阶级为了争取自己的物质利益,都要进行政治和经济斗争,进行旨在打破旧的生产关系和上层建筑的社会革命。所谓旧的生产关系束缚生产力的发展,主要是指这种生产关系损害了代表新生产力的阶级的物质经济利益,遏制了他们从事社会生产的积极性。因此,改变旧的上层建筑和生产关系的社会革命,从客观上满足了代表新生产力的阶级的物质利益,调动了他们的积极性。

在生产力与生产关系基本相适应的社会里,也需要对生产关系和上层建筑中不适应生产力的方面和环节加以调整和改革。实际上,这种调整和改革也是对该社会利益关系的调整和改革。当生产关系和上层建筑的某些环节不适应生产力的进一步发展时,同样反映出某些利益关系是不协调的,在各个利益集团之间的物质利益分配是不合理的。某些利益群体获取过多的物质利益,而另一些利益群体合理的利益要求却得不到满足,这就需要改革生产关系和上层建筑中不适应生产力发展的某些环节,调整利益关系,最大限度地调动劳动者的积极性,以促进社会生产的发展。由此看来,物质利益是推动人们改变和改革旧的生产关系和上层建筑的内在动力。

从对物质利益的分析,可以从总体上看到物质利益的重要历史作用。人类社会是一个充满活力的社会有机体,其旺盛活力的内在原因就在于人们的利益追求、利益竞争。无论在任何社会,物质利益都构成人类进行历史活动背后的内在动因。但是,在不同的社会历史条件下,物质利益动因形式表现是不同的。在原始社会,原始群的集体利益是推动社会发展的动因。在私有制社会中,利益集中表现为私人利益,

"统治阶级的利益就会成为生产的推动因素"[19]，私利成为社会统治阶级从事历史活动的具体动因。在奴隶社会，最大限度地追求奴隶的剩余劳动，是奴隶社会经济发展的主要动因。追求利润，则成为资本主义社会经济发展的动力。在私利作为驱使人们进行历史活动的社会中，劳动人民只是剥削阶级为达到自己私利而被驱动的工具，劳动者的个人利益得不到应有的满足，劳动人民自觉的活动受到极大的限制。毛泽东说："马克思列宁主义的基本原则，就是要使群众认识自己的利益，并且团结起来，为自己的利益而奋斗。"[20]"现在要有新的利益给他们，这就是社会主义。"[21]在社会主义制度下，利益的动力作用再也不需要经过歪曲的、曲折的、间接的剥削阶级私利形式而表现出来。物质利益的这种直接动因形式，能够比私有制社会中的私利形式释放出更大的能量。社会主义制度的建立使劳动者直接为自身获取劳动成果而进行劳动，人民群众合理的物质利益追求真正成为劳动者进行社会历史活动的动力，成为社会主义向前发展的推动因素。

三、利益实质是一种社会关系
——马克思在《莱茵报》时期遇到的利益难题

　　普罗米修斯是古希腊神话中一位为造福人类而富于反抗精神的神。他不顾天神宙斯的禁令，顶着遭受灭顶之灾的风险，把天火偷运到人间，把光明和温暖带给了黑暗中的人类。青年马克思在"博士论文"中以豪迈的气概高度赞美普罗米修斯是最高尚的圣者和殉道者。马克思在年轻时就把个人的幸福与实现人民的利益联系在一起,决心做一个新时代的普罗米修斯,把光明带给人间,驱散人世间的黑暗。

1842—1843年,马克思大学毕业后担任《莱茵报》编辑,参加了当时的现实斗争。在《莱茵报》时期,他"第一次遇到要对所谓物质利益发表意见的难事"[22]。青年马克思一开始是黑格尔唯心主义哲学的信仰者,但由于实际地接触到了贫苦群众的物质利益问题,促使他开始对黑格尔唯心主义哲学体系产生了巨大的信仰危机,陷入了理论的困惑和思想的苦恼,这激励马克思清算自己的哲学信仰,开始探索新的哲学答案。

当时德国封建统治阶级为了维护剥削者的利益,把捡枯树枝列为盗窃林木的范围。围绕着穷人捡枯树枝是否犯盗窃罪的辩论,马克思坚定地站在贫苦人民一边,批判封建统治者的特权,要求保留人民的权益。这时,马克思探讨了物质利益问题。他认为,整个国家和法都是保护剥削阶级私有利益的,正是贵族地主阶级的私人利益左右、决定国家和法。马克思说:"利益是很有眼力的","整个世界……都是一个充满危险的世界,因为世界并不是一种利益的世界,而是许多种利益的世界"[23]。《莱茵报》时期的现实生活、赤裸裸的物质利益问题,使马克思深刻认识到社会等级背后隐藏着物质利益。在《关于林木盗窃法的辩论》中,马克思进一步把对立和不同的社会集团同物质利益上的对立和不同联系起来,看到物质利益在社会生活中的作用。

马克思看到了物质利益背后隐藏着不以个人意志为转移的客观关系的决定作用,并把这种客观关系同剥削阶级的利益联系起来了。他说:"人们在研究国家状况时很容易走入歧途，即忽视各种关系的客观本性，而用当事人的意志来解释一切。但是存在着这样一些关系，这些关系既决定私人的行动，也决定个别行政当局的行动，而且就像呼吸的方式一样不以他们为转移"，"在初看起来似乎只有人在起作用的地方看到这些关系在起作用"。[24]当然，马克思还没有明确指明这种客观关系就是生产关系。

马克思通过现实利益问题，深入到对现实经济问题的研究，从而确立了生产关系的科学范畴，创立了崭新的唯物史观，进而正确地解决了利益的本质和历史作用问题，建立了历史唯物主义的利益范畴，找到了真正引起历史转变的阿基米德支点——物质利益。

任何一个社会首先必须满足人们的物质生活需要，满足人们的物质利益要求。在人类活动的范围内，利益无处不在，无时不有。

什么是利益呢？要搞清楚什么是利益，就必须首先搞清楚什么是需要。

人作为有生命活动的社会存在物，只要具有生命，就有需求，需要吃饭、喝水、穿衣、住房……需要一切维持生命运动的必需品。然而，人不仅仅限于物质需要，还有精神需要。随着物质生活的不断丰富发展，随着社会进步和人类文明的发展，在解决物质生活资料需求的基础上，人的精神需求会越来越发展，需要识字、读书、欣赏艺术，追求美、人的尊严、人格、声誉、价值、自由、民主等维持精神活动的一切需求。看来，需要是人的生命活动的表现，凡是有生命活动的人，就有需要。

人的需要与动物需要的本质不同在于，人的需要是社会需要，不是纯粹的自然生理需要，人的任何需要都渗透着社会性。马克思明确地指出，人们的社会关系也是由人的需要产生的，是人的需要的现实产物。他说，把人和社会"连接起来的唯一纽带是自然的必然性，是需要和私人利益"[25]。马克思是从需要的社会性质来认识需要的。马克思主义认为，人要生活，就必须从事满足生活本身的生产活动，生产决定需要；人的需要又推动生产，也就是说，需要在某种意义上决定了第一个历史活动生产。生产与需要的相互作用决定人们之间的物质联系，推动人类社会进步，形成历史发展。

解决了什么是需要，就可以解决什么是利益的问题了。

——需要与利益既一致又有区别。一方面，利益与需要之间是相互联系的。需要是利益的前提和基础，特别是物质的自然生理需要是形成利益（首先是物质利益）的自然基础。人的需要体现了人对物质文化和精神文化的需求，构成利益的前提和基础。另一方面，利益与需要之间是有区别的。二者之间最重要的区别是：需要反映的是人们对客观需求对象的直接欲求、直接依赖关系，是人们维持生命的物质生活条件和精神生活条件的直接依赖关系。譬如，饿了，要吃饭，对食物就产生一种直接的需求依赖关系。利益则是在需要的基础上形成的，是人对客观需求对象的关心、兴趣、认识和追求，反映了人与人之间的社会关系，是人们之间对需求对象的一种分配关系。譬如，在原始社会，人们为了有足够的食物，满足自身生存的需要，就要结合在一起，构成劳动共同体，进行捕猎生产。捕猎归来，人们就要对猎物进行分配，这就产生了人与人之间的利益分配关系。如何分配猎物，是按捕猎的人数平均分，还是获取猎物多的人获得较多的猎物，这都涉及利益分配问题。利益的实质是人与人之间对需求对象的分配关系，是一种经济、社会关系。

——**利益具有社会关系的本质**。利益是必然经过社会关系，首先是经济关系的过滤才能体现出来的需要。需要本身不是利益，不能把需要和利益混为一谈。需要仅反映了人与客观需求对象的直接关系，而利益则反映出人与人之间的因对需求对象的依赖而产生的相互关系。需要转化成利益，必须要经过社会关系，首先是经济关系的作用。在任何一个具体的社会形态中，人的需要在一定的社会关系中就表现为利益。利益是需要在经济关系上的表现，离开现实的社会经济关系，就不可能理解利益。譬如，人们对食品的追求构成了人的最基本的物质要求，然而，人们要获得这种物质需要的满足，必须首先占有生产资料，然后经过一定的社会分配方式才能获得。于是，人对物质生产条件的需要、对物的直接需求关系，就表现为人与人之间的一种利益关系。可见，人对物的直接需求关系，经过经济关系的中介，就表现为人与人之间因需要而发生的利益关系。一定的社会经济分配关系是利益的社会本质。**利益是关系范畴**。利益实质上是人对一定的需求对象的占有关系、分配关系，离开对一定需求对象的占有关系、分配关系，不能称之为利益。

四、人类发展史就是利益矛盾及其解决的历史
——从法国大革命看利益矛盾的历史作用

在人类社会关系中最稳定、最主要、起最基本作用的关

系就是利益矛盾关系，利益矛盾决定并影响人类全部社会历史，是最普遍的社会现象。

自 18 世纪以来，资本主义在封建的法国社会已经有了长足的发展，但是波旁王朝的封建统治仍然维持着森严的等级制度。当时的法国封建社会主要存在三个等级：天主教僧侣和封建贵族是第一、二等级，拥有一切政治权力，以此来维护他们所拥有的一切经济特权；而占法国人口 99% 的农民、工人、手工业者、城市平民和新兴的资产阶级却属于第三等级，不仅在政治上毫无权力，在经济上还要负担赋税和义务。随着资本主义经济势力的发展，第三等级再也不满足自己的政治地位了，他们迫切要求取得应有的政治地位，而当时资产阶级的政治要求正好代表了第三等级的共同利益。在这种形势下，爆发了巴黎起义，揭开了法国大革命的序幕。

在法国大革命的第一阶段，政权落在代表金融大资产阶级和自由派贵族利益的君主立宪派手中，君主立宪派的利益同封建势力的利益有着千丝万缕的联系，他们并不想彻底消灭封建制度。这又激起了巴黎人民第二次武装起义，推翻了君主立宪派的统治，政权转到了代表工商业资产阶级利益的吉伦特派手中，法国革命进入了第二阶段。吉伦特派是缘于代表工商业资产阶级利益而掌权的，当这个阶层的利益得到满足后，他们就不想革命了，力图中断革命。这样一来，巴黎人民又举行了第三次武装起义，推翻了吉伦特派的统治，政权转到了资产阶级革命民主派——雅各宾派手中，法国大革命进入了第三阶段。就在法国革命比较彻底地完成资产阶级革命任务时，雅各宾派内部却出现了分裂，以丹东

（Danton，1759—1794 年）为首的右派要求停止革命，以阿贝尔为首的左派则要求把革命推进一步，这两派的斗争充分代表了第三等级内部不同利益集团的利益。雅各宾派内部的争夺给法国大资产阶级夺权创造了机会，法国大资产阶级发动了"热月政变"，颠覆了雅各宾派专政，法国资产阶级革命至此结束。震惊世界的法国大革命前后经历了 5 年时间，在这短暂的历史舞台上，各派政治力量进行了充分的较量，活灵活现地演出了一场由利益争夺所牵动的、各派政治力量所进行的旨在夺权的政治斗争的"傀儡戏"——各派政治力量是在前台表演的政治傀儡，而受一定经济关系所制动的利益就是后台的导演。

从法国大革命可以看出，无论是吉伦特派，还是雅各宾派、丹东派和阿贝尔派，都是各个利益集团的利益代表，他们代表本阶级或本阶层的利益来夺取和掌握政治权力，然后依靠政治的上层建筑来摧毁旧的经济制度，建立一种新的经济制度，形成一定的利益分配体制，以达到夺取和保障本派力量背后的阶级或阶层的利益的目的。也就是说，阶级之间的利益矛盾是法国大革命的真正根源。

在纷繁复杂的历史进程中，使广大群众行动起来的，并进行持久的、引起重大历史变迁的真正原因是什么？马克思发现，它是利益。人们为了满足社会生产的需要和自身生产的需要就要形成一定的社会关系，彼此之间就存在利益关系，也就不可避免地产生利益矛盾。马克思主义认为，在阶级社会中，阶级矛盾是社会进步的直接动力，然而实际上，阶级矛盾的核心实质是阶级之间的利益矛盾。列宁认为："必须到生产关系中间去探求社会现象的根源，必须把这些现象归结为一定阶级的利益。"[26]

在阶级社会中，人们之间的利益矛盾是带有阶级性的。阶级性的利益矛盾集中表现为严重的阶级差别、阶级矛盾、阶级对抗和阶级斗争。在我国社会主义初级阶段，对抗性的阶级矛盾、阶级冲突和阶级斗争在整个社会关系中逐步退到次要地位上，逐步缩小其作用的范围，人们之间的利益矛盾主要表现为不带有阶级对抗性的利益矛盾。在消灭了阶级的无阶级社会中，利益矛盾仍将存在，但将不带有阶级性。

利益矛盾、利益冲突是人类社会中最普遍的社会现象，凡是存在利益的地方，就会有利益矛盾、利益冲突，而各种社会矛盾，归根到底都是由不同的利益矛盾、利益冲突引起的。利益矛盾、利益冲突是一个社会发展与进步所不可避免的，但是如果一个社会的利益矛盾、利益冲突过度，就会走向利益追求的反面，影响社会的稳定和发展。人类发展史，实际上就是利益矛盾、利益冲突的历史。

正确认识和处理好利益矛盾是任何一个社会的重大问题。人类社会存在阶级性的和非阶级性的两种基本性质的利益矛盾，存在对抗性的和非对抗性的两种基本形式的利益矛盾。

战争与和平、革命与改革、斗争与协调，这是人们在社会生活中遇到的最频繁的字眼，也是人类社会普遍存在的重大社会现象，是人们对于利益矛盾的不同的解决方式和手段。

利益矛盾的解决也主要有两种基本方式：一种是对抗式的解决方式，如战争、革命、暴力冲突、流血械斗等采取外部冲突的解决办法，从哲学上讲，可以称之为斗争的方式；

一种是非对抗式的解决方式，如和平、改革、协调等，通过建立某种协调机制，采取非外部冲突的解决办法，使利益矛盾处于相对稳定的化解状态，从哲学上讲，可以称之为协调的方式。

当然，阶级性与非阶级性利益矛盾与对抗性和非对抗性利益矛盾是交叉的。阶级性利益矛盾可以采取对抗性的解决方式，也可采取非对抗性的解决方式；非阶级性利益矛盾可以采取非对抗性的解决方式，也可采取对抗性的解决方式。从哲学上讲，无论是战争与革命，还是和平与改革，都是斗争与协调两种解决社会矛盾的途径。哲学上的斗争，就是通过一方消灭一方、一方改变一方的办法来解决矛盾的方式。斗争的社会形式，包括武装斗争、思想斗争、政治斗争，直至社会革命等。协调是采取非外部对抗形式解决矛盾的办法。在和平状态下处理利益矛盾就需要通过利益协调的手段来进行。

先看一看外部冲突类型的利益矛盾解决方式。战争与革命就是这种方式。

所谓战争，是利益矛盾的一种最极端的暴力解决方式。

战争是利益群体之间、政治集团之间、阶级阶层之间、民族（部落）之间、国家（联盟）之间的利益矛盾的最高斗争形式，是采取外部冲突，即武装暴力的手段解决利益矛盾。

马克思主义认为，战争是一种社会历史现象，是不同阶级、阶层、民族、国家、政治集团和利益群体之间为了一定的利益目的而进行的武装斗争。战争是政治的继续，是政治斗争的最高形式。西方著名军事理论家克劳塞维茨

（Clausewitz，1780—1831 年）说："战争无非是国家政治通过另一种手段的继续。"[27]当利益矛盾激化到一定程度，人们为了争夺一定的政治权力，获得一定的经济利益，不得不采取外部冲突的最高斗争形式，即战争。

人类进入阶级社会以后，阶级之间、民族之间、国家之间、政治集团之间的武装斗争都具有政治色彩，战争目的集中表现为政治目的，即进行战争的阶级、民族、国家和政治集团在政治上所要达到的预期结果。中国人民抗日战争的政治目的是驱逐日本帝国主义、争取民族独立解放；中国共产党领导的人民革命战争，其政治目的就是推翻帝国主义、封建主义、官僚资本主义在中国的统治，建立独立、民主、自由、繁荣、昌盛的新中国。

战争的最终目的是进行战争的阶级、阶层、民族、国家、政治集团和利益群体在经济上要获取一定的经济利益。原始社会末期部落与部落之间进行战争的目的，是为了争夺生存条件；奴隶主之间进行战争的目的，是为了争夺奴隶、掠夺财富和兼并土地；封建地主阶级之间进行战争的目的，是为了掠夺财富、兼并土地、剥削农民的劳动成果；资本主义列强进行的殖民战争的目的，是为了扩张领土、掠夺资源、倾销商品、抢掠财富；帝国主义进行的或支持进行的战争的目的，是为了控制势力范围，争夺经济资源。

战争分为正义战争和非正义战争。正义战争是代表社会进步趋势的先进力量与代表社会落后趋势的落后力量之间的武装斗争。非正义战争则是落后的、反动的社会势力所发动的侵略战争。

所谓革命，是利益矛盾的一种政治的最高解决方式。

革命有广义和狭义之分。从广义上讲，革命指推动事物发生根本变革，引起事物从旧质变为新质的飞跃；从狭义上讲，革命主要是指由政治权力的更替而导致社会性质变革的社会革命。要全面地、科学地理解社会意义和政治意义上的革命的含义。

——**革命是阶级矛盾或社会矛盾激化的产物**。在阶级社会，存在着阶级矛盾、冲突和对抗。当这种矛盾、冲突和对抗大大激化时，就会发展为政治革命。一般说来，社会财富的分配不均、两极分化的加剧、人民生活的急剧恶化乃至极度贫困化，就会引起阶级矛盾、冲突和对抗的激化，必然引起政治危机、经济危机、文化危机和社会危机，进而引起革命。正是从这个意义上讲，革命是阶级矛盾或社会矛盾激化的产物，同时又是解决阶级矛盾和社会矛盾的主要途径和手段。

——**革命是一个阶级推翻另一个阶级的暴力行动**。一切反动落后的统治阶级出于自身利益的需要，都不会轻易地退出历史舞台，都会竭力反抗进步阶级的革命，千方百计地维护自己的统治。在这种情况下，进步阶级只有通过暴力革命才能达到变革社会制度的目的。当然，我们也不能否认和平取得政权的可能性。

——**革命是政治的最高行动**。革命是人类社会历史发展不可避免的政治行动。这种政治行动之所以不可避免，是因为它不是以人们的主观意志为转移的，而是由社会矛盾运动规律决定的。当社会的物质生产力发展到一定阶段，便同它们一直在其中运动的现存生产关系发生矛盾。于是这些关系便由生产力的发展形式变成生产力的桎梏，社会革命的时代就到来了。而这种社会革命或称这种政治行动是任何试图取得统治的阶级获得最终胜利的关键。由于以推翻现政权和破坏旧关系为主要内容的政治行为，将导致社会、经济、政治和文化发生深刻变化，恩格斯把这种政治行为看作政治的最高行动。

——**战争与革命是可能会联系在一起的**。从一般情况或历史发展的一般规律来看，正义的战争是革命的手段，是新的社会形态的接生婆。譬如，中国共产党领导的中国革命战争是正义的战争，是中国革命的最高斗争形式。经过中国革命战争，夺取了政权，促进了新民主主义革命和社会主义革命，催生了新中国，进而建立了崭新的社会主义制度。战争成就革命，造成革命的条件，引发了革命，促成了革命。

再看一看非外部冲突类型的利益矛盾解决方式。和平与改革、协调就是这种方式。

所谓和平，是与战争根本不同的利益矛盾解决方式。

和平通常是指没有战争或没有其他敌视、暴力行为的状态，是通过某种协调机制，使社会矛盾相对稳定、协调、化解、和谐的状态。不同的阶级、阶层、民族、国家、政治集团和利益群体之间的利益矛盾尚未激化到通过战争来解决的程度，就需要用和平的手段来解决。但是，这并不意味着不同的阶级、阶层、民族、国家、政治集团和利益群体之间就不存在利益矛盾，利益矛盾无处不在、无时不有，只不过采取了与战争根本不同的、非外部冲突的、和平的社会矛盾化解方式。和平实际上是通过利益协调来解决利益矛盾的方式。

所谓改革，是在和平状态下为了解决利益矛盾而采取的

非外部冲突的手段。

改革是指对包括政治、社会、文化、经济、宗教等各个领域的改良革新，即在坚持生产关系、上层建筑实质和主要内容不变的情况下，把不适应生产力发展的不合理的生产关系、上层建筑的某些方面改造成新的、能适应生产力发展需要的、更加合理完善的状态。相较于以极端的方式推翻原有政权以改变现状的革命，改革是指在现有的社会制度框架之内实行的局部变革与调整。

所谓协调，就是采取非外部冲突的形式来化解利益矛盾。

利益协调可以使人类社会在尖锐的利益矛盾和利益冲突中免于毁灭的命运，使人们的利益按照一定的秩序得到相对均衡的分配。协调社会各阶级、阶层和社会集团的利益矛盾在社会发展中具有重大作用。没有这种协调机制，人类社会只能在无谓的利益纷争中毁灭，失去继续发展的可能。尽管在阶级社会中，这种协调最终是为了维护统治阶级的利益，但也不能否认它在人类社会发展中的重要作用。由于人们利益关系的复杂性、多样性，利益协调也必然是多层次、多方面的。经济的、政治的、法律的和道德的协调是化解利益矛盾的主要手段。当然，还要有一定的行政协调和其他方面的协调相配合。

利益矛盾主要是经济的、物质的利益矛盾，**经济协调**是利益协调的基本方式和主要手段。经济协调主要是运用所有制、分配方式、各种经济政策、杠杆等手段，来协调和保证各方面的利益满足。

经济协调的作用要受**政治协调**的制约、影响和支持。政治是经济的集中表现，它反映了经济关系中各阶级的根本利益。政治协调主要是利用国家的职能、社会制度及各类政治手段进行协调。国家政权是政治的核心。通过政治手段尤其是借助国家政权协调各利益集团的利益关系和利益矛盾，维持一定的社会秩序，使社会得以向前发展，而不是在尖锐的利益冲突中使社会毁灭。它是协调利益关系的最有力的工具。在存在阶级对立的社会中，由于存在着根本利益的对立，不仅剥削阶级集团与被剥削阶级集团的利益是根本对立的，剥削阶级集团之间的利益也是对立的，因此，利益矛盾的协调、缓和只能是暂时的、相对的。政治国家对利益矛盾进行协调的实质，在于实现居于统治地位的阶级、利益集团的共同利益。

政治协调，是通过国家职能协调利益关系和利益矛盾，最重要的是**制度协调**，即通过社会制度来固定化各方的利益关系。社会制度是一种利益制度，实质是保障和维护利益的制度，是为了调节利益矛盾而建立的，以便使人类免于在利益冲突中同归于尽。譬如，生产资料所有制、分配方式就可以从根本制度上将一个社会的利益关系固定下来。公有制为主体、按劳分配为主要分配方式的我国社会主义经济制度，就可以从根本上保障人民的利益。私有制从制度上保障了剥削阶级的利益。社会制度可以分为经济制度、政治制度和文化制度、法律制度。在社会制度中，经济制度是基础，它决定政治制度、文化制度和法律制度，后者是为经济制度服务的。

社会制度实质上是实现该社会统治阶级的利益制度，其社会功能就是维护统治阶级的利益，协调社会中占统治地位的社会集团或阶级的利益矛盾，保证占统治地位的阶级利益得到最大限度的实现。当然，这并不是说在这些社会利益制度下，被统治阶级就得不到任何利益。在任何利益制度下，被统治阶级也要有一定的利益保障，否则，统治阶级的利益也就根本无法实现。而且，新的利益制度总会比旧的利益制度给被统治阶级更大的利益。但这与利益制度的实质并不矛盾。因为，被统治阶级的利益只有在统治阶级的利益需要它时，被统治阶级才能得到它。奴隶主不再全部杀掉战俘，给他们生存的利益，是因为奴隶能够给奴隶主创造出更多的财富，更大地实现奴隶主的利益。资本家给工人以出卖劳动力的自由，是为了更加自由地剥削工人。这丝毫不能改变利益制度的实质。

在阶级社会，统治阶级为了保证其利益的实现，就要压抑被统治阶级的利益，不仅在利益制度中肯定有利于统治阶级的生产关系，保护统治阶级的利益，而且用暴力镇压被统治阶级危及其利益的活动。但是，由于被统治的广大劳动人民群众直接为自己利益而斗争的水平的不断提高，迫使统治阶级不得不作出一定的让步，以缓和两大对抗阶级之间的利益矛盾及其冲突，从而间接地维护统治阶级的利益。在被统治阶级——工人阶级高度发展的资本主义社会，协调、缓和劳资之间的利益矛盾成为经常性的，成为统治阶级维持正常的社会秩序和社会生产的正常进行必不可少的手段。否则，现代资本主义社会就无法生存，资产阶级的利益就根本不能实现。

法律与政治有着极为密切的联系。任何社会的政治都不能离开法律而独立自处，任何国家也不可能没有法律。任何社会形态的社会制度，必然以一定的法律的形式表现出来，只有通过法律形式才能使某种利益协调关系固定下来。**法律协调**对化解利益矛盾起着十分重要的作用。我国春秋战国时期的一些思想家就认识到法律的这种"定纷止争""定分止乱"的协调作用，即通过规定人们的权利和义务来协调人们的利益关系，维持一定的社会秩序，避免利益纷争造成的混乱。法律的实质在于建立和维护有利于统治阶级的共同利益，并通过协调这些利益关系，维持有利于统治阶级的社会秩序，顺利地实现对整个社会的统治，使社会按照统治阶级的意志和利益的方向运行。

为了能使人们的一言一行都符合一定的规范，纳入一定的秩序之中，以协调好人们之间的利益关系，则需要比法律更具有广泛性的社会规范，这就是道德。人作为社会性的人，无不与他人或其他群体发生一定的利益关系。当他们的言行不触及法律规范时，法律也奈何他不得，这就是法律协调作用的局限，而**道德协调**则起着经济、政治和法律协调所起不到的作用。

在古代中国，不同的思想家、政治家都希望通过法律的和道德的手段来协调社会的利益矛盾，维持一定的社会秩序，使社会不至于在无谓的利益冲突中灭亡。在诸子百家中，对我国政治生活影响最大、最为深远的是儒、法、道三家。儒家的政治学说，择其要而言之，主要是两个方面：一是"为国以礼"[28]；二是"为政以德"[29]。前者是用法制调整人与人之间的利益关系，免于利益纷争；后者则是用道德教化来维持统治秩序。孔子还提出统治者要以身作则，不与民争利，这样才能"修己以安百姓"[30]。法家的政治主张是"以法治国","一民之轨,莫如法","以法治国,举措而已矣"[31];"人主之大物,非法则术也"[32],这是主张以国家立法来调整人们的利益关系。道家则看到了自然界的生生息息,虽有争,而不紊,所以主张"无为而治"的思想,"为无为,则无不治矣"[33],企图通过"小国寡民"的理想社会,泯化人们的利益之心,以达到消除利益之争的目的。

在私有制社会,利益协调的最终目的是维护统治阶级的根本利益,不可能摆脱残酷的利益冲突和利益争夺。社会主义制度消灭了利益的根本对立,利益协调不再是为了维护统治阶级的私利,而是为了维护全体人民的利益。协调各利益主体的利益关系和利益矛盾,极大地调动人民群众的积极性,促进经济的发展,不断满足全体人民日益增长的利益需求,这是社会主义国家自觉地进行利益协调的最终目的。

在我国目前社会主义初级阶段,搞好利益协调,最重要的是正确处理好人民内部的利益矛盾问题。

统筹兼顾,按照利益原则处理好人民内部的利益矛盾,这是一个总的方针。要实现这一方针,照顾到各方利益要求,实现利益兼顾,必须从经济的、政治的、行政的、政策的、制度体制的、思想道德的几个层面加以协调,共同发挥作用。要建立和完善以公有制为主体、多种所有制经济共同发展,以按劳分配为主体、多种分配方式并存的经济制度,以及相应的完备的社会主义市场经济体制和其他配套的体制。要从政治上建立与社会主义经济制度相一致的社会主义根本政治制度,以及民主法律体系。要从行政上、政策上建立有利于社会主义分配制度落实的各项政策,如税收政策等。还要加强社会主义法律体系建设，实行法治。除此以外，还不能放弃思想道德层面的工作，必须切实加强思想政治工作。要教育和引导人民群众正确处理好国家、集体和个人三者之间的利益关系，在保证个人的合法利益的同时，坚持集体主义，反对个人主义；正确处理好眼前利益与长远利益、根本利益的关系，既要照顾到群众的切身的、当前的利益，又必须考虑到长远的和根本的利益，眼前利益要服从长远利益和根本利益；正确处理好局部利益与整体利益的关系，既要考虑到每个局部的利益，又要引导局部利益服从整体利益。

五、要树立马克思主义利益观
——共产党人怎样对待利益问题

2011年3月，胡锦涛作出重要指示，要求广大党员干部向杨善洲（1927—2010年）同志学习。2011年9月20日，杨善洲在第三届全国道德模范评选中荣获全国敬业奉献模范称号；2011年度被评为"感动中国"人物。

杨善洲，云南省保山市施甸县姚关镇人。1951年5月参加工作，1952年11月加入中国共产党。参加工作以来，他始终艰苦朴素，两袖清风，全心为民，忘我工作，为保山经济社会发展作出了突出贡献。1988年3月，他从保山地委书记岗位上退休，为实践"帮家乡办点实事"和"只要生命不结束，服务人民不停止"的诺言，婉拒了省委领导劝其搬至昆明安享晚年的邀请，执意回到家乡施甸县义务植树造林。他艰苦创业20余年，使5.6万亩昔日山秃水枯的大亮山林场重披绿装，成为当地群众重要的水源林，活立木蓄积量经济价值超过了3亿元。

杨善洲"为官"多年没有为家人安置工作和捞上一册"农转非"本本，连组织上给予的正常政策照顾也被他婉言拒绝了。他也没有给家里盖上一间像样的房子，时常对家里人说：过日子，吃处有个锅，睡处有个"窝"就行，却把个人大量的积蓄投入到大亮山义务植树造林上。他把价值3亿元的林场无偿移交给施甸县人民政府，县里要奖励他10万元，他坚决不要；市委、市政府奖励他20万元，他又把大部分捐献给教育等社会公益事业。

淡泊名利、无私奉献，是共产党员应有的价值取向。杨善洲退休后不图名利，义务工作，这正是共产党员正确对待利益问题，以"全心全意为人民服务"作为根本出发点和最大价值取向的最真实体现。所有共产党员都要像杨善洲学习，牢固树立马克思主义利益观，树立不为名利、无私奉献的理想信念。

在今天改革开放和社会主义市场经济条件下，像杨善洲同志那样，正确地认识和处理利益问题，成为检验共产党人的党性纯真与否的试金石。当前社会生活中，如何对待利益问题，存在种种错误认识、糊涂观念，这严重影响了共产党员的行为。目前党内极少数领导干部腐败严重，其中一个重要的主观原因，是有些人在利益观上发生了偏差，出了问题。从思想教育入手，纠正党员在利益问题上的各种错误认识，树立马克思主义利益观，是执政党建设的重要任务。

人民的利益至高无上，是马克思主义利益观的根本原则。

维护人民的利益是我们党的根本出发点和目的。坚持人民的利益高于一切，个人利益无条件地服从人民利益，这是共产党人应当坚持的马克思主义利益观。毛泽东说："全心全意地为人民服务，一刻也不脱离群众；一切从人民的利益出发，而不是从个人或小集团的利益出发；向人民负责和向党的领导机关负责的一致性；这些就是我们的出发点。"[34]中国共产党在中国革命的任何时期都充分代表最广大人民群众的根本利益，在社会主义改革开放和现代化建设的新的历史条件下，在发展市场经济的新情况下，中国共产党仍然代表最广大人民群众的根本利益，这一点不因环境和条件的改变而改变。

发展社会主义市场经济有积极的一面，也有消极的一面。在发展市场经济的过程中，个人主义、拜金主义、享乐主义、小团体主义，甚至腐败堕落现象也会滋长蔓延，这又会损害人民的根本利益。因此，在社会主义市场经济条件下，共产党员能不能以人民的利益为重，经得起市场经济的考验，是一个十分重要的问题。共产党员只有树立人民利益高于一切的马克思主义利益观，才能处理好市场经济中形形色色的利益问题，经得起考验。

全心全意为人民谋利益，是共产党党性的集中表现。

党性是阶级性的最高、最集中的体现。在阶级存在的社会里，任何一个政党都代表一定的阶级或阶层的利益。中国共产党是代表中国工人阶级及广大人民群众的根本利益的，正是在这个意义上说，中国共产党的党性就是工人阶级利益、人民利益的集中体现。坚持党性，必须坚持人民利益高于一切的原则。人民的利益高于一切，是党员思想和行动的最高准则，全心全意为人民谋利益是党性纯真的表现。用党性原则约束自己，最重要的就是一心一意为人民谋利益。为人民谋利益，对于我们的干部来说，并不是新要求，但是，在改革开放、发展社会主义市场经济的新时期，我们的党员能否始终如一、言行一致地为人民谋利益，却不是很容易的事。这对党员的党性要求来说，又是一个非常重要而又严格的考验。

每一个党员怎样才能做到全心全意为人民谋利益呢？要真学真信真懂真用马克思主义世界观方法论，树立共产主义远大理想，坚持中国特色社会主义的理论自信、道路自信和制度自信。要做到理论彻底，政治清醒，理想远大，信念坚定；严格要求自己，反腐倡廉，摆正主仆关系，树立领导就是服务的意识，切切实实为人民办好事，永远做人民的公仆；正确对待和处理好个人利益，必须把人民的利益摆在首位，在个人利益和人民利益发生矛盾时，个人利益要服从人民的利益，作为共产党员应该更多地提倡奉献精神。

在市场经济条件下，共产党人应该具有的马克思主义利益观是：

——**一切从人民的利益出发，是共产党员约束自身行为的最高准则**。我们党始终把人民的利益看作自己的根本利益，用人民的利益高于一切来规范党及其成员的一切言行。面临市场经济的考验，我们党对党员提出了更严格的要求，要求党员用是不是符合人民的利益来规范自己的言行。一切从人民的利益出发，这是党员标准的最高准则。

——**全心全意为人民谋利益，是共产党员一切言行的根本落脚点**。为广大人民谋利益，而不是为少数人或少数集团谋利益，这是工人阶级政党区别于其他政党的根本标志，是中国共产党考虑一切问题、处理一切问题的根本落脚点。我们党把全心全意为人民谋利益贯穿于党的一切活动之中，在革命发展的每一个阶段和关键时期，党都是把是否符合人民的利益作为制定政策的出发点。十一届三中全会以来，我们党倡行的改革开放路线，充分体现了全心全意为人民谋利益的宗旨。在具体实践中，党要求每个党员一言一行都要合乎最广大人民的利益，在行动上要成为为人民服务的模范。

——**不谋私利，是共产党员对待利益问题的基本原则**。共产党除了工人阶级和广大人民的利益以外，没有自己的特殊利益。党的利益同人民的利益是一致的，人民的利益就是党的利益，党代表了人民的根本利益，党没有也不应该追求另外的私利。党要求自己的党员从入党的日子起，就必须把为人民谋利益作为行动的准则，而不应有任何私心杂念。

——**个人利益服从人民利益，是共产党员的党性要求**。我们党从来不否认个人利益、个人抱负、个人追求，但共产党员的个人利益必须服从人民的利益，个人的理想、抱负和追求必须符合党的共同政治理想。对于每一个共产党员来说，如何正确地对待个人利益，是一个突出的问题。改革开放、发展经济，目的就是满足人民不断提高的利益要求，当然这也包括党员个人合理的利益要求。我们党并不反对，并且积极赞成在满足人民利益要求的前提下，合理地满足党员的个人利益。然而，我们的党员高于普通群众的地方，就在于要比普通群众更自觉地一切以人民的利益为重，对待个人利益要先人后己，先公后私。

——**符合不符合人民的利益，是判断我们党得失成败的**

根本标准。能不能切实解决人民的利益问题，真正带领人民群众谋幸福，是判断我们党得失成败的根本标准。共产党的一切言行，一切路线、方针、政策、办法都必须以是否满足人民的利益要求作为根本标准。在革命战争年代，我们党带领人民前赴后继，夺取政权，解放生产力，人民满意，人民拥护；在新时期，我们搞改革开放，解放和发展生产力，人民得到实惠，人民满意，人民拥护。我们每一个党员都要以这样的标准来要求自己，衡量自己。

结　　语

利益问题是一个重大的现实问题，同时也是一个严肃的哲学问题。马克思主义利益理论为我们提供了在复杂的社会生活中分析、认识、解决一切社会利益问题的明晰的指导。列宁指出："如果你们没有指出哪些阶级的利益，哪些在当前占主导地位的利益决定着各政党的本质和这些政党的政策的本质，那么事实上你们就没有运用马克思主义……"[35]从历史的跨度来看，利益是社会历史变迁的内在动力，站在利益的角度可以透视整个人类社会，揭示社会历史之谜；从当今风云突变的国际形势来看，利益是左右国际局势的深层原因，以利益为出发点可以洞察世界格局变化的动向；从中国特色社会主义伟大实践来看，运用马克思主义利益理论，可以正确处理人民内部的利益关系和利益矛盾，合理协调各方利益关系，充分调动人民群众的积极性，保持社会持续稳定和谐，推进中国特色社会主义事业发展。

注　释

〔1〕《马克思恩格斯全集》第 1 卷，人民出版社 1995 年版，第 187 页。

〔2〕《列宁全集》第 16 卷，人民出版社 1988 年版，第 136 页。

〔3〕《墨子·兼爱》。

〔4〕《颜元集》。

〔5〕柏拉图：《理想国》，商务印书馆 1959 年版，第 24—25 页。

〔6〕霍布斯：《利维坦》，载《西方伦理学名著选辑》（上），商务印书馆 1964 年版，第 667 页。

〔7〕北京大学哲学系外国哲学史教研室编译：《十八世纪法国哲学》，商务印书馆 1963 年版，第 460 页。

〔8〕爱尔维修：《论人》，1938 年俄文版，第 355 页。

〔9〕《马克思恩格斯全集》第 1 卷，人民出版社 1995 年版，第 187 页。

〔10〕《马克思恩格斯文集》第 1 卷，人民出版社 2009 年版，第 286 页。

〔11〕《列宁全集》第 55 卷，人民出版社 1990 年版，第 75 页。

〔12〕《马克思恩格斯文集》第 9 卷，人民出版社 2009 年版，第 29 页。

〔13〕《马克思恩格斯文集》第 4 卷，人民出版社 2009 年版，第 305 页。

〔14〕《马克思恩格斯文集》第 3 卷，人民出版社 2009 年版，第 320 页。

〔15〕《马克思恩格斯文集》第 4 卷，人民出版社 2009 年版，第 305 页。

〔16〕《马克思恩格斯文集》第 1 卷，人民出版社 2009 年版，第 520 页。

〔17〕《马克思恩格斯文集》第 1 卷，人民出版社 2009 年版，第 536 页。

〔18〕《马克思恩格斯文集》第 1 卷，人民出版社 2009 年版，第 552 页。

〔19〕《马克思恩格斯文集》第 9 卷，人民出版社 2009 年版，第 562 页。

〔20〕《毛泽东选集》第四卷，人民出版社 1991 年版，第 1318 页。

〔21〕《建国以来重要文献选编》第七册，中央文献出版社 1993 年版，第 308 页。

〔22〕《马克思恩格斯文集》第 2 卷，人民出版社 2009 年版，第 588 页。

〔23〕《马克思恩格斯全集》第 1 卷，人民出版社 1995 年版，第 272 页。

〔24〕《马克思恩格斯全集》第 1 卷，人民出版社 1995 年版，第 363 页。

〔25〕《马克思恩格斯文集》第 1 卷，人民出版社 2009 年版，第 42 页。

〔26〕《列宁全集》第1卷，人民出版社1984年版，第464页。

〔27〕克劳塞维茨：《战争论》第1卷，商务印书馆1978年版，第11页。

〔28〕《论语·先进》。

〔29〕《论语·为政》。

〔30〕《论语·宪问》。

〔31〕《韩非子·有度》。

〔32〕《韩非子·难三》。

〔33〕《道德经》第三章。

〔34〕《毛泽东选集》第三卷，人民出版社1991年版，第1094—1095页。

〔35〕《列宁全集》第15卷，人民出版社1988年版，第375页。

人民群众是历史的真正创造者

——群众观

是否承认人民群众是历史的创造者，是历史唯物主义与历史唯心主义的根本分歧点。

群众观点，是历史唯物主义的基本原理。唯物史观肯定人民群众是历史的创造者，同时也承认个人的历史作用，从而在人类思想史上第一次科学地解决了历史的真正创造者问题，也解决了人民群众和个人在历史上的作用问题。

一、民众是推动历史进步的主导力量
——一位历史学家的"质疑"

1984年，一位卓有学识的历史学家在《历史研究》上发表了《历史的创造及其它》一文，认为，"人民群众是历史的创造者"这个提法不能成立。其理由是：这种提法源于苏联，在马克思主义经典著作中并无根据；赞成这一提法的人在逻辑推理过程中犯了错误，即"把物质条件的创造者和历史的创造者完全等同起来"，用人民群众的社会实践是一切科学文化艺术的"源泉"来代替精神财富的创造；群众史观与英雄史观一样具有片面性，"两种提法都离开了创造历史的前提，仿佛历史是按照英雄或人民的动机和观念随心所欲地创造的"，"都没有脱离唯心主义的窠臼"。正确的提法是恩格斯的"人们自己创造自己的历史"，并且"不能随心所欲，而必须受既定条件的制约"。

这位历史学家的观点一经发表，立即如一石激起千层浪，有关历史创造者的讨论由史学界迅速波及整个理论界。发表的文章虽然观点各异，但从历史观来看，其核心问题仍是如何理解"历史的人民性"问题，它既是捍卫和发展唯物史观的着力点，也是今天重温这场争论的意义所在。

这场争论尽管已经过去，但提出的问题仍然给人们留下了许多困惑，这些困惑往往引起人们对马克思主义"人民是历史创造者"原理的怀疑。坚持和发展历史唯物主义，正视和破解人们心中的困惑，才能赋予马克思主义群众观新的生命。

是否承认人民群众是历史的创造者，是历史唯物主义与历史唯心主义的根本分歧点。

由于人民群众是历史创造者的问题涉及历史的本质和历史发展的主体，必然成为新历史观的创立者马克思和恩格斯最为关注的核心问题。那么，马克思和恩格斯是怎样层层深入地揭示了"历史的人民性"这一本质的呢？

——从马克思和恩格斯关于物质生活资料的生产是一切历史的前提的观点中，来把握人民群众是历史创造者的思想。人类要生存，首先要吃、穿、住、行。人类生活所必需的物质资料，正是由广大民众生产的，民众是人类社会赖以存在和发展的物质资料的主要生产者。正如恩格斯所说："自从阶级产生以来，从来没有过一个时期社会可以没有劳动阶级。这个阶级的名称、社会地位有过度化,农奴代替了奴隶,后来本身又被自由工人所代替……然而有一点是很清楚的,无论不从事生产的社会上层发生什么变化,没有一个生产者阶级,社会就不能生存。可见,这个阶级在任何情况下都是必要的。"[1]

——从马克思和恩格斯关于历史事变的个人动机与群众动机关系的论述中,来理解人民群众在人类历史发展中的作用。恩格斯指出,要探索历史事变的真实的原因,应当注意的"与其说是个别人物、即使是非常杰出的人物的动机,不如说是使广大群众、使整个整个的民族,并且在每一民族中间又是使整个整个阶级行动起来的动机;而且也不是短暂的爆发和转瞬即逝的火光,而是持久的、引起重大历史变迁的行动。……这是能够引导我们去探索那些在整个历史中以及个别时期和个别国家的历史中起支配作用的规律的唯一途径"[2]。这一论断对于我们自觉地把握人类历史发展的走向,具有极为重要的方法论意义。

——从马克思和恩格斯关于思想动因和经济动因关系的论述中,来认识人民群众在历史发展中的地位和作用。马克思主义经典作家多次指出,由于人们已经习惯于以他们的思想而不是他们的需要来解释历史的活动,因而传统的历史理论至多是考察了人们历史活动的思想动机,却没有考察产生这些动机的原因,没有看出物质生产发展要求是这种动机的根源。人们的思想动机归根到底是由人们物质生活资料生产的实践所决定的。只要承认物质生产实践在人类社会发展中的决定作用,就必然承认作为物质生产实践主体的人民群众在社会历史发展中的主导作用。

是否承认人民群众既是物质财富的创造者，又是精神财富的创造者，也是历史唯物主义与历史唯心主义的一个根本分歧点。

在质疑"人民群众是历史的创造者"的声浪中，主要的困惑都集中在"人民群众是精神财富的创造者"这个命题上。有人认为，不能说所有历史都是物质资料生产者创造的，物质生产仅仅是创造历史的前提，至多是搭建了历史剧的舞台，它本身还不是戏，演戏的并不是人民群众。还有人说，源泉并不等于创造；历史上一些精神财富的创造，连源泉也不是来自人民群众；五代十国时南唐国君李煜（937—978年）的词"来自宫廷生活和亡国之恨，一些著名的美术作品来自湖光山色的自然界。如果说，李煜和明朝著名画家唐寅（1470—1523年）也要先吃饭，然后才能填词和画画，从而将他们的词、画说成是人民群众创造的，那就未免太牵强了，也决不是唯物史观的原意"[3]。

上述说法听起来振振有词，似乎主张人民群众是历史的创造者，就必然否认文化精英在人类精神文化发展中的地位和作用。其实，历史唯物主义和质疑者的分歧，既不在于否认李煜的诗词和唐寅的绘画作品，也不在于比拼人民群众和文化精英在历史上各自创造了多少作品，正如他们所说这绝不是唯物史观的原意。真正的分歧在于，历史研究还要不要探讨历史发展的根本动力和根本规律？研究人文科学（包括文学和艺术）要不要关注它们产生的历史条件？所有这些其实都是有关历史发展的必然性研究。偶然性是必然性的表现形式，历史上伟大的文学家和艺术家以其特有的风格和才情创作出千古名篇，但是，"个人的性格只有在社会关系所容许的那个时候、地方和程度内,才能成为社会发展的'因素'"[4]。唯物史观关于社会存在决定社会意识的原理对于理解人民群众和文化精英创造精神财富的关系问题具有重要的方法论意义。恩格斯曾专门论述过哲学和宗教作为更远离物质经济基础的意识形式与社会生活的本质联系,他指出,尽管"观念同自己的物质存在条件的联系,越来越错综复杂,越来越被一些中间环节弄模糊了。但是这一联系是存在着的。从15世纪中叶起的整个文艺复兴时期,本质上是城市的从而是市民阶级的产物,同样,从那时起重新觉醒的哲学也是如此"[5]。恩格斯这里着重强调的是文艺复兴时期出现的文学、艺术和哲学等精神产品与城市市民阶级的内在联系,对两者之间必然性的揭示是在承认文化精英个性化创作贡献基础上的深层探索,也是在更高层面揭示了文化精英创作所赖以形成的时代条件。

近年来,社会文化史的研究应运而生,特别是对基层社会历史、普通民众历史、日常生活历史、民间文化历史的研究方兴未艾,通过生活方式的变迁阐明社会意识和民族文化心理的发展演变取得重要成果。研究表明,广大民众与精神文化的关系,并非如质疑者所言只是为观念文化创造提供物质前提,他们本身就是社会生活的主体,芸芸众生的穿衣吃饭、婚丧嫁娶、社会风习本身就构成了社会观念文化史的主体。比较而言,载入史册的官修正史所关注的大事变如改朝换代之类的历史事件,大多如潮汐般很快过去,留不下多少踪迹,但社会底层民众的历史记忆却并不因此而发生根本改变。有的研究者指出,在精英思想世界之外,还有一个更为广阔的民众观念世界,后者具有精英思想不可替代的独特价值。**首先**，民众观念直接来源于人们的生活实际，是生活经验的总结，最切近于人们的生存需要，因而构成了人们（也包括文化精英）精神文化的内核。**其次**，民众观念是活在民众生活当中、支配人们日常言论行为的观念，它是最普遍、最一般、最基本的思想观念，因而是决定社会心理乃至上层知识精英思想的重要因素。**最后**，从思想观念的完整运动过程来看，首先有分散、无序、经验水平的民众观念，然后从中孕育形成理性、概括的精英思想，再升华为被社会所普遍认可的主流思想和主导理念，最后影响整个社会，回归于普通民众的观念之中。民众观念是精英思想孕育产生的基础、土壤和来源，也是精英思想影响于社会、扎根于社会的归宿。因而，民众观念作为社会思想自身运动过程的首尾两头，是不可或缺的必要环节。[6] 从民众观念与精英思想的互动来看，源泉固然不等于创造，但缺少了底层民众观念的支撑，精英文化就成了无源之水、无本之木。人民群众是历史的创造者，既应包括人民群众是物质财富的创造者，也应包括人民群众是精神财富的创造者。

人民创造历史，还是英雄创造历史，又是历史唯物主义与历史唯心主义的一个根本分歧点。

从表面上看，对"人民群众是历史的创造者"这一命题的质疑者摆出不偏不倚的姿态，声言只讲英雄创造历史固然不对，只讲人民群众是历史的创造者也有片面性，但内心深处却想把二者调和起来，使两个命题平分秋色，各打五十大板，其目的在于兜售英雄史观的合理性。所以，他们在否定两个命题之后又立即表示："事实是英雄创造自己的历史，不能创造一切历史；人民群众也一样，尽管在历史上作用很大，但不能创造一切历史。"[7]他们反复强调："不能说，所有的历史全都是物质资料生产者、劳动群众、各国人民创造的，而非物质资料生产者、非劳动群众、各国统治者是不参与历史创造的。"[8]他们的手法是先把马克思主义经典作家提出的"人们自己创造自己的历史"引申为帝王将相和人民群众"各自创造各自的历史"，然后再推销"在承认人民群众是自己历史创造者的同时，也承认人民群众以外的社会历史力量也是自己历史的创造者"的观点，他们认为，只要有了这两个承认，"那么，争论双方就没有太大分歧了"[9]。果然，图穷匕首现，鼓吹英雄创造历史的尾巴终于露出来了。为此，他们还举例说，从秦到汉的历史，不仅有陈胜、吴广为代表的农民阶级和刘邦（前265—前195年）、项羽（前232—前202年）的起义队伍参与创造，秦二世（前230—前207年）、李斯（约前284—前208年）、赵高（？—前207年）为代表的地主阶级当权集团以及六国旧贵族的残余势力也参与了这段历史的创造活动。如果只提人民群众是历史的创造者，就是把人民群众和英雄人物对立起来了。[10]

其实，这种"各有各的历史"观才会导致把人民群众和杰出的个人割裂开来、对立起来。上面所提到的否认人民群众是精神文化创造者的思路正是根源于这里的"各有各的历史"观念。按照质疑者的思路，要把完整的历史或如他们所言"一切历史"区分为人民群众自己创造的历史和帝王将相创造的历史。研究人民群众的历史就要研究物质资料生产的历史；研究政治、军事、教育、艺术和宗教的历史，就不能离开帝王将相和其他剥削阶级上层人物的活动。[11]在他们看来，这两个互不相干的历史是由两个相互分离的主体创造的。英雄人物创造的历史和人民群众创造的历史可以并存，英雄史观和民众史观自然也可以并存。"并列史观"其实是羞羞答答的英雄史观。我们不禁要问，研究政治史、军事史、教育史等，可以绕开人民群众及其作用孤立地研究帝王将相在历史上的作用吗？难道说，在解放战争期间，中国人民前仆后继的革命斗争，只是创造了人民群众自己胜利的历史，而没有同时创造蒋介石反动派失败的历史，后者失败的历史只是他们自己创造的吗？很显然，这种"并列史观"将统一的历史分割为互不相干的两块，就必然为神秘主义留下地盘，导致不可知论。

反对人类历史的主体是人民群众，他们是历史进步的主导力量的观点认为，提出人民群众是历史的创造者，就是把无所不包的历史看作是一个独一无二的力量创造的，这是以偏概全。其实，马克思主义提出这一命题时，从来没有否认杰出个人在历史上的作用，也从来不否认还有其他因素是推动历史前进的动力。唯物主义历史观在阐明历史发展的客观规律时，不仅论证了人民群众创造历史的作用，同时也论证了个人的历史作用，既反对历史唯心主义，又反对形而上学的机械决定论。恩格斯在《论权威》一文中举了一个形象的例子，他说，一条大船在暴风雨中航行，这只船最重要的是保持船长的权威。唯物史观认为处于特定历史条件和地位的历史人物，对历史发展有比较突出的促进作用或延缓作用。代表先进阶级的杰出人物，顺应历史的发展，顺应人民的需要，在社会生活中对历史发展起到重要的促进作用；代表腐朽阶级的反动人物，逆历史潮流，反对人民，在社会生活中对历史发展起一定的阻缓作用。不能抹杀个人的作用，更不能夸大个人的作用。正是在这个意义上，唯物史观承认领袖人物的权威作用，但反对片面夸大个人作用，更反对个人崇拜。既要反对个人迷信，又不能搞无政府主义。不承认一定的权威，就是无政府主义。

那么，提出"人民群众是历史的创造者"的本质内涵是什么？在历史观层面它的独特价值在哪里呢？**首先**，这个命题的实质在于，它认为物质生活资料的生产活动是人类最基本的实践活动，是决定其他一切活动的活动。因此，人类历史首先应当是直接从事生产实践的人民群众的历史，就此而言，人民群众与其他参与历史创造的人们相比，他们所起的作用是历史的原创力，即原初动力或基础动力的作用。**其次**，推动人们创造历史的思想动机归根到底是由人们物质生活资料生产的实践所决定的。因此，考察人们历史活动的思想动机，从根本上说主要是考察人民群众的思想动机，考察人民群众的思想动机背后的根本动因。**最后**，人民群众是推动历史进步的最终决定力量，即帝王将相等少数人物固然能推动或延缓历史前进的脚步，但最终决定历史格局或决定历史发展趋势的力量则是人民群众。

二、民心是天下兴亡的晴雨表

——民谣《你是一个坏东西》在国统区的流行说明了什么

抗日战争胜利后，国民党挑动内战，打碎了人民向往和平的美好愿望，人民对蒋介石政权仅有的一点信任也全然丧失了。当时，在国统区有一首《你是一个坏东西》的民歌广泛流行，其歌词是："坏东西，拉夫抽丁，征粮征米，拆散父子，拆散夫妻都是你，你的心肠和魔鬼一样的，别国在和平里复兴建设，只有你成天的在内战上玩把戏。你这个坏东西，真是该枪毙！"这首表达"天下怨"的民谣，通过对国民党反动政府推行的祸国殃民政策的控诉，表达了广大民众对当时的国民党反动派为"天下害"的愤怒心情。最终，拥共反蒋的民众如钱塘江大潮般以排山倒海之势推翻了蒋家王朝，这个历史巨变给人们留下了无尽的思考。它告诉人们，要深入把握人民群众是推动历史前进的主导力量，就必须了解民心在人类政治生活史上的重要地位和作用。

认识民心在人类发展史上的作用并把握民心演变的规律性，是坚持唯物史观的重要问题。

何为民心？民心是指广大民众在特定历史时期形成的共同心理意向，它是人们能动地把握现实的特殊方式，本质上是一种价值取向，即人们从自身需要出发对事物价值作出的评判和选择（拥护或反对）。民心向背讲的是人们依据价值评价而形成的对社会现实的情感和态度，它往往成为激发人们为改变现实而行动起来的精神动因。民心向背虽然是一种主观心理层面的东西，但它一经形成并有了明确指向（即民心所向）以后，就会通过人们的激情和意志，推动人们行动起来（民变），短时间内就能转化为改变整个社会、震撼整个时代的物质力量。如抗战胜利后，广大民众在国统区掀起的"反饥饿、反内战"运动，声势浩大、汹涌澎湃，最终冲垮了国民党的统治防线，改变了历史的结局。

心态史学有一条重要定律，即得民心者得天下，失民心者失天下。过去一直笼统地把心态史学视为唯心史观。其实，揭示并承认民心向背与天下得失的因果关系，并不一定就是唯心史观。唯心史观的失误不在于它承认理想、意志等主观因素的历史作用，而在于它忽视和否认最终决定人们行为动机的物质动因，否定主观动机与社会物质动因之间的必然联系。在承认主观动机方面，它们又往往只承认帝王将相等孤家寡人的思想动机决定历史进退，却看不到或有意抹杀广大民众心理诉求对推动历史变迁的重大意义。正如列宁所指出的那样，以往旧的历史理论有两个主要缺点："至多只是考察了人们历史活动的思想动机，而没有研究产生这些动机的原因，没有探索社会关系体系发展的客观规律性，没有把物质生产的发展程度看作这些关系的根源……忽视居民群众的活动，只有历史唯物主义才第一次使我们能以自然科学的精确性去研究群众生活的社会条件以及这些条件的变更。"[12]由此可见，如何理解民心向背决定历史走向这一原理才是不同历史观的分野所在。

毫无疑问，历代史学家都把民心向背作为天下兴亡的晴雨表，但其哲学根据何在，却很少有人问津。其实，这个问题首先涉及人们的价值选择与历史发展的必然性的关系，因而是一个涉及价值观与历史观关系的重大理论问题。

——**人们的价值选择不能外在于历史发展的必然性**。唯物史观把社会历史理解为现实的人的活动，从人的活动中探索出隐藏在人的目的背后的"物质动因"，并以此为基础来说明社会历史发展的规律性及其作用方式。历史发展的必然性是世代相续的人们活动之间的历史联系，是现实条件同人的活动及其结果之间的本质联系，是活动的目的、手段和结果（包括直接后果和间接后果）之间的内在联系。历史必然性不同于自然必然性，它是在人类社会实践活动中形成的，并在以社会的人为主体的活动中起支配作用的必然性，这种必然性虽然不能由人事先预制或随意取消，但它也不能离开人的实践而孤立地存在。[13]现实的人的活动都是有目的的，而人的目的作为"理想的意图"，是人们依据自身的需要对客观现实的某种可能性作出的价值判断和选择。这种判断和选择在事物由可能向现实转化过程中起着不可或缺的作用。因此，人们的价值评价和价值选择，在实践过程中构成历史发展因果链条中的必要因素，或者说，价值因素是内在于历史必然性的东西。"凡是现实的都是合理的，凡是合理的都是现实的"，黑格尔的这句名言猜测到了理性（科学理性与价值理性）与必然性之间的内在联系。按照恩格斯的理解，现实的并不等于现存的，现实的属性仅仅属于那同时是必然的东西，"现实性在其展开过程中表现为必然性"，而我们称之为"必然"的东西，一是指它合于客观世界固有本性之理，二是指它合于人的社会需要即人的社会本性之理。很显然，历史必然性作为现实性的展开过程，乃是客观世界的普遍尺度与人的价值尺度辩证的、历史的统一过程。从这个意义上说，价值关系本身就是一种合乎规律的关系。

历史必然性即社会历史规律，大致可以分为三类：一是体现社会发展趋势的必然性，如生产关系必须适合生产力状况的规律；二是体现人本身发展趋势的必然性；三是体现社会发展与人的发展的相互关系的必然性，如环境的改变和人本身的改变趋于一致的必然性等。生产力的发展、生产关系的进步，最终是以人本身的自由而全面的发展为归宿的。正如马克思所言："生产力和社会关系——这二者是社会个人的发展的不同方面"[14],"历史随着人们的生产力以及人们的社会关系的愈益发展而愈益成为人类的历史"[15]。人本身的发展是历史必然性的最根本的内容。当然,历史的发展也经常表现出对人的否定,如近代以来的殖民主义、军国主义、霸权主义所奉行的弱肉强食原则,对弱小民族进行种族灭绝等倒行逆施,也具有一定的历史必然性,但这只是历史的、暂时的、必将被取代的必然性。

民心向背在人类全部政治生活中具有决定意义,揭开这一谜团的正是绝大多数人的价值选择同历史必然性的本质联系。人们不必到历史必然性之外去寻找价值选择的根据,因为历史必然性本身就是科学价值取向的客观基础。历史周期率的重演反复地证明着民心向背与历史必然性的一致性。

——**人民群众的物质精神生活状况最终决定民心向背**。民生决定民心,正是民生状况的剧变导致了民心向背的骤变。人心之厚薄取决于民生之荣枯,这是千古不变的法则。民生是民众生活的总称,民心则是民众对当下生存状况的感受和对未来的希望。民生包括生活的方方面面,它既包括与民众生存相关的物质条件,也包括与民众发展相关的各种社会保障。民生不仅表示人与物的关系,更涉及人与人的关系。因此,民生幸福与否不仅与民生的物质基础相关,也与民众精神需求的满足和政治参与的状况有关,是一个极为复杂的社会现象。人类的一切活动都与民生有关,维护和增进民生是政府的唯一职责,政府对民生贡献之大小,取决于满足民生需求的程度和方式。很显然,就政府与民众的关系而言,民生就是最大的政治,基本民生的托底保障是避免历史周期率重演的底线。历史的方向与人民的愿望是一致的,谁代表了人民，谁就代表了历史前进的方向。正是在这一点上，国共两党选择了不同的路线，得到了不同的历史结局。

国共两党的博弈在价值观上是肯定还是否定民生价值观的较量，其背后则是两种历史观（即帝王史观还是民众史观）的比拼。貌似强大的国民党很快失去民心，并不是一种失误，而是由其所代表的统治集团利益所决定的。蒋介石政权的阶级基础是大地主、大资产阶级，其经济基础是以四大家族为代表的封建的、买办的、垄断的资本主义。在他们当权的22年中，垄断了全国的经济命脉，至抗战结束，四大家族控制的银行存款额占80%—90%。与此同时，他们还依靠其政治特权，用超经济手段进行掠夺。在连年战争中，大批官员大发战争财、国难财，日本投降后，趁接收之际，又大发"胜利财"，变卖和鲸吞敌伪资产中饱私囊。以丧尽天良的手段实现对财富的占有，只能以丧失民心为代价。以经济垄断而独裁，由政治独裁而发动内战，由军费激增而引发通货膨胀、财政破产，将中国人民推向灾难和死亡的绝境，人民的一切幻想都破灭了。蒋介石（1887—1975年）在1948年11月5日的日记中承认：最近军事与经济形势，皆濒险恶之境，一般知识人士，尤以左派教授及报章评论，对政府诋毁污蔑，无所不至。盖人心之动摇怨恨未有今日之甚者。著名作家朱自清（1898—1948年）写道："到了现状坏到怎么吃苦还是活不下去的时候"，"老百姓本能的不顾一切的起来了，他们要打破现状"[16]，民众心态的逆转源于国民党的祸国殃民、倒行逆施。由于国民党视民众如草芥，防民甚于防寇，其政府决策无视甚至摧残民意，最终付出了丧失政权的代价。

中国近代史的主题是对外坚持反抗侵略，对内铲除封建制度，实现民族独立、人民解放。这一时代主题是大势所趋，也是民心所向。是促进还是阻挠这一问题的解决，是评价近代各个政治集团、历史人物和历史事件的根本标准。以唯物史观为指导的中国共产党人坚信，人民是历史的创造者，是历史的真正主人。没有人民主体力量的觉醒，中国无法从沉沦中崛起。在深刻体认中国近代历史走向的基础上，中国共产党把一切为了人民、一切依靠人民作为根本宗旨贯彻于政治、经济和文化各方面的政策之中。抗战胜利后，高举反帝、反封建、反官僚资本主义的革命旗帜，不仅普遍地、彻底地解决了农民的土地问题，而且代表了城市各阶级、各阶层人民的利益，赢得了人民的衷心拥戴。1949年1月，55位各民主党派领袖和无党派民主人士发表联合声明，宣布接受共产党的领导，表明中国历史翻开了新的一页。中国共产党因扎根于人民之中、以人民为靠山而具有无穷的力量，它的领导地位的取得是历史的必然、人民的选择，而这也是共产党人尊重历史规律、自觉选择人民价值观的结果。

——**只有唯物主义历史观才能彻底破解黑格尔提出的历史目的论或"理性狡计说"，才能深刻理解"历史上报应的规律"**。在社会历史领域，任何事情的发生都不是没有自觉的意图、没有预期的目的的。让哲学家们不解的是，许多单个行动的目的是预期的，行动所产生的直接结果或间接结果却并不是预期的。面对许多英雄人物从历史巨人变为侏儒、从君临天下变为阶下囚的可悲下场，聪明的哲学家往往用神秘的天意加以解释。德国哲学家黑格尔针对这种历史现象提出了历史目的论和"理性狡计说"。由于他把精神、理性看作某种独立的东西，看成是历史过程的决定力量，所以他把历史看作精神或理念显现的过程，个人的自觉活动不过是充当理性自我实现的工具。历史就是精神或理性假借英雄人物追逐个人私欲而达到自己的目的，这就是"理性的狡计"。追问历史上的英雄人物的命运究竟是由什么决定的，这是许多历史哲学家挥之不去的心结。"理性狡计说"是一种辩证的历史观，这种朴素的否定性的辩证法早就被明末的王夫之（1619—1692年）猜测到了，他早于黑格尔150年，在《读通鉴论》《宋论》等著作中指出，具有大欲的英雄人物是"天意"的工具，他们所成就的大业都是"天假其私以行其大公"的例证，待其使命终了，就被天理所抛弃。所以，他警告那些好大喜功的神武人物不要做天理的被动工具，而要做天理的掌握者，即"独握天枢"的斗士。王夫之和黑格尔从历史人物的成功和失败中发现了个人私欲与历史必然性的对立统一关系，但由于历史观的局限，他们尚未认识到历史的主体是广大民众，而把历史必然性理解为"天理"或"天意"，得出了"历史目的论"的结论。针对黑格尔的"理性的狡计"和历史目的论，马克思和恩格斯指出："历史不过是追求着自己目的的人的活动而已。"[17]他们还批评说："天命，天命的目的，这是当前用以说明历史进程的一个响亮字眼。其实这个字眼不说明任何问题。"[18]王夫之、黑格尔所说的"天意""天理"并不像他们所说的是某种"无人身"的理性，而是作为历史主体的人民群众的意愿，"天视自我民视，天听自我民听"的古训表明，民意，只有人民群众才是主宰天下、决定英雄人物历史违顺的主体力量。其实，在历史创造中真正起作用的主要不是个别人物的私心和情欲，而正是推动亿万民众积极行动起来的动机，而动机背后则是物质生产和生活的实践。

历史的必然性作为在人的活动中产生并发挥作用的必然性，其本身就包含有客观的价值取向即价值的必然性。从历史的长时段来看，历史必然性与价值必然性的统一，使人类历史表现出一种总的趋势，即正义原则必然战胜邪恶原则，真善美必然战胜假恶丑。正是基于这种根本趋势，马克思提出了"历史上报应的规律"这一命题。他说："人类历史上存在着某种类似报应的东西，按照历史上报应的规律，制造报应的工具的，并不是被压迫者，而是压迫者本身。"[19]"善有善报，恶有恶报"并不全是宗教迷信，而是历史必然性的曲折反映，属于历史本身的否定性的辩证法。辩证法在其合理形态上，引起了一切剥削阶级及其辩护者的恼怒和恐慌，因为辩证法对每一种历史行程都是从不断的运动中，因而也是从它的暂时性方面去理解的。它在对现存事物的肯定的理解中，同时包含着对现存事物的否定的理解。因此，辩证法既是一种辩证历史观，也是一种辩证价值观。历史必然性的展开有时表现出"报应的规律"，充分反映出历史过程的复杂性。例如，蒋介石表面上充当了孙中山革命遗嘱执行人的角色，借助工农的力量取得了北伐的胜利，窃取了革命的成果。但他一旦站稳脚跟，就代表大地主、大资产阶级的利益镇压工农革命运动。蒋介石的独裁统治是十分短命的，由于祸国殃民，最终又被人民革命的浪潮所推翻。蒋介石的失败并不是"天罚"、被"天"所抛弃、成为天意的工具，而是他罪有应得，被人民所抛弃。换言之，他的失败是自掘坟墓。由于其倒行逆施所造成的毁灭性的后果，使得民众不得不揭竿而起，将他们彻底埋葬。

三、民主是打破历史周期率的利器
——黄炎培对毛泽东的耿耿诤言

1945年7月1日，黄炎培（1878—1965年）等6位国民参政员飞赴延安访问。7月4日，毛泽东在百忙中邀请黄炎培到家中做客，整整长谈了一个下午。毛泽东问黄炎培，来延安考察有什么感想？黄炎培敞开心扉，坦诚地说："我生六十多年，耳闻的不说，所亲眼看到的，真所谓'其兴也勃焉，其亡也忽焉'，一人，一家，一团体，一地方，乃至一国，不少单位都没有能跳出这周期率的支配力。……一部历史，'政怠宦成'的也有，'人亡政息'的也有，'求荣取辱'的也有。总之没有能跳出这周期率。中共诸君从过去到现在，我略略了解的了，就是希望找出一条新路，来跳出这周期率的支配。"[20]黄炎培这一席耿耿诤言，掷地有声。毛泽东高兴地答道："我们已经找到新路。我们能跳出这周期率。这条新路，就是民主。只有让人民来监督政府，政府才不敢松懈。只有人人起来负责，才不会人亡政息。"[21]在这一问一答中，黄炎培提出历代兴亡的周期性循环问题，提出如何跳出周期率的支配力问题，其用意是希望中国共产党能够找到一条新路，真正打破治乱兴亡的循环。毛泽东从历史观的高度给予了回答，即支配历史变迁的主导力量是人民群众，我们只有依靠创造历史的主体，才能真正打破"其兴也勃焉，其亡也忽焉"的历史周期率，这一回答可谓高屋建瓴。

两位政治家的对话揭开了民主政治建设的新篇章。时至今日，我国在社会主义民主政治建设的道路上走过了六十多年的历程，取得了巨大的成就，也经历了许多曲折和失误。抚今追昔，从唯物史观的高度来总结中国社会主义民主政治建设的实践经验，对几个重大的理论问题进行清理，是十分必要的。

关于民本与民主的关系。

有人说，中国历史上的民本思想，就是具有中国特色的民主思想，这种看法能否成立？从字面上看，民本与民主作为政治体制，最基本的方面都是指称民众与政权的关系，两者确有相似之处。但从本质上看，两者在权力的来源、权力主体、权力与法制、权力与权利的关系等方面的看法，是截然不同的。为什么以"民本"为理念的执政者屡屡失败？为什么民本体制解决不了兴亡周期率问题？由民本到民主的跨越要迈过哪些门槛？这一系列追问要求人们从根本上把握古代民本与近代民主的区别所在。中国古代民本思想十分丰富，如"民惟邦本，本固邦宁"[22]，"民者，君之本也"[23]。孟子（前372—前289年）提出了民贵君轻的思想："民为贵，社稷次之，君为轻"[24]，他还说："得天下有道，得其民，斯得天下矣；得其民有道，得其心，斯得民矣；得其心有道，所欲与之聚之，所恶勿施，尔也。"[25]西汉的贾谊（前200—前168年）在《新书·大政上》提出："闻之于政也，民无不为本也。国以为本，君以为本，吏以为本。"荀子还为民本思想进行了论证："天之生民，非为君也；天之立君，以为民也。""君，舟也；庶民，水也。水则载舟，水则覆舟。"[26]这些重民思想成为中国历代封建统治者的资治通鉴，如唐太宗李世民（598—649年）就强调"为君之道，必须先存百姓"[27]。问题的实质在于，民本是与封建君权紧密相连的，民本体制不同于民主体制的要害，是它承认封建君主为权力的主人，处于"三纲"框架下的民本，总是以封建君主的统治"法自君出，法不犯上"为前提的。所以，民本思想表面上看是民本位主义，实际上背后是封建君本位主义。民本主义不是以民为本，而是愚民为本，它不过是封建君主本位的对应物。在皇权支配社会的封建时代，皇权不仅是政治上唯一的权源，而且在权力世界中居于核心地位，故商鞅云："权者，君之所独制也……权制独断于君则威。"[28]民本思想并没有把监督、节制和罢免君主的权利赋予民众，而是寄托于天，历代君王也是以"奉天承运"的名义行使君权的。

与民本思想不同，民主思想是资产阶级在反对封建制度的斗争中率先提出来的，是针对封建专制而提出来的。资产阶级民主思想主张主权在民，民是权力的主体。民众的权利决定并高于执政者的权力，国家权力是实现人民权利的工具。当然，资产阶级民主主张是有阶级局限性的，所谓主权在民、民是权力的主体，主要是争夺资产阶级的统治权和民主权利。当资产阶级变为统治阶级以后，一方面标榜资产阶级民主是最成熟、最完善的民主，加大资产阶级民主的欺骗性；另一方面又加强资产阶级的国家专政作用，加强军队、监狱、法庭等资产阶级专政工具的建设。

当资产阶级在革命上升时期，资产阶级民主受到封建专制的打压，当民本遭遇民主、君权遭遇民权时，资产阶级革命的思想家高呼民主思想。中国民族资产阶级思想家、《自由书》的作者梁启超向国人高呼"誓起民权移旧俗"的口号，而作为传统政治体制的卫道士张之洞却以"皇权至上"加以对抗，提出"知君臣之纲，则民权之说不可行也"[29]。由此可见，民本主义虽然口中不离"民惟邦本""民贵君轻"的说法，但它是对应于皇权至上、朕即国家的观念的，其目的是为巩固君权服务的。在近代中国的革命与改革潮流中，追求资产阶级民主主义的运动始终是晚清以来思想解放和启蒙运动的主旋律之一。近代中国对民主的追求，主要是针对民权缺位的封建制度展开的，不同的政治派别虽然都接过了民主的口号，但对建立何种民主制度却存在严重的分歧，这种分歧的背后是各派具有不同的历史观。

中国民族资产阶级所主张的民主是资产阶级旧民主主义。代表中国工人阶级的政党——中国共产党所主张的民主是反封建、反帝国主义、反官僚垄断资本主义的，代表以工人阶级为领导阶级的、以工农联盟为基础的、团结一切可以团结的进步力量的新民主主义。社会主义民主是完全不同于，并且高于资产阶级民主的新式民主。中国通过新民主主义革命和社会主义革命，建立了社会主义民主政治。

人民当家作主与党的领导的关系。

人民当家作主与党的领导的关系，是中国特色社会主义民主政治建设中的核心问题。中国特色社会主义民主在理论上能不能站住脚，在实践中能不能行得通，都与能否正确地认识和处理坚持共产党领导与发展人民民主密切相关。

有人说，民主是没有"领导"的，只要有共产党或其他什么组织的领导，就谈不上民主。还有人说，如果没有触及共产党的领导地位，就谈不上政治体制改革。在这些人看来，人民当家作主与党的领导是对立的。很显然，这种对立的观点不仅无视社会主义民主政治的本质和规律，而且还触及历史观的大问题了。

要具体把握马克思主义关于人民群众是历史的创造者的命题，就要从唯物史观高度搞清楚群众、阶级、政党和领袖的关系问题。列宁说："群众是划分为阶级的……在通常情况下，在多数场合，至少在现代的文明国家内，阶级是由政党来领导的；政党通常是由最有威信、最有影响、最有经验、被选出担任最重要职务而称为领袖的人们所组成的比较稳定的集团来主持的。"[30]可见，要科学地把握人民群众在社会历史中的作用，**首先**，要对群众进行阶级分析，并通过这种分析阐明群众中究竟哪些阶级是新的生产力和生产关系的代表者，是革命和建设的领导阶级。否则，就会把人民群众创造历史的真实关系遮蔽，变为一个空洞的概念。**其次**，阶级通常是由政党来领导的。一个阶级要作为整体来行动，就必须形成自觉的组织。政党是阶级组织中最严密、最高级的形式，它有集中代表本阶级利益的政治纲领，并成为本阶级的实际组织者和领导者。与有产阶级具有自发的阶级意识不同，无产阶级的阶级意识不是自发产生和发展的，它要求先进思想的启发和引导，需要在无产阶级政党领导下的革命实践中逐步培育和发展，即无产阶级的阶级意识是通过无产阶级政党实现的。**再次**，无产阶级实现民主的途径与资产阶级不同，资产阶级可以通过富人间的议事规则实现民主，无产阶级只能通过共产党领导实现阶级的聚集夺取政权，进而实现阶级的民主。无产阶级的解放不能通过个体行为，一个无产者可以通过个体行为变成有产者，无产阶级的解放却只能是整体的解放,这个整体解放的保证就是用马克思主义武装起来的共产党。[31]

综上所述,无产阶级与其政党是一个相互依赖、相互作用的有机整体。一方面,人民群众在历史运动中需要先进的阶级及其政党的领导,显示出群众、阶级对政党的正确领导的客观要求。另一方面,是政党对群众、阶级的代表、依靠和服务的关系。群众、阶级之所以需要政党,是因为政党能够代表和维护他们的利益。毛泽东说:"我们的责任,是向人民负责。……人民要解放,就把权力委托给能够代表他们的、能够忠实为他们办事的人,这就是我们共产党人。我们当了人民的代表,必须代表得好。"[32]总之,政党是民众自愿组成的政治组织,它的功能是使群众组织化。政党是民主政治建设的题中应有之义,现代的民主政治都是政党政治,否认政党的地位和作用,无异于取消了民主政治建设本身。

与人民群众的血肉联系是共产党的最大政治优势,是社会主义民主政治建设的本质和灵魂。改革开放以来,党的历史方位发生了深刻变化,党已经从领导人民为夺取政权而奋斗的党,转变为领导全国政权并长期执政的党;从在外部封锁条件下领导国家建设的党,成为在改革开放条件下领导国家建设的党,即从领导计划经济的党转变为领导市场经济的党。历史方位的变化,不仅使共产党的自身建设面临新的考验,而且对原有的党群关系,对社会主义民主政治建设提出了新的挑战。在市场经济条件下,执政的共产党如何保持自身的先进性,总是与在市场经济条件下党群关系的新变化密不可分,即在市场经济条件下如何保证广大人民群众当家作主这一点紧密相关,这是共产党打破历史周期率所面临的最大历史课题。

关于人民当家作主与依法治国的关系。

人民当家作主是社会主义民主政治的本质特征，依法治国是共产党领导人民治理国家的基本理念和方略。只有依法治国，才能使人民主权从内容到形式全面得到实现。

要改革和完善党的领导体制和执政方式，最根本的就是把人民当家作主与依法治国有机统一起来。

——要推进依法治国，首先要明了民主与法制的本质联系。从民主对法制的规范来看，社会主义民主是社会主义法制的灵魂和基础。**社会主义民主是社会主义法制产生的依据**。只有人民掌握了国家政权，并选择了民主的政权组织形式，才有可能通过国家机关制定体现自己意志的法律，实行社会主义法制。一切权力属于人民，这是我国国家制度的核心内容和根本准则，也是我国推行依法治国的根本出发点和归宿。**社会主义民主规定社会主义法制的性质和任务**。社会主义民主从根本上说是人民当家作主的政治制度，社会主义法制必然把保障和实现人民的民主权利特别是保障人民管理国家的权利，作为自己的职责。**社会主义民主是社会主义法制力量的源泉**。法律的威力是"流"，不是"源"，它植根于民主制度。只有当法律真正反映人民意志，受到人民的真诚拥护与遵守时，它才在事实上具有并发挥法制的威力。实践证明，民主制度越发展、越健全，则法制的威力越大。因此，依法治国，建设社会主义法制国家，始终要以发展社会主义民主作为宗旨和使命。

从法制对民主的功能来看，社会主义法制是社会主义民主的体现和保障。人民当家作主、掌握国家政权这一事实，

需要用法的形式确定下来，使其合法化。同时，还要以法的形式确定适合人民当家作主的政权组织形式（包括国体和政体）。**社会主义法制将人民民主具体化为国家机关的职权和公民的各种权利，并为其实现规定了程序、原则和方法。社会主义法制通过制裁违法犯罪行为体现和保障人民民主。**

社会主义民主与社会主义法制是密切结合、不可分割的，离开民主，法制就会变为专制，民主就会落空。离开法制，民主不可能存在和发展，离开社会主义法制的民主也绝不是社会主义民主，代之而起的将是无政府主义的泛滥甚至动乱的出现。必须正确地认识和处理民主与法制的关系，把民主建设和法制建设结合起来，逐步通过民主法制化和法制民主化的途径，促进民主和法制的共同发展。

——**要推进依法治国的过程，还要在理论上划清人治与法治的界限**。古往今来，关于治国理政的思想繁多，大体上表现为两类："人治"与"法治"。何为人治？为何要从人治走向法治？所谓人治，又称个人之治。在中国古代，儒家的孔子提出"为政在人"："其人存，则其政举；其人亡，则其政息。"[33]法家提出的"以法治国"是变相的人治，它把法单纯作为治国的工具使用，遵循的仍是法不犯上和君主至上的原则。人治论主张圣君贤相的道德教化，推崇个人权威，拥护个人掌握最高权力，法律的立、改、废由个人决定，把个人意志作为治国的依据。当法律与最高领导人发生矛盾时，人治论主张个人至上、权大于法。

与人治思想不同，法治的本意是依法治国，不是单纯把法看作治国的工具而是看作治国的依据。依法治国的实质是法律主治或法的统治。换言之，人民掌握最高权力，而法律则体现最高权力。人民主权原则即人民当家作主原则是法治的灵魂，依法治国最能体现和保障人民当家作主权利的落实。只有站在人民主权的立场上，才能把握依法治国的主体与对象。一切权力属于人民，这是我国国家制度的核心内容和根本准则，也是我国推行依法治国的根本出发点和归宿。既然国家是人民的，人民就是依法治国的当然主体。这种主体地位不能授权给任何人或单位，否则，就会使社会主义国家变质，成为改头换面的人治。尽管国家机关是依法治国的重要载体，公务人员依法行使职权是法律赋予的使命，但他们仍然不是依法治国的主体。国家机关及其工作人员与人民的关系是从属关系，他们只是人民的公仆。国家机关固然受人民的授权，并行使一定的权力，但这只是具体权力的授权，而不是治理国家主体资格的授权。政府的权力如此，执政党的权力亦然。在执政党与法律的关系上，执政党必须在宪法和法律的范围内活动。法律是人民意志的体现，正是人民主权原则赋予了法律所具有的至上和至尊的地位，揭示了"依法治国"方略与人民根本利益的一致性。

——**要推进依法治国的进程，还要自觉地把实质民主与程序民主统一起来**。邓小平很早就认识到国家政权与法、民主政治与法、政治体制改革与法的内在联系，他在思考政治体制改革时，总是把民主与法制统一起来。他一方面注意发挥民主的实质性功能，强调没有民主就没有社会主义，民主是思想解放的重要条件，调动人民群众积极性是最大的民主。另一方面，他又十分关心民主的形式问题、程序问题、法制化问题。他深深地懂得，社会主义民主是随着法制建设的完备而不断扩大的，只有把人民当家作主的各项权利制度化、法律化，才能彻底铲除封建专制主义及其赖以生存的社会基础。法制国家的含义是法治政治，解决领导体制上以党代政、以党代法的问题，必须走民主制度化、法制化的道路，把社会主义民主纳入法治的程序。邓小平说："要通过改革，处理好法治和人治的关系，处理好党和政府的关系。"[34]

邓小平强调制度与个人相比，更具有根本性。他说："我们过去发生的各种错误，固然与某些领导人的思想作风有关，但是组织制度、工作制度方面的问题更重要"，"不是说个人没有责任，而是说领导制度、组织制度问题更带有根本性、全局性、稳定性和长期性。这种制度问题，关系到党和国家是否改变颜色，必须引起全党的高度重视"。[35]他说："我有一个观点，如果一个党、一个国家把希望寄托在一两个人的威望上，并不很健康。那样，只要这个人一有变动，就会出现不稳定。"[36]他明确地指出："为了保障人民民主，必须加强法制。必须使民主制度化、法律化，使这种制度和法律不因领导人的改变而改变，不因领导人的看法和注意力的改变而改变。"[37]实现社会主义民主，必须加强制度建设，使人民民主法律化、制度化，才能保证人民民主的实现。

四、民生是高于一切的人民的根本利益
——从民谣《老天爷》到"必须给人民以看得见的物质福利"

在新中国成立前的国民党统治地区，爱国民主运动空前

高涨，歌咏活动也十分活跃。在人们传唱的歌曲中，有首歌特别富于感染力和影响力，并且来历也颇具传奇色彩。

这首歌的名字叫《老天爷》。歌词是这样的："老天爷，你年纪大，耳又聋来眼又花。老天爷，你年纪大，你看不见人来听不见话。杀人放火的享受荣华，吃素看经的活活饿杀。杀人放火的享尽荣华，吃素看经的活活饿杀。老天爷，你不会做天，你塌了罢！老天爷，你不会做天，你不会做天，你塌了罢！你塌了罢！你塌了罢！"

《老天爷》这首民谣本是明朝末期的一首民谣，是基于明末时期天灾人祸、官兵祸害人间的实情而写的。康熙年间艾衲居士，又称艾衲道士、艾衲老人，把这首民谣收录在《豆棚闲话》一书中。虽然《老天爷》这首民谣并非针对国民党而创造的，但是，国统区这首歌的流传，令人深切地感受到国民党统治下老百姓生活的悲惨。慢慢品来，我们可以发现这首民谣反映出"民生大于天"的历史事实。当民生不为天所关注，人民便开始诅咒天"塌了罢！"不顾民生必将导致民怨，民怨沸腾必将导致推翻不代表人民利益的集团的群众运动。

民生就是人民的生存权、生活权、幸福权，是人民追求美好幸福生活的需求，是人民的根本利益之所在。人民的利益高于一切，民生重于一切。如果顺应人民的利益，重视民生，那么便会推动历史的进步；如果与人民的利益背道而驰，无视民生，那么人民便会维护自己的利益，同违背人民利益的行为作斗争。

人民既是经济利益、政治利益和精神利益的创造者，也是这些利益的享有者。任何真正的社会运动，都是人民为争取自己的权利、利益而自觉参与的运动，都是民生运动。在剥削阶级占统治地位的社会中，人民在经济、政治、社会各方面处于无权地位，他们的作用得不到正常的发挥。人民要争取自己的经济利益、政治权利，就必须进行反对统治者和剥削者的斗争。在社会主义条件下，人民在经济上有了生产资料的所有权和支配权，在政治上也确立了自己的主体地位。作为人民利益代表的中国共产党必须一切从人民的利益出发，重视民生，抓好民生。

民生需求是历史的、动态的、不断向前发展的。实际上，社会主义经济、政治、文化发展的目的是为了满足人民的利益需求，人民的利益需求是社会主义经济发展、政治发展和文化发展的内在的驱动力。正是由于民生需求在不断地发展，生产才需要不断地发展，以满足人民物质文化的利益需要。

人民是由现实的人组成的，而现实的人要想实现其社会利益，需要满足吃、穿、住、用、行等个人基本需求，这本身也就说明民生需求就是要满足每个人利益的合理性。邓小平认为："每个人都应该有他一定的物质利益。"[38]"不讲多劳多得，不重视物质利益，对少数先进分子可以，对广大群众不行，一段时间可以，长期不行。革命精神是非常宝贵的，没有革命精神就没有革命行动。但是，革命是在物质利益的基础上产生的，如果只讲牺牲精神，不讲物质利益，那就是唯心论。"[39]正当的物质利益需求是应该得到尊重和支持的，一定要使人民得到应该得到的、看得见、摸得着的物质利益，而且随着经济的发展，人民得到看得见、摸得着的物质利益要不断地增加。只有这样，才能使人民真心诚意地拥护改革开放和社会主义现代化建设。

毛泽东把合乎最广大人民的最大利益作为最高标准,"应该使每个同志明了,共产党人的一切言论行动,必须以合乎最广大人民群众的最大利益,为最广大人民群众所拥护为最高标准"[40]。这就是我们共产党人解决民生问题的最高准则。民生要求与历史发展的必然性是相一致的,能否代表人民的根本利益,得到人民的拥护,是国家兴衰成败的关键。因此,要把人民的利益、意志、愿望、要求作为党和国家制定路线、方针、政策的出发点和归宿,在任何时候、任何条件下,都必须一切从人民利益出发,全心全意地为人民服务,实际地解决好民生问题。"我们共产党人区别于其他任何政党的又一个显著的标志,就是和最广大的人民群众取得最密切的联系。全心全意地为人民服务,一刻也不脱离群众;一切从人民的利益出发,而不是从个人或小集团的利益出发;向人民负责和向党的领导机关负责的一致性;这些就是我们的出发点。"[41]

民生高于一切,一切为了人民利益,是邓小平理论的出发点和最终归宿。邓小平时刻关注民生,关注人民的利益和愿望。抗日战争时期,他在总结战争经验时就指出,敌占区和游击区都要为保护民生打算,否则,敌占区人民就不会支持我们,根据地就会退缩,就不能维系人心,最终必将导致抗日战争的失败。新中国成立后,邓小平认为国家的主要任务是进行经济建设,搞经济建设归根到底就是要满足人民的实际生活需要。他说:"按照历史唯物主义的观点来讲,正确的政治领导的成果,归根结底要表现在社会生产力的发展上,人民物质文化生活的改善上。如果在一个很长的历史时期内,社会主义国家生产力发展的速度比资本主义国家慢,还谈什么优越性?我们要想一想,我们给人民究竟做了多少事情呢?我们一定要根据现在的有利条件加速发展生产力,使人民的物质生活好一些,使人民的文化生活、精神面貌好一些。"[42]邓小平一再强调,党在不同历史时期所面临的环境、所承担的具体的任务会发生变化,但坚持全心全意为人民服务的宗旨永远不会变。全心全意为人民服务,最重要的就是要把"人民拥不拥护""人民赞不赞成""人民高不高兴"作为各项方针、政策的出发点和归宿,这是解决民生问题的根本出发点。

共同富裕是社会主义的重要本质,是社会主义不能动摇的基本原则,是社会主义解决民生问题的最高要求。**社会主义必须走共同富裕的道路,解决好民生问题,努力维护好、实现好、发展好人民利益**。什么是社会主义?社会主义的本质是什么?邓小平一针见血地指出:"社会主义的本质,是解放生产力,发展生产力,消灭剥削,消除两极分化,最终达到共同富裕。"[43]社会主义最基本的特征有两条:一条是解放和发展生产力,另一条是不搞两极分化,共同富裕。这两条是一致的,可以说,社会主义的本质是共同富裕。共同富裕有两层内涵:一是要解放和发展生产力,富起来,贫穷不是社会主义;二是要共同富起来,两极分化也不是社会主义。我国社会主义建设的经验教训,苏联、东欧社会主义失败的惨痛教训明确告诫我们,生产力发展不上去,就不是合格的社会主义;社会主义要富起来,必须发展生产力,发展生产力是根本任务。生产力发展不上去,社会主义制度的优越性就发挥不出来。正是从上述意义上说,解放与发展生产力是社会主义本质的重要内涵。社会主义不排斥富裕，但要的是共同富裕，社会主义解放和发展生产力是为了共同富裕，共同富裕是社会主义的目的，实现共同富裕是民生的根本利益之所在。

我们党执政要解决两大任务：一个任务是做大蛋糕，就是解放和发展生产力，让国家尽快地富起来、强起来，这是社会主义共同富裕的物质基础。另一个任务就是要分好蛋糕，解决好分配问题，防止和避免两极分化，让全体人民共同富裕。现在看来，如何分好蛋糕，解决好社会公正问题，这是必须面对的重大现实问题。解决好共同富裕的问题就是解决民生的中心问题，是推进中国特色社会主义发展的重大战略选项。

社会主义制度是实现共同富裕的根本保证，坚持社会主义公有制是实现共同富裕的经济基础，毫不动摇地坚持主体地位的公有制是我国社会主义必须坚持的根本原则。同样，党的领导、依法治国、人民当家作主的政治制度是实现共同富裕的政治保证。是否真正实行人民民主，即人民当家作主，是社会主义政治制度的核心问题，人民代表大会制度是我国社会主义根本政治制度。这是实现共同富裕的社会主义的根本制度保证。坚持马克思主义的指导地位，坚持社会主义核心价值观的主导地位，坚持共产主义远大理想和中国特色社会主义共同理想的理想信念主心骨地位，是坚持社会主义共同富裕的思想基础。

结　语

掌握马克思主义群众观点，坚持历史唯物主义关于人民群众是历史的真正创造者的原理，对于正确认识社会发展规律，正确处理人民群众是历史的创造者和个人在历史上的地位和作用的辩证关系，坚持群众路线，密切联系群众，一切为了人民，一切依靠人民，一切从人民利益出发，推动中国特色社会主义事业发展，具有重要的现实意义。

注　释

〔1〕《马克思恩格斯全集》第25卷，人民出版社2001年版，第534页。

〔2〕《马克思恩格斯文集》第4卷，人民出版社2009年版，第304页。

〔3〕张岱年、敏泽主编：《回读百年》第五卷（上），大象出版社2009年版，第320页。

〔4〕《普列汉诺夫哲学著作选集》第2卷，生活·读书·新知三联书店1962年版，第359—360页。

〔5〕《马克思恩格斯文集》第4卷，人民出版社2009年版，第308页。

〔6〕参见李长莉《关注民众观念世界——对思想史研究对象及方法的思考》，《光明日报》2003年1月15日。

〔7〕张岱年、敏泽主编《回读百年》第五卷（上），大象出版社2009年版，第332页。

〔8〕张岱年、敏泽主编《回读百年》第五卷（上），大象出版社2009年版，第291页。

〔9〕张岱年、敏泽主编：《回读百年》第五卷（上），大象出版社2009年版，第322页。

〔10〕参见张岱年、敏泽主编《回读百年》第五卷（上），大象出版社2009年版，第325页。

〔11〕参见张岱年、敏泽主编《回读百年》第五卷（上），大象出版社2009

年版,第 286 页。

〔12〕《列宁专题文集 论马克思主义》,人民出版社 2009 年版,第 14 页。

〔13〕参见《刘奔文集》,中国社会科学出版社 2008 年版,第 140—141 页。

〔14〕《马克思恩格斯文集》第 8 卷,人民出版社 2009 年版,第 197 页。

〔15〕《马克思恩格斯文集》第 10 卷,人民出版社 2009 年版,第 43 页。

〔16〕转引自陈孝全:《朱自清传》,北京航空航天大学出版社 2008 年版,第 188 页。

〔17〕《马克思恩格斯文集》第 1 卷,人民出版社 2009 年版,第 295 页。

〔18〕《马克思恩格斯文集》第 1 卷,人民出版社 2009 年版,第 611 页。

〔19〕《马克思恩格斯全集》第 12 卷,人民出版社 1962 年版,第 308 页。

〔20〕黄炎培:《八十年来》,中国文史出版社 1982 年版,第 156—157 页。

〔21〕黄炎培:《八十年来》,中国文史出版社 1982 年版,第 157 页。

〔22〕《尚书·五子之歌》。

〔23〕《榖梁传》。

〔24〕《孟子·尽心下》。

〔25〕《孟子·离娄上》。

〔26〕《荀子·大略》。

〔27〕《贞观政要·君道》。

〔28〕《商君书·修权》。

〔29〕《劝学篇·明纲》。

〔30〕《列宁专题文集 论无产阶级政党》,人民出版社 2009 年版,第 249 页。

〔31〕参见房宁《民主政治十论》,中华书局 2009 年版,第 204 页。

〔32〕《毛泽东选集》第四卷,人民出版社 1991 年版,第 1128 页。

〔33〕王肃:《孔子家语》。

〔34〕《邓小平文选》第三卷,人民出版社 1993 年版,第 177 页。

〔35〕《邓小平文选》第二卷,人民出版社 1994 年版,第 333 页。

〔36〕《邓小平文选》第三卷,人民出版社 1993 年版,第 272 页。

〔37〕《邓小平文选》第二卷,人民出版社 1994 年版,第 146 页。

〔38〕《邓小平文选》第二卷,人民出版社 1994 年版,第 337 页。

〔39〕《邓小平文选》第二卷,人民出版社 1994 年版,第 146 页。

〔40〕《毛泽东选集》第三卷，人民出版社1991年版，第1096页。
〔41〕《毛泽东选集》第三卷，人民出版社1991年版，第1094—1095页。
〔42〕《邓小平文选》第二卷，人民出版社1994年版，第128页。
〔43〕《邓小平文选》第三卷，人民出版社1993年版，第373页。

新大众哲学·6·价值论篇

人的精神家园

深刻洞悉价值世界的奥秘

——价值论总论

所谓价值,就是在人的实践和认识活动中,人的活动所作用的对象是否满足人的需要的一种关系,或者说,人的活动的对象对于人的生存和发展所具有的意义。

马克思主义哲学不仅是基于自然规律和社会规律的一种真理性学说,也是立足于工人阶级及广大劳动人民的根本利益,以实现全人类的彻底解放和人的自由全面发展为宗旨的价值体系。它要合理地"解释世界",更要合理地"改变世界",实现真理性和价值性的实践统一。

在世界正在深刻变化的时代背景下,在中国特色社会主义伟大实践中,学习和掌握马克思主义价值哲学,对于帮助人们树立正确的世界观、人生观和价值观,有效地改造客观世界和主观世界,具有重要的理论和现实意义。

一、究竟什么是价值

——伊索寓言中"好坏"是什么意思

古希腊著名寓言家伊索(Aesop,前620—前560年)

是《伊索寓言》的作者，他曾是一名奴隶。一天，他的主人突发奇想，想为难一下伊索，让他去买"世界上最好的东西"来做酒菜，大宴宾客。聪明的伊索跑到市场上，买回来一堆动物舌头。主人不高兴了，责问他为什么买舌头，伊索振振有词地说：舌头能说出最美的语言和最高的智慧，描绘人世间一切最美好的东西，因而是"世界上最好的东西"。主人听了，不知如何反驳，却又心有不甘，于是再生一计，吩咐伊索去买"世界上最坏的东西"。伊索买回来的仍然是一堆舌头。他的解释同样有道理：长舌翻卷搬弄是非，能将人世间的一切颠倒黑白，能说出最刻薄、最恶毒的话语，因而是"世界上最坏的东西"。结果，虽然奴隶主自恃高贵，自以为聪明，却也无话可说，只能用并不美味的"嚼舌头"来下酒。

这个寓言故事真实与否，无从考证。舌头是否真的要为"好""坏"负责，也可以搁置不论。我们这里所关注的核心问题是：究竟什么是"好"？什么是"坏"？如何判定事物的"好坏"？

在现实生活中，类似"好坏"之类的概念还有很多很多。如果愿意，我们可以很容易地罗列出一个长长的清单，例如，是非、善恶、美丑、利弊、得失、成败、功过、优劣、高下、祸福、荣辱、尊卑、贵贱、有用与无用、先进与落后、应该与不应该、正当与不正当，等等。而且，语言是可以"活用"的，还有一些概念在特定语境中，也可以表达类似的意思。这类概念有一个总体性的哲学名称——"价值"。

价值并不神秘，它是社会生活中的一种常见的现象。一个人信仰什么，希望什么，赞成什么，喜欢什么；一个人仇恨什么，恐惧什么，反对什么，厌恶什么；一个人做人做事时信奉什么原则，恪守什么规范……都涉及价值，体现着一个人的价值观。

价值与客观存在的事实不同。事实是事物存在的状况和发展规律，具有不以人的意志为转移的客观性；无论是谁观察和检验一定的事实，事实本身是不会改变的。而价值却不一样，不能离开具体的人，不能离开人的社会实践。只有从人的社会实践出发，深入人们现实的价值活动过程，才能正确把握价值现象的本质和规律，才能深刻洞悉价值世界的玄奥和秘密。

什么是价值呢？对于价值，人们应该如何去把握呢？

价值是人的实践和认识活动中常见的现象。人是活动的发动者和实施者，即居于主导地位的"主体"；人的活动所作用的对象，无论是客观事物、精神现象，还是他人或社会群体，都是人的活动的"客体"。人之所以要发动和实施一定的活动，源于人的生存和发展的需要，或者说改造客观世界和主观世界的需要。**所谓价值，就是在人的实践和认识活动中，人的活动所作用的对象是否满足人的需要的一种关系，或者说，人的活动的对象对于人的生存和发展所具有的意义**。用更通俗的话来说，"好坏"，实际上体现了人对某事物（或某人）对于人的生存和发展的效用的评价。对于人的生存和发展有用还是无用，有好用处还是坏用处，这就是人对事物本身（或人本身）对于人的生存和发展的效用的价值评价。一般而言，凡是能够满足人的需要、对于人的生存和发展具有积极意义的，就是**正价值**，即有用或有好用处；反之，则是**负价值**，即无用或有坏用处。

价值可以分为两大类：

一类是事物的价值，即事物作为人的对象对于人的价值。例如，干净的水具有满足人类饮用、灌溉等需要的价值。事物为人所用，人就会对事物的效用产生价值评价问题。**另一类则是人的价值**，即人与人相互作用而形成的价值。例如历史人物在历史上发生的作用，进步的历史人物起进步作用，反动的历史人物则起促退的作用，这就是历史人物的价值。

准确地把握价值的含义，需要抓住两个关键点：

——**价值是离不开对象的**。价值总是一定的对象对于人的价值。对象对于人的作用是形成价值关系的前提和基础。在人们的生活实践中，任何对象，无论是人还是事物，都具有一定的属性或功能。例如，教师可以"传道、授业、解惑"，演员可以娱乐大众，面包可以充饥，净水可以解渴，钢笔可以写字，汽车可以代步，枪弹可以杀人，读书能令人充实，旅游能让人广博，科学知识能转化为生产力……对象的这些属性或功能是它们对人具有价值的必要条件。它们决定着对象是否能够满足人们的需要，以及满足人们哪方面的需要，是正面的满足，还是负面的满足。马克思以物为例指出："一物之所以是使用价值，因而对人来说是财富的要素，正是由于它本身的属性。如果去掉使葡萄成为葡萄的那些属性，那末它作为葡萄对人的使用价值就消失了。"[1]正是由于葡萄具有能够满足人们的需要的某种属性或功能，才成为人们生存、生活和发展所需要的对象，才对人们具有这样或那样的意义，具有正面的或负面的价值。例如，如果葡萄不能食用，不包含人体所需要的营养成分，就不可能成为人们喜欢的食品。同样，如果水不具有饮用、灌溉、发电、清洁等功能，就不可能成为生命之源，成为人类赖以生存的重要资源。

——**价值也是离不开人的**。可以说，一切价值都是相对于人而言的。或许会有人跑来争辩说，阳光、空气和水对于植物的价值不是一目了然吗？如果没有阳光、空气和水，植物怎么可能存活、生长？这种反诘看到了事物和事物的相互作用与对象和人的价值之间的相似性，似乎颇有道理。其实，没有人的存在和人的需要，没有阳光、空气、水、植物与人的关系，没有阳光、空气、水、植物对人的生命活动的意义，只能说阳光、空气、水和植物之间存在某种"联系"，又哪里谈得上阳光、空气、水之于植物有人所能认识到的意义或价值呢？可见，即便说阳光、空气、水对于植物有人所能认识到的价值，实质上不过是说，阳光、空气、水通过对植物的作用而对人的生存和发展发生了作用。既然发生了作用，那么就会有人对这种作用产生好效用还是坏效用，即正价值或负价值的评价问题。因此，也可以说，阳光、空气、水对于植物的作用是对于人的生存、发展有价值的。

——**只有联系现实社会中的人，联系人们的劳动实践活动，价值才能得到恰当的理解和说明**。劳动实践既创造了人，同时又是创造价值的真正源泉。正是在人们的生活实践中，一定的对象（人或事物）满足人们的一定需要，帮助人们实现自己的理想、追求，才逐渐形成了对象与人之间丰富复杂的价值关系。比方说，在偏僻没有人烟的野地里长着一大片葡萄,在根本没有人时,或者在没有人看到和吃这些葡萄时,虽然葡萄仍然是那些葡萄,"使葡萄成为葡萄的那些属性"也依然存在,但是,葡萄对于人的意义,或者说葡萄的使用价值,却不可能真正显现出来。只有当人们发现了葡萄,用葡萄充饥,或利用葡萄酿酒时,葡萄才真正满足了人们的需要,从而实现它对于人的营养价值、经济价值,即使用价值。列宁精辟地指出,实践是"事物同人所需要它的那一点的联系的实际确定者"[2]。当然,在人们的生活实践中,对象依据它们是否满足人们的需要,是否有利于人们的生存与发展,所表现出的意义是不尽相同的。人们往往会从自身出发,将一切人或事物区分为好的或坏的,有利的或有害的。所谓"好人""坏人""好事""坏事""益鸟""害鸟""益虫""害虫""水利""水害",等等,都是相对一定的人及其需要而言的。"好"是对人有好处,"益"是对人有益处,"利"是对人有利;"坏"则是对人不利,"害"则是于人有害。

——**更具体地说,价值离不开具体的人的需要、能力等"主体尺度"**。"尺度"是一个形象的说法,表达的是"规定性""标准"等意思。按照马克思的说法,人们的需要就是"他们的本性",也是人们生活实践中的一种"主体尺度"。只有与一定的需要相联系,对象才可能呈现出一定的价值。马克思曾经指出:"忧心忡忡的、贫穷的人对最美丽的景色都没有什么感觉。"[3] 这是因为,忧心忡忡的穷人吃不饱,穿不暖,面临的难题一大堆,烦心的事儿一件接一件。他们的全部注意力都聚焦在生存需要上,整天想着如何多赚一个铜板,如何让父母妻儿吃顿饱饭,根本没有什么审美的需要。因此，即使处在山清水秀、风景宜人的湖光山色中，或者置身于"大漠孤烟直，长河落日圆"的广袤荒漠，他们往往对美丽的风景也"视而不见"，更不会在寒风中瑟瑟发抖、饿着肚子时，潇洒、优雅地览胜抒怀，吟诗作对，附庸风雅。

——**价值还取决于人们自身的发展程度，取决于人的素质与能力的积累和运用**。马克思指出："对象如何对他来说成为他的对象，这取决于对象的性质以及与之相适应的本质力量的性质……因为我的对象只能是我的一种本质力量的确证。""从主体方面来看：只有音乐才激起人的音乐感；对于没有音乐感的耳朵来说，最美的音乐也毫无意义……因为任何一个对象对我的意义（它只是对那个与它相适应的感觉来说才有意义）恰好都以我的感觉所及的程度为限。"[4]如果一个人的素质和能力存在缺陷和不足，例如没有一双"有音乐感的耳朵"，那么，就既不可能产生欣赏交响乐之类高雅音乐的需要，也不可能在聆听高雅音乐时产生共鸣，获得一种美的享受。在这种情况下，最美妙的旋律都显得多余，体现不出任何价值。反之，一个人的需要越丰富，素质和能力越强，往往就越能与更广泛、更深入的对象建立价值关系，提升自己的自由全面发展程度。对一个社会来说，理想的境界是实现所谓"人尽其才，物尽其用"，个人与社会都得到自由而全面的发展。

——**在价值问题上，由于人的生存条件不同，因而对对象的主观感受和主观评价也不同**。有这样一个故事，讲的是一个村庄被大水淹了，村庄的财主为了躲避洪水，抱着金子躲在一棵树上，一个穷人拿着干粮也躲在这棵树上。几天过去了，财主饿得实在受不了，就想拿金子换干粮吃，穷人当然不换。可见，从人的现实需求出发，在不同的条件下，对金子与粮食的价值就产生了新的评价，可以说，金子此时已经没有什么价值了。

价值是一个关系范畴，它既离不开对象，也离不开人和人的需要等尺度，离不开人的主观评价。

这里必须特别强调的是，虽然价值离不开对象，但价值却既不是对象本身，也不完全等同于对象固有的性质和功能。有些旧唯物主义者认为，价值就是具有价值的对象，或者对象固有的某种属性。客观唯心主义者把某种"人造"的精神实体客观化，如柏拉图（Plato，前427—前347年）将"理念世界"、黑格尔（Hegel，1770—1831年）将"绝对精神"、基督教将"上帝"视为价值之源或价值本身。这些观点是错误的。它们完全撇开了人，不理会人与人之间的差异，以及人自身的变化、发展和人的主观感受，仅仅从对象的角度解释价值。这类观点根本不可能说明：为什么同一对象对于不同的人，或者对于不同时间、条件、状态下的同一个人，会具有不尽相同的价值。例如，面包对于吃饱喝足了的饱汉与饥肠辘辘的穷人，相对论对于"大字不识一箩筐"的科盲与学富五车的理论物理学家，剩余价值学说对于一心逐利的资本家和一无所有的雇佣工人，具有的价值就明显不一样。俗语说，"饱汉不知饿汉饥""站着说话不腰疼"，就道出了其中的道理。可见，人及人的实践需要才是决定对象是否具有价值、具有什么价值的奥秘之所在。

二、价值世界是丰富多彩的
——说不尽的《红楼梦》的价值

曹雪芹（约 1715—1763 年）的名著《红楼梦》想必大家都看过，许多人可能还反复读过。但是，恐怕没有人能够说得全《红楼梦》的价值。《红楼梦》可以说是一部记录中国封建社会末期生活的百科全书。不同的人根据自己的生活阅历、社会角色、知识结构、兴趣爱好、利益和需要，可以从中获得关于那个时代的许多信息，并从中得到各种各样的启迪：从政的可以从中发现"官场秘诀"，经商的可以从中找到"发财之路"，小说家可以从中寻找创作的灵感，色情狂可以从中偷窥隐秘性事，园艺家可以从中总结园林艺术，厨师们可以从中发掘"红楼肴馔"，普通百姓可以从中赏析人生百态……甚至，《红楼梦》本身的来龙去脉、创作意图、人物关系、表达技巧、思想实质和人生哲理，早已成为人们探幽索隐、借题发挥、争辩不休的热门话题。由此发展出了一门专门的大学问——"红学"。当然，要对《红楼梦》做出科学、正确的价值评价，需要运用马克思主义的文学评论理论进行评价。按照马克思主义的观点，任何观念形态的东西都是社会实践在人们头脑中的反映。任何文学作品都是作者对该时代社会生活的典型再现，反映了作者对当时社会生活的认识与评价。《红楼梦》真正的文学价值在于作者对中国封建社会末期社会现状的揭露、批评与认识，是人们对中国封建社会末期再认识的艺术缩影。

在现实生活中，由于对象（包括人自身）的存在和属性十分复杂，其发展存在多种多样的可能性；由于人的需要、兴趣和能力各不相同，且复杂多变，因而，对象与人之间的价值关系就如同《红楼梦》一样，是丰富、复杂、多样化的，是需要不断发现和开掘的。人们无论如何不能固守封闭的线性思维，将丰富的价值世界简单化。例如，将人"物化"、异化，将人的价值以"含金量"来衡量，甚至到市场上去粗俗地兑现；或者将《红楼梦》的价值简单化、庸俗化，以为那只是描写了一大群公子小姐的男欢女爱。

由于价值的种类多种多样，可以从不同角度，依据不同标准，对价值的存在形态进行分类。例如，依据对象是事物还是人，可以将价值区分为事物的价值和人的价值。由于人的价值最为重要，也最为复杂，因而人们也最为关心。

关于人的价值，稍后将专门展开讨论。在这里，不妨先来谈谈事物的价值。

所谓事物的价值，就是物质或精神文化现象对于人的意义，满足人的需要的价值。凡物质现象对于人的意义，满足人的需要的价值，可称为物质价值；凡精神文化现象对于人的意义，满足人的需要的价值，则可称为精神价值。

在人们的社会生活中，最常见的事物的价值大致可分为如下几种基本类型：

——第一类是功利价值，即**对象满足人的物质性需要，对人的生存和发展有用、有利的价值**。例如，满足人们的生理需求、物质享受、经济利益、生态条件等方面需要的价值。它典型地表现为物质方面的需求，如效益、财富，等等，因而人们有时也将其称为物质价值。

由于趋利避害是所有生命的本能，因而功利价值是一种基础性的价值，是产生和实现其他一切价值的前提和基础。人们首先必须从事吃、穿、住等物质资料的生产，然后才能从事政治的、文化的以及其他方面的活动。只有在一定的物质生产基础之上，只有在物质需要得到基本满足之后，才可能产生和满足人们精神层面的需求，才可能逐步改变混沌、愚昧、迷信、落后的状况。否则，"就只会有贫穷、极端贫困的普遍化；而在极端贫困的情况下，必须重新开始争取必需品的斗争，全部陈腐污浊的东西又要死灰复燃"[5]。

物质利益是人们活动的目的的真实内容，也是激励和支配人们活动的真实动机之一。正视人们追逐功利这一客观事实，才能理解社会的经济现象、政治现象。当然，人不是一架功利计算机，仅仅追求功利等物质价值，甚至将其奉为最高价值，如声称"人生价值要以含金量来衡量"，则是片面的、低俗的。如果把一切价值都归结于功利，将功利价值看作人类的全部价值或最高价值，则难免把人等同为动物，贬损人和人的人格、尊严，丧失人之为人的崇高。因此，必须旗帜鲜明地反对急功近利、见利忘义，把物质利益看得高于一切，将个人利益凌驾于集体利益之上的错误价值观。马克思主义主张"革命功利主义"，它坚持个人利益和集体利益相统一，在个人利益和集体利益相冲突时，牺牲个人利益，服从集体利益；坚持始终不渝地为广大人民群众的利益而斗争，通过社会革命，实现人类解放，通过发展经济，实现共同富裕。

——**第二类是知识价值，即所谓"真"或求真的价值。**真是主观与客观的统一，是人们的认识与客观对象相符合，即正确反映对象的本质和规律性。本来，求真是认识论、真理论的范畴，但是，由于追求、掌握和运用真理是人类生存、发展和完善的基本前提，因此，真对人具有极其重要的、多方面的价值。从这个意义上说，求真也是一种价值。

求真的价值表现在：求真能够使人们认识对象，建构真实的世界图景，满足人们的求知欲；求真能够帮助人们消除对象的神秘感和异己感，摆脱愚昧、无知、迷信和盲从；求真能够改进人们的思维，促进人们提升理性能力，塑造丰富的内心世界；求真能够为人们的行为提供依据和指导，促进人与社会的自由全面发展。

追求真理，为真理而献身，是人类崇高而伟大的信念，也是有志之士坚贞不渝的价值追求。它要求人们实事求是，一切从实际出发，具有敢于面对现实、不懈追求真理的人生态度和精神品质。只有真正的勇士才敢于直面惨淡的人生，才敢于正视淋漓的鲜血，才有勇气立足严酷的现实，创造美好的未来。

——**第三类是道德价值，即满足人们的道德需要的善恶的价值**。这是人们的行为合乎一定的目的与需要，有利于调节和创造良好的人与自然、人与人、人与自身的关系的价值。

善是与恶相对而言的，是指人类行动的道德意义的价值范畴。善的价值的表现形式丰富多样，如公正、正直、诚实、仁爱、善良、孝道、勇敢、勤勉，等等。古希腊哲学家曾将智慧、公正、勇敢、节制作为人类生活的四种主要美德。中国古代儒家将仁、义、礼、智、信作为封建社会的道德追求。

德国著名哲学家康德（Kant，1724—1804 年）曾经感叹:"有两样东西,人们越是经常持久地对之凝神思索,它们就越是使内心充满常新而日增的惊奇和敬畏:我头上的星空和我心中的道德律。"[6]前者表达了对大自然的深情敬畏,后者则是对道德价值的无上推崇。我国古代哲学家荀子(前313—前238年)说:"水火有气而无生,草木有生而无知,禽兽有知而无义。人有气,有生,有知,亦且有义,故最为天下贵也。"[7]即是说,讲仁义,有道德,是人区别于动物、人之为人的标志性特征。"人之所以异于禽兽者几希"[8],极端不讲道德的人,历来被认为"形同禽兽",甚至"禽兽不如"!

——**第四类是审美价值,即满足人们的审美需要的价值**。在审美体验中,人的本质力量在对象中得到了合乎人性的实现或对象化,使人产生愉悦、狂喜、神清气爽、超凡脱俗等审美效果。

美是与丑相对而言的。丑也是一种广义的美。文艺作品中的许多"丑角",如雨果(Hugo,1802—1885年)的小说《巴黎圣母院》中的敲钟人卡西莫多,虽然面容丑陋,身体残疾,却有着善良、正直的心灵,被人们公认为"真正的美的化身"。美的魅力在于感染人、陶冶人和塑造人。从旖旎秀丽的自然风光,到蒙娜丽莎神秘迷人的微笑;从改天换地的生产劳动,到气势恢宏的航天探索;从美不胜收的轻歌曼舞,到妙趣横生的相声小品;从门捷列夫(Mendeleev,1834—1907年)的元素周期表,到曹雪芹的《红楼梦》……当你置身于美的环境之中,发现了事物或人身上蕴藏着的那种美,你的心灵就会受到触动,就会感到由衷的喜悦。有时,还会让你的思想受到熏陶,灵魂得到净化,获得积极向上、振作进步的勇气。

最高境界的美是真与善的高度统一，是"合规律性"与"合目的性"的统一。特别是，当人们战胜了各种困难，超越了自身原有的局限，体现了自己的才能和力量，体现了创造的智慧和激情，就会体验到一种由衷的愉悦感，体会到一种克服局限、"超越自我"的自由。

在以上四类价值中，利是满足人们的物质需要的价值，是实现其他一切价值的前提和基础。真、善、美则是满足人们的精神、心理、文化等需要的价值，有时也称之为精神价值。真、善、美意味着对人格和尊严的肯定，意味着对人自身的进一步提升。物质价值（利）和精神价值（真、善、美）体现了人生奋斗的不同层次，体现了人生奋斗各个方面的目标和理想。

在精神价值中，真、善、美之间也不是孤立、割裂的，而是一个有机的整体。其中，真是最为基础的价值，其本质在于主观符合客观，获得关于事物本性和规律的真知灼见。善是对人们的社会关系的调节，是对人们的行为的激励或约束。美的本质在于合规律性和合目的性的统一。广义的美和善是交融的。美因道德而可以成为更高的善之美，善由于美而可以成为更高的美之善。美与善的融合"必定会对全体造成一种简直是奇迹般的迷人之美"[9]。利、真、善、美体现了人生奋斗的不同层次，体现了人生奋斗各个方面的目标和理想。它们之间相互影响、相互作用，最后统一和升华为一个更高层次的价值，即自由。

最后应该指出的是，事物价值的具体表现形式，具体发展变化，都是丰富、多样化的。例如，存在真实价值与虚假价值、正价值与负价值、高价值与低价值、瞬时价值与永恒价值、潜在价值与现实价值等之分。各种不同种类、不同形式的价值在不同条件下彼此相伴而生,相互交织在一起,并不断地发展变化,从而构成了人类丰富多彩、错综复杂、动态发展的价值世界。

三、个人价值与社会价值的统一
——大学生张华救掏粪老农值不值

1982年7月11日,69岁的掏粪老汉魏志德在掏粪时,被粪池中散发出的刺鼻沼气熏倒,跌入了粪池。24岁的第四军医大学空军医学系三年级学生张华路过,听到呼救声,毫不犹豫地跳入粪池,救出了老农。可惜的是,年轻的张华却被沼气熏倒在粪池里,从此再没有醒来。

风华正茂的大学生张华因救掏粪老农而牺牲,引发了举国上下一场关于"大学生救掏粪老农值不值"的大讨论。有人认为,一位改革开放以来我国自己培养的、前途无量的大学生与一位掏粪老农对社会的贡献谁大是一目了然的。张华的行为不值得,按现在的说法,实在是"太傻了"。也有人认为,见义勇为的精神是不能用经济价值简单衡量的;生命的价值从来都不在于等价交换,在生命的天平上,难道精英就比老农更重?一个社会、一个民族怎能如此势利?如果以功利原则衡量一切,那么我们是否可以承受其后果?

面对社会舆论的众说纷纭,莫衷一是,需要立足马克思主义价值论的立场,认真地加以反思,作出一个满意的回答。而回答这一问题的关键,在于对人的价值的理解:人的价值也是一种基本的价值形态,既与事物的价值类似,又存在实质性的差异。

所谓人的价值,就是现实的人及其活动对于人自身的价值。人的价值是自我价值和社会价值的统一。

人的价值包含十分丰富复杂的内容,大致可以概括为两个方面,即个人价值或自我价值和社会价值。**个人价值是个体及其活动对于个体自身的价值,是人通过自己的活动满足自身的需要**。例如,一个人通过自己的劳动,充实和愉悦了自己,或使自己得到了完善和提升。**社会价值是个体及其活动对于社会的价值,是人通过自己的活动满足社会的需要**。即是说,一个人要对社会承担一定的义务,有所担当,有所作为,作出一定的贡献。

这里所讲的人的价值同经济学的价值是不一样的概念,它是哲学观、历史观的价值概念。经济学上的价值概念包括使用价值和交换价值两个方面。交换价值是指凝聚在商品中的必要劳动时间,用老百姓的话来说,就是"值钱不值钱"。人的价值是对人活在世界上对社会、对自己有没有用处,有好用处还是坏用处的评价问题。它包括两个方面:**一方面**是人活在世上自己认为自己有没有用处,有好用处还是坏用处,即个人价值;**另一方面**是人活在世上对社会、对他人有没有用处,有好用处还是坏用处,即社会价值。

关于人的价值,不同的立场、不同的世界观和人生观,评价的标准不一样。

立场不同,世界观不同,人生观则不同,从而价值观也不同。用马克思主义世界观和人生观对人的价值进行评价,那么一个人首先应当考虑自己活着对国家、民族、集体、他人有没有用，有没有贡献，这是正确的社会价值观；对社会有价值，才能实现个人的自我价值，人活得才有意义，这是正确的自我价值观。不同的价值观对人的社会价值和个人自我价值取向不同，马克思主义价值观是人的社会价值与个人自我价值相统一的价值取向，是既务实又崇高的价值观。

如果一个人只讲自我价值不讲社会价值，这个人就是极端的利己主义者。中国剥削社会所宣扬的"人为财死，鸟为食亡""人不为己，天诛地灭"，外国资产阶级所宣扬的"人都是自私的""自私是人的本质""人活着只为自己"等，就是极端利己主义价值观，是低俗的价值观。马克思主义主张人的社会价值和自我价值是统一的。一个人活着，首先要考虑到社会价值的实现，只有在实现自身的社会价值的前提下，才能实现人的自我价值。当然，社会也要为每个人尽可能地创造个人价值提供机会，但是必须把个人自我价值的实现引导到社会价值实现的正确价值观上去。

中国文化历来比较强调群体或集体观念，特别重视国家或集体利益，这是必要的，但不能因此不注重个人价值，包括个人的生命价值。"文化大革命"之前一段时间及"文化大革命"期间，有人认为，讲求个人利益，追求自我价值的实现，是狭隘、自私的资产阶级思想，必须予以斗争、批判，"狠斗私字一闪念"。"文化大革命"结束后，随着思想解放和改革开放，人们的个人自我价值意识也开始苏醒。"大学生救掏粪老农到底值得不值得"的争论，正是在这一背景下凸显出来的。

这场讨论的意义已溢出了讨论本身。应该说，正是在张华救老农值不值得的辩论中，当代中国人对个人价值观念重新进行了严肃的审视。它至少让人们意识到，生命是宝贵的，每一个人的生命都只有一次，都不可能"从头再来"，应该尊重和珍惜；每一个生命的价值都是平等的，生命不能分贵贱，不能分三六九等。每一个人的生命都具有独一无二、不可替代的价值，绝不是一个可有可无、可以替代的元素。

毫无疑问，每一个人来到世界上，都需要最大限度地发挥自己的潜能，成就和完善自己，实现自己的个人价值，使自己的人生具有意义。不尊重个体的生命，不承认，甚至贬斥个人价值，是一种反人性的观念，也是一种不人道的做法，绝不是马克思主义的、社会主义的价值观。

当然，我们也不能走向极端，将个人价值绝对化，将它凌驾于集体或社会价值之上。任何人都是社会大家庭的一分子，是组成社会的一个"要素"，是处于社会相互作用之网上的一个"纽结"。任何一个人都离不开他人，离不开社会，离不开集体。一个人只有与社会、他人、集体紧密结合，通过社会性的实践活动，才能有所作为，才能实现自己的个人价值和社会价值。为人民服务，为社会奉献，为人类造福，是每一个人都应该做的事，甚至可以说，是每一个人的社会责任或"分内的事"。

在一个社会大家庭中，在广泛存在着分工和协作的社会条件下，如果人人都在各行各业上尽职尽责，那么就不难理解，为人民服务实际上只不过是做好自己应该做的本职工作，"我为人人，人人为我"，只不过是大家"互相服务"。而"互相服务"也意味着"自我服务"。否则，每一个人都极端自私自利，"拔一毛利天下而不为"[10]，甚至只知索取,绝不奉献,那么,集体难免土崩瓦解,社会秩序难免一片混乱。而陷入无休无止的混乱、纷争和动荡之中,结果将是谁也不可能安宁,谁都得不到好处。集体、社会在这种情形下,甚至根本就不可能继续存在和发展,从而个人的生存和发展也将失去基本的保证,更谈不上发掘每个人的潜能、实现每个人的价值了。到那个时候,就真正是万劫不复的"世界末日"了。

个人价值与社会价值并不绝对对立。

正如马克思、恩格斯所指出的:"个人怎样表现自己的生活,他们自己就是怎样。"[11]一个人在社会中生活、表现自己,他的个人价值往往也就是他的社会价值,或者说个人与社会相统一的价值。像张思德(1915—1944年)一样安心平常的工作岗位,全心全意为人民服务;像白求恩(Bethune,1890—1939年)一样"毫不利己,专门利人";像雷锋(1940—1962年)一样"一辈子做好事,不做坏事";像焦裕禄(1922—1964年)一样鞠躬尽瘁,为大众造福;像杨善洲(1927—2010年)一样严于律己,倾力奉献;像袁隆平(1930年—)一样勤勉敬业,献身人类最需要的事业……不仅与人们的自我完善、自我实现不相冲突,而且还是人们自我完善、自我实现的根本途径。从这个意义上说,人的社会价值具有更加重要的意义,也更加得到人们的尊重和爱戴。也正因为如此,许多人都认同爱因斯坦(Einstein,1879—1955年)的名言:"一个人的价值,应该看他贡献什么,而不应当看他取得什么。"[12]

实际上,大学生张华生前已经对后人所争论的问题,包括个人价值与社会价值的关系,进行过深入的思考,并给出了明确的答案。他曾对他的同班同学董希武谈起过舍己救小学生的大学生邵小利。当时社会上有人认为，邵小利用一个大学生的生命去换取一个小学生的生命不符合价值规律。张华对董希武说："这种计算方法是庸俗的，落后于起码的文明道德。我如果遇到邵小利这样的事，我决不去计算价值，人和动物的区别，就体现在这些地方！"只是万万没有想到，一语成谶，说完这句话之后十几天，张华就用年轻的生命实践了自己的信念。

个人与集体、社会是有机地、不可分割地联系在一起的，个人自我价值与社会价值也是相互联系、交织在一起的。社会价值是通过无数的个人自我价值的追求活动实现的；社会价值的实现又能为个人自我价值的实现创造更好的基础和条件。在社会生活中，每一个人都应该意识到自己的权利、责任和义务，正确处理个人价值与社会价值、索取与贡献等关系，将实现自己的个人价值与社会价值有机统一起来，将自己的自由全面发展和社会的自由全面发展有机统一起来。如果人人都能够这样做，那么个人与社会就必将能得到自由而全面的发展，世界也必将更加和谐，更加美好。

四、具体的价值"因人而异"
——千面观音，随缘自化

观世音菩萨是深受佛教推崇的"神仙"。但观世音菩萨是男身还是女身？他（她）何时会以什么面目出现？他（她）具体负责帮助人们排解哪些方面的困难？为什么观世音菩萨能够有求必应？一般人恐怕很难说得清楚。佛教的解释很有意思：人若修成正果，达到"罗汉"以上的级别，就没有世俗的性别之分了。观世音菩萨之所以有时现男身，有时现女身，是随缘而化的。所谓随缘而化，是指根据所行善事的环境、对象和需要，随时改变自己的形象，从而以最适宜的方式普度众生。这也即是千面观音的来历。

价值就如同千面观音一样，也具有"随缘自化"的特点。在不同的时间、条件、环境下，对于不同的人来说，对象的价值并不是单一、固定、僵死的，而可能呈现出不尽相同、不断变化的价值。当然，任何对象都不是法力无边的菩萨，不可能自己化成价值。这里的"主动权"掌握在人们自己手中——价值的主体是具体的人，必须由人们在具体的生活实践中，认识到对象的价值，或者主动选择、创造一定的价值。

价值具有鲜明的属人性或主体性。

所谓**价值的主体性，是指价值本身的特点直接与具体的人相联系，它直接表现和反映着具体的人的目的、利益、需要和能力**。价值的主体性可以从不同角度进行刻画，但主要从如下一些方面表现出来：

——**价值具有个体性。即同一个对象对于不同人的价值有可能不同，表现出"因人而异"的特点**。在历史与现实中，价值主体有不同的层次和类型，有宗教、民族、国家、地区、阶级、阶层、群体等具体区别。同样的对象对于不同的价值主体来说，其价值往往表现出相应的独特内容：同一宗教或民族的价值具有本宗教或民族的特点，同一阶级、阶层的价值具有阶级性，同一地区的价值具有地域特色，等等。这些特性是不可能，也不应该简单抹去的，诸如无产阶级与资产阶级、社会主义与资本主义价值观的根本冲突,难以调和,不能视而不见。

由于每一个人所处的时代不同,所担当的社会角色、所占据的社会地位、其利益与需要、素质与能力也都不同,因而同一个对象对于不同的人的价值有可能不同,有时甚至完全相反。也就是说,价值具有"因人而异"的特点。在现实生活中,我们常常发现这样的情况:对一些人是好的、有益的东西,对另一些人却是坏的、有害的;对一些人是善的、美的东西,对另一些人却未必是善的、美的。例如,缩短劳工的工作时间,增加劳工工资,提高劳工福利,广大劳工肯定会说"好",由衷地支持和拥护。相反,一心想发财,眼睛盯着成本、利润的老板们,心情则可能完全不同。因为,缩短工作时间意味着每个劳工的产出下降,成本上升;增加劳工工资、提高劳工福利,更是需要多支付真金白银;这都意味着成本增加,利润减少,只要有可能,老板们就会高喊:"亏本了","受不了了","没法干了"!在存在劳资对立的情况下,特别是在私有制条件下,劳资双方的倾向和观点相左,甚至激烈冲突,是难以避免的。

价值的"因人而异"是十分常见的现象。俗语说,"趣味无争辩","一千个观众就有一千个哈姆雷特"。"人上一百,形形色色",大家的趣味是什么,有什么独特之处,本就不值得非议,更不值得争辩。在不同人眼里,或由不同演员演绎,哈姆雷特的形象和韵味可能大相径庭,不同的人喜爱或者不喜爱哈姆雷特,或者说哈姆雷特对不同的人具有不尽相同的价值,也是很正常的事。在现实生活中,正是因为人们的利益和需要不同,兴趣和爱好不同,素质和能力有差异，价值世界才会如此五光十色，才会如此丰富多彩。

——**价值具有多维性。即对于同一个人来说，某一对象对于他的价值可能是多方面的、多层次的**。每个人都是活生生的、有血有肉的人，在社会生活中，具有多方面、多层次的利益和需要，而且，同一个人在不同方面的素质和能力不一样，兴趣和爱好不一样，因此，某一对象与同一个人也可以建立起多方面、多层次的价值关系。

就拿一块平平常常的石头来说，只要人们的思维不是"单打一"或"一根筋"，那么不难发现，这块石头可"不简单"。它可能具有多方面的属性和功能，这些属性和功能可能满足人们的某种需要，从而对人具有某种特定的价值。例如，石头不仅可以满足人们建房修路、建桥筑堤、垒床砌灶等需要，实现其众所周知的价值，而且还可以突破常规，实现某些独特的价值：在人们写字作画时作为镇纸，危急时刻作为武器自卫，船只空驶时作为压舱之物，曹冲称象时作为砝码。如果是一块漂亮的石头或者奇石的话，那它的价值就更不得了，除了上述这些方面的价值，它还可能满足人们的艺术审美需要，令人爱不释手，被人小心翼翼地珍藏，或拿到市场上卖个好价钱。

当然，这块石头到底具有哪些价值，不仅取决于石头的模样、材质和功能，而且更取决于人们的需要、兴趣和能力，特别是人们的需要、兴趣和能力发展的状况与程度。人们的需要和兴趣越狭窄，能力越弱，石头的价值可能就越贫乏、单一；人们自身的发展越全面，需要、兴趣的层次越多，能力越强，石头的价值就可能越丰富、多样。这正如马克思所指出的，人的本质力量、包括人的感觉是随着生活实践的发展而不断丰富发展的："只是由于人的本质客观地展开的丰富性，主体的、人的感性的丰富性，如有音乐感的耳朵、能感受形式美的眼睛，总之，那些能成为人的享受的感觉，即确证自己是人的本质力量的感觉，才一部分发展起来，一部分产生出来。"[13]因此，人们自己越是自由全面发展，人们的需要、兴趣和能力越是自由全面发展，人们就越能感受到世界上价值的多样性，也就更有可能创造出丰富、多样的价值世界。

——价值具有时效性。即具体的价值关系不是固定不变的，而是随着对象与人自身的变化而不断变化的。"一切皆流"，万物在变，所有的一切都处在永恒的变化发展过程之中，"太阳每天都是新的"。任何人也是一样，不可能停留在婴儿状态，永远长不大，不可能"青春永驻"，长生不老。人们的需要、能力也是不断变化、发展的。因此，一定对象对于同一个人来说，它有没有价值、有什么样的价值，绝不可能僵死固定，一成不变。有的时候，即使对象本身没有发生明显的变化，它对人的价值也不会永远不变，而是可能随着人们自身的变化，特别是人们的需要和能力的变化而变化、发展而发展。

唐朝大诗人杜甫（712—770年）《春夜喜雨》诗云："好雨知时节，当春乃发生。随风潜入夜，润物细无声。"当春天来临，万物萌芽生长，农民的庄稼刚刚播种，一切都等待春雨的滋润，恰逢其时，一场久盼的春雨突然降临，春旱解除了，农民们的生计有了希望，个个喜不自禁，笑逐颜开，这时候的绵绵春雨真是适时的"好雨""喜雨"。然而，如果已经暴雨成灾、洪水泛滥了，但春雨仍然淅淅沥沥下个不停，无情地淹没庄稼，冲毁道路，毁坏家园，弄得民不聊生，流离失所，这时的春雨就变成令农民诅咒的"坏水"了。

对于价值的这种因时而化、顺时而变的时效性，人们并不陌生，在现实生活中多有见识。最为典型的是，这些年来，人们越来越认识到了古董、文物的价值：今天的古董、文物大多在当年并不名贵，有些甚至是过去的日常生活用品，但是，随着岁月的流逝，却可能身价倍增，甚至价值连城。这是因为，虽然它们在当年并不起眼，司空见惯，不足为奇，但可能记载着那个年代人们的生活，寄托着那个时代人们的情感，成为人们对已经逝去的那段历史的纪念。今天大江南北兴起的收藏热，包括苏区文物收藏热、"文化大革命"文物收藏热，都可以折射出人们对这种价值认识上的变化。

关于价值的时效性，许多人常常有真切的体验，甚至有不少深刻的感悟。例如，人们对于"雪中送炭"的由衷赞誉，对于"雨后送伞"的诙谐调侃，对于"抓住机遇促发展"的深刻认识，对于"时间就是金钱""时间就是生命"的高度概括，以及外交工作中"没有永远的敌人，也没有永远的朋友"的感慨，等等，就非常形象地说明了价值的时间效应。价值鲜明的时效性表明，人们的价值生活是一个动态的过程，一个不断变化、不断发展、不断提升的过程。在现实生活中，总是有许多价值等待着我们去发现，还会有更多的价值等待着我们去创造。一个志向远大、有所追求的人，总是会不懈努力，不断超越过去和现在，以自己的实际行动，创造美好的未来。

价值的个体性、多维性、时效性，反映了价值是一种"因人而异"的关系，是一种随着人们自身的变化而变化、发展而发展的关系。换句话说，某一对象究竟有没有价值，有什么样的价值，虽然与对象是否存在、是否具有某种性质和功能密切相关，即在一定意义上具有客观性；但更重要的是，它取决于人们自身，取决于人们的需要和能力，它反映了人们自身的特点，反映了人们的自由全面发展的程度。不明白这一点，就不可能区分事实与价值，就不可能真正洞悉价值的奥秘。

当然，价值的属人性和主体性，以及价值所表现出来的因人而异的多样性、个体性、多维性、时效性，是受人所处的社会关系制约的，是受人所处的具体的时间、地点等社会条件制约的。也就是说，价值的属人性和主体性具有鲜明的社会性，在阶级社会中具有阶级性。一切价值判断和价值评价都受制于、受影响于人的社会性，一切价值判断和价值评价都离不开人的社会实践所决定的社会意识的导向、制约和影响。

五、反对主观主义和相对主义价值观
——庄子的"齐万物""等贵贱"

庄子（约前364—前286年）有一个著名的观点："以道观之，物无贵贱"，"万物一齐，孰长孰短"。[14]他认为，人世间的一切是非、善恶、美丑等，并无原则界限，都是相对而言的。"是亦彼也，彼亦是也。彼亦一是非，此亦一是非。"[15]是非可以不论，善恶不妨并存。圣人尚智慧，设差别,讲仁义,教礼乐,一切本没有什么意义。"与其誉尧而非桀也,不如两忘而化其道。"[16] "是非之彰也,道之所以亏也。"[17] 因而应该循道自化,齐万物、等贵贱、一死生,"不谴是非"[18],"不以好恶内伤其身"。[19]

庄子生活的时代,处于奴隶社会与封建社会的新旧之交,战乱频仍,民不聊生,以周礼为核心的奴隶制的道德价值已经沦丧殆尽。在绝望而悲剧性的人生中,庄子不仅同是非、齐善恶,而且怀疑一切,否定一切:"可乎可,不可乎不可。道行之而成,物谓之而然。恶乎然?然于然。恶乎不然?不然于不然。恶乎可?可于可。恶乎不可?不可于不可。"[20] 在庄子看来,人之生死都没有什么特别的意义,一切"方生方死,方死方生"。甚至,庄子还将死视为对生之烦恼、痛苦的彻底解脱。当庄子相濡以沫的妻子驾鹤西去时,他的好友惠施(前390—前317年)怀着沉痛的心情前往吊唁,却惊奇地发现庄子不仅毫无哀色,反而在兴高采烈地"鼓盆而歌"!

庄子真是一位超凡脱俗的奇人,而且真是"超脱"得彻底!但是,在价值世界中,真的一切都无所谓吗?是非、善恶、美丑、贵贱、荣辱等价值都是主观的、相对的,没有任何标准可言吗?

恐怕不能这么极端。实际上,我们肯定价值具有主体性,肯定价值因人而异、因时而异、因地而异,这并不是说,价值是完全主观的、相对的,没有客观性、统一性和绝对性可言。在这里,辩证法告诉我们,应该全面地看问题,不能走向片面和极端,滑进"价值无争辩"之类主观主义、相对主义价值观念的泥坑。

主观主义价值观念只从人的精神与心理状态理解和规定价值，认为价值是人的兴趣、欲望、情绪、情感、态度或其产物。

如罗素（Russell，1872—1970年）认为，"当我们断言这个或那个具有'价值'时，我们是在表达我们自己的感情"[21]；培里（Perry，1876—1957年）认为，"价值最终必须被看作是欲望或兴趣的函数"[22]。这种观点是错误的。实际上，价值的主体性并不等同于主观性，更不等同于主观随意性。主观主义价值观念割裂了价值与对象之间的关系，否定了人的需要等的客观性，是价值问题上的唯心主义观点。主观主义价值观念根本没有看到，或者说刻意地忽视了价值的客观性。

价值实际上具有客观性。我们可以从如下几方面来看。

——**价值作为一个关系范畴，存在于具体的人和对象相互作用的客观过程之中**。一定的对象是否对人具有价值，具有什么价值，不是由人和人的需要单方面决定的，它同时也取决于对象本身，取决于对象是否具有满足人的需要的性质和功能。例如，古代没有发明无线手机、互联网，那么，对于古人来说，根本就不可能有所谓手机、互联网的价值，也根本不可能像今天这样，实现远距离的即时通信，真正实现"天涯若比邻"。

——**人们的需要并不是纯粹主观的，不能将"想要"与需要混为一谈**。例如，一个人生了病，往往需要看医生，打针吃药，甚至动手术。如果讳疾忌医，打针怕痛，吃药怕苦，动手术嫌麻烦，那么只可能进一步增加痛苦，甚至加速死亡。欠发达国家需要发展，改善人民生活，如果以"越穷越光荣"来逃避，那么只会令百姓们忍饥挨饿，生活窘困，民不聊生。所以说，由于人们的需要具有一定的客观性，因而相应的价值不可能只是由人们主观地说了算。

——**人们的需要的产生与发展，需要满足的方式和程度，也不是随心所欲的，是受社会历史条件和人们的社会实践活动制约的**。无论是人的生理需要，还是人的心理需要，也无论是人的物质性需要，还是人的精神性需要，在根本上都与人的社会存在状况相联系，与人的社会实践以及在这种社会实践中的发展相联系，都有其不依赖于人和人的主观意志的客观性和必然性。正是社会实践创造出来的不断发展着的需要，规定了一定对象对于人有没有价值，有什么价值，以及这种价值可能发生什么样的变化。绝不能脱离具体的社会历史条件，脱离人们的社会实践，脱离人们的社会关系，空洞地谈论人们的需要和需要的满足。

——**强调价值的主体性，强调价值"因人而异"，并没有，也不能否认价值的客观性**。一定的对象对人是否具有价值，具有什么样的价值，并不是由人们主观、随意地决定的，它具有一定的客观性。例如，在冰天雪地的寒冬，棉衣之类防寒物品对人的价值就具有客观性，否则就可能遭受冻伤、冻死之类的不幸。只有理解和尊重价值的这种客观性、确定性，人们才能正确地把握它，合理地利用和变革它。

相对主义价值观念是主观主义价值观念的孪生兄弟。它认为一切价值都是相对的、不确定的，"公说公有理，婆说婆有理，天下无公理"。相对主义价值观念虽然看到了价值的主体性，看到了价值是相对于人和人的需要来说的，但是，却片面夸大了价值的相对性、不确定性。

实际上，承认价值具有客观性，也就在一定意义上承认了价值的确定性、绝对性。对于每一个确定的人来说，包括对于每一个确定的群体或共同体来说，在一定时间、条件下，一定对象的价值往往是可以确定的。例如，在中国土地革命时期，打土豪分田地，地主、富农当然不甘心，必然拼命抵抗和反对，但广大农民能得到实惠和公平，因而必然拍手称快，衷心拥护。消灭资本主义私有制，消除剥削和压迫，资本家自然不愿意，但一无所有的工人阶级却肯定欢欣鼓舞，因为他们在革命中"失去的只是锁链"，获得的将是整个世界"[23]。

对于不同的人、不同的社会共同体，甚至整个人类来说，在一定程度上，价值也具有共同性和统一性。

作为一个"人"，作为社会大家庭的一个成员，任何人都具有某种共同的"人性"，具有一些基本的共性，因为人自身的社会性和相互依存关系而具有共同的目的、利益和需要。而且，人的本质是"一切社会关系的总和"[24]。任何人只有在互动的社会关系中，在一定的价值秩序中，才能健康地生存、生活和发展，才能实现自我的价值，同时也为他人的价值实现创造条件。这必然要求人们在社会交往中，形成一定的共同价值标准，接受一定的共同价值秩序，学会过一种社会化的"集体生活"。

总之，价值不仅具有主体性、相对性，同时也具有客观性、绝对性。在人们的社会实践的基础上，价值的主体性（包括主观性）与客观性、相对性与绝对性是相互依存、相互作用、辩证统一的。那些执其一端、片面地加以绝对化的观点，如主观主义、相对主义等错误的价值观念，既经不起逻辑上的仔细推敲，也不符合价值生活的实际。

结　　语

价值所反映的是对象是否满足人们需要的一种关系，或者对象对于人们的生存和发展所具有的意义。由于对象既可以是事物，也可以是人，因而在价值世界中，既包括事物的价值，也包括人的价值。一切价值都以人的社会实践活动为基础。社会实践既创造了人，也创造了人与世界的关系，创造了丰富多彩的价值世界。

价值与事实不一样。一切价值都是相对于人而言的，也正因为此，价值具有鲜明的主体性。当然，强调价值的主体性不能走向极端，不能断然否认价值的客观性、绝对性，不能否认价值评价的社会性。实际上，价值的主体性与客观性、相对性与绝对性、多样化与统一性之间是辩证统一的，必须旗帜鲜明地反对主观主义、相对主义价值观。

注　释

〔1〕《马克思恩格斯全集》第 26 卷第 3 册，人民出版社 1974 年版，第 139 页。

〔2〕《列宁专题文集　论辩证唯物主义和历史唯物主义》，人民出版社 2009 年版，第 314 页。

〔3〕《马克思恩格斯文集》第 1 卷，人民出版社 2009 年版，第 192 页。

〔4〕《马克思恩格斯文集》第 1 卷，人民出版社 2009 年版，第 191 页。

〔5〕《马克思恩格斯文集》第 1 卷，人民出版社 2009 年版，第 538 页。

〔6〕康德：《实践理性批判》，人民出版社 2003 年版，第 220 页。

〔7〕《荀子·王制》。

〔8〕《孟子·离娄下》。
〔9〕康德:《论优美感和崇高感》,商务印书馆2001年版,第27页。
〔10〕《列子·杨朱》。
〔11〕《马克思恩格斯选集》第1卷,人民出版社1995年版,第67页。
〔12〕《爱因斯坦文集》第3卷,商务印书馆1979年版,第145页。
〔13〕《马克思恩格斯文集》第1卷,人民出版社2009年版,第191页。
〔14〕《庄子·秋水》。
〔15〕《庄子·齐物论》。
〔16〕《庄子·大宗师》。
〔17〕《庄子·齐物论》
〔18〕《庄子·天下》。
〔19〕《庄子·德充符》。
〔20〕《庄子·齐物论》。
〔21〕罗素:《宗教与科学》,商务印书馆2010年版,第136页。
〔22〕R. B. Perry, *General Theory of Value: Its Meaning and Basic Principles Construed in Terms of Interest*, Longmans, Green and Company, 55 Fifth Avenue, New York, 1926, p. 81.
〔23〕《马克思恩格斯文集》第2卷,人民出版社2009年版,第66页。
〔24〕《马克思恩格斯文集》第1卷,人民出版社2009年版,第505页。

合理地进行价值评价

——价值评价

所谓价值评价，就是人们在把握对象的基本信息的基础上，根据自己的目的、利益、需要等尺度，对对象的好坏、利弊、善恶、美丑等加以评定、估量，或者说，对对象有没有价值、有什么价值进行判断、比较。

随着国共两党共同领导的北伐战争的胜利进军，从广东开始的农民运动轰轰烈烈地向全国蔓延。1926年6月，在中国共产党领导下，广东、湖南、湖北、江西、河南、陕西、四川、广西、福建、安徽、江苏、浙江等17个省、200多个县成立了农民协会，会员达915万余人。"农民的主要攻击目标是土豪劣绅、不法地主，旁及各种宗法的思想和制度，城里的贪官污吏，乡村的恶劣习惯。这个攻击的形势，简直是急风暴雨，顺之者存，违之者灭。其结果，把几千年封建地主的特权，打得个落花流水。地主的体面威风，扫地以尽。地主权力既倒，农会便成了唯一的权力机关，真正办到了人们所谓'一切权力归农会'。"[1]广大农民起来造反，搅醒了地主绅士们的酣梦，打乱了几千年的传统社会秩序。对此，土豪劣绅乃至整个封建势力大叫"糟得很"，诬蔑其为"痞子运动"；党内思想右倾的同志也看不惯，公开表示怀疑，甚至加以责难。为了回击和驳斥党内外对农民运动的攻击、责难，1927年1月4日至2月5日，中共中央农民运动委员会书记毛泽东，回到当时农民运动发展最为迅猛的湖南进行考察。在32天里，毛泽东步行700多公里，实地考察了湘乡、湘潭、衡山、醴陵、长沙五县的农民运动情况。通过广泛接触和访问广大群众，召集农民和农民运动干部，召开各种类型的调查会，他获得了大量的第一手资料，撰写了《湖南农民运动考察报告》这篇划时代的马克思主义文献。

在《湖南农民运动考察报告》中，毛泽东热烈赞颂大革命中的农民群众推翻乡村封建统治势力的革命行动和历史功绩，尖锐批评党内外责难农民运动的各种谬论，阐明农民斗争同中国革命成败的密切关系。他和广大农民一样欢欣鼓舞，热烈欢呼农民运动"好得很"！他明确提出，一切革命的党派和同志都应当站在农民的前头领导他们前进，而不应站在他们的后头指手画脚地批评他们，更不应站在他们的对立面攻击、反对他们。

湖南农民运动究竟"好得很"，还是"糟得很"？这里涉及了价值评价问题。当人们谈论人或事物的好坏、善恶、美丑、利弊、得失等时，或者说，具体地讨论其有没有价值、有什么价值、有多大价值时，实际上是在进行价值评价。而价值评价和一般意义上的认知不同，它有自己的独特方式和显著特点。

一、价值评价的客观基础和主观因素
——何以会"情人眼里出西施"

许多热恋中的年轻人都体验过"情人眼里出西施"的现象:他人看来相貌平平的女子,或者其貌不扬的男子,在情人们的眼里,却显得美丽英俊、光彩照人,甚至令情人们朝思暮想,几近着迷。为什么年轻人审视自己的情人,并不一定"从众""合群",并不依某种公认的审美标准为标尺?

要想弄明白这种现象,就要从价值评价和它的特点说起。

所谓价值评价,就是人们在把握对象的基本信息的基础上,根据自己的目的、利益、需要等尺度,对对象的好坏、利弊、善恶、美丑等加以评定、估量,或者说,对对象有没有价值、有什么价值进行判断、比较。

评价与认知相对,属于广义的认识范畴,是人们社会生活中的一种普通的意识活动。人们的生活实践的每一个方面都离不开评价。可以说,人们总是不断地在进行着各种各样的评价,如判断是非、分辨善恶、审察美丑、评估利害、衡量得失、褒贬社会、品头论足、自我反省、宣泄感情,等等。

评价主要解决的是所谓"知好知坏""知善知恶""知美知丑""知得知失"之类的价值问题。评价和哲学上的认知大不相同。一般而言,认知的目的是为了全面、准确地了解对象,弄清对象的本来面目和发展规律,也就是追求真理。它表现为对一定对象的存在状况、本质和规律的客观描述。例如,"人是从类人猿进化来的","他是一个男人","摩擦会生热","资本主义必然灭亡",等等。评价的目的则不局限于弄清对象本身,而是要进一步把握对象与人们自身之间的价值关系,弄清它(们)或他(们)对人们究竟"好"还是"坏","善"还是"恶",有意义还是无意义,以及人们应该怎么做,怎么做是最优选择,等等。评价体现着人们自身的利益、需要和能力,渗透着人们的情绪、情感和意志。在认知过程中,人们总是尽可能避免受到各种主观因素的干扰,尽可能做到"客观"。而评价则不像认知那样理性。在评价过程中,既有理性的作用,更渗透着评价者的喜怒哀乐等情绪,带有浓厚的情感和意志色彩。人们总是以一定的爱或恨、好或恶、亲或疏、喜或悲来对待对象,形成带有浓厚情感和意志色彩的评价结论。例如,"奴隶贸易是最肮脏的勾当!""纳税光荣!逃税可耻!""山川之美,使人应接不暇","桃花潭水深千尺,不及汪伦送我情",等等。如果说,认知是以认识对象为中心的,那么,评价则是以作为评价者的人为中心的。比如说,对于"这里有没有一双鞋,它是什么样的?"那只能"由鞋说了算",有就是有,没有就是没有,是什么样的就是什么样的,对于任何人来说都没有区别。但是,"这双鞋子对某人是否合脚,他喜不喜欢",却不能"由鞋说了算"。虽然鞋子存在不存在、鞋子的特点和功能是客观的,但鞋子"合不合脚",穿鞋的人喜不喜欢,则只能由穿鞋的人说了算。鞋子穿在谁的脚上,谁才知道鞋子是否合适。无论他人如何"客观"、如何"高明",也不可能比这个穿鞋的人更有发言权。

在日常生活中，人们的价值评价经常表现为一定的态度。态度的内涵丰富，多姿多彩：或者肯定，或者否定；或者赞同，或者反对；或者喜欢，或者厌恶；或者赞美，或者鞭挞；或者亲近，或者拒斥；或者希望，或者惧怕……不同的态度既可以用日常语言表达，例如，"黄山真美啊！""小人的行为很卑鄙！""我强烈反对这么做"，等等；也可以用非语言的动作、表情来表达，如竖起大拇指、鼓掌、开怀大笑、手舞足蹈、摇头、叹息、无言的行动，等等。人们的态度可能十分明朗、坚决，也可能比较模糊、含混。这是因为态度有层次、程度之分。例如，在肯定和否定之间，在赞同和反对之间，在喜欢与厌恶之间，在亲近和拒斥之间，往往存在着比较广阔的中间地带、过渡区域，最典型的如平常所谓"模棱两可""骑墙居中""风吹两面倒"。

"情人眼里出西施"，就是热恋中的年轻人的一种情感强烈的态度的表达。它是一种积极、肯定的审美评价，属于价值评价的一种典型类型。为什么"情人眼里"会出"西施"呢？这是因为，价值评价总是由有血有肉、有生命有情感的人来进行的。然而，人并不是没有七情六欲的"神"，不是"全知全能"的上帝，不可能"绝对客观"，超然冷漠，"直指佛心"。评价，包括形形色色的态度，并不是由对象单方面决定的，它往往包含着一个人与对象相互作用、相互创造的过程，例如情人们之间的正向的相互作用过程。在评价过程中，评价者总是将自己或浅或深地"投入其中"，立足自己的切身利益和需要，怀着自己的真实情绪和情感，用自己的眼睛去看，用自己的心去体会，在情感氛围中得出自己的评价结论。

不妨以审美评价为例进行分析。在审美过程中，对象自身的形状、线条、颜色、硬度、运动轨迹等感性形式固然是基础，没有它们，根本不可能进行任何审美活动。但是，审美主体的情感、趣味和态度确实十分重要，它直接决定着审美体验的产生，决定着具体的审美结论。这是因为，一定审美体验的产生，即产生美感、做出评价，绝不是一个简单的、机械的刺激—反应过程，而是一个非常复杂的、包含许多环节的对象与人相互作用的辩证过程。人们的审美心理习惯、趣味、喜好等都参与其中，共同发挥作用。如果说审美对象是形状、线条、颜色、硬度等构成的复合体，那么，人们的审美态度就如同光线。光线投射的角度、区域、亮度等不同，显现出来的"形象"，或者说在审美者心中形成的"形象"，也往往不同，由这个"形象"唤起、导致的效果也不同。

据此，就不难解释"情人眼里出西施"了。因为情人之间相互欣赏，相互爱慕，相互依恋，感情日浓，爱意日深，情人们的心情极其愉悦，世界上的一切都显得那么美好，这种情形下比较容易形成积极、肯定的评价。特别是，美好的爱情往往令人有一种找到"自己另一半"的感觉，并在对方身上看到自己珍惜、向往的品格，在对方身上感受到生活的美好、温馨与和谐。也就是说，对象的"形象"与自己的心灵之间往往产生高度的契合，因而觉得对方是得体的、善良的、可爱的、可亲的。这种态度和情意甚至会像过滤器，或者"有色眼镜"，放大自己喜欢的对象的某些方面、某些特征，同时又忽略、掩盖不喜欢的某些方面、某些特征，从而在情人的眼里，美的东西更显美丽，不美的东西则大大淡化。科学家们还有一项有趣的发现：当人们恋爱的时候，体内的催乳激素含量增加，肌肤会变得细腻光洁，富有透明感；同时，交感神经兴奋，副交感神经抑制，心率加快，瞳孔放大，脸色泛红……这往往会令情人更加美丽、英俊、迷人。因而，情人眼里所看到的，正是他希望看到的，是经过他的情和爱所"美化"了的对象，是他自己参与创造着的善和美！

当然，"情人眼里出西施"只是一种特殊的、典型化的评价。在现实生活中，并不是所有的评价都具有如此强烈的情感色彩和"美化"效果。但无论如何，评价是对与人相关的利害、善恶、美丑等价值的反映，不同于客观的认知活动。评价过程总有七情六欲的成分在内，总是伴随着人们的兴趣、情绪、情感、意志等因素，表现出一定的感情色彩。在日常生活中，一个人喜欢另一个人，常常会觉得他处处顺眼，看到的多是他的优点和长处；而厌恶一个人时，则会觉得他处处扎眼、碍事，看到的多是他的缺点和短处，有些极端的时候，甚至会把他的长处也视为短处。这类情况司空见惯，不胜枚举。其实，这些都不过是"情人眼里出西施"的另一种表现。

可见，对于价值评价来说，虽然对象及其表现是确定的，但评价结论却与人们自身密切相关，与人们的利益和需要相关，与人们的情绪、情感和意志相关，从而呈现出"因人而异"、五花八门的状况。这正所谓"仁者见仁，智者见智""萝卜青菜，各有所爱"。

二、价值评价有赖于评价标准
——是"最好的演员"还是"最坏的演员"

在世界戏剧史上，曾经产生过两种针锋相对的戏剧理论，一种叫"体验派"理论，另一种叫"表现派"理论。两种理论有些水火不容，它们之间的差别可以通过一个故事加以描绘：

曾经有一位演员，演技十分高超。他扮演莎士比亚（Shakespeare，1564—1616年）名剧《奥赛罗》中的反派人物——无耻奸佞的小人埃古，表演得极其逼真，活灵活现。在一次演出中，他扮演的埃古将观众完全激怒了，沉浸在剧情中的观众失去理智，将他当作真正的埃古当场打死了。在戏剧史上，这类悲剧并不罕见，而是时有发生。在我国解放战争时期，据说也曾发生过持枪战士向《白毛女》中黄世仁的扮演者开枪的事件，以至于后来不得不规定，不许战士荷枪实弹观看《白毛女》。

面对如此极端的事件，学者们如何评价当事的演员呢？什么样的演员才是真正的好演员呢？令人意料不到的是，不同学派的评价居然大相径庭：按照"体验派"理论，这两位演员的生活体验深厚，角色理解到位，表演时"入戏"很深，逼真传神，活灵活现，因而称得上是"世界上最好的演员"！而根据"表现派"理论，这两位演员将角色和生活完全混为一谈了，将自己完全"变成了一个坏人"，将观众完全拖入了剧情之中，没有在角色、演员、观众之间制造一个情感上的距离，没有"表现"出对角色的理性"批判"

的态度，没有给观众带来足够理性的启示，因而是"世界上最坏的演员"！

　　这两位演员究竟是"世界上最好的演员"还是"世界上最坏的演员"？两种截然不同、尖锐对立的价值评价，孰是孰非？孰对孰错？如何评说？回答这些问题确实很棘手，曾令许多聪明的头脑犯难。仔细分析，不难发现，造成上述问题的关键，在于确立价值评价的标准。正是因为评价演员的标准完全不同，才造成双方的评价结论截然对立。

　　关于价值评价的标准，人们并不陌生。在社会生活实践中，人们无时无刻不在和评价标准打交道，只是有时不用文绉绉的"评价标准"一词而已。例如，在现实生活中，人们常常对人对事"说长道短"，评头论足；一个人自己也需要"知好识歹"，经常进行自我反省。在诸如此类的过程中，总是会依据一定的评价标准进行衡量、判定。

　　真正要搞明白评价标准的问题，必须弄清它和人们熟悉的认知标准的差异。我们知道，对于认知，除了实践之外，不存在什么别的标准。"唯上""唯书""唯本本"都是要不得的。而在价值评价领域，标准则显得比较复杂，层次也比较多。一般而言，评价标准往往由体现人们利益和需要的具体价值原则、规范等构成。例如，"应该全心全意为人民服务"，"应该遵守三纲五常"，"不许说谎"，"禁止剥夺私有财产"，等等。这类规范、标准是衡量人们的思想和行为的尺度。如果人们认同这些标准，那么，只有符合这些规范的言行才是有价值的，值得肯定和鼓励；反之，则是没有价值的，应该予以禁止。所谓评价，就是人们依据自己的评价标准去估量、衡量、比较对象，确定特定的对象对于人的价值或意义。

那么，这些评价标准是怎样形成的？它的根据是什么呢？

评价标准是人们自己的目的、利益、需要的反映，是人们在长期的社会生活实践中的经验和教训的总结。

俗话说，"没有规矩不能成方圆"。规是画圆或校正圆形的工具，矩是画方或检验方形的工具，即方尺、曲尺。没有规和矩，就画不成方和圆。规矩连称，后来引申为法度、规则、标准、规范之义。随着社会的组织化，各种纪律、禁忌、礼仪、程序甚至风俗习惯等也都成了规矩。

在现实社会中，各种规矩一经确立，就在一定领域、一定方面规范人们的行为。它反映、灌输、内化到人们的头脑中，就形成了评价标准，人们又用这些标准评价各种各样的事物，调整和指导人们的言行，使人们的日常活动有了章法。在一个社会中，完全不遵守任何规矩，既无法做人，也无法做事。按规矩做人做事，拿规矩教人知事，用规矩评人论事，世界就变得有条理、有明鉴、有公断、有秩序，就可以减少许多麻烦，避免一些不必要的冲突。

但是，任何事情都有它的对立面，规矩也是一样。例如，人们"循规蹈矩"惯了，有时就会忘记规矩是从哪里来的，它的真正内涵是什么。有人甚至真的以为，规矩、规范就如同"大人"们教导的一样，都是"天地良心"的表现，是先天确定的神圣法则，如孟子（前372—前289年）所谓不学而能、不虑而知的"良知""良能"；朱熹（1130—1200年）所谓"至善"的"天理"；宗教所谓全知全能全善的上帝、神的意志。实际上，这些都是唯心主义的观点，掩盖了各种社会规则的真实面目。它们使得来自日常生活实践、与日常生活实践密切联系的规范，日益表现为抽象的形式。同时，一些为现存的统治秩序进行辩护的思想家，总是竭力论证这一切的合理性，导致规矩日益神秘化、神圣化，云山雾罩，神秘莫测，以致令人很难看清规矩的"真面目"。

马克思主义经典作家拨云见日，深刻地洞察到了规范的本质：**道德规范和其他评价标准，不管它们的形式多么抽象，归根结底都是人们的社会生活实践的产物，是在历史的时代延续中逐渐形成，并用来为现实社会生活服务的。**

实际上，规矩从来不是先天就有的，也不是神定的，而是由人定的。并不存在什么神秘的、永恒不变的"天地良心"所定的规矩，规矩所对应的往往只是人们现实的利益、需要和追求。在现实生活中，人们既可以根据自己的利益和需要立规矩，也可以根据自己的利益和需要改规矩。之所以要"立"，之所以要"改"，是为了迎合人们生存和发展的需要，是为了维持社会生活的一定秩序，是为了按人们自己的需要和方式"变革世界"。

只不过这里存在一个秘密：并不是所有人在一切规矩面前都是平等的。自有阶级社会以来，在规矩面前，一直存在着两类迥然不同的人：

一类是"立规矩的人"，他们有权制定规矩、修改规矩和废除规矩。制定、修改、废除规矩往往是为他们自己服务的，反映的是他们的根本利益和需要，维护的是对他们有利的社会秩序。因此，他们总是声称某些规矩很合理，要求大家都认同和服从这些规矩。

另一类则是"被规矩规范的人"。这些人无权参与规矩的制定和修改，规矩也不大考虑他们的利益和需要，而只是一味要求他们接受、服从和遵守。这类人实际上是被形形色色的规矩异化了的人，他们往往只感到规矩对他们的束缚和压抑，而感觉不到遵守这些规矩有什么好处。鲁迅（1881—1936年）尖锐地指出，几千年传统的封建礼教一直在"吃人"，就是这个道理。因此，"被规矩规范的人"服从规矩是被动的、盲目的，有时甚至完全是被强制的。可见，规矩后面隐藏着不同阶级和阶层、不同"人"之间的尖锐对立。

马克思主义认为，诸如道德、法律之类的规范，在阶级社会从来都是有阶级性的，是为一定的阶级服务的。这一语洞穿了"规矩"的实质！面对花样繁多、形形色色的规矩，只要我们明确地追问："这是什么人的规矩"，问题往往就豁然开朗了：**是什么人的规矩，反映的就是什么人的目的、利益和需要，就是为什么人服务的。**

在湖南农民运动之前，湖南农村显然是地主土豪的天下，他们制定了反映他们的利益和要求的规矩，并通过各种手段，强制广大农民接受和遵守。湖南农民运动之类波澜壮阔的农民革命，不仅动摇了地主土豪的统治基础，同时也是一场"规矩的大革命"。广大农民觉醒了，他们组织农会，以空前激烈的革命方式，要求砸烂旧制度，改变土豪劣绅们制定的、长期压迫广大农民的成规定法，同时，建立新组织和新制度，订立反映自身利益和需要的新规矩。于是，一事当前，立场相对、目标相左、手握不同"规矩"的地主土豪和广大农民，乃至不同阶级之间，便不可避免地做出截然不同的评价，产生空前激烈的矛盾和冲突。

可见，**评价好坏之类价值问题，关键在于谁掌握着制定、修改和废除规矩的权力**。规矩从来就不是所谓的"神秘天意"和"永恒法则"，而是由掌握权力的人定的。只要广大人民群众当家做主，掌握了制定、修改和废除规矩的权力，令订立的规矩切实反映人民群众的利益和需要，那么，相应的规矩就会为广大人民群众服务，变成广大人民群众分辨是非、品评价值、变革世界的锐利思想武器。

三、"值"与"不值"自有"公论"
——"公说公有理，婆说婆有理，天下无公理"

在现实生活中，不同的人对于同一对象的价值评价常常会出现不一致的情况。有时，分歧还很严重，甚至相互冲突，针锋相对，无法调和。有人还在俗语"公说公有理，婆说婆有理"之后，加上一句"天下无公理"。这里的"公"与"婆"，不仅可以代称不同的个人，也可以代称不同的群体、民族、国家等。对于同一个人、同一件事情的评价，"公""婆"彼此都认定对方的理是歪理，自己的理才是真理，于是乎，闹将起来，公婆不和，公婆的世界大乱。

为什么会出现"公说公有理，婆说婆有理"这类情形呢？究其实质，这源于"公""婆"各有自己的利益和需要，"公""婆"之间的评价标准存在分歧。

遇到类似的情况应该怎么办呢？当然，最好是寻求评价标准的统一，找到一个客观的评价尺度。也就是说，如果"公""婆"之间要和平共处，达成一致，就要通过一定的办法，将他们之间不同的评价标准协调一致起来。

然而，在现实生活中，由于不同的人的实际情况不同，人们的利益和需要千差万别，这往往是很困难的。在历史与现实中，有史可查的常见的做法是，统治者及其御用思想家强行制定一套标准，要求人们顺从、照办。如所谓"以圣人之是非为是非"，"以圣经之是非为是非"，"官大一级压死人"，"以领导的意志为转移"，都是这种情况。在阶级社会中，统治阶级的利益和需要决定并制约评价标准。然而，在我们国家，随着社会主义制度的确立，随着经济、社会的发展，随着人民民主的发展，评价标准由绝大多数人来判断和确立，以广大人民群众一致的意见为准。这也就是所谓"公论"。

"是非自有公论"回答了评价标准如何统一的问题。

面对"众说纷纭"的情形，"公论"代表着公众共同的、一致的评价和态度。然而，什么样的意见才称得上"公论"呢？怎样才能获得"公论"呢？

一方面，必须把社会公众置于真正的评价主体的地位，坚持和体现"人民群众是历史的主人"，而不能以少数人的评价为最终结论。

就是说，要看是否真是"公众"在进行评价；或者说，是哪些"公众"进行评价。究竟是谁进行评价，站在谁的立场上，以谁的利益和需要为标准，这是"公论"是否公道的前提。表面上看，这似乎不成什么问题，但是，现实生活中却常常模糊得很，有些人还会故意加以混淆，浑水摸鱼。例如，湖南农民运动究竟"好得很"，还是"糟得很"？关键要搞清楚，选择站在谁的立场上，以谁的利益和需要作为评价标准。如果站在占人口少数的土豪劣绅们的立场上，维护对他们有利的社会秩序，那么自然"糟得很"；但是，如果站在广大农民和一切革命派的立场上，从占大多数的劳苦大众的利益和需要出发，那么，这不仅不是"糟得很"，而且是"好得很"！正如毛泽东一针见血地指出的："'糟得很'，明明是站在地主利益方面打击农民起来的理论，明明是地主阶级企图保存封建旧秩序，阻碍建设民主新秩序的理论，明明是反革命的理论。""'好得很'是农民及其他革命派的理论。一切革命同志须知：国民革命需要一个大的农村变动。辛亥革命没有这个变动，所以失败了。现在有了这个变动，乃是革命完成的重要因素。一切革命同志都要拥护这个变动，否则他就站到反革命立场上去了。"[2]这里涉及的立场问题，至关重要。从立场上看，在广大农民和土豪劣绅之间，存在着尖锐的不可调和的阶级矛盾。

是否是"公论"，还要看评价者是不是占大多数的"公众"，有没有客观的先进性和历史的进步性。一般而言，广大人民群众是历史的创造者，是历史发展的进步力量，他们才是最可靠、最公道、最权威的评价者。只有依靠广大人民群众，把广大人民群众视为进步"公众"、最终的裁判者，才可能"是非自有公论"，"公道自在人心"。

另一方面，也要看"公众"即广大人民群众的评价标准是否合理、先进。

什么样的评价标准才是合理、先进的？关键要看它是否适合生产力、生产关系的状况和发展要求，是否最终有助于人类的彻底解放，有助于人与社会的自由和全面发展。人们的一切思想和行为，只有最终有利于解放和发展生产力，有利于促成和维护与生产力发展相适应的生产关系,有利于人的解放、人与社会的自由和全面发展,才是合乎历史发展趋势的,才是先进的和合理的;反之,则可能是落后的、反动的、逆历史潮流的,应该进行彻底的反思和批判,加以革命性的变革。特别是在社会变革和超常规发展时期,由于反映传统社会统治集团利益和需要的规范标准本身也遇到了挑战,需要接受历史和人民的审判,进行彻底的反思、批判和变革。

我们回过头来具体地、历史地分析湖南农民运动,那么很明显,它"乃是广大的农民群众起来完成他们的历史使命,乃是乡村的民主势力起来打翻乡村的封建势力。宗法封建性的土豪劣绅,不法地主阶级,是几千年专制政治的基础,帝国主义、军阀、贪官污吏的墙脚。打翻这个封建势力,乃是国民革命的真正目标。孙中山先生致力国民革命四十年,凡所要做而没有做到的事,农民在几个月内做到了。这是四十年乃至几千年未曾成就过的奇勋。这是好得很。完全没有什么'糟',完全不是什么'糟得很'"[3]。也就是说,湖南农民运动旨在推翻地主阶级和封建势力的反动统治,打破旧的落后的生产关系,让广大劳苦农民翻身做主人,体现了广大劳苦农民的利益,体现了历史发展的潮流与趋势,具有先进性和历史的进步性。在这种情况下,广大农民群众的"公论"——湖南农民运动"好得很",而不是"糟得很",就十分公道,一定会成为一种权威的、经得起历史检验的评价结论。

四、实践是检验评价合理性的最高标准
——"黄猫、黑猫，只要捉住老鼠就是好猫"

虽然具体的价值评价因人而异，具有鲜明的主体性，即面对同一个对象，不同的人基于不同的目的和需要，可能会得出不同的评价结论，但是，无论如何，评价也是一种反映，即人们对一定价值关系的能动反映。评价是有一定的客观规律可循的，存在着是否科学、是否合理之分。

一般说来，科学、合理的价值评价必须符合两个基本要求：一是对对象的状况的正确认识，二是对人们自身利益、需要的正确把握。

——**能否正确认识评价对象，是形成科学、合理的价值评价的基础和前提**。如果人们对一定的对象一无所知，那么是不可能对之进行评价的。人们对对象及其性质、功能所掌握的情况如何，在很大程度上制约着评价准确不准确，合理不合理。例如，如果一个人关于对象某一方面的知识匮乏，他的评价在这一方面就可能产生"盲区"；如果一个人的知识面过于狭窄，或者获得的相应信息太少、不全面，也可能形成对于对象的片面、狭隘的评价；人们的知识结构老化，或者知识结构不合理，则可能会对对象做出过时、偏执的评价。

——**能否准确、全面地把握自身的实际利益、需要，是形成科学、合理的价值评价的必要条件**。一个人对他的根本利益、真实需要是否正确了解和把握，极大地制约着评价的主动性和自觉性，制约着认同、接受什么样的评价标准，形

成什么样的评价结论。在现实生活中，常常有人将自己眼前的利益视为根本利益，将自己即时的需要视为真实需要，甚至还有人把需要混同于自己的"想要"。但人们有时想要的，并不一定是真正需要的。例如，医生对病人说："你应该少吃肥肉，这对你的身体有好处。"而嘴馋的病人则可能很不高兴。病人也许确实想吃肥肉，但医生根据他的病情，却知道他的"想要"违背了他的实际需要。需要是人们自身客观存在的状况，就像病人的生理和营养状况一样。它是不是被人们自己明确意识到，变成"想要"或通过"想要"表达出来，那是另一回事。因此，按照"想要"进行评价，难免会出现失误。可见，如果对自己的需要做了过于狭隘、失实的估计，"目无全豹"，把某一方面的需要（即使是真实的需要）当成全部，就会使评价顾此失彼，"捡了芝麻丢了西瓜"；或者，只是从需要甚至自己的"想要"出发，为过于理想化甚至好高骛远付出代价。在历史与现实中，我们不难发现这样的情形：有些人度过了漫长而辛苦的一生，在临终反省自己的时候，却发现一辈子苦苦追求的东西，并不是自己真正想要的，因而抱憾终身。这确实令人扼腕。

——**一定对象的"好坏"，它对人们有没有价值，有什么样的价值，不仅要看它是否真正符合人们的目的，是否真正满足人们的需要，还要看人们是否具有相应的素质和能力，从而在生活实践中使这种"符合""满足"关系得以实现**。也就是说，价值评价有一个主观是否符合客观的问题，它必须以主客体之间的价值关系为基础和目标。当评价背离所评价的客观价值关系时，评价就可能失当、不合理。例如，在历史与现实中，我们常常发现，有人"是非颠倒"，有人"不知好歹",有人"善恶不分",有人"美丑不辨"……然而,"越之西子,善毁者不能闭其美;齐之无盐,善誉者不能掩其丑"。西施、无盐在人们眼中的美丑,自然有其客观的容貌为基础,不是人们逞口舌之能就可以随意"涂抹"的。毕竟,只有那种符合特定价值关系的评价,才是唯一恰当、合理的评价。

——**一个具体的评价是否恰当,是否合理,只有当人们将之与相应的价值关系加以对照,才能进行判定**。然而,无论是对对象的实际情况的正确认识,还是对人们自身利益和需要的正确把握,往往都是费时费力的事情。众所周知,"认识你自己"就是一个千古难解的哲学谜题。它要求人们具有一定的评价能力,掌握正确的评价方法,能够恰当地运用各种评价手段和工具。而对于任何人来说,这些方面都可能存在偏差和不足,因而人们的评价,特别是自我评价,经常会出现混乱、失当、不合理的情况。在历史和现实中,我们经常会发现认敌为友、助纣为虐、追悔莫及的事例,也经常会看到化敌为友、化干戈为玉帛、幡然悔悟之类情形。这些现象说明,当事人的评价曾经出现过失当、不合理的情形,甚至出现过严重的偏差。

——**人们可以通过自身的生活实践,对评价结论的科学性与合理性加以检验和判定**。尽管具体的价值评价可能失当,但是,按照马克思主义哲学认识论的观点,价值评价作为人们对一定价值关系的能动反映,是能够获得科学、合理的评价结论,形成恰当的价值判断的。在生活实践中,人们的利益、需要是否得到了满足,一定对象对人们产生了什么样的效果,等等,都可以客观、直接地实现和表现出来,据此与评价结论相对照,就可以检验和判定价值判断是否科学、合理。正如马克思所说:"全部社会生活在本质上是实践的。凡是把理论引向神秘主义的神秘东西,都能在人的实践中以及对这种实践的理解中得到合理的解决。"[4]

不过,社会实践对价值评价合理性的检验有其自身的特点。最常见的,是将评价标准指向"实效"。"实效"是在人们的生活实践中形成的实际价值,即所谓"实际效益"。"实效"是与"虚效"相对而言的,"虚效"即虚假效益。在历史与现实中,形式主义、贪慕虚荣、重名轻实、口惠而实不至、"假大空"、"花架子"、哗众取宠等,追求的都是"虚效"。解放思想,拨乱反正,正是要一切从实际出发,实事求是,将评价标准调整到推进中国特色社会主义事业、满足广大人民群众利益和需要的"实效"上来。邓小平说:"黄猫、黑猫,只要捉住老鼠就是好猫。"[5]在社会主义初级阶段,邓小平提出的,判断一切是非成败的"三个有利于"标准——"是否有利于发展社会主义社会的生产力,是否有利于增强社会主义国家的综合国力,是否有利于提高人民的生活水平"[6],注重的也是实效。应该说,改革开放以来,我国坚持以经济建设为中心,坚持"发展是硬道理",走独立自主的中国特色社会主义道路,从而带来的各种实效,如生产力的快速发展、综合国力的极大提高、人民生活水平的不断改善,应该是有目共睹的。"中国道路"目前在全世界的影响力和感召力,就是实证。

——在现实生活中,由于环境、条件的影响,由于外部世界和人自身的复杂性,亦由于人们的需要和能力是发展的,人们往往很难只是通过一个评价过程,就形成终极的价

值判断。有些眼前看来很需要、很重要的东西，长远看来可能就无足轻重；而有些眼前看来无足轻重的东西，可能会随着社会生活的发展愈益显其重要。因此，一种注重实效的价值评价，应该坚持开放的、发展的标准，应经过从评价到实践，再到评价的多次、反复的过程。对于社会历史中那些重大问题的评价，例如对于重大历史事件、重要历史人物的评价，更是如此。有的时候，这一评价过程是十分漫长、曲折的，会出现各种评价失当的情况，这就需要通过社会实践反复地加以检验，在社会实践中不断地加以校正。

结　　语

价值评价是一种常见的意识活动，主要解决的是所谓"知好知坏""知善知恶""知美知丑""知得知失"之类的问题。价值评价是人们依据一定的评价标准，对对象的价值进行评估、评定、比较、预测的观念活动，是人们对特定价值关系的能动的创造性的反映。唯心主义否认评价的唯物主义反映论，实质是错误的。

价值评价作为人们对价值关系的能动反映，存在着是否科学、合理的问题。现实生活很复杂，影响价值评价合理性的主客观因素很多。例如，评价对象的发展成熟程度和内在矛盾的暴露程度，评价主体对自身利益、需要等的自我认知或正确把握程度，以及一定社会历史条件下的评价工具、方法与模式等的发展程度，都可能影响人们的价值评价。价值评价是否科学、合理，最终要通过人们的社会实践加以最终的检验，而且，这种检验往往要经历一个历史过程。

注　释

〔1〕《毛泽东选集》第一卷，人民出版社1991年版，第14页。
〔2〕《毛泽东选集》第一卷，人民出版社1991年版，第16页。
〔3〕《毛泽东选集》第一卷，人民出版社1991年版，第15页。
〔4〕《马克思恩格斯文集》第1卷，人民出版社2009年版，第501页。
〔5〕《邓小平文选》第一卷，人民出版社1994年版，第323页。
〔6〕《邓小平文选》第三卷，人民出版社1993年版，第372页。

用我们的双手创造美好的世界

——价值选择和价值创造

所谓价值选择,就是在价值评价的基础上,从多种可能的价值中选取特定的价值,以创造和实现较大价值的活动。

如果说,关于价值和评价问题的探讨是"解释世界"的话,那么,价值选择与创造则是"改变世界"的活动。人们的价值选择、创造活动,是人的生存和活动方式,是人的本质表现形式。正是在这种活动中,人们才把世界改造成今天的模样;而且,人们还要通过这种活动,通过自己的双手,亲自创造一个更加美好的世界。

一、不同的选择成就不同的人生
——萨特的名剧与人生的二难选择

萨特(Sartre,1905—1980年),既是哲学家,又是文学家。他有一部名剧——《死无葬身之地》。该剧描写第二次世界大战期间,五名法国抵抗运动的游击队员在一次战斗中失败被俘,经受了残忍的酷刑折磨,恐惧、仇恨、求生的欲望……复杂的情感纠缠着每个人的心。正在这时,法西斯分子将游击队长抓进来了，但是还没有确定队长的真实身份。五名游击队员面临着一场严峻的选择：是严守秘密，忍受酷刑，慷慨赴死；还是出卖游击队长，屈辱地换取自己的自由和生命？在经历了激烈的思想斗争之后，在经历了彷徨、无助、绝望等心理路程之后，他们最终都作出了自己的无畏选择：牺牲个人的生命，成就自己伟大的人生！

在萨特看来，无论一个人的处境多么艰难、恶劣，但他的意识总是自由的，思想总是由自己支配的。被敌人俘虏了，失去了人身自由，面临生死抉择，是成为宁死不屈的英雄，还是沦为卑怯可耻的叛徒，完全可以由人们自己自主地选择。虽然萨特的观点有过于夸大人的自主和自由之嫌，然而，价值选择总是普遍存在的，而且，人们不时会面临一些非常困难的选择，有时甚至可能面临某种严峻的考验。"忠孝不能两全""鱼与熊掌不可兼得"等，是其中人们熟悉的冲突情形；"舍生取义""杀身成仁"，则体现了人们高尚而又悲壮的价值追求。

所谓价值选择，就是在价值评价的基础上，从多种可能的价值中选取特定的价值，以创造和实现较大价值的活动。

在现实生活中，存在着各种不同种类的价值，而且，它们还可能彼此对立，有时甚至会发生激烈的矛盾与冲突。例如，功利价值和道德价值、人的个体价值与社会价值等，它们之间就经常存在各种各样的矛盾，有时导致人们顾此失彼，无所适从。这要求人们深刻认识价值的各种具体形态，在客观环境和现实条件提供的可能性范围内，根据人们自身的利益、需要和能力，科学、合理地进行价值评价与选择，努力化解它们之间的矛盾与冲突，达到一种有机的和谐状态。

　　人们的价值选择不是毫无章法的，不是毫无规律可循的。它反映了人们自身的切身利益和需要，表现了人们活动的自主性和目的性。有些时候，人们的选择往往为即时性的、急迫的需要所左右。举例说，假如你正行走在广袤、酷热的沙漠里，已经走得筋疲力尽了，口渴难耐，这时，给你两个选择：一杯水，一桶金子，你想选择哪一个？我想，大多数人都会选择水，毕竟，生理上对水的需要十分急迫，已经危及了人的生命。而任何人的生命都只有一次，如果命都没有了，拥有一座金山又有什么意义？当然，也可能会有极少数人选择金子。这一方面是因为，一桶金子是许多人一辈子苦苦劳作都挣不来的，而目前就有这样一个发大财的机会，机不可失；另一方面，可能是因为心存侥幸，想着或许能熬过去，而只要熬过去了，今后就梦想成真了。后一种选择明显带有赌博性质，反映了某些人"人为财死"的心理，并且，它可能更多只是出现在假想的时候。

　　一个人在其一生中，总是通过自己的各种选择，确定自己的人生方向，实现自己的人生价值，表现自己的本质特征。例如，在腥风血雨的白色恐怖年代，是毅然决然投身艰苦卓绝的人类解放事业，还是守着"老婆孩子热炕头"，埋头过好自己的小日子；不幸被敌人逮捕了，是信仰坚定，受尽折磨，宁死不屈，还是贪生怕死，叛变变节，出卖同志；在社会主义建设时期，是勇于承担责任，兢兢业业，开拓进取，还是随大流，混日子，得过且过，"做一天和尚撞一天钟"……人生因此可能会有完全不同的走向。可以说，正是由于人们的不同价值选择，才塑造了每个人各不相同的人生，才赋予了每个人的生命不同的意义。

在人类社会生活中，价值选择是一种普遍的、无法回避的现象。人类社会起源和发展的曲折的历史进程，每一社会共同体兴衰存亡的历史过程，每个人度过的或长或短的一生，几乎时时刻刻都会面临各种各样的价值选择。价值选择是人们认识世界、改造世界的基本前提。面对复杂多样、无限发展的世界，人们对于多方面、多层次、不断变化甚至互相冲突着的需要，优先满足哪一方面、哪一层次的需要，或者先认识什么，后认识什么，先改造什么，后改造什么，常常不是确定的、唯一的，而必须由人们自己主动加以判断、选择。例如，在社会经济发展的公平与效率之间，在企业追求利润回报与保护环境之间，在促进汽车工业发展和城市"治堵""治污"之间，就常常存在不同的选项。这类情形，一般就是所谓的价值矛盾或价值冲突。这个时候，就需要立足人们所处的实际情形，通过评价、比较不同选项的优劣，而后审慎地做出科学、合理的决定。

价值选择的目的是为价值创造确定方向，如估量意义大小，权衡利弊得失，从而努力实现更大、更为重要的价值。

例如，"两利相权取其重，两害相权取其轻"。价值选择以价值评价为基础，但又不同于价值评价。评价主要是对价值的观念把握，选择则是实际的操作过程。价值选择也不同于价值创造活动，它是在多种可能的价值之间进行抉择，价值创造则是把选定的价值目标实现出来。价值选择构成了从价值评价到价值创造之间的纽带和桥梁，是理论回到现实、指导实践的一个中间环节。

二、价值创造与价值实现
——"梨子的味道好不好,你得亲口尝一尝"

价值具有鲜明的实践品格。

实践,而且只有实践,才是价值产生的真正源泉,也才是价值实现的现实途径。只有在生活实践中,一定的事物成为人们加工、利用的对象,满足人们物质的或精神的需要;或者一定的人为自己、他人或社会"服务",帮助人们实现自己的理想和愿望,超越自我,才可能将其价值现实地呈现出来。

比方说,在荒无人烟的野地里长着一大片梨树,梨树上结满了梨子,如果没有人看到和吃到树上的梨子,梨子对于人的意义,或者说梨子的价值,就不可能真实地显现出来。只有当有人来到这个地方,发现了这些梨子,欣赏和研究这些梨子,用梨子充饥或解渴,或投资建厂对梨子进行各种加工、生产各种梨子产品时,梨子才真正满足了人们的需要,具体地表现出它的观赏价值、营养价值、经济价值……因此,我们可以说,"梨子好不好吃,你得亲口尝一尝","梨子有什么用,你得实际地体验一下"。而"梨子有没有用",或者说"梨子价值"的实现,关键在于有人去现实地"变革"(欣赏、吃、加工等)它。

任何价值都存在潜在的价值与现实的价值之分。

无论是事物的价值还是人的价值,只有在人们的认识和实践活动中实现出来,才会从潜在的价值变成现实的价值。潜在的价值只不过是某种价值可能性而已,现实的价值才是真正实现了的价值。假如某位哲学大师创作了一部见识非凡的哲学著作，提出了一系列重要的哲学理念和观点，但是，如果该著作未能公开出版，哲学家也未向公众宣讲，从而不为人们知晓和掌握，那么对于大众和社会来说，其价值就只是潜在的而非现实的。

通过人们的生活实践活动将价值实现出来，这是价值评价、选择活动的归宿。可以说，这是一种更为重要的价值活动。毕竟，"做"或"行动"比单纯的"想"或"思考"更具现实性，也更有意义。正如古人所讲的，"一个行动胜过千句诺言"。同时，也可以说，这正是马克思"改变世界"的新世界观的宗旨之所在。意识到应该如何做人、如何做事有价值、有意义，诚然很好，但如果只是停留在头脑中，停留在口头上，而根本不付诸行动，那是没有什么意义的。我们不能做"思想的巨人，行动的矮子"。

从潜在的价值到现实的价值的过程，可能是人们的消费过程，但更重要的却是价值的生产或创造过程。

价值创造并不神秘。实际上，它和人们的生活实践过程是相统一的。物质生产活动是最基本、最常见的价值创造活动，它的目的在于满足人类的基本需要，维护人类的生存和发展，并通过生产力水平的不断提高、人们生活水平的不断改善，使人类逐步获得自由与全面发展。其次是以科学活动为核心的精神文化活动。这种精神活动既对于人类"有用"——在帮助人类实现自身生存、发展方面有用，又体现着人与社会的目的，标志着人与社会发展的程度。再次是调整和变革生产关系的活动。它的最终目标或理想境界，是消灭一切剥削和压迫，实现工人阶级和人类的彻底解放，使个体与社会都得到自由、全面发展。

在价值创造活动中，最典型的是那种创新性活动，包括思想创新、制度创新、科技创新、文化创新等。通过创新，可以创造、发明出新的价值，可以使既有的价值不断增值，从而使世界变得更加奇妙和丰富多彩，使人与社会得到实质性的发展和提升。在当今信息时代，创新具有的意义不断突显，它是一个民族屹立世界的灵魂，是一个国家兴旺发达的不竭动力，也是一个政党永葆生机的源泉。在世界竞争日趋激烈的今天，创新精神与能力已经成为一个国家、一个民族、一个政党发展程度的标志。

价值创造、价值实现是一种遵循人的目的、满足人的需要的活动，是人所特有的改变世界的活动。

在相当程度上，人们生存和生活的世界是人们自己创造出来的。与一般动物被动地、消极地适应环境相比较，自主、自由的价值创造、价值实现活动，既是人与一般动物之间的不同，也是人之为人的本质特征。在价值创造、价值实现活动中，人不只是消极、被动地适应环境，不只是自然的一个被选择者，而且是一个主动的、自觉的选择者和创造者。在价值创造、价值实现活动中，人不仅按照自己的意志和要求改造对象，使对象成为满足自己目的、需要的"为我之物"，而且也变革、提升了人自身。可以说，人是人自己选择、创造出来的。在价值创造、价值实现活动中，人们使对象与自身都体现着自己的目的、需要与意志，使人们的活动与动物的本能活动区别开来，使人从一般动物界"提升"出来。价值创造、价值实现本质上也是人们进行自我塑造、自我提升的活动，是使人们日益"成为人"，并不断得到发展的活动。正是由于这种活动，人超越了一般动物界，成为"万物之灵"。

三、做动机和效果统一论者
——好心为什么会办坏事

哲学史上曾出现过两种根本对立的价值观点：动机论和效果论。

动机是人们的价值活动的动因，它表示人们在价值选择时对某种价值的追求；效果则是人们的价值活动所造成的客观结果。在现实生活中，动机与效果有时是一致的。但由于主客观多方面的原因，在价值选择、创造活动中，有时也会出现效果与目的、动机相互矛盾、相互冲突的情况。有时，好的动机却产生了坏的效果，就像人们平常所说的"好心办坏事""帮倒忙"；有时，坏的动机却产生了好的效果，就像人们日常所谓的"歪打正着"。

那么，在价值选择、创造活动中，究竟应该如何看待动机与效果呢？

——**动机论者认为，"好心"是根本，除了诸如"善良意志"之类动机外，再没有什么可以称得上是道德的、有价值的**。例如，一个人看到有人失足落水了，即使他没能成功地救起那个人，但是，如果他有救人的善良动机，并且尽力去救了，他的行为便是道德的。当然，如果一个人看到有人落水，只有相救的愿望，却不采取任何实际的行动，这种愿望和动机只能是空洞、虚假的，而称不上善的。不过，这种观点也会遇到一个问题，即人们的动机可能深藏在心里，既看不见，又摸不着，无法直接体察或加以证实。例如，一位医生一次又一次给病人诊断、开药，不但没有治好病，反而把病人给治死了。如果他一口咬定"我是好心"，那么又如何进行判断呢？

——**效果论者认为，"好事"才是根本性的方面**。虽然效果论一般并不否认动机的作用，但认为一个人的主观动机如何，与该行为是否道德没有关系。只要某一行为的结果是好的，那么便是道德的，便是善的。例如，见人落水，一个人极力将人从水中救起，即使他的动机是想得到他人的报酬，他能救人于死亡的危险之中，就是道德的。相反，一个人欺骗把东西托付给他的人，即使他的目的是要报答另一个对他更有恩惠的人，将别人托付给他的东西送人，他仍然犯了大错，应当受到道德上的严厉谴责。这种片面强调效果的理论，后来越来越走向了极端，认为只有行为的效果才是唯一应当重视的方面。于是，人们的价值观和道德修养问题，也就变得无足轻重了。例如，一位医生只是偶然治好了一位病患，而平时却没有对病人负责的精神，不刻苦钻研业务，这种一次性偶然的"善行"，对提升他的道德境界又有什么意义呢？

显然，任何孤立、片面地看问题的方式都是难以成立的。价值选择、创造活动是人的有目的的活动，从人的需要、动机、目的、手段一直到获得某种效果，这是一个完整的过程，不能割裂开来，孤立、片面地看。

——**动机与效果既互相对立，又互相联系、相互转化。马克思主义价值论所主张的正是动机和效果统一论**。在价值选择、创造活动中，动机与效果是辩证统一的。对于人们的价值行为，必须既看动机，又看效果。如果片面强调动机，就可能会把空想当作现实，把主观愿望当作客观准绳，把"好心"办成的坏事一律当作善行。如果只强调效果，不但会忽视人们的善心，而且会把某些动机良好，只是因为主客观条件不具备而造成坏效果的行为，看作是不道德的行为；甚至还会把那种误打误撞、"歪打正着"的伪善，视为善行加以肯定和鼓励。因此，只有坚持动机和效果的辩证统一，才能克服动机论和效果论的片面性。

——**只有通过实践和实践检验，才能实现动机与效果的统一**。动机与效果统一论不是简单地把二者并列起来，把二者的作用等同起来，而是始终强调动机和效果要在实践中相互联系、相互促进，强调实践及其结果的检验作用。任何人的任何道德行为，都是在对客观事物认识的基础上的实践活动。人们的动机不但在实践中产生，在实践中发展，而且还要受到实践的检验。人们的行为是一个从动机到效果的过程，也是一个不断实践的过程。真正好的动机，就要在实践中不断地校正、充实和发展自己。因此，只要不是执迷于幻想，尽管也可能发生动机和效果不一致的情况，但只要在实践中能够不断地总结经验教训，不断改进，创造实现良好愿望、良好动机的主客观条件，那么，最终是能够达到动机和效果的一致的。

对于"好事"和"坏事"，**不仅要注重动机，而且要注重完整深刻的动机；不仅应该注重行为的效果，而且要注重长期、全面的效果，把行为的实效与行为的方式、过程联系起来进行考虑。**

在现实生活中，首先应该尊重和提倡"心口如一"地说真话。能够光明正大地说出来，就有了可以检验和校正的对象。然后，要在生活实践中不断树立正确的观点，培养和提高判断善恶、是非的能力，随时反思和校正自己的行为，经过持续不断的努力，做出更多更大的"好事"。

应该承认，社会生活是纷繁复杂的，对动机和效果的判定也是十分复杂的，有时要想做到"观其名，察其实"，往往并不容易。有首古诗曰："周公恐惧流言日，王莽谦恭未篡时，假使当年身便死，一生真伪有谁知？"圣贤周公（约前 1100 年—？）也曾被人误解，受到流言蜚语的困扰，而图谋篡位的野心家王莽（前 45—23 年）却因善于伪装，善于笼络人心，而曾备受推崇。作者以这两段史实为例，感叹人们的动机可能隐藏极深，辨别忠奸善恶确实非常之难。

我们不妨再举两个例子：

在某幼儿园里曾发生过这样一件事：有一位 4 岁的小女孩，经常把园里的布娃娃玩具悄悄带回家。她的妈妈发现后，严厉地批评了她，并为此深感不安，害怕孩子养成坏习惯。后来，这个小女孩对信赖的幼儿园老师讲了实话。原来，她是爱护布娃娃，害怕布娃娃夜里孤独、寂寞，才这样做的。对于这件事，小女孩偷拿公共财物虽然是不对的，但如果成人们不考虑小女孩的动机，而简单地认定她的行为是不道德的，将会严重伤害一颗多么善良的童心！

生活中还有一些相反的例子。有一首著名的儿歌唱道："我在马路边，捡到一分钱，把它交到警察叔叔手里边……"拾金不昧的行为的效果是高尚的。但是，如果只就行为的结果教育孩子，而不是从树立良好的思想动机入手，有时却会造成这样的后果：有的小孩为了得到表扬、嘉奖，就从家里拿钱甚至偷了钱来交给老师……这就完全变味了。

上述两个例子角度不同，但都深刻地说明，任何价值活动都必须坚持马克思主义的动机、效果统一论，否则就可能事与愿违，偏离价值活动的目的。

四、目的制约手段，手段服务目的
—— 目的纯正就可以不择手段吗

目的是指人们的价值活动所要满足的一定需要，是人们的价值选择、创造活动所力求实现的后果；而手段则是为达到目的所采用的条件、工具和活动方式。手段和目的是相辅相成的，任何目的都必须采用一定的手段才能得以实现。

一般说来，目的的确定直接关系到手段的确定，手段总是服务于目的的。

"目的是他所知道的，是作为规律决定着他的活动的方式和方法的，他必须使他的意志服从这个目的。"[1]当然，手段也制约着目的，没有手段，人们的目的或目标也绝不可能实现。

有些人认为，只要目的正当，手段就自然是正当的。这也就是说，高尚、纯洁的目的可以为任何可能采取的手段辩护，并证明手段的合理性。例如，有些人认为，如果是惩处杀人犯、抢劫犯、恐怖分子等罪恶滔天之徒，就可以不太计较手段，有时严刑逼供、侮辱其人格与尊严，也是应该允许的。实际上，这是一种意气用事的观点。在诸如善与恶、正义与非正义之间，总是存在着本质区别和原则界限，这一点绝对不容混淆。不仅杀人、抢劫、谋财害命、奸淫妇女等是无可非议的"恶",而且在任何情况下,严刑逼供、侮辱人格与尊严也不是"善",不是正义。不明确这一点,判断善恶、明辨是非就没有标准,没有尺度,其结果将是善恶不分,是非混淆。可见,即便是为了实现高尚的目的和动机,也需要对手段的道德性质加以价值考量。

当然,人们的价值活动是具体的、历史的,常常面临各种具体的价值冲突,因而有时在善良动机下,采取权宜之计,甚至不得已时实施某一过分的举措,也是允许的。例如,为了不加重已经无法治愈的绝症病人的痛苦,医生和家人配合,对其隐瞒病情,大撒其谎就能得到人们的认可。有时为了达到某一高尚的目的,情急之下采用不道德的非常手段,就如同小说或电影中常见的,某地灾情严重,饥民嗷嗷待哺,可主管官员因索贿失败而找借口拒发救济粮,于是某一"义士"铤而走险,要挟或绑架赃官的宝贝儿子或女儿,迫使其下令开仓放赈。有时,为了维护广大人民群众的根本利益,实现其最高目的,暂时作出"道德上的妥协",也是必要的……不过,这些情形都只能是权宜之计,只可以作为策略。这些行为本身因其目的、动机纯正而可理解、可原谅,甚至是可首肯的,但是,却绝不会因此而成为道德高尚的行为。

虽然目的、动机并不能证明手段的正当性,但是,目的对手段却具有决定性和约束力。这就是说,**在高尚的目的、善良的动机下,任何人都不能"不择手段",特别是采取不人道、不道德、不合法的手段**。一个抱有正当目的的人,有时即使采取了不人道、不道德的手段,也会自觉地进行反思，在生活实践中予以纠正和弥补。只有当目的不纯正，甚至目的本身就在于骗人、害人、损人利己时，不人道、不道德的手段才可能继续下去。我国古代有则家喻户晓的故事：有个自称专治驼背的庸医，保证能使一切驼背者身体挺直。他的方法可谓"别出心裁"——用两块门板硬夹。结果，凡经他治疗的驼背们的背是直了，人却给夹死了。面对人们愤怒的责难，他还振振有词地狡辩："我只说治好他的驼背，可没说管他的生死。"这位庸医的手段与目的的一致，只能说明其目的并不在于救死扶伤，而仅仅在于骗钱、害人而已。当今社会不少打着为人民服务的旗号，却行"卡人民脖子"之实的"公仆"；不少高举"义演"之招牌，却大肆索要出场费，甚至还偷税漏税的"明星"；其实质大抵都类同。问题都出在他们的目的上——目的并不纯正，并不道德，因而也就会不择手段，甚至无所不用其极了。

在社会实践中，也存在这样的情形，有时采取了不正当的手段，造成了不良后果，却并非是目的不当，动机不纯。"好心办坏事""帮倒忙"的现象在现实中屡屡出现。产生这种"好心办坏事"现象的原因，一般是由于目的本身不明确、不科学，或者没有在目的和手段之间找到正确的结合点和由此达彼的桥梁。在发展日新月异的现代社会，光有纯正目的、善良动机，而没有实事求是的科学态度，不掌握大量的专业科学知识，没有先进的管理方式和经验，也是很难实现目的和动机的。历史与现实已经屡屡为人们提供这一方面的教训。例如，围湖造田多打粮食，这个目的好不好？但不尊重自然规律，造成八百里洞庭湖面积萎缩，蓄洪能力下降，一场洪水就会让损失超过收益许多倍。所以，有了纯正目的、善良动机还不够，还需要实事求是地调查研究，科学地分析和评估手段，合理地选择和运用手段；当手段的运用出现了与目的和动机不相符的情况，必须及时调适、修正手段；只有这样，才可能努力逼近善良动机，达到纯正目的。

在目的与动机端正的前提下，也应该坚持手段的必要的灵活性，解放思想，开动脑筋，不拘一格，不要思想僵化，因循守旧，束手束脚，坐失良机。

在有多种手段可供选择时，应该择其最优者而用之，绝不受任何陈规陋见，特别是不人道、不道德的价值规范的束缚。但是，坚持服务于目的的手段的灵活性，绝不是没有原则、没有任何约束的。手段必须服从、服务于目的，而不能损害目的，特别是根本目的。尽管这并不是一件简单的事，却是不能打折扣的原则。我国改革开放之初，有些地方的厂矿企业为了自身的安全，刻意雇用一批恶名昭著、为害一方的恶霸流氓充当保安人员，自称是"不拘一格用人才"，但是，却不加必要的管理和教育，或者缺乏应有的约束机制，结果可想而知：或许厂矿企业自己暂时"安全"了，却给周边群众和社会种下了更大的祸根，让他人和社会付出了惨痛的代价。这类事例很多。以饮鸩止渴的手段、方式解决问题，结果无异于道德上的自杀行为。这里暴露出来的问题，恰恰不在于手段，而在于目的本身！

在目的、动机和手段、效果的关系上，首要而根本的是端正目的和动机。如果目的和动机是端正的，是道德高尚的，那么，手段或效果应该是可以调适的，也是应该不断加以调适的。

五、降低代价,创造最大的价值
——"塞翁失马,焉知非福"

《淮南子》中讲述过一个"塞翁失马"的故事。塞翁家一匹心爱的马儿走失了,亲友们纷纷前来安慰他。塞翁并不伤心,淡淡地说:"焉知非福?"不久,这匹马自己回来了,还带了一匹马回来。亲友们闻讯,又来向他道贺。塞翁却说:"焉知非祸?"果然,塞翁的儿子因骑马摔断了腿。可塞翁仍旧说:"焉知非福?"过了不久,战争爆发,青壮男子都得应召上前线,而塞翁的儿子却因跛脚而免除兵役,在乱世中保全了性命……

"塞翁失马"的故事在我国可谓家喻户晓,人人皆知。它深刻地说明,事物的发展具有不确定性,好事和坏事是可以互相转化的。特别是,人们的价值选择、创造活动,因为是一种尝试性、探索性活动,常常难以单向、准确地预测它的后果。价值选择、创造活动往往具有双重效应,常常产生令人意想不到的后果。在若干可能的后果中,有可能是让人们付出一定的代价,甚至是十分惨重的代价。

创造价值和付出代价,是人们的价值选择、创造活动中互相依赖、互相制约的两个方面,是人类生存、生活和发展实践中的一对永恒矛盾。

创造价值着重指人们的价值创造活动及其创造的价值成果。它既是人们从事实践活动的主要目的,又是人们实践活动的主要过程和主要结果。代价是与创价相联系、相对应的另一极,指人们为了创造一定的价值而作出的舍弃、付出或牺牲，是价值活动中形成的负面效应。

在历史与现实中，无论是价值选择、创造的目的，还是手段、过程和结果，都存在着负面的情况。例如，为了眼前利益牺牲长远利益，"捡了芝麻丢了西瓜"，甚至"饮鸩止渴"，自取灭亡，在历史与现实中都曾经真实地发生过。目前人类面临的严重的环境污染、生态失衡、资源危机、粮食危机、贫富分化、人成为"机器的奴隶"，以及恐怖主义和战争等，都是人类价值活动导致的消极、负面的后果。可以说，人类的实践活动本质上就是付出一定代价以实现创价目标的活动，人类实践的过程是创价活动过程和代价活动过程的内在统一。在社会实践中，人们总是力图以最小的代价获取最大的创价，而合理的社会实践则必然和只能是以合理的代价实现合理的创价目标。人类的社会实践史，就是一部创价与代价相互矛盾、相互交融、浑然一体的历史。

人们在社会实践中对价值的追求、创造、享有与代价的付出、承担之间的矛盾，构成了所谓"创价—代价矛盾"。在现实生活中，创价—代价矛盾是任何价值活动中普遍存在的现象，它的形式多种多样，内容丰富多彩。

我们不妨以人们最为熟悉的经济创价与其可能付出的代价为例，进行扼要的说明：

——**经济创价与资源环境代价的矛盾**。经济活动是人类最基本的一种创价活动。在经济活动中，必然要消耗大量资源，付出一定的环境代价。而资源的过度消耗又会造成某些自然景观、物种的消失，造成空前严峻的环境污染和生态失衡。如果经济创价与资源环境代价的矛盾不能得到有效调和，如果空前严重的资源浪费和生态赤字不能得到有效遏制，那么，必然会严重制约经济增长，特别是使发展中国家的发展更加艰难，给子孙后代乃至人类带来无法挽回的灾难性后果。

——**经济创价与精神代价的矛盾**。经济发展是社会发展的基础。但一些人以经济现代化为衡量尺度，重视经济价值而忽视文化、道德、理想等其他价值，认为发展经济可以甚至必须以牺牲精神价值为代价。这种"代价论"隐含着：道德等精神价值并不是人类价值目标和社会发展的组成部分，也不能促进社会进步；精神创价对物质创价没有促进作用，甚至起着消极阻碍作用。精神代价的付出，不仅造成"道德滑坡"，造成拜金主义、享乐主义和极端个人主义泛滥，而且对于经济、政治体制的运行也是一种破坏。

——**经济创价与社会公平代价的矛盾**。经济创价活动总是力求实现资源的有效配置，追求经济效率，而社会公平则强调参与机会均等、发展成果分配合理、代价分配合理等，它们之间经常存在矛盾。如果效率优先，强调资源的优化配置和按效益分配，会使很多人从经济增长中受益；但是，在不同利益群体之间，不论是参与机会和享有成果的多少，还是付出或承担代价的大小，都存在着明显的差别，造成收入差距过于悬殊和不同程度的分配不公。从资源分配来说，一些人对资源的过度消耗，必然使其他人特别是后代人享有的资源量减少，从而造成资源代内分配和代际分配的不公。如果公平优先，过于强调机会均等和结果均等，不仅会造成资源优化配置的无法实现，从而影响效率，而且最终也会影响公平以及影响人类追求最高的价值目标。当前，世界各国大多强调经济优先，由此造成经济创价与社会公平代价的矛盾日益突出。

创造价值和付出代价之间的矛盾表明，人们的价值活动是十分复杂、多样的，往往需要承受风险，有时甚至要承担巨大的风险。

"有风险"意味着可能不成功，可能失败，可能得不偿失。然而，这一切毕竟只是"可能"。要想追求和创造价值，那么就必须敢于承担风险，不怕付出代价。"不经一番风霜苦，哪得梅花扑鼻香"，"不经历风雨，哪能见彩虹"，"不入虎穴，焉得虎子"……这都是人们长期生活实践经验的总结。如果害怕风险，不准备付出任何代价，那么就什么都不能做，也就永远也没有机会取得成功。在现实生活中，确实有那么一些没出息的人，自己从来不想做事，不爱做事，怕犯错误，怕付出代价；更有甚者，专门给做事的人挑刺，评头论足，"枪打出头鸟"。这类人的心理是阴暗的，行为是令人生厌的。

我国正处于加快中国特色社会主义现代化建设的关键时期。这是一项前无古人的开创性事业，注定了充满风险，不可避免要付出一定的代价。但是，如果不改革、不创新，那么生产力就不可能发展，综合国力就不可能提高，人民生活就不可能改善，难免仍旧落后、"挨打"。正因为如此，邓小平在南方谈话中大声疾呼："胆子要大一些，敢于试验，不能像小脚女人一样。看准了的，就大胆地试，大胆地闯。……没有一点闯的精神，没有一点'冒'的精神，没有一股气呀、劲呀，就走不出一条好路，走不出一条新路，就干不出新的事业。"[2]因此，敢于冒风险，勇于开拓创新，执着地做实事，才是对自己、对祖国、对人民负责的态度。

当然，如果确实判断失误，行动失败，在创新过程中"交了学费"，那么，我们也必须勇敢地承担责任。一定的代价往往是不可完全避免的，一味地强调客观原因，片面地强调代价不可避免，是消极的不思进取的宿命论。仅仅"勇敢地"表态"我负责"，实际上也是不够的，甚至是不负责任的鲁莽表现。这里关键的问题是，要认真分析付出代价的真正原因，从中吸取足够的经验教训，避免重蹈覆辙，再犯同样的错误。如果"交学费"之后没有"长见识"，那么这些学费就白交了，这样的人是不折不扣的"败家子"。而且，这样的人难免还会继续犯错误，还得继续"交学费"——如果有足够的"学费"供其支配的话。因此，加强对负面、异化甚至反人类的价值活动的反思、批判，不断总结经验教训，尽可能地降低代价，减少牺牲，是价值选择、创造活动健康发展的前提。特别是各级领导干部，如果只是让人民群众付出代价，承受牺牲，而不能让广大人民群众得实惠，过上富裕、幸福的生活，那么，就是不负责任，甚至是对国家和人民的犯罪了。

最后，还应该说明，**创价—代价矛盾的不断解决，只能由人们在价值活动中具体地、历史地实现**。正确的态度应该是，在价值选择和创造活动中，确立合理的价值目标，树立正确的风险意识和代价意识，以实事求是的精神和切合实际的行动，尽可能地降低代价，减少牺牲，实现对自己、对社会最大的价值。

六、坚持真理原则与价值原则的统一
——最蹩脚的建筑师也比最灵巧的蜜蜂高明

人们大多见过蜜蜂筑的巢,其结构之复杂、造型之精致、功能之完善、外表之美观,常常令最优秀的能工巧匠也叹为观止。小小的蜜蜂在筑巢时,没有使用任何工具,它们使用的仅仅只是自己弱小的身体,运用的仅仅只是自己与生俱来的身体器官。面对那些巧夺天工、美轮美奂的蜂巢,人们在赞叹之余可能会问,这可不可以说,某些动物的创造活动比人类更加"高明"呢?

我们可以肯定地说,不能。实际上,即使是最粗笨的人类活动,也高于动物"能工巧匠"们的"创造"!

为什么这么说呢?马克思一针见血地指出:"蜘蛛的活动与织工的活动相似,蜜蜂建筑蜂房的本领使人间的许多建筑师感到惭愧。但是,最蹩脚的建筑师从一开始就比最灵巧的蜜蜂高明的地方,是他在用蜂蜡建筑蜂房以前,已经在自己的头脑中把它建成了。"[3]马克思进一步解释道,人的活动与动物的本能活动之间存在着本质的区别:"动物只是按照它所属的那个**种的尺度**和需要来构造,而人却懂得按照任何一个种的尺度来进行生产,并且懂得处处都把固有的尺度运用于对象;因此,人也按照美的规律来**构造**。"[4]

有些动物虽然"聪明",拥有一些人类难以企及的能力,比如,有的力气比人大,有的跑得比人快,有的跳得比人高,有的动作比人灵巧,有的能够展翅飞翔,有的能够海中深潜……然而,无论这些动物的本领多么高强,它们的活动都是由其生理本能、需要所支配的，它们只是无意识地适应大自然，本质上是与大自然相"同一"的。动物的生产、活动只遵循一个尺度，即它们所属的那个"种的尺度"。例如，蜜蜂采蜜是其本性，而传粉不是它主动做的，花儿是否会结果，结什么样的果，不是它所关心的事；鸟儿做巢是其本能，但它只是衔来现成的枯枝、树叶，却从未想过要植树、造林，改善居住地的生态环境；蜘蛛结网是其生命本能，但只是直接受它的肉体需要——捕食需要的支配，被网住的小动物的种的兴衰，它根本不加理会……

而作为"万物之灵"，人的价值选择、创造活动则完全不同。人比一般动物"高明"的地方，在于人的活动不是盲目的，而是一种有目的、有意识的活动。人的活动不受"人"这一物种的限制，可以自由地"按照任何一个种的尺度来进行"。

概括地说，人的价值选择和创造活动主要按照两个尺度进行：一个是"对象的外在尺度"，即对象的本性、规定性与规律；一个是"人的内在尺度"，即人们自身的本性、规定性，包括"按照美的规律来构造"的"美的尺度"。并且，与动物只是盲目地、无意识地遵循自然本能的尺度不同，人的价值选择、创造是自觉的、有意识的活动。人比其他动物高明的地方，在于人能够自觉地懂得和意识到所遵循的尺度，并且懂得怎样处处都把内在的尺度运用到对象上去。

尊重"对象的外在尺度"意味着人们要了解、掌握世界的本质和规律，获得关于世界的经验、知识和真理，从客观事实出发，实事求是，依照事物的本性和规律认识世界和改造世界。这也就是要遵循"真理原则"。

尊重"人的内在尺度"意味着要了解人们自身的目的、需要和能力，从人们自身出发，依照人们自己的本性、目的和需要进行评价、选择，创造和实现价值，变革世界，提升人们自己。这也就是要遵循"价值原则"。

真理原则与价值原则是人类活动特有的、作为其实质内容的基本原则，它们从不同的角度、方面，对人们提出了不同的要求：

遵循真理原则，就是要人们知道这个世界上"有什么"或"没有什么"，事物"是什么"或"不是什么"，事物的发展"可能怎样"或"不可能怎样"……这些客观的环境、条件、可能性等，是人们的价值活动的基础，规定着人们的活动的范围和运动的轨迹，即决定了人们能够干什么，不能干什么。遵循价值原则，就是要人们懂得什么是有意义的或无意义的，什么是合意的或不合意的，什么是值得的或不值得的，什么是必要的或不必要的……人们自身的这些主观因素，决定着一个人希望还是不希望做某事，提供了人们活动的动力和热情，并指引着人们活动的方向。

遵循真理原则，实际上就是要尊重那些客观的规律性、必然性，因为它规定着人们的价值选择、创造活动的可能性和方式。遵循价值原则，则是要注重"合目的性"的一面，因为它以内在的自觉自愿的要求，规范、引导着人们的选择和创造活动。

真理原则是从对象、环境和条件的角度提出要求，表明人们的价值活动的适应性、受制约性和现实性。这是价值活动的基础和条件。但是，它却不是人们价值活动的目的。如果仅仅停留在这一点上,就难免陷入宿命论,丧失人们的自主性、目的性和创造性。价值原则是从人们自身的角度提出要求,表明价值活动的自主性、目的性、创造性、理想性与超越性。但是,它难以克服和超越人们自身的局限和弱点。例如,人们的主观因素过分膨胀,会导致"唯我论""唯意志论"之类悲剧;将人们的需要等同于想要,则难免导致人们在生活实践中干蠢事。

可见,在人们的价值选择、创造活动中,真理原则和价值原则并不是相互孤立地存在和起作用的。它们之间尽管可能有矛盾、有冲突,但是,这些矛盾和冲突并不是纯粹对抗性的,并不是水火不相容的,不一定非要"吃掉一方""消灭一方",才能达到矛盾、冲突的解决。也就是说,**在人们的价值选择、创造活动中,真理原则与价值原则不是相互对立、相互分裂的,而是可以有机地统一起来的**。人们在社会实践中,经常需要而且能够调动自己的智慧,发挥自己的主观能动性,通过创造性的自我调节,不断解决它们之间的矛盾和冲突,实现真理原则和价值原则的辩证统一。

结　语

价值选择、创造是人所特有的"变革世界"的活动,也是人进行自我塑造、自我提升的活动。价值选择、创造活动既是多样化的,也是纷繁复杂的。在具体的价值活动中,人们常常会面临动机和效果、目的和手段的矛盾,有时可能要付出一定的代价,要有所牺牲。这就要求人们在社会实践中,根据自己的利益和需要,发挥自己的聪明才智,努力减少损失，实现最大的价值。

人们的价值选择、创造活动要遵循两个尺度，即"对象的外在尺度"与"人的内在尺度"。尊重"对象的外在尺度"意味着要了解、掌握对象的本质和规律，获得关于世界的经验、知识和真理，即遵循"真理原则"。尊重"人的内在尺度"意味着依照人自身的目的、需要和能力进行评价、选择，创造和实现价值，即遵循"价值原则"。真理原则与价值原则是相互补充、相互贯通、相互导引、辩证统一的。在价值选择、创造活动中，必须实现"两个尺度"和"两大原则"的有机统一。一切割裂"两个尺度"和"两大原则"统一的做法，都只能增加风险，进而让人们付出沉重的代价。

注 释

〔1〕《马克思恩格斯文集》第5卷，人民出版社2009年版，第208页。
〔2〕《邓小平文选》第三卷，人民出版社1993年版，第372页。
〔3〕《马克思恩格斯文集》第5卷，人民出版社2009年版，第208页。
〔4〕《马克思恩格斯文集》第1卷，人民出版社2009年版，第163页。

用正确的价值观规范人们的言行

——马克思主义价值观

世界上只存在各种具体的历史的自由、民主、人权等价值观，根本不存在抽象的超历史的自由、民主、人权等"普适价值"。

价值观是人们在社会实践中，对各种各样的价值进行评价而形成的思想观念。它一旦形成，就成为人们的世界观、人生观的重要组成部分，渗入人们的一切价值活动之中，成为人们进行价值评价、选择、创造的导向、标准和依据，制约着人们的思想和行为。世界观决定人生观，人生观决定价值观。马克思主义世界观决定了马克思主义人生观，进而决定了马克思主义价值观。马克思主义价值观是马克思主义价值理论的核心。只有树立马克思主义价值观，才能抵制各种愚昧、腐朽、落后的价值观的侵蚀，使自己的思想和行为合乎时代和社会的要求，合乎广大人民群众的根本利益，推进人与社会的持续、协调、和谐发展。

一、价值观的力量
——一个普通驾驶员的精神世界

吴斌（1965—2012 年），浙江温州平阳箫江人，大客车驾驶员。2012 年 5 月 29 日中午，吴斌在驾驶大客车行驶于沪宜高速时，迎面飞来的制动毂残片砸碎前窗玻璃后刺入腹部致其肝脏破裂，但他仍强忍疼痛将车停稳，并提醒车内 24 名乘客安全疏散及报警。后被送往中国人民解放军无锡 101 医院抢救。2012 年 6 月 1 日凌晨 3 点 45 分，吴斌因伤势过重抢救无效死亡，年仅 47 岁。

一位肝脏突然被刺破的驾驶员，是用怎样的意志力做到换挡、刹车、减速停车、打开双闪灯、叮嘱乘客安全疏散的呢？或许这只是他一串下意识的职业动作，但支配他做出这些动作的，一定是在多年学习、工作中养成的职业道德和高尚品格，在关键时刻体现了强烈的社会责任感。也正是这样一种职业责任感，这样一串下意识的动作，换来了一车乘客的安全。在突发事件一分多钟时间里的壮举，在医院弥留之际询问车怎么样、乘客怎么样的话语，充分展示了吴斌的职业素质和对人民的无比热爱、对事业的无比忠诚。吴斌是一位普普通通的汽车驾驶员，但平凡之中见伟大，危难时刻见真情。吴斌用生命诠释了立足岗位、尽职尽责的奉献精神，他是新时期的平民英雄，是百姓眼中的"最美司机"，是自觉践行社会主义核心价值观的道德楷模。

在中国革命和建设年代，类似吴斌这样意志坚定，不畏献出自己鲜血和生命的英雄志士何其多也！他们可歌可泣、高山仰止的所作所为，在中国历史上树立了一座座丰碑。是什么鼓舞着他们投身人民大众的事业，不畏辛劳、艰苦卓绝？是什么激励着他们甘洒青春热血？是什么支撑着他们以身殉志、视死如归？是他们内心中信奉和坚守的价值观，是他们的价值观中那种崇高的信念、信仰和理想在支撑着他们的整个人生！

所谓价值观，就是人们基于社会实践而形成和持有的关于价值的总观点、总看法，是人们的价值信念、信仰、理想、标准和价值取向的综合体系。

更具体地说，价值观是人们基于生存、发展和享受的需要形成的对于事物是否具有价值、具有什么价值的根本看法，是人们区分好坏、善恶、美丑、利弊、得失、荣辱、正义与非正义、神圣与世俗等的观念，是人们所特有的关于应该做什么和禁止做什么的规范。

或许人们在日常生活中不会提到价值观这个词，但价值观一点儿都不神秘。它存在于人们日常生活实践的方方面面，渗透于人们日常的饮食起居、婚丧嫁娶、为人处世、待人接物、学习工作、娱乐休闲等活动之中。同时，价值观也存在于一个宗教、民族、国家、阶级、群体等的结构和活动之中，作为相应的精神、规范、原则和标准等，构成一定社会意识系统的有机组成部分，是一定文化的"根"或文化系统的灵魂。经济观念、政治观念、法律观念、道德观念、宗教观念、艺术观念、生活习俗等属于具体、特殊层次上的价值观念。它们在一般理论层次上，可以进一步形成理论化、系统化的价值观念体系，如社会主义价值观体系。

信念、信仰和理想是最基本、最典型的价值观表现形

式，它们构成了价值观的支柱和核心。

——**信念是人们心目中关于事物一定会按照某种未来状态发展的观念，是人们对某种现实或观念抱有深刻信任感的精神状态**。信念所揭示的内容总是同人们应当持有的态度和应当采取的行动有关。例如，"真理终将战胜谬误"，"善有善报，恶有恶报"，"正义的战争必胜，非正义的战争必败"，等等。信念是一种选择性的判断和认定，是一种巨大的精神力量。应该注意信念的思想基础是否科学、是否合理，只有反映了客观规律性、必然性和进步性的信念，才是一定能够实现的信念，也才是值得人们为之奋斗的信念。

——**信仰是信念的进一步发展和强化，是人们的信念的一种对象化表现**。信仰具有明确的对象指向性，不存在无对象的信仰。信仰使人的整个精神活动以它为核心，形成一种完整的精神导向，并调动各种精神、心理因素为它服务，因而信仰是人生的"主心骨"，在人的精神活动中居于统摄地位，是人的价值意识活动的调节中枢。人生不能没有信仰，如果人处在"不自觉而又无信仰的状态，不可能有什么内容，他对真理、理性和大自然必定绝望"[1]。一个人缺失信仰，就如同没有灵魂一样。当然，信仰也有自觉与不自觉、科学与不科学、先进与落后之分。科学、进步的信仰是人生的导向和精神支柱。方志敏（1899—1935年）说："敌人只能砍下我们的头颅，决不能动摇我们的信仰，因为我们信仰的主义，乃是宇宙的真理！"而不科学、落后的信仰，可能会造成人生道路和社会发展的方向性错误。要形成自觉的、科学的、先进的信仰，需要自觉地以先进的世界观和方法论、以人类的全部科学和文明成果为基础，需要在一定社会历史条件的基础上，经过长期的理论或实践探索，努力总结、把握和反省人类自身的本质力量和生存发展方向。

——**理想是以一定的信念和信仰为基础的价值目标体系**。这种目标体系以关于个人或社会的未来形象为标志，为人的价值追求提供着自觉的典范或"样板"。理想是信念、信仰中最高价值目标的具体形象，是具体实践着的信念、信仰。不同的人可能有不同的理想，有的层次高，有的层次低，有的自觉，有的盲目，有的鲜明，有的模糊，有的严整，有的零乱……他们的理想同知识、理智紧密结合在一起，成为指导和推动实践活动的精神力量源泉。理想的培育、确立和追求，是人的精神生活的最高层次。崇高人生理想的追求和实现，是人的生命的最高自我价值；崇高社会理想的追求和实现，则是人的生命的最高社会价值。古往今来，一切仁人志士正是在为崇高理想而奋斗中，成就了人生的伟业，也为社会作出了杰出贡献。

价值观作为人们内心中的一个内涵丰富的观念系统，具有多方面、多层次的作用。

——**价值观是社会文化体系的核心，是社会意识形态的重要成分，是人的社会化的精神内容**。人的本质在于社会性。个人的成长和社会化过程，就是通过实践和学习，不断接受和消费各种社会文化，由"生物人"成长为"社会人"的过程。社会化的结果，是人接受和掌握一系列经济、政治、宗教、文化等观念，获得一定的社会思想方式和行为方式，形成自己的明确而坚定的价值观。在一个社会中，一个人是否拥有明确而坚定的价值观，是判断其心理是否成熟、人格是否健康的标志。

——价值观是一定社会群体或组织的黏合剂，是社会认同的核心内容。在一个社会群体或组织中，人们对什么是好、什么是坏、什么是善、什么是恶、什么有利、什么有害等的评价性判断，对应该追求什么和舍弃什么、应该提倡什么和反对什么等的规范性判断，往往典型地表现了该群体或组织的价值意识。该群体或组织通过这些共同的价值意识把人们凝聚在一起，并通过感化、教育、宣传等各种手段，把这些观念灌输和传递给每位成员，内化为人们的行为规范，对人们的思想和行为产生直接或间接的影响。

——**价值观是人们内心深处的评价标准系统，是人们的价值追求、取舍模式，在人们的价值活动中发挥着目标选择、情感激发、评价标准和行为导向的作用**。一方面，它表现为信念、信仰、理想，凝结为一定的价值追求、价值目标，对人们的思想和行为具有定向、指导和调节作用，并提供人们活动的动力与激情。另一方面，它表现为价值尺度、评价标准，成为人们判断对象有没有价值、有什么价值的观念模式和框架，是人们作出价值评价、判断的"天平"和"尺子"，是人们进行价值选择、决策的思想根据。

——**价值观的作用往往表现于既有科学知识的范围之外，科学知识不能包含、代替价值观的作用**。甚至越是在科学知识达不到的地方，信念、信仰和理想就越具有不可替代的作用，对人们的思想和行为越是产生深刻的影响。著名物理学家牛顿（Newton，1643—1727 年）是科学界的泰斗，他提出了万有引力定律和牛顿三大定律，建立了宏伟的经典力学体系，成为物理学发展史上的里程碑，并广泛而深刻地影响了当时的科学发展。然而，笃信神学的牛顿在生命的后四十年，却孜孜不倦地到上帝那儿寻找"第一推动力"，从而再也未能作出什么成就。牛顿的经历很是令人感慨，许多人甚至为之扼腕叹息。这或许说明了一个浅显的道理：无论科学如何进步，无论一个人的知识如何渊博，也不可能据此彻底解决信仰问题，解决人生观和价值观问题。这也是科学知识与价值观缺一不可的原因。

——**与科学知识发挥作用的方式相比较，价值观发挥作用的方式也不尽相同，具有自身独特的特点**。例如，价值观对人们的作用大多数时候是自发的，它积淀、内化在人们的心灵深处，渗透到哲学、科学、技术、文学、艺术、宗教、法律、制度以及风俗习惯之中，不知不觉、潜移默化地影响着人们的思想和行为。也正是因为这一点，思想政治教育工作经常需要结合其他工作进行，需要在日常生活中"春风化雨"，"润物细无声"。我国极"左"时期的那种暴风骤雨式的群众运动，表面上看似乎产生了"立竿见影"的效果，实际上并没有真正、彻底地解决深层次的问题。一旦形势发生变化，政治上的高压态势解除，社会重新回归正常状态，一切陈腐的东西往往死灰复燃，价值观建设还是得"从头做起"。

二、价值观的相对稳定性和流变性
——"观念一变天地宽"

人们常说，"观念一变天地宽"。改革开放三十多年来，我国经济快速发展，社会长足进步，人民生活极大改善，这无不与价值观的变化相辅相成、相关相连。除了政治、经济等宏观层面的"大变化",即使从普通人的视角,人们也可以看到,改革开放前三十年和后三十年之间发生了巨大变化:在财富观方面,过去倾向"越穷越光荣,越穷越革命",习惯了过穷日子,不想富、不敢富、不能富,今天则认为"贫穷不是社会主义",提倡致富光荣,鼓励"先富起来",主张"共同富裕";在择业观方面,过去在平均主义"大锅饭"的影响下,人们死抱着国营、集体的"铁饭碗"不放,现在人们认可了自主择业,认为只要勤劳,不怕辛苦,不管干什么都一样;在消费观方面,过去讲究"节约闹革命""一分钱掰成两半花"的艰苦朴素,今天的年轻人则敢于大胆花钱,甚至出现了大量"月光族""负翁",掀起了一场让老一辈胆战心惊的"消费革命";在穿衣打扮方面,过去是"黑蚂蚁""灰蚂蚁""蓝蚂蚁"的"清一色",是"新三年,旧三年,缝缝补补又三年",今天的时尚青年则追求个性,拒绝"撞衫",穿得"五彩缤纷、个性时尚";在婚恋观方面,过去谈恋爱"不敢张扬",羞于谈"性",认可服从组织需要的"革命婚姻",今天有些年轻人已在尝试"网恋""网婚""闪婚""闪离",婚姻形式事实上已趋多样化,性观念日益开放……从中可以看出,人们的价值观确实正在发生急剧改变,并且由于这种种改变,社会正变得"熟悉而又陌生"。当然,有些价值观是向健康的、科学的、正确的方向变化的,有些则恰恰相反。

改革开放前后价值观的巨大变化说明,任何人的价值观都不是先天固有的,也不是头脑中主观自生的,而是后天在一定的社会环境、社会活动中逐步形成的。**作为社会意识系统的有机组成部分,价值观是一定时代的产物,是一定时代**

人们的社会存在、社会实践、生活经历的反映和表现，是一定时代文化传统、生活方式、风俗习惯、社会心理等因素潜移默化地濡染和熏陶的结果。

在人类社会历史上，一种价值观形成之后，往往又会成为社会意识的一部分，成为一个文化系统的"深层结构"，具有一定的历史延续性和相对的稳定性，对人们的社会生活产生反作用，在相当长时期内影响和支配人们的思想和行为。

值得注意的是，一定社会的价值观经过长期的历史传递和文化心理积淀，就会形成一定的文化传统。这种文化传统经过教育和熏陶，可能长期占据人们的头脑，不会随着社会的变化而迅速发生改变。在社会变革时期，文化传统可能演变为一种"巨大的保守力量"或"惰性"，阻碍人们的思想和行为及时发生变化。例如，当代中国的社会主义改革就受到根深蒂固的教条主义、等级特权观念、平均主义观念等的影响。想要真正消除这种影响，有时是极其困难的。

不过，价值观的稳定性或"惰性"是相对的。毕竟，任何价值观都不可能一成不变。**无论是一个人的价值观，还是某一宗教、民族、国家、阶级、阶层、职业的价值观，都是一定时代人们社会生活实践的产物和表现，它必然会随着时代和社会生活实践的发展而发展、变革而变革，并随时接受社会生活实践的检验、修正和完善。**因为人们的观念、意识作为社会存在的反映，总是会随着人们的生活条件、人们的社会关系、人们的社会存在的改变而改变。

历史的车轮滚滚向前。回顾人类社会发展的漫长历程，我们不难发现，价值观的不断变迁和更替，体现为一个不断追求和实现美好理想的过程。

在原始社会，以石器为主的生产工具极为简陋低效，生产力水平极为低下，人们的劳动与生活范围狭小，生存条件极为恶劣，因而只能以群居方式生活在一起，共同劳动、共同消费，没有多少剩余产品，没有私人财产，实行的是原始的公有制。因此，在原始社会，一方面，出于对自然的恐惧与敬畏，出现了形形色色的图腾，形成了许多禁忌，以及敬天畏命、顺从自然之类的观念；另一方面，原始的公有制又导致人们形成原始的公平观念、乐群意识、协作观念等，又由于没有私有财产，因而也还没有产生私有观念、利己意识，等等。

在奴隶社会，由于铜器等生产工具的使用，生产力水平有了较大的提高，出现了剩余产品，这使财产私有成为可能。于是，社会分化为两大对立的阵营，奴隶主拥有一切生产资料和生活资料，奴隶作为"会说话的工具"，也是奴隶主的私有财产，为奴隶主所有，私有观念被极大地强化了。整个社会以奴隶主的意志为意志，占有与依附、统治与服从等观念成为主流，强烈的社会规范与秩序意识萌生与发展起来。

在封建社会，由于铁器以及简单的机械工具的广泛使用，生产力水平大大提高。以家庭为单位、以养家糊口为目的的自给自足的自然经济、小农生产方式成为主流。这一方面把人们限制在一定的土地上，生活来源主要依赖于男耕女织式的农业劳作，使得人们长期生活在相当闭塞的环境中，形成诸如安土重迁、安贫乐道、重农轻商、重义轻利等根深蒂固的封闭、保守心态和观念。另一方面，在此基础上，形成了以"家庭本位"为核心的封建宗法等级制度,家长、族长、各级官吏和皇帝构成一种金字塔式的等级体系,对经济单位(家庭、家族和国家)和权力的依附成为封建文化的一大特色。与之相适应,封建主义思想家们竭力维护、论证这种制度的合法性,使得整个社会重等级秩序、重权力,竭力追求权力成为整个社会价值实践的核心。

在资本主义社会,由于科学技术的迅速发展和大机器的广泛使用,生产力获得了巨大的飞跃式发展。对发财致富和超额利润的不懈追求,使人们的兴趣从土地转向了市场,从农业转向了工业和商业,商品经济逐渐成熟。资本主义在"仿佛用法术"从地下呼唤出巨大财富的同时,也打开了一个新的"潘多拉盒子",新的价值困惑、价值冲突、价值危机广泛产生和蔓延。资本主义带给劳苦大众的并不是其所标榜的"自由、平等、博爱",并不是滚滚而来的财富与幸福生活,而是极其残暴、野蛮的掠夺和剥削,是"人为物役"、人的异化的残酷现实。金钱成为资本主义社会生活中最具魅力的东西,也是最有影响力的东西,对金钱的疯狂追逐是整个社会价值生活的中心和目的。在这个社会中,金钱关系或利益关系成为最普遍的价值关系,金钱成为人们评估一切的最主要、最核心的标准,一切社会秩序也都依"资本的自由"和"金钱的自由"而建立起来。"一切向钱看""有奶就是娘"等"金钱拜物教"日益成为社会上普遍的价值取向。这正如马克思、恩格斯尖锐抨击的那样:"它使人和人之间除了赤裸裸的利害关系,除了冷酷无情的'现金交易',就再也没有任何别的联系了。……它把人的尊严变成了交换价值,用一种没有良心的贸易自由代替了无数特许的和自力挣得的自由。"[2]

处于实践摸索过程中的共产主义价值观,是人类价值实践和价值思想发展的最新成果。它是在无产阶级反对资产阶级、建设社会主义的实践中,在"吸收和改造了两千多年来人类思想和文化发展中一切有价值的东西"[3]的基础上形成和发展起来的。19世纪30—40年代,资本主义生产方式在英、法等欧洲国家占据了统治地位,社会的主要矛盾已经集中在资产阶级与无产阶级身上。以欧洲三大工人运动为标志,一无所有的工人阶级开始觉醒,并作为独立的政治力量登上了历史舞台。马克思、恩格斯热切地关注、支持和参加工人运动,通过破译人类社会历史发展的一般规律,揭示了共产主义必将取代资本主义的客观规律;通过创立剩余价值学说,深刻揭露了资本家剥削工人的秘密,批判了资本主义制度及其价值体系的基础;在此基础上,第一次创造性地提炼出了反映工人阶级根本利益、指导工人阶级革命实践的共产主义价值体系。

共产主义价值体系是指导无产阶级革命和建设的明灯和纲领。它的价值理想在于,通过无产阶级革命和建设,消灭剥削,消灭压迫,最后消灭一切阶级和国家,实现全人类的彻底解放;全体人民当家作主,成为平等、自由和人格独立的社会主人;消除旧式分工,劳动成为自主的活动和人们的"第一需要",人们"各尽所能,按需分配";每一个人都获得自由而全面的发展,并且"每个人的自由发展是一切人的自由发展的条件"[4]……由于工人阶级没有自己的私利,工人阶级与全人类的利益是一致的,从根本上说,它代表的就是全人类的价值理想。

这一建立在唯物史观基础之上、反映工人阶级的根本利益和需要的价值蓝图，既不同于唯心主义或旧唯物主义的价值观，也不同于封建主义、资本主义的价值观。它特别强调对一切人剥削人、人压迫人的非人道的私有制社会以无情批判，而以人类的解放和人的自由全面发展为最高宗旨。它是人类历史上最美好的价值理想，体现了一种深厚的人文关怀，体现了一种无上的责任意识，体现了一种高度的历史使命感。它必然激励一切正直的人们为之奋斗终身！

当然，自从马克思、恩格斯创立共产主义价值体系之后，共产主义价值体系的实践确立过程并不是一帆风顺、一蹴而就的。它必然要经历一个从不完善到比较完善、从空想到科学的过程，经历一个长期、曲折的与时俱进的发展过程。从空想社会主义的价值设想，到科学社会主义科学价值观的产生，到在社会主义建设实践中对社会主义价值观的探索和培育，再到中国特色社会主义实践中社会主义核心价值观的形成……在这些具体的践履共产主义价值理想的社会实践中，作为共产主义价值体系雏形的社会主义价值体系，历经波折，正在逐渐完善起来，不断得到丰富和发展。当前我国社会主义初级阶段的社会主义核心价值体系、核心价值观建设，是建设中国特色社会主义的有机组成部分，是我国建设共产主义价值观的伟大尝试。

三、立足多样化，弘扬主旋律
——"一花独放不是春，百花齐放春满园"

"一花独放不是春，百花齐放春满园。"文化与价值的世界就像一个色彩缤纷的"百花园",再灿烂、再绚丽的一花独放,也会显得贫乏和单调,缺乏生气和活力,甚至可能令人产生一种肃杀的感觉。真正的繁荣,必须是百花竞放,各呈风姿,万紫千红,春色满园。因此,在文化价值观领域,同样需要多样化、个性化,需要"文化生态的平衡",需要不同文化价值观的交流、沟通、竞争与合作。

实际上,由于价值观是一定文化积淀和生活实践的产物,是人们的利益、需要等在心理、思想和行为取向上的反映,因而它确实具有鲜明的个性、多样性。在一定社会历史条件下,由于人们所继承的文化传统不同,所处的生存发展条件不同,各自的生活实践方式不同,阶级立场、社会地位、生存方式、生活经历、利益、需要和能力不同,因此,不同宗教、民族、阶级、阶层和群体往往具有不同的价值观,不同个人的价值观也不尽相同。他们都有自己独特的价值信念、信仰、理想,都有自己特有的价值标准和价值取向,甚至可能带有较浓厚的个性化和情感化色彩,不可能完全等同或彼此替代。

在人类社会存在着多样化的文化传统、差异化的生存条件的情况下,在不同人之间存在多样化的活动方式、多样化的利益差别、多样化的角色分工等的情况下,**价值观的差异与多样化是一种不可避免的现象,也是一种普遍的客观现实**。

在世界范围内,多样化的价值观集中体现了各个宗教、民族、国家、地区、阶级、阶层等的经济、政治、文化倾向,反映了不同宗教、民族、国家、地区、阶级、阶层等之间在经济模式、政治体制、文化观念方面的差别与对立。坚持有自身特色的价值观，与维护一个宗教、民族、国家、地区、阶级、阶层等的地位和利益密切相关，与其前途和命运密切相关。甚至可以说，不同价值观之间的比较、交流与融合，也只有在符合一定宗教、民族、国家、地区、阶级、阶层等的利益的基础上才能进行。因此，"文化价值观之争"并不简单，它往往是不同宗教、民族、国家、地区、阶级、阶层等的经济、政治之争的继续，是相互之间竞争的更为深层的表现，关系到相应价值主体的前途与命运。

从我国国内来说，在目前社会主义初级阶段，56个民族、持有不同信仰的宗教、多种社会阶级阶层、发展程度不同的地区、不同行业或职业、各种社会团体乃至不同的个人，等等，成为中国特色社会主义建设所面对的多样化、多层次价值主体。他们的经济状况、生活环境、思想认识、文化素质、心理特征都有所不同，在具体的利益、需要和能力方面也表现出多样化的差别。在这种复杂的情况下，人们的价值观的差异与多样化是一种正常的现象。事实上，人们也不难观察到，各个不同的民族有其自身的文化传统和风俗习惯，各种不同的宗教有其各具特色的信仰信念和规范戒律，各种不同的社会阶级阶层有其自身的现实利益和价值追求，发展不平衡的各个地区要求有符合其具体情况的发展路径，各种不同的行业有其具体的职业特点和关注重心。至于不同的个人，在社会主义市场经济大潮中，更是会随着自己信念、利益、需要、兴趣、条件、能力等的不同，发掘自己多方面的潜能，努力追求自己的独特价值。例如，今天自我意识强烈的青年一代，穿衣服都拒绝"撞衫"，个性化已经成为他们展现自我、实现自我的方式。

在这种情况下，必须站在时代前列，尊重和承认一切合理的价值标准和价值取向，避免简单地强求一律，杜绝粗暴地强加于人。始终倡导和坚持价值标准、价值取向的开放性、多样化，"形成与社会主义初级阶段基本经济制度相适应的思想观念和创业机制，营造鼓励人们干事业、支持人们干成事业的社会氛围，放手让一切劳动、知识、技术、管理和资本的活力竞相迸发，让一切创造社会财富的源泉充分涌流，以造福于人民"[5]。这有利于调动最广大人民群众的积极性，实现大众创造力的充分涌流；同时，也有利于人们确立应对多样化现实的健全心态，自觉地保持科学、严谨、宽容、求实的作风，杜绝各种简单化和极端化的做法，构建充满生机与活力的社会主义和谐社会。

不过，仅仅承认价值观的差异和多样化是远远不够的。虽然在历史与现实中，确实存在着价值观多样化的现象，但是，这并不意味着一切多样化，甚至互相对立的价值观都是正确的和合理的，都有着相同的前途和命运。实际上，在现代社会中，正如前面曾经说过的，有些人的价值观是十分混乱的。例如，有些人信仰缺失，没有什么不敢干的，连起码的道德底线都没有，胡作非为，无恶不作；有些人的价值信念、信仰是违背科学和社会历史发展规律的，诸如封建迷信沉渣泛起，各种邪教兴风作浪，明显背离了科学原理和科学精神；有些人认同"资本的逻辑"，认同拜金主义、享乐主义和极端利己主义等非理性、自私自利的价值观，沦为"金钱的奴隶"，追求穷奢极欲、花天酒地的生活方式；更有一些社会破坏分子和恐怖分子，彻底走到了人民的对立面，他们的价值观是反社会、反人类的，他们的行为是对社会秩序和人民生命的巨大威胁；等等。诸如此类的价值观是愚昧、落后的，甚至是腐朽、反动的，终将被广大人民群众所唾弃。正因为如此，我们绝不能因为客观存在的价值观多样化的事实，就放弃应有的立场，放弃肩负的责任，对那些愚昧、落后、腐朽、反动的价值观听之任之，无所作为，对宣传和倡导科学、合理、先进的价值观缺乏热情，丧失信心。

当然，**创建中国特色社会主义的主流价值观与尊重人们多样化、个性化的价值观不是对立和割裂的，而是相互联系、相辅相成、辩证统一的**。必须将"尊重差异、包容多样"和弘扬主旋律结合起来，在尊重人们合理的多样化价值观的基础上，坚持共产主义远大理想和中国特色社会主义共同理想，根据社会主义市场经济的发展规律和要求，利用舆论导向、利益机制以及道德和法律约束机制等，对人们多样化的价值观加以引导和调节，对腐朽、落后、反动的价值观进行抵制和批判，从而在中国特色社会主义建设过程中，确立代表先进社会生产力发展要求、代表先进文化前进方向、代表最广大人民根本利益的社会主义的先进价值观的主流地位和主导作用。倡导和弘扬社会主义核心价值观，是建设中国特色社会主义文明的客观需要。

四、坚持法治与德治相结合
——对突破"道德底线"的恶行说"不"

在当今中国改革开放、社会深刻转型的背景下，人们的价值观呈现出十分复杂的状况。某些领域的价值观之混乱、无序，某些人的价值观之堕落、无耻，令人难以想象。面对这些不容乐观的现象，在社会主义核心价值观建设过程中，确实需要拿出有效的办法来。

具有制度约束性的社会治理方法是法治。 在现代社会中，法治是民主的科学化、制度化形式及其实现，是民主和人权的"保护神"。它将全体人民的主体权力和责任以规范化、程序化的形式固定下来，并加以普遍、长期、稳定的实现。

法治首先体现为法制，即国家制定的一整套法律规定和条文的制度体系。据此，既可以保护所有合法的人和事，维护人们的基本权力和正当权益不受侵犯；同时，又可以对那些严重损害他人或公共权益、激起民愤的典型违法行为，予以坚决的、及时的惩治和打击。只有这样，才能保障基本的价值和社会秩序，还社会以起码的公平和正义。正如韩非子（前281—前233年）所说："释法术而任心治，尧不能正一国；去规矩而妄意度，奚仲不能成一轮；废尺寸而差短长，王尔不能半中。"[6]例如，面对那些挑战道德底线的无耻行为，如果政府及相关官员冷漠旁观，听之任之，任其泛滥；执法机构"缺位"，无动于衷，"多一事不如少一事"，那么，是绝不可能止恶扬善、建立基本而良好的社会和价值秩序的。

法制必须进一步发展为法治，即落实法制，依法制理性地治理整个社会，建设社会主义法制国家。例如，对于挑战道德底线的无耻行为，不能意气用事，不高兴时就狠狠地"严打"，平时又"多一事不如少一事"；舆论压力大时就"特事特办"，民众注意力转移了，就高高挂起放任不管；

而是必须依照一定的法律规范和程序,经常化、制度化地进行治理。让依法治理成为常态,才真正体现了一个社会的法治水平。在一个成熟的法治社会中,法律本身的健全程度,社会执法的水平,以及公众对法的意识等,一定程度上体现着人的发展水平和社会的文明程度。一个违背法的精神和理念的社会,一个没有实现法治的社会,可以说,是一个缺乏良知、没有正义的社会。在这样的社会中,根本谈不上正确价值观的实现和良好的价值秩序的建立。

与法治相联系,更加触动人们心灵的是德治。**德治旨在普遍地提升一个人、一个社会的道德水准,让人们严格自律,自觉"慎独",抵制各种"缺德"行为,努力做有德之人。**

当前社会上挑战道德底线的无耻行为一再出现,说明有些人的道德防线已经彻底崩溃,整个社会的道德水平已经岌岌可危。这也说明德治方略需要进一步完善、进一步落实。因此,在这个曾经的礼仪之邦重提德治,必须首先对整个社会的道德状况有一个新的诊断,全面加强德治建设。

反思多年来我国的道德建设,可以发现,我们在道德价值观教育和管理方面的主要缺陷,就在于"重规范、轻人格"。包括在近年来,我们强调法治,比较多的是单纯向人灌输具体的道德、法律之类规范,而不大注意尊重人们的道德人格,不善于把它同培养健全的道德人格、同锻炼正确地进行道德选择的能力结合起来。这样的道德观和价值观教育、管理方式很难取得长远、稳定的良好效果。例如,为了急功近利地达到明显收效,往往采取简单粗暴的方式;生硬地要人遵守某些规则,却很少以平等的身份与人一起思考为什么应该这样做；用各种规范指责或褒扬人的行为时，往往不注意个人的个性和选择权利，等等。典型的表现是在教育孩子时，家长和老师们总是居高临下，只是告诉孩子"应该怎样，不应该怎样"，甚至用"你必须……"这种家长式的口气下命令；而不注意从孩子本身的实际出发，不注意培养孩子自己进行道德选择的能力，从而伤害了孩子的道德人格意识。这种倾向无意中就在培养某种被动型、依赖型、甚至强迫型的道德人格。这样做虽然可以见效于一时，但从长远看，却会养成麻木、脆弱甚至虚假、逆反的道德人格，反过来加剧正确的价值观、人生观实践的难度。

"道德人格"主要是指人们的道德主体意识，包括追求高尚道德的内心动力和自律意识，道德选择的权力感、责任感，独立进行道德选择的能力自信和人格尊严等。道德人格同道德、法律规范相比，是更深层、更基础的道德意识。在社会生活中，现实的道德、法律规范不仅是多元的，而且是多层次、多样化的，如果仅就规范讲规范，常常举不胜举、挂一漏万、陷于被动。而有了一种健全的道德人格，使人对道德选择和追求有一个自主、向上、严肃、负责的态度，并通过实践锻炼培养起独立自觉的判断能力，情况就会大不一样。

为了教育、培养人们健全的道德人格，需要特别强化和改进教育、管理行为的道德示范功能。以往在道德教育、管理的方式和方法上，比较多地依靠灌输和说教，而对各种教育、管理、灌输的方式中所包含的示范、暗示作用，则缺少必要的省察和研究。实际上，从客观效果方面看，人们接受一种价值观、道德观，主要不是听你怎样说，而主要是看你怎样做；特别是青年人接受价值观、道德观，不仅看上一代人是怎么说的，而且更看上一代人是怎么做的。俗话说："身教重于言教。"成年人在教导青少年的同时自己怎样做，社会管理和教育者在宣扬一种道德时，自己是如何体现这种道德风貌的，往往能产生一种"润物细无声"的潜移默化的效果。例如，用人做事公正负责，组织活动守时高效，处理事务理智宏达，宣传媒介诚实可信，干部教师平等坦诚、严以律己等，包括警察"纠正违章先敬礼"这样的细节，往往会比说教更有力。而动辄禁止、罚款、批评、惩治等简单生硬、缺乏道德反思和自我批评精神的管教式做法，对于大众来说，往往暗示着失去了道德上的自信和宽容。其结果，有时甚至会产生一些相反的示范作用，引发大众的不满，加剧社会的道德危机。

最后应该指出的是，**社会价值观方面的综合治理、整体提升**，还是需要坚持法治与德治相结合。法治与德治是相互联系、相互依存、相辅相成的。在现代社会，既要以强制性的法治为基础和前提，坚持依法治国，依法办事，同时，也应该充分发挥道德调节机制的作用，将法治与德治有机地结合起来。法治与德治的有机统一，也就是他律与自律的完美统一，是人向着自由全面发展境界的努力提升。

五、西方的"普适价值"并不"普适"
——"枪炮声不是人类的'普适音乐'"

和平与发展已然成为当今的时代主题。不过，如果你仔细地亲耳聆听，就会发现，世界其实并不安宁，也并不太平。伊拉克、阿富汗、利比亚、叙利亚……枪炮声此起彼伏，不绝于耳。

隆隆的枪炮声主要来自同一个方向——势力强大的美国和以美国为首的"北约"：1991年，发动海湾战争；1995年，轰炸南斯拉夫；2001年，出兵伊拉克；2003年，攻打阿富汗；2011年，轰炸利比亚……通过各种现代传媒，刺耳的枪炮声每天都回响在人们的耳边，暴力、血腥的场景每天都冲击着人们的视线。许多人都已经司空见惯、习以为常了。

善良的人们可能忍不住要问：为什么会有这么多残忍、血腥的战争？为什么总是西方发达国家肆无忌惮地以强凌弱？为什么总要殃及弱国的无辜平民？如此之多的流血牺牲如何避免？这个世界上是否还有公平和正义？

发动战争、狂轰滥炸的"北约"，特别是充当"世界警察"的美国，当然有着各种各样"高尚的理由"，就像当年他们的祖先开着铁甲舰，扛着洋枪洋炮，在世界各地横冲直撞、占领土地、烧杀掠夺，也有喊得震天响的理由一样。那时据说是"为了传播文明之光，开化野蛮人"。而现在呢，他们的理由更加冠冕堂皇，更加美妙动听："为了推广自由、民主、人权之类'普适价值'！"

然而，美国和西方叫嚣的"自由、民主、人权"真的是所谓的"普适价值"吗？刺耳的"枪炮声"也可能成为全人类喜爱的"普适音乐"吗？……这些关系到每个宗教、民族、国家、地区等的"大问题"，一定得有个明确的"说法"。

实际上，自由、民主、人权等都是具体的、历史的，表现为一个一个具体的、特殊的过程，没有抽象的超历史、超时空、超国情、永恒、静止、普适的自由、民主、人权。

不妨以民主为例。

民主，作为一个社会历史现象，是一般与特殊的统一体。理解何为民主，不能将一般与特殊割裂开来。民主是有其共性、一般性和普遍性的，但现实生活中并没有离开具体民主而单独存在的抽象的、超历史、超时空、"普适"的民主，这就是民主的个性与共性、特殊与一般、个别与普遍的辩证关系问题，我们可以统称之为民主特殊与民主一般的对立统一。民主特殊就是指现实生活中存在的个别的、具体的、历史的民主，如中国共产党的党内民主、西方资产阶级的政党民主等；民主一般就是指寓于民主特殊之中的民主的共同属性。民主一般只是存在于民主特殊之中，是一个一个具体的民主相比较而体现出来的共同的属性，是具体民主的一般表现。

民主是具体的、历史的。所谓民主是具体的，就是说民主是一个一个具体的特殊的客观社会存在，如中国特色社会主义民主政治、美式资产阶级民主政治、英式资产阶级民主政治等，没有脱离具体的、个别的、特殊的民主而单独存在的一般的、抽象的、普适的民主。所谓民主是历史的，就是说民主是一定历史条件下的产物，是随着时代的发展、历史的变迁、实践的推移而不断变化发展的，民主表现为一个历史过程，没有永恒的、不变的、绝对的民主。民主，作为政治制度的民主政治，作为观念形态的民主思想，作为从属于民主政治制度的具体形式、程序和规则，都是一定历史时代、一定特殊国情、一定具体条件的产物。它是历史地形成的，有一个生成、完善的过程，是与某一具体国家、具体政党、具体阶级、具体人群相伴生的。

每一具体的民主政治、民主思想、民主形式、程序和规则，都具有其内在的、与其他民主相比较而共同具有的属性。民主是有其共性、一般性和普遍性的。但在现实生活中，所谓民主政治、民主思想、民主规则，都是存在于具体的国家、具体的阶级、具体的政党、具体的人群乃至具体个人之中的，离开具体的国家、具体的阶级、具体的政党、具体的人群而单独存在的所谓民主一般是不存在的。这就好比离开活生生的具体的个人的所谓灵魂是根本不存在的一样。

当然，不能因为民主的具体性、特殊性、个别性和历史性而否认不同民主的共性、一般性和普遍性。我们只是反对把民主一般说成是脱离民主特殊的所谓超历史的、超阶级的、普适的民主，并不反对说每一个具体的民主具有共性、一般性和普遍性。

把人的认识过程中的任何一个片段绝对化，就会走向唯心主义。个性与共性、具体与一般、特殊与普遍的关系反映了人的认识过程、认识规律。一般来说，人的认识是从认识个别、具体、特殊的事物开始的，经过实践、认识，再实践、再认识，从感性认识到理性认识，再从理性认识到感性认识的反复过程，才抽象出对一个一个个别的、具体的、特殊的事物的共性、一般性和普遍性的认识。人对事物的认识，总是从个别、具体、特殊认识开始，个别的、具体的、特殊的东西认识多了，才进一步从中比较而抽象出具体事物中所蕴含的共性、一般与普遍性，从而提升为共性的、一般的、普遍的概念。比如说，桃子，人们是从具体的蟠桃、毛桃、水蜜桃等各种不同品种的具体桃子中，从大桃、中桃、小桃等多种形状不等的具体桃子中认识到桃子的共性，然后把具有这些共性的东西统称为桃子，这就是桃子概念的形成。当然，从生物科学来说，具体桃子是具有共同的基因条件的。谁吃过抽象的桃？人们吃过的都是具体的、形态千差万别的个别实体的桃子，而没有吃过桃子概念，即桃子一般。抽象的一般桃子并不等于具体桃子本身。如果只让一个人吃桃子的共性，他是吃不到桃子的。从认识论上来说，无限夸大人对具体桃子的共性抽象认识这个认识片段，实际上就走到了唯心主义结论上去了。

拿民主政治来说，如果离开具体的历史条件、时空环境、发展过程，而把某一历史阶段的民主制度作为适用于一切历史阶段的民主，把某一国家的民主制度作为适用于一切国家的民主，是不现实的。普遍适用于一切历史时代、一切国度、一切阶级、一切政党、一切群众的民主制度是不存在的。"橘生于南而为橘，植于北而为枳"，离开了具体土壤、具体的环境、具体的条件、具体的过程，橘就不是橘而为枳了。美式民主是根据美国国情、美国资本主义发展需要和美国资产阶级要求，以及美国人民可接受程度，在美国民族解放和独立战争以来所逐步形成的以两党议会制为特点的民主。不要说它与社会主义国家的民主不同，就连与同是资本主义的英式民主也不同。英式民主是君主立宪式民主政治，是英国资产阶级不彻底革命的妥协的历史产物。英式民主与美式民主同样是资产阶级民主，但由于历史条件不同，它们也是不尽相同的。当然，无论美式民主与英式民主，它们都具有资本主义民主政治的共性。所以，把某一特定条件下的民主说成是完全绝对的东西,是一成不变的永恒的东西,适用于一切,是不现实的。任何特定条件下的民主都有其产生和存在的必然性,同时也有其历史条件的局限性,有在新的历史实践中不断加以完善的必要。

如果把具体民主抽象成一般民主原则套用一切、剪裁一切,那么就不过是玩弄抽象的民主概念,把自家民主强加于别国。一些西方政治家、理论家把美式民主、西式民主说成具有"普适价值"的民主,拿着民主大棒,在全世界到处找人打。在一些西方政客看来,西方民主是世界上最好的民主,具有普适价值,是全世界的样板,他们在全世界到处推销,企图把它硬套给一些自认为不满意的国家,把"民主"当作打人的狼牙棒到处敲打与他们不同的国家。看谁不顺眼,就采取双重标准,凡是他们看来不满意的国家,就给人家扣上"专制""独裁""邪恶"的帽子,必欲除之而后快。而把自己任意干涉别国内政,蛮横地制裁、勒索别国,甚至武装入侵别国的暴力行为,披上输入"普适民主"的外衣。

自由、人权,也是如此。

因此,世界上只存在各种具体的、历史的自由、民主、人权等价值观,根本不存在抽象的、超历史的自由、民主、人权等"普适价值"。

当然,也**不能因为自由、民主、人权等价值观的具体性、历史性、特殊性,而否定它们具有一定的共性或"普遍性"**。根据辩证法的基本原理,特殊中有普遍,在任何具体的自由、民主、人权等价值观中,总是包含一定的普遍性。只不过应该清楚,这种普遍性并不是脱离特殊性、与特殊价值不相干的抽象的、纯粹的普遍性。因为普遍与特殊不是割裂的，不是毫不相干的，而是相互联系、相辅相成的。普遍就存在于特殊之中，价值的普遍性就存在于各种价值的特殊性之中，如同水果的普遍性就存在于苹果、桃、梨等的特性之中一样。自由、民主、人权等价值观中的普遍性，只存在于中国、美国、英国等的自由、民主、人权的具体价值观中。没有离开特殊性的普遍性，也没有脱离特殊价值的抽象的"普适价值"，就如同没有离开苹果、桃、梨等的"水果"一样。因此，全世界范围内的价值的"普遍性"，应该就存在于世界上不同宗教、民族、国家、地区、企业、社会共同体以及个人的具体的、特殊的价值观之中。换言之，正是在这些不同类型的、个性化的、多样化的价值观之中，不同程度地包含着一定的价值的"普遍性"因素。

正因为如此，**强调价值观的普遍性，绝不能以牺牲价值观的个性、多样性、特殊性为代价**。如果没有个性化、多样化、特殊化的价值观，价值观的普遍性就成了无源之水，无本之木。在历史与现实中，不同宗教、民族、国家、地区……乃至个人，基于不同的经济发展水平和历史文化传统，基于生存境遇和自身认识能力的差异，会产生不尽相同的利益和需要诉求，会形成各种不同的个性化的价值观。例如，中国和美国的文化传统不同，经济社会发展水平不同，利益和需要也不同，因而各自所理解的自由、民主、人权就明显不一样。这是我们很容易理解的客观事实。正是个性化、多样化、特殊化的价值观，才是发现价值观之普遍性的真实基础和出发点。

在价值观的普遍性与特殊性、多样性、历史性之间，既

相互矛盾、相互对立、相互排斥，又相互依存、相互表现、相互作用，是一种辩证统一关系。不能执其一端，片面地加以简单化、绝对化、极端化。

从哲学上弄明白了这些道理，我们再回过头来冷静地审视西方倡导的"普适价值"，那么不难发现，它们并非真是什么全人类通行的"普适价值"。因为，尽管在不同宗教、民族、国家和地区的个性化、特殊化的价值观中，包括在西方价值观中，包含了一定的普遍性，但是，任何具体的历史的价值观都不能等同于"普适价值"，任何人将他们喜欢的价值观强加于人，更不可能成为"普适价值"。

六、构建社会主义核心价值观
——塑造中华民族共有精神家园

应该承认，当前中国社会价值观的基本状况是比较复杂的：既涌现出了像孔繁森（1944—1994年）、杨善洲、郭明义（1958年—　）等优秀的共产党员，也出现了不少唯利是图、腐败堕落的贪官污吏；既产生了一些路见不平、见义勇为的道德楷模，见利忘义、救命索要救命钱的道德败类也不时见诸媒体……至于利益纷争日益明朗化、普遍化，人与人之间的关系日益冷漠，甚至人们的不满情绪、敌对意识越来越强烈，广大民众更是深有感触。经过媒体的"炒作"，人们在日常生活中，经常看到这样的案例：有人遇险，他人避之唯恐不及；有人落难，旁观者冷漠地只做看客；相互之间稍有摩擦，有人动辄污言秽语，恶语相向；还有人一言不合立即诉诸武力，伤人性命……或许与媒体不爱炒作的

"好人好事"相比，这仍然是少数"搅坏一锅汤的老鼠屎"，但曾经的"礼仪之邦"出现如此混乱不堪的状况，仍然令人感到忧心忡忡。

直面当前复杂、多样的社会价值观，确实令人产生感慨。当然，我们也不能让极端的情绪遮蔽了双眼，无视改革开放以来社会已经取得的进步，无视广大民众在默默地坚守和支撑。综合地、辩证地看，或许可以进行如下归纳：随着社会的发展，人们的责权利意识普遍觉醒，不同层次价值主体的主体地位逐步确立；传统与现代、"中"与"西"、"左"与"右"等多元价值观并存共处，强调革命、奉献、牺牲、服务的理想价值观与追求物欲满足、追求感官享受的世俗价值观相互交织；封建主义价值体系的"权本位"和资本主义价值体系的"钱本位"仍然拥有一定市场，社会主义的具有影响力、号召力和生命力的价值信念、信仰、理想正在人民群众中间逐渐地广泛确立。

在这样一幅色彩斑斓的价值观图景面前，建设中国特色社会主义这一空前伟大的事业，要求我们必须坚定共产主义价值理想，建立一套与中国特色社会主义实践相适应的科学价值观，以引领社会思潮，尊重差异，包容多样，最大限度地形成社会思想共识；同时，凝聚全国人民的目标和意志，唤起大众建设中国特色社会主义事业的热情。

——**中国特色社会主义核心价值观体现了社会主义的本质，是社会主义意识形态建设的关键，是中国特色社会主义理论建设的根本。**这一核心价值观包含了共产主义远大理想和中国特色社会主义共同理想，是全体中国人民的根本利益和需要的集中表达，是中国人民的理想信念追求。它告诉全世界人民中国人民希望什么、赞成什么、喜欢什么，同时又抗拒什么、反对什么、厌恶什么。它告诉全世界人民"中国要往哪里去"，是中国和中国人民的行动指南，标示着中国社会前进的方向。建设中国特色社会主义核心价值观，是中国特色社会主义理论建设的有机组成部分；同时，也是中国特色社会主义文化建设的根本，和谐社会建设的根本，精神文明建设的根本。

——**建设具有中国特色的社会主义核心价值观，是我国社会转型时期、价值观深刻变革的时代具有指导意义的价值导向**。当今世界正处在价值观深刻变革的时代。随着时代的发展和社会生活的深刻变化，世界文化、文明正在面临转型，东西方之间、传统与现代之间、发达国家与发展中国家之间、社会主义与资本主义之间，不同文化和价值观之间的碰撞和冲突表现得越来越明显，文化价值观的变革、转型已经成为一种时代性、世界性的思想文化现象。我国正处于社会主义初级阶段社会主义市场经济转型时期，价值观变革、转型的广度和深度显得尤为突出，因而价值观建设的任务也就显得更加紧迫，更加突出。

——**建设中国特色社会主义核心价值观，是目前世界上颇具影响力的"中国道路"的应有之义，是中华民族自立于世界的思想基石**。文化价值观是一个民族的血脉，是一个民族赖以生存和发展的精神支柱。一个民族、国家的独特的价值观，是将其聚合成一个统一整体，并不断推动其向前发展的内在动力。迈入全球化时代，价值观前所未有地凸显了其重要性。世界正在依照价值观而进行定位和划分，以至于有亨廷顿（Huntington，1927—2008年）的"文明的冲突"

之说，以至于有"为价值观而战"。文化价值观上的独立与自觉，已经成为一个民族、国家自立、自强的根本性课题。如果缺乏自身独特的价值观，那么，中国特色就是不明确的，中国道路就是不确定的，"中国形象"就是模糊的。如果这样，那么对内很难获得全国人民的认同，很难凝聚全国人民的目标和意志，对外则不可能占据宣传舆论上的主动，占据道义上的制高点。

在如此复杂的环境和条件下，应该从哪些方面着手进行中国特色社会主义价值观的建设呢？十分明显，这是一个宏大的需要付出艰苦努力的社会系统工程。

——**建设具有中国特色的社会主义核心价值观，需要正确的理论指导，确立先进的价值信念、信仰、理想**。信念、信仰、理想是人生的"主心骨"，在人们的精神活动中居于统摄地位，是人们的价值意识活动的调节中枢。必须坚持把马克思列宁主义、毛泽东思想、中国特色社会主义理论体系，把爱国主义、集体主义、社会主义思想，作为凝聚和团结全党全国人民的坚强精神支柱和牢固的理论基础，并在这个思想理论基础上构筑共产主义远大理想和中国特色社会主义共同理想。为此，最重要的是确立共产主义信念、信仰和理想，并作为人们的最高使命和奋斗目标。对于今天的中国来说，共产主义依然是我们前进的灯塔。当然，共产主义只有在社会主义社会充分发展和高度发达的基础上才能实现，必须通过完成各个阶段的奋斗目标来实现，必须由一个一个实际步骤来达到。对于每一位共产党员来说，既要树立共产主义的远大理想，坚定信念，以高尚的思想道德要求和鞭策自己，更要脚踏实地为实现党在现阶段的基本纲领而不懈努力，树立中国特色社会主义远大理想，扎扎实实做好现阶段的每一项工作，以实事求是的科学态度坚持最高纲领，以切切实实的行动实践与最高纲领相联系的现实要求。

——**必须以社会主义、爱国主义和集体主义为基础，全面落实"一切为了人民""全心全意为人民服务"的要求。** 毛泽东指出："共产党人的一切言论行动，必须以合乎最广大人民群众的最大利益，为最广大人民群众所拥护为最高标准。"[7] 要把"人民拥护不拥护""人民高兴不高兴""人民赞成不赞成""人民答应不答应"作为想问题、做决策、办事情的根本出发点和落脚点。只有始终站在广大人民群众的立场上，坚持一切为了人民的原则，切实做到全心全意为人民服务，为人民群众做实事、做好事，才能得到人民群众的支持和拥护，将各项事业推向前进。

——**继承和发扬中华民族的优秀文化传统，借鉴世界各国的优秀文明成果。** 一方面，要辩证地对待中国传统文化，取其精华，去其糟粕，弘扬"天下兴亡，匹夫有责""先天下之忧而忧，后天下之乐而乐"等以国家、民族利益为重，以集体、群体利益为先的优良传统，以及义利兼顾、勤劳节俭、艰苦奋斗、讲求诚信、追求和谐等价值取向。另一方面，要继承五四运动以来的中国共产党人领导中国人民在中国革命、建设和改革开放几个历史时期长期奋斗所形成的光荣革命传统和革命英雄主义精神，学习、扬弃世界各民族优秀价值资源，形成具有社会主义特征、中国传统伦理特色的社会主义核心价值观和价值体系。

——**以创新的态度，创建与社会主义市场经济相适应、与社会主义法律规范相协调、与中华民族传统美德相承接的**

社会主义核心价值体系。在全球化、现代化背景下，一个民族、国家，特别是像中国这样历史悠久、拥有独特文化的社会主义大国，不可能简单照搬世界上任何一种现成的发展模式。中国特色社会主义价值观的建设是一项前无古人的开创性事业。由于它面临着全新的时代背景和复杂的实践基础，因而既不可能通过仅仅"复活"传统美德来实现，也不可能通过简单"引进"和"消化"西方价值观来实现，必须依靠广大人民群众，通过立足时代、解放思想、富于智慧的创新，才能逐步取得成功。必须解放思想，弘扬以爱国主义为核心的民族精神和以改革创新为核心的时代精神，独立自主地探索自己的发展道路。在具体的建设过程中，我们面对的一切重大问题都没有现成的答案，都必须以改革、创新的方式加以探索和解决。这就要求我国从执政党到普通民众，特别是思想理论界自立自强，意识到自己肩负的伟大责任，具有强烈的自主创新意识，在中国特色社会主义实践中，自觉形成中国特色的发展理念，提出中国特色的发展理论，确立自身的价值评价标准，在吸取古今中外文明成果的基础上，建设一套适合中国文化传统和现实国情的中国特色社会主义核心价值观的创新体系。

实际上，反映新时代要求、与中国特色社会主义实践相适应的新型价值观，已经由当代中国共产党人在社会主义革命和建设过程中逐步形成。当然，鉴于当前中国社会的复杂性和价值观的复杂现状，社会主义核心价值观的具体建设和宣传普及不可能一蹴而就，它将是一项十分艰巨的任务，必然要经历一个长期、反复、曲折的过程。它需要随着中国特色社会主义建设的深入，立足时代与国情，在总结新的实践经验的基础上，不断创造性地加以充实和完善、丰富和发展。

结　语

价值观是人们的信念、信仰、理想、道德和价值取向的综合体系，是人们的利益、需要、心理和行为的内心定向和调节系统。价值观是一定文化和文明的灵魂，是支撑人们心灵的精神力量，是社会认同的前提和基础；价值观是人们进行价值评价和选择、做出价值判断的思想根据；价值观是人们为了实现理想、目标而努力实践的精神动力。

马克思、恩格斯创立的共产主义价值观是人类历史上最先进的价值观。它的价值理想在于消灭剥削、压迫，实现全人类的彻底解放，实现人与社会的自由全面发展。共产主义价值体系是指导工人阶级革命和社会主义建设的明灯和纲领，其实现是一个历史过程。社会主义价值体系是共产主义价值体系的组成部分和前期准备。社会主义价值体系要以共产主义价值体系为指导，而共产主义价值体系又只有在社会主义价值体系基础上才能最终确立和完善。

进入全球化时代，价值观的激烈冲突和深刻变革已经成为一种时代性、世界性的思想文化现象。改革开放以来的中国正处于剧烈的社会变革时期，各种价值观相互交织，相互影响，形成了一幅多元并存、互相竞争的价值观图景，因而价值观的转型更为剧烈，给人们的影响和冲击也更为强烈。在承认和尊重多样化价值观的前提下，坚持共产主义价值理想，建设与中国特色社会主义实践相适应的、以马克思主义科学理论为指导的、以社会主义道德为基本特征的、以爱国主义、集体主义和为人民服务为主要内容的社会主义核心价值观,是我们肩负的光荣的历史使命和艰巨任务。

注 释

〔1〕《马克思恩格斯全集》第3卷,人民出版社2002年版,第517页。
〔2〕《马克思恩格斯文集》第2卷,人民出版社2009年版,第34页。
〔3〕《列宁专题文集 论马克思主义》,人民出版社2009年版,第296页。
〔4〕《马克思恩格斯文集》第2卷,人民出版社2009年版,第53页。
〔5〕《江泽民文选》第三卷,人民出版社2006年版,第540页。
〔6〕《韩非子·用人》。奚仲是古代善于造车者,王尔是古代巧匠。
〔7〕《毛泽东选集》第三卷,人民出版社1991年版,第1096页。

新大众哲学·7·人生观篇

荡起幸福人生的双桨

什么是人生观

——人生观总论

人生观是对人生的目的、意义、价值和道德的根本看法和态度。人生观的问题说到底是怎样做人的问题。人的本质不是抽象的,而是"一切社会关系的总和"。任何人来到这个世界上,生命都只有一次,难免会有一死,这是无法改变的自然规律。但是,人不应该就此悲观、沉沦,而应该"向死而生",努力将有限的生命活出精彩来、活出意义来,即要树立远大的理想,投身服务于绝大多数人利益的崇高事业,为社会主义和共产主义的实现而奋斗终生。

人生观是对人生的目的、意义、价值和道路的总的看法和根本态度。人生观引导着每个人一生的言行、人的价值的实现和人生的幸福。马克思主义人生观是科学的、正确的人生观。只有树立了马克思主义人生观,才能真正实现人生的意义,才能获得人生最大的幸福。

古希腊哲人有句名言:"人啊,认识你自己。"这句话道出了人类对自身提出的一个重大命题,即"了解自己"。人要正确认识世界并成功改造世界,就必须了解自己的本质和特点,了解自己的认识能力和实践能力;就必须了解人生的目的和意义，了解自己的使命和人生的价值；就必须了解自己的生和死，了解自己活着要干什么；就必须了解人与世界的相互关系，了解人与人之间的相互关系……总之，关于人生的种种问题，就成为人们所面临并一直在不断探求的重大问题。这些问题，也就是通常所谓的人生观问题。

一、人是什么
——法国"五月风暴"与萨特的存在主义

要搞清楚什么是人生观，首先要搞清楚"人是什么"。而为了搞清"人是什么"这个问题，可以从法国"五月风暴"与萨特（Sartre，1905—1980年）的存在主义谈起。

20世纪60年代末期，在西方发达资本主义国家，相继爆发了震撼西方世界的学潮和工潮。其中规模最大、影响最广、震力最强的，以青年学生和工人抗议、造反为典型形式而震惊世界的，当数1968年五六月间爆发的法国"五月风暴"。

1968年3月22日，法国巴黎大学农泰尔文学院学生集会抗议政府逮捕反对美国越战的学生。巴黎大学当局纠集警察试图逮捕学生，导致双方动武，造成几千人的学潮，结果六百人被捕，几百人受伤。以此为燃点，事态进一步扩大，整个巴黎成为骚乱战场，数万学生和教师举行强大的示威游行，法国许多外围城市大学生纷纷支持巴黎学潮。到了5月中下旬，学潮继续蔓延，引起工潮，整个法国处于学潮与工潮的旋涡之中。"五月风暴"前后持续一个多月，造成损失三百亿法郎，使法国出口减少了三分之一。1969年3月，又爆发了900万工人、学生参加的工人总罢工和学生示威。1968年"五月风暴"和1969年"三月工潮学潮"严重动摇了法国资本主义制度。

法国"五月风暴"和西方风起云涌的学潮、工潮爆发的根本原因，是西方发达资本主义国家社会内在矛盾的激化。成千上万的学生和工人参加抗议示威游行活动，是因为他们意识到自身是资本主义制度的牺牲品，从而对资本主义制度的弊端产生不满，并自发地产生了与资本主义制度对抗的大规模行动，对资本主义制度造成了冲击。

"西方马克思主义"的一些思想家们，如匈牙利人卢卡奇（Lukacs，1885—1971年）、德国人柯尔施（Korsch，1886—1961年）、意大利人葛兰西（Gramsci，1891—1937年）、法国人萨特，还有法兰克福学派的一些代表人物等，在法国"五月风暴"和西方学潮、工潮事前就已经大量地分析了西方发达资本主义国家的社会现状及其内在矛盾，预期了学潮、工潮的降临。学潮、工潮爆发后，他们又力图分析"五月风暴"和西方学潮、工潮产生的原因和意义。

"西方马克思主义"思潮被"五月风暴"和西方学潮、工潮的参与者，以及前后时期形成的西方新"左"派奉为思想武器，特别是其关于抽象的人的观点正契应了"五月风暴"参与者反叛资本主义制度、追求所谓人性解放的精神需求。实际上，"西方马克思主义"并没有自己给自己起这样的名字，他们也不以"马克思主义"自诩，更不是一个成型的组织。"西方马克思主义"是在第一次世界大战之后，社会主义革命于俄国取胜，而于西方却相继失败、步入低潮的形势下，出现的一股反马克思主义的思潮。"西方马克思主义"虽然赞成学生运动、工人运动，但它却从"左"的方面批评马克思主义，成为西方学潮、工潮现实运动理性反映的对应思潮。尽管"西方马克思主义"在理论本质上是错误的，但也不可将其全盘否定。它毕竟探索了马克思主义在发展进程中应当回答的许多重大理论和实践问题，接触了现代发达资本主义出现的许多新情况、新问题，批评了苏联社会主义建设实践中存在的弊端和失误。"西方马克思主义"思想家们的探索和研究，为进一步坚持和发展马克思主义、坚持和发展社会主义提供了重要思想资料。

"西方马克思主义"主张主观唯心主义，反对辩证唯物主义。体现在历史观上，他们反对唯物主义历史观，主张把人的意识、人的主体性提到第一性的位置上，认为社会历史是人的主体性的现实展开，主张把抽象的人作为出发点的资产阶级人道主义，这就在思想领域引起了长时间的关于人、人性、人的本质、人是不是历史的出发点等一系列哲学问题的争论。

对西方学潮、工潮影响最大的"西方马克思主义"当数萨特的存在主义。萨特出生于法国巴黎，因其父去世较早，从小由其外祖父母养大。1929 年从法国巴黎高等师范学校毕业后担任中学哲学教师。1933 年到法兰西学院研究德国现象学家胡塞尔（Husserl，1859—1938 年）和存在主义哲学家海德格尔（Heidegger，1889—1976 年）的哲学思想，逐渐形成自己的存在主义思想体系。1938 年开始发表小说，有《作呕》《墙》《想象的事物》等。第二次世界大战期间应征入伍，1940 年被俘，在德国战俘营被关 9 个月。1941 年 3 月获释返回巴黎，当了新闻记者，积极参加抵抗运动,发表了《苍蝇》《此路不通》等轰动一时的反抗暴政和倡导信仰自由的剧本。1943年,发表了探索十年、写了两年的首部哲学著作《存在与虚无》,提倡存在主义哲学。萨特所说的"存在"不是辩证唯物主义所讲的物质存在,也不是历史唯物主义主张的社会存在,而是抽象的人的本质的存在。他认为,人在世界上的命运是荒诞无稽的,意志的自由决定人的行动。1960年,萨特发表了用存在主义"补充"马克思主义的《辩证理性批判》。1951年,发表剧本《魔鬼与上帝》。1952年,发表文学评论《圣热内——喜剧演员和殉道者》。在政治上,萨特积极参加"左"派社会活动,反对美国侵越战争,积极支持法国学生运动。但是,他背离了马克思主义、背离了马克思主义哲学。他说,自己虽然曾接受马克思主义的影响,但他不是一个马克思主义者。马克思主义有一种解释人的方法,即认为人是经济制度的产物,这是不符合他的信念的。萨特认为人是自由存在的,这构成真正革命的基础。还说,法国革命的老公式,自由——平等——博爱仍然有效。必将出生的社会主义如果不是以这三条原则为内容,就将不是人性的社会主义。

萨特存在主义是一种把抽象的人的存在当作基础和出发点的唯心主义历史观。萨特认为,存在有两类:一类是客观世界的客观存在。他称之为"自在存在"。他认为,客观世界的存在是没有理由、没有必然性、没有原因的,是虚无的"自在存在",由此他否认物质的客观存在,否认现实的人及其社会的客观存在。另一类是人的意识、人的自我的存在,他称之为"自为存在"。他所说的人的存在,不是活生生的、肉体的、物质的、社会的现实人的存在,而是指人的主观的"自我意识"存在,一种抽象的人的本质存在。他讲的存在不是指人的全部物质的社会生活,而是指人的不安、焦虑、绝望、恐惧、罪责这样一种病态的精神生活存在。他认为人具有无限的意志性。他从人的抽象存在出发解说资本主义的内在矛盾,主张深入到人的主体性中去研究资本主义内在矛盾,认为人的自由是人的存在本身,人们通过自由选择而成为他自己的创造者,主张抽象的人道主义的社会主义,从抽象的人的本质出发向现代资本主义展开批判。存在主义的这些主观唯心主义、反唯物史观的主张成为当时西方学生运动和工人运动的思想武器。

从法国"五月风暴"到"西方马克思主义"、萨特存在主义,把到底怎样正确认识人的本质和人性、人的价值、人的自由、人的解放、人的发展等问题,也就是说,"人是什么"这一问题凸显出来了。这个问题是思想文化领域争论的热门话题,是马克思主义与一切非马克思主义(包括"西方马克思主义"思潮)、反马克思主义,唯物史观与唯心史观争论的一个焦点问题,也是人生观所要回答的首要问题。

历史唯物主义在回答"人是什么"时,并不否认西方资产阶级启蒙学者人本主义的进步性,并不一般地否认人性、人道主义、人的价值、人的自由、人的解放、人的发展等口号。历史唯物主义真正反对的是:把抽象的人和人性作为说明社会历史问题的出发点,而不是把"社会关系的总和"作为说明人的存在、人性以及一切社会历史问题的出发点;把实现抽象的自由、平等、博爱等人性要求作为实现人道主义的条件和道路,而不是把无产阶级革命、消灭私有制、建立社会主义制度作为实现人道主义的条件和道路。

马克思主义最重视人的研究，唯物史观绝不是只见物不见人的"人的空场"。历史唯物主义是"关于现实的人及其历史发展的科学"，重视人的地位和价值是马克思主义哲学的重要原则。马克思主义哲学，在人与物的关系上，强调了人是社会历史的主体；在人的社会活动上，强调了人的实践作用；在社会发展目的上，强调了人的全面发展是社会发展的根本目的。马克思主义坚决反对用人本主义取代历史唯物主义，以抽象的人道主义代替科学社会主义。

在唯物史观看来，人是社会历史活动的主人，是社会生活的主体，有生命的个人的存在是全部人类社会历史的第一个前提。但是，没有抽象的人，只有现实的人；没有孤立的人，只有处于具体的历史的社会联系和关系中的人；人是社会中的一员，社会是现实的人联系在一起的总和。研究人类社会就必须研究现实的人，研究这些现实的人的社会生活过程及各方面的内在联系，研究由人的联系和关系所形成的社会结构及其历史变化。离开人的社会关系和联系去研究人，就是研究抽象的人。马克思、恩格斯正是因为研究了现实的人及其社会历史，才形成了对人的本质和人性、人的价值、人的自由、人的解放和人的发展等问题，即"人是什么"的科学认识。只有站在唯物主义历史观的立场上，才能正确解读20世纪六七十年代西方发达资本主义国家学潮、工潮爆发的原因、作用和意义，才能正确地引导西方发达资本主义国家学生运动和工人运动走上科学社会主义轨道，而不受"西方马克思主义"、存在主义的误导。

存在主义宣扬的抽象人性并不是什么新鲜货色，不过是重拾费尔巴哈人本主义的牙慧。费尔巴哈（Feuerbach, 1804—1872年）人本主义观察社会的基本方法是从抽象的人、人性、人的本质出发来说明社会历史。

马克思主义哲学克服了费尔巴哈的人本主义哲学的缺陷，用关于现实的人及其历史发展的科学来代替对抽象的人的崇拜，用唯物史观代替人本哲学。马克思指出："人的本质不是单个人所固有的抽象物，在其现实性上，它是一切社会关系的总和。"[1]这里包含两层意思：一是正确说明了人的本质问题，即"什么是人"；二是科学地指出，只有从社会物质生产出发、从社会实践出发、从社会关系出发，才能说明人性、人的本质等问题，而不是相反。

通过对人的本质的正确探讨，马克思找到了新的世界观——唯物史观的出发点，即社会的物质关系，认识到由此出发才能科学说明人是社会的产物，是社会现象，只有从社会关系出发，才能说明人的一切问题，才能确立科学正确的人生观。

人是一切社会关系的总和。在阶级社会中，人的社会性具体表现为阶级性。从社会关系的总和出发，才能说明人性问题。

回答"人的本质是什么"，实际上就是回答"人是什么"、"人性是什么"。人是什么，谁见过人？谁也没有见过不是张三也不是李四、不大不小、不中不外、不老不少、不男不女……这样抽象的人。人们日常生活中所见的人都是具体的人，老人、小孩，男人、女人，中国人、外国人都是具体的人。哲学上所讲的人的概念，就是把所有的人中最主要的共同特点概括出来，即将人的本质抽象出来，告诉人们

"人是什么"。所有具体的人的共同的本质是他们的社会性。人是社会关系中的人，是社会的人，社会性就是人的本质。正是由于人的社会性，才使人同其他动物区别开来，因为其他的动物都没有社会性。

无论是唯心主义，还是旧唯物主义，都没有把人类社会看成是一个人类历史活动的实践共同体，没有把人看成是社会关系的总和，都是从孤立的单个人出发来抽象出人的本质，因而不可能正确解释人的本质问题，不可能正确说明"人是什么"的问题。

物可以单独存在，如一块石头、一颗钉子、一座楼房……都可以作为个体而存在，一堆石头是石头，一块石头也是石头，当然不能否认物之间没有关系，但这种关系是纯自然界的物质联系。动物也可以单独存在，如一只鸟、一头牛、一条鱼……一群鱼是鱼，一条鱼也是鱼，当然不能否认动物种群的相互依赖关系，但这种关系是被动的、纯自然性质的关系。物的根本属性可以是这个物的个体本身所固有的抽象物，当然这种根本属性也必然是在同他物的比较中才表现出来的。比如说一棵树是桃树而不是李树，那么从单棵桃树同单棵李树的比较中就可以发现桃树的特征。人则不然，个体的人只能存在于社会关系之中，离开社会关系，个体的人便不能存在，不成其为人，单独的个人是无法生存的，从单个人同单个人的比较中找不到人的本质特征，抽取不出人的本质来。人不同于物，人的本质绝不是"单个人所具有的抽象物"，只有从人所生活的社会关系中才能抽象出人的本质。

为什么不可以从单独的、孤立的个人抽象出人的本质

呢？马克思主义全新的历史观，从根本上纠正了费尔巴哈及其旧哲学认识人的本质的错误的方法论。

马克思认为，费尔巴哈哲学的错误在于，撇开历史的进程，孤立地观察宗教感情，并假定存在一种抽象的、孤立的人类个体。他只能把人的本质理解为"类"，理解为一种内在的、无声的、把许多个体纯粹自然地联系起来的共同性。费尔巴哈不懂得革命实践的作用，因而把人与人、人与自然的关系单纯地理解为自然关系，而不能正确地理解为实质上的社会关系。这样一来，人就成为只通过自然关系，而不是通过社会关系联系起来的，远离现实生活的，毫无社会差别的一般的人，把个人之间的联系归结为单个人的自然地、动物式地联系起来的自然共同体。费尔巴哈只能从单个人，最多是从"类"中抽象人的本质。脱离社会关系的人是抽象的人，因而费尔巴哈实际上是从人的抽象概念中抽象人的本质。人们在实践中必然形成各种各样的社会关系，社会关系在本质上也是实践的。人与自然的关系，只有通过社会关系才能相互发生作用，离开了社会关系，人与自然的关系就是动物式的受制于自然的被动关系，而不是人改造自然的主动关系。不理解实践的意义，就不能理解人与人的社会关系，就不能理解人与自然的关系。人的实践创造了社会关系，人就是实践所创造的社会关系的总和及其产物。任何孤立的个人无法实施社会实践。人是作为整个实践的总体而存在的。人们在实践中所必然形成的各种各样的社会关系决定了人成其为人，人的本质存在于社会关系中，而不是存在于单个人中，把物的本质的抽象方法用于人的本质的抽象是根本行不通的。关注人，就要关注人所处的社会实践，关注人所处的社会实践的社会关系，而改造人，则要改造人的社会实践的社会关系，对整个社会关系总和进行科学的抽象。只有运用马克思主义的科学方法论，运用实践概念，才能认识什么是人、什么是人类社会、什么是人性、什么是人的本质。

解决了对人的本质的科学认识，才可以进一步说明人的价值、人的自由、人的解放和人的全面发展等人生的一系列重大问题。

——什么是人的价值？关于人的价值，不同的立场、不同的世界观和人生观，评价的标准也不一样。立场不同、世界观不同，从而价值观不同，人生观也不同。用马克思主义世界观和人生观对人的价值作评价，那么一个人首先应当考虑自己活着对国家、对民族、对集体、对他人有没有用，有没有好用处，这是正确的社会价值观；对社会有价值，才能实现个人的自我价值，人活得才有意义，这是正确的自我价值观。不同的价值观对人的社会价值和自我价值取向不同，**马克思主义价值观是人的社会价值与自我价值相统一的价值取向，是崇高的价值观。**

——什么是人的自由？自由是相对必然而言的。恩格斯认为，承认客观必然性是自由的前提，客观规律、自然界的必然性是第一位的，人的意志自由是第二位的，后者依赖、适应前者，只有首先承认必然性，才能谈得上进一步去认识和把握必然性。必然是客观的，同时又是可知的。**自由就是对必然的认识，人对必然的认识越深刻，行动就越自由。人的自由是对必然的认识和对客观世界的改造。人的自由就是人在社会活动中通过认识和利用必然所表现出来的一种自觉、自为、自在的状态。**人的自由的实现程度是同人对必然的认识水平和对必然世界的改造水平相一致的。自由是随着人们在社会实践中对客观规律的认识不断发展而发展的，在各个历史发展阶段，人对客观必然性的认识和支配是有限度的，人对必然的认识与实践是受必然条件制约的，超出必然性限度的范围和程度去寻求自由是不可能的，必然是自由的限度。

自由是一个历史的、具体的、相对的概念，没有绝对的、一成不变的、超时空的自由，自由都是一定必然条件下的自由。在不同的历史条件下，自由的具体内容是不一样的。在奴隶社会，争取奴隶的自身解放就是自由；在资本主义社会，争取工人阶级的自身解放就是自由。从来没有绝对的、永恒的、不受任何限制的自由。在阶级社会中，自由是有阶级性的，自由是受一定社会历史条件限制的相对自由。自由相对于纪律而言，二者是一对矛盾，没有纪律也就没有自由。任何人在考虑个人自由的时候，应该考虑到个人自由对他人有没有妨害，是不是影响了他人的自由。

——什么是人的解放和人的全面发展？人的全面发展与人的自由是不可分割的，人追求自由的过程也就是人的全面发展的渐进过程，自由的不断实现也就是人不断趋向于全面的发展。人的自由全面发展的前提是人的解放，人只有真正成为自己的主人，成为社会的主人，成为自然的主人，不受阶级的束缚，这才是人的最终解放，即全人类的解放。**人的解放必须以阶级解放为前提，以工人阶级自身的解放为前提，以逐步消灭私有制、消灭阶级为前提**。工人阶级没有自己的私利，只有解放全人类，工人阶级才能最后解放自己。人的最终解放就是消灭私有制，实现共产主义。逐步消灭私有制，实现工人阶级和劳动人民群众的自身解放，这是人的解放的第一步，也是人的自由全面发展的必要条件。

总之，任何个人都是受一定社会存在条件制约的，人是社会关系的产物。只有从社会关系（首先是经济关系）出发，才能科学地说明现实的人及其人性，才能科学地说明人的价值、自由、民主、解放等问题，而不是相反。只有解决了对"人是什么"的科学解读，才能说明人生的一切问题，才能确立正确的人生观。

二、生从何来
—— 人是上帝创造的吗

在《圣经》的开篇，讲述了一个著名的上帝创造世界和人的故事：

在宇宙天地尚未形成之前，黑暗笼罩着无边无际的空虚混沌，上帝那孕育着生命的灵运行其中，投入其中，施造化之工，展成就之初，使世界确立，使万物齐备。

上帝用七天创造了天地万物。这创造的奇妙与神秘非形之笔墨所能写尽，非诉诸言语所能话透。

第一日，上帝说："要有光！"便有了光。上帝将光与暗分开，称光为昼，称暗为夜。于是有了晚上，有了早晨。

第二日，上帝说："诸水之间要有空气隔开。"上帝便造了空气，称它为天。

第三日，上帝说："普天之下的水要聚在一处，使旱地露出来。"于是，水和旱地便分开。上帝称旱地为大陆，称众水聚积之处为海洋。上帝又吩咐，地上要长出青草和各种各样的开花结籽的蔬菜及结果子的树，果子都包着核。世界便照上帝的话成就了。

第四日，上帝说："天上要有光体，可以分管昼夜，作记号、定节令、日子、年岁，并要发光普照全地。"于是上帝造就了两个光体，给它们分工，让大的那个管理昼，小的那个管理夜。上帝又造就了无数的星斗。把它们嵌列在天幕之中。

第五日，上帝说："水要多多滋生有生命之物，要有雀鸟在地面天空中飞翔。"上帝就造出大鱼和各种水中的生命，使它们各从其类；上帝又造出各样的飞鸟，使它们各从其类。上帝看到自己的造物，非常喜悦，就赐福这一切，使它们滋生繁衍，普及江海湖汊、平原空谷。

第六日，上帝说："地要生出活物来；牲畜、昆虫、野兽各从其类。"于是，上帝造出了这些生灵，使它们各从其类。

上帝看到万物并作，生灭有继，就说："我要照着我的形象，按着我的样式造人，派他们管理海里的鱼、空中的鸟、地上的牲畜和地上爬行的一切昆虫。"上帝就照着自己的形象创造了人。

上帝的本意是让人成为万物之灵，就赐福给他们，对他们说："要生养众多，遍满地面，治理地上的一切，也要管理海里的鱼、空中的鸟和地上各样活物。"

第七日，天地万物都造齐了，上帝完成了创世之功。在这一天里，他歇息了，并赐福给第六天，圣化那一天为特别的日子，因为他在那一天完成了创造，歇工休息。就这样，星期日也成为人类休息的日子。

"造化钟神秀,阴阳割分晓。"上帝就是这样开辟鸿蒙,创造宇宙万物的。

其中,造人是上帝最后的、也是最神圣的一项工作。最初的时候,天上尚未降下雨水,地上却有雾气蒸腾,滋生植物,滋润大地。上帝便用泥土造人,在泥坯的鼻中吹入生命的气息,就创造出了有灵的活人。上帝给他起名叫亚当。但那时的亚当是孤独的,上帝决心为他造一个配偶,便在他沉睡之际取下他一根肋骨,又把肉合起来。上帝用这根肋骨造成了一个女人,取名叫夏娃。

上帝把夏娃领到亚当跟前,亚当立刻意识到这个女人与自己生命的联系,他心中充满了快慰和满意,脱口便说:"这是我骨中的骨,肉中的肉啊!可以称她为女人,因为她是从男人身上取出来的。"男人和女人原本是一体,因此男人和女人长大以后都要离开父母,与对方结合,二人成为一体。

亚当的含义是"人",夏娃的含义是"生命之母"。按希伯来《旧约圣经》的说法,他们是人类原始的父亲和母亲,是人类的始祖。这就是著名的上帝"创世说"。

实际上,自从地球上出现了人类,关于"生从何来"——人类自身起源问题的探究,就一直深深地困扰着人自身。当然,人类对于这一问题的认识很丰富,并经历了一个漫长的历史过程。在世界各民族早期的历史上,都曾有过关于人类起源的各式各样的神话和传说。例如,与上述西方世界的"神创说"相呼应,中国古代也有女娲氏捏土造人的传说。在古代埃及和其他一些民族,也有过大致类似的神话传说。

《旧约圣经》所记载的神造世界和上帝造人说，在中东和西方影响巨大而深远，并随着西方文明而影响了世界上其他地区。这一学说与后来的一些哲学理论，例如亚里士多德（Aristotle，前384—前322年）提出的"第一动因"，都坚持认为人和世界是神所创造的。他们一直用"神造世界"以及"神造人类"来回答人"生从何来"的问题，认为人和世界都是受造物，人是因上帝的存在而存在的；他们认为，人是上帝创造的，人生的意义和目的也就都是由上帝所预定的。人只要信仰上帝，属于教会，遵守上帝和教会的诫命，便能完成人生的意义和目的，便能最后回归上帝处。

长期以来，"神创说"这类荒诞的说教和其他类似的迷信说法，虽然从来没有经过严格的验证，但一直根深蒂固，禁锢着人们的头脑，左右着人们的思维。在漫长的奴隶社会和封建社会里，虽然有不少杰出的思想家试图用物质世界本身的原因说明人类的起源，但是，由于他们缺乏科学的根据作为支撑，都未能从根本上动摇"神创说"在思想上的统治。因此，人们一直以上述宗教的或唯心主义的历史观作为思考的基础，形成的是唯心主义人生观。

随着文明的进步，关于人类起源问题的探讨也从原始的神话、宗教，逐渐向理性和科学的解释演进。

在西方，伟大的文艺复兴之后，接着发生了宗教改革、启蒙运动，这些思想运动都在一定程度上反对神造人类的人生观，认为人类起源的问题应该交由科学来处理。

自然科学观点普遍认为，人生从何来的问题，不该由宗教去处理，而是要用科学加以解答。

近代自然科学兴起后，法国的拉马克（Lamarck，

1744—1829年),英国的达尔文(Darwin,1809—1882年)、赫胥黎(Huxley,1894—1963年)、德国的海克尔(Haeckel,1834—1919年)等一大批科学家开始对人类起源问题进行科学的探讨和论证。这其中,最有影响的当属达尔文提出的物种进化论。

达尔文对人类起源问题的研究,在总结前人和同时代人研究成果的基础上,于1859年提出了著名的"人猿同祖论"。他认为,人是从某种古猿进化来的,人类和现代类人猿有着共同的祖先。猿进化到人的过程和一般动物的进化过程都是自然选择的结果。物质世界和人源始于原始物质,由物质而生命,由生命而意识,由意识而精神。

达尔文的进化论摒弃了"上帝"为最高原因的假说,认为进化才是万事万物的起源。它依据解剖学、胚胎学和人类残迹器官等方面的大量材料,论证了人类并非自古就有,也非神的创造,而是通过变异、遗传和自然选择从古猿进化而来的,从而系统地说明了人类起源和形成的自然历史。达尔文的进化论不仅在自然科学领域,而且在人文科学领域都引起了巨大反响。在当时的历史环境下,从根本上改变了对"人从何来"问题的看法。它第一次以科学的名义彻底否定了"神创造人"这一根深蒂固的教义,肯定了人是生物进化的自然产物,猿猴是人类的直接祖先。

达尔文的生物进化论对自然界历史的发展规律做了成功的探索,具有划时代的意义。但是,他只是从纯粹生物进化的观点考察人的问题,还不能彻底说明人类是怎样从动物界分化出来的。即是说,仅仅通过自然选择,还不能充分说明人类的产生。对人类起源问题进一步从社会的本质和基础作出正确解释的是马克思和恩格斯。

马克思、恩格斯认为，人"生从何来"的问题，不仅是一个自然科学问题，而且是一个社会科学问题，归根结底，是一个重要的哲学问题。因为它关涉到人类的生存价值和意义、人类的行为规范和思维方式，以及人类的发展方向等深层问题。只有从唯物主义历史观出发，才能真正说明人和人类社会的产生和发展。

马克思、恩格斯在自己的著作中，多次谈到人类的社会本质以及劳动在人类形成中的决定性作用。恩格斯在1876年所写的《劳动在从猿到人转变过程中的作用》中，更是明确提出并全面论证了"劳动创造人"的原理。恩格斯指出：劳动"是整个人类生活的第一个基本条件，而且达到这样的程度，以致我们在某种意义上不得不说：劳动创造了人本身"[2]。这一结论不断地为考古学、古人类学等方面的大量发现和事实所证实。

人类的祖先是一种在森林中生活的古猿。它曾经是地球上最高级的动物。从已发现的古猿化石可知，古猿的前肢较短，后肢较长，具有向直立行走发展的有利条件；它的脑较大，也比其他动物发达。但是，古猿和自然界的其他动物一样，只具有受本能驱使的活动能力。虽然某些动物的某些本能活动可能达到相当精巧的程度，但是，它与人类劳动之间存在着本质的区别。例如，人类劳动是有目的、有计划的自觉活动，活动的结果事先已在人的观念中存在；而动物受本能所驱使的活动是无意识的，它们不可能事先"观念地"制造出活动的结果来。再如，人类劳动是人对自然界的主动、积极的改造，人类通过劳动来支配自然界，并在自然界打下自己意志的烙印；而动物的本能活动则仅仅是适应自然界，单纯以自己的存在使自然界发生改变。又如，人类劳动从制造工具开始，制造和使用劳动工具是人类劳动必然的、普遍的要素；而动物无所谓使用"工具"，如果说有"工具"，一般说来也只是它们的躯体（如爪、牙等），某些动物偶尔也使用自然界现成的工具，但它们永远制造不出哪怕是极粗笨的石斧来。劳动是人类区别于包括猿群在内的其他动物的特征，而制造工具则是人类不同于动物本能活动的根本标志。

当然，在人的劳动与古猿的本能活动之间，并不存在不可逾越的鸿沟。使猿转变为人的劳动不是历史上既成的东西，而是从古猿的本能活动中萌发、生长和成熟起来的，是在猿转变为人的演化过程中逐渐形成的一种活动形式。而人类的各种基本特征的形成都是与这一过程分不开的。大约在2000万—3000万年前的中新世，由于大地和气候条件的巨大变化，森林面积减缩，古猿不得不由树栖生活逐渐改为地面生活。新的环境和生活条件使古猿适应地面生活的变异特征，在生存竞争和自然选择中通过遗传逐步积累和巩固起来。它们的后肢渐渐专门用来支撑身体和行走，开始"直立行走"，这在古猿转变为人的过程中是具有决定性意义的一步。由于直立行走，前肢得到了解放，古猿慢慢学会利用前肢把自然界某些现成的物体（如石块、树枝等）当作工具，进行获取生活资料的活动，这是一种动物式的带有本能性质的劳动。虽然古猿在这时还不能制造工具，动物式的本能劳动还没有超出动物本能活动的范围，但是，它已包含着劳动的因素和向人类劳动转化的趋势。它是从动物本能活动过渡到人类劳动过程中的一个重要的中间环节。这种活动方式逐渐成为习惯，促进了古猿前后肢的进一步分化，使前肢逐渐变为更灵活、更精巧的手。

直立行走和手脚分工，造成了古猿的身体结构和心理素质的一系列变化。直立姿势有利于脑髓的发展，由此而来的视听范围的扩大，不断促进着脑组织的复杂化。原来过着群居生活的猿类由于劳动的发展，各成员之间的共同协作、相互帮助越来越必要，以至于到了彼此之间有些什么非说不可的地步；同时，日益扩大和复杂化的自然对象及其属性也迫使人类祖先必须作出更高级的反应。于是，出现了最初的语言和思维，并不断在劳动过程中得到发展。在同一过程中，人类祖先也逐渐由利用现成工具发展到学会制造工具，由本能式的劳动演化为自主的创造性的劳动。经过千百万年的演化，经历了亦猿亦人、亦人亦猿的若干过渡阶段，大约在300万年前，人类和人类社会在地球上正式诞生了。

可见，在人和人类社会的产生过程中，人的劳动实践活动起到了根本作用，劳动成为使人和动物区别开来的最终力量。从归根结底的意义上可以说，"劳动创造了人"。恩格斯进一步指出："脑和为它服务的感官、越来越清楚的意识以及抽象能力和推理能力的发展，又反作用于劳动和语言，为这二者的进一步发展不断提供新的推动力。""由于随着完全形成的人的出现又增添了新的因素——社会。"[3]

总之，马克思主义历史观摒弃了上帝创造世界和人之类的荒谬说法，给予了"生从何来"以科学的解答。"生从何来"，其实是人类的"终极追问"，是世界不同文化、艺术、神话、哲学和宗教的共同母题。当然，这并不是全部的答案，我们还不能停留于此。今天，我们要将关于"生从何来"这一人类的接力追问，从实践和理论的结合上拓展到生命现象、人生目的、人生价值……使人们越来越科学和理性地认识人自身。

三、死归何处
——"生的伟大，死的光荣"

刘胡兰，1932年10月8日出生于山西省文水县。年仅10岁，她就参加了儿童团。1945年11月，刘胡兰参加了中共文水县委举办的"妇女干部训练班"，学习后担任了家乡云周西村妇女救国会秘书。1946年5月，调任第五区"抗联"妇女干事；6月，被吸收为中共预备党员，并被调回云周西村领导当地的土改运动。

1946年秋，国民党军队大举进攻解放区，文水县委决定留少数武工队坚持斗争，大批干部转移上山。当时，刘胡兰也接到了转移通知，但她主动要求留下来坚持斗争。这位年仅14岁的女共产党员，在已成为敌区的家乡往来奔走，秘密发动群众，配合武工队打击敌人。

1947年1月12日，国民党军队突袭云周西村，刘胡兰因叛徒告密而不幸被捕。她镇静地把奶奶给的银戒指、八路军连长送的手绢和作为入党信物的万金油盒——三件宝贵的纪念品交给继母后，被气势汹汹的敌人带走。在敌人的威逼利诱面前，刘胡兰不为所动，坚贞不屈。她被带到铡刀前，眼见匪军连铡了几个人，怒问一声："我咋个死法？"匪军喝叫："一个样。"她大义凛然地说："怕死不当共产党员！"

她毫不畏惧，从容地躺在铡刀下。她以短暂的青春，谱写出永生的诗篇，以不朽的精神，矗立起生命的宣言。

1947年3月下旬，毛泽东带领中共中央机关转战陕北途中，中共中央书记处书记、中央纵队司令员任弼时（1904—1950年）向他汇报了刘胡兰英勇就义的事迹。毛泽东问："她是党员吗？"任弼时说："是个优秀的共产党员，才15岁。"毛泽东深受感动，为女英烈刘胡兰挥笔题写了"生的伟大，死的光荣"八个大字。

遗憾的是，在紧张的战斗中，题词不幸丢失了。现在所见的八字题词，是毛泽东在1957年烈士就义十周年之际重新题写的。

"生的伟大，死的光荣"，毛泽东的八字题词充分展示了马克思主义对待生与死的态度，典型地体现了马克思主义的死亡观。

死亡观是人对死亡的本质、过程和意义的根本看法和基本观点。死亡观具有世界观、人生观和价值观的意义。

谈论死亡，本质上是谈论人生。即是说，研究和认识死亡的目的是指向生存的，是为了人类能更好地生活。从哲学上重视死亡问题，探究死亡问题，思索死亡问题，关键是寻求人生之有限与无限、小我与大我的某种统一，理解不仅人之"生"是有意义、有价值的，人之"死"也同样有其特殊的意义与价值，从而获得生命的自由与死亡的尊严。这是建构科学合理的死亡观的基础。

生与死的问题，是人生观中最重要、最难解决的问题。死亡现象和生命现象一样，是一种对人来说非常普遍的现象。如果人们不能正确认识死亡，人们的生命就会一直笼罩在死亡的阴影中，死亡就是伴随人们一生的一个沉重的包袱。

实际上，有生就有死，无死就没有生，死是与生相对的东西。人作为一个有生命的个体是自然存在物，它与宇宙中的一切生命现象一样，必然是有生有死、有始有终的。任何人的自然寿命都是有限的，而且只有一次。人固有一死，这是任何人都要面临的一个问题。谁忽略了死亡，谁就是对自己的生命不负责任；谁要想消除死亡，谁就要首先消除自己的生存；否定和回避死亡，这样的人生是不完整的。追求长生久视、成仙成佛，不过是一种宗教唯心主义的幻想。

一般来说，人的死亡有两种层次，一种是肉体生命的死亡，另一种则是精神生命的结束。从自然属性来说，人的肉体生命的死亡是无法避免的，但从社会属性来看，精神的生命是可以延续的。人之所以不同于动物，最大区别就是人不像动物那样，以纯粹自然本能的生命物种代代繁衍而存在，而是以不断地发展自己而存在。这种人的生命的存在就是历史性的存在，就是文化的存在。人类以文化的方式去把握世界，就形成了人的文化世界的生活。

面对自身死亡必然性的客观事实，人的心灵世界时常会受到一种剧烈的震撼，恐惧与绝望就是这种情感颤动的具体表现。正是基于这种恐惧、绝望的惧死情感，人类衍生出了诸如悲观主义、厌世主义等错误的人生观以及世界观。例如，在叔本华（Schopenhauer，1788—1860年）看来，正因为人必有一死，因此人生不仅是矛盾的、空虚的、无价值的，而且也是十分痛苦的。作为人之本质的生命意志，是一种盲目的欲求和为满足欲求而进行的挣扎，这是导致人生痛苦的深刻根源。叔本华说："人生是在痛苦和无聊之间像钟摆一样的来回摆动着，事实上痛苦和无聊二者也就是人生的两种最后成分。"[4]

对待死亡，也有一种积极的、向上的、达观的死亡观。美国小说家海明威（Hemingway，1899—1961年）写作的《老人与海》就表现了这样一种对待死亡的积极态度。《老人与海》描写的是一场人与自然搏斗的惊心动魄的悲剧。老人每取得一点胜利都付出了惨重的代价，最后遭到无可挽救的失败。但是，从另一种意义上说，他又是一个胜利者。因为，他从不屈服于命运与死亡，无论在多么艰苦卓绝的环境里，面对死亡，他都凭着自己的勇气、毅力和智慧进行了奋勇的抗争。海明威塑造了一个百折不挠、坚强不屈、敢于面对暴力和死亡的"硬汉子"形象。在这部小说中，他所塑造的硬汉形象表达了一个人战胜死亡的态度。

同样是死亡，却存在着不同的"死法"。英雄与懦夫、千古留名与遗臭万年的分界线，就往往取决于对待死亡的态度。中国的古训"临难毋苟免"，讲的是气节，也是对待死亡的态度。在各种死亡中，最壮烈最感人的是为事业、为正义而献身，以视死如归的勇气直面死亡。中国古代民族英雄文天祥（1236—1283年）的名句"人生自古谁无死，留取丹心照汗青"，可以说是对死的认识的最高境界，是对死的意义理解的通达至极，是以对自然规律与历史价值认识为依据的一种积极的人生态度。

在现实社会中，对死亡的必然性与偶然性、灵魂的毁灭性与不可毁灭性、人生的有限性与无限性、死亡和永生的个体性与群体性理解的困惑，很多人都会面临。其实，生与死作为生命活动的两极本身就是对立统一、密不可分的,不能片面地把死亡理解为对生命的否定,换个角度来说,死亡也是对生命的肯定,它为生命确立永恒的价值和意义。我们应该把人的有死性和不朽性、死亡的必然性与人生的自由性辩证联结,把个体小我的有限性与群体生命大我的无限性辩证联结。

人类堪称这个浩瀚宇宙、美丽星球上的一种绝妙的精灵。对于人来说,生命只有一次,生命丢失了就无法再找回来。因此,人类生活的全部意义就在于使这唯一的生命活得有价值、有意义。在个体的层面上,每个人都有唯一的生命,这唯一的生命都是有限的,并且最终都会面临死亡。在这一点上,生命没有本质的区别,最多只是在活的时间长短上量的差异。但在社会层面上,每个人的生命却会呈现出完全不同的社会价值和社会意义。高质量的生命,应该是为社会和他人作出更多、更大贡献;反过来,低质量的生命必定是个人索取大于个人贡献。

辩证法是理解生与死的钥匙。毛泽东说:"人总是要死的,但死的意义有不同。"[5]毛泽东将死称为辩证法的胜利。同样是生,有的生的伟大,有的却苟且偷生;同样是死,有的死的光荣,有的却死的窝囊。"为人民利益而死,就比泰山还重;替法西斯卖力,替剥削人民和压迫人民的人去死,就比鸿毛还轻。"[6]这是马克思主义死亡观的精辟概括,表达了马克思主义死亡观与以往哲学死亡观的本质区别,是以往哲学家思考死亡所不能达到的境界和高度。所以,人只有正确认识了死亡,认识到死后生命的不存在,确立为人类工作、全心全意为人民服务的价值观和人生观,才能把生活的重心转移到现实人生的关注上来,把精力放在社会现实中,积极主动地承担自己应有的社会责任,更好地工作和生活,更多地为社会、为人民的利益奉献自己,实现自己人生的价值。只有这样,才能提高个体有限的生命时间,凸显其生命存在的意义,最终实现生命的最高价值。

四、应做何事
——钢铁是怎样炼成的

"人最宝贵的是生命,生命属于每个人只有一次。人的一生应当这样度过:回首往事,不因虚度年华而悔恨,也不因碌碌无为而羞愧,临终时能说:我的整个生命和全部精力都献给了世界上最壮丽的事业——为人类的解放而斗争。"凡是看过《钢铁是怎样炼成的》这本书的人,无不被生长在极其艰苦、战争不断的环境中,始终与挫折困难作斗争的保尔·柯察金所折服,为他这句精彩的名言所感动,许多人还将之确立为自己人生追求的座右铭。保尔·柯察金之所以选择这样做,来源于他对生活的正确看法,来源于他正确的人生观。在困难面前坚持理想不退缩,对未来对自己充满信心,遇难事不胆怯,相信自己。像保尔·柯察金那样,为了理想坚强地去面对和战胜一切困难,才能磨炼出自己的意志力,成为像保尔·柯察金那样活得有价值和意义的人。

保尔·柯察金的原形、保尔·柯察金形象的塑造者奥斯特洛夫斯基(Ostrovsky,1904—1936年)不仅是这样写的,也是这样做的。在他的一生中,在他的写作中,恰恰表现了对待"应做何事",即人怎样度过一生才有意义的正确态度。

奥斯特洛夫斯基，苏联作家，出生在乌克兰一个贫困的工人家庭。他12岁开始工作，1923年到1924年担任乌克兰边境地区共青团的领导工作，1924年加入共产党。由于长期参加艰苦斗争，他的健康受到严重损害，到1927年，健康情况急剧恶化，但他毫不屈服，以惊人的毅力同病魔作斗争。同年底，他着手创作一篇关于科托夫斯基师团的"历史抒情英雄故事"，即《暴风雨所诞生的》。不幸的是，唯一一份手稿在寄给朋友们审读时被邮局弄丢了。这一残酷的打击并没有挫败他的坚强意志，反而使他更加顽强地同疾病作斗争。

1929年，他全身瘫痪，双目失明。1930年，他以自己的战斗经历为素材，以顽强的意志开始创作长篇小说《钢铁是怎样炼成的》。小说获得了巨大成功，受到同时代人的真诚而热烈的称赞。1934年，奥斯特洛夫斯基被吸收为苏联作家协会会员。1935年年底，苏联政府授予他列宁勋章，以表彰他在文学方面的创造性劳动和卓越贡献。1936年12月22日，由于重病复发，奥斯特洛夫斯基在莫斯科逝世，年仅32岁。1940年位于索契的奥斯特洛夫斯基故居改建为国家博物馆。

《钢铁是怎样炼成的》是一部激励了无数人的佳作，问世以来长盛不衰。究其原因，除了它真实而深刻地描绘了俄国十月革命前后苏联乌克兰地区的广阔生活画卷外，更在于它塑造了以保尔·柯察金为代表的一代英雄的光辉形象，告诉人们应当怎样度过自己的一生。

在我们现实的生活中，并不是要人人都去做伟人、立大功、做大事，而是希望人人都可以以平常心做平凡的人，认认真真地做好于人民有益的平凡事。历史是人民群众创造的，也就是说历史是由无数的平凡人创造的。当然，这不是说做个平凡人就是平庸，没有理想和抱负。其实，能够真正做个平凡人，本身就是不平凡的。所有能成大事者，都是从小事做起，但最后所谓的"英雄"，除了他本身的努力外，还和他所处的环境息息相关。

对于人生应做何事的问题，我们首先要通过正确认识人与社会的关系、人与人的关系，才能得到解答。认识自己不是一件容易的事。世界上没有一个完全与他人没有关系的人，凡是具体个体的人的存在，总是和社会、和他人有关联的。一个人如何去认识和对待社会、他人，也就是他如何认识他自己。

人之为人，很大程度上是由社会因素所决定的。个人的活动既是一个生命的自然过程，又是社会实践的历史过程。在这个历史过程中，每个人都不是孤立存在的，他的活动都面临着个人与社会的关系问题。因此要从社会关系入手分析人们所处的经济地位、政治地位等方面，只有如此才能认清人的本质和价值所在，进而做该做的事，成为幸福的人。

个人对社会的贡献是社会发展和进步的前提和基础。社会的发展和进步，总是以一定的物质财富和精神财富的发展为基础的，而社会要满足个人生存和发展的需要，也必须首先把这些财富创造出来。为此，就要求每个社会成员承担应有的责任，进行创造性的劳动，作出更多的贡献。如果人人只想从社会获取，却不对社会作出贡献，这个社会就不可能存在和发展，个人的生存和发展也就失去了根本保证。社会发展的目的，就是为了实现人的全面自由的发展。只有这样，人类才能更好地走向理想的社会和美好未来。

社会对个人的尊重和满足，必须以个人对社会的贡献为基础。虽然衡量人生价值必须考虑到社会对个人的尊重和满足，但其主要衡量标准还是要看个人到底为社会做了些什么。所以，个人要实现人生的崇高价值，首要的还是积极地为社会发展作出贡献。

个人对社会的贡献是多方面的。在社会生活的各个领域，每个人只要对社会对人民作出了贡献，都是人生价值的体现。人类社会的发展，是千千万万的个人在物质文明、政治文明、精神文明等各个方面作出了贡献，才推动社会历史的前进。在社会急速变革的今天，我们坚持正确的价值判断，在自己的岗位上，在平凡的生活中，尽职尽责，奋发努力，开拓进取，这本身就是一种奉献和牺牲，就是一种不平凡，就是推动了社会的进步和发展。只有这样，一个理想的社会才终将会到来，人的解放才会实现，人们自由和幸福的生活才不会只是梦想。

五、人生观是指导人生的开关
——从"斯芬克斯之谜"说起

人生观是有关"人是什么"的观点。要弄明白这个问题，恐怕不能不谈到著名的"斯芬克斯之谜"。

斯芬克斯是希腊神话中的一个长着狮子躯干、女人头面的有翼怪兽。他坐在忒拜城附近的悬崖上，向每一位过路人出一个谜语，猜不中者就会被它吃掉。这个谜语是："什么动物早晨用四条腿走路，中午用两条腿走路，晚上用三条腿走路？腿最多的时候，也正是他走路最慢、体力最弱的时候。"俄狄浦斯猜中了谜底——"人"。斯芬克斯因此羞惭地跳崖而死。

"斯芬克斯之谜"究竟包含什么丰富的内涵，人们有许许多多的解读。其中，涉及人究竟是什么、应该如何看待人生、应该如何度过人的一生？应该委身于一种什么样的生活方式，等等。而作为谜语的"斯芬克斯之谜"虽然深奥难解，却也仅仅只是触及了这些问题，而并没有真正弄清和彻底解决这些问题。要真正给这些问题一个答案，必须从哲学人生观的高度系统地进行思考。

对人生的系统化的思考、理论化的认识，或者说对人生的哲学思考，我们称为人生观。人生观是对人生的目的、意义、价值和道路的根本看法和态度。

人生观的问题说到底是做什么人即怎样做人的问题；如何评价人生的意义、怎样实现人生的价值，是人生观的基础；人为了什么，确立什么样的人生目的，是人生观的核心；选择什么样的人生道路，怎样对待人生征途上的困难和曲折，是人生观的行动体现。人生观包括了生死观、金钱观、权力观、事业观、婚恋观、苦乐观、荣辱观、幸福观，等等。

每个人都有自己关于人生的观念，即人生观。但人生观作为社会意识的重要组成部分，不是主观上自然形成的，而是来源于人们所处的不同时代，源于人们的阶级地位、生活境遇等不同的社会生活实践。

在阶级社会里，人生观是有阶级性的，不同的阶级会产生不同的人生观念。我们认为阶级社会中的人生观具有阶级性，要注意两个问题：一是剥削阶级的人生观核心是个人主义，但也并不是只讲个人主义，不倡导自我牺牲精神。任何剥削阶级中有远见的先进人物，都会提倡先公后私、大公小私、公而忘私。只不过他们讲的"公"是指统治阶级整体的、长远利益的"公"。二是人生观的阶级性只是指人生观的阶级属性，反映了某个阶级的利益及其意志，这不等于说该阶级的某个具体成员必定具备这种人生观。比如，我们党少数出身工农的党员，甚至党的个别高级干部，可以为了一己私利而背叛人民，而出身剥削阶级家庭的一些党员，也可能为了广大人民的利益而不惜牺牲个人的生命。

相对来说，人们在日常生活中自发形成的人生观，往往是不够系统、不很明确和不太稳定的。只有在一定哲学世界观、价值观基础上形成的人生观，才是系统的、明确的、稳定的人生观。只有有意识地去探讨人生的本质及其规律，有目的地规划、设计人生的最佳方案，从理论和实践上系统地思考人生的一系列问题时，那种自发的人生观才会转化为一种自觉的人生观。

当然，在人类历史上，曾出现过各种各样的自觉的系统的人生观。择其要者，主要有以下几种：

——享乐主义人生观。它从人的生物本能出发，将人的生活归结为满足人的生理需要的过程，追求感官快乐，认为最大限度地满足物质生活享受是人生的唯一目的。

——厌世主义人生观。宗教的厌世主义认为，人生是苦难的深渊，充满各种烦恼与痛苦，唯有脱俗灭欲，才能真正解脱。

——禁欲主义人生观。它将人的欲望特别是肉体的欲望看作一切罪恶的根源，主张灭绝人欲，实行苦行主义。

——幸福主义人生观。有人强调个人幸福是人生的最高目的和价值；也有人在强调个人幸福的同时，还强调他人幸福和社会公共幸福，认为追求公共幸福是人生的最高目的和价值所在。

——乐观主义人生观。它认为社会发展的前途是光明的，人生的目的在于追求社会的文明和进步，在于追求真理，对人生抱着积极乐观的态度。

这些人生观的立场不同、观点不一，并且各有侧重、各有短长，但是，它们都未能科学地说明什么是人、人为什么活着、人生的目的和意义是什么。例如，享乐主义人生观将追求感官快乐、最大限度地满足物质生活享受作为人生的唯一目的，这明显是一种剥削阶级的庸俗人生观。而禁欲主义和厌世主义人生观则相反，它过于悲观和消极，忽视或限制了人们正常的物质需求及其满足，它的极端发展，完全可能走向违背人性、反人民的方向。至于幸福主义人生观和乐观主义人生观，虽然其中包含着一定的合理成分，却没有发现真正实现人民幸福的规律，没有找到实现人民幸福的现实途径。

历史的车轮滚滚向前，行进到今天，人生的意义、价值和目的，更应该成为我们去深入思考的一个问题。我们应该以什么样的人生观去指导分析人生？什么样的人生才更有意义？如何才能使个人的发展和社会发展更加协调？一个有理想的人，应该看清历史发展的规律，树立正确的人生观，明确人生的意义、价值和目标，给个体的自我实现找到正确的方向，使个体的存在成为社会整体的一个和谐因素，做一个高尚的人，一个纯粹的人，一个有道德的人，一个脱离了低级趣味的人，一个有益于人民的人。

只有明确了这些问题，人们才能够正确地对待生活中遇到的各种事情，才能更好地处理自己与他人、个人与社会的关系，更好地融入到推进社会发展与进步中去。一个国家、一个社会，也需要更多有正确人生观的社会成员普遍认同的价值体系来维系，它是维系社会团结的精神纽带、推动社会全面发展的精神动力、指引社会前进方向的精神旗帜。树立正确的人生观，能够坚定人们的理想信念，提高人们的道德水平，激发人们为社会主义和共产主义的崇高事业而奋斗的勇气和力量。

结　语

人并不是神创的，而是"劳动创造了人"；人的本质不是抽象的，而是"一切社会关系的总和"。任何人来到这个世界上，生命都只有一次，难免会有一死，这是无法改变的自然规律。但是，人不应该就此悲观、沉沦，而应该努力将有限的生命活出精彩来、活出意义来，即要树立远大的理想，投身服务于绝大多数人利益的崇高事业，为社会主义和共产主义的实现而奋斗终生。

注　释

〔1〕《马克思恩格斯文集》第1卷，人民出版社2009年版，第505页。
〔2〕《马克思恩格斯文集》第9卷，人民出版社2009年版，第550页。

〔3〕《马克思恩格斯文集》第9卷，人民出版社2009年版，第554页。

〔4〕叔本华：《作为意志和表象的世界》，商务印书馆1952年版，第447页。

〔5〕《毛泽东选集》第三卷，人民出版社1991年版，第1004页。

〔6〕《毛泽东选集》第三卷，人民出版社1991年版，第1004页。

人生的航标和灯塔

——马克思主义人生观

马克思主义人生观就是共产主义人生观,是人类历史上最先进的人生观。它把人的生命活动历程看作认识和改造客观世界的过程,把消灭资本主义私有制、为绝大多数人谋利益、实现美好的共产主义,看作人生的崇高目的和最大幸福。至于个人生命的价值和意义,则在于对社会所尽的责任、对社会所作的贡献,在于全心全意为人民服务,像雷锋同志、白求恩大夫一样,无私地把自己的一切贡献给共产主义事业。

马克思主义人生观是指导人们观察人生、认识人生、指导人生的指南。马克思主义人生观是人生的航标和灯塔。只有树立马克思主义人生观,人们才能顺历史潮流而动,寻找到生活中的真善美,才能给人们实现人生价值指明正确的方向,使每个人把个人的命运、学习、工作、生活和祖国、人民的事业联系起来,真正找到人生的意义、价值和目标,过上越来越幸福的生活。

一、马克思主义人生观是科学的人生观
——雷锋精神对我们的启示

1963年3月5日,我国各大主流媒体同时刊登了毛泽东同志亲笔书写的"向雷锋同志学习"的题词手迹,全国迅速掀起了学雷锋活动的滚滚热潮。雷锋（1940—1962年）这位伟大而平凡的普通一兵,走进了一代又一代人民群众的心中,成为践行马克思主义人生观、共产党人道德理想的伟大丰碑,成为体现中华民族传统美德的崇高楷模。雷锋精神具有极强的精神感染力和历史穿透力,虽然已近半个世纪,但雷锋精神依然是一面猎猎招展的旗帜,激励着社会进步,鼓舞着人们前行。

任何时代都需要一个或一群标志性人物,以寄托完美的精神存在。如果没有这样一个人物,时代就会创造出这样的人物来。雷锋就是这样应运而生的标志性人物,雷锋精神就是这样应时而出的马克思主义人生观的现实聚光。雷锋只是一个平凡而普通的名字,但是,雷锋精神却是一个伟大而壮丽的马克思主义人生观的坐标。

雷锋同志是把党的远大理想与现实目标、最高纲领和最低纲领高度结合起来的光荣典范,既树立了坚定不移的共产主义远大理想,矢志不渝地为共产主义而奋斗一生,又脚踏实地、一步一个脚印地努力做好实际工作,努力投入到现实社会主义建设中来,既有远大目标、坚定信念、崇高理想,又有当前目标、脚踏实地、努力工作。雷锋精神是共产主义远大理想和社会主义共同理想高度结合的思想结晶,体现了共产主义远大理想的实践追求，这正是雷锋精神能够立得住、叫得响的根本原因，也是马克思主义人生观的精华所在、根本所在。

今天，弘扬雷锋精神，就要像雷锋那样把追求远大理想同实现当前目标结合起来，做到志向远大、理想忠贞、笃信践行。胸怀远大的共产主义理想和践行当前要实现的奋斗目标是雷锋精神的精髓，也是树立马克思主义人生观的根本要求。雷锋是坚定的共产主义者。"学习雷锋好榜样，忠于革命忠于党，爱憎分明不忘本，立场坚定斗志强。"有了坚定的理想信念，也就找到了精神支点和力量源泉。

雷锋用实际行动告诉我们，人不能缺少理想信念，有了理想信念，才有人生的主心骨，才能找到人生的价值，才能找到人生的意义。雷锋从思想上坚信马克思主义、共产主义，胸怀共产主义的远大理想，是一个志存高远、追求卓越的人，但他又深刻懂得"千里之行，始于足下"的道理，从大事着眼，不以善小而不为。今天，向雷锋同志学习，就要既坚信共产主义远大理想，又树立中国特色社会主义共同理想；既忠于崇高远大的革命理想和奋斗目标，又要脚踏实地、扎扎实实地从我做起、从现在做起、从实事做起。注重道德实践，不断加强自身道德修养，不拒绝做小事，从自己做起，从本职工作做起，从身边人、身边事做起。雷锋精神虽然崇高，但又不是高不可攀的，每个人只要学都可以做到。雷锋之所以成为人民心中永生的英雄、永远的榜样，就因为他用实际行动展示了马克思主义人生观的力量。

有一种精神，穿越时空；有一种力量，激励你我。无论是热火朝天的社会主义建设时期，还是风云激荡的社会主义改革开放年代，雷锋精神总是追随时代进步和社会发展，不断与民族传统美德相承接、与社会进步潮流相契合、与党的先进本色相融合，越来越焕发出引领社会风气之先的独特魅力，成为全党、全社会、全民族共有的永不褪色、永不过时、永放光芒的宝贵精神财富。

"共产党人不屑于隐瞒自己的观点和意图。"[1]为了实现自己的人生观点，马克思主义经典作家向全世界公开发表宣言，要树立和实践共产主义的伟大理想，为人类解放和人的自由全面发展而奋斗，始终全心全意为人民服务。实现了这样的马克思主义的人生观，"获得的将是整个世界"[2]。

——**马克思主义人生观把为人民服务作为人生的宗旨**。只有一切从人民的利益出发，尊重人民群众的主人翁地位，将个人的活动纳入人民群众的实践过程当中，才能充分发挥自己的聪明才智，从事有益于人民、有益于社会的进步事业。

——**马克思主义人生观把实现共产主义作为人生的最高理想**。马克思通过研究生产力和生产关系的矛盾运动发现了人类社会发展的规律，认为随着生产力的高度发展，人类一定会进入无限美好的共产主义社会。个人的理想应当和社会发展规律统一起来，把实现共产主义作为自己的最高理想。这样，在为理想的实现而努力工作的时候，就具有了崇高的意义。这样的人生才是高尚的人生。

——**马克思主义人生观是对以前人生观的扬弃**。马克思主义人生观摒弃了以往人生观的消极因素，而批判地继承了其合理成分。它立足绝大多数人的立场，在肯定合理的个人利益的前提下提倡爱国主义、集体主义和无私奉献精神，它把为绝大多数人谋利益与维护个体的利益辩证地统一了起来。

树立马克思主义人生观，在中国特色社会主义建设的具体实践中，就更能够关注人民群众的利益；在集体和组织中，更能够识大体、顾大局、克己奉公，不会为个人得失而斤斤计较，不会轻易陷入"自我中心"；就能够更为崇高的理想，以顽强的意志克服遇到的各种困难，不被矛盾所困扰，不向挫折屈服，不为冲突而忧虑；就能够更热爱自己的本职工作，积极努力作出成绩，奉献自己的价值。

历史的发展事实证明，在马克思主义人生观的指导下，把个人的理想和奋斗与社会历史的发展规律结合在一起的人生，是充实的和有意义的人生。以马克思主义人生观为指导，人们就能全面地回答人生道路上面临的一系列问题，正确处理各种矛盾，给人生指明奋斗的方向和光明的前途；就能在社会现实实践中，从生活中的点滴小事做起，以一种理性和诗意的方式，过上有尊严和幸福的生活，荡起幸福人生的双桨。

二、马克思主义世界观与人生观
——"砍头不要紧，只要主义真"

夏明翰（1900—1928年），字桂根，祖籍湖南衡阳县，1900年出生。1921年冬，经毛泽东、何叔衡介绍加入中国共产党。入党后，他在党领导的自修大学任教，并参与开展农民运动。1927年初，他到毛泽东主持的武汉中央农民运动讲习所工作，担任全国农民协会秘书长，兼任毛泽东的秘书。同年夏天，国民党发动反共政变，夏明翰调任新改组的湖南省省委委员兼组织部长。1928年3月18日，被叛徒出卖被捕。被捕后，他在拷打中只是怒斥审判官。他自知生命将要结束，忍着伤痛用半截铅笔给母亲、妻子、大姐分别写了三封信。在给妻子郑家钧的信上，他还留下了一个带血迹的吻印。被捕两天后即1928年3月20日的清晨，夏明翰被带到汉口余记里刑场。执行官问他有无遗言，他大喝道："有，给我拿纸笔来！"然后，挥笔写下了一首正气凛然的就义诗："砍头不要紧，只要主义真。杀了夏明翰，还有后来人。"这首就义诗当时就被人称作热血谱写的革命战歌，激励了无数后人为共产主义理想奋斗终生。

"砍头不要紧，只要主义真。"这深刻地说明，只有树立了马克思主义的伟大世界观，才能具有视死如归的人生观。

人生观与世界观是不可分的，联系十分紧密。人生观依赖于世界观。在世界观之外，不与任何世界观联系的、绝对独立的人生观是没有的。

世界观决定人生观，人生观决定人在社会生活中的言行，是人在社会生活中的行为准则。用什么样的世界观去观察和对待人生问题，就会产生什么样的人生观。

世界观人皆有之。人生活在世界上，总要和自己周围的人和事发生联系，受到各个方面的影响。人在社会实践中会逐步地认识各种事物，形成各种观念，以指导自己的行动。这样，人们就产生了对自然、社会、国家以及生死、道德、恋爱、婚姻、苦乐、是非、善恶、美丑等的看法，就产生了自然观、社会观、国家观、人生观、生死观、价值观、恋爱观、婚姻观、苦乐观、是非观、善恶观、审美观等，这就逐步形成了对世界事物的最一般的、总的看法，形成了贯穿一切的、起支配作用的最基本的观点，支配着人们的具体看法和行动，这就是世界观。

到西藏喇嘛寺去参观时，人们会看到许多虔诚的信徒五体投地，亦步亦趋，从很远很远的地方来朝拜。这些人为什么不辞辛苦、如此虔诚？因为在他们心目中，"佛"支配了他们一生的命运，他们不自觉地受神学世界观的支配。

中国共产党的优秀党员方志敏（1899—1935年）在敌人的监狱中写作了《可爱的中国》。他写道："为着阶级和民族的解放，为着党的事业的成功，我毫不稀罕那华丽的大厦，却宁愿居住在卑陋潮湿的茅棚，不稀罕美味的西餐大菜，宁愿吞嚼刺口的苞粟和菜根，不稀罕舒服柔软的钢丝床，宁愿睡在猪栏狗窠似的住所……"方志敏烈士为什么有这样的生死观呢？因为他自觉地树立了马克思主义的世界观。

当前，在市场经济大潮中，在一些人中间流行的极端个人主义、拜金主义、实用主义、享乐主义、悲观厌世情绪，以及出现的物欲横流、道德沦丧等现象，同接受西方资产阶级世界观的支配和影响是分不开的。资产阶级世界观把人的本质看作自私的，从人的自私本质出发来解释一切社会现象，这种资产阶级的世界观决定并支配了个人主义人生观。

每个人都有世界观，但有自觉和不自觉的区分。那些拜佛的人是不自觉地受神学世界观的支配；而方志敏烈士却是自觉的共产主义战士，他写下的气壮山河的篇章和表现出来的英勇不屈的行动，是他的马克思主义世界观的自觉体现。

人生观也积极作用于世界观。一个人具有正确的人生目的，选择了正确的人生道路，追求积极向上的人生价值，就会选择科学的、正确的世界观。

　　不树立马克思主义世界观，就不会选择共产主义人生观；同样，解决了"为什么人"的问题，选择了为全人类幸福献身的人生观，也会促进一个人坚信和选择马克思主义世界观。

　　既然人人都受某种世界观的支配，那么问题就不在于要不要有世界观，而在于要有什么样的世界观，受什么样的世界观支配。世界观不同，人生观就不同，人们的思想面貌和行为表现就大相径庭。确立正确的世界观对于人生具有多么重要的意义！要确立正确的世界观，自觉地运用它来指导自己的行动，就需要学习马克思主义哲学。

　　马克思主义哲学是工人阶级的世界观，是人类认识世界和改造世界的强大的思想武器，是工人阶级政党制定正确思想路线的理论依据。学习马克思主义哲学，用马克思主义世界观去观察事物、研究问题、指导行动，可以帮助我们树立科学的世界观、价值观和人生观。马克思主义世界观是马克思主义人生观的理论基础。

　　——**马克思主义世界观，可以帮助人们更好地认识社会发展的规律，把握人生前进的方向，与历史进步趋势同行，做社会发展的促进派**。马克思主义揭示了人类历史发展的客观规律，以人的自由全面发展为最高价值目标，是工人阶级政党制定路线、方针、政策的理论基础。社会历史是前进的，尽管有曲折、有险阻，但它发展的总趋势不会改变，资本主义终究要被社会主义代替，社会主义终究要过渡到共产主义，这是历史的必然，是客观的真理。人只有按照社会发展规律的要求，顺历史潮流而动，他的生活才有价值。这种科学世界观给了共产主义者为真理而斗争的坚定信念，引导他们把自己的命运、日常工作和社会主义与共产主义伟大事业结合在一起。只有从这里，才能真正找到人生的意义、人生的价值。学习马克思主义世界观能够帮助人们深刻领会党的路线、方针、政策的正确性，坚定中国特色社会主义的道路自信、制度自信和理论自信，努力为中国特色社会主义事业奉献自己的一生。

——**马克思主义世界观，能够帮助人们确立正确的利益观、价值观、人生观、审美观等，引导人们去寻找生活中的真善美，去实现人生的真正价值。**人们喜欢讲真善美，但只有马克思主义世界观才能正确解决真善美的问题。真与假，这是人们的认识关系问题。善与恶，这是社会生活中的道德关系的问题。美与丑，这是人们的审美关系的问题。现实生活中，既有真善美，也有假恶丑，这是客观存在的东西。就是在消灭了剥削制度的社会主义社会里，也仍然存在这个问题。如果没有科学的世界观，就不可能分清是与非、真与假、善与恶、美与丑。环顾我们的周围，青年朋友中不是还有人把假的当作真的、把恶的当作善的、把是的当作非的、把丑的当作美的吗？这一切说明，我们是多么需要科学的世界观作为自己的思想和行动的人生指南。

——**马克思主义世界观，能够给人们提供科学的方法论，指导人们做好本职工作，为社会主义建设、为人类解放的伟大事业作出自己的贡献。**

中国特色社会主义现代化是一项空前伟大的事业，又是艰巨复杂的事业。过去的经验、教训，需要总结、吸取；对人类社会发展规律、社会主义发展规律、共产党执政规律的认识还要不断深入，社会主义政治、经济制度还要不断完善，新情况、新问题层出不穷，等待我们去研究、去解决。除了马克思主义世界观，没有任何别的世界观、方法论能帮我们的忙，给我们提供正确的立场、观点和方法，指导我们唯物而又辩证地看问题，帮助我们克服实际工作中的主观主义以及思想方法的片面性，使我们在政治、经济、生产、生活、教育、文艺等各方面的人生事业中，尽量少犯错误，犯了错误也能很快得到纠正。

三、共产主义理想是最美好的人生追求
——"毫不利己，专门利人"的白求恩精神

诺尔曼·白求恩（Norman Bethune，1890—1939 年）生于加拿大安大略省，是加拿大共产党党员，著名的胸外科医师，一位杰出的国际共产主义战士。他毕业于多伦多大学医科，曾任蒙特利尔皇家维多利亚医院胸外科医师、圣心医院胸外科主任。1936 年，德意法西斯武装干涉西班牙革命时，他曾随加拿大志愿军到前线，为反法西斯的西班牙人民服务。中国抗日战争爆发后，为了支援中国人民的解放事业，他受加拿大共产党和美国共产党的派遣，率领由加拿大人和美国人组成的医疗队到中国支援抗战。

1938 年初，白求恩大夫到达中国。他不仅带来了大批药品和医疗器械，而且带来了高超的医疗技术、惊人的组织能力，以及对中国革命战争事业的无限热忱。

从此，哪里有伤员，白求恩大夫就出现在哪里。他从来不惧怕困难和危险。在晋察冀的一次战斗中，他曾连续69个小时为115名伤员做手术。他的手术台曾经设在离前线仅仅五里地的村中小庙里。当时，大炮和机关枪在平原上咆哮着，敌人的炮弹落在手术室后面，爆炸开来，震得小庙上的瓦片格格地响，但白求恩大夫却沉着冷静，不为所动，继续在小庙里紧张地手术。大家劝说他转移，他说什么也不肯。他说："离火线远了，伤员到达的时间会延长，死亡率就会增高。战士在火线上都不怕危险，我们怕什么危险？"两天两夜，他一直在手术台上工作着，直到战斗结束。

为了保住伤员的性命，白求恩大夫曾经把自己的鲜血输给中国战士。因为他是O型血，他愉快地称自己是"万能输血者"。他还拿出自己带来的荷兰纯牛乳与丹麦咖啡，亲自到厨房煮牛奶，烤馒头片，端给重伤员吃。看着伤员们"贪婪"地吃下去，白求恩的脸上露出了微笑。

1939年10月下旬，在涞源县摩天岭战斗中抢救伤员时，白求恩的左手中指被手术刀割破，后在给一个外科传染病伤员做手术时，不幸感染了"破伤风"。但他仍不顾伤痛，坚决要求去战地救护。他说："你们不要拿我当古董，要拿我当一挺机关枪使用。"随后，他跟随医疗队到了前线。终因伤势恶化，转为败血症，医治无效，于11月12日凌晨在河北省唐县黄石口村逝世，终年49岁。

白求恩大夫对工作极端负责任，对同志、对人民极端热忱。他以精湛的医疗技术，为中国的抗日军民服务，并培养了大批医务干部，为中国人民的解放事业，为国际共产主义事业，作出了卓越的贡献，贡献了自己的生命。12月21

日，毛泽东同志有感于他的事迹，写下了光辉著作《纪念白求恩》。

国际共产主义战士白求恩"毫不利己，专门利人"的精神，是一座伟大而不朽的丰碑。它永远激励着中国人民乃至世界人民，坚定地追求共产主义理想，投身无产阶级和全人类解放的共产主义事业。

英国哲学家罗素（Russell，1872—1970年）曾经说过："人类由于对自身一直生活于其中的充满破坏和残酷的混乱世界的不满而梦想一个具有良好秩序的人类社会。这样的事古来如此。"[3]人活在世上，当然要追求个人的美满幸福生活，但是，只有建立理想的社会，而且只有实现了社会理想，才能最大限度地使个人理想如愿以偿。理想作为人们的一种信念，鼓舞着人们为实现一定的目标而努力奋斗。

马克思主义的社会理想告诉人们，未来美好社会不仅消灭了阶级剥削和压迫，而且消灭了阶级本身；在新的制度下，社会生产力高度发展，产品极大丰富，能充分满足人们物质和文化生活的需要，实行各尽所能、按需分配，每个人的聪明才智可以得到充分发挥和运用，实现人类的真正自由解放。从这个角度来说，共产主义是人类历史上最理想、最完全、最进步、最合理的社会制度。

马克思主义的社会理想将实现人真正自由和解放的社会主义和共产主义作为人类社会的发展方向，而追求真正的自由解放恰恰体现了人之为人的本性，在这个意义上，马克思主义的社会理想是能够指导人类社会发展实践的。作为真正关注和致力于实现人类自由和解放的学说，马克思主义的社会理想一直被追求社会进步的人们视为人类社会的发展方向，当作现实社会变革和实践的理论指导，希望按此社会理想进行变革现有社会的实践。一直以来，为实现共产主义理想，无数有理想的有识之士为之而努力不懈地奋斗着。

在马克思之前西方曾存在过各种各样的社会理想，它们都是从抽象人性出发，将社会理想理解为具有终极意义的社会制度。与马克思的社会理想相对照，它们不仅在具体内容上有所不同，而且在实质上存在根本区别。总结西方传统哲学对人的理解，主要有两种基本观点：一种是把人"物化"，归结为物质本性；另一种是把人"神化"，归结为精神本质。这两种观点都将人的本质理解为单一、前定、不变的抽象人性，看似对立，但他们的思维方式却是都把人性看作单一不变的本性，从而形成对人的基本理解。

从这样的思维方式出发，西方哲学史上形成了对社会理想的各种理解：从柏拉图（Plato，约前427—前347年）的"理想国"到基督教神学的"千年王国"，再到启蒙思想家们以追求人的自由平等为根本目的的"共和国"，以及空想社会主义者的"乌托邦"。这些对社会理想的理解虽各不相同，但都认为社会应有一个最完善的存在状态、最理想的制度，并根据各自的理解作出了美妙的设想，并认为只有在那种状态下人才能成为最完善的人、人的本质才能得以实现。这是西方传统哲学以抽象人性论理解社会理想必然得出的答案。

与此相反，马克思主义的社会理想是现实的、存在于人的真实生活之中的，而非虚幻的、存在于哲学幻想之中的。马克思主义的社会理想与以往社会理想的区别不只是表现形式和具体内容上的不同，而是思维方式和根本理念的差异。

马克思主义把共产主义看作最美好、最进步、最合理的社会制度。共产主义既是一种制度，又是一种运动。以实现共产主义理想为最终目的的无产阶级政党领导下的革命群众运动，就是社会主义和共产主义运动。马克思主义的社会理想不仅代表了工人阶级的利益，具有工人阶级的阶级性，而且代表了全人类的长远利益和共同利益，体现了工人阶级和最广大人民群众利益的一致性。在共产主义社会，生产力高度发展，物质财富极大丰富，人们的思想觉悟和道德品质极大提高，阶级对立和"三大差别"最后消失，全社会实行各尽所能、按需分配的原则，人人都可以过上美好而幸福的生活。

一个树立了崇高理想的人，就会为实现自己的目标而激发出为之奋斗的热情、勇气和毅力。我们可以因为梦想而忙碌，但不能因为忙碌而失去梦想。这就是为什么无数树立了共产主义理想信念的人，为实现共产主义理想，为使大多数人过上美好生活而不断追求，甚至献出自己一切的原因，这就是马克思主义的魅力所在。这也是马克思主义人生观与其他人生观，比如封建主义的人生观、小私有者的人生观和资产阶级的人生观的一个重要分水岭。

马克思主义人生观告诉我们，人活着必须有理想、有追求，而共产主义的理想追求是马克思主义人生观的核心。当下，加强精神力量的作用，最重要的就是在人民心中，在马克思主义人生观的指导下，构建共同的理想信念和远大的道德信仰。加强社会主义的思想道德建设，集中到一点，就是**解决好全党全民族的理想、信念、信仰问题**，即人活着到底追求什么、人生的精神寄托是什么。

1945年毛泽东在《论联合政府》中讲到我们党的新民主主义革命纲领时，明确提出了党的共产主义最高纲领和远大理想。他说："我们共产党人从来不隐瞒自己的政治主张。我们的将来纲领或最高纲领，是要将中国推进到社会主义社会和共产主义社会去的，这是确定的和毫无疑义的。"[4]毛泽东铿锵有力、义正词严的理想信念之言词掷地有声，向全人类宣布了中国工人阶级政党的最高理想和奋斗目标就是实现共产主义。马克思主义人生观所追求的理想信念就是共产主义远大理想和奋斗目标，这是建立在马克思主义对人类社会发展规律的科学揭示基础上的，承认不承认党的最高奋斗目标是科学社会主义与形形色色的空想社会主义的根本区别之一。理论的科学性决定了理想信念对人心的征服，理论的彻底性决定了信仰的坚定，正因为建立在彻底的科学的理论基础之上，共产党人才有坚定的理想信念和矢志不渝的价值追求。我们党的创始人和革命前辈之所以坚定不移地将中国新民主主义革命和社会主义革命大旗打到底，正是因为接受了科学社会主义的科学结论，正是因为树立了坚定的远大理想信念；无数先烈和革命志士之所以不怕流血牺牲、前赴后继，正是因为从理论上坚信马克思主义所揭示的真理，正是因为牢固树立了共产主义的远大理想。

马克思主义的理想与工人阶级的伟大实践是相统一的。共产党人的远大理想不是空洞的，是建立在科学理论的基础上，是建立在脚踏实地、一步一个脚印的实践奋斗上，是建立在现实基础上的。共产党人不仅有最远大的共产主义理想，还有一步一步达到最高理想的近期奋斗目标。远大理想决定党的最高纲领，近期奋斗目标决定党的最低纲领。党的最高纲领与最低纲领是辩证统一的。最高纲领体现为远大的共产主义理想,最低纲领体现为共产党人的近期奋斗目标。最高纲领是远大理想目标的具体体现,没有最高纲领,就会失去导向和动力,科学社会主义就会成为民主社会主义,工人阶级政党就会成为资产阶级政党;最低纲领是最高纲领的具体化,没有最低纲领,最高纲领就是空的,不能最广泛地团结一切可以团结的力量,动员人民不断向最终目标奋进。既要讲最高纲领,又要讲最低纲领。中国共产党人领导的新民主主义革命与中国资产阶级领导的旧民主主义革命,其根本区别在于最高追求目标的不同。中国共产党人领导的新民主主义革命只是社会主义革命的第一步,而社会主义革命的目的是最终建成社会主义,未来过渡到共产主义。正是中国共产党人将最高纲领与最低纲领、将远大理想与现实目标有机地结合起来,制定正确的路线、政策和步骤,才取得了新中国的建立、社会主义建设和改革开放的伟大成就。今天,我们党的最高纲领仍然是共产主义,而近期达到的目标就是中国特色社会主义。共产主义是远大理想,中国特色社会主义是共同理想,二者是完全一致的,理想与现实是完全一致的,这就构成社会主义核心价值体系的核心价值理念。这是决定我们每个人人生价值取向的思想导向。

四、以人的自由全面发展为宗旨
——马克思和"自由人联合体"

马克思主义人生观的核心问题,是实现人的彻底解放,使人成为"完整的人""真正的人""自由的人";共产主义社会的本质是自由人的"联合体",是"以每个人的全面而自由的发展为基本原则的社会形式"[5]。

1846年,马克思和恩格斯合写了《德意志意识形态》一书。在这本光辉著作中,他们用非常形象的语言,生动地描述了共产主义社会"每个人自由发展"的情形:"在共产主义社会里,任何人都没有特殊的活动范围,而是都可以在任何部门内发展,社会调节着整个生产,因而使我有可能随自己的兴趣今天干这事,明天干那事,上午打猎,下午捕鱼,傍晚从事畜牧,晚饭后从事批判,这样就不会使我老是一个猎人、渔夫、牧人或批判者。"[6]这是一段人们特别喜爱引用的经典名言,它体现了马克思和恩格斯关于共产主义的浪漫而科学的设想。由于消除了那种强制性的、固定性的分工,每个人作为个人参加共同体,个人的存在摆脱了对人与对物的依赖,成为独立的、有个性的个人,成为全面发展的自由、自觉的个人。

1848年,马克思和恩格斯在《共产党宣言》里更是明确指出:共产主义社会是一个"自由人的联合体","在那里,每个人的自由发展是一切人的自由发展的条件"[7]。

后来,在《资本论》中,马克思进一步指出,共产主义社会,是比资本主义"更高级的、以每个人的全面而自由的发展为基本原则的社会形式"[8],是人类社会由"必然王国"向"自由王国"的飞跃。

在马克思看来,"人的解放"实际上就是把人的关系还给人自己,就是人类摆脱盲目而强大的自然力,以及异己对立的社会关系对人的限制和束缚,从而获得自由而全面发展的过程。人的自由而全面发展的最终目的,是使每个人的个性得到自由而充分的发展。这就表现为人在生活中自由支配自己的时间，进行自主的活动，形成自由而充分发展的个性。

马克思说，自工业革命以来，近代资本主义在不到一百年的时间里，比过去几个世纪创造的财富总和还要多。人类在无限的物质生产中，实现了对自然界的依赖性的某些超越。但人们发现，人类却忽略掉了生产力增长之外所有其他社会发展的价值追求。无限的物质欲望使得人类不断地突破自然界生态平衡的界限。自然，这一人类生息繁衍的家园，已成为一个仅仅不断满足人物质需求而被不断索取的地方。

大量的商品生产，个人的消费，已不仅仅是满足自我需要的手段，而异化成生产经营者为获取利润最大化而生产的手段，生产经营者通过对各种广告传媒的主导，不断诱导消费者接受他们可能实际并不需要的消费品。于是，无限制的消费导致无限制的生产，无限制的生产导致对自然物质资源的无限制掠夺。这种生产和生活方式不仅导致人类在生产力范围内和自然环境关系的恶化，也在生产关系领域造成人的异化。当今天我们面对着全球经济社会发展中，资本主义制度所导引的片面的经济发展和对物质金钱的追逐使人蜕化为工具，生态的破坏使自然灾害频发时，人们不由反思，这样发展怎么算得上是人自由而全面发展的人的解放？

关于人的解放、人的自由问题，西方哲学家们对人类生存现状及其未来展开了深入而广泛的探讨。康德（Kant，1724—1804年）开始把人之"自由"真正理解为历史的必然，明确提出把整个人类历史理解为"人类意志自由的作用的整体"[9]。这一思想的充分发展，后来在费希特（Fichte，1762—1814年）、谢林（Schelling，1775—1854年）、黑格尔（Hegel，1770—1831年）那里得到体现。但是，人的自由解放绝不仅仅是一个理论问题，而且是一个现实的实践问题。

与西方哲学家们对人的解放和自由进行抽象的哲学思辨不同，马克思指出，人与动物的根本区别是，动物的生存是一个自然的过程，而人可以借助社会实践，超越自然而获得自我的解放与自由全面发展。所以，人的发展就是不断走向人的解放和自由的过程，而这一历史过程就表现在人具体的历史的实践活动之中。共产主义就是在人的社会实践活动中，追求人的解放、自由而全面发展的历史过程。

马克思主义明确地把共产主义社会区分为第一阶段和高级阶段这两个既相互联系又相互区别的发展阶段。第一阶段为社会主义社会，第二阶段即高级阶段为共产主义社会。社会主义社会的建立，绝不意味着就是人的全面解放。这个阶段只是人的解放的起点，只是万里长征迈开的第一步。在这个阶段，由于社会生产力的发展水平制约，经济和社会发展等方面还存在诸多的不成熟或不完善之处，因此还不能达到人类社会的最高层次的解放。只有到了共产主义社会的高级阶段，才能实现物质财富的极大丰富、人民精神境界的极大提高、每个人自由而全面的发展，才能实现人类社会的最高层次的解放。

马克思主义把社会的发展规定为人的解放和自由的获得，所以人的解放和发展都要与社会发展有机结合在一起。在面对矛盾和解决矛盾的过程中，人类将始终坚持把关注现实人的解放、发展和未来作为发展的动力。这些矛盾主要包括人与自然的关系、人与人的社会关系。人的解放与发展，具体就表现在这些关系的变化与升华上。

只有正视矛盾才能解决问题。从今天人类所面临的问题来看，马克思首先肯定社会生产力在社会发展中的重要作用，生产力的发展为人类的解放与自由积累了宝贵的物质财富基础。生产力在社会基本矛盾构成中是起决定作用的方面，同时，随着生产力的发展，人也应该同时进步与发展，社会发展的最高目标是人本身的解放和全面发展。人的解放以及人的自由全面发展，不仅与生产力的发展息息相关，而且和与此相适应的生产关系、社会关系密不可分。只有物质生产力高度发展，劳动生产率极大提高，生产关系根本改变，才能使人的整个生存时间成为自由的时间，才能为将人的全部生存空间变为发展的空间提供现实的基础。如果将自然，进而将人作为工具来发展经济，那么将从根本上最终违背实现人的全面发展的社会发展的目的。

人的解放和自由是社会发展中一个长期的历史过程。人类就是在矛盾运动中，在面临矛盾、发现矛盾、解决矛盾的历史实践过程中，逐步走向解放、走向自由的。电子计算机和网络技术的发明和运用，大大缩短了社会必要劳动时间，使得人们在劳动的相对解放中有了更多的闲暇时间。但如果人们囿于资本主义制度的制约，对这些人类的发明过度依赖的话，就又会遭遇一种高科技时代下的新的异化。

人的解放是马克思毕生为之奋斗的崇高理想。这一理想不仅构成了马克思全部思想的出发点、目的和归宿，而且也渗透在他的全部思想体系之中。事实上，人类与自然、世界之间并非只有利用，甚至敌对的关系，只有和谐相处，才是人与自然、世界的本质关系。作为坚持理想而从事实践的人，在按照理想的意图改变现实自然世界时，要使自身与自然世界之间达到一种和谐的"本质的统一"。这种统一是一个历史性的过程，实际上也就是人类实践中自我解放、自我发展的过程。

人的解放是全面的解放，不仅是物质的解放，而且也是精神的解放；人既是自己解放的主体，也是自己解放的客体；人的解放既是人的理想目标，也是人的当下实践活动。当我们面对日常生活的异化状况时，我们没有必要也不可能从日常生活中退出，而是应该勇敢地面对生活。只有面对日常生活，从每一种实践活动中去体会活动带给我们的乐趣，我们才会真正体验到"自由自觉"的滋味。认真理解并践行马克思主义这一思想，对于建设中国特色社会主义、推进中国现代化进程、实现人的解放和全面发展具有重要的理论意义和实践意义。

结　语

马克思主义人生观是帮助人们观察人生、认识人生、指导人生的指南。马克思主义人生观就是共产主义人生观，是人类历史上最先进的人生观。它把人的生命活动历程看作认识和改造客观世界的过程，把消灭资本主义私有制，为绝大多数人谋利益，实现美好的共产主义，看作人生的崇高目的和最大幸福。至于个人生命的价值和意义，则在于对社会所尽的责任，对社会所作的贡献，在于全心全意为人民服务，像雷锋同志、白求恩大夫一样，无私地把自己的一切贡献给共产主义事业。

注　释

〔1〕《马克思恩格斯文集》第2卷，人民出版社2009年版，第66页。
〔2〕《马克思恩格斯文集》第2卷，人民出版社2009年版，第66页。
〔3〕罗素：《自由之路》（上册），文化艺术出版社1998年版，第4页。
〔4〕《毛泽东选集》第三卷，人民出版社1991年版，第1059页。
〔5〕《马克思恩格斯全集》第23卷，人民出版社1972年版，第649页。
〔6〕《马克思恩格斯文集》第1卷，人民出版社2009年版，第537页。
〔7〕《马克思恩格斯文集》第2卷，人民出版社2009年版，第53页。
〔8〕《马克思恩格斯文集》第5卷，人民出版社2009年版，第683页。
〔9〕康德：《历史理性批判文集》，商务印书馆1990年版，第1页。

穿过迷雾寻找光明

——种种人生问题的正确解读

如何对待金钱、权力、事业、爱情、婚姻和家庭等，对任何人都是一场严峻的考验。马克思主义人生观要求我们树立远大的革命理想，正确对待金钱和权力，恪守家庭美德，积极投身为广大人民群众谋福利、实现共产主义的伟大事业中去。

马克思主义人生观无疑是正确、积极、健康、科学的人生观。它在理论上是丰富、系统的，但表现形式上却不是僵化、固定的，而是多样化、具体化的，渗透在人们的日常生活实践中。在全球化、信息化时代，在当代中国人的实际生活中，马克思主义人生观典型地通过人们对待金钱、权力、事业、爱情、婚姻和家庭等的态度体现出来。

一、马克思主义金钱观
——"守财奴"与"金钱拜物教"

说起"金钱"一词，人们再熟悉不过了。因为在日常生活中，人们几乎每天都在和金钱打交道，例如用它来购买任何商品。对于金钱，人们赋予了它不同的评价，可谓又爱又恨。赞美它的人歌颂它的丰功伟绩，咒骂它的人认为它是罪恶的源泉。平常而又神奇的金钱，既给人带来富裕、权力和享受，也给人带来焦虑、痛苦乃至灾难；它使得仇敌相亲，也使得亲人离间。于是，有人把金钱当作万能之神，有人诅咒它为万恶之源。

那么，究竟什么是金钱呢？

"金钱"由"金"和"钱"组成。所谓"金"，就是最早执行金钱这一功能的金、银、铜、铁等金属；所谓"钱"，作为一般等价物的特殊商品，是商品生产和商品交换的产物。据中文辞典的解释："金钱"就是货币，金属铸成的钱，后泛指钱。货币是从商品中分离出来，能够固定充当一般等价物的商品，可以衡量一切商品的价值。货币是商品交换发展到一定阶段、为了克服物物直接交换之不便的产物。在现实生活中，金钱往往是财富的代表，但许多财富又是金钱所无法代表、度量和交换的。《红楼梦》里的贾宝玉生长在一个极为富贵的家庭，过着饭来张口、衣来伸手的奢侈生活，但他为封建礼教所禁锢，并不幸福。这说明，一个人即使有很多钱，也未必幸福。因此我们不能简单地将金钱与财富等同起来，认为对金钱的拥有就是对财富的拥有，更不应将追求金钱、拥有金钱与体现人生价值、追求幸福等同起来。我们要透过金钱神秘的面纱，正确看到金钱的本质，对金钱"取之有道，用之有度"。

马克思在《资本论》这一巨著中，以最彻底的理论揭示了金钱的本质，批判了资本主义商品拜物教或金钱（货币）拜物教，告诉人们应当持有怎样的金钱观。

马克思认为，商品和货币体现着一定历史阶段中人和人之间的社会关系。但是，这种人和人之间的关系却表现为物和物的关系。于是，对商品和货币就产生了一种神秘观念。价值本来是商品生产者之间的社会关系，却被看作商品的自然属性。商品被看作支配人们命运的力量，作为商品的一般等价物的货币更被当作支配人们命运的力量。正像宗教世界中，人们崇拜人脑的产物——偶像一样，在商品世界里，人们崇拜人手的产物——商品和货币。所以马克思把这种崇拜叫作"商品拜物教"或"货币拜物教"。

资产阶级经济学家没有揭穿商品（货币）拜物教的秘密，相反，不少人却极力宣扬商品（货币）拜物教。马克思分析了商品的二重性和体现在商品中的劳动的二重性，分析了价值形态的发展和货币的起源，科学地揭示了商品和货币的本质，第一次揭穿了商品（货币）拜物教的秘密。

马克思说："商品世界的这种拜物教性质……是来源于生产商品的劳动所特有的社会性质。"[1]只有在商品生产的条件下，人类的一般劳动才取得了价值的形式，用时间计算的人类劳动力的支出，才取得了价值量的形式；生产者之间劳动的社会关系，即每个劳动者的劳动对其他人的劳动的依存关系，才取得了劳动产品之间的交换关系的形式。一句话，只有在商品生产条件下，人和人的关系才通过物的关系来表现。假如不是商品生产，这些关系本来是明明白白的。

商品、货币关系是人类社会发展到一定阶段必然产生的一种社会关系，它不是永恒的，随着历史的发展，它终究要走向消亡。随着商品、货币关系的消亡，商品（货币）拜物教也就消灭了。但是，这需要一个很长的历史过程。

马克思对商品（货币）拜物教的深刻批判，构成了正

确金钱观的理论基础。怎样对待金钱是人生观中的重要问题，它是人们对金钱及金钱现象的认识与看法，涉及人们如何看待金钱，采取什么手段获取金钱，以及如何分配、消费金钱的根本看法与观点。必须运用马克思关于商品（货币）拜物教的基本观点，科学地认识金钱，树立正确的金钱观。

在商品交换社会里，从物质交换的角度来看，人们可以借助金钱这一媒介，获得自己所需要的物质，使得人与人之间形成一种广泛的交换关系。金钱可以让人们生活得更加富足，从而有利于人和社会的发展。金钱在便利了人类自身需要的同时，在某种程度上，对于实现社会公正交易，维持社会秩序也是起作用的。从这个角度上说，金钱确实也是实现人们幸福生活的一个手段。人们通过自己正当的手段和劳动获取金钱，这不仅是法律政策所允许的，也是道德所肯定的。

既要看到金钱能使人获得幸福生活的积极的一面，又要看到金钱也能使人成为它的奴隶的消极的一面。随着市场经济发展的不断深入，人们对于金钱的认识也发生了很大的变化。今天金钱的意义，已经远超它当初作为一般等价交换物职能的意义，不仅作为一种手段，而且成为一种满足所有欲望的目的。从这个角度出发，西方著名学者、诺贝尔奖获得者哈耶克（Hayek，1899—1992 年）说，金钱又是人类最悲哀的自我枷锁。如果我们把人生目标和全部活动锁定在金钱上，其结果不是由人来支配金钱，而是由金钱来支配人；如果对金钱只是一味追求和拥有，发展到极端将形成一种强烈的货币占有欲和货币崇拜教；如果人们仅仅以对金钱的占有为己任，那么将迷失前进的方向，找不到幸福的归途。毫无疑问，这样的人生是扭曲的人生、背离人性的人生，这样的人生没有任何诗意和理性。人不能把金钱带进坟墓，金钱却能把人带进坟墓。很多腐败分子本来想多捞些金钱过更滋润的日子，结果却使自己甚至连累家人日子也没法过。人们获取金钱绝不能以道德的沦丧、精神的颓废和自我价值的失落迷茫为代价。如果一个人为了金钱，永远只是关心他自己个人的眼前利益，不知关心同情别人，见义而不为，不顾甚至损害他人和集体的利益，长此以往，他与他人的关系将会处于紧张和冲突之中，更谈不上个人对社会、对国家的社会责任。

在剥削阶级社会里，现实批判主义作家笔下描写了大量受金钱（货币）拜物教毒害的典型文学形象，也就是吝啬鬼形象，对金钱（货币）拜物教、金钱至上观念作了深刻的鞭笞。其中以莎士比亚（William Shakespeare，1564—1616年）的喜剧《威尼斯商人》、莫里哀（Molière，1622—1673年）的喜剧《吝啬鬼》（又名《悭吝人》）、巴尔扎克（Balzac，1799—1850年）的小说《欧也妮·葛朗台》，以及果戈理（Gogol，1809—1850年）的小说《死魂灵》最为典型。夏洛克、阿巴贡、葛朗台、泼留希金也堪称欧洲文学史上"不朽"的四大吝啬鬼形象。

这四大吝啬鬼形象产生在三个国家，出自四位名家之手，涉及几个世纪的社会现实生活，从一个角度概括了欧洲四百年来从封建社会末期转变到资本主义社会历史发展的进程。从创作的时间上说，果戈理的《死魂灵》写成于19世纪40年代，泼留希金出现最晚。但从人物形象的阶级意识上说，泼留希金应列为最早，他是俄罗斯封建农奴制下的地主。夏洛克排行第二，他是16世纪即封建社会解体、资本原始积累初期的旧式高利贷者。阿巴贡算作老三，他是17世纪法国资本主义发展时期的资产者。葛朗台是老四，他是19世纪法兰西革命动荡时期投机致富的资产阶级暴发户。

这四代吝啬鬼，年龄相仿，脾气相似，有共性，又有各自鲜明的个性特征。简言之，泼留希金的迂腐、夏洛克的凶狠、阿巴贡的多疑、葛朗台的狡黠，构成了他们各自最独特的守财奴的气质与性格。

俄国文学大师果戈理在他的名著《死魂灵》中塑造了一个吝啬鬼形象——泼留希金。波留希金是俄国农奴制崩溃、商品经济萌发时期的一个地主，一个猥琐贪婪的吝啬鬼守财奴的典型，强烈的积聚财产的欲望使他一天到晚为财富的积累和储存而奔波。尽管家里财产堆积如山，他还要到外面去偷捡食物。他残酷地压榨和剥削农奴，农奴在他的迫害下死的死、逃的逃。他自己也过着乞丐般的生活，对儿女没有任何感情，他完全变成财富的奴隶，成了一个异化的人。评析这个人物，首先要抓住他腐朽没落的本质特征和他对自己吝啬之极的个性，才能充分认识作者塑造这个钱奴形象的社会意义。

《威尼斯商人》是莎士比亚早期的重要作品，是一部具有极大讽刺性的喜剧。剧本的主题是歌颂仁爱、友谊和爱情，但同时也反映了资本主义早期商业资产阶级与高利贷者之间的矛盾，表现了作者对资产阶级社会中金钱、法律和宗教等问题的人文主义思考。这部剧作的一个重要文学成就，就是塑造了夏洛克这一唯利是图、冷酷无情的高利贷者的典型吝啬鬼形象。

威尼斯富商安东尼奥为了成全好友巴萨尼奥的婚事，向犹太人高利贷者夏洛克借债。由于安东尼奥贷款给人从不要利息，此外，安东尼奥还常常指责夏洛克，两人早就结下了仇怨。怀恨在心的夏洛克乘机报复，佯装也不要利息，但提出一个条件：若逾期不还，要从安东尼奥身上割下一磅肉。不巧，安东尼奥的商船失事，资金周转不灵，无力偿还贷款。夏洛克去法庭控告，根据法律条文要安东尼奥履行诺言。人们劝说夏洛克放弃割肉的残酷合约，但夏洛克坚持要履行合约，从安东尼奥身上割下一块肉来。为救安东尼奥的性命，巴萨尼奥的未婚妻鲍西娅假扮律师出庭，她先是顺着夏洛克说，一定要严格实行威尼斯的法律，但后来话锋一转，她要求在进行处罚时所割的一磅肉必须正好是一磅肉，不能多也不能少，更不准流血。如果流了血，根据威尼斯法律，谋害一个基督徒（公民）是要没收财产的。夏洛克因无法执行恰好割一磅肉而败诉，害人不成反而失去了财产。

莫里哀擅长塑造概括性很强的艺术形象。阿巴贡几乎成了吝啬的代名词。阿巴贡是莫里哀喜剧《吝啬鬼》中的主人公。他生性多疑，视钱如命，就连"赠你一个早安"也舍不得说，而说"借你一个早安"。嗜钱如命、极端吝啬是阿巴贡形象的典型特征。他虽然拥有万贯家财，但是"一见人伸手，就浑身抽搐"，似乎被人挖掉了五脏六腑。为了不花一文钱，他要儿子娶一个有钱的寡妇；为了不用陪嫁，他要女儿嫁给一个年已半百的老头；自己也打算娶一个年轻可爱的姑娘而分文不费。他不给儿子钱花，逼得儿子不得不去借高利贷。为了省几个菜钱，他把吃素的斋期延长一倍，让厨师用八个人的饭菜招待十个客人。为了省一点马料，他半夜亲自去偷喂马的荞麦而遭到马夫的痛打。他总是为自己一万银币的安全担心，怀疑所有的人都想偷他的银币。作者用酣畅淋漓的艺术夸张手法突出了阿巴贡的种种变态心理，绝妙而逼真地勾画了他极端吝啬的性格特点。

法国批判现实主义文学大师巴尔扎克在他的名著《欧也妮·葛朗台》中塑造了一个举世闻名的吝啬鬼形象——葛朗台。巴尔扎克把葛朗台塑造成一个典型的"守财奴"，即看守财产的奴隶。人本应是财产的主人，是财富的支配者，可是葛朗台却成了守财奴，"看到金子，占有金子，便是葛朗台的执着狂"，金钱已经使他异化。他为了财产竟逼走侄儿，折磨死妻子，剥夺独生女对母亲遗产的继承权，不许女儿恋爱，断送她一生的幸福。作者通过对葛朗台一生的描写，深刻揭露了资本主义社会中人与人之间赤裸裸的金钱关系，描写了资产阶级暴发户发家的罪恶手段，作品深刻揭露了资产阶级的贪婪本性和资本主义社会的罪恶。

无独有偶，中国封建社会现实主义文学大师吴敬梓（1701—1754 年）在中国古典名著《儒林外史》中也描写了一个中国吝啬鬼严监生。严监生病重得一连三天不能说话。临去世前晚间，挤了一屋子的人，桌上点着一盏灯。严监生喉咙里的痰响得一进一出、一声不倒一声的，总不得断气，还把手从被单里拿出来，伸着两个指头。大侄子上前问道："二叔，你莫不是还有两个亲人不曾见面？"他就把头摇了两三摇。二侄子走上前来问道："二叔，莫不是还有两笔银子在那里，不曾吩咐明白？"他把两眼睁得滴溜圆，把头又狠狠地摇了几摇，越发指得紧了。奶妈抱着哥子插口道："老爷想是因两位舅爷不在跟前，故此记念。"他听了这话,两眼闭着摇头。那手只是指着不动。老婆赵氏分开众人,走上前道:"老爷!只有我能知道你的心事。你是为那盏灯里点的是两茎灯草,不放心,恐费了油;我如今挑掉一茎就是了。"说罢,忙走过去挑掉一茎;众人看严监生时,点一点头,把手垂下,登时就没了气。吴敬梓笔下的守财奴形象恰恰生活在资本主义工商业在中国封建社会内部萌发的时期。

这些守财奴、吝啬鬼的形象,都是马克思所说的金钱(货币)拜物教的生动写照,是金钱(货币)拜物教的真实受害者,他们是唯利是图、见钱眼开、图财害命的剥削阶级金钱观的极端代表。

孔子(前551—前479年)说:"见贤思齐焉,见不贤而内自省也。"[2]即向贤者学习,向贤者看齐,用道德楷模来要求和激励自己,从而使自己学有榜样、赶有目标、行有方向。拥有为实现全人类幸福而奋斗的伟大理想的马克思,在金钱上却穷困潦倒。马克思曾写信给恩格斯说:"一个星期以来,我已达到非常痛快的地步:因为外衣进了当铺,我不能再出门。"[3]但是,这些困难没有摧毁马克思的信心,因为他拥有为实现全人类幸福而奋斗的远大的人生理想,他像是一个钢铁战士,穷且益坚。他的事迹与精神影响了无数的青年,使他们坚定了共产主义的人生理想,为着实现全人类的幸福,奋勇拼搏,勇往直前。马克思这种对待金钱的态度,是最高的一种金钱境界,即为天下追求金钱的境界。他虽然也缺少金钱,但他从来不盘算为自己去追求多少金钱,而是以让亿万百姓都富裕起来为奋斗目标,可以说是以天下之贫为忧,以天下之富为乐。为了实现这样的目标,他可以忍受缺少金钱的困窘，能够拒绝金钱的诱惑，经受各种严峻的考验，直至献出自己的生命。这是战胜狭隘私欲之后的高尚人生，这是参透生命价值之后的伟大情怀，这是昭示人类光辉未来的灿烂霞光，这也就是共产党人的金钱观。

马克思主义科学社会主义理论认为，当人类社会的生产力高度发达，社会财富似泉水般涌现出来，充分满足人类全部的物质文化需要，即共产主义社会到来之时，则是人类彻底抛弃金钱拜物教的时刻，是人类完全从物质（金钱）的束缚下解放出来的时刻。列宁说："我们将来在世界范围内取得胜利以后，我想，我们会在世界几个最大城市的街道上用黄金修建一些公共厕所。"[4]列宁所预见的担当货币职能的贵金属彻底失去其金钱价值的时代一定会到来。

当然，消灭金钱（货币）拜物教需要相当长的历史时期。已经建立起社会主义制度的国家需要大力发展生产力，努力满足人民的物质文化需求。今天，发展经济，就是为了最大限度地满足人民群众生活的需要。在现阶段，人的需要应该是金钱物质与精神文化的统一，不仅包含丰富的物质生活，而且包含高尚充实的精神生活。人们凭自己的勤劳来致富，追求丰富舒适的物质，追求美好生活，本身并没有错。但任何事情都有度，如果只讲物质、不谈精神，只强调个人、不顾集体，只注重金钱、忽视奉献，那就走向极端了。确立科学的金钱观，把追求丰富的物质生活和崇高的精神生活结合起来，把金钱看作只是实现个人幸福和集体幸福生活的手段和条件，把追求个人的幸福同大众的幸福结合起来，让人类成为金钱的主人，而不是金钱的奴隶，这样一种对待金钱的人生，才是真正有意义和幸福的人生。

二、马克思主义权力观
——焦裕禄精神永放光芒

50年前,一个名字响彻神州大地。他,就是"县委书记的榜样"——焦裕禄(1922—1964年)。

50年后,中共中央总书记、国家主席、中央军委主席习近平再次来到兰考,缅怀焦裕禄的先进事迹,号召全党结合时代特征大力学习弘扬焦裕禄精神。

焦裕禄精神犹如一座丰碑,巍然矗立在中原大地上。重访兰考,习近平多次动情地回忆起四十多年前学习焦裕禄的情景:"1966年2月7日,《人民日报》刊登了穆青(1921—2003年)等同志的长篇通讯《县委书记的榜样——焦裕禄》,我当时上初中一年级,政治课老师在念这篇通讯的过程中多次泣不成声。特别是念到焦裕禄同志肝癌晚期仍坚持工作,用一根棍子顶着肝部,藤椅右边被顶出一个大窟窿时,我受到深深震撼……""我希望通过学习焦裕禄精神,为推进党和人民事业发展、实现中华民族伟大复兴的中国梦提供强大正能量。"

说到动情处,他还吟诵了自己担任福州市委书记时于1990年7月15日填写并在7月16日《福州晚报》上刊登的《念奴娇·追思焦裕禄》:

> 魂飞万里,
> 盼归来,
> 此水此山此地。

百姓谁不爱好官?
把泪焦桐成雨。
生也沙丘,
死也沙丘,
父老生死系。
暮雪朝霜,
毋改英雄意气!

依然月明如昔,
思君夜夜,
肝胆长如洗。
路漫漫其修远矣,
两袖清风来去。
为官一任,
造福一方,
遂了平生意。
绿我涓滴,
会它千顷澄碧。

  一首《念奴娇》,写尽了党的好干部焦裕禄的为民情怀与英雄本色,也道出了无数人心中优秀共产党人的良好形象与精神风貌。焦裕禄在兰考虽然仅仅工作了470多天,但在群众的心中,却铸就了一座永恒的丰碑,在党员干部心中,留下了不可磨灭的印象。他的事迹之所以历经岁月风雨仍为人们传颂,他的精神之所以穿越半个世纪仍然历久弥新,就是因为他"心中装着全体人民,唯独没有他自己"的公仆情怀，凡事探求就里、"吃别人嚼过的馍没味道"的求实作风，"敢教日月换新天"、"革命者要在困难面前逞英雄"的奋斗精神，艰苦朴素、廉洁奉公、"任何时候都不搞特殊化"的道德情操。

县委书记焦裕禄的模范事迹感动了许多人，让我们深深地认识到应该如何看待权力，如何行使权力，特别是每一位领导干部，应该如何用好权力，管好权力。在新的历史时期，权力观是我们需要经常去思考和面对的一个重大问题，也是每位领导干部应当做好的一篇大文章。

而在当代中国，影响人们正确看待权力的，莫过于无孔不入的腐败问题。权力腐败的社会影响十分恶劣，老百姓对此深恶痛绝。能不能解决腐败问题，关系到人心向背，关系到党和国家的生死存亡。中国共产党自诞生之日起，就旗帜鲜明地反对腐败。从新中国成立初期的刘青山、张子善案到近些年一系列违法乱纪问题的查处，党和国家始终保持惩治腐败的高压态势，取得了一定的成效，不少中高级领导干部受到了严肃查处。而许多触目惊心的腐败现象的发生，给个人、家庭、社会、党和国家都造成了巨大的危害，究其原因，与一些领导干部的权力观出了问题存在非常大的关联。

"权"原指测定物体重量的器具，后引申为衡量、揣度之意。《孟子·梁惠王》中说，"权，然后知轻重"，认为"权"有衡量、审度的意思；《管子》中说，"欲用天下之权者，必先布德诸侯"，认为"权"有统治能力和势力的意思。随着历史发展，"权"逐渐与地位、利益结合在一起，而引申为权力。广义的权力是指存在于社会生活各个层面的一种制约或者影响关系；狭义的权力是指国家政治生活领域的权力。这里所讲的权力，一般指的是狭义的权力。权力不像金钱，它看不见，摸不着，似乎是一种无形无体、无影无踪的东西。权力看似十分抽象，但权力的施行必须依靠强制力量来支撑，从而使人的意志服从权力的意志。可以说，没有强制就没有权力。总之，权力是一种依靠强制力来影响和制约自己或他人价值和资源的能力。

所谓权力观，就是人们对权力的总体看法和基本观点，如权力从何而来、掌权干什么、用权为什么、怎样用权等基本看法。权力观不仅是利益观、地位观的延伸，而且是世界观、人生观、价值观的具体体现。马克思主义权力观是马克思主义对权力问题的科学的正确的态度和观点。

马克思主义权力观认为：

——一切权力皆来自人民，权力是人民赋予的。对于执政党每一个党员、每一个领导干部来说，必须铭记一切权力都源自于人民。坚定不移地走群众路线，保持党同人民群众的密切联系，是中国共产党不断取得胜利的三大法宝之一。十八大报告强调："始终把实现好、维护好、发展好最广大人民的根本利益作为党和国家一切工作的出发点和落脚点，尊重人民首创精神，保障人民各项权益。"这要求领导干部，尤其是青年党员干部要自觉贯彻党的群众路线，经常深入实际、深入基层、深入群众，做到知民情、解民忧、暖民心。任何权力都有利益倾向性，掌权者的权力观及其行为必然会对其他人产生影响，尤其是那些在社会及生活领域中和这些掌权者打交道的人来说，权力不仅和每个人的生活息息相关，而且关系党和政府的形象。执政党的最大危险就是脱离群众，世界上一些老的执政的共产党丧失执政资格，最根本的原因就是忽视了人民的诉求，背离了人民的意志和利益，这种历史教训，必须引以为戒。

——要防止权力被滥用，就必须对权力进行监督。19世纪英国著名历史学家阿克顿勋爵（Acton，1834—1902年）说过："权力趋于腐败，绝对的权力导致绝对的腐败。"[5] 1945年7月初，在延安的窑洞中，民主人士黄炎培（1878—1965年）向毛泽东提出了如何跳出"历史周期率"支配的问题，毛泽东胸有成竹地回答："我们已经找到新路，我们能跳出这周期率，这条新路就是民主；只有让人民来监督政府，政府才不敢松懈；只有人人起来负责，才不会人亡政息。"[6] 改革开放的总设计师邓小平也指出："没有民主就没有社会主义，就没有社会主义的现代化。"[7] 他强调："继续努力发扬民主，是我们全党今后一个长时期的坚定不移的目标。"[8] 社会主义民主就是让国家的大多数人民群众都参加到政治的管理和政策制定的决策中来，并对政府进行监督。只有不断完善和发展社会主义民主，加强人民对权力的监督制约，把权力放在制度的笼子里，才能使权力依法运行，才能使权力的运行受到制约，才能确保人民群众的权利，进而推进社会主义建设事业的不断发展。

由于民主法制不健全，加之历史传统、文化陋习和社会环境等各方面的影响，特别是理想信念的缺失，在一些领导干部中滋生和蔓延着一些扭曲和错误的权力观。比如，有的领导干部视自己手中的权力为私有财产，认为自己手中的权力是个人奋斗得来的，或是某个领导恩赐的，掌权后以权谋私、滥用权力，把权力视为牟取个人私利的工具。他们往往在尝到甜头后，一发不可遏止，直至东窗事发，身陷囹圄，不仅让自己的亲人朋友受到牵连，也使国家和人民遭受巨大的损失。因贪污受贿被判处死刑的江西省原副省长胡长清在剖析自己的犯罪根源时曾说："到了我这个级别，监督机制如同'牛栏关猫'，根本就没有什么作用啦。"同样被判处死刑的山东省泰安原市委书记胡建学也曾说："官做到我这一级，就没人能管了。"可见，没有了监督，就像"牛栏里关猫"，致使失去制约权力的这只"猫"能进出自由，必然产生腐败。邓小平指出："要有群众监督制度，让群众和党员监督干部，特别是领导干部。"[9]

——**树立正确的权力观，消除各种腐败现象，不仅要从体制机制等方面加强对权力的监督，同时也要对领导干部加强正确权力观的学习和教育。**"千里之堤，溃于蚁穴。"从一些领导干部犯错误的教训来看，其思想蜕变往往是由一点一滴逐渐积累的。不加强学习和党性修养，一不小心就可能"一失足成千古恨"，在错误的道路上越走越远，最终成为人民和历史的罪人。要通过马克思主义权力观的学习和教育，使每一位领导干部切实认识到权为民所赋、做到权为民所用。时刻牢记手中的权力是人民赋予的，不论自己担任的职务和掌握的权力是选举产生的，还是上级任命的，或者招考应聘的，其实质都是在代表人民管理国家的行政事务、经济事务和文化事务。归根到底，各级领导干部是人民的公仆，而不是人民的主人，必须全心全意为人民服务；有权必有责，权力的行使必须与责任的担当紧密相连，权力越大，职务越高，责任就越大，应尽的义务也就越多。面对手中的权力，每个领导干部都应该小心翼翼，把对上级负责与对下级负责、对党负责与对人民负责统一起来，始终做到把国家集体的利益、人民的利益摆在第一位，努力成为一个有高尚追求的人，一个全心全意为人民群众谋利益的人。

三、马克思主义事业观
——"警界女神警"任长霞的公安事业

2004年1月30日，登封市告城镇发生了一起强奸杀害幼女案。登封市公安局局长任长霞亲自挂帅，力求实现"命案必破"。她在专案组与侦查员同吃同住同工作，一住就是73天。4月13日晚，在郑州市公安局专家组协助下，任长霞又带领专案组民警彻夜工作，摸排出了一些重要线索。14日早上9时，她带上案件资料赶到郑州，向上级领导汇报案情，制订下一步的侦破方向。下午，她又在郑州查证了另外两条案件线索。为部署当晚的侦破抓捕工作，任长霞结束在郑州的工作后，急匆匆就要返回登封。当晚8时40分，任长霞所乘车辆在郑少高速公路遭遇车祸，当即重伤昏迷，随即被送往郑州市中心医院抢救。经过4个小时紧急抢救，终因伤势过重，抢救无效，于4月15日凌晨1时离开了人世，年仅40岁。

40岁正是人生最壮美的季节，然而，任长霞却猝然倒在了为之奋斗不息的公安事业上。她以自己的忠诚、才干和辉煌业绩，谱写了辉煌的人生篇章。

任长霞（1964—2004年），河南省登封市公安局党委书记、局长。她自1983年加入公安队伍，做预审工作13年，在郑州公安系统、市政法战线及省预审岗位练兵大比武中均夺取过第一名，协助破获了大案要案1072起，追捕犯罪嫌疑人950人。1998年，她被任命为郑州市公安局技侦支队长后，多次深入虎穴，化装侦察，亲自抓获了中原第一盗窃高档轿车主犯，先后打掉了7个涉黑团伙，抓获犯罪嫌疑人370多名，被誉为"警界女神警"。2001年，她调任登封市公安局局长，始终把人民群众的疾苦和安危放在心上，解决了十多年来的控申积案，共查结控申案件230多起。她带领全局民警共破获各种刑事案件2870多起，抓获犯罪嫌疑人3200余人，有力地维护了登封社会治安和稳定的政治大局。多年来，她先后荣获全国"五一劳动奖章"、全国三八红旗手、中国十大女杰、全国青年岗位能手、全国优秀人民警察等20多项荣誉称号，以自己的毕生心血忠实地履行了"立警为公、执法为民"的神圣职责。

自参加工作以来，任长霞一直都以一种饱满的热情、拼命的态度，对待自己钟爱的公安事业，并谱写了辉煌的人生篇章。

业绩的取得、事业的成功，源于任长霞对崇高理想的不懈追求，源于她对人民公安事业的无限忠诚。1983年，当英姿飒爽的任长霞警校毕业后来到郑州市公安局中原分局预审科当上一名民警时，她就在日记本中写下一段话："能成为一名打击犯罪、保护人民的人民警察，能亲手抓获犯罪分子、还老百姓公道，是我人生最大的追求。"也正是从这时开始，她就立下了将自己的一生献给公安事业的誓言。

每个人都想让自己的生命在干事创业中激情燃烧，但这并不容易，需要以正确的事业观为指导。树立和坚持什么样的事业观，是每个人，尤其是每个领导干部需要经常去思考和面对的一个重要问题，也是每个人在思想修养方面应当做好的一篇很大的文章。任长霞用自己短暂而不平凡的一生，用自己实实在在的工作业绩，向党和人民提交了一份沉甸甸的答卷，引发了人们关于应该如何干事创业的广泛思考。

事业观是人生观的重要组成部分，它是和事业有关的所有观点和方法。树立了正确的事业观，才能为人民干事创业。

2010年9月，习近平在中央党校2010年秋季学期开学典礼上发表了关于《领导干部要树立正确的世界观权力观事业观》的讲话，他指出："事业观主要是关于事业方向和事业道路的看法，决定着人们采取什么样的事业态度、遵循什么样的事业精神、追求什么样的事业目标。"他明确指出："中国共产党人的事业观，就是为人民利益不懈奋斗，为中国特色社会主义事业不懈奋斗。"[10]

事业观决定着工作观和政绩观，有什么样的事业观就有什么样的工作观和政绩观，只有弄清楚"为什么要干事、干什么事和怎样干事"，才能树立和坚持正确的事业观。

"宝剑锋从磨砺出，梅花香自苦寒来"，"艰难困苦，玉汝于成"。干事创业是每个人培养锻炼、成长进步最重要的途径。实践也证明，大凡有作为的人，都是埋头苦干干出来的，而不是夸夸其谈吹出来的。只有在实际工作中，才能了解实际、积累经验、加快成熟、充分展示自身的才华，得到大家的认可。

干事创业，是我们每个人的使命和职责所在，对于每个党员领导干部来说更是如此。领导干部掌握了一定的公共资源，为老百姓办事是义不容辞的责任，更应该"为官一任，造福一方"。相传周公"一沐三捉发，一饭三吐哺"，为了事业废寝忘食；唐代的韦应物（737—792年）作诗披露心迹："身多疾病思田里，邑有流亡愧俸钱。"他觉得因自己身体不好没有干好事情，愧对领取的俸禄，内心深感不安；邓小平也曾经说过："出来工作不是为了做官，而是为了做事。""世界上的事情都是干出来的，不干，半点马克思主义都没有。"[11]实际上讲的也就是我们为什么要干事的道理。

明白了为什么要干事，接下来就要弄清应该干什么事。归根到底，我们的工作是为人民服务的，应该干人民群众期盼的事。为人民服务是我们党的宗旨。一个合格的共产党员、一个合格的领导干部、一个负责任的政府，理应做到"权为民所用，情为民所系，利为民所谋"，干好群众期盼的事。孟子（前372—前289年）说："得天下有道：得其民，斯得天下矣；得民心有道：得其心，斯得民矣；得其心有道：所欲与之聚，所恶勿施尔。"[12]这也就是强调，从政干事要顺应民心。古代很多有名的政治家，像郑板桥（1693—1765年）"衙斋卧听萧萧竹，疑是民间疾苦声"，李纲（1083—1140年）"但得苍生俱饱暖，不辞赢病卧斜阳"，张载（1020—1078年）"为天地立心，为生民立命"，范仲淹（989—1052年）"先天下之忧而忧，后天下之乐而乐"，等等，都是为民干事的好榜样。在今天，也有很多心系群众的好干部值得我们学习。比如，始终把人民群众的疾苦和安危放在心上的原登封市公安局女局长任长霞就是其中的优秀代表。从任长霞到牛玉儒（1952—2004年）、杨善洲（1927—2010年）……无数优秀共产党人以焦裕禄为榜样，树立正确的事业观，以党和人民的事业为最高追求，不断丰富着党的精神宝库，烛照更多的干部奋然前行。

那么怎样去干事呢？其实最重要的是干好职责"分内的事"。干事创业并不是要求每个人去干多么伟大和英雄的事情，对于很多人来说，立足于岗位、做好平凡的工作就是一件不平凡的事业。每项工作都是一个系统，每个人都是这个棋盘上的一个棋子，大家各司其职，又互相配合、团结协作，才能把整盘棋走活；团结就是力量，团结才会产生智慧，形成生产力；在一个整体中，离开哪一个岗位都不行，作为一个流程，缺乏哪一个环节也不行。只有摆正自己的位置，有良好的心态，我们才能在干事中分享快乐，体现出人生价值。被誉为新时期产业工人杰出代表的许振超（1950年— ），是青岛港的一名吊车司机，他每天的工作就是把货物从码头吊上车、船，或是把货物从车、船上吊到码头。但就是这样一个只有初中文凭的吊车司机，30年来坚守这个普通的操作台，成了桥吊专家。他说："干活不能光用力气，还要动脑筋；干一行，就要爱一行，精一行。""咱当不了科学家，但可以做个能工巧匠。"他带领同事，一年内就两次刷新了世界集装箱装卸纪录，"振超效率"扬名国际航运界。在许振超身上集中体现了中国当代产业工人的精神风貌和优秀品质。

今天，在我国这样一个有着十几亿人口的发展中大国建设小康社会和实现现代化，发展中国特色社会主义，是一项前无古人的伟大事业，更是一项充满艰辛、充满创造的事业，需要我们每一个人，以及一代又一代人的不懈努力。在今天社会主义的中国，我们迎来千载难逢的发展机遇，这也正是我们干事业的大好时机。我们每个人不论在什么岗位上、不论做何种工作，都要想着"为什么要干事、干什么事和怎样干事"，坚持为人民群众干事、为发展中国特色社会主义干事的事业观。在实现中华民族伟大复兴的"中国梦"的过程中，要把个人的事业追求和人生价值体现在整个大时代中，体现在为党和为人民的事业之中去；对人民群众充满感情，对工作、对事业富有激情，兢兢业业地工作，踏踏实实地做事，扑下身积极动脑筋想方法，真抓实干解决问题，掌握事业发展的主动权，用辛勤的汗水去浇灌我们幸福的事业之花，创造出无愧于自己、无愧于党和国家、无愧于人民的业绩。

四、马克思主义婚恋观
—— "下辈子我还嫁给你"

2010年11月下旬，广西南宁举办了一次乡村社区文艺大展演。决赛中的一个节目——《下辈子我还嫁给你》，令观众们很感动，也引起了媒体和社会的广泛关注。

节目讲述的是一个动人的故事：一名乡村医生靠每月仅有的60元补助和诊病所得的每月几百元，一直坚守在偏僻的小山村行医。这名医生自己被检查出尿毒症后，为了不连累家人，毅然提出与妻子离婚。而妻子得知真相后，不离不弃，陪伴丈夫共同面对病魔，谱写了一曲新时期的动人爱情诗篇。

媒体深入采访这个节目的原型后，发现实际的情况比舞台上的表演还要感人。

这位名叫李前锋的村医出生于一个村医世家，已经是五代行医。1999年，他从南宁卫校毕业后，在家乡六景镇开了一家私人诊所，收入相当可观。为了解决农村看病难的问题，南宁市横县卫生局决定为每个村配备一名村医。李前锋闻讯，主动请缨，志愿前往山高路远的六景镇大浪村做一名乡村医生。

在此之前，偏远的大浪村2300多名壮族村民一直没有村医，缺医少药，妇幼保健几乎是空白，群众看病难、看病贵、看病远的问题十分突出。自2003年来到大浪村始，李前锋怀着"让山里村民能看上病"的朴素心愿，无论严寒酷暑、刮风下雨，只要村民需要，他挑起药箱就出诊。他用一根扁担，一头挑着药箱，一头挑着干粮，被村民们亲切地称为"扁担上的120"。

然而，谁都没有想到的是，由于身体劳累过度，2008年5月份，李前锋查出患有严重的尿毒症。换肾需要20多万元，李前锋根本就不敢去想，只能靠血液透析维持生命。身患重症的李前锋感到自己生命的时间不多了，便瞒着家人，瞒着乡亲，每天依然挂着腹膜透析袋，坚持骑车进村为村民看病送药。

可慢慢地，透析治疗的效果越来越差，李前锋的身体每况愈下，几次晕倒在了山路上。为了不拖累一直深爱着的妻子，他写好了一份《离婚协议书》。妻子邓小妹很恼火，问："你搞什么名堂?!"李前锋哽咽着说："我的生命没多久了，你还年轻，不能跟着我一辈子受拖累，早离开，早解脱……"妻子听了，一把将丈夫搂在怀里，泪如雨下。过了一会儿，她擦掉眼泪，坚定地对丈夫说："下辈子，我还嫁给你。"为了悉心照顾丈夫，支持李前锋抱病行医，她干脆把家从镇上搬到了村里……

李前锋的事迹被媒体报道后，在社会上引起了强烈的反响。有网民评论说："李前锋用他那不那么结实的肩膀，挑起了大浪村2000多村民健康的重担。中国乡村医生用他那瘦弱的脊梁，挑起了亿万农民医疗卫生的重担。"而李前锋与邓小妹凄绝的爱情故事，他们真挚、朴素、一心为对方着想的婚恋观，更是让无数善良的人们感动不已、潸然泪下……

当前，我国正处在剧烈的社会转型期，社会各方面的变化自然影响到人们的价值观念，爱情、婚姻、家庭观念都发生了很大的变化，并且出现了大量令人头痛的问题。比如，爱情、婚姻物质化的取向日益明显。在各种相亲交友的节目中，"高富帅""白富美"往往成为大家关注的焦点和追求的对象，爱情观、婚姻观出现了向物质、金钱看齐的趋势。再如，夫妻关系的忠诚度降低。媒体报道中，有关"包二奶""傍大款""一夜情""换妻""第三者插足"等现象屡见不鲜，离婚率不断攀升。据相关媒体引述中国民政事业统计数据显示，2007年至2010年间，全国离婚登记数分别为320.4万对、356.1万对、404.7万对、451.6万对。中国离婚率连续七年递增，仅在2011年一季度，就有46.5万对夫妻办理了离婚登记，平均每天有5000多个家庭解体。又如，家庭暴力屡禁不止。2011年，据全国妇联和国家统计局组织的第三期中国妇女社会地位的调查报告显示，近三成（24.7%）女性曾遭受过配偶不同形式的家庭暴力。

家对于每个人来说，都是一个温馨的字眼。爱情、婚姻、家庭似乎是一个永不褪色的美丽话题。拥有一段历经考验的真挚爱情、一份洋溢幸福的美满婚姻、一个和谐稳定的幸福家庭，是多么令人神往的事啊。婚姻是爱情的实现目标，家庭是婚姻的必然产物。幸福的人生应该有一个以爱情为基础的美满婚姻。建立一个婚姻美满的家庭不仅对个人，而且对构建社会主义和谐社会都意义重大。

随着我国社会的转型和时代的发展，有关爱情、婚姻、家庭的观念都发生了重大的变化，但是，重温马克思主义创始人关于爱情、婚姻、家庭的诠释，对于我们要树立一个什么样的家庭观大有益处，因为这些观点至今依然绽放着时代的色彩。

马克思、恩格斯在谈及婚姻观时，首先阐述了爱情观。他们认为爱情是婚姻和家庭的逻辑起点，人们只有在对爱情正确认识的基础上才可以去谈及婚姻。关于爱情，他们认为只有以男女彼此之间相互倾慕为基础的相互之爱才会持久，结合的婚姻才会美满，家庭才会幸福。恩格斯在《家庭、私有制和国家的起源》一书中指出，现代真正的爱情"是以所爱者的对应的爱为前提的"[13]。马克思在《1844年经济学哲学手稿》中也提道："如果你在恋爱，但没有引起对方的爱，也就是说，如果你的爱作为爱没有使对方产生相应的爱，如果你作为恋爱者通过你的生命表现没有使你成为被爱的人，那么你的爱就是无力的，就是不幸。"[14] 他说："应该在考虑结婚以前成为一个成熟的人。"[15] 所谓"强扭的瓜不甜"，讲的就是这个道理。真正的爱情除了对对方容貌体态、言谈举止、气质风度倾倒外，关键的一点就是"旨趣的融洽"，它的产生不是因为贪图对方的财富和地位，而是彼此之间相互吸引、相互珍视。这种"人与人之间的，特别是两性之间的感情关系，是自从有人类以来就存在的"[16]。生命因为付出了爱情而更为富足,真正的爱不是暂时的感动,而是一生的回味。

如果说爱情是人生中的美丽的花朵,那么婚姻则是爱情之花所结的果实,它是两个人爱情发展的必然结果。在早期著作《论离婚法草案》中,马克思阐明了婚姻是家庭的基础,认为婚姻应该是自由的。他说:"如果婚姻不是家庭的基础,那么它也就会像友谊一样,不是立法的对象了。"[17]婚姻之所以不同于友谊而成为家庭的基础,就在于它更注重自身关系的伦理实体,而非"夫妻的任性"。恩格斯在《家庭、私有制和国家的起源》一文中明确提出:"如果说只有以爱情为基础的婚姻才是合乎道德的,那么也只有继续保持爱情的婚姻才合乎道德。"[18]一桩美好的婚姻必须恪守道德,但也要保护当事双方的权益,让婚姻建立在自愿而不是强迫的基础上,使当事双方自由地享受婚姻带来的幸福。马克思认为:"谁也不是被迫结婚的,但是任何人只要结了婚,那他就得服从婚姻法。结婚的人既不是在创造,也不是在发明婚姻,正如游泳者不是在发明水和重力的本性和规律一样。所以,婚姻不能听从结婚者的任性,相反,结婚者的任性应该服从婚姻的本质。"[19]这种观点对反思今天的婚姻家庭生活不负责任的行为,无疑有着极其重要的意义。我们只有用心去浇灌,用爱去滋润,用耐心、细心、爱心去经营,才能保持幸福美满的家庭。

中国自古就有"家国"之说,家是国的基础。家庭是人们精神和感情的温馨的休憩所,它是每个人过群体生活的一种最普通、最固定的组织形式,作为社会的基本单位和细胞,无数个家庭构成了人类社会,促进着社会的不断进步和发展。马克思指出："人对人的直接的、自然的、必然的关系是男人对妇女的关系。"[20]在社会观念多元化的今天，我们如何去看待和处理爱情和婚姻问题，不仅关系到个人的幸福和家庭的和睦，也必然影响文明、健康、进步的社会风尚的形成。一个家庭的和谐幸福与否，不仅和每个人息息相关，而且关系到整个社会的和谐安宁。

家庭观、爱情观是建立在正确的世界观、人生观基础上的。人们需要以马克思主义的人生观为指导，用理智的、道德的、正确的家庭观去选择爱情，共同携手构建和谐、幸福、美满的家庭。

"生命诚可贵，爱情价更高。若为自由故，两者皆可抛。"提起这首百多年来在全世界广为传诵的诗篇，人们便会想起它的作者——匈牙利诗人裴多菲。裴多菲的这首诗表达了正确的人生观、爱情观和自由观。人应该忠于爱情、崇尚生命，但更应该热爱自由。他的爱情观是建立在积极向上的世界观、人生观的基础上的。

1823年1月1日，裴多菲（Petöfi，1823—1849年）生于奥地利帝国统治下的多瑙河畔的阿伏德平原上的一个匈牙利小城。他的父亲是一名贫苦的斯拉夫族屠户，母亲是马扎尔族的一名农奴。按照当时的法律，他的家庭处在社会的最底层。17世纪以后，匈牙利又一直受奥地利帝国的统治而丧失了独立地位，争取自由的起义斗争此起彼伏。1848年春，奥地利统治下的匈牙利民族矛盾与阶级矛盾已经达到白热化程度。裴多菲目睹人民遭受侵略和奴役，大声地疾呼："难道我们要世代相传做奴隶吗？难道我们永远没有自由和平等吗？"诗人开始把理想同革命紧紧地联系在一起，决心依靠贫苦人民来战斗，并写下一系列语言凝练的小诗，作为鼓舞人们走向民族民主革命的号角。

3月14日，他与其他起义的领导者在佩斯的一家咖啡馆里商量起义事项，并通过了旨在实行资产阶级改革的政治纲领《十二条》。15日清晨，震惊世界的"佩斯三月起义"开始了，一万多名起义者集中在民族博物馆前，裴多菲当众朗诵了他的《民族之歌》。起义者欢声雷动，迅速占领了布达佩斯，并使之成为当时的欧洲革命中心。翌年4月，匈牙利国会还通过独立宣言，建立共和国。恩格斯曾指出："匈牙利是从三月革命时起在法律上和实际上都完全废除了农民封建义务的唯一国家。"[21]

面对佩斯起义，决心维护欧洲旧秩序的奥地利皇帝斐迪南马上联合俄国沙皇尼古拉一世，动员34万俄奥联军向着人口仅有500万的匈牙利凶狠地扑来。在民族危难时刻，裴多菲给最善战的将军贝姆去了一封信："请让我与您一起去战场，当然，我仍将竭力用我的笔为祖国服务……"在战火纷飞的1848年，裴多菲写下了多达106首抒情诗。翌年1月，裴多菲成为一名少校军官，他又直接拿起武器参加反抗俄奥联军的战斗。

1849年夏，匈牙利革命军在强敌压迫下战至最后时刻。在战斗中，身材瘦削的诗人被两名俄国哥萨克骑兵前后围住，一柄弯刀凶狠地向他劈来，诗人闪身躲开，但同时另一把尖利的长矛已刺进了他的胸膛，诗人痛苦地倒下了……裴多菲牺牲时年仅26岁，身后留下了22岁的妻子和1岁半的幼子。他一生中写下了800多首抒情诗和8部长篇叙事诗，此外还有80多万字的小说、政论、戏剧和游记，其中相当部分是在战火中完成的。这样的高产率,在欧洲文学史上是非常罕见的。

在匈牙利文学乃至匈牙利民族的发展史上,裴多菲都占有独特的地位。他奠定了匈牙利民族文学的基石,继承和发展了启蒙运动文学的战斗传统,被人誉为"是在被奴隶的鲜血浸透了的、肥沃的黑土里生长出来的'一朵带刺的玫瑰'"。一个多世纪以来,裴多菲作为争取民族解放和文学革命的一面旗帜,也得到了全世界进步人士的公认。他那一首首脍炙人口的诗篇,至今仍在广为传诵。而裴多菲建立在积极向上人生观基础上的爱情观,也一直为人们广为赞扬。

结　语

马克思主义人生观是具体的、历史的。在全球化、信息化时代,在当代中国社会主义市场经济大潮中,如何对待金钱、权力、事业、爱情、婚姻和家庭等,对任何人都是一场严峻的考验。实际上,人们的人生观存在差异,交出的答卷也五花八门,各不相同。例如,有的人沦为金钱或权力的奴隶,甚至干起了坑蒙拐骗、权钱交易之类勾当,最后毁掉了自己的一生。马克思主义人生观要求我们树立远大的革命理想,正确对待金钱和权力,恪守家庭美德,积极投身到为广大人民群众谋福利、实现共产主义的伟大事业中去。

注　释

[1]《马克思恩格斯文集》第5卷,人民出版社2009年版,第90页。
[2]《论语·里仁》。

〔3〕《马克思恩格斯全集》第28卷，人民出版社1973年版，第28页。

〔4〕《列宁专题文集　论社会主义》，人民出版社2009年版，第293页。

〔5〕阿克顿：《自由与权力：阿克顿勋爵论说文集》，商务印书馆2001年版，第342页。

〔6〕《十六大以来重要文献选编》（上），中央文献出版社2005年版，第144页。

〔7〕《邓小平文选》第二卷，人民出版社1994年版，第168页。

〔8〕《邓小平文选》第二卷，人民出版社1994年版，第176页。

〔9〕《邓小平文选》第二卷，人民出版社1994年版，第332页。

〔10〕习近平：《领导干部要树立正确的世界观权力观事业观》，《中国党政干部论坛》2010年第9期。

〔11〕《十六大以来重要文献选编》（下），中央文献出版社2008年版，第874页。

〔12〕《孟子·离娄上》。

〔13〕《马克思恩格斯文集》第4卷，人民出版社2009年版，第90页。

〔14〕《马克思恩格斯文集》第1卷，人民出版社2009年版，第247页。

〔15〕《马克思恩格斯全集》第31卷，人民出版社1972年版，第522页。

〔16〕《马克思恩格斯文集》第4卷，人民出版社2009年版，第287页。

〔17〕《马克思恩格斯全集》第1卷，人民出版社1995年版，第347页。

〔18〕《马克思恩格斯全集》第4卷，人民出版社2009年版，第96页。

〔19〕《马克思恩格斯全集》第1卷，人民出版社1995年版，第347页。

〔20〕《马克思恩格斯文集》第1卷，人民出版社2009年版，第184页。

〔21〕《马克思恩格斯全集》第6卷，人民出版社1961年版，第363页。

为人类幸福献出自己的一生

——马克思主义幸福观

劳动创造是人生幸福的源泉，真正的幸福要靠人们用诚实的劳动去创造。马克思主义幸福观是从人类社会实践中提炼出来的，它立意高远，关注的是人民大众的苦难，追求的是全人类幸福的实现。用马克思主义幸福观指导人生，有助于人们自觉抵制各种错误思潮，消除幸福的异化现象，有助于人们为争取全人类的解放和幸福而奉献自己的一生。

幸福是人类永恒的追求，也是一个常谈常新的话题。幸福是人生的意义之所在，不幸福的人生是悲惨的人生。然而，什么是幸福？怎样才能获得幸福？这是所有人都十分关切的问题。我们每一个人，尤其是年轻人，只有在马克思主义人生观的指引下，才更加明确人生的目的和意义，懂得在生活中追求什么、舍弃什么；才能在实现人生的社会价值的选择中实现自我价值，为了全人类的幸福而甘心奉献自己的一生；同时，也才能适应和引领社会发展，让更多的人过上幸福美满的生活，荡起幸福人生的双桨，奔向幸福的人生。

一、什么是幸福
——从"幸福指数"谈起

近些年来，有一个时髦的新词广为流传，引起了很多人的兴趣，那就是"幸福指数"。

"幸福指数"是"幸福"与"指数"两个词语的组合。何谓"指数"？作为经济学概念的"指数"，是指某一经济现象在某一时期内的数值和同一现象在另一个作为比较标准的时期内的数值的比数，它表明经济现象变动的程度，如生产指数、物价指数、劳动生产率指数等。至于"幸福指数"，根据"新经济基金"组织官方网站的说法，是全球第一个将生态环境因素考虑进幸福程度的指数。该指数"一反常规"，不衡量一国或地区有多少资源和财富，或享有多么高的社会福利或人均收入，而主要看各国在生态资源利用上是否合理、有效，是否以较少的消耗实现了较大的价值，人民是否对生活感到满意。

为了突出这一点，"全球幸福指数"囊括了三个方面的信息，包括"生态足迹"度量指标、生活满意程度和人均寿命。其中，"生态足迹"度量指标是指在现有的消费水平、技术发展和自然资源背景下，一定数量的人口需要多少土地才能养活。用生活满意度乘以人均寿命，再除以"生态足迹"度量指标，就得出了"幸福指数"。"全球幸福指数"旨在衡量一个国家或地区在尊重有限的自然资源的同时，为人民赢得了多少幸福。

前些年，英国"新经济基金"组织曾对全球 178 个国家及地区做了"幸福指数"大排名,结果十分出人意料:名不见经传的南太平洋岛国瓦努阿图击败群雄,当选为地球上最幸福的国家。这令众多"财大气粗"的发达国家感到尴尬,美国媒体表现得尤其"酸溜溜"的。

瓦努阿图以 68.2 的指数荣登"全球幸福国家"的榜首。"全球幸福指数"评价说,瓦努阿图的人均寿命为 69 岁,人民对生活的满意程度明显高于其他国家,"生态足迹"度量指数也很低,几乎没有对地球生态环境造成破坏,因而荣登"全球幸福国家"的榜首。

无独有偶。实际上,并不是"全球幸福指数"第一次对传统的幸福观提出了挑战。早在 1972 年,时任不丹国王的吉格梅·辛格·旺楚克(Jigme Singye Wangchuck,1955年—)就提出了"国民幸福总值"的概念,以取代国民生产总值,把幸福当作一个标准具体实在地加以测量。他认为,政府施政应该以实现幸福为目标,注重物质和精神的平衡发展。

不丹是一个人口只有 63 万、人均 GDP 仅仅 1700 美元的发展中国家。据说,该国只有两架飞机,大部分人都吃素,且大部分是农业人口,基本的物质条件很差,人民生活水平不高。四十多年过去了,不丹的这个"治国之道"一以贯之,尽管国家并不富裕,然而广大居民却被认为是"最幸福"的人,成为世人寻找幸福踪迹的目的地。

"全球幸福指数"和"国民幸福总值"的指标是否合理?瓦努阿图人、不丹人是否真的是全球最幸福的人?对此,或会有极大的争议,或许总是有人不服气。然而,如果我们仔细反思,那么确实可以从中悟出一些什么。

毕竟，"幸福"是一个含义模糊、极难界定的概念，不是那么容易说清楚的，也不应该有人垄断解释权。有人调侃说，要难倒一个哲学家，最简单的办法就是问他"什么是哲学"，同样，要想难倒一个伦理学家，最有效的办法就是问他"什么是幸福"。

从古至今，每个人都按照自己的人生理想和生活轨迹，采用适合自己的方式来追求幸福。但由于每个人的社会环境、生活条件和社会关系不同，因而每个人心中的幸福生活图景各不相同，对"何谓幸福"都有自己各具特色的理解和诠释。即使是同一个人在人生的不同阶段，对幸福的理解也可能不尽相同。小时候，拥有了自己喜爱的玩具，觉得很幸福；上学时，考试取得了好成绩，觉得很幸福；毕业后，找到了心仪的工作，觉得很幸福；工作后，有了自己的房子，娶了心爱的妻子，觉得很幸福……去医院看望病人，觉得身体健康就很幸福了；到监狱参观，觉得拥有人生的自由也很幸福……哲学家康德感慨地说："幸福的概念如此模糊，以至虽然人人都在想得到它，但是，却谁也不能对自己所决定追求或选择的东西，说得清楚明白，条理一贯。"[1]

但是，每个人都想得到幸福，都想过幸福的生活，这恐怕是唯一得到人们广泛承认的人生目标。为了获得幸福生活，每一个人都在奋斗着，人类从未停止过对幸福追寻的脚步。作为人类文明中永恒的追求，几千年来，无数哲人对幸福进行了探索和研究，为我们对人生进行哲学反思提供了睿智而广泛的素材。

有人认为，幸福就是快乐，只要会寻找乐趣，快快活活地过一生就是幸福的。诚然，快乐是人生必需的，没有快乐，人生将是郁闷、刻板而凄凉的。然而，快乐却是消费性的，快乐过后，并不会留下什么决定人生意义的东西。况且，快乐的得来如康德所说，并不需劳神苦求，甚至一个人在什么情况下都可以寻欢作乐！那种"此间乐，不思蜀"式的快乐，那种无所事事放浪形骸式的快乐，那种吞食扶贫款挥霍民脂民膏式的快乐，那种建立在他人痛苦基础之上的残暴的快乐，以及一切违背人性、良知与正义的寻欢作乐……显然早已背离了幸福的本真意义，与幸福相去何其远矣！

有人认为，幸福就是欲望的满足。有人梦想，若是想要什么就有什么，那该是多么幸福啊！然而，在现实社会中，欲望是永无止境的，是永无可能彻底满足的。旧的欲望满足了，总会有新的欲望冒出来，封侯恨不授公，授公恨不称帝，称帝恨不长生……如此循环往复，从而堕入"欲望——满足——欲望"的怪圈，人难免会无止境的痛苦——满足不了的痛苦，至少人生将是痛苦多于幸福的。甚至欲望的重复与过分的满足，诸如让穷人日复一日地享受山珍海味，诸如让戏迷一天到晚泡在大戏院里，诸如让书生一年四季坐拥书城，也可能会让人腻味与厌烦的。可幸福却是多多益善的，只有忍受不了的不幸，没有消受不了的幸福！

有人认为，金钱、权力之类利益就意味着幸福。确实，一定的物质基础是人生所必需的。想想穷得叮当响、饿得前胸贴后背的苦滋味，想想办事时求天不应、求人无门时的无奈，人们是多么渴盼能够吃穿不愁、办事如鱼得水啊。但是，利益却只是人们追求幸福的手段。只要仔细观察，善良的人们不难发现，现实中不少富人或达官贵人"穷"得只剩下钱或权了,他们并不是幸福的富翁。当人生被钱和权完全"异化"了的时候,生活还是一种真正的自主的开心的生活吗?甚至幸福有时倒意味着一种不求回报的给予,一份心底无私的默默的奉献。像父母对子女的关爱,似情人恋人间的真情,如朋友之间的诚挚友谊……都能带来无限的幸福感。此时此景若斤斤计较、患得患失,不仅可能无缘幸福,倒可能带来无边的抱怨和痛苦。

有人认为,幸福就是"付出后的收获""投入后的报偿"。传统宗教和道德总是劝人先忍受几乎一生的苦难,以获得那种"后来福""老来福",就像旧时的书生"十年面壁"皓首穷经以求金榜题名后的"黄金屋""颜如玉",就像多年的媳妇忍气吞声忍辱负重终于熬成老太婆,于是"作威作福"变态地欺负新媳妇儿,就像宗教喋喋不休地劝慰人们以忍受此生的无边苦难去换取通往极乐天堂的通行证……这类精神鸦片似的许诺式说教,实实在在地剥夺了多少人此生的幸福!又有多少人倒在了这种预期中的"幸福"到来之前!其实,幸福并不是可以拿自己的生命或即时的生活去简单交换的,因为根本没有谁为你负责照顾等式两边是否真正对等!幸福从来不是别人为你安排的,倾国之权、亿万富翁皆不能保证子孙永荫余泽,幸福绵绵,更何况区区如你我之辈!

排除了幸福的若干世俗的误区,那么,究竟什么是幸福?幸福之路在何方?幸福之门如何开启?

马克思主义人生观认为,幸福的本质应该是物质生活和精神生活的统一、个人幸福和社会幸福的统一。这才是一种实践的、积极的、健康的幸福观。马克思主义幸福观不仅是人类思想发展史上最科学的幸福观，而且也是最先进的幸福观。

——**幸福理想的崇高性**。马克思主义幸福观是对历史上剥削阶级利己主义幸福观的否定，它以集体主义为原则，以为人民服务为核心，以消灭剥削、消除两极分化、最终实现共同富裕为目标，以实现全人类的彻底解放、人的自由全面发展和建立"世界大同"的共产主义制度为幸福理想。这充分体现了马克思主义幸福理想的崇高性和神圣性。

——**幸福内容的完整性**。马克思主义的幸福观是对享乐主义幸福观、拜金主义幸福观、拜权主义幸福观等"残缺性"、非科学幸福观的否定。它既包括个人幸福，也包括社会幸福，既包括物质幸福，也包括精神幸福，既包括现实幸福，也包括未来幸福，是一个包含多种要素、结构合理的内容体系，它具有全面性、完整性、协调性的特点。另外，坚持幸福内容的完整性，谋求眼前的幸福，必须胸怀长远的幸福；追求长远幸福，必须从实现眼前幸福开始，最终做到眼前的幸福与长远的幸福和谐统一、互相促进。

——**以劳动创造为幸福实现途径**。马克思主义幸福观认为，劳动是幸福的源泉。幸福并不神秘，并不遥远，它就在你此在的生活之中！它需要你用心地争取，需要你不懈地奋斗，需要你自主地创造！与其说幸福是你人生中的一种状态，倒不如说是一种态度或能力，就看你如何顺应时代发展的潮流，立足自身的利益和需要，把你的生活创造成一种有意义的生活，并实实在在地欣赏它、享受它。

当然，幸福也需要你有双"发现的慧眼"，需要你知道如何用心去体验和感受。几乎可以肯定地说，幸福并没有具体的衡量标准，特别是很难用具体的"指数"去描述它。幸福甚至有些神秘，它是一个变数，依赖许多因素，会随着个人情绪、体验、感受、心境的不同而变化，而且这种变化并不与欲望、权力、金钱、享乐成正比。幸福不只是一种具体的、有限的个人情绪的满足与快感，而是人们对现实生活的一种总体满意度，以及对生命质量的一种全面评价。

二、幸福总是随财富的增长而增长吗
——抬轿子的人未必不幸福

20世纪最具影响力的英国哲学家、文学家罗素，1924年来到中国的四川。那个时候的中国，军阀割据，战乱频仍，山河破碎，民不聊生。罗素刚写完他的巨著《幸福论》，他希望以自己的思想教化、引导中国人摆脱苦难，走上幸福之路。

当时正值夏天，四川的天气非常闷热。罗素和陪同他的几个人坐着那种两人抬的竹轿上峨眉山观光。山路非常陡峭险峻，几位轿夫累得大汗淋漓。罗素见了此情此景，一时没有了观赏峨眉山美景的心情，而是观察和思考起几位轿夫来。他心里想，轿夫们一定痛恨他们几位坐轿的人，这样热的天气，还要他们抬着上山。甚至他们或许正在思考，为什么自己是抬轿的人而不是坐轿的人。

罗素正想着，到了山腰的一个小平台，陪同的人让轿夫停下来休息一会儿。罗素下了竹轿，认真地观察起轿夫的表情来。他看到轿夫们坐成一行，拿出烟斗，又说又笑，讲着很开心的事情，丝毫没有怪怨天气和坐轿人的意思，也丝毫没有对自己的命运感到悲苦的意思。他们饶有趣味地给罗素讲自己家乡的笑话，很好奇地问罗素一些外国的事情。他们还给这位大哲学家出了一道智力题："你能用11画，写出两个中国人的名字吗？"罗素想了想，承认不能。轿夫笑呵呵地说出答案："王一、王二。"在交谈中，他们不时发出高兴的笑声。

罗素陡然心生一丝惭愧和自责：我凭什么去宽慰他们？我凭什么认为他们不幸福？后来，罗素在他的《中国人的性格》一文中谈到了这件事。他因此得出了一个著名的人生观点：用自以为是的眼光看待别人的幸福或苦痛是错误的。

这个故事还说明了一个深刻的哲理：坐轿子的人未必是幸福的，抬轿子的人未必不是幸福的。幸福与人们占有的物质财富多少，与人们所处的位置高低，似乎并不是正向关联的。就像有哲人曾经追问过的，位高权重但战战兢兢度日的国王，一定比身无分文、但无忧无虑的乞丐幸福吗？这种现象值得人们深刻反思，需要哲学家们给予回答。

立足马克思主义人生观全面地反思幸福，反思上述问题，至少我们应该强调如下两个方面：

一方面，幸福必须以一定的经济发展为前提。真正的幸福必须建立在一定的物质基础之上。

唯物史观肯定物质资料的生产在人与社会发展中的基础性作用。马克思指出："正如任何动物一样，他们首先是要吃、喝等等，也就是说，并不'处在'某一种关系中，而是通过活动来取得一定的外界物，从而满足自己的需要。"[2]没有一定的物质基础，很难谈得上幸福，物质的保障是人生活、发展必不可少的条件；同时，物质生活也决定和影响着人们的精神生活，只有有了一定的物质保证，人们才能有其他的精力去追求、丰富其精神世界。如果一个人每天都在担心吃饭问题该如何去解决，那么，体会什么是幸福对他而言就是不切实际的天方夜谭。"对于一个忍饥挨饿的人来说并不存在人的食物形式……忧心忡忡的、贫穷的人对最美丽的景色都没有什么感觉。"[3]

"左"的年代推崇"越穷越光荣"，"越穷越革命"，但温饱都没有解决，人民群众并未过上幸福生活。邓小平在总结我国社会主义建设的经验时也强调："不讲多劳多得，不重视物质利益，对少数先进分子可以，对广大群众不行，一段时间可以，长期不行。革命精神是非常宝贵的，没有革命精神就没有革命行动。但是，革命是在物质利益的基础上产生的，如果只讲牺牲精神，不讲物质利益，那就是唯心论。"[4]因此，社会主义的本质首先就是要解放生产力、发展生产力，以极为丰富的物质资料满足人们的基本需要，为人们追寻幸福生活奠定坚实的物质基础。

另一方面，虽然物质生活条件的改善和提高是人们获得幸福的重要因素，但绝对不是唯一的因素。

例如，为什么如前所述，瓦努阿图会荣登"全球幸福国家"的榜首呢？原因在于，瓦努阿图并不是一个生产发达、消费主导的社会。他们根本就不以此为目标。在瓦努阿图人的观念中，根本就没有太多的物质要求。似乎，他们拥有很少的东西，就可以活得很滋润，很快乐。实际上，他们真正忧虑的只有破坏性的台风和季节性地震。

由于我们过去长期的积贫积弱，由于近代以来屡屡落后挨打，当代中国人普遍相信，富强是幸福的一个最重要的条件。但今天看来，情况或许并非如此。随着经济的不断高速发展，人们越来越认识到，虽然物质生活条件的改善和提高是人们获得幸福的重要因素，但绝不是唯一的因素。甚至可以说，财富的增长并不一定总是能提高人们的幸福感。这正如美国普林斯顿大学教授卡尼曼（Kahneman，1934年— ）指出的，有许多证据证明，（物质上）更加富有并非使我们更加幸福。研究表明，更富有的国家的人们的确比贫穷的国家的人们更幸福些，但是，一旦有了住宅、食物和衣服，额外的钱财似乎并不能给人们带来更多的幸福。

2001年5月19日美国《纽约时报》的一则报道耐人寻味："50年来，美国的富有程度已大大提高。普通人都能够支付第二辆汽车、飞越大洋的机票和在家里播放的电影设备。这些东西，在第二次世界大战前只有富人才能买得起。平均来看，今天的人们可以买到更好的食品、得到更好的保健，似乎也过上了更好的生活。然而，作为一个整体，美国人并不认为自己比过去快乐。事实上，一系列调查显示，30年来，美国人从某种程度上说反而比过去更不满意。因此，一句老话更能准确地反映现代生活：金钱其实买不来幸福……从1970年到1999年，美国家庭的平均收入增加了16%，而自称'非常幸福'的人所占的比例却从36%降到29%。"

实际上，在今天的中国，我们也可以发现同样的现象。近些年来，中国经济突飞猛进，GDP已经高居世界第二位。绝大多数人的生活都已经解决了温饱，很多人还实现了小康，甚至一部分人已经"先富起来"，购买力频频令世界震惊。然而，今天的中国人很幸福吗？或者说比过去更加幸福吗？恐怕很难简单地得出这样的结论。至少，不少人比过去对社会对生活更加不满，抑郁症发病率、自杀率不断攀升就很说明问题。

在特定条件下，我们还发现，幸福甚至可能随财富的增加而不断地减少。例如，一些贪官不择手段地聚敛钱财，伴随其个人财富的急剧膨胀，其罪恶也在增加，到头来得到的将是法律的严惩，最终导致身败名裂，哪还有幸福可言！即使丑行尚没有败露，但因为担心东窗事发，也是整天提心吊胆，风声鹤唳，神经紧张，这时岂有幸福之理！对此，我们应该有所反思。

总之，越来越多的人认识到，**人生的最终目的不是财富的最大化，而是幸福本身的最大化**。在幸福面前，人生其他的一切都是微不足道的，不能本末倒置，不能误入歧途。今天，我们讲以人为本的科学发展观，就是强调不仅要注重物质财富的发展，而且要注重精神层面的发展，还要注重全面的发展、可协调的发展。因为单纯的物质资料本身并不是幸福的真正源泉，更不等于幸福本身。人只有在一定的物质条件下，充分发挥自己的创造力，让物质生活和精神生活达到高度的统一，才可能过上幸福美满的生活。

三、个人幸福和社会幸福的统一
——从少年马克思的中学作文说起

伟人马克思在17岁读中学时就已经树立了远大的理想抱负。他在中学作文《青年在选择职业时的考虑》中第一次热情地然而又是坚定地把为人类幸福而献出自己的一生作为自己终生的追求。

马克思这样写道:"历史把那些为共同目标工作因而自己变得高尚的人称为最伟大的人物;经验赞美那些为大多数人带来幸福的人是最幸福的人……如果我们选择了最能为人类而工作的职业,那么,重担就不能把我们压倒,因为这是为大家作出的牺牲;那时我们所享受的就不是可怜的、有限的、自私的乐趣,我们的幸福将属于千百万人,我们的事业将悄然无声地存在下去,但是它会永远发挥作用,而面对我们的骨灰,高尚的人们将洒下热泪。"[5]

从历史文献来看,尽管年轻的马克思还未形成完整的科学的人生观,尽管他的理想追求还建立在唯心主义世界观的基础上,但是,他却已经具有了把追求人类幸福作为自己幸福的高尚的人生观雏形。虽然他的人生理念还不是成熟的马克思主义人生观,但这深刻地表明了,马克思为什么会成为一个把自己的一生奉献给全人类解放事业的世纪伟人。

实际上,任何幸福都是具体的、历史的。在阶级社会中,任何幸福观都是立足于阶级立场和利益、并为不同阶级的利益服务的。也正因为此,是为占人口少数的统治者服务,还是像马克思一样,为占人口绝大多数的人民群众服务,是我们不能回避、必须思考和选择的一个问题。

资产阶级幸福观是为资产阶级利益服务的,其幸福主体也只能是占人口少数的资产阶级。无论是资产阶级的赤裸裸的利己主义幸福观,还是其经过粉饰后的合理利己主义幸福观,以及"追求最大多数人的最大幸福"的功利主义幸福观,在私有制神圣不可侵犯的资本主义社会,对工人阶级和劳动人民来说，都是不会带来幸福的。虽然它肯定了人人都有追求幸福的权利，但它把这种权利归结为私有制的神圣不可侵犯性，这就实际上取消了无产者追求幸福的物质条件，把少数有产者的幸福建立在大多数人的痛苦和死亡之上，因此，资产阶级的幸福观必然成为一种抽象而伪善的道德说教，在人人幸福的旗帜下掩盖了无产者的不幸；在人人享乐的口号下，掩盖了工人阶级的被迫禁欲，因此，富有和贫穷的对立并没有在普遍幸福中得到解决，反而更加明显更加尖锐了。

马克思主义幸福观的幸福主体不是少数剥削者和压迫者，而是占人口绝大多数的无产阶级和劳动人民。这充分体现了马克思主义幸福观的幸福主体的广泛性、人民性。幸福主体的广泛性、人民性，是马克思主义幸福观与一切剥削阶级幸福观的分水岭。

如前所述，早在青年时期，马克思就有了为社会进步、为人类解放而奋斗的幸福理想。事实上，马克思不但是崇高幸福理想的倡导者和宣传者，而且是一位勇敢、忠诚的实践者和开拓者。马克思后来毕生所从事的事业，就是一项"为大家而献身"的"最能为人类福利而劳动的职业"。马克思认为，那些为大多数人带来幸福的人，就是最幸福的人。

马克思主义幸福观是广大无产阶级和劳动人民实现自身解放和幸福的锐利思想武器。胡锦涛在党的十七大报告中强调，"要始终把实现好、维护好、发展好最广大人民的根本利益作为党和国家一切工作的出发点和落脚点，尊重人民主体地位，发挥人民首创精神，保障人民各项权益，走共同富裕道路,促进人的全面发展,做到发展为了人民、发展依靠人民、发展成果由人民共享。"[6]十七大报告把"最广大的人民"作为幸福的主体,要求"尊重人民主体地位",强调"发展成果由人民共享",这充分体现了幸福主体的广泛性。坚持幸福主体的人民性就是坚持幸福主体的广泛性,这是对马克思主义幸福观的继承和发展。

坚持马克思主义幸福观,要正确处理个人幸福和社会幸福之间的关系。个人幸福和社会幸福是互相联系、互相依存、辩证统一的。

恩格斯指出:"每个人都追求幸福。个人的幸福和大家的幸福是不可分割的。"[7]幸福固然是每个人自己的体验和实践,但是,如果离开个人所处的环境、离开他人,单独地谈论幸福,事实上是很难做到的。因为人的各种活动都是在社会的实践中实现的,人作为社会成员的一分子,其行为与社会是密不可分的。早在古希腊,亚里士多德在谈到社会对人类幸福的影响时曾说:"如果一个人不是在健全的法律下成长的,就很难使他接受正确的德性。因为多数人,尤其青年人,都觉得过节制的、忍耐的生活不快乐。所以,青年人的哺育与教育要在法律指导下进行。这种生活一经成为习惯,便不再是痛苦的。"[8]如果我们看不到个人幸福的现实社会性,看不到个人幸福的社会条件,把个人幸福和社会幸福割裂和对立起来,甚至以损害他人和集体的利益来谋取个人幸福,将个人幸福建筑在他人的痛苦之上,那么,必然导致个体和社会的矛盾与冲突,最终导致个体自身的不幸福。

法国著名的自然主义小说家和理论家、自然主义创始人左拉(Zola,1840—1902年)曾经指出,每一个人可能的最大幸福是在全体人所实现的最大幸福之中。德国工人哲学家狄慈根（Dietzgen，1828—1888 年）也说，只有整个人类的幸福才是你的幸福。法国空想社会主义者圣西门（Saint-Simon，1760—1825 年）更是精辟地说，为人类的幸福而劳动，这是多么壮丽的事业，这个目的有多么伟大！撇开社会环境，撇开他人，抽象地谈论个人的幸福，实际上是没有意义的。俗话说，"送人玫瑰，手留余香"。我们只有在追寻自己幸福的人生，实现自我价值时，兼顾各方面利益，妥善处理个体与整体、局部与全部、眼前与长远的关系，将个人幸福和社会幸福辩证地统一起来，才能真正实现个人的幸福。

四、幸福不会从天降
——哲学家苏格拉底论幸福

幸福不是毛毛细雨，不会自己从天上掉下来。幸福不是既定的存在，不是等待的享受，而是现实的创造，是奋斗的追求。

有一则古希腊哲学家苏格拉底（Socrates，前469—前399年）论幸福的故事，意味深长，值得用心琢磨。故事的情节大致是这样的：一群精力充沛的年轻人到处寻找幸福，可是，不仅没有找到幸福，反而遇到了很多的烦恼、忧愁和痛苦。于是，他们向哲学家苏格拉底请教，问哲人幸福到底在哪里。苏格拉底没有直接回答他们，而是对他们说："你们还是先帮我造一条船吧！"于是，这帮年轻人暂时把寻找幸福的事儿放在一边，开始造船。他们找来造船的工具，用了七七四十九天，锯倒了一棵又高又大的树，挖空树心，造出了一条大型的独木船。独木船下水了，他们把苏格拉底也请上船，一边合力划桨，一边齐声歌唱。苏格拉底问："孩子们，你们幸福吗？"他们齐声回答："幸福极了！"苏格拉底说："幸福就是这样，它往往在你为着一个明确的目标忙得无暇顾及其他的时候就突然来访。"

马克思主义人生观认为，人是自身幸福的创造者，劳动创造是一切幸福的源泉。劳动不仅为幸福的实现提供物质条件，而且创造的过程本身就是一种幸福体验。

从人们自身的实际出发，通过积极的劳动实践活动不断拓展自身的潜力，实现人生的价值，才能找到自己的幸福道路。20世纪60年代，我国有一部电影《我们村里的年轻人》广为观众所喜爱。电影演的是一群农村青年人用自己勤劳的双手换来了美好幸福的生活。影片中有两句歌词很有哲理："樱桃好吃树难栽，幸福不会从天降。"世界上根本没有天造地设的"幸福"。马克思主义认为，幸福不在所谓的"天国"、靠上帝的恩赐而得来，也不可能通过冥思苦想、靠纯粹的思辨而得来，甚至它也不是自然的"恩赐"，不能依赖他人的"施舍"，不能依赖父母的"营造"，不劳而获，坐享其成，更不可能通过尔虞我诈或弱肉强食地剥削、压迫、掠夺而来。真正的幸福应该建立在劳动创造的基础上，是通过社会实践活动的手段而获得的。离开了人们自己的劳动创造，幸福就成了无源之水、无本之木。

人追求幸福的实践活动，改造了客观的自然和社会，它不仅仅满足了人们的物质生活，同时还满足了人们的精神生活。只有在实践活动中，人们才能实现自身的价值，发展自己，达到二者的统一，使人们的心灵空间变得充盈而温暖，真正体会到劳动创造带来的属于自己的幸福。恩格斯在《反杜林论》中指出："通过社会化生产，不仅可能保证一切社会成员有富足的和一天比一天充裕的物质生活，而且还可能保证他们的体力和智力获得充分的自由的发展和运用。"[9]只有实现个人和社会的全面发展和进步，才能真正实现人生的幸福！

劳动创造是幸福的唯一源泉，这为人们指明了走向幸福乐园的正确途径。实现幸福的途径的社会实践性是对剥削阶级寄生性的彻底否定和批判，是对追求虚幻幸福者的大声唤醒。《国际歌》中唱道："从来就没有什么救世主，也不靠神仙皇帝。要创造人类的幸福，全靠我们自己。"这充分说明，在阶级社会中，要真正实现"人民幸福"，不能把希望寄托在少数统治者身上，"人民幸福"只能靠人民自己去争取、去创造。在阶级对立的社会中，在社会分裂为利益尖锐对立的不同利益集团的社会中，要实现个人的幸福，首先必须争得本阶级、本利益集团的解放。只有消灭了摧残压抑人性的社会条件，才能谈得上有真正的个人幸福。如果说个人存在是不幸的，那么，最重要的是找出并消除产生这不幸的社会根源。

马克思说，劳动是人的第一需要。任何一个民族，如果停止了劳动，不用说一年，就是几个星期也要灭亡。[10]事实也证明，没有人民改造社会、改造自然、改造自身的伟大实践活动，就根本不可能有人民的幸福生活。中国共产党领导人民夺取新民主主义革命胜利，建立社会主义基本制度，为中国人民走向美好幸福之境奠定了坚实的基础、开辟了广阔的道路；经过改革开放三十多年的艰苦奋斗，综合国力大幅度提高，人民生活实现了从温饱到小康的历史性跨越，进入21世纪，向着全面建设小康社会的目标迈出坚实步伐。中国共产党坚持把造福人民作为一切奋斗和工作的目的和归宿，十分关注民生，"着力解决人民最关心、最直接、最现实的利益问题"，为了实现"发展成果由人民共享"和共同富裕的崇高目标，把促进社会公平正义作为"发展中国特色社会主义的重大任务"，着眼于实现人民幸福内容的全面性、完整性和协调性，坚持经济、政治、文化和社会事业的全面、协调和可持续发展，以满足广大人民群众日益增长的多方面需要……这就是中国共产党带领中国人民不断创造幸福生活、实现中华民族伟大复兴的中国梦的社会实践过程。

对于我们每一个人来说，要想获得幸福，就要为自己设立远大的、有意义的理想和目标，并不懈地为之劳动创造，为之奋斗牺牲。具体而言，就是要将有限的生命，投身到为实现绝大多数人的利益而奋斗的共产主义事业中去，将有限的人生与远大的人生目的联系起来，在辛勤的工作与生活中真真切切地感受幸福。当然，奋斗没有终点，幸福也没有终结，它处在一个永远创造的历史过程之中。

结　　语

劳动创造是人生幸福的源泉，真正的幸福要靠人们用诚实的劳动去创造。马克思主义幸福观是从人类社会实践中提炼出来的，它立意高远，关注的是人民大众的苦难，追求的是全人类幸福的实现。用马克思主义幸福观指导人生，有助于人们自觉抵制各种错误思潮，消除幸福的异化现象，有助于人们为争取全人类的解放和幸福而奉献自己的一生。

注　释

〔1〕周辅成：《西方伦理学名著选辑》下卷，商务印书馆1987年版，第366页。

〔2〕《马克思恩格斯全集》第19卷，人民出版社1963年版，第405页。

〔3〕《马克思恩格斯文集》第1卷，人民出版社2009年版，第191—192页。

〔4〕《邓小平文选》第二卷，人民出版社1994年版，第146页。

〔5〕《马克思恩格斯全集》第1卷，人民出版社1995年版，第459—460页。

〔6〕胡锦涛：《高举中国特色社会主义伟大旗帜　为夺取全面建设小康社会新胜利而奋斗——在中国共产党第十七次全国代表大会上的报告》，人民出版社2007年版，第15页。

〔7〕《马克思恩格斯全集》第42卷，人民出版社1979年版，第374页。

〔8〕亚里士多德：《尼各马可伦理学》，商务印书馆2003年版，第313页。

〔9〕《马克思恩格斯文集》第9卷，人民出版社2009年版，第299页。

〔10〕参见《马克思恩格斯文集》第10卷，人民出版社2009年版，第289页。

后　　记

2010年7月4日,中国社会科学院院长王伟光教授(时任常务副院长)主持召开了《新大众哲学》编写工作第一次会议,传达了中共中央宣传部关于编写《新大众哲学》课题立项的决定,正式启动了这一重大科研任务。在启动会议上,成立了依托中国辩证唯物主义研究会、以中国社会科学院与中共中央党校的专家学者为主的编写组,由王伟光教授任主编,李景源、庞元正、李晓兵、孙伟平、毛卫平、冯鹏志、郝永平、杨信礼、辛鸣、周业兵、王磊、陈界亭、曾祥富等为编写组成员。

从2010年7月初到8月底,编写组成员认真走访了资深专家学者。对京内专家,采取登门拜访的形式;对京外学者,则采取函询的方式。韩树英、邢贲思、杨春贵、汝信、赵凤岐、黄楠森、袁贵仁、陶德麟、侯树栋、许志功、陈先达、陈晏清、张绪文、宋惠昌、沈冲、卢俊忠、卢国英、王丹一、赵光武、赵家祥等充分肯定了编写《新大众哲学》的重要意义,提出了有价值的建议(其中一部分书面建议已经安排在《马克思主义哲学论丛》上分期刊发了)。编写组专门召开会议,对各位专家提出的意见和建议进行了充分讨论，认真吸取各位专家的建言。

编写组认真提炼和归纳了马克思主义哲学关注并需要回答的300个当代重大理论与现实问题。从2010年7月31日到11月底，编写组对这些问题进行了反复研讨和精心梳理。经过充分讨论，编写组把《新大众哲学》归纳为总论、唯物论、辩证法、认识论、历史观、价值论和人生观七个分篇，拟定了研究写作提纲，制订了统一规范的写作体例。

《新大众哲学》编写组成员领到写作任务后，自主安排学习、研究与写作。全组隔周安排一次研讨会，对提交的文稿逐一进行研究讨论。在王伟光教授的带动下，这种日常性的集中讨论在三年多的时间里一直得到了严格坚持，从2010年7月启动到2013年10月已持续了80次，每次都形成了会议纪要。写出初稿后，还安排了3次集中讨论，每次集中3天时间。这些内容都体现在《新大众哲学》的副产品《梅花香自苦寒来——新大众哲学编写资料集》中。

主编王伟光教授在公务相当繁忙的情况下，一直亲自主持双周讨论会，即使国外出访或国内出差也想办法补上。他在白天事务缠身的情况下，经常在夜间加班，或从晚上工作到凌晨2点，或从清晨4点开始工作。他亲自针对问题拟定了写作提纲，审改了每份初稿，甚至对相当多的稿件重新写作，保证了书稿的质量与风格。可以说，在编写《新大众哲学》的过程中，他投入了最多的精力，奉献了最多的智慧。

经过三年多的努力，大部分稿件已基本成稿。为统一写作风格并达到目标要求，王伟光教授主持了五次集中修订书稿。每一次修改文稿，每稿至少改三遍，多则十遍。第一次带领孙伟平和辛鸣，于 2013 年 5 月对所有书稿进行统稿，相当多的书稿几乎改写或重写。在这个基础上，他于同年 7—10 月重新修订全部书稿，改写、重写了相当多的书稿，做了第二次集中修订。2013 年 11 月，王伟光教授将全部书稿打印成册，送请国内若干资深专家学者再次征求意见。韩树英、邢贲思、杨春贵、赵凤岐、陶德麟、侯树栋、许志功、陈先达、陈晏清、张绪文、宋惠昌、赵家祥、郭湛、丰子义等认真阅读了书稿，提出了中肯的修改意见。在这期间，王伟光教授对书稿进行了第三次集中审阅、改写和重写。2013 年 12 月上旬，其对书稿进行了第四次集中审阅和改写。2014 年 1 月 5 日，根据专家意见，编写组成员进行了一次，即第 81 次集中讨论。2014 年 1—3 月分别作了初步修改。在此基础上，王伟光教授于 2014 年 3—6 月进行了第五次集中修改定稿，对每部书稿做了多遍修改，甚至重写。孙伟平也同时阅改了全书，辛鸣、冯鹏志阅改了部分书稿。于 2014 年 6 月 8 日，书稿交由人民出版社和中国社会科学出版社出版。同年 7 月，王伟光教授和孙伟平同志根据编辑建议修订了全部书稿，8 月审改了书稿清样。

在《新大众哲学》即将面世之际，往事历历在目。在这四年左右的时间里，编写组成员牺牲了节假日和平常休息时间，花费了大量的精力和心血。出于对马克思主义哲学的忠诚、信念和追求，老中青学者达成了共识，并紧密凝聚在一起，不辞劳苦，甘于奉献。资深专家的精心指导和严格把关，是《新大众哲学》提升质量的重要条件。《新大众哲学》在写作过程中，参考了《大众哲学》《马克思主义哲学纲要》《通俗哲学》等著述。黑龙江佳木斯市市委书记王兆力、北京观音阁文物有限公司董事长魏金亭、大有数字资源公司董事长张长江、北京国开园中医药技术开发服务中心董事长高武等,提供了便利的会议场地和基本的物质条件,这是《新大众哲学》如期完成的可靠保障。人民出版社和中国社会科学出版社对此书出版高度重视,编辑人员展现了一流的编辑水平和敬业精神。我们一并表示诚挚的感谢!